Christian Bubenzer/Runa Jörgens (Hrsg.)

Seearbeitsrecht

De Gruyter Praxishandbuch

Praxishandbuch Seearbeitsrecht

Herausgegeben von
Christian Bubenzer, Berufsgenossenschaft
für Transport und Verkehrswirtschaft, Hamburg
Runa Jörgens, Verband Deutscher Reeder, Hamburg

Bearbeitet von
Christian Bubenzer, Berufsgenossenschaft
für Transport und Verkehrswirtschaft, Hamburg;
Runa Jörgens, Verband Deutscher Reeder, Hamburg;
Robert Peetz, Verband Deutscher Reeder, Hamburg;
Britta Rosenkranz, Verband Deutscher Reeder, Hamburg;
Sara Vatankhah, Verband Deutscher Reeder, Hamburg

DE GRUYTER

Zitiervorschlag: Bubenzer/Jörgens/*Vatankhah* Kap. 1 Rn. 4

ISBN 978-3-11-031316-1
e-ISBN (EBOOK) 978-3-11-031322-2
e-ISBN (EPUB) 978-3-11-038321-8

Bibliografische Information der Deutschen Nationalbibliothek
Die Deutsche Nationalbibliothek verzeichnet diese Publikation in der Deutschen Nationalbibliografie; detaillierte bibliografische Daten sind im Internet über http://dnb.d-nb.de abrufbar.

Einbandabbildung: Monty Rakusen/Cultura/gettyimages
Datenkonvertierung/Satz: jürgen ullrich typosatz, Nördlingen
Druck: CPI books GmbH, Leck
♾ Gedruckt auf säurefreiem Papier
Printed in Germany

www.degruyter.com

Vorwort

Zur See zu fahren ist kein Beruf wie jeder andere. Fernab der Heimat verbringen Seeleute nicht selten für mehrere Monate auf dem „Mikrokosmos" Schiff. Auch in ihrer Freizeit sind sie den verschiedensten Einwirkungen wie Seegang, Lärm, Vibrationen, Schlafmangel oder manchmal sogar Pirateriegefahren ausgesetzt. Trotz der modernen Kommunikationsmittel sind Seeleute auch heutzutage in hohem Maße auf sich allein gestellt. Die gute, alte Seefahrerromantik ist allerdings schon lange passé: Zeitdruck durch kurze Hafenliegezeiten, lange Wachdienste auf See und kleine, multiethnische Besatzungen sind die Herausforderungen der modernen Seeschifffahrt. Trotzdem: Wer einmal zur See gefahren ist und auf den weiten Horizont geblickt hat, der kann sich der Faszination der Seefahrt nicht mehr entziehen.

Die Besonderheiten der Seeschifffahrt spiegeln sich auch in den Rechtsvorschriften des Arbeitsrechts wider. Ob Kündigungsfristen, freie Kost und Logis, Heimschaffung oder die Sonderstellung des Kapitäns- das Seearbeitsrecht unterscheidet sich in vielen Bereichen vom allgemeinen Arbeitsrecht für Landarbeitnehmer. Mit diesem Praxishandbuch Seearbeitsrecht wollen wir die Eigenarten des deutschen Seearbeitsrechts praxisnah erläutern.

Unser Ziel ist es, das Seearbeitsrecht auch Nichtjuristen näherzubringen. Wir haben daher juristische Fachbegriffe oder Fußnoten nur zurückhaltend verwendet. Zahlreiche tabellarische Übersichten oder Graphiken sollen den Inhalt auch komplexerer Rechtsvorschriften möglichst anschaulich machen. Geben Sie uns gerne Rückmeldungen, ob uns das gelungen ist!

Wir danken unseren Arbeitgebern, dass Sie uns die Tätigkeit an diesem Praxishandbuch ermöglicht haben. Herr Ministerialrat Christoph Freytag aus dem Bundesjustizministerium stand uns stets mit wertvollen rechtlichen Hinweisen zur Seite. Frau Manuela Waßmann vom Verband Deutscher Reeder unterstützte uns beim Korrekturlesen. Dem Verlag danken für die Realisierung dieses Werkes. Nicht zuletzt gilt unser Dank unseren Ehepartnern und Partnern für ihre Geduld.

Wir wünschen allen Seeleuten und Reedern immer eine Handbreit Wasser unter dem Kiel und Allzeit gute Fahrt!

Hamburg, im Juli 2015 Die Verfasser

Geleitwort

Es war der 23. Februar 2006 im Plenarsaal des Palais des Nations in Genf: Delegierte aus über 100 Staaten erhoben sich spontan zu stehenden Ovationen. Die elektronische Anzeigetafel am Kopfende des Saals zeigte keine Gegenstimme, dafür 314mal Zustimmung. Damit brach ein neues Kapitel für die internationale Seeschifffahrt an.

Nach rund zehn Jahren intensiver Verhandlungen war es gelungen, 68 Konventionen und Empfehlungen zum Seearbeitsrecht in ein einziges Regelwerk zusammenzufassen, in die Maritime Labour Convention. Bis heute gilt dies als vielleicht größtes Meisterstück der Internationalen Arbeitsorganisation ILO. Die Maritime Labour Convention, 2006 (MLC, 2006) hilft seitdem, für soziale Gerechtigkeit auf See zu sorgen. Sie ist neben SOLAS (Sicherheit), MARPOL (Umwelt) und STCW (Ausbildung) nun die vierte Säule des internationalen Schifffahrtsrechts. Die 94. Internationale Maritime Arbeitskonferenz konnte an diesem Februartag zu Recht feiern.

Die in Genf verabschiedete Konvention entfaltet für sich selbst allerdings noch keine Wirkung in der Praxis. Dazu müssen die Seearbeitsgesetze der Zeichnerstaaten angepasst werden. Für Schiffe unter deutscher Flagge musste ein neues Gesetz geschaffen werden, das den Rahmen der MLC, 2006 aufnahm. In der Bundesrepublik musste dazu das Seemannsgesetz, das seit 1873 in verschiedener Form die Arbeitsbedingungen an Bord geregelt hatte, völlig neu geschrieben werden. Der neue Name des Gesetzes für die Lebens- und Arbeitsbedingungen auf See: Seearbeitsgesetz. Ungewöhnlich auch hier war, dass der Gesetzgeber nicht alleine ein neues Gesetz schrieb, sondern die beiden Sozialpartner aktiv beteiligte. Der Verband Deutscher Reeder (VDR) und die Gewerkschaft ver.di als Vertreter der Seeleute waren bis in die Details einbezogen.

Entstanden ist das Seearbeitsgesetz in einem Spannungsfeld zwischen MLC, 2006, dem alten Seemannsgesetz und dem Maßstäbe setzenden Manteltarifvertrag MTV-See. Es hat den Anspruch, einen Ausgleich zwischen internationalen Regeln und dem Wunsch, es zu keinen Verschlechterungen kommen zu lassen, zu finden. Das neue Seearbeitsgesetz wurde schließlich Anfang 2013 vom Deutschen Bundestag verabschiedet und trat im August 2013 in Kraft. Eine Reihe wesentlicher Verordnungen begleitet das Gesetz. Das Spannungsfeld der vielfältigen Ansprüche, das rechtliche Erbe und unterschiedliche Lesarten zentraler Begriffe der Schifffahrt verlangen nach juristischer und praktischer Hilfe, wenn das Gesetz gelesen und angewendet wird.

Das vorliegende Praxishandbuch ist daher eine wichtige Hilfe, um das Gesetz in der Alltagsrealität der Schifffahrt richtig anwenden zu können. In klar verständlicher Sprache haben die Autoren die wichtigsten Teile erklärt und leiten die Anwendung in der Praxis her. So ist ein Handbuch entstanden, das sich an die Praktiker in den Reedereien und maritimen Dienstleister richtet, genauso aber auch an die Seeleute selbst, die Rat und Richtung suchen.

Das Besondere an der MLC, 2006 ist nicht allein die Bündelung einer Vielzahl historisch gewachsener Regelungen. Völlig neu ist, dass die MLC garantiert, dass die Lebens- und Arbeitsbedingungen auch wirkungsvoll kontrolliert und Vergehen geahndet werden können – ganz egal, ob ein Flaggenstaat die Konvention ratifiziert hat oder nicht. Einen vergleichbaren Mechanismus gibt es in keiner anderen Branche der Weltwirtschaft. Umso mehr kommt es jetzt im Alltag und Detail auf die reibungslose Anwendung und die gelebte Auslegung des deutschen Seearbeitsgesetzes an.

Dieses Praxishandbuch wird helfen, ein gutes und sinnvolles Gesetz zu lesen und anzuwenden. Damit wird es seinen Teil zum sozialen Frieden beitragen.

Dr. Max Johns
Geschäftsführer des Verbandes Deutscher Reeder

Inhaltsübersicht

Inhaltsverzeichnis

IV.
Das Ausbildungsverhältnis

V.
Notfälle an Bord

VI.
Zeugnisse und Kontrollen

Abbildungsverzeichnis

Tabellenverzeichnis

Abkürzungsverzeichnis

aA	anderer Ansicht
AEntG	Arbeitnehmerentsendegesetz
AO	Abgabenordnung
AP	Arbeitsrechtliche Praxis – Nachschlagewerke des Bundesarbeitsgerichts
ArbG	Arbeitsgericht
ArbSchG	Arbeitsschutzgesetz
ArbZG	Arbeitszeitgesetz
AufenthG	Aufenthaltsgesetz
AÜG	Arbeitnehmerüberlassungsgesetz
AWZ	Ausschließliche Wirtschaftszone
BAG	Bundesarbeitsgericht
BAGE	Sammlung der Entscheidungen des Bundesarbeitsgerichts
BBiG	Berufsbildungsgesetz
BBS	Berufsbildungsstelle Seeschifffahrt e.V.
BeckRS	Beck-Rechtsprechung
BetrVG	Betriebsverfassungsgesetz
bzgl.	bezüglich
BFH	Bundesfinanzhof
BGB	Bürgerliches Gesetzbuch
BGBl.	Bundesbesetzblatt
BGebG	Bundesgebührengesetz
BGH	Bundesgerichtshof
BG Verkehr	Berufsgenossenschaft für Transport und Verkehrswirtschaft
BGVGebV	BG Verkehr-Gebührenverordnung
BinSchUO	Binnenschiffsuntersuchungsordnung
BRZ	Bruttoraumzahl
BSG	Bundessozialgericht
BSH	Bundesamt für Seeschifffahrt und Hydrographie
bspw.	beispielsweise
BUrlG	Bundesurlaubsgesetz
BVerfG	Bundesverfassungsgericht
dh	das heißt
DMLC	Declaration of Maritime Labour Compliance (Seearbeits-Konformitätserklärung)
EFGZ	Entgeltfortzahlungsgesetz
EStG	Einkommenssteuergesetz
e.V.	eingetragener Verein
FlRG	Flaggenrechtsgesetz
GastG	Gaststättengesetz
GewO	Gewerbeordnung
GG	Grundgesetz
ggf.	gegebenenfalls

HGB	Handelsgesetzbuch
HTV-See	Heuertarifvertrag für die deutsche Seeschifffahrt
ILO	International Labour Organization (Internationale Arbeitsorganisation)
ISM-Code	International Safety Management Code
ISPS-Code	International Ship and Port Facility Security Code
ISR	Internationales Seeschifffahrtsregister der Bundesrepublik Deutschland
iSv	im Sinne von
ITF	International Transport Federation
iVm	in Verbindung mit
JArbSchG	Jugendarbeitsschutzgesetz
KSchG	Kündigungsschutzgesetz
LAG	Landesarbeitsgericht
LogisV	Verordnung über die Unterbringung der Besatzungsmitglieder an Bord von Kauffahrteischiffen
LS	Landessozialgericht
LStR	Lohnsteuerrichtlinien
MariMedV	Maritime-Medizin-Verordnung
MARPOL-Übereinkommen	Internationales Übereinkommen zur Verhütung der Meeresverschmutzung durch Schiffe
max.	maximal
MiLoG	Mindestlohngesetz
mind.	mindestens
MitbestG	Gesetz über die Mitbestimmung der Arbeitnehmer
MLC	Maritime Labour Convention 2006 (Seearbeitsübereinkommen 2006)
MTV-See	Manteltarifvertrag für die deutsche Seeschifffahrt
MuSchG	Mutterschutzgesetz
mwN	mit weiteren Nennungen
NJW	Neue Juristische Wochenschrift
NZA	Neue Zeitschrift für Arbeitsrecht
Offshore-ArbZV	Offshore-Arbeitszeitverordnung
öffentl.-rechtl.	öffentlich-rechtlich
OLG	Oberlandesgericht
OVG	Oberverwaltungsgericht
OWiG	Ordnungswidrigkeitengesetz
PStG	Personenstandsgesetz
RdA	Zeitschrift für die Wissenschaft und Praxis des gesamten Arbeitsrechts
Rom I-VO	Rom-I-Verordnung

SchBesV	Schiffsbesetzungsverordnung
SchRegO	Schiffsregisterordnung
SchRG	Gesetz über Rechte an eingetragenen Schiffen und Schiffsbauwerken
SchSG	Schiffssicherheitsgesetz
SeeArbG	Seearbeitsgesetz
See-ArbZNV	See-Arbeitszeitnachweisverordnung
SeeArbÜV	Seearbeitsüberprüfungs-Verordnung
SeeAufgG	Seeaufgabengesetz
See-BAV	Verordnung über die Berufsausbildung in der Seeschifffahrt
See-BG	See-Berufsgenossenschaft
See-BV	See-Befähigungsverordnung
SeeBewachV	Seeschiffbewachungsverordnung
SeeLG	Seelotsgesetz
SeemG	Seemannsgesetz
SeeSchStrO	Seeschifffahrtstraßen-Ordnung
SeeUnterkunftsV	See-Unterkunftsverordnung
SGB	Sozialgesetzbuch
sog.	sogenannte/r
SOLAS-Übereinkommen	International Convention for the Safety of Life at Sea
SprAuG	Gesetz über Sprecherausschüsse der leitenden Angestellten
SRÜ	Seerechtsübereinkommen der Vereinten Nationen vom 12. Dezember 1982
STCW-Übereinkommen	Internationalen Übereinkommen vom 7. Juli 1978 über Normen für die Ausbildung, die Erteilung von Befähigungszeugnissen und den Wachdienst
StGB	Strafgesetzbuch
SUG	Seesicherheits-Untersuchungs-Gesetz
Torremolinos-Übereinkommen	Internationales Übereinkommen von Torremolinos von 1977 über die Sicherheit von Fischereifahrzeugen
TranspR	Transportrecht
TrinkwV	Trinkwasserverordnung
TVG	Tarifvertragsgesetz
TzBfG	Teilzeit- und Befristungsgesetz
VDR	Verband Deutscher Reeder
ver.di	Vereinigte Dienstleistungsgewerkschaft
VG	Verwaltungsgericht
vgl.	vergleiche
VkBl.	Verkehrsblatt
VVG	Versicherungsvertragsgesetz
VwGO	Verwaltungsgerichtsordnung
VwVfG	Verwaltungsverfahrensgesetz
VwVG	Verwaltungsvollstreckungsgesetz
zB	zum Beispiel
ZPO	Zivilprozessordnung

Literaturverzeichnis

AP	Arbeitsrechtliche Praxis – Nachschlagewerke des Bundesarbeitsgerichts.
Ascheid/Preis/ Schmidt (Hrsg.)/ *Bearbeiter*	Kündigungsrecht: Großkommentar zum gesamten Recht der Beendigung von Arbeitsverhältnissen, 4. Auflage, München 2012.
Bubenzer	Das deutsche Seearbeitsgesetz – Verbindliche Standards für die Arbeits- und Lebensbedingungen von Seeleuten, TranspR 2014, S. 393–398.
Bubenzer/Noltin/ Peetz/Mallach	Seearbeitsgesetz. Kommentar. 1. Auflage, München 2015.
de la Motte	Die Auswirkungen des ISM-Codes auf das Seehaftungsrecht – Haftungsverschärfung durch Einführung eines gesetzlich vorgeschriebenen Qualitätsmanagementsystems für Seeschiffe? Münster 1998.
Etzel (u.a.)/*Bearbeiter*	Gemeinschaftskommentar zum Kündigungsschutzgesetz und zu sonstigen kündigungsrechtlichen Vorschriften, 10. Auflage, Köln 2013.
Eylert/Sänger	Der Sonderkündigungsschutz im 21. Jahrhundert – Zur Entwicklung der Rechtsprechung des Bundesarbeitsgerichts zum Sonderkündigungsschutz, RdA 2010, S. 24–44.
von Hoyningen-Huene/ Linck/Krause/ *Bearbeiter*	Kündigungsschutzgesetz: KSchG, 15. Auflage, München 2013.
Lagoni	Anwendbarkeit von Arbeitsschutzvorschriften und Zuständigkeiten der Arbeitsschutzbehörden auf Seeschiffen unter fremder Flagge, Bremen 2009.
Lindemann/Bemm SeemG	Lindemann/Bemm, Seemannsgesetz und Manteltarifvertrag für die deutsche Seeschiffahrt, 6. Auflage 2007.
Lindemann	Lindemann, Seearbeitsgesetz und Manteltarifvertrag für die deutsche Seeschifffahrt, 1. Auflage, Uelzen 2014.
Loskamp	Das Seearbeitsgesetz – Kernstück des Gesetzes zur Umsetzung des Seearbeitsübereinkommens, 2006, in: Jahrbuch des Arbeitsrechts, Band 51, Berlin 2014, S. 47–51.
Mankowski	Seerechtliche Vertragsverhältnisse im Internationalen Privatrecht, Tübingen 1995.
McConnell/Devlin/ Doumbia-Henry	The Maritime Labour Convention, 2006. A Legal Primer to an Emerging International Regime, Boston 2011.
Moll (Hrsg.)/ *Bearbeiter*	Münchener Anwalts Handbuch Arbeitsrecht, 3. Auflage, München 2012.
Monnerjahn	Das Arbeitsverhältnis in der deutschen Seeschiffahrt, 1964.
Mrosk	Der Nachweis des Zugangs von Willenserklärungen im Rechtsverkehr, NJW 2013, S. 1481–1485.
Müllger-Glöge/Preis/ Schmidt (Hrsg)/ *Bearbeiter*	Erfurter Kommentar zum Arbeitsrecht, 15. Auflage, München 2015.
Preis	Arbeitsrecht, Individualarbeitsrecht – Lehrbuch für Studium und Praxis, 4. Auflage, Köln 2012.
Rolfs/Giesen/ Kreikebohm/ Udsching (Hrsg.)/ *Bearbeiter*	Beck'scher Online-Kommentar Arbeitsrecht, Edition 34.

Richardi/*Bearbeiter* Betriebsverfassungsgesetz mit Wahlordnung, 14. Auflage, München 2014.

Säcker/Rixecker (Hrsg.)/*Bearbeiter* Münchener Kommentar zum Bürgerlichen Gesetzbuch, 5. Auflage, München.

Schäffer Das Seearbeitsübereinkommen der Internationalen Arbeitsorganisation (2006), in: TranspR 2008, S. 290–296.

Schaub (Begr.)/*Bearbeiter* Arbeitsrechts-Handbuch. Systematische Darstellung und Nachschlagewerk für die Praxis, 15. Auflage, München 2013.

Schaub/Schrader/Straube/Vogelsang/*Bearbeiter* Arbeitsrechtliches Formular- und Verfahrenshandbuch, 10. Auflage, München 2013.

Senne Arbeitsrecht. Das Arbeitsverhältnis in der betrieblichen Praxis, 8. Auflage, München 2011.

I.
Überblick über das Seearbeitsrecht

A. Begriffsbestimmung

1 Seeschifffahrt ist mehr als der Verkehr von Schiffen zum Zweck des Gütertransports und der Personenbeförderung auf See. Seeschiffe sind zugleich der Arbeitsplatz, die Unterkunft und der soziale Raum für die Seeleute. Das Seearbeitsrecht ist ein besonderes Rechtsgebiet des nationalen Arbeitsrechts, das sowohl privatrechtliche als auch öffentlich-rechtliche Elemente enthält und der konkurrierenden Gesetzgebung des Bundes unterfällt. Abweichend von dem Grundsatz, dass die Länder für die Gesetzgebung zuständig sind, ist die Gesetzgebungszuständigkeit in diesem Rechtsbereich auch dem Bund zugewiesen, vergleiche Artikel 70 Absatz 1 in Verbindung mit Artikel 74 Absatz 1 Nummer 12 Grundgesetz.[1] Das Seearbeitsrecht der Bundesrepublik Deutschland ist in erheblichem Maße von seevölkerrechtlichen und ergänzend auch von europarechtlichen Vorgaben geprägt.

B. Seevölkerrecht

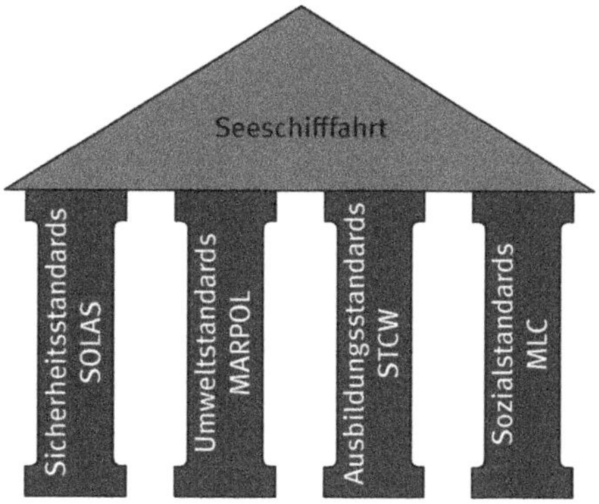

Abb. 1: Seearbeitsübereinkommen als 4. Säule des internationalen maritimen Rechts

---

Das internationale Seeschifffahrtsrecht ist durch verbindliche Standards in einer Vielzahl internationaler Übereinkommen geregelt, die weltweit gelten. Weltweite Kontrollen durch die Flaggen- und Hafenstaaten sorgen für die Einhaltung der völkerrechtlichen Regeln.

---

1 Vgl. Bundestags-Drucksache 17/10959, S. 58.

Primäre Rechtsgrundlage im Bereich des internationalen Seearbeitsrechts ist als sogenannte **„vierte Säule“** der Seeschifffahrt das **Seearbeitsübereinkommen** der Internationalen Arbeitsorganisation (Maritime Labour Convention, MLC) mit seinen weltweit geltenden Sozialstandards für die Arbeits- und Lebensbedingungen an Bord von Seeschiffen, unabhängig von der Staatsangehörigkeit der Seeleute und der Flagge, die ein Schiff führt.

1. Seerechtsübereinkommen

2 Das Seerechtsübereinkommen der Vereinten Nationen (SRÜ), im Englischen: „United Nations Convention on the Law of the Sea“ (UNCLOS), die sogenannte **„Verfassung der Meere“** enthält in Bezug auf das Seearbeitsrecht wichtige seevölkerrechtliche Vorgaben, insbesondere in Artikel 94 SRÜ:[2]

- *„Jeder Staat übt seine Hoheitsgewalt und Kontrolle in verwaltungsmäßigen, technischen und sozialen Angelegenheiten über die seine Flagge führenden Schiffe wirksam aus“ (Artikel 94 Absatz 1 SRÜ).*
- *„Insbesondere hat jeder Staat die Hoheitsgewalt nach seinem innerstaatlichen Recht über jedes seine Flagge führende Schiff sowie dessen Kapitän, Offiziere und Besatzung in bezug auf die das Schiff betreffenden verwaltungsmäßigen, technischen und sozialen Angelegenheiten auszuüben“ (Artikel 94 Absatz 2 Buchstabe b SRÜ).*
- *„Jeder Staat ergreift für die seine Flagge führenden Schiffe die Maßnahmen, die zur Gewährleistung der Sicherheit auf See erforderlich sind, unter anderem in bezug auf die Bemannung der Schiffe, die Arbeitsbedingungen und die Ausbildung der Besatzungen, unter Berücksichtigung der anwendbaren internationalen Übereinkünfte“ (Artikel 94 Absatz 3 Buchstabe b SRÜ).*

3 Nach dem **Primat der Flaggenhoheit** gilt, dass der jeweilige Küstenstaat beziehungsweise Hafenstaat seine Hoheitsgewalt aufgrund seiner Gebietshoheit über Schiffe in seinen Territorialgewässern, die hier mit der Flaggenhoheit des jeweiligen Flaggenstaates des Schiffes zusammentrifft, grundsätzlich nicht auf die „inneren Angelegenheiten“ des Flaggenstaates wie die Arbeits- und Lebensbedingungen von Seeleuten an Bord der Schiffe erstreckt. Die Befugnisse des Küstenstaates oder des Hafenstaates sind im Sinne des Primats der Flaggenhoheit gemäß Artikel 94 Absatz 6 SRÜ auf Kontrollen an Bord und Mitteilungen an den Flaggenstaat begrenzt.[3]

2 Vgl. Mankowski, Seerechtliche Vertragsverhältnisse im Internationalen Privatrecht, Tübingen 1995, S. 483.

3 Vgl. im Einzelnen: Lagoni, Anwendbarkeit von Arbeitsschutzvorschriften und Zuständigkeiten der Arbeitsschutzbehörden auf Seeschiffen unter fremder Flagge, Bremen 2009, S. 32.

2. Seearbeitsübereinkommen

Die wichtigste seevölkerrechtliche Grundlage des nationalen Seearbeitsrechts ist das am 20. August 2013 international in Kraft getretene Seearbeitsübereinkommen, 2006 der Internationalen Arbeitsorganisation (International Labour Organization, ILO) (Seearbeitsübereinkommen), im Englischen: „Maritime Labour Convention, 2006“ (**MLC**). Das Seearbeitsübereinkommen wurde am 23. Februar 2006 von der Allgemeinen Konferenz der ILO, einer Sonderorganisation der Vereinten Nationen mit Sitz in Genf mit aktuell 185 Mitgliedstaaten, die für die Formulierung und Durchsetzung internationaler Arbeits- und Sozialnormen zuständig ist, ohne Gegenstimme angenommen.[4] 4

Mit der nationalen Umsetzung des Seearbeitsübereinkommens, das eine Vielzahl an ILO-Übereinkommen und ILO-Empfehlungen in einem einheitlichen Rechtsinstrument zusammenfasst und auf den neuesten Stand bringt, wurde das deutsche Seearbeitsrecht umfassend reformiert.[5] **Ziel des Seearbeitsübereinkommens** ist *„ein einziges, in sich schlüssiges Instrument zu schaffen, das soweit wie möglich alle aktuellen Normen der bestehenden internationalen Seearbeitsübereinkommen und -empfehlungen sowie die grundlegenden, in anderen internationalen Arbeitsübereinkommen enthaltenen Prinzipien umfasst“*.[6] 5

i

Die **wichtigsten Inhalte** des Seearbeitsübereinkommens und des Seearbeitsgesetzes sind:
- Mindestalter
- Ärztliches Zeugnis
- Befähigung der Seeleute
- Anwerbung/Arbeitsvermittlung
- Heuerverträge
- Heuern
- Arbeits-/Ruhezeiten
- Urlaub
- Heimschaffung
- Besatzungsstärke des Schiffes
- Unterkünfte und Freizeiteinrichtungen an Bord
- Verpflegung

4 McConnell/Devlin/Doumbia-Henry, The Maritime Labour Convention, 2006 – A Legal Primer to an Emerging International Regime, Leiden, Boston 2011, S. 12ff.; Schäffer, Das Seearbeitsübereinkommen der Internationalen Arbeitsorganisation (2006), TranspR 7/8-2008, S. 290. Für einen Überblick über die Organisation und Arbeitsweise der ILO vgl. die Website der ILO: www.ilo.org.

5 Bubenzer, Das deutsche Seearbeitsgesetz – Verbindliche Standards für die Arbeits- und Lebensbedingungen von Seeleuten, TranspR 11/12-2014, S. 393; Bekanntmachung über das Außerkrafttreten der Übereinkommen Nr. 8, Nr. 9, Nr. 16, Nr. 22, Nr. 23, Nr. 53, Nr. 56, Nr. 73, Nr. 92, Nr. 133, Nr. 134, Nr. 146, Nr. 147, Nr. 164, Nr. 166, Nr. 180 der ILO vom 10. September 2014, BGBl. 2014 II S. 891.

6 Erwägungsgrund Nr. 2 der Richtlinie 2009/13/EG.

- Medizinische Betreuung
- Verpflichtungen der Reeder
- Arbeitsschutz und Unfallverhütung
- Zugang zu Sozialeinrichtungen an Land
- Soziale Sicherheit
- Beschwerdeverfahren an Bord.

6 Als völkerrechtliches Übereinkommen muss das Seearbeitsübereinkommen in das jeweilige nationale Recht umgesetzt werden. Dabei sind Abweichungen vom Seearbeitsübereinkommen durch höhere Standards möglich.

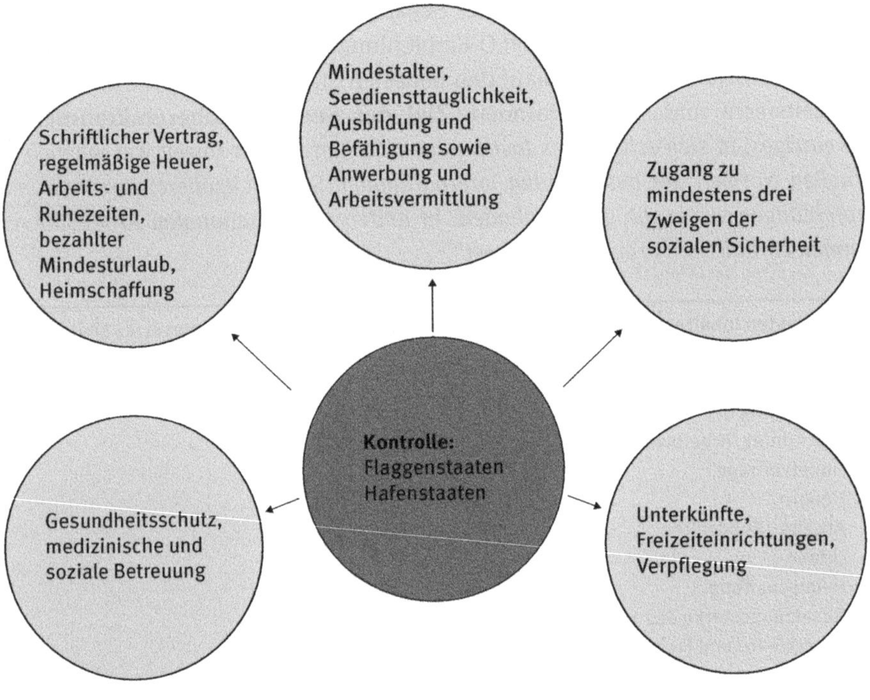

Abb. 2: Inhalte des Seearbeitsübereinkommens

7 Durch die nationale Umsetzung des Seearbeitsübereinkommens, das für Deutschland seit dem 16. August 2014, zwölf Monate nach der Ratifikation durch Deutschland am 16. August 2013, völkerrechtlich verbindlich ist,[7] soll die weltweite Durchsetzung

7 Bekanntmachung über das Inkrafttreten des Seearbeitsübereinkommens, 2006, der Internationalen Arbeitsorganisation vom 14. November 2013, BGBl. 2013 II S. 1588.

von **Mindeststandards** der Arbeits- und Lebensbedingungen der multinationalen Seeleute an Bord von Handelsschiffen unterstützt und gefördert werden.[8]

Nach Artikel VIII Absatz 3 des Seearbeitsübereinkommens tritt das Übereinkommen zwölf Monate, nachdem die **Ratifikationen** von mindestens 30 Mitgliedern eingetragen worden sind, die zusammen über eine Bruttoraumzahl (BRZ) von mindestens 33 Prozent der Welthandelsflotte verfügen, in Kraft. Nach seinem Artikel VIII Absatz 4 tritt das Übereinkommen in der Folge für den jeweiligen Vertragsstaat zwölf Monate nach der Eintragung seiner Ratifikation in Kraft. Diese Regelung betrifft diejenigen Vertragsstaaten, die nicht zwölf Monate vor dem internationalen Inkrafttreten des Seearbeitsübereinkommens am 20. August 2013 das Übereinkommen ratifiziert hatten – so auch Deutschland. Deutschland hatte das Seearbeitsübereinkommen aber bereits mit Inkrafttreten des Seearbeitsgesetzes am 1. August 2013 für die Schiffe unter deutscher Flagge angewendet, um möglichen Wettbewerbsnachteilen, insbesondere möglichen Problemen der Schiffe unter deutscher Flagge bei Hafenstaatkontrollen in Bezug auf fehlende Seearbeitszeugnisse, vorzubeugen.[9] Die Hafenstaatkontrolle in deutschen Häfen in Bezug auf das Seearbeitsübereinkommen begann im August 2014. **8**

Die Einhaltung der international verbindlichen Mindeststandards des Seearbeitsübereinkommens wird durch die **Flaggenstaatkontrolle** in Bezug auf die Schiffe unter der eigenen Flagge und durch die **Hafenstaatkontrolle** in Bezug auf Schiffe unter fremder Flagge effektiv im Sinne einer umfassenden „Arbeitsinspektion" durchgesetzt. **9**

In Bezug auf Schiffe unter deutscher Flagge ist die Berufsgenossenschaft für Transport und Verkehrswirtschaft (BG Verkehr) damit betraut, sämtliche Arbeits- und Lebensbedingungen an Bord zu überprüfen und durchzusetzen. **10**

Das Seearbeitsübereinkommen gilt dabei aufgrund der sogenannten „**Nicht-Begünstigungsklausel**", im Englischen: „no more favourable treatment clause", faktisch weltweit. Dies bedeutet, dass Schiffe unter den Flaggen von Nicht-Vertragsstaaten, die das Seearbeitsübereinkommen selbst nicht ratifiziert haben, die Mindestanforderungen der Arbeits- und Lebensbedingungen an Bord gleichermaßen beachten müssen. Bei Hafenstaatkontrollen erfahren **Schiffe** unter der Flagge von **Nicht-Vertragsstaaten** keine günstigere Behandlung als Schiffe unter der Flagge von Vertragsstaaten des Seearbeitsübereinkommens, vergleiche Artikel V Absatz 7 des Seearbeitsübereinkommens. Dieses völkerrechtliche Prinzip wird in der Gesetzesbegründung zur Umsetzung des Seearbeitsübereinkommens als *Herzstück* des Seearbeitsübereinkommens hervorgehoben.[10]

---

8 Vgl. Bundestags-Drucksache 17/10959, S. 1.
9 Vgl. Bubenzer, TranspR 11/12-2014, S. 393.
10 Vgl. Bundestags-Drucksache 17/10959, S. 58, 64.

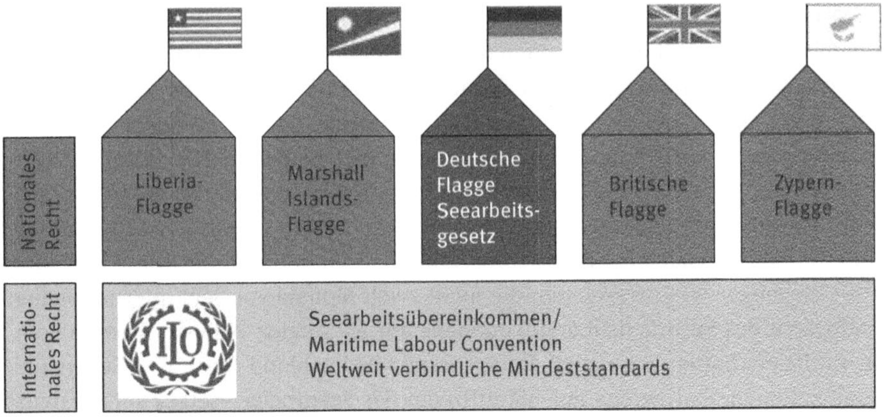

Abb. 3: Verhältnis des Seearbeitsübereinkommens zu nationalem Recht

Das Seearbeitsübereinkommen regelt umfassend die **Lebens- und Arbeitsbedingungen an Bord** von Seeschiffen.
Bei Hafenstaatkontrollen erfahren Schiffe unter der Flagge von Nicht-Vertragsstaaten keine Begünstigung (sogenannte **„Nicht-Begünstigungsklausel“**).

3. SOLAS-Übereinkommen

11 Das Internationale Übereinkommen von 1974 zum Schutz des menschlichen Lebens auf See (SOLAS-Übereinkommen), im Englischen: „International Convention for the Safety of Life at Sea, 1974“, ist ein **Übereinkommen zur Schiffssicherheit** der Internationalen Seeschifffahrts-Organisation (International Maritime Organization, IMO), einer Sonderorganisation der Vereinten Nationen mit Sitz in London mit aktuell 170 Mitgliedstaaten, deren Ziel die internationale Regelung aller nicht rein wirtschaftlichen Angelegenheiten der Handelsschifffahrt, die Verringerung beziehungsweise Verhütung der Meeresverschmutzung durch Schiffe sowie die Verbesserung der Schiffssicherheit sowie der Sicherheit der Seefahrt insgesamt unter dem Motto *„sichere, geschützte und wirtschaftliche Schifffahrt auf sauberen Meeren“* ist.[11]

12 Im SOLAS-Übereinkommen finden sich auch Regelungen für den **sicheren Schiffsbetrieb**, insbesondere der Internationale Code für Maßnahmen zur Organisation eines sicheren Schiffsbetriebs (**ISM-Code**), im Englischen: „International Safety Management Code for the Safe Operation of Ships and for Pollution Prevention“, der in Kapitel IX des SOLAS-Übereinkommens aufgeführt ist, und damit die Maßnahmen zur Organisation eines sicheren Schiffsbetriebs international verbind-

11 Website der IMO: www.imo.org.

lich festlegt.[12] In der nationalen Fahrt ist die Europäische Verordnung (EG) Nr. 336/2006 des Europäischen Parlaments und des Rates vom 15. Februar 2006 zur Umsetzung des ISM-Codes innerhalb der Europäischen Union (EU) zu beachten.

Der ISM-Code verpflichtet den **Eigentümer** des Schiffes oder irgendeine sonsti- 13
ge Stelle oder Person, wie den Geschäftsführer oder Bareboat-Charterer, die vom Schiffseigentümer die **Verantwortung des Betriebs des Schiffes** übernommen hat und die sich durch Übernahme dieser Verantwortung einverstanden erklärt hat, alle durch den ISM-Code auferlegten Pflichten und Verantwortlichkeiten zu übernehmen.[13] Der jeweilige Unternehmer ist verpflichtet,

- Verfahrensweisen für den sicheren Schiffsbetrieb einzuführen,
- die Sicherheit am Arbeitsplatz zu gewährleisten,
- Sicherheitsmaßnahmen gegen sämtliche anerkannte Risiken einzurichten,

sowie ein sogenanntes „System für die Organisation von Sicherheitsmaßnahmen", im Englischen: **„Safety Management System"** (SMS), vergleiche ISM-Code Regel 1.4, zu verfassen, das im **„Safety Management Manual"** (SMM) dokumentiert wird. Dieses Handbuch enthält regelmäßig Verfahrensanweisungen und Checklisten; die Prozeduren im Einklang mit dem ISM-Code sind dann an Bord und an Land zu beachten.

Mit einem sogenannten **„Document of Compliance"** (DOC) wird die Einhal- 14
tung der Vorschriften des ISM-Codes von der Flaggenstaatverwaltung bestätigt. Mit dem sogenannten **„Safety Management Certificate"** (SMC) wird bescheinigt, dass das Unternehmen und seine leitenden Mitarbeiter an Bord das betreffende Schiff im Einklang mit dem genehmigten System für die Organisation von Sicherheitsmaßnahmen (SMS) betreiben.[14] Weitere Ziele des ISM-Codes sind die Vorbereitung auf möglicherweise an Bord eintretender Notfallsituationen, die im Sicherheitsmanagementsystem zu beachten sind. Der ISM-Code schreibt weiterhin vor, dass ein Durchführungsbeauftragter, im Englischen: „Designated Person Ashore" (DPA) – mit einem unmittelbaren Vortragsrecht bei der Unternehmensspitze als Bindeglied zwischen Land- und Seebetrieb – benannt wird.[15]

In Deutschland ist die Dienststelle Schiffssicherheit der BG Verkehr für die 15
Überwachung der Umsetzung des ISM-Codes und damit auch für die Ausstellung

---

12 Bundesministerium für Verkehr und Digitale Infrastruktur (BMVI), Sicherer Schiffsbetrieb (ISM), verfügbar unter: www.deutsche-flagge.de/de/sicherheit/ism-code.

13 Vgl. die Legaldefinition des Ausdrucks „Unternehmen" in Kapitel IX Regel 1 Absatz 2 des SOLAS-Übereinkommens.

14 Vgl. Dienststelle Schiffssicherheit BG Verkehr, International Safety Management (ISM)-Code – Zeugniserteilung, verfügbar unter: www.deutsche-flagge.de/de/download/sicherheit/ism/grundlagen/einflaggung-und-zeugniserteilung.

15 Vgl. de la Motte, Die Auswirkungen des ISM-Codes auf das Seehaftungsrecht – Haftungsverschärfung durch Einführung eines gesetzlich vorgeschriebenen Qualitätsmanagementsystems für Seeschiffe?, Münster 1998, S. 49 ff.; ISM-Code Regel 4.

der beiden erforderlichen Zeugnisse (Document of Compliance – DOC und Safety Management Certificate – SMC) zuständig.

4. STCW-Übereinkommen

16 Das Internationale Übereinkommen von 1978 über Normen für die Ausbildung, die Erteilung von Befähigungszeugnissen und den Wachdienst von Seeleuten (STCW-Übereinkommen), im Englischen: „International Convention on Standards of Training, Certification and Watchkeeping for Seafarers, 1978", ist eine IMO-Konvention, die international vergleichbare Mindeststandards in der **Ausbildung von Seeleuten** festlegt, die weltweite Geltung haben. Das Übereinkommen wurde im Jahr 1995 und zuletzt im Jahr 2010 erheblich überarbeitet. Die Vielzahl an international unterschiedlichen nationalen Befähigungsnachweisen wurde sukzessive vereinheitlicht und allgemeine Verfahrensanweisungen für im **Wachdienst** eingesetzte Seeleute geschaffen. Im Rahmen der Manila-Konferenz der IMO im Juni 2010 wurden weitere umfangreiche Änderungen beschlossen. Die Änderungen betreffen unter anderem die Befähigungszeugnisse gemäß STCW-Übereinkommen.[16]

C. Europarecht

17 Die Europäische **Richtlinie 2009/13/EG** des Rates vom 16. Februar 2009 zur Durchführung der Vereinbarung zwischen dem Verband der Reeder in der Europäischen Gemeinschaft (ECSA) und der Europäischen Transportarbeiter-Föderation (ETF) über das Seearbeitsübereinkommen 2006 und zur Änderung der Richtlinie 1999/63/EG ist gestützt auf Artikel 139 Absatz 2 des Vertrages zur Gründung der Europäischen Gemeinschaft (EGV) (neu: Artikel 155 Absatz 2 des Vertrages über die Arbeitsweise der Europäischen Union, AEUV).

18 Danach können die **Sozialpartner** gemeinsam beantragen, dass die von ihnen auf Ebene der EU geschlossenen Vereinbarungen durch einen Beschluss des Rates auf Vorschlag der Europäischen Kommission durchgeführt werden. Gemäß Artikel 138 Absatz 2 EGV (neu: Artikel 154 Absatz 2 AEUV) hörte die Kommission die Sozialpartner zu der Frage der Zweckmäßigkeit einer derartigen Vereinbarung unter Berücksichtigung des Seearbeitsübereinkommens an. Am 29. September 2006 setzten die ECSA und die ETF die Kommission von ihrem Verhandlungswunsch nach Artikel 138 Absatz 4 EGV (neu: Artikel 154 Absatz 4 AEUV) in Kenntnis und schlos-

16 Vgl. im Einzelnen: Bundesamt für Seeschifffahrt und Hydrographie (BSH): STCW-Übereinkommen: Manila-Änderungen 2010 – Umsetzung durch die Vertragspartei Deutschland, verfügbar unter: www.deutsche-flagge.de/de/befaehigung/manila-aenderungen-2010.

sen am 19. Mai 2008 eine **Vereinbarung über das Seearbeitsübereinkommen**, um weltweit gleiche Ausgangsbedingungen in der gesamten Seeverkehrswirtschaft zu schaffen, mit dem Antrag, die Vereinbarung und ihren Anhang gemäß Artikel 139 Absatz 2 EGV (neu: Artikel 155 Absatz 2 AEUV) durch einen Beschluss des Rates auf Vorschlag der Kommission durchzuführen. Die geschlossene Vereinbarung gilt für Seeleute auf Schiffen, die in einem EU-Mitgliedstaat eingetragen sind und/oder die Flagge eines EU-Mitgliedstaates führen.[17]

Die Richtlinie 2009/13/EG und die Vereinbarung der Sozialpartner legen Min- 19
destnormen fest; die EU-Mitgliedstaaten können Vorschriften beibehalten oder einführen, die günstiger sind als die Bestimmungen der EU-Richtlinie, vergleiche Artikel 3 Absatz 1 der Richtlinie 2009/13/EG. Die Durchführung der Richtlinie darf nicht zur Rechtfertigung einer Senkung des allgemeinen Schutzniveaus für Arbeitnehmer in den von der Richtlinie erfassten Bereichen führen; das Recht der EU-Mitgliedstaaten und/oder der Sozialpartner, bei sich verändernden Umständen andere Rechts- und Verwaltungsvorschriften oder kollektivvertragliche Regelungen festzulegen als diejenigen, die zum Zeitpunkt der Annahme der Richtlinie gelten, bleibt hiervon unberührt, sofern die Mindestanforderungen der Richtlinie eingehalten werden, vergleiche Artikel 3 Absatz 2 der Richtlinie 2009/13/EG.

Die Richtlinie 2009/13/EG ist gleichzeitig mit dem Seearbeitsübereinkommen 20
am 20. August 2013 in Kraft getreten, vergleiche Artikel 7 der Richtlinie 2009/13/EG. Die EU-Mitgliedstaaten haben die erforderlichen Rechts- und Verwaltungsvorschriften in Kraft zu setzten, um der Richtlinie binnen zwölf Monaten ab ihrem Inkrafttreten nachzukommen, oder sich spätestens zu diesem Zeitpunkt zu vergewissern, dass die Sozialpartner mittels einer Vereinbarung die erforderlichen Vorkehrungen getroffen haben, vergleiche Artikel 5 Absatz 1 der Richtlinie 2009/13/EG. Durch die Richtlinie 2009/13/EG wurden die EU-Regelungen an die im Seearbeitsübereinkommen festgelegten internationalen Normen angeglichen. Die einschlägigen Bestimmungen in Titel I (Mindestanforderungen für die Arbeit von Seeleuten auf Schiffen), Titel II (Beschäftigungsbedingungen), Titel III (Unterkünfte, Freizeiteinrichtungen, Verpflegung, einschließlich Bedienung) und Titel IV (Gesundheitsschutz, medizinische Betreuung, soziale Betreuung und Gewährleistung der sozialen Sicherheit) des Seearbeitsübereinkommens, in denen die **Rechte von Seeleuten** geregelt sind, wurden übernommen. Aufgrund der Zuständigkeit der EU und politischer Erwägungen wurden nicht alle Vorgaben des Seearbeitsübereinkommens, nach denen die Schiffe ein Seearbeitszeugnis und eine Seearbeits-Konformitätserklärung mitführen müssen, in EU-Recht umgesetzt. Die Verpflichtungen der EU-Flaggenstaaten beschränken sich auf die Durchsetzung der Richtlinie 2009/13/EG.[18]

---

17 Vgl. die Erwägungsgründe Nr. 1, 3, 4, 5 und 6 der Richtlinie 2009/13/EG.

18 Vgl. die entsprechenden Ausführungen in: Vorschlag für eine Richtlinie des Europäischen Parlaments und des Rates über die Verantwortlichkeiten der Flaggenstaaten für die Durchsetzung der

21 Durch die Europäische **Richtlinie 2013/54/EU** vom 20. November 2013 über bestimmte Verantwortlichkeiten der Flaggenstaaten für die Einhaltung und Durchsetzung des Seearbeitsübereinkommens 2006 soll sichergestellt werden, dass die EU-Mitgliedstaaten ihren **Verpflichtungen als Flaggenstaaten** in Bezug auf die Umsetzung der einschlägigen Teile des Seearbeitsübereinkommens effektiv nachkommen. Die oben genannte Richtlinie 2009/13/EG und die Richtlinie 2009/21/EG des Europäischen Parlaments und des Rates vom 23. April 2009 über die Erfüllung der Flaggenstaatpflichten sowie alle darin festgelegten höheren Standards für die Lebens- und Arbeitsbedingungen von Seeleuten bleiben von der Richtlinie 2013/54/EU unberührt, vergleiche Artikel 1 der Richtlinie 2013/54/EU.

22 Gemäß Artikel 3 Absatz 1 der Richtlinie 2013/54/EU sorgen die EU-Mitgliedstaaten dafür, dass wirksame und angemessene **Durchsetzungs- und Überwachungsverfahren**, die auch Überprüfungen in vom Seearbeitsübereinkommen vorgegebenen Zeitabständen umfassen, festgelegt werden, damit auf den unter ihrer Flagge fahrenden Schiffen die Lebens- und Arbeitsbedingungen für die Seeleute den Vorschriften der einschlägigen Teile des Seearbeitsübereinkommens dauerhaft genügen. Gemäß Artikel 4 Absatz 1 der Richtlinie 2013/54/EU sorgen die EU-Mitgliedstaaten dafür, dass das Personal, einschließlich Mitarbeiter von Einrichtungen oder anderen Organisationen („anerkannte Organisationen" im Sinne des Seearbeitsübereinkommens) zur Durchführung von Überprüfungen gemäß Artikel 3 Absatz 3 der Richtlinie ermächtigt und für die Überprüfung der ordnungsgemäßen Anwendung der einschlägigen Teile des Seearbeitsübereinkommen zuständig ist. Artikel 5 der Richtlinie 2013/54/EU regelt das Beschwerdeverfahren an Bord von Schiffen unter der Flagge von EU-Mitgliedstaaten.

23 Mit der **Richtlinie 2013/38/EU** vom 12. August 2013 zur Änderung der Richtlinie 2009/16/EG über die **Hafenstaatkontrolle** wurde die Richtlinie 2009/16/EG vom 23. April 2009 über die Hafenstaatkontrolle (Neufassung) an die seevölkerrechtlichen Vorgaben des Seearbeitsübereinkommens angepasst. Mit der Hafenstaatkontrolle werden die oben genannten „vier Säulen der Seeschifffahrt", die internationalen Sicherheitsstandards nach dem SOLAS-Übereinkommen, die internationalen Umweltstandards nach dem MARPOL-Übereinkommen, die internationalen Ausbildungsstandards nach dem STCW-Übereinkommen und die internationalen Sozialstandards nach dem Seearbeitsübereinkommen sowie im Rahmen der rechtlichen Vorgaben des Seevölkerrechts – in Häfen der EU-Mitgliedstaaten – auch die Einhaltung EU-seeschifffahrtsrechtlicher Bestimmungen überprüft.

Richtlinie 2009/13/EG des Rates zur Durchführung der Vereinbarung zwischen dem Verband der Reeder in der Europäischen Gemeinschaft (ECSA) und der Europäischen Transportarbeiter-Föderation (ETF) über das Seearbeitsübereinkommen 2006 und zur Änderung der Richtlinie 1999/63/EG, COM(2012) 134 final vom 23. März 2012, S. 4 ff.

D. Deutsches Recht

Mit dem am 1. August 2013 in Kraft getretenen **Seearbeitsgesetz (SeeArbG)** vom 20. April 2013, das das Seemannsgesetz (SeemG) aus dem Jahre 1957 – das zuvor als zentrale Rechtsquelle das nationale Seearbeitsrecht regelte – als konstitutive Neufassung ablöst, hat der Bund von seiner Gesetzgebungszuständigkeit Gebrauch gemacht. Das Seearbeitsgesetz *„regelt die Arbeits- und Lebensbedingungen von Seeleuten an Bord von Kauffahrteischiffen, die die Bundesflagge führen"* (vergleiche § 1 Absatz 1 Satz 1 SeeArbG). 24

Das Seearbeitsgesetz dient der Modernisierung und Vereinheitlichung der Arbeitsbedingungen und Lebensbedingungen der Seeleute an Bord von Handelsschiffen unter **deutscher Flagge**, die „in vielen Bereichen nicht mehr den arbeits- und sozialrechtlichen Erfordernissen der modernen und global ausgerichteten Handelsschifffahrt" entsprachen, insbesondere bezogen auf die multinationale Besatzung von Seeschiffen sowie den internationalen Einsatz der Handelsschiffe, sowie der Sicherung der Wettbewerbsfähigkeit der Schiffe unter deutscher Flagge.[19] 25

Das Seearbeitsgesetz setzt das Seearbeitsübereinkommen und die Richtlinie 2009/13/EG zur Durchführung der Vereinbarung zwischen der ECSA und der ETF über das Seearbeitsübereinkommen 2006 in **nationales Recht** um und orientiert sich dabei am Aufbau des Seearbeitsübereinkommens. Das Seearbeitsgesetz ist in insgesamt zwölf Abschnitte gegliedert (Allgemeine Vorschriften; Mindestanforderungen für die Arbeit von Besatzungsmitgliedern auf Schiffen; Beschäftigungsbedingungen; Berufsausbildung an Bord; Unterkünfte und Freizeiteinrichtungen, Verpflegung einschließlich Bedienung; Sicherheit und Gesundheitsschutz bei der Arbeit, medizinische und soziale Betreuung; Ordnung an Bord und Beschwerderecht; Zeugnisse und Verantwortlichkeit des Flaggenstaates; Anforderungen an Schiffe unter ausländischer Flagge und Verantwortlichkeit des Hafenstaates; Durchsetzung der Arbeits- und Lebensbedingungen; Straf- und Bußgeldvorschriften; Schlussvorschriften). Mit dem Seearbeitsgesetz wurde das im Seemannsgesetz noch geregelte überholte Musterungsverfahren abgeschafft. Daneben wurden durch das Seearbeitsgesetz insbesondere auch die Urlaubs-, Kündigungs-, und Heimschaffungsregelungen neu geregelt. 26

Die nationale Umsetzung des Seearbeitsübereinkommens erfolgt durch das Seearbeitsgesetz und insbesondere folgende **Verordnungen**: 27
- die Seeleute-Befähigungsverordnung (See-BV)
- die Schiffsbesetzungsverordnung (SchBesV)
- die See-Unterkunftsverordnung (See-UnterkunftsV)

---

19 Vgl. Bundestags-Drucksache 17/10959, S. 1ff.; Loskamp, Das Seearbeitsgesetz – Kernstück des Gesetzes zur Umsetzung des Seearbeitsübereinkommens 2006, in: Jahrbuch des Arbeitsrechts, Band 51, Berlin 2014, S. 47.

- die See-Arbeitszeitnachweisverordnung (See-ArbZNV)
- die Seearbeitsüberprüfungs-Verordnung (SeeArbÜV)
- die See-Berufsausbildungsverordnung (See-BAV)
- die Verordnung über die Geschäftsordnung des Ausschusses für medizinische Ausstattung in der Seeschifffahrt (GO-MEDASV)
- die Maritime-Medizin-Verordnung (MariMedV)
- die Offshore-Arbeitszeitverordnung (Offshore-ArbZV).

28 Das Seearbeitsgesetz soll nach der Definition des persönlichen **Anwendungsbereiches** des Gesetzes in den §§ 1 und 3 SeeArbG grundsätzlich für alle Personen gelten, die an Bord eines Kauffahrteischiffes unter deutscher Flagge (vergleiche § 1 Absatz 1 SeeArbG) tätig sind, unabhängig davon, ob sie vom Reeder oder einer anderen Person beschäftigt werden oder als Selbständige tätig sind, einschließlich der zur ihrer Berufsbildung Beschäftigten (vergleiche § 3 Absatz 1 SeeArbG).[20] Personengruppen, die zwar an Bord tätig sind, aber nicht unter den Begriff des „Besatzungsmitglieds" iSd Seearbeitsgesetzes fallen, sind in § 3 Absatz 3 SeeArbG enumerativ aufgelistet, da sie beispielsweise nur vorübergehend an Bord tätig sind.[21]

29 Nach § 4 Absatz 2 SeeArbG ist der in § 4 Absatz 1 SeeArbG im Sinne des Seearbeitsgesetzes definierte **Reeder** für die Einhaltung der Rechte und Pflichten nach dem Seearbeitsgesetz und den anderen Rechtsvorschriften zur Umsetzung des Seearbeitsgesetzes, das heißt für die Arbeits- und Lebensbedingungen an Bord seiner Seeschiffe, verantwortlich. Dies gilt nach § 4 Absatz 2 SeeArbG auch dann, wenn eine andere Organisation oder Person bestimmte Aufgaben und Pflichten des Reeders erfüllt (vergleiche § 4 Absatz 2 Nummer 1 SeeArbG) oder ein „anderer Arbeitgeber" des Besatzungsmitglieds ist (vergleiche § 4 Absatz 2 Nummer 2 SeeArbG).[22]

30 Abschnitt 9 des Seearbeitsgesetzes (§§ 137–141 SeeArbG) regelt die Anforderungen an Schiffe unter **ausländischer Flagge** und die Rechte von Besatzungsmitgliedern auf Schiffen unter ausländischer Flagge und die Verantwortlichkeit des Hafenstaates.[23]

20 Vgl. Loskamp, in: Jahrbuch des Arbeitsrechts Band 51, Berlin 2014, S. 48.
21 Vgl. Bundestags-Drucksache. 17/10959, S. 56, 62 f.; *Bubenzer*, TranspR 11/12-2014, S. 394.
22 Vgl. Bubenzer, TranspR 11/12-2014, S. 394.
23 Vgl. Bundestags-Drucksache. 17/10959, S. 110 ff.

II.
Anwendungsbereich des Seearbeitsgesetzes und Definitionen

A. Grenze der Seefahrt/Abgrenzung zur Binnenschifffahrt

Das Seearbeitsgesetz gilt nach § 1 Absatz 1 für alle Kauffahrteischiffe. Kauffahrteischiffe sind Seeschiffe, die zum Erwerb durch Seefahrt bestimmt sind (zum Begriff Kauffahrteischiff: siehe Kap. II Rn. 18). Für die Unterscheidung zwischen einem Seeschiff und einem Binnenschiff ist allein die **tatsächliche Nutzung** des Schiffes entscheidend. Auf eine bloße Willensbekundung des Schiffseigentümers, ob er sein Schiff als Binnen- oder Seeschiff ansieht, kommt es nicht an. Auch die Eintragung im Binnen- oder Seeschiffsregister sagt wenig aus, da die Schiffsregister nicht die bauliche Eignung eines Schiffes für den Binnen- oder Seebereich prüfen. 1

Befährt ein Schiff **ausschließlich Binnengewässer**, ist es ein Binnenschiff und das Seearbeitsgesetz gilt nicht. Umgekehrt gilt das Seearbeitsgesetz immer auf Schiffen, die in Seegewässern operieren. 2

Für Schiffe an der deutschen Küste, die im Übergangsbereich zwischen der Binnen- und der Seeschifffahrt fahren, hat der Gesetzgeber in § 1 Absatz 2 SeeArbG eine klare Regelung gefunden: Diejenigen Schiffe, die ausschließlich die **Zonen 1 und 2** des Anhangs I der Binnenschiffsuntersuchungsordnung (BinSchUO) befahren, unterfallen nicht dem Seearbeitsgesetz. Die Zonen 1 und 2 umfassen die Flussmündungen, Förden, Haffen und Bodden und sind im Anhang I der BinSchUO mit den genauen geographischen Koordinaten beschrieben. 3

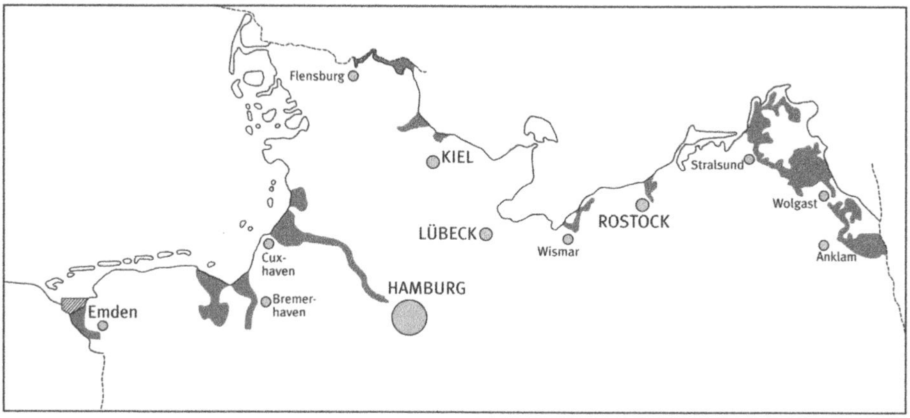

Abb. 4: Karte Zonen 1 und 2 BinSchuO

4 Der seewärtige Abschluss der Zone 2 (**Seegrenze**) unterscheidet sich von der Definition der Grenze der Seefahrt in § 1 der Flaggenrechtsverordnung. Beispielsweise gehört die Kieler Förde zur Zone 2 der BinSchUO, während die Grenze der Seefahrt nach der Flaggenrechtsverordnung bereits an der Ausfahrt der Schleuse Kiel-Holtenau des Nord-Ostsee-Kanals liegt.

5 **Verlässt eine Schiff die Seegrenze** der Zone 2 der BinSchUO – und sei es nur einmalig – gilt grundsätzlich das Seearbeitsgesetz mit allen Rechten und Pflichten.

! Das Herausfahren eines Schiffes über die **Seegrenze** hinaus lässt sich durch die Eintragungen im Seetagebuch nachvollziehen. Die Wasserschutzpolizei oder die BG Verkehr können also auch im Nachhinein feststellen, ob das SeeArbG an Bord gilt oder nicht.

---

6 Nur wenn das Schiff eine schiffssicherheitsrechtliche **Ausnahmegenehmigung** hat, darf es seewärts der Seegrenze fahren, ohne dass automatisch das Seearbeitsgesetz gilt. In der Praxis gibt es drei Fälle einer solchen Genehmigung:

1. Überführungsfahrten,
2. Einsatz bei maritimen Großveranstaltungen (zB Kieler Woche),
3. Binnenschifffahrt im Bereich Jade/Weser (sogenannte Kaiserfahrt).

Diese drei **Ausnahmen** sind klar abgrenzbar und durch entsprechende Dokumente der Flaggenstaatverwaltung nachprüfbar.

---

i Ein Seeschiff, das zum Beispiel in den **Hamburger Hafen ein- und ausläuft**, bleibt ein Seeschiff, auch wenn es zeitweise die Zonen 1 und 2 der BinSchUO – also den Binnenbereich – befährt. Das Seearbeitsgesetz bleibt in diesen Fällen während des gesamten Zeitraums des Befahrens der Zonen 1 und 2 anwendbar.

B. Deutsche Flagge

1. Führen der deutschen Flagge

7 Das Seearbeitsgesetz regelt die Arbeits- und Lebensbedingungen auf Kauffahrteischiffen, die die **Bundesflagge** führen (§ 1 Absatz 1 SeeArbG).

---

i Die Begriffe „Bundesflagge" und „deutsche Flagge" haben **dieselbe Bedeutung**.

---

8 Für die Anwendbarkeit des Seearbeitsgesetzes kommt es nicht auf das tatsächliche Führen der deutschen Flagge (zum Beispiel am Flaggenstock am Heck des Schiffes) an, sondern auf die Pflicht oder das Recht zum Führen der deutschen Flagge. Das Seearbeitsgesetz knüpft damit an die §§ 1 und 2 FlRG an.

Seeschiffe müssen dann die deutsche Flagge führen, wenn 9
- ihre Eigentümer **Deutsche** mit Wohnsitz in Deutschland sind oder
- Deutsche in einer OHG, KG oder in einer anderen juristischen Person die Stimmenmehrheit haben.

Die einzige Ausnahme von der **Pflicht**, die deutsche Flagge zu führen, ist die Genehmigung zur befristeten Ausflaggung nach § 7 FlRG.

Das **Recht** zum Führen der deutschen Flagge haben Schiffe, deren Eigentümer: 10
- EU-Bürger oder
- Gesellschaften mit Hauptsitz in der EU (auch außereuropäisch kontrollierte)

sind.

Tabelle 1: Verpflichtung und Berechtigung zum Führen der deutschen Flagge

Nr.	Flaggenrechtsgesetz	Eigentümer eines Seeschiffes
A. Pflicht zur Führung der Bundesflagge		
Seeschiffe deutscher Eigentümer		
1	§ 1 Abs. 1	Deutsche mit Wohnsitz in Deutschland
2	§ 1 Abs. 2a	OHG's und KG's, wenn Deutsche: 1. Mehrheitsgesellschafter sind und 2. die Stimmenmehrheit haben
3	§ 1 Abs. 2b	Juristische Personen, wenn Deutsche Mehrheit im Vorstand/Geschäftsführung haben
B. Recht zur Führung der Bundesflagge		
Seeschiffe von EU/EWR-Eigentümern		
4	§ 2 Abs. 1 Nr. 2	Staatsbürger aus EU-/EWR-Mitgliedsstaat
5	§ 2 Abs. 1 Nr. 2	OHG's und KG's, wenn Staatsbürger aus EU-/EWR-Mitgliedsstaat: 1. Mehrheitsgesellschafter sind und 2. die Stimmenmehrheit haben
6	§ 2 Abs. 1 Nr. 2	Juristische Personen, wenn Staatsbürger aus EU-/EWR-Mitgliedsstaat die Mehrheit im Vorstand/Geschäftsführung haben
7	§ 2 Abs. 1 Nr. 3	Gesellschaften, die 1. nach Rechtsvorschriften eines EU-Mitgliedsstaates gegründet wurden und 2. ihre Hauptniederlassung in der EU haben und 3. eine verantwortliche Person in Deutschland zur Einhaltung der deutschen Rechtsvorschriften beauftragt haben
8	§ 2 Abs. 1 Nr. 1	Erbengemeinschaft, wenn Deutsche zu mehr als 50% am Nachlass beteiligt

Nr.	Flaggenrechtsgesetz	Eigentümer eines Seeschiffes
9	§ 11 Abs. 1 S. 2	Verleihung des Rechts zur Führung der Bundesflagge durch das Bundesverkehrsministerium an deutschen/EU-Ausrüster zur befristeten Bereederung, wenn nicht bereits §§ 1,2, 10 einschlägig
Seeschiffe von außereuropäischen Eigentümern		
10	§ 2 Abs. 2	wie 4–7, wenn natürliche Personen oder Gesellschaften aus einem Drittstaat mit bilateralem Verträgen mit Deutschland/EU/EWR über Arbeitnehmer- oder Niederlassungsfreiheit kommen
11	§ 11 Abs. 1 S. 1	Verleihung des Rechts zur Führung der Bundesflagge durch das Bundesverkehrsministerium an einen ausländische Eigentümer aufgrund internationaler Vereinbarungen
Seeschiffe auf Überführungsfahrt		
12	§ 10	Verleihung des Rechts zur Führung der Bundesflagge durch das Bundesverkehrsministerium für eine Überführungsfahrt, wenn nicht bereits §§ 1, 2 einschlägig

2. „Erstregister": Eintragung in das Seeschiffsregister

11 Kauffahrteischiffe und andere zur Seefahrt bestimmte Schiffe, die nach den §§ 1 und 2 FlRG zur Führung der Bundesflagge verpflichtet oder berechtigt sind, müssen in ein Seeschiffsregister eingetragen werden. Diese Verpflichtung entfällt nur dann, wenn das Schiff **unter 15m lang ist** (§ 10 Absatz 1 Satz 2 SchRegO). Kleinere Schiffe können, müssen aber nicht in ein Seeschiffsregister eingetragen werden.

i Es gibt kein bundesweit einheitliches Seeschiffsregister. Stattdessen werden die Seeschiffsregister von den **Amtsgerichten** geführt (§ 1 Absatz 1 SchRegO). Die Länder haben durch Rechtsverordnung festgelegt, dass nur bestimmte Amtsgerichte ein Seeschiffsregister führen.

Tabelle 2: Kontaktdaten der Seeschiffsregister in Deutschland

Ort	Seeschiffsregister	Adresse	Kontakt
Berlin	Amtsgericht Charlottenburg, Seeschiffsregister	Amtsgerichtsplatz 1, 14057 Berlin	Tel.: +4 93 09 01 77-0
Brake	Amtsgericht Brake, Seeschiffsregister	Bürgermeister-Müller-Straße 34, 26919 Brake	Tel.: +4 94 40 11 09-0
Bremen	Amtsgericht Bremen, Seeschiffsregister	Ostertorstraße 25–31, 28195 Bremen	Tel.: +49 42 13 61-0

Ort	Seeschiffsregister	Adresse	Kontakt
Cuxhaven	Amtsgericht Cuxhaven, Seeschiffsregister	Deichstraße 12a, 27472 Cuxhaven	Tel.: +49 47 21 50 19-0
Duisburg	Amtsgericht Duisburg-Ruhrort, Seeschiffsregister	Amtsgerichtsstraße 36, 47119 Duisburg	Tel.: +4 90 20 38 00 59-0
Emden	Amtsgericht Emden, Seeschiffsregister	Ringstraße 6, 26721 Emden	Tel.: +4 94 92 19 51-0
Hamburg	Amtsgericht Hamburg, Seeschiffsregister	Caffamacherreihe 20, 20355 Hamburg	Tel.: +4 94 04 28 43-0
Kiel	Amtsgericht Kiel, Seeschiffsregister	Preußerstraße 1–9, 24105 Kiel	Tel.: +49 43 16 04-0
Mannheim	Amtsgericht Mannheim, Seeschiffsregister	Bismarckstraße 14, 68159 Mannheim	Tel.: +49 62 12 92-0
Regensburg	Amtsgericht Regensburg, Seeschiffsregister	Augustenstraße 3, 93049 Regensburg	Tel.: +4 99 41 20 03-0
Rostock	Amtsgericht Rostock, Seeschiffsregister	Zochstraße 13, 18057 Rostock	Tel.: +4 93 81 49 57-0
Saarbrücken	Amtsgericht Saarbrücken, Seeschiffsregister	Mainzer Straße 178, 66121 Saarbrücken	Tel.: +49 68 15 01-37 52
Stade	Amtsgericht Stade, Seeschiffsregister	Wilhadikirchhof 1, 21682 Stade	Tel.: +4 94 14 11 07-1
St. Goar	Amtsgericht St. Goar, Seeschiffsregister	Bismarckweg 3, 56329 St. Goar	Tel.: +4 96 74 19 10-0
Wiesbaden	Amtsgericht Wiesbaden, Seeschiffsregister	Mainzer Straße 124, 65189 Wiesbaden	Tel.: +4 96 11 32 61-0
Wilhelmshaven	Amtsgericht Wilhelmshaven, Seeschiffsregister	Marktstraße 15, 26382 Wilhelmshaven	Tel.: +49 44 21 75 80-0
Würzburg	Amtsgericht Würzburg, Seeschiffsregister	Ottostraße 5, 97070 Würzburg	Tel.: +49 93 13 81-0

Ein Seeschiff wird in das Seeschiffsregister seines **Heimathafens** eingetragen (§ 4 SchRegO). Der Heimathafen ist derjenige Hafen, von dem aus das Schiff betrieben wird – in der Praxis der Sitz der Reederei. Der Heimathafen muss nicht regelmäßiger Ausgangspunkt für Reisen des Schiffes sein. 12

Mit der Eintragung in das Seeschiffsregister werden die Staatsangehörigkeit des Eigentümers oder der Eigentümer und die **Eigentumsverhältnisse** transparent gemacht. Außerdem dient die Eintragung der eindeutigen Identifizierung und ermöglicht durch die Eintragung von Schiffshypotheken die Darlehensfinanzierung. 13

14 Ein Seeschiff bleibt auch dann im deutschen Seeschiffsregister eingetragen, wenn der Reeder das Schiff befristet nach § 7 FlRG **ausflaggt**. Im Seeschiffsregister wird dann die befristete Ausflaggung vermerkt.

i Die Seeschiffsregister werden in Abgrenzung zum Internationalen Seeschifffahrtsregister umgangssprachlich häufig als „**Erstregister**" bezeichnet. Damit soll deutlich gemacht werden, dass es in vielen Flaggenstaaten neben dem „regulären" Schiffsregister noch jeweils ein weiteres Register gibt, das arbeits- und steuerrechtliche Erleichterungen zugunsten der Reeder ermöglicht.

3. „Zweitregister": Eintragung in das ISR

15 Seit 1989 haben Reeder in Deutschland die Möglichkeit, ihre Schiffe **zusätzlich** zum Seeschiffsregister in ein weiteres deutsches Register einzutragen, das Internationale Seeschifffahrtsregister (ISR). Die Eintragung in das ISR, das umgangssprachlich als „**Zweitregister**" bezeichnet wird, ist **freiwillig**. Voraussetzung für die Eintragung in das ISR ist, dass das Schiff bereits in einem deutschen Seeschiffsregister eingetragen ist und im internationalen Seeverkehr betrieben wird (§ 12 FlRG).

i Im Gegensatz zu den Seeschiffsregistern ist das ISR ein **einheitliches Register**, das vom Bundesamt für Seeschifffahrt und Hydrographie geführt wird.

16 Durch die Eintragung in das ISR braucht der Reeder seinen ausländischen Seeleuten keine deutsche Heuern bezahlen, sondern nur die niedrigeren ausländischen **Heimatheuern**. Diese Rechtsfolge ergibt sich aus dem kompliziert formulierten § 21 Absatz 4 FlRG. Nach dieser Vorschrift können ausländische Seeleute auf Schiffen unter deutscher Flagge tätig sein, ohne dass automatisch deutsches Recht gilt. Anders ausgedrückt: Ein Reeder darf mit seinen ausländischen Seeleuten **ausländisches Recht** vereinbaren. Allerdings gibt es auf Schiffen unter deutscher Flagge enge Grenzen für eine **ausländische Rechtswahl**. Nach § 9 SeeArbG müssen die Mindestarbeits- und Lebensbedingungen des Seearbeitsübereinkommens in jedem Fall eingehalten werden. Auch darf die Vereinbarung ausländischen Rechts nicht für solche Rechtsbereiche vereinbart werden, an denen ein besonderes öffentliches Interesse besteht (sogenannte **Eingriffsnormen**). Das Bundesverfassungsgericht hat 1995 festgestellt, dass das ISR mit deutschem Recht vereinbar ist.

! **Praxistipp**
Reedereien sollten ihre international fahrenden Schiffe unter deutscher Flagge aus Wettbewerbsgründen **in das ISR eintragen lassen**, wenn sie ausländische Schiffsleute (ratings) beschäftigen. Ohne Eintragung in das ISR müsste ein Reeder zum Beispiel seinen philippinischen Seeleuten deutsche Heuern zahlen.

Das ISR **unterscheidet** sich von anderen Zweitregistern im Ausland vor allem durch zwei Punkte: 17

1. Das ISR ist ein zusätzliches Register, das eine Eintragung im Erstregister zwingend voraussetzt,
2. Mit Ausnahme der Heuerhöhe für ausländische Seeleute gelten im ISR sämtliche deutsche Rechtsvorschriften.

Im ISR können nur Seeschiffe unter **deutscher Flagge** eingetragen sein. Im Gegensatz zum Seeschiffsregister (Amtsgericht) wird ein Seeschiff bei seiner Ausflaggung aus dem ISR gelöscht. i

---

C. Kauffahrteischiff

1. Definition des Begriffes „Kauffahrteischiff“

Der Begriff „Kauffahrteischiff“ ist nicht gesetzlich definiert. Nach der Rechtsprechung sind Kauffahrteischiffe Seeschiffe, die zum **Erwerb durch Seefahrt** bestimmt sind oder dem Erwerb durch Seefahrt dienen. Damit sind für den Begriff „Kauffahrteischiff“ **drei Elemente wesensbestimmend**: 18

1. die Schiffseigenschaft,
2. die Bestimmung für die Seefahrt und
3. der gewerbliche Einsatz.

Die Begriffe „Kauffahrteischiff“ und „Handelsschiff“ haben dieselbe Bedeutung. i

---

a) Schiff

Ein **Schiff** ist nach der Rechtsprechung jedes schwimmfähige, mit einem Hohlraum versehene Fahrzeug von nicht ganz unbedeutender Größe, das fähig und bestimmt ist, auf oder auch unter Wasser fortbewegt zu werden und dabei Personen oder Sachen zu tragen. Stationäre Anlagen, die für einen Zeitraum stationär fest mit dem Meeresgrund verankert sind (zum Beispiel Stromkonverter-Stationen in Offshore-Windparks), sind dagegen keine Schiffe. 19

Für die Schiffseigenschaft kommt es nicht darauf an, ob sich ein Fahrzeug aus eigener Kraft fortbewegen kann. Eine eigene Maschinenanlage ist daher für die Bejahung der Schiffseigenschaft nicht notwendig. 20

Beispiel
Ein Schneidkopfspüler auf einem Ponton ohne eigenen Antrieb ist ein Schiff.[1]

b) Bestimmung für die Seefahrt

21 Die Abgrenzung der **Seefahrt** zur Binnenfahrt im Seearbeitsrecht ergibt sich aus § 1 Absatz 2 SeeArbG. Schiffe, welche die Zonen 1 und 2 BinSchUO seewärts verlassen, sind Seeschiffe (siehe Kap. II Rn. 3).

c) Gewerblicher Einsatz

22 Ein Seeschiff wird dann **gewerblich** eingesetzt, wenn:
1. Personen oder Güter gegen Entgelt über See transportiert werden,
2. Seefischerei zum Haupt- oder Nebenerwerb betrieben wird,
3. allgemein Dienstleistungen im Seebereich durchgeführt werden.

23 Der entgeltliche Transport von Personen oder Gütern wird als unmittelbarer Erwerb durch Seefahrt bezeichnet, die anderen Formen der Seefahrt als mittelbarer Erwerb durch Seefahrt (Tätigkeit des Fahrens im Vordergrund). Diese Unterscheidung hat allerdings für die Praxis kaum Bedeutung.

24 Bei der **Abgrenzung** zwischen gewerblichem und **nicht-gewerblichem Einsatz** eines Schiffes kommt es nach der Rechtsprechung auf äußere, allgemeingültige Merkmale an, die nach technischen, wirtschaftlichen oder rechtlichen Gesichtspunkten auf eine bestimmte gewerbliche Nutzung schließen lassen. Nicht entscheidend ist dagegen die subjektive Einschätzung des Eigentümers oder Betreibers eines Schiffes.

25 Auch Schiffe im Eigentum des Bundes, der Länder oder einer anderen öffentlich-rechtlichen Körperschaft können Kauffahrteischiffe sein, wenn sie gewerblichen Zwecken dienen. Das Führen einer **Bundes- oder Dienstdienstflagge** allein schließt eine mögliche gewerbliche Nutzung des entsprechenden Schiffes nicht aus. Zwar ist für Seeschiffe im öffentlichen Dienst nach § 6 Absatz 2 FlRG die Dienstflagge anstelle der Bundesflagge vorgesehen, aber auch Schiffe im öffentlichen Dienst können ganz oder teilweise gewerblich genutzt werden.

1 BGH, Urteil vom 13. März 1980 – II ZR 163/78 –.

Tabelle 3: Anwendung des Seearbeitsgesetzes auf verschiedene Schiffstypen

Seeschiffstyp	Anwendung SeeArbG (Kauffahrteischiff)?	Begründung/Bemerkungen
Frachtschiff	ja	Erwerb durch Seefahrt (+)
Fahrgastschiff	ja	Erwerb durch Seefahrt (+)
Schlepper, Bergungsfahrzeug	Ja	Erwerb durch Seefahrt (+)
Kabelleger, Bagger, Krandienste	ja	Erwerb durch Seefahrt (+)
Fischereifahrzeug	ja	alle Arten der Seefischerei
Offshore-Errichterschiff	ja	Offshore-Errichterschiff bleibt Kauffahrteischiff, wenn es auf seinen hochgefahrenen Hubstelzen steht
Ponton, Barge	ja	Es kommt nicht auf eigenen Maschinenantrieb an; wenn keine Besatzungsmitglieder an Bord, spielt SeeArbG faktisch keine Rolle
Forschungsschiff	nein / ja	SeeArbG (+), wenn Forschungsschiff von privater Reederei bereedert wird
Lotsenversetzer	nein / ja	SeeArbG (+), wenn Lotsenversetzer zeitweise verchartert wird
Sportboot	nein / ja	SeeArbG (+), wenn Sportboot gewerblich genutzt wird + < 24 m Länge + mind. 2 Besatzungsmitglieder
Behördenfahrzeug	nein	kein Erwerb durch Seefahrt (nicht gewerblich)
Traditionsschiff	nein	kein Erwerb durch Seefahrt (nicht gewerblich)
Kriegsschiff	nein	

2. Abgrenzung zu Nicht-Kauffahrteischiffen und Sonderfälle

a) Offshore-Errichterschiffe

26 Offshore-Errichterschiffe sind speziell für die Errichtung von Offshore-Windenergieanlagen gebaute Installationsschiffe. Neben einer großen Decksfläche und einem Schwerlastkran ist für diesen Schiffstyp vor allem eine Hubvorrichtung kennzeichnend. Das Schiff kann sich am Einsatzort mit Hilfe von hydraulisch oder elektrisch betriebenen Hubbeinen aus dem Wasser heben, damit von einer stabilen, seegangsunabhängigen Arbeitsplattform Turm- und Gondelelemente einer Windenergieanlage errichtet werden können. Im Regelfall verfügen Offshore-Errichterschiffe über einen eigenen Antrieb, um zu den Offshore-Windparks zu gelangen. Die Schiffe werden auch als Offshore-Hubinseln oder als Jack-Up-Schiffe bezeichnet.

Abb. 5: Photo Offshore-Errichterschiff mit Windkraftanlage (© DOTI | Matthias Ibeler)

27 Offshore-Errichterschiffe sind **Kauffahrteischiffe**, für die das Seearbeitsgesetz gilt.[2]

? Die **Rechtsprechung** hat sich bisher nicht mit der Frage auseinandergesetzt, ob Offshore-Errichterschiffe Handelsschiffe sind. In der Praxis verfügen die Offshore-Errichterschiffe unter deutscher Flagge über die erforderlichen Zeugnisse nach dem Schiffssicherheits- und Seearbeitsrecht.

2 Festlegung der BG Verkehr im Wege der Verwaltungspraxis.

Ein Offshore-Errichterschiff bleibt auch dann ein Schiff, wenn es sich **zeitweise auf die Hubstelzen** gestützt von der Wasseroberfläche abhebt. Im Gegensatz zu stationären Förderplattformen oder Stromkonverterstationen (siehe Kap. II Rn. 19) ist das Herausheben aus dem Wasser bei Offshore-Errichterschiffen nur ein vorübergehender Zustand, während sie in der übrigen Zeit – wie andere Transportschiffe auch – Häfen anlaufen, um dort neue Ladung (Anlagenteile) aufzunehmen und diese zum Errichtungsstandort zu transportieren. 28

Das Seearbeitsgesetz gilt bei Offshore-Errichterschiffen **durchgehend**, also auch dann, wenn sich das Schiff **auf Hubstelzen** auf dem Meeresboden aufgestellt hat. Der Kapitän hat zu jeder Zeit die Verantwortung für die öffentliche Sicherheit und Ordnung an Bord nach den §§ 121ff. SeeArbG. !

Auf Offshore-Errichterschiffen wird die **Unterscheidung zwischen Besatzungsmitgliedern und Landarbeitnehmern** besonders deutlich.[3] Der Großteil der an Bord tätigen Personen sind Landarbeitnehmer, nur ein kleinerer Teil Besatzungsmitglieder. Für beide Personengruppen gelten unterschiedliche Rechtsvorschriften: für Besatzungsmitglieder das Seearbeitsgesetz, für Land-Arbeitnehmer die entsprechenden Landarbeitsvorschriften. Beispielsweise gilt zwar für beide Gruppen die Offshore-Arbeitszeitverordnung, aber da für Besatzungsmitglieder zusätzlich das Seearbeitsgesetz anzuwenden ist, dürfen Besatzungsmitglieder länger an Bord arbeiten als Landarbeitnehmer. 29

Tabelle 4: Unterschiedliche Rechtsvorschriften auf Offshore-Errichterschiffen

Bereich	**Seearbeitsrecht** (Besatzungsmitglieder)	**Landarbeitsrecht** (Land-Arbeitnehmer)
Behörden-Zuständigkeit	BG Verkehr (Dienststelle Schiffssicherheit)	Arbeitsschutzbehörden der Länder
Arbeitszeiten	max. 14 h täglich (Regelarbeitszeit: 12h täglich)	max. 12 h täglich
Einsatzdauer See für Beschäftigte	max. 12 Monate	max. 2 Wochen
Medizin	Seediensttauglichkeits-untersuchungen	Arbeitsmedizinische Vorsorgeuntersuchungen
Unterkünfte	See-Unterkunftsverordnung	Arbeitsstättenverordnung
Lohnfortzahlung im Krankheitsfall	16 Wochen	6 Wochen

3 Zur Abgrenzung Besatzungsmitglieder und Landarbeitnehmer: siehe Kap. II Rn. 83.

Bereich	**Seearbeitsrecht** (Besatzungsmitglieder)	**Landarbeitsrecht** (Land-Arbeitnehmer)
Sozialversicherung	Seemännische Sozialversicherung (einschl. Seemannskasse)	Sozialversicherung für Landarbeitnehmer

b) Privat bereederte Forschungsschiffe

30 Forschungsschiffe, die privat bereedert werden, sind **Kauffahrteischiffe**. Anders als bei rein staatlich betriebenen Forschungsschiffen dient die private Bereederung dem Erwerb durch Seefahrt.

31 Bereederung ist die sichere, technische und kaufmännische Betriebsführung von Seeschiffen. Der genaue Umfang der Bereederung wird in **Bereederungsverträgen** zwischen dem Eigentümer der Schiffe (Bund/Länder) und der Reederei geregelt. Zur Bereederung von Forschungsschiffen gehören üblicherweise folgende Leistungen:

- Bemannung des Schiffes für den laufenden Schiffsbetrieb und zur Unterstützung des Forschungsbetriebes,
- Organisation, Planung, Ausführung und Kontrolle von Wartungs-, Reparatur- und Instandsetzungsarbeiten zum Zweck der ständigen Bereitschaft und Seetüchtigkeit,
- nautisch-technische Aufgaben,
- Sicherstellung des wissenschaftlich-technischen Betriebes an Bord, unter anderem Unterstützung bei Reparatur und Wartung von wissenschaftlichen Geräten,
- Pflege und Reinigung von Unterkünften und öffentlichen Räumen auf dem Schiff,
- Versorgung des Schiffes mit Betriebs- und Hilfsstoffen,
- Verproviantierung des Schiffes,
- Lade- und Löschvorgänge,
- administrative Reedereiaufgaben wie zum Beispiel Buchhaltung, Bestellung von Schiffsagenten in den Anlaufhäfen, Versicherung des Schiffes.

32 Die private Bereederung eines Forschungsschiffes macht einen **wesentlichen Teil des Schiffsbetriebes** aus, hinter dem der öffentliche Forschungszweck zurücktritt.

? Bis jetzt gibt es **kein Gerichtsurteil**, das sich explizit mit der Frage auseinandergesetzt hat, ob privat bereederte Forschungsschiffe Kauffahrteischiffe sind. Zumindest hat das Landesarbeitsgericht Hamburg bei einem privat bereederten Forschungsschiff eine „eigenwirtschaftliche Nutzung" im Sinne des Arbeitsrechts bejaht.[4]

4 LAG Hamburg, Urteil vom 3. März 2005 – 1 Sa 35/04 –.

Besatzungsmitglieder auf privat bereederten Forschungsschiffen haben **alle Rechte und Pflichten** des Seearbeitsgesetzes. Für **Wissenschaftler** an Bord ist dagegen das Seearbeitsgesetz nicht anwendbar (siehe Kap. II Rn. 100). 33

c) Gewerbsmäßig genutzte Sportboote

Die **gewerbliche Nutzung** von Sportbooten ist in verschiedenen Vorschriften geregelt. Ein Sportboot wird dann gewerblich genutzt, wenn es entweder vermietet wird oder auf dem Fahrzeug mit Gewinnerzielungsabsicht ausgebildet wird. Für beide Nutzungsarten ist ein Sicherheitszeugnis nach der See-Sportbootverordnung erforderlich. 34

Das Seearbeitsgesetz wird nur auf gewerbsmäßig genutzten Sportfahrzeugen über **24 m Länge** angewendet, wenn auf diesen Booten **mehr als zwei Personen beschäftigt** sind (§ 1 Absatz 1 Satz 2 SeeArbG). Damit fällt der Großteil der Sportboote nicht unter das Seearbeitsgesetz. Der Gesetzgeber geht davon aus, dass die überwiegende Zahl der Skipper auf kleineren gewerbsmäßigen Sportbooten während ihres Urlaubs als Hobby oder nur zeitweise gegen geringe Vergütung tätig wird und daher nicht des Schutzes des Seearbeitsgesetzes bedarf. 35

d) Traditionsschiffe

Traditionsschiffe sind nach der Sicherheitsrichtlinie für Traditionsschiffe historische Wasserfahrzeuge unter deutscher Flagge, die: 36

- hauptsächlich mit den Originalwerkstoffen im Original oder als Einzelnachbildung gebaut worden sind,
- nicht länger als 55 m sind (Rumpflänge),
- ausschließlich zu ideellen Zwecken betrieben werden und
- die zur maritimen Traditionspflege, zu sozialen oder vergleichbaren Zwecken als Seeschiffe eingesetzt werden.

Der ideelle Nutzungszweck eines Traditionsschiffes schließt eine gewerbliche Nutzung aus. Traditionsschiffe sind daher kraft Gesetzes **keine Kauffahrteischiffe**; das Seearbeitsgesetz ist nicht anwendbar. !

Die Abgrenzung zwischen einem Traditions- und einem Fahrgastschiff sorgt in der Praxis immer wieder für Streit. Die Einnahme von Vereins- und Kostenbeiträgen von Mitgliedern zum Erhalt und Betrieb eines Traditionsschiffes ist zulässig, die gewinnorientierte Beförderung von Fahrgästen im Rahmen von Betriebsausflügen, Hochzeitsfeiern, Angelfahrten oder ähnlichen Veranstaltungen dagegen nicht. 37

D. Reeder und anderer Arbeitgeber

1. Reeder

38 Reeder ist nach § 4 Absatz 1 SeeArbG **entweder**
1. der **Schiffseigentümer oder**
2. der **Schiffsbetreiber**, der die Verantwortung für den Schiffsbetrieb vertraglich vom Schiffseigentümer übernommen hat.

Der Schiffseigentümer kann damit entscheiden, ob er selbst oder ein anderer für die Rechte und Pflichten nach dem Seearbeitsgesetz verantwortlich sein soll. Wenn der Schiffseigentümer sich entschlossen hat, die Verantwortung für den Schiffsbetrieb auf einen Dritten zu übertragen, dann ist nur diese andere Person oder Organisation alleinverantwortlicher Reeder im Sinne des Seearbeitsrechts.[5]

39 Diese auch im Seearbeitsübereinkommen enthaltene **Wahlmöglichkeit** spiegelt die arbeitsteilige Struktur der modernen Seeschifffahrt wider. Schiffseigentümer sind aus steuerrechtlichen und Finanzierungsgründen häufig Kommanditgesellschaften (KG's) oder andere juristische Personen. Diese Einschiffs-KG's übertragen in der Regel die Verantwortung für den Betrieb ihrer Schiffe auf **Vertragsreeder**. In diesen Fällen ist der Vertragsreeder der Reeder nach dem Seearbeitsgesetz. Dieser seearbeitsrechtliche Reeder wird **in das Seearbeitszeugnis eingetragen**, das an Bord ausgehängt werden muss.

! **Praxistipp**
Der Reeder muss die Heuerverträge mit den Besatzungsmitgliedern auf seinem Schiff auch dann unterschreiben, wenn nicht er selbst, sondern **ein Dritter der Arbeitgeber der Seeleute** ist (§ 28 Absatz 1 Satz 5 SeeArbG). Jedes Besatzungsmitglied kann damit einfach erkennen, wer sein Reeder ist.

---

40 Bei international fahrenden Schiffen ist der seearbeitsrechtliche Reeder zugleich auch der **Schiffsbetreiber nach dem ISM-Code**. Die Definition des Reeders im Seearbeitsrecht und in Nummer 3.1, Teil A, des ISM-Codes ist nahezu wortgleich. Sowohl das Seearbeitsübereinkommen als auch der ISM-Code gehen von demselben Grundgedanken aus: Es darf keine Unklarheiten geben, wer der verantwortliche Reeder ist. Zudem überschneiden sich viele Inhalte des Seearbeitsrechts mit dem ISM-Code. Bei Zweifeln über die Reeder-Eigenschaft kann sich die BG Verkehr vom Eigentümer den **Bereederungsvertrages** vorlegen lassen (§ 3 Absatz 3 See-ArbÜV).

---

5 VG Hamburg, Beschluss vom 23. Oktober 2013 – 13 E 4025/13 –.

Praxistipp
Reedereien sollten darauf achten, dass **dieselbe Person oder Organisation** als Reeder im Seearbeitszeugnis und als Schiffsbetreiber in den Zeugnissen nach dem ISM-Code eingetragen ist. Damit werden unnötige Diskussionen und mögliche Auslaufverzögerungen der Schiffe bei Hafenstaatkontrollen im Ausland vermieden.

Nach dem Artikel II Absatz 1j des Seearbeitsübereinkommens und § 4 Absatz 2 Satz 1 SeeArbG ist der Reeder für die Einhaltung aller Arbeits- und Lebensbedingungen an Bord nach dem Seearbeitsgesetz **verantwortlich**. Diese klare Vorgabe stellt sicher, dass sich kein Reeder seiner Verantwortung für die Seeleute an Bord seiner Schiffe entziehen kann. 41

Das **Muster der Erklärung der Verantwortlichkeit des Reeders** ist im Anhang I auf der Seite 287 abgedruckt.

2. Anderer Arbeitgeber

Häufig gliedern Reeder einzelne Aufgaben für den Betrieb eines Schiffes an externe Dienstleister aus. Dieses sogenannte **Outsourcing** kommt in der Praxis der Seeschifffahrt in den verschiedensten Formen vor: 42
- für Frachtschiffe in der internationalen Fahrt übernehmen Crewing-Agenturen die Besetzung der Schiffe mit Seeleuten,
- auf Fahrgastschiffen wird die Verpflegung und das Catering für die Passagiere durch externe Gastronomiebetriebe sichergestellt,
- auf Kreuzfahrtschiffen sind Verkäufer in Modegeschäften, Parfümerien, Frisörsalons und Juweliergeschäften angestellt.

In diesen Fällen ist nicht der Reeder, sondern eine andere Person oder Organisation („**anderer Arbeitgeber**") der Arbeitgeber der Besatzungsmitglieder (§ 4 Absatz 2 Satz 2 Nummer 2 SeeArbG). Bei dem Begriff des anderen Arbeitgebers handelt es sich um eine spezielle Rechtskonstruktion des Seearbeitsrechts, die nur auf Besatzungsmitglieder angewendet wird, nicht jedoch auf Landarbeitnehmer (Nicht-Besatzungsmitglieder).

Der andere Arbeitgeber ist neben dem Reeder für die Einhaltung der Arbeits- und Lebensbedingungen an Bord verantwortlich (§ 4 Absatz 3 Satz 1 SeeArbG). Der Reeder muss mit dem anderen Arbeitgeber einen **Vertrag** geschlossen haben, mit dem sich der andere Arbeitgeber zur Einhaltung des Seearbeitsgesetzes und der seearbeitsrechtlichen Verordnungen verpflichtet (§ 4 Absatz 3 Satz 2 SeeArbG). 43

! Wenn nicht der Reeder selbst der Arbeitgeber der Besatzungsmitglieder ist, sollte er immer prüfen, ob eine **Arbeitnehmerüberlassung** (Leiharbeit) nach deutschem Recht vorliegt. Ist dies der Fall und hat der andere Arbeitgeber keine Erlaubnis zur Arbeitnehmerüberlassung, dann wird der Reeder kraft Gesetzes zum neuen Arbeitgeber (siehe Kap. III Rn. 46).

3. Verantwortung, Haftung nach außen und innen

44 Die Verantwortlichkeit des Reeders für die Arbeits- und Lebensbedingungen an Bord seiner Schiffe ist umfassend und darf nicht eingeschränkt werden. Die oberste Verantwortung des Reeders bleibt nach § 4 Absatz 2 Satz 2 SeeArbG auch dann erhalten, wenn die Seeleute auf seinen Schiffen bei einem anderen Arbeitgeber angestellt sind. Der andere Arbeitgeber wiederum ist ebenfalls für die von ihm verantworteten Arbeits- und Lebensbedingungen an Bord zuständig – auch für die öffentlich-rechtlichen Arbeitgeberpflichten wie die Vorgaben zu den Unterkünften, Verpflegung, Gesundheitsschutz sowie medizinische und soziale Betreuung.[6]

45 Im **Außenverhältnis** sind sowohl der Reeder als auch der andere Arbeitgeber für die Arbeits- und Lebensbedingungen an Bord verantwortlich. Der Gesetzgeber hat die genaue rechtliche Systematik der Haftung des Reeders und des anderen Arbeitgebers offen gelassen. Im juristischen Schrifttum wird überwiegend eine **gesamtschuldnerische Haftung** des Reeders und des anderen Arbeitgebers (§§ 421 ff. BGB) angenommen. Dazu passt die bürgenähnliche Haftung des Reeders für Zahlungsverpflichtungen des anderen Arbeitgebers in § 4 Absatz 4 SeeArbG. Diese bürgengleiche Haftung, die im Gesetzgebungsverfahren zum Seearbeitsgesetz umstritten war, ist dem § 14 AEntG, § 28e Absatz 2 SGB IV, § 98a AufenthG und den §§ 765 ff. BGB nachempfunden. Die Rechtskonstruktion der gesamtschuldnerischen Haftung darf nicht den falschen Eindruck erwecken, dass Besatzungsmitglieder ihre Ansprüche zunächst gegenüber ihrem Arbeitgeber geltend machen müssen und sich erst dann, wenn sie beim Arbeitgeber nicht erfolgreich waren, nachrangig an den Reeder wenden dürfen. Der Wortlaut des § 4 Absatz 2 SeeArbG macht deutlich, dass sich Besatzungsmitglieder auch direkt an den Reeder – ohne den Umweg über den anderen Arbeitgeber – wenden können. Rechtssystematisch ist auch eine **öffentlich-rechtliche Einstandspflicht** des Reeders denkbar. Kommt der andere Arbeitgeber seinen arbeitsrechtlichen Verpflichtungen nicht nach, muss der Reeder nach dieser Theorie entweder unmittelbar oder mittelbar im Wege der Ersatzvornahme diejenigen Leistungen erbringen, zu denen der andere Arbeitgeber arbeitsvertraglich verpflichtet ist.

46 Im **Innenverhältnis** ist der andere Arbeitgeber gegenüber dem Reeder ausgleichspflichtig, wenn der Reeder anstelle des anderen Arbeitgebers Ansprüche von

6 Bundestags-Drucksache 17/10959, S. 63.

Besatzungsmitgliedern erfüllt. Der Reeder sollte mögliche Regressansprüche in seinem nach § 4 Absatz 3 Satz 2 SeeArbG notwendigen Vertrag mit dem anderen Arbeitgeber regeln. Zudem sollte der Reeder aus Eigeninteresse seine Vertragspartner sorgfältig aussuchen, da etwaige Pflichtverletzungen des anderen Arbeitgebers als Mängel bei Hafenstaatkontrollen zu einer Auslaufverzögerung oder sogar Festhaltung des Schiffes führen können.

Für die **Praxis** dürfte die rechtssystematische Einordnung der Haftung des Ree- 47
ders und des anderen Arbeitgebers nur von untergeordneter Bedeutung sein. Bei Verstößen gegen die Arbeits- und Lebensbedingungen richten sich die Anordnungen zur Mängelbeseitigung sowohl bei der Flaggenstaatkontrolle durch die BG Verkehr als auch bei der Hafenstaatkontrolle im Ausland immer gegen den Reeder. Nur der Reeder ist im Seearbeitszeugnis aufgeführt, nicht jedoch der andere Arbeitgeber. Hinzu kommt, dass das Seearbeitsübereinkommen den Begriff des anderen Arbeitgebers nicht kennt.

Praxistipp !
In einem arbeitsgerichtlichen Streitfall hat ein Besatzungsmitglied faktisch ein **Wahlrecht**, ob es seine Klage gegen den Reeder, den anderen Arbeitgeber oder gegen beide richtet.

Erfüllt der andere Arbeitgeber seine Verpflichtungen nicht, haftet der Reeder „nur“ 48
für die Einhaltung der **gesetzlichen Mindestvorschriften** des Seearbeitsgesetzes und der seearbeitsrechtlichen Verordnungen. Der Reeder muss zum Beispiel nur den gesetzlichen Mindesturlaub nach § 56 SeeArbG (30 Kalendertage) sicherstellen, nicht jedoch auch einen darüber hinausgehenden Urlaub, der einzel- oder tarifvertraglich zwischen dem Besatzungsmitglied und dem anderen Arbeitgeber vereinbart wurde.

E. Besatzungsmitglieder

1. Definition des Begriffes „Besatzungsmitglieder“

Besatzungsmitglieder sind nach § 3 Absatz 1 SeeArbG alle Personen, die **an Bord** 49
von Schiffen tätig sind. Darunter fallen auch Selbständige und die Beschäftigten, die sich in der Berufsbildung befinden (Auszubildende). Die **Abgrenzung** von Besatzungsmitgliedern und Personen, die keine Besatzungsmitglieder sind, wird weiter unten dargestellt (siehe Kap. II Rn. 65 ff.).

---

i
Die Begriffe **„Besatzungsmitglieder“ und „Seeleute“** haben im Grundsatz dieselbe Bedeutung. Im SeeArbG sind „Besatzungsmitglieder“ die auf Schiffen unter deutscher Flagge tätigen Seeleute, während der Begriff „Seeleute“ dann verwendet wird, wenn es um die Beschreibung der Berufsgruppe als Ganzes oder um Seeleuten auf Schiffen unter ausländischer Flagge geht. In diesem Praxishandbuch werden die beiden Begriffe als **Synonyme** gleichbedeutend verwendet.

---

2. Kapitän

50 Der Kapitän wird nach § 5 Absatz 5 SeeArbG vom Reeder zur **Führung des Schiffes** bestellt. Anders als noch im Seemannsgesetz ist auch der Kapitän Besatzungsmitglied im Sinne des § 3 Absatz 1 SeeArbG.

51 Der Kapitän ist **leitender Angestellter** und **Vertreter des Reeders** an Bord in einer Person. Er hat umfangreiche Rechte, die weit über die üblichen Eingriffsmöglichkeiten an Land hinausgehen. Der Kapitän ist Inhaber der **Schiffsgewalt**, die verschiedene Befugnisse und Verantwortlichkeiten umfasst.

52 Nach dem **öffentlichen Recht** hat der Kapitän die **oberste Anordnungsbefugnis** zur Aufrechterhaltung der **öffentlichen Sicherheit und Ordnung an Bord** (§ 121 SeeArbG). In dieser Funktion kann er gegenüber den Besatzungsmitgliedern und **allen Personen an Bord** die notwendigen Anordnungen treffen. Dabei kommt es nicht darauf an, ob die Personen an Bord tätig sind; auch Fahrgäste unterliegen den Anordnungen des Kapitäns.

! Der Kapitän ist auch gegenüber **privaten Sicherheitskräften**, die zur Abwehr von Piraterieangriffen an Bord mitfahren, weisungsbefugt. Das private Sicherheitspersonal darf seine **Schusswaffen bei einem Angriff durch Piraten** nur mit Zustimmung des Kapitäns einsetzen.

53 Bei unmittelbarer Gefahr für das Schiff oder den Menschen an Bord darf der Kapitän sogar Personen vorübergehend festnehmen (§ 121 Absatz 3 SeeArbG). Der Grund für diese polizeiähnlichen Befugnisse des Kapitäns ist, dass durch die räumliche Abgeschiedenheit eines Seeschiffes weder die Polizei noch die Ordnungsbehörden ständig vor Ort sein können. Die **Letztentscheidungsbefugnis** des Kapitäns (die sogenannte „Overriding authority“) ist auch im internationalen Recht verankert. Nach Kapitel V, Regel 34-1 des SOLAS-Übereinkommens darf der Reeder den Kapitän nicht an Entscheidungen hindern, die nach der Einschätzung des Kapitäns für die Schiffssicherheit oder zum Schutz der Meeresumwelt notwendig sind. Ähnliche Formulierungen enthalten der ISM- und der ISPS-Code. Im nationalen Recht regeln § 8 SchSG und § 3 Nummer 1 SchBesV die Verantwortung des Kapitäns für die Einhaltung der Vorschriften zur Schiffssicherheit und zum Meeresumweltschutz.

54 Die wichtigste Befugnis des Kapitäns im Rahmen des **Privatrechts** ist das arbeitsrechtliche **Direktionsrecht**. Der Kapitän ist nach § 121 Absatz 1 SeeArbG der Vorgesetzte aller Besatzungsmitglieder. Der Kapitän darf auf der Grundlage der Heuerverträge auch denjenigen Besatzungsmitgliedern Weisungen erteilen, die bei einem anderen Arbeitgeber angestellt sind. Anordnungen gegenüber Nicht-Besatzungsmitgliedern sind dagegen nicht vom Direktionsrecht umfasst, sondern von der obersten Anordnungsbefugnis des öffentlichen Rechts. Der Kapitän übt das Direktionsrecht in Vertretung für den Reeder aus.

55 Darüber hinaus übt der Kapitän an Bord seines Schiffes das **Hausrecht** nach den §§ 903, 1004 BGB aus. Er entscheidet, wer das Schiff betreten darf. Zwar haben

Tabelle 5: Die wichtigsten rechtlichen Befugnisse eines Kapitäns

Bereich	Befugnisse des Kapitäns	Bemerkung	Rechtsgrundlage
Öffentliches Recht			
Befehlsgewalt	Kapitän ist Inhaber der Schiffsgewalt (= oberste Anordnungsbefugnis zur Aufrechterhaltung der öffentlichen Sicherheit und Ordnung an Bord)	Gilt gegenüber allen Personen an Bord; Letztentscheidungsbefugnis des Kapitäns darf nicht eingeschränkt werden	§ 121 des Seearbeitsgesetzes; Kap. V, Regel 34-1 des SOLAS-Übereinkommens; Regel 5.2 des ISM-Codes; Teil A, Regel 6.1 des ISPS-Codes
	Verantwortung für die Führung des Schiffes auch dann, wenn Kapitän selbständige Anordnung des Seelotsen hinsichtlich der Führung des Schiffes zulässt		§ 23 Absatz 2 des Seelotsgesetzes
	Verantwortung für Piraterie-Abwehrmaßnahmen auch dann, wenn private Sicherheitskräfte an Bord sind		§ 5 Absatz 1 Satz 2 Nr. 2 der See-Bewachungsverordnung
Schiffssicherheit	Verantwortung für die Einhaltung der Vorschriften zur Schiffssicherheit und den Meeresumweltschutz		§ 8 des Schiffssicherheitsgesetzes
	Verantwortung für eine ausreichende Schiffsbesetzung		§ 3 Nr. 1 der Schiffsbesetzungsverordnung
Privates Recht			
Weisungsbefugnis	Arbeitsrechtliches Direktionsrecht gegenüber allen Besatzungsmitgliedern (= Weisungen in Vertretung des Reeders), auch gegenüber Besatzungsmitgliedern, die bei einem anderen Arbeitgeber angestellt sind	Kapitän ist oberster Vorgesetzter aller Besatzungsmitglieder	§§ 32, 121 Absatz 1 Satz 1 des Seearbeitsgesetzes
Hausrecht	Hausrecht für das Schiff (= u.a. Entscheidung, wer das Schiff betreten darf)	Gilt nicht gegenüber Behördenmitarbeitern	§§ 903, 1004 des Bürgerlichen Gesetzbuches
Seehandelsrecht	Vornahme aller Geschäfte und Rechtshandlungen für den Reeder, die der Betrieb des Schiffes gewöhnlich mit sich bringt	Umfasst ist auch die Befugnis des Kapitäns, Besatzungsmitgliedern zu kündigen.	§ 479 des Handelsgesetzbuches

Besatzungsmitglieder nach § 95 SeeArbG einen Anspruch darauf, an Bord Besuch von ihren Partnern, Verwandten und Freunden zu empfangen und sich gelegentlich von ihren Partnern auf Fahrten begleiten zu lassen; der Kapitän kann aber dieses Recht einschränken, wenn betriebliche Belange oder Rechtsvorschriften zur Gefahrenabwehr (zum Beispiel ISPS-Code) entgegenstehen. Außerdem müssen die Besatzungsmitglieder Besuche an Bord dem Kapitän anmelden (§ 125 Absatz 1 SeeArbG). Behördenvertretern (zum Beispiel Besichtiger der BG Verkehr) steht dagegen ein gesetzliches Betretensrecht zu.

56 Das **Handelsgesetzbuch** beinhaltet weitere Befugnisse des Kapitäns. Als wichtigstes Recht ist der Kapitän nach § 479 des HGB verpflichtet, für den Reeder alle Geschäfte und Rechtshandlungen vorzunehmen, die der Betrieb des Schiffes gewöhnlich mit sich bringt. Darunter fällt grundsätzlich auch die Berechtigung, Besatzungsmitgliedern zu kündigen.

57 Für Kapitäne gelten wegen ihrer hervorgehobenen Stellung im Vergleich zu den anderen Besatzungsmitgliedern **Sonderregelungen** im Seearbeitsrecht, zum Beispiel:

- der Kapitän muss sich nur an die gesetzlichen Arbeitszeitregelungen halten, wenn er mit Seewache geht (§ 42 Absatz 4 SeeArbG),
- für den Kapitän gelten kürzere Kündigungsfristen (§ 66 Absatz 1 Satz 5 SeeArbG),
- Kapitäne sind nach § 114 Absatz 6 BetrVG nicht wahlberechtigt für die Bordvertretung oder für den Seebetriebsrat, weil sie leitende Angestellte sind.

i Kapitäne auf Handelsschiffen unter deutscher Flagge müssen nach § 4 Absatz 1 der Schiffsbesetzungsverordnung **EU-Bürger** sein. Wenn ein EU-Kapitän kein deutsches Befähigungszeugnis (umgangssprachlich: Patent) hat, muss er vor seinem Einsatz an Bord eines deutschflaggigen Schiffes an einem neuntägigen Lehrgang über deutsches Schifffahrtsrecht teilgenommen haben.

3. Schiffsoffiziere

58 Schiffsoffiziere sind nach § 6 SeeArbG alle nautischen und technischen Schiffsoffiziere mit entsprechenden Befähigungszeugnissen (umgangssprachlich: Patente) sowie Schiffsärzte, Seefunker, Schiffselektrotechniker und Zahlmeister. Schiffsoffiziere sind Besatzungsmitglieder.

59 Die Schiffsoffiziere sind **Vorgesetzte** der Besatzungsmitglieder in ihrem **Dienstzweig** (§ 122 Absatz 2 SeeArbG). Sie können Anordnungen zur Aufrechterhaltung der öffentlichen Sicherheit und Ordnung gegenüber den in ihrem Dienstzweig tätigen Personen treffen.

60 Unter den Schiffsoffizieren haben der Erste Offizier und der Leiter der Maschinenanlage (englisch: Chief) eine **Sonderstellung**. Der Kapitän kann seine weitreichenden Anordnungsbefugnisse für die öffentliche Sicherheit und Ordnung auf diese beiden Personen für ihren jeweiligen Dienstzweig übertragen, wenn er diese Befugnisse nicht selbst ausüben kann (§ 121 Absatz 5 SeeArbG).

4. Jugendliche Besatzungsmitglieder

Jugendliche Besatzungsmitglieder sind alle Besatzungsmitglieder, die noch keine 18 Jahre alt sind (§ 7 SeeArbG). An Bord dürfen nach § 10 SeeArbG nur über 16jährige Besatzungsmitglieder tätig sein (Ausnahme: 15 Jahre in der Fischerei). Für jugendliche Besatzungsmitglieder gelten besondere Schutzvorschriften im Seearbeitsgesetz (siehe Tabelle 6 auf den Seiten 34 und 35). 61

5. Selbständige

Selbständige, die an Bord von Handelsschiffen tätig sind, sind Besatzungsmitglieder (§ 3 Absatz 1 SeeArbG). In der Praxis sind Selbständige vor allem in der **Küstenfischerei und auf Küstenmotorschiffen** tätig. Auf diesen meist kleineren Schiffen fahren häufig **Eignerkapitäne**, das heißt die Eigentümer dieser Schiffe arbeiten als Schiffsführer auf ihren eigenen Schiffen. Diese beiden Personengruppen sind als Unternehmer in der gesetzlichen Sozialversicherung pflichtversichert (Rentenversicherung: § 2 Absatz 1 Nummer 7 SGB VI; Unfallversicherung: § 2 Nummer 7 SGB VII). In seltenen Einzelfällen werden Selbständige in der Seeschifffahrt als Geschäftsinhaber auf Kreuzfahrtschiffen oder im Catering-Bereich auf Fahrgastschiffen tätig. 62

Kapitäne auf Seeschiffen sind – mit Ausnahme der selbständigen Küstenfischer und -schiffer – nie Selbständige. Die **Scheinselbständigkeit** kann auch nicht dadurch beseitigt werden, dass ein Gewerbe als selbständiger Schiffsführer angemeldet wird. Die Funktion des Kapitäns als leitender Angestellter ist in verschiedenen Rechtsvorschriften festgelegt.[7] !

Für **Selbständige** gilt grundsätzlich das Seearbeitsgesetz. Insbesondere folgende Regelungen des Seearbeitsgesetzes müssen auch von Selbständigen beachtet werden: 63
- Mindestalter, § 10
- Seediensttauglichkeit, §§ 11–20
- Besatzungsstärke, § 21
- Besatzungsliste, § 22
- Befähigungen, § 23
- Arbeitsvermittlung, § 24–27

Für die anderen Vorschriften hat der Gesetzgeber in § 148 SeeArbG detailliert festgelegt, welche Paragraphen nicht für Selbständige gelten. Beispielsweise können Selbständige – anders als Angestellte – über keinen Heuervertrag verfügen (siehe Tabelle 7 auf Seite 36).

---

7 § 114 Absatz 6 Satz 2 BetrVG; § 33 Absatz 4 MitbestG; § 33 SprAuG.

Tabelle 6: Besondere Schutzvorschriften für jugendliche Besatzungsmitglieder

Bereich	Vorschrift	Jugendliche Besatzungsmitglieder	Erwachsene Besatzungsmitglieder
Mindestalter	§ 10	Mindestalter 16 Jahre (Fischerei: 15 Jahre); Schiffskoch muss mind. 18 Jahre alt sein	keine Entsprechung
Seedienst-tauglichkeit	§ 12 Abs. 5	Laufzeit Seediensttauglichkeitszeugnis: 1 Jahr	Laufzeit Seediensttauglichkeitszeugnis: 2 Jahre
	§ 18 Abs. 3	Kosten für Seediensttauglichkeitsuntersuchungen übernimmt der Bund	Kosten übernimmt entweder BG Verkehr oder Veranlasser der Untersuchung
Arbeitszeit	§ 53	Auf See max. 8 h täglich und 48 h wöchentlich; Nachtarbeit (von 20–6 Uhr) ist verboten, Ausnahmen: Ausbildung wäre beeinträchtigt oder Genehmigung der BG Verkehr; Überstunden nur, wenn kein Erwachsener Arbeiten übernehmen kann; wenn mehr als 5 Tage/Woche gearbeitet wird, dann muss für Arbeit am 6. oder 7. Tag jeweils ein freier Tag gewährt werden	keine vergleichbaren Beschränkungen, u.a. kein Verbot der Nachtarbeit
	§ 54	Arbeitszeit darf durch Tarifvertrag auf max. 9 h täglich und 44 h wöchentlich erweitert werden; längere Mindestruhezeit	Arbeitszeit darf durch Tarifvertrag auf max. 16h täglich und 98h wöchentlich erweitert werden
Urlaub	§ 57 Abs. 2	Mindesturlaub 34 Kalendertage (16-jährige) oder 32 Kalendertage (17-jährige)	Mindesturlaub 30 Kalendertage
	§ 58 Abs. 2	Urlaub spätestens nach 6 Monaten ununterbrochenen Dienst an Bord	Urlaub spätestens nach 12 Monaten ununterbrochenen Dienst an Bord
	§ 145 Abs. 1 Nr. 8	Versagen des Urlaubs ist Ordnungswidrigkeit (bis 10.000 EUR Geldbuße)	keine Entsprechung
Zurücklassung, Heimschaffung	§ 72 Abs. 3	Zurücklassung bedarf Einwilligung des gesetzlichen Vertreters	keine Entsprechung
	§ 74	Anspruch auf Heimschaffung bei erster Auslandsreise nach 4 Monaten, wenn Jugendlicher für Leben auf See ungeeignet ist	keine Entsprechung

Bereich	Vorschrift	Jugendliche Besatzungsmitglieder	Erwachsene Besatzungsmitglieder
Gesundheitsschutz	§ 117	Umfangreiche Arbeitsschutzvorschriften, u.a. keine schädlichen Einwirkungen von Lärm, Gefahrstoffen; besondere Vorkehrungen zum Schutz der Jugendlichen, u.a. gesonderte Gefährdungsbeurteilung, Einbeziehung Betriebsärzte	keine Entsprechung
	§ 118	Rechtsverordnung möglich über Arbeitsverbote und Arbeitsbeschränkungen (bis jetzt nicht erlassen)	keine Entsprechung
Ordnung an Bord	§ 123 Abs. 1 S. 3, Abs. 2	Jugendliche müssen auch in ihrer Freizeit vor gesundheitlichen und sittlichen Gefahren geschützt werden; Förderung der beruflichen Fortbildung im Rahmen des Schiffsbetriebes	keine Entsprechung

Tabelle 7: Abweichende Regelungen des Seearbeitsgesetzes für Selbständige

Bereich	Abweichung von der Regelung für angestellte Besatzungsmitglieder	Nicht anzuwendende §§ des Seearbeitsgesetzes
Heuervertrag	Anstelle des Heuervertrags tritt Vertrag mit dem Reeder (§ 148 Absatz 1 Satz 1).	–
	Im Vertrag mit dem Reeder müssen folgende Punkte nicht enthalten sein: – Zusammensetzung der Heuer; bei Fischereifahrzeugen: Fangbeteiligung, Prämien etc. – Dauer des jährlichen Urlaubs – Tarifverträge, Bord- und Betriebsvereinbarungen	§ 28 Absatz 2 Nr. 6, 8, 11, Absatz 3 Nr. 3. Absatz 4, 5 und 6 Satz 2. § 29 Absatz 2 und 3
Dienstbescheinigung	Kein Anspruch auf Dienstbescheinigung	§ 33
Heuern	Vorschriften über Anspruch, Bemessung, Fälligkeit, Zahlung und Abrechnung der Heuern gelten nicht.	§§ 37–41
Arbeits- und Ruhezeiten	Selbständige müssen nur Mindestruhezeiten einhalten	§ 48 Absatz 1 Nr. 1
	Vorschriften über See- und Hafenarbeitszeit gelten nicht.	§§ 43, 44
	Vorschriften zu Pausenregelungen gelten nicht.	§ 45 Absatz 1 und 2
	Keine Vergütung von Mehr-, Nacht-, Sonntags- und Feiertagsarbeit	§ 52
Urlaub	Vorschriften zum Urlaubsanspruch, u.a. Mindesturlaub, Erstattung der Reisekosten und Urlaubsentgelt (einschl. Verpflegungspauschale), gelten nicht.	§§ 56–64
Kündigung	Vorschriften zur Kündigung und Beendigung des Heuerverhältnisses gelten nicht.	§§ 65–72
Heimschaffung	Selbständiger hat keinen Anspruch auf Zahlung der Heuer während der Heimschaffung	§ 76 Absatz 1 Satz 4
Unterkünfte	Vorschriften gelten auch für Selbständige, aber Reeder hat das Recht, sich die Kosten aufgrund vertraglicher Vereinbarung erstatten zu lassen (§ 148 Absatz 4).	–
Gesundheitsschutz, medizinische und soziale Betreuung	Keine Heuerfortzahlung oder Tagegeldanspruch im Krankheitsfall	§§ 104, 105 Absatz 2 Satz 2

6. Abgrenzung zu Nicht-Besatzungsmitgliedern

Das Seearbeitsübereinkommen und das Seearbeitsgesetz kennen nur die **Kategorie der Besatzungsmitglieder (Seeleute)**. Alle anderen Personen sind keine Besatzungsmitglieder. 64

Aufgrund der einfacheren Handhabung wird in diesem Praxishandbuch der **Begriff „Nicht-Besatzungsmitglied"** verwendet. Es handelt sich dabei um keinen juristischen Begriff.

Nicht-Besatzungsmitglieder sind alle Personen, die nicht an Bord des Schiffes tätig sind. 65

Beispiel
Fahrgäste sind keine Besatzungsmitglieder, da sie **nicht an Bord tätig** sind (siehe Kap. II Rn. 70).

Es gibt eine Reihe von Personen an Bord, bei denen die Abgrenzung nicht von vornherein eindeutig ist. Diese **Zweifelsfälle** hat der Gesetzgeber in § 3 Absatz 3 Satz 1 SeeArbG aufgelistet und festgelegt, dass diese Personengruppen keine Besatzungsmitglieder sind. Das Seearbeitsgesetz folgt damit der Resolution Nummer 7 der ILO vom 22. Februar 2006, in der Beispiele für Personengruppen genannt werden, die von den einzelnen Flaggenstaaten vom Begriff „Seeleute" ausgenommen werden können. 66

Für Besatzungsmitglieder gelten sämtliche Vorschriften des Seearbeitsgesetzes, für Nicht-Besatzungsmitglieder dagegen grundsätzlich nur die **Einzelvorschriften** zum Mindestalter (§ 10 SeeArbG) und zur Ordnung an Bord (§§ 120 bis 126 SeeArbG). Für einzelne Gruppen von Nicht-Besatzungsmitgliedern sind darüber hinaus nach § 3 Absatz 4 SeeArbG weitere Einzelbestimmungen des Seearbeitsgesetzes anzuwenden. Beispielsweise sind für Wissenschaftler, Offshore-Personal, Praxissemester-Studenten, Schülerpraktikanten, VDR-Ferienfahrer und private Sicherheitskräfte eine Sicherheitsunterweisung und eine Arbeitschutzeinweisung vorgeschrieben (siehe Tabelle 8 auf Seite 38). 67

Die Abgrenzung zwischen Besatzungsmitgliedern und Nicht-Besatzungsmitgliedern lässt sich durch folgende **Dokumente** auch im Nachhinein nachvollziehen: 68

- die **Besatzungsliste** nach § 22 Absatz 1 SeeArbG
- in der nationalen Fahrt entweder durch die Besatzungsliste oder durch das **Seetagebuch** (§ 22 Absatz 2 SeeArbG),
- bei Fahrgastschiffen einerseits durch die Besatzungsliste (Besatzungsmitglieder), andererseits durch die **Fahrgastliste** (Fahrgäste).

Der Kapitän muss dafür sorgen, dass der Name, der Zweck sowie der Beginn und das Ende des Aufenthaltes von Nicht-Besatzungsmitgliedern – mit Ausnahme der Fahrgäste – unverzüglich in das Seetagebuch eingetragen wird (§ 3 Absatz 5 SeeArbG).

Tabelle 8: Anwendung einzelner Bereiche des Seearbeitsgesetzes auf Nicht-Besatzungsmitglieder

	Personengruppe nach § 3 Absatz 3 Nr. ...	**Mindestalter**	**Seediensttauglichkeit**	**Sicherheitsunterweisung/ Einweisung in Arbeitsschutz**	**Arbeits- und Ruhezeiten**	**Heimschaffung**	**Unterkünfte, Verpflegung, medizinische und soziale Betreuung**	**Besonderer Schutz von Jugendlichen**	**Ordnung an Bord**	**Beschwerderecht**
		§ 10	**§§ 11–20**	**§ 23**	**§§ 42–55**	**§§ 73–80**	**§§ 93–113**	**§§ 117, 118**	**§§ 120–126**	**§§ 127, 128**
..1	Behördenvertreter mit öff.-rechtl. Kontrolltätigkeit an Bord	ja	nein	nein	nein	nein	nein	nein	ja	nein
..2	Werften/Anlagenhersteller-Mitarbeiter (< 96 h Tätigkeit an Bord)	ja	nein	nein	nein	nein	nein	nein	ja	nein
..3	Techniker für Reparaturen/ Wartungsarbeiten (< 96 h Tätigkeit an Bord)	ja	nein	nein	nein	nein	nein	nein	ja	nein
..4	Reederei- und Ladungsinspektoren (< 72 h Tätigkeit an Bord)	ja	nein	nein	nein	nein	nein	nein	ja	nein
..5	Künstler zur Unterhaltung der Fahrgäste (< 72 h Tätigkeit an Bord)	ja	nein	nein	nein	nein	nein	nein	ja	nein
..6	Wissenschaftler (vorübergehend an Bord tätig)	ja	nein	ja	nein	nein	nein	nein	ja	nein

Personengruppe nach § 3 Absatz 3 Nr. …		Mindestalter	Seediensttauglichkeit	Sicherheitsunterweisung/ Einweisung in Arbeitsschutz	Arbeits- und Ruhezeiten	Heimschaffung	Unterkünfte, Verpflegung, medizinische und soziale Betreuung	Besonderer Schutz von Jugendlichen	Ordnung an Bord	Beschwerderecht
		§ 10	§§ 11–20	§ 23	§§ 42–55	§§ 73–80	§§ 93–113	§§ 117, 118	§§ 120–126	§§ 127, 128
..7	Personen mit Offshore-Tätigkeiten von einem Schiff aus	ja	nein	ja	nein	nein	nein	nein	ja	nein
..8	Praxissemesterstudenten	ja	ja	ja	ja	ja	ja	ja	ja	ja
..9	Schülerpraktikanten	ja	ja	ja	ja	ja	ja	ja	ja	ja
..10	VDR-Ferienfahrer	ja	ja	ja	ja	ja	ja	ja	ja	ja
..11	Kanalsteurer auf dem NOK	ja	ja	nein	nein	nein	nein	nein	ja	nein
..12	Private Sicherheitskräfte	ja	ja	ja	nein	nein	nein	nein	ja	nein

Die Besatzungsliste muss **bei jeder Änderung** der Zusammensetzung der Schiffsbesatzung neu erstellt werden.

69 Die Aufteilung zwischen Nicht-Besatzungsmitgliedern und Besatzungsmitgliedern hat auch Bedeutung für die gesetzliche **Sozialversicherung**. Alle Besatzungsmitglieder nach dem Seearbeitsgesetz sowie selbständige Küstenfischer und -schiffer unterliegen als Seeleute nach § 13 Absatz 4 SGB IV der seemännischen Sozialversicherung. Die seemännische Sozialversicherung unterscheidet sich hinsichtlich der Beitragsberechnung (Durchschnittsheuern) und der Versicherungspflicht in der Seemannskasse deutlich von der gesetzlichen Sozialversicherung für Landarbeitnehmer.

a) Fahrgäste

70 Nach Kapitel I, Regel 2e des SOLAS-Übereinkommens sind Fahrgäste alle Personen an Bord eines Seeschiffes mit Ausnahme:

- des Kapitäns und der Mitglieder der Schiffsbesatzung oder anderer Personen, die in irgendeiner Eigenschaft an Bord eines Schiffes für dessen Belange angestellt oder beschäftigt sind, und
- von Kindern unter einem Jahr.

Diese Begriffsdefinition wird auch in anderen völker- und europarechtlichen Vorschriften verwendet.

71 Fahrgäste sind **keine Besatzungsmitglieder** nach dem Seearbeitsgesetz, da sie nicht an Bord beschäftigt oder tätig sind.

Beispiele
- **Touristen** auf einem Fahrgastschiff,
- Reisende auf einem Frachtschiff,
- **Ehefrauen** oder Partner der Besatzungsmitglieder.

72 Fahrgäste auf Schiffen müssen nach der Regel III/27 des SOLAS-Übereinkommens und der Richtlinie 98/41/EG registriert werden. Zweck dieser **Fahrgastregistrierung** ist es, nach einem möglichen **Schiffsunfall** die Such- und Rettungsmaßnahmen zu erleichtern. Die genaue Form der Fahrgastregistrierung ist nicht vorgeschrieben. Die IMO hat einen Mustervordruck für eine Fahrgastliste („IMO Passenger list" – IMO FAL Form 6) herausgegeben.

Schiffe mit mehr als 12 Fahrgästen an Bord sind **Fahrgastschiffe**, für die im Vergleich zu Frachtschiffen schärfere Sicherheitsvorschriften gelten.

b) Praxissemester-Studenten

Fachschüler und Hochschul-/Fachhochschulstudenten, die eine praktische Ausbildung und Seefahrtzeit auf einem Schiff durchführen (Praxissemester-Studenten), sind nach § 3 Absatz 3 Satz 1 Nummer 8 SeeArbG **keine Besatzungsmitglieder**. Die praktische Fahrzeit auf einem Schiff ist für das seefahrtbezogene Studium an einer Fachschule, Hoch- oder Fachholschule vorgeschrieben. Die Praxissemesterbeauftragten der jeweiligen seefahrtbezogenen Ausbildungsstätte sind für die Kontrolle der praktischen Ausbildung der Praxissemester-Studenten zuständig. 73

Die Nautik- oder Technikstudenten sind arbeits- und sozialversicherungsrechtlich keine Arbeitnehmer, sondern **Studenten**. Hätte der Gesetzgeber die Praxissemester-Studenten als Besatzungsmitglieder eingestuft, hätten diese Studenten unter Umständen ihren Anspruch auf eine BAföG-Förderung sowie die kostengünstige Möglichkeit der studentischen Krankenversicherung verloren. 74

Angesichts der vergleichsweise langen Anwesenheit von Praxissemesterstudenten an Bord hat der Gesetzgeber in § 3 Absatz 4 SeeArbG festgelegt, dass für Praxissemester-Studenten ein Großteil der Vorschriften des Seearbeitsgesetzes gilt (siehe Kap. II Rn. 67). Praxissemester-Studenten haben aber keinen Anspruch auf einen Heuervertrag und auf den gesetzlich vorgeschriebenen Mindesturlaub. Die Bescheinigung der ausbildenden Fachschulen und (Fach-)Hochschulen über die praktische Seefahrtzeit im Rahmen der Ausbildung ist kein Heuervertrag. 75

Praxistipp

Praxissemester-Studenten sind zwar von Gesetzes wegen keine Besatzungsmitglieder, der Reeder kann sie aber mit Zustimmung der Betroffenen zu Besatzungsmitgliedern machen, um sie an Bord zum Beispiel zum Wachdienst einzusetzen, wenn eine Wachbefähigung vorliegt. Der Reeder muss dafür mit dem Praxissemester-Studenten einen Heuervertrag nach den Vorgaben des Seearbeitsgesetzes abschließen. Der Praxissemester-Student wird dann in diesem **Ausnahmefall** zu einem **Besatzungsmitglied**, für den alle Rechte und Pflichten des Seearbeitsgesetzes gelten. Eine solche Vereinbarung sollte aber nur getroffen werden, wenn der Student nicht auf eine BAföG-Förderung oder die studentische Krankenversicherung angewiesen ist.

Die Praxissemester-Studenten sind bei der BG Verkehr gegen die Folgen eines Arbeitsunfalls oder einer Berufskrankheit versichert. Der Versicherungsschutz besteht unabhängig davon, ob die Reederei eine Praktikumsvergütung vereinbart hat oder nicht. 76

Von den Praxissemesterstudenten sind die Nautischen Offiziersassistenten (NOA) und Technischen Offiziersassistenten (TOA) zu unterscheiden. Zwar werden **Offiziersassistenten** nach denselben zeitlichen Vorgaben des STCW-Übereinkommens an Bord ausgebildet und müssen genau wie die Praxissemesterstudenten ein Ausbildungsberichtsheft (sogenanntes training record book) führen. Die Offiziersassistenten sind aber Besatzungsmitglieder, da sie einen Heuervertrag mit dem Reeder abschließen und während ihrer Ausbildung in den Reedereibetrieb integriert werden. Offiziersassistenten sind anders als Praxissemesterstudenten keine Studenten, sondern „klassische" Arbeitnehmer (siehe Kap. IV Rn. 15).

---

c) VDR-Ferienfahrer

77 Der Verband Deutscher Reeder (VDR) bietet **Schülern** allgemeinbildender Schulen ein sogenanntes **Ferienfahrer-Programm** in den Sommerferien an. Schüler sollen durch eine Reise auf einem Schiff einen Einblick in die Arbeit und das Leben an Bord erhalten und so für eine Karriere in der Seeschifffahrt begeistert werden. Die Organisation der Reisen übernimmt der VDR in Abstimmung mit seinen Mitgliedsunternehmen.

78 **Voraussetzungen** für eine Teilnahme am Ferienfahrerprogramm sind:
- Mindestalter von 16 Jahren,
- Besuch einer allgemein bildenden Schule,
- ein absolvierter Erste-Hilfe-Kurs,
- Seediensttauglichkeit für Deck und Maschine oder nur Maschine,
- eine rechtzeitige Bewerbung zum 15. April eines Jahres und
- ein ernsthaftes Interesse an einem Beruf in der Seeschifffahrt.

79 Die Schüler des Ferienprogramms (VDR-Ferienfahrer) sind nach § 3 Absatz 3 Satz 1 Nummer 10 SeeArbG **keine Besatzungsmitglieder**; sie sind nicht an Bord tätig.

80 Das Ferienfahrer-Programm ist im Gegensatz zu den schulischen Betriebspraktika eine nicht-schulische Veranstaltung, für das sich Schüler freiwillig und aus eigenem Interesse bewerben.

---

i Die Reedereien, auf deren Schiffe die VDR-Ferienfahrer mitfahren, müssen **keine Sozialversicherungsbeiträge** abführen, wenn die Schüler kein bares Entgelt erhalten. Diese Regelung wurde 2004 von der damaligen See-Berufsgenossenschaft getroffen und wird seitdem im Wege der Verwaltungspraxis fortgeführt.

---

d) Schülerpraktikanten

81 Schüler, die ein von der Schule vorgeschriebenes und veranlasstes Schulpraktikum an Bord eines Seeschiffes absolvieren, sind **keine Besatzungsmitglieder** (§ 3 Absatz 3 Satz 1 Nummer 9 SeeArbG). Diese Pflichtpraktika – auch Berufspraktika genannt – werden meistens in der 9. oder 10. Schulklasse durchgeführt. Die Pflichtpraktika sind nach Landesrecht vorgeschrieben, zum Beispiel in Hamburg nach § 2 Absatz 3 des Hamburgischen Schulgesetzes in Verbindung mit der Richtlinie für das Betriebspraktikum in den Klassen 8 bis 12/13 der allgemeinbildenden Schulen. Das Betriebspraktikum ist eine **verpflichtende Schulveranstaltung**, die während der Schulzeit stattfindet und den Schulunterricht ersetzt. In der Regel dauert ein Betriebspraktikum drei Wochen.

82 **Ziel** des Betriebspraktikums ist es, den Schülern eigene Erfahrungen in der Arbeitswelt zu ermöglichen, das Verständnis für wirtschaftliche Zusammenhänge zu fördern und ihnen eine Berufsorientierung zu geben.

Die Schüler sind während ihres Schulpraktikums bei den örtlich zuständigen öffentlichen Unfallversicherungsträgern (Unfallkassen) **unfallversichert**. Der Unfallversicherungsbeitrag wird von der Schule getragen. **i**

---

e) Offshore-Personal

Keine Besatzungsmitglieder nach § 3 Absatz 3 Satz 1 Nummer 7 SeeArbG sind Per- 83
sonen, die sich auf einem Schiff befinden, um von dort aus besondere Tätigkeiten zur Änderung oder zum Betrieb von Offshore-Anlagen durchzuführen. Dieselbe Definition wird unter dem zusammenfassenden Begriff „Offshore-Tätigkeiten" in § 55 Satz 1 Nummer 3 SeeArbG sowie in der Offshore-Arbeitszeitverordnung verwendet. Für dieses **Offshore-Personal**, das Offshore-Tätigkeiten durchführt, gilt bis auf wenigen Ausnahmen (siehe Kap. II Rn. 67) ausschließlich das Landarbeitsrecht.

Die **Abgrenzung** zwischen dem Offshore-Personal (Nicht-Besatzungsmitglieder) 84
und Besatzungsmitgliedern kann im Einzelfall schwierig sein. Für die Unterscheidung maßgeblich ist nach dem Willen des Gesetzgebers der **Zweck der Tätigkeit** und der **anderweitige Schutz durch das Landarbeitsrecht**, nicht jedoch die **Einsatzdauer** an Bord.[8] Das Offshore-Personal kann damit auch länger an Bord tätig sein.

Das **Offshore-Personal** übt **keine Tätigkeit für das Errichterschiff** aus, sondern für die stationäre Offshore-Anlage. Diese Personen erbringen ihre Arbeitsleistung im Regelfall mehr auf dem Bauwerk oder der Anlage als an Bord des Errichterschiffes. Außerdem ist das Offshore-Personal durch das Landarbeitsrecht ausreichend geschützt. **i**

Besatzungsmitglieder stellen den Betrieb des Errichterschiffes sicher und sind für 85
die Fortbewegung und den Antrieb, die Navigation, das An- und Ablegen in den Häfen, das Auf- und Abbewegen der Hubbeine und der sonstigen technischen Einrichtungen an Bord sowie für die Instandhaltung des Schiffes zuständig.[9]

Ein Indiz für die Unterscheidung zwischen Besatzungsmitgliedern und Nicht- 86
Besatzungsmitgliedern kann auch eine **unterschiedliche Ausbildung** sein. Besatzungsmitglieder haben im Regelfall eine spezielle seemännische Ausbildung, die durch das STCW-Übereinkommen vorgegeben ist. Auch benötigen Besatzungsmitglieder zumindest in der Führungsebene spezielle Befähigungszeugnisse und -nachweise, die nur auf der Grundlage von Nachweisen von Fahrzeiten auf Seeschiffen ausgestellt und verlängert werden.

Auf **Offshore-Errichterschiffen** übt in der Praxis ein sogenannter „Offshore 87
Construction Manager" das arbeitsrechtliche Direktionsrecht gegenüber dem Off-

---

8 Bundestags-Drucksache 17/12420, S. 16.
9 Bundestags-Drucksache 17/12420, S. 19.

shore-Personal aus. Der Kapitän ist nach § 121 SeeArbG für die Erhaltung der öffentlichen Sicherheit und Ordnung an Bord zuständig und hat damit die oberste Anordnungsbefugnis gegenüber allen Personen an Bord – auch gegenüber dem Offshore-Personal.

88 Zum **Offshore-Personal (Nicht-Besatzungsmitglieder)** gehören unter anderem Personen, die von Offshore-Errichterschiffen und Hubinseln aus Windenergieanlagen im Offshore-Bereich errichten.[10]

Beispiele für Offshore-Personal
- Techniker,
- Bauingenieure,
- Elektriker (soweit sich die Tätigkeit nicht auf die Elektrik des Offshore-Errichterschiffes bezieht),
- Mechaniker,
- Schweißer,
- Kran- oder Schwerlastanschläger,
- Bauarbeiter und
- sonstiges Spezialpersonal zur Bedienung von Offshore-Technik auf Windenergieanlagen.

---

89 Auch Personen, deren Tätigkeit nur **mittelbar** der Errichtung und den Betrieb von Offshore-Anlagen dient, sind Offshore-Personal und damit keine Besatzungsmitglieder.

Beispiele für mittelbare Tätigkeiten im Offshore-Bereich
- vorbereitende Vermessungsarbeiten,
- das sogenannte Bio-Monitoring (= Beobachten, Überwachen und Messen des Bestandes von Pflanzen und Tieren) und
- die Tätigkeit von Aufsichtspersonen der Klassifikationsgesellschaften oder von Versicherungen (sogenannte Marine Warranty Surveyor).

---

90 Ebenfalls zum Offshore-Personal zählt das **Spezialpersonal** auf Spezialschiffen im Offshore-Bereich, die unter den Spezialschiffs-Code der IMO fallen. Spezialpersonal sind alle Personen, die keine Fahrgäste sind und die in Verbindung mit dem besonderen Zweck dieses Schiffes oder aufgrund von an Bord des Schiffes durchzuführenden Sonderaufgaben mit dem Schiff befördert werden. Ein Beispiel für Spezialpersonal sind Offshore-Techniker, die mit Zubringerschiffen (sogenannte **Offshore Crew Transfer Vessel**) zu ihren Arbeitsplätzen in den Offshore-Windparks gefahren werden.

10 Bundestags-Drucksache 17/10959, S. 62.

In Abgrenzung dazu sind **Besatzungsmitglieder** alle Personen auf einem Offshore-Errichterschiff, die zum nautisch-technischen Schiffsbetrieb gehören und für die Aufrechterhaltung des originären Schiffsbetriebes zuständig sind. 91

Beispiele für Besatzungsmitglieder im Offshore-Bereich

- Kapitän,
- Nautische und Technische Schiffsoffiziere,
- Bordelektriker (soweit es um die Elektrik des Schiffes geht),
- Kranführer (da der Kran ein wesentlicher Bestandteil eines Offshore-Errichterschiffes ist),
- sogenanntes Jacking-Personal (Bedienung der hydraulischen oder elektrischen Hubbeine)
- Schiffsmechaniker und
- Koch/Küchenpersonal für die Verpflegung der Besatzungsmitglieder.

Praxistipp

Die Unterscheidung zwischen Besatzungsmitgliedern und dem Offshore-Personal (Landarbeitnehmer) ergibt sich in der Praxis immer aus der **Besatzungsliste**, in der nur die Besatzungsmitglieder eingetragen werden.

---

f) Reedereiinspektoren

Reederei- oder Ladungsinspektoren sind **keine Besatzungsmitglieder** (§ 3 Absatz 3 Satz 1 Nummer 4 SeeArbG). 92

Reedereiinspektoren sind meistens ehemalige Nautiker und Techniker mit Seefahrterfahrung, die von Land aus den reibungslosen Schiffsbetrieb sicherstellen sollen. 93

Die **nautischen oder technischen Inspektoren**:

- unterstützen die Personalabteilungen von Reedereien bei der Einsatzplanung des Bordpersonals,
- sind für die Überwachung der Einhaltung internationaler und nationaler maritimer Vorschriften (unter anderem ISM-Code, ISPS-Code) sowie der Klassevorschriften zuständig,
- begleiten Reparaturen und Werftzeiten,
- sorgen für die Instandhaltung und Wartung der Schiffe,
- sind für die Kostenplanung und Budgetierung der Schiffsbetriebskosten verantwortlich,
- betreuen Neubauprojekte in Zusammenarbeit mit der Bauaufsicht vor Ort und
- sind an der Ausarbeitung von Verträgen mit Werften und anderen Dienstleistungsunternehmen beteiligt.

Ladungsinspektoren, auch Supercargos genannt, beraten die Schiffsführung bei der Beladung eines Schiffes und überwachen den Ladungstransport sowie das Laden und Löschen vor allem von empfindlicher Ladung (zum Beispiel Früchte) oder von Projektladung auf Schwergutschiffen. Arbeitgeber von Ladungsinspektoren 94 sind im Regelfall der Inhaber der Ladung oder andere Ladungsbeteiligte, in selteneren Fällen der Schiffsbetreiber.

95 Zum Aufgabenbereich von Reederei- oder Ladungsinspektoren gehören ganz wesentlich regelmäßige **Bordbesuche** der Schiffe, um sich mit dem Kapitän und den Schiffsoffizieren auszutauschen, den reibungslosen Ladungsumschlag und -transport zu überwachen und um sich einen persönlichen Eindruck vom aktuellen Zustand der Schiffe zu verschaffen. In diesem Rahmen fahren Inspektoren zeitweise auch an Bord der Schiffe mit. Während dieser Zeit sind sie nicht Teil der Schiffsbesatzung und damit keine Besatzungsmitglieder.

Reederei- oder Ladungsinspektoren sind nur dann keine Besatzungsmitglieder, wenn sie in der Regel **nicht länger als 72 Stunden** – also 3 Tage – an Bord tätig sind. Für die Berechnung der 72 Stunden ist die Zeit maßgeblich, welche die Inspektoren an Bord tätig sind und nicht die Gesamtdauer ihres Aufenthaltes an Bord einschließlich ihrer Freizeit.

96 Die Formulierung „in der Regel“ macht deutlich, dass **kleinere Überschreitungen** des 72-Stunden-Rahmens in Ausnahmefällen – beispielsweise durch ein wetterbedingt späteres Einlaufen des Schiffes in den nächsten Hafen – zulässig sind. Eine nachvollziehbare Begründung für die 72-Stunden-Begrenzung ist der Gesetzesbegründung nicht zu entnehmen. Es handelt sich um eine deutsche Sonderregelung, die andere Flaggenstaaten nicht kennen und die auch nicht in der Resolution Nummer 7 der ILO vom 22.6.2006 zur Auslegung des Begriffs „Seeleute“ vorgesehen ist.

g) Techniker von Landarbeitsfirmen

97 Nach § 3 Absatz 1 Satz 1 Nummer 2 und 3 SeeArbG sind bestimmte **Techniker**, die vorübergehend an Bord von Schiffen tätig sind, **keine Besatzungsmitglieder**:
- Personen, die im Auftrag einer Werft oder eines Anlagenherstellers Gewährleistungs- oder Garantie- oder andere notwendige Arbeiten durchführen oder die Besatzung entsprechend einweisen oder
- Personen, die **unaufschiebbare Reparaturen oder Wartungsarbeiten** erledigen, die von den Besatzungsmitgliedern nicht selbst durchgeführt werden können oder dürfen.

Beispiele für Techniker von Landarbeitsfirmen
- Überprüfung der gesamten Dieselmotorenanlage an Bord durch Mitarbeiter eines Schiffsmaschinenherstellers,
- Umrüstung einer Maschinenanlage an Bord auf LNG-Gas-Antrieb,
- Schweißarbeiten zur Modifikation der Brennstoffleitungen der Schweröltanks, um neue gesetzliche Schwefelgrenzwerte einhalten zu können,
- turnusgemäße Wartung einer Motorenanlage nach 1,5 Jahren Betriebsdauer,
- Kompressorenüberholung für die Klimaanlagen und Proviantkälteanlagen an Bord durch Mitarbeiter eines Kältetechnikunternehmens,

- Inbetriebnahme einer Ballastwasser-Aufbereitungsanlage an Bord durch Techniker eines Anlagenherstellers,
- Grundüberholung des Hilfsmotors,
- Wartungsarbeiten am Reeferkühlsystem eines Kühlcontainerschiffes.

Diese Tätigkeiten können wegen der kleinen Schiffsbesatzungen sowie der komple- 98
xen und hochtechnisierten Anlagen an Bord nicht durch die Besatzungsmitglieder selbst durchgeführt werden.

Grundsätzlich dürfen diese Personen in der Regel nicht länger als **96 Stunden** – 99
also 4 Tage – an Bord tätig sein, § 3 Absatz 3 Satz 1 Nummer 2 und 3 SeeArbG. Wie bei den Reederei- und Ladungsinspektoren auch, sind geringfügige Abweichungen von dieser zeitlichen Begrenzung zulässig. Bei einem **längeren Einsatz** an Bord kann der Reeder oder Arbeitgeber der Techniker bei der BG Verkehr eine Genehmigung beantragen, ohne dass diese Techniker zu Besatzungsmitgliedern werden. Die BG Verkehr muss nach § 3 Absatz 3 Satz 2 SeeArbG die Genehmigung erteilen, wenn:

- die Tätigkeit auf einer bestimmten Schiffsreise erfolgen soll,
- die Tätigkeit für eine bestimmte Aufgabe erforderlich ist, die nicht von den Besatzungsmitgliedern selbst erledigt werden kann oder darf und
- wenn der vorgesehene Einsatz nicht länger als 3 Wochen dauert.

h) Wissenschaftler

Wissenschaftler, die vorübergehend an Bord von Handelsschiffen tätig sind, sind 100
nach § 3 Absatz 3 Satz 1 Nummer 6 SeeArbG **keine Besatzungsmitglieder**, obwohl sie an Bord tätig sind und zumindest privat bereederte Forschungsschiffe als Kauffahrteischiffe unter das Seearbeitsgesetz fallen (siehe Kap. II Rn. 30). Wissenschaftler sind aber in der Regel an Hochschulen und anderen wissenschaftlichen Einrichtungen beschäftigt und sind damit über das Landarbeitsrecht ausreichend abgesichert. Die Zahl der Wissenschaftler an Bord von Forschungsschiffen kann die Zahl der Besatzungsmitglieder übersteigen. An Bord des Forschungseisbrechers „Meteor“ sind beispielsweise regelmäßig rund 30 Wissenschaftler an Bord.

Der Gesetzgeber hat in der Gesetzesbegründung zum SeeArbG offen gelassen, was unter einer „vorübergehenden“ Tätigkeit an Bord zu verstehen ist. Von einer vorübergehenden Tätigkeit ist zumindest dann auszugehen, wenn Wissenschaftler eine zeitlich begrenzte Forschungsreise an Bord mitmachen. i

---

i) Kanalsteurer

Wegen zahlreicher Havarien kurz nach der Eröffnung des Nord-Ostsee-Kanals wur- 101
de im Jahr 1900 ein neuer Beruf geschaffen: der Kanalsteurer. Kanalsteurer bedie-

nen das Ruder von größeren Schiffen während ihrer Passage durch den **Nord-Ostsee-Kanal**. Mit ihrer besonderen Revierkenntnis sorgen die ausgebildeten Nautiker für mehr Schiffssicherheit im Kanal. Reeder größerer Schiffe sind nach § 42 Absatz 5 SeeSchStrO verpflichtet, Kanalsteuerer an Bord zu nehmen. Die Entgelte für die Leistungen der Kanalsteuerer sind in der Kanalsteuerertarifverordnung geregelt.

102 Kanalsteuerer sind nach § 3 Absatz 3 Satz 1 Nummer 11 SeeArbG **keine Besatzungsmitglieder**.

Das Oberlandesgericht Schleswig hat zwar im Jahr 1998 – also weit vor Inkrafttreten des Seearbeitsgesetzes – geurteilt, dass ein Kanalsteuerer in einem Dienst- und Arbeitsverhältnis zu dem Reeder stehe, auf dessen Schiff er gerade Dienst tue.[11] Eine solche Auffassung wäre aber mittlerweile mit der klaren Regelung im Seearbeitsgesetz nicht mehr vereinbar.

103 Die **Zulassung von Kanalsteuerern** für ihre Tätigkeit ist mit Ausnahme der Seediensttauglichkeit (§ 13 Absatz 3 MariMedV) gesetzlich nicht geregelt.

i Kanalsteuer unterfallen den Restriktionen **zum Alkohol- und Drogenkonsum** an Bord nach § 3 Absatz 3 bis 5 der Seeschifffahrtsstraßenordnung, da ihre Tätigkeit unter den Begriff „ein Schiff führen" fällt.

j) Private Sicherheitskräfte

104 Sicherheitskräfte von privaten Bewachungsunternehmen sollen die sichere Passage von Seeschiffen durch **piraterieгefährdete Seegebiete** sicherstellen und mögliche Piraterieangriffe abwehren.

! Bewachungsunternehmen, die Sicherheitspersonal auf Handelsschiffen unter deutscher Flagge entsenden, benötigen eine Zulassung (§ 31 GewO). Für die **Zulassung** ist das Bundesamt für Wirtschaft und Ausfuhrkontrolle (BAFA) in Zusammenarbeit mit der Bundespolizei zuständig.

105 Die bei einem Bewachungsunternehmen angestellten Sicherheitskräfte sind nach § 3 Absatz 3 Satz 1 Nummer 12 SeeArbG **keine Besatzungsmitglieder**, da sie nicht zum gewöhnlichen Schiffsbetrieb gehören.

! Sicherheitskräfte unterliegen zu jeder Zeit – auch während eines Piratenangriffs – der uneingeschränkten **Anordnungsbefugnis des Kapitäns** (§ 3 Absatz 4 Satz 4 in Verbindung mit § 121 Absatz 1 SeeArbG).

11 OLG Schleswig, Urteil vom 12.März 1998 – 16 W 17/98 –.

Das Sicherheitspersonal muss für seinen Einsatz an Bord bestimmte **persönliche Voraussetzungen** nach der Seebewachungsverordnung erfüllen. Diese Personen müssen unter anderem: 106

- mindestens 18 Jahre alt sein,
- persönlich geeignet und zuverlässig sein,
- über eine besondere Sachkunde verfügen,
- die wichtigsten seerechtlichen Regelungen kennen,
- über ein seemännisches Grundwissen verfügen,
- englisch sprechen können und
- nach § 3 Absatz 4 Satz 4 SeeArbG **seedienstauglich** sein.

Das Sicherheitspersonal auf Seeschiffen benötigt eine waffenrechtliche Erlaubnis (**Waffenbesitzkarte**), wenn es Waffen an Bord führt. Für den Einsatz auf Schiffen unter deutscher Flagge müssen die Bewachungsunternehmen die Erlaubnis für ihr Personal bei ihrem örtlichen Ordnungsamt beantragen. Das Ordnungsamt leitet die Unterlagen an die Hamburger Waffenbehörde weiter, die darüber zentral entscheidet. 107

Praxistipp !

Kapitäne sollten sich vom privaten Sicherheitspersonal ihre **Waffenbesitzkarte**n bei Dienstantritt vorlegen lassen. Außerdem sollten sich Kapitäne über die lokalen Rechtsvorschriften zur Einfuhr von Waffen informieren, um Probleme mit den örtlichen Sicherheitsbehörden zu vermeiden.

III.
Das Heuerverhältnis

A. Vor dem Beginn der Tätigkeit an Bord

1. Mindestalter

Besatzungsmitglieder müssen mindestens **16 Jahre** alt sein, § 10 Absatz 1 SeeArbG. 1
Zudem darf ein Reeder nur solche Personen an Bord eines Handelsschiffes tätig werden lassen, wenn sie nicht mehr der **Vollzeitschulpflicht** unterliegen. Die Schulpflicht geht in der Regel bis zur 10. Klasse, auf Gymnasien bis zur 9. Klasse.

Schiffsköche müssen nach § 10 Absatz 2 SeeArbG mindestens 18 Jahre alt sein. 2

Für Besatzungsmitglieder auf **Fischereifahrzeugen** gilt ein Mindestalter von **15 Jahren**. i

---

2. Seediensttauglichkeit

Seeleute müssen körperlich und geistig besonders fit, das heißt **seediensttauglich**, 3
sein. Wer als Seemann an Bord eines Seeschiffes ernsthaft erkrankt oder sich schwer verletzt, kann nicht einfach – wie an Land üblich – einen Arzt aufsuchen oder in ein Krankenhaus eingeliefert werden. Rettungshubschrauber haben nur einen begrenzten Einsatzradius von rund 150 Seemeilen von der Küste entfernt. Seeschiffe befahren aber häufig Routen fernab von Land, so dass auch ein Rettungskreuzer im schlechtesten Fall mehrere Tage benötigen würde, um Hilfe leisten zu können. Nur Schiffe mit mehr als 100 Personen an Bord und einer Fahrtdauer von mehr als 3 Tagen müssen einen Schiffsarzt an Bord haben – das normale Frachtschiff also nicht. Hinzu kommt, dass Seeleute den Auswirkungen des Wetters (Seegang, Gischt, Hitze in den Tropen, Kälte bei Eisfahrten) besonders ausgesetzt sind. Neben den körperlichen Herausforderungen spielen auch die **psychischen Belastungsfaktoren** bei Seeleuten eine große Rolle, zum Beispiel die Vereinsamung durch kleine Schiffsbesatzungen mit Seeleuten verschiedenster Nationalitäten, die fast ständige Verfügbarkeit durch das Wachsystem oder in manchen Fahrtgebieten die Gefährdung durch Piraterie.

Besatzungsmitglieder müssen sich alle 2 Jahre auf ihre **Seediensttauglichkeit** 4
hin untersuchen lassen, Jugendliche jedes Jahr (§ 12 Absatz 5 SeeArbG).

Durch die regelmäßigen Seediensttauglichkeitsuntersuchungen werden **drei** 5
Rechtsgüter geschützt:

- die körperliche und geistige Unversehrtheit des Besatzungsmitgliedes selbst,
- die Unversehrtheit der gesamten Schiffsbesatzung (besonders relevant zum Beispiel bei ansteckenden Krankheiten) und

- die Schiffssicherheit, da bei den heutzutage kleinen Schiffsbesatzungen bereits der Ausfall eines oder nur weniger Besatzungsmitglieder den sicheren Schiffsbetrieb gefährden kann.

a) Gesundheitskriterien

6 **Seediensttauglich** ist, wer nach seinem Gesundheitszustand für eine Tätigkeit an Bord von Seeschiffen geeignet und hinreichend widerstandsfähig ist und wer die Anforderungen seines **Dienstzweiges** erfüllt (§ 11 SeeArbG). Das ist dann der Fall, wenn ein Seemann:

- über ein ausreichendes Seh- und Hörvermögen verfügt,
- ausreichend körperlich leistungsfähig ist,
- trotz medikamentöser Behandlung oder Gesundheitsstörungen nicht wesentlich körperlich oder geistig beeinträchtigt ist und
- nicht unter die **Ausschlussgründe** für eine Seediensttauglichkeit fällt.

7 Diese Grundsätze und die einzelnen **Gesundheitskriterien** sind in der Anlage 1 MariMedV aufgelistet. Die Kriterien entsprechen weitgehend den ILO-/IMO-Leitlinien für die ärztliche Untersuchung von Seeleuten.

Praxistipp

Für die Einschätzung, ob ein Seemann tauglich ist oder nicht, ist die tabellarische Auflistung von **71 Krankheitsbildern** in der Anlage 1 MariMedV hilfreich. Die Merkmale und Befunde der Krankheitsbilder sind jeweils **3 Kategorien** zugeordnet:

- vorübergehende oder dauerhafte Untauglichkeit,
- Einschränkung der Tauglichkeit hinsichtlich Tätigkeit (Wahrnehmung nur einiger Aufgaben), Fahrtgebiet oder Gültigkeitsdauer des Zeugnisses,
- uneingeschränkte Tauglichkeit.

Abweichend von den IMO-/ILO-Leitlinien enthält die deutsche MariMedV **4 Ausschlussgründe** für eine Seediensttauglichkeit:

- ein Body Mass Index über 40 kg/m²,
- infektiöse Darmerkrankungen bei Besatzungsmitgliedern des Dienstzweiges „Küchendienst und Bedienung“,
- leistungsmindernde Störungen auf körperlichem, geistigem und seelischem Gebiet, die insbesondere die Rettung und Eigenrettung im Notfall verhindern oder
- ein akutes Koronarsydrom, eine aortokoronare Bypass-Operation oder eine Herzklappen-Operation (Seedienstuntauglichkeit für mindestens ein Jahr).

In diesen 4 Fällen hat der untersuchende Arzt **keinen Beurteilungsspielraum** und muss die Untauglichkeit feststellen.

Tabelle 9: Beispiel für Beurteilung der Seediensttauglichkeit bei Diabetis mellitus
(Auszug aus der Tabelle "Tabellarische Übersicht über die Gesundheitsstörungen", Ziffer 6.2 der Anlage 1 MariMedV; mit erklärenden Hinweisen)

	Beschreibung der Gesundheitsstörung	Untauglichkeit	Eingeschränkte Tauglichkeit	Tauglichkeit
ICD-10 Diagnose-Code	**Leiden (Begründung für das Kriterium)**	**Unvereinbar mit der zuverlässigen, sicheren und effektiven Durchführung von Routine- und Notfallaufgaben:** **– voraussichtlich vorübergehend (T)** **– voraussichtlich dauerhaft (P)**	**Kann einige, aber nicht alle Aufgaben oder Arbeiten in einigen, aber nicht in allen Gewässern wahrnehmen (R)** **Kürzeres Untersuchungsintervall erforderlich (L)**	**Kann alle Aufgaben weltweit innerhalb des bezeichneten Dienstzweiges ausführen**
E00–90	**Endokrine und Stoffwechselerkrankungen**			
E1 0	**Diabetes mellitus – mit Insulin behandelt** *Akute Einschränkung aufgrund einer Hypoglykämie. Komplikationen aufgrund von Entgleisungen des Glucose-Stoffwechsels.* *Erhöhte Wahrscheinlichkeit für Komplikationen, die das Sehvermögen, das Nervensystem und das Herzkreislauf-System betreffen .*	T – Vom Beginn der Behandlung bis zur Stabilisierung des Zustands P – Bei unzureichend kontrollierter Stoffwechselsituation oder fehlender Therapieadherenz. Hypoglykämien in der Vorgeschichte oder fehlender Hypoglykämiewahrnehmung. Beeinträchtigungen durch Komplikationen des Diabetes	R, L – Abhängig vom Nachweis einer guten Stoffwechselkontrolle und vollständiger Compliance bezüglich der Therapieempfehlungen und einer zuverlässigen Hypoglykämiewahrnehmung Tauglich für Aufgaben in küstennahen Gewässern ohne Allein-Wachdienste. Zeitliche Befristung bis zum nächsten Facharzt-Kontrolltermin. Person muss sich in regelmäßiger fachärztlicher Überwachung/Betreuung befinden.	Nicht zutreffend

T („Temporary“)= Erkrankung dauert voraussichtlich < 2 Jahre

L („Limited“)= Untersuchung häufiger als alle 2 Jahre

Beschreibung der Gesundheitsstörung

Untauglichkeit

Eingeschränkte Tauglichkeit

Tauglichkeit

ICD-10 Diagnose-Code	Leiden (Begründung für das Kriterium)	Unvereinbar mit der zuverlässigen, sicheren und effektiven Durchführung von Routine- und Notfallaufgaben: – voraussichtlich vorübergehend (T) – voraussichtlich dauerhaft (P)	Kann einige, aber nicht alle Aufgaben oder Arbeiten in einigen, aber nicht in allen Gewässern wahrnehmen (R) Kürzeres Untersuchungsintervall erforderlich (L)	Kann alle Aufgaben weltweit innerhalb des bezeichneten Dienstzweiges ausführen
E00–90	**Endokrine und Stoffwechselerkrankungen**			
E1 1–14	**Diabetes mellitus – nicht mit Insulin behandelt**, andere Medikation *Progression hin zur Insulinbedürftigkeit/-therapie* *Erhöhte Wahrscheinlichkeit für Komplikationen, die das Sehvermögen, das Nervensystem und das Herzkreislauf-System betreffen*	T – Keine entlegenen Gewässer und keine Wachdienste bis zur Stabilisierung	R – Küstennahe Gewässer und keine Wachdienste bis zur Stabilisierung R – Küstennahe Gewässer und keine Allein-Wachdienste, wenn leichte Nebenwirkungen der Medikation gegeben sind. Insbesondere wenn Sulfonylharnstoffe eingesetzt werden L – Zeitliche Befristung, wenn die Therapieadhärenz/Compliance der Person schlecht ist oder die Medikation häufig überprüft werden muss. Kontrolle der Ernährungsgewohnheiten, des Gewichts und Kontrolle der kardiovaskulären Risikofaktoren	Wenn Zustand stabil ist und keine einschränkenden Komplikationen vorliegen.

T („Temporary“)= Erkrankung dauert voraussichtlich < 2 Jahre

L („Limited“)= Untersuchung häufiger als alle 2 Jahre

Eine **Schwangerschaft** schließt nicht automatisch die Seediensttauglichkeit aus. 8
Allerdings muss der Arbeitgeber nach § 4 MuSchG eine Gefährdungsbeurteilung durchführen, wenn nicht schon ein Arzt ein **Beschäftigungsverbot** nach § 3 Absatz 1 MuSchG ausgesprochen hat. Die Gefährdungsbeurteilung des Arbeitgebers wird wegen der besonderen Risiken auf Seeschiffen in der Regel dazu führen, dass ein Einsatz einer Schwangeren an Bord ausgeschlossen ist. Für die Zeit nach dem 3. Schwangerschaftsmonat regelt § 4 Absatz 2 Nummer 7 MuschG, dass Schwangere nicht auf Beförderungsmitteln – damit auch nicht auf Seeschiffen – tätig sein dürfen.

In rund **3 Prozent** der Fälle stellt der Seeärztliche Dienst der BG Verkehr fest, dass Seeleute gesundheitlich nicht für eine Tätigkeit an Bord geeignet sind. i

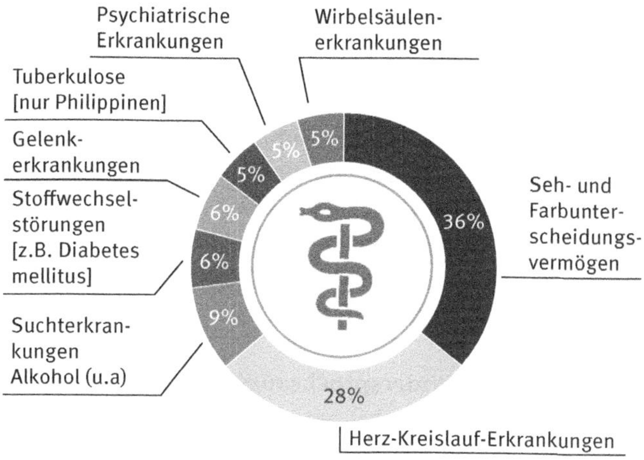

Abb. 6: Gründe für Seedienstuntauglichkeit (Stand: 2013)

b) Rechte und Pflichten des Reeders und der Seeleute

Ein **Reeder** darf an Bord seiner Seeschiffe nur solche Besatzungsmitglieder tätig 9
werden lassen, die:

- seediensttauglich sind (§ 11 Satz 2 SeeArbG) und
- ihre Tauglichkeit durch ein Seediensttauglichkeitszeugnis nachweisen können (§ 12 Absatz 1 Satz 1 SeeArbG).

Durch diese zweifache Verpflichtung des Reeders ist sichergestellt, dass jederzeit nur gesundheitlich taugliche Besatzungsmitglieder an Bord tätig sind – selbst dann, wenn ein Seemann das zweijährige Untersuchungsintervall nicht eingehalten hat oder ein Seediensttauglichkeitszeugnis gefälscht sein sollte.

! Der **Reeder** muss vor einer Beschäftigung eines Seemanns an Bord **prüfen**, ob er ein gültiges Seediensttauglichkeitszeugnis hat.

10 Entzieht die BG Verkehr einem Seemann sein Zeugnis oder erklärt es für ungültig, ist sie verpflichtet, den Reeder darüber zu **informieren** (§ 14 Absatz 3 Satz 3 SeeArbG).

! Alle **Besatzungsmitglieder** sind verpflichtet, ihre gesundheitliche Tauglichkeit vor Aufnahme einer Tätigkeit an Bord durch ein Seediensttauglichkeitszeugnis nachzuweisen.

11 Besatzungsmitglieder, bei denen eine Untauglichkeit oder nur eingeschränkte Tauglichkeit festgestellt wurde, haben das **Recht**, gegen dieses Ergebnis vorzugehen. Stellt ein zugelassener Arzt (zum Begriff: siehe Kap. III Rn. 18) die Untauglichkeit fest, überreicht der Arzt der untersuchten Person eine **Bescheinigung**, die auf die Möglichkeit der Überprüfung des Ergebnisses durch den Seeärztlichen Dienst der BG Verkehr hinweist (§ 7 MariMedV). Die BG Verkehr wird dann auf Wunsch der untersuchten Person auf Grundlage von ärztlichen Befunden, einer Untersuchung durch einen Arzt des Seeärztlichen Dienstes oder eines **Gutachtens eines Facharztes** das ursprüngliche Ergebnis prüfen (§ 13 Absatz 1 Satz 2 SeeArbG). Der Seeärztliche Dienst kann dann entweder ein Seediensttauglichkeitszeugnis ausstellen oder durch Bescheid die Untauglichkeit oder eingeschränkte Tauglichkeit feststellen (§ 13 Absatz 2 und 3 SeeArbG). Erst gegen diesen Bescheid kann die untersuchte Person einen Widerspruch einlegen, da das ursprüngliche Ergebnis des zugelassenen Arztes kein Verwaltungsakt ist.

12 Über den Widerspruch entscheidet ein **Widerspruchsausschuss**, der aus einem Vorsitzendem (einem Volljuristen der BG Verkehr), einem Arzt des Seeärztlichen Dienstes und einem Vertreter aus der Berufsgruppe des Widerspruchsführers besteht (§ 15 Absatz 2 SeeArbG). Bestätigt auch der Widerspruchsausschuss die Untauglichkeit oder eingeschränkte Tauglichkeit, kann die untersuchte Person beim Verwaltungsgericht Klage einreichen.

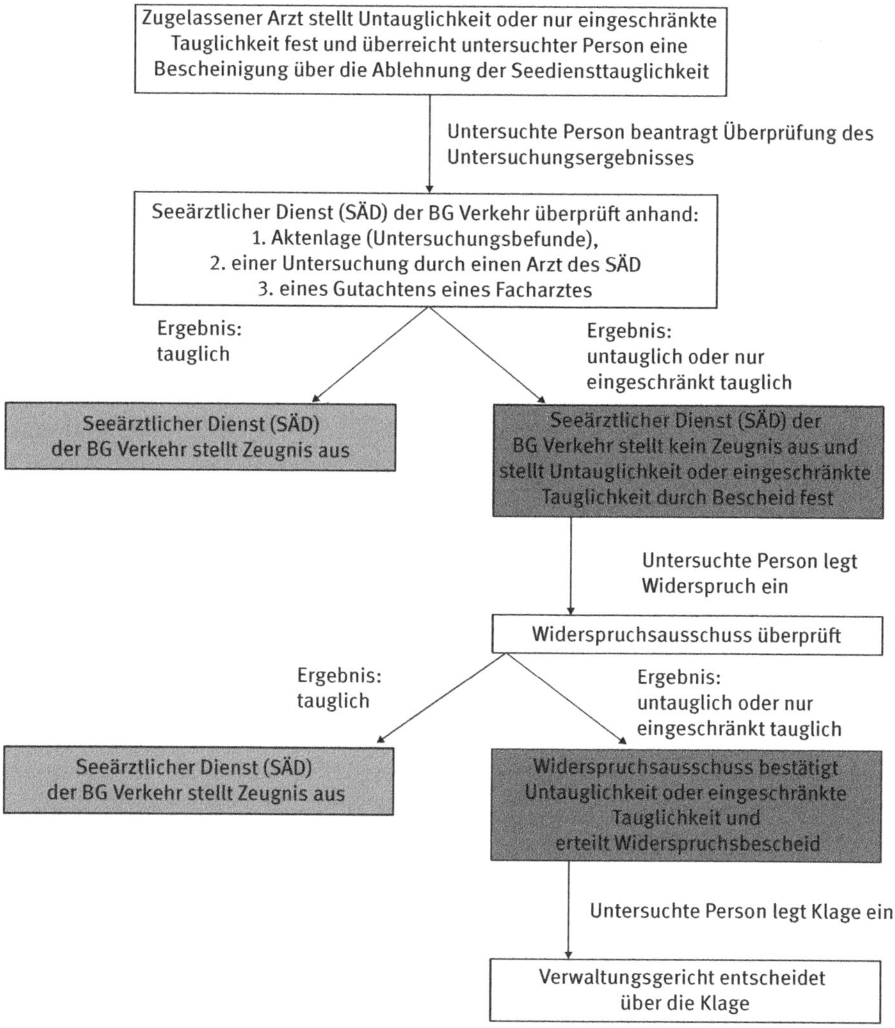

Abb. 7: Rechte eines Seemanns bei Feststellung der Seedienstuntauglichkeit oder eingeschränkter Tauglichkeit

c) Seediensttauglichkeitszeugnis

Die Seediensttauglichkeit eines Besatzungsmitglieds wird durch das **Seedienst-** 13
tauglichkeitszeugnis nachgewiesen.

Das Muster des deutschen **Seediensttauglichkeitszeugnisses** ist im Anhang I auf Seite 284 abgedruckt.

! Besatzungsmitglieder müssen ihr Seediensttauglichkeitszeugnis bei Dienstantritt an den **Kapitän** zur Aufbewahrung aushändigen, damit der Kapitän bei Flaggenstaat- und Hafenstaatkontrollen alle Zeugnisse der gesamten Besatzung vorweisen kann (§ 5 Absatz 2 Satz 2 MariMedV).

14 Die BG Verkehr kann einem Besatzungsmitglied das Seediensttauglichkeitszeugnis **entziehen**, wenn es gesundheitlich nicht mehr tauglich ist (§ 14 Absatz 3 SeeArbG). Zuvor muss ein Arzt des Seeärztlichen Dienstes der BG Verkehr den Seemann untersucht haben. In der Praxis erhält die BG Verkehr vor allem von Reedereien, Lotsen und der Wasserschutzpolizei Hinweise auf möglicherweise untaugliche Seeleute. Die BG Verkehr kann jederzeit eine Untersuchung eines Besatzungsmitglieds anordnen, wenn ein Verdacht auf Untauglichkeit besteht.

15 Seeleute dürfen auch mit **ausländischen Seediensttauglichkeitszeugnissen** auf Schiffen unter deutscher Flagge fahren (§ 12 SeeArbG). Ein solches Zeugnis muss den Anforderungen des STCW-Übereinkommens entsprechen:

- das Zeugnis muss die Mindestinhalte nach dem Abschnitt A-I/9 Absatz 3 Absatz 7 des STCW-Codes enthalten und
- der ausstellende Staat muss eine Liste von Ärzten öffentlich zugänglich machen, die nach seiner Auffassung über eine „angemessener Qualifikation und Erfahrung" für Seediensttauglichkeitsuntersuchungen verfügen.

! Seeleute dürfen nur dann mit ausländischen Tauglichkeitszeugnissen auf deutschflaggigen Handelsschiffen tätig sein, wenn das Zeugnis die **Mindestinhalte** des STCW-Codes enthält und wenn der ausstellende Staat eine **Liste mit qualifizierten Ärzten** veröffentlicht hat. Die bloße Behauptung eines ausländischen Staates, die eigenen Zeugnisse entsprächen STCW, reicht nicht aus.

16 Neben diesen formalen Vorgaben gibt es weltweit praktisch **keine verbindlichen medizinischen Anforderungen** an die Seediensttauglichkeit von Seeleuten. Nur zum Seh- und Hörvermögen enthält das STCW-Übereinkommen konkrete und zwingende Kriterien. Die BG Verkehr darf bei einem ausländischen Zeugnis ein Verbot der Tätigkeit auf Schiffen unter deutscher Flagge eintragen, wenn sich ein Besatzungsmitglied bei einer Nachuntersuchung als tatsächlich untauglich herausstellt (§ 14 Absatz 4 SeeArbG). Nur der ausländische Staat, der das Zeugnis ausgestellt hat, darf in diesem Fall ein solches Zeugnis einziehen.

d) Seediensttauglichkeitsverzeichnis

17 Der Seeärztliche Dienst der BG Verkehr speichert alle deutschen Seediensttauglichkeitsuntersuchungen im **Seediensttauglichkeitsverzeichnis**. Mit dieser Datenbank nach § 19 SeeArbG wird unter anderem das sogenannte **Ärztehopping** verhindert. In der Vergangenheit ließen sich in einzelnen Fällen Seeleute in kurzen Abständen bei verschiedenen Ärzten untersuchen, obwohl schon bei der ersten Untersuchung die Untauglichkeit festgestellt wurde. Sie verschwiegen gegenüber dem Arzt das

negative Ergebnis der ersten Untersuchung und wollten sich so missbräuchlich ein Seediensttauglichkeitszeugnis erschleichen. Inzwischen muss ein Arzt vor jeder Untersuchung im Seediensttauglichkeitsverzeichnis nachschauen, ob nicht ein Sperrvermerk eingetragen ist (§ 12 Absatz 2 Satz 1 SeeArbG).

e) Zugelassene Ärzte

Nur besonders **qualifizierte Ärzte**, die eine Zulassung der BG Verkehr haben, dürfen Seediensttauglichkeitsuntersuchungen durchführen. Diese Ärzte müssen nach den §§ 9 und 10 MariMedV unter anderem: 18

- Fachärzte für Allgemeinmedizin, Arbeitsmedizin, Anästhesiologie, Chirurgie oder Innere Medizin sein,
- mindestens vier Jahre stationär oder ambulant tätig gewesen sein,
- vier Wochen auf einem Seeschiff praktische Erfahrungen gesammelt haben und
- mindestens 300 Seediensttauglichkeitsuntersuchungen in den letzten drei Jahren durchgeführt haben (100 Untersuchungen im ersten Jahr der Zulassung).

Der Seeärztliche Dienst der BG Verkehr überprüft regelmäßig die Arbeit der zugelassenen Ärzte im In- und Ausland. 19

Die **Liste der zugelassenen Ärzte** im In- und Ausland ist auf der Website www.deutsche-flagge.de in der Rubrik „Maritime Medizin" zu finden. i

---

f) Kosten

Für Besatzungsmitglieder auf Schiffen unter deutscher Flagge übernimmt die BG Verkehr die Untersuchungskosten (§ 18 Absatz 1 SeeArbG). Wenn die untersuchte Person in keinem Heuerverhältnis zu einem Unternehmen mit deutschflaggigen Handelsschiffen steht (Selbstzahler), muss sie die Untersuchungskosten selbst tragen. 20

Je nach Dienstzweig kostet die Untersuchung für Selbstzahler **rund 100,– EUR.** Die Kosten für jugendliche Besatzungsmitglieder (16–18 Jahre) übernimmt der Bund. i

---

3. Ausbildung und Befähigung

a) Gesetzliche Vorgaben

Ein sicherer Schiffsbetrieb hängt ganz wesentlich von der ausreichenden Besetzung eines Schiffes mit qualifizierten Seeleuten ab. Die Mindeststandards für die Qualifizierung der Seeleute sowie für die Erteilung von Befähigungszeugnissen sind 21 vor allem in dem Internationalen Übereinkommen von 1978 über Normen für die Ausbildung, die Erteilung von Befähigungszeugnissen und den Wachdienst von Seeleuten (**STCW-Übereinkommen**) geregelt. Es soll international vergleichbare Standards für die Ausbildung, die Erteilung von Befähigungszeugnissen und den Wachdienst von Seeleuten schaffen.[1]

22 Das internationale **Seearbeitsübereinkommen (MLC)** schreibt in seiner Regel 1.3 („Ausbildung und Befähigungen") vor, dass Seeleute um, an Bord eines Schiffes zu arbeiten, für ihre Aufgaben ausgebildet sein oder die erforderlichen Befähigungsnachweise besitzen oder in sonstiger Weise qualifiziert sein müssen.

23 Die Umsetzung des STCW-Übereinkommens im deutschen Recht ist durch die **Seeleute-Befähigungsverordnung** (See-BV) erfolgt. Die See-BV regelt die Befähigungen und die weiteren Voraussetzungen für die Erteilung und den Entzug von Befähigungszeugnissen, Befähigungsnachweisen sowie sonstigen Bescheinigungen für Kapitäne, Schiffsoffiziere und sonstige Seeleute für den Dienst auf Kauffahrteischiffen.

24 Der Bereich „Ausbildung und Befähigung" des Seearbeitsübereinkommens ist durch **§ 23 SeeArbG** in deutsches Recht übernommen worden. In dieser Vorschrift ist geregelt, dass als Besatzungsmitglied nur jemand tätig sein darf, der Inhaber der nach den seeverkehrsrechtlichen Vorschriften erforderlichen Befähigungszeugnisse, Befähigungsnachweise oder sonstiger Qualifikationsbescheinigungen ist. Weiter hat der Kapitän für eine Sicherheitsunterweisung der Besatzungsmitglieder zu sorgen.

b) Sicherheitsunterweisung an Bord

25 § 23 Satz 2 SeeArbG schreibt vor, dass ein Kapitän für eine Sicherheitsunterweisung mit den Inhalten der Regel VI/1 des STCW-Übereinkommens zu sorgen hat. Der Begriff **„Sicherheitsunterweisung"** meint dabei die Einführungsausbildung (englisch: Safety familiarization), die **jedes Mal** durchzuführen ist, bevor ein Besatzungsmitglied seine Tätigkeit an Bord aufnimmt.

! Die Sicherheitsunterweisung nach § 23 SeeArbG ist von der (Sicherheits-) Grundausbildung oder Grundunterweisung (englisch: basic safety training or instruction) zu unterscheiden. Diesen Fachkundenachweis über die **Sicherheitsgrundausbildung** benötigen alle Besatzungsmitglieder, die in irgendeiner Funktion an Bord des Schiffes als Teil der Schiffsbesatzung im Rahmen der Betriebsführung des Schiffes mit zugewiesenen Aufgaben in den Bereichen Sicherheit oder Verschmutzungsverhütung beschäftigt sind (= in der Sicherheitsrolle eingetragen). Seeleute müssen die Sicherheitsgrundausbildung zu Beginn ihres Berufslebens absolvieren und dann später alle 5 Jahre in Auffrischungskursen wiederholen.

1 www.deutsche-flagge.de/de/befaehigung/das-stcw-uebereinkommen.

Der Kapitän muss die Durchführung der Sicherheitsunterweisung (= Einführungsausbildung) dokumentieren, zB im Seetagebuch. 26

Tabelle 10: Inhalte der Sicherheitsunterweisung nach § 23 SeeArbG

Nr.	Bereich	Befähigung
1	Verständigung	Sich mit anderen Personen an Bord über grundlegende Sicherheitsangelegenheiten verständigen und die Bedeutung von sicherheitsbezogenen Piktogrammen und Zeichen sowie von Alarmsignalen verstehen.
2	Kenntnis der Notfallmaßnahmen	Wissen, was zu tun ist, wenn: – eine Person über Bord geht, – ein Brand oder wenn Rauchentwicklung entdeckt wird, oder – Feueralarm oder Alarm zu Verlassen des Schiffes ausgelöst wird.
3	Ortskenntnis	Angeben, wo sich Sammelplätze, Einbootungsstationen und Fluchtwege für Notfälle befinden.
4	Rettungsmittel	Rettungswesten an ihren Aufbewahrungsorten finden und sie sich und anderen anlegen.
5	Alarm/ Feuerlöscher	Alarm auslösen und Grundkenntnisse im Gebrauch von Handfeuerlöschern haben.
6	Erste Hilfe	Bei der Feststellung eines Unfalls oder eines sonstigen medizinischen Notfalls sofort tätig werden, bevor an Bord nach ärztlichen Beistand gesucht wird.
7	Zugänge	Die in dem betreffenden Schiff angebrachten Brandschutztüren, wetterdichten Türen und wasserdichten Türen öffnen und schließen, nicht jedoch die Türen zur Außenhaut.

c) Befähigungsdokumente

Das SCTW-Übereinkommen enthält **detaillierte Vorgaben**, für welche Dienstränge und Positionen an Bord welche Befähigungsdokumente notwendig sind. 27

Das STCW-Übereinkommen unterscheidet zwischen: 28
- Befähigungszeugnissen,
- Fachkundezeugnissen (Befähigungsnachweise) und
- schriftlichen Nachweisen (Qualifkationsnachweise).

Der Ausdruck „**Befähigungszeugnis**“ bezeichnet ein Zeugnis für einen Kapitän, einen Schiffsoffizier oder einen GMDSS-Funker, das nach Kapitel II, III, VI oder VII des STCW-Übereinkommens erteilt wurde. Das Befähigungszeugnis berechtigt seinen Inhaber dazu, in der im Befähigungszeugnis bezeichneten Dienststellung Dienst zu tun und die Funktion auszuüben, die der darin bezeichneten Verantwor- 29

Tabelle 11: Übersicht über die Befähigungsdokumente nach dem STCW-Übereinkommen

Einschlägige Regel des STCW-Übereinkommens	Art des Zeugnisses und kurze Beschreibung	Anerkennungsvermerk des Zeugnisses notwendig?	Registrierung vorgeschrieben?	Verlängerung der Gültigkeitsdauer notwendig?
II/1, II/2, II/3, III/1, III/2, III/3, III/6, IV/2, VII/2	Befähigungszeugnisse für Kapitäne, Schiffoffiziere und GMDSS-Funker	Ja	Ja	Ja
II/4, III/4, VII/2	Befähigungsnachweis für Schiffsleute, die berechtigt sind der Brückenwache oder Maschinenwache anzugehören	Nein	Ja	Nein
II/5, III/5, III/7, VII/2	Befähigungsnachweis für Schiffsleute, die berechtigt sind als Vollmatrose im Decks- oder Maschinenbereich, oder als Schiffselektriker oder Schiffsmechaniker Dienst zu tun	Nein	Ja	Nein
V/1-1, V/1-2	Befähigungsnachweis oder Vermerk zu einem Befähigungszeugnis für Kapitäne und Schiffsoffiziere auf Öl-, Chemikalien- oder Flüssiggas-Tankschiffen	Ja	Ja	Ja
V/1-1, V/1-2	Befähigungsnachweis für Schiffsleute auf Öl-, Chemikalien- oder Flüssiggas-Tankschiffen	Nein	Ja	Nein
V/2	Qualifikationsnachweis für Kapitäne, Schiffsoffiziere und Schiffsleute und sonstigem Personal für den Dienst auf Fahrgastschiffen	Nein	Nein	Ja
VI/1	Befähigungsnachweis Sicherheitsgrundausbildung	Nein	Ja	Ja
VI/2	Befähigungsnachweis Überlebensfahrzeuge, Bereitschaftsboote und schnelle Bereitschaftsboote	Nein	Ja	Ja
VI/3	Befähigungsnachweis moderne Brandbekämpfung	Nein	Ja	Ja
VI/4	Befähigungszeugnis medizinische Betreuung	Nein	Ja	Innerhalb der EU Ja, sonst Nein
VI/5	Befähigungszeugnis Beauftragter für die Gefahrenabwehr	Nein	Ja	Nein
VI/6	Befähigungszeugnis Grundausbildung in der Gefahrenabwehr	Nein	Ja	Nein

tungsebene entspricht.[2] im Umgangssprachgebrauch werden Befähigungszeugnisse auch als **Patente** bezeichnet.

Tabelle 12: Befähigungszeugnisse nach der deutschen Seeleute-Befähigungsverordnung

Nr.	Befähigungszeugnis	Abkürzung nach Seeleute-Befähigungsverordnung
1	Kapitän	NK
2	Erster Offizier	NEO
3	Nautischer Wachoffizier	NWO
4	Nautischer Wachoffizier küstennahe Fahrt	NWO 500
5	Schiffsführer Kleinfahrzeug	NSF
6	Leiter der Maschinenanlage	TLM
7	Zweiter technischer Offizier	TZO
8	Technischer Wachoffizier	TWO
9	Schiffsmaschinist	TSM
10	GMDSS-Funker	GOC
11	Elektrotechnischer Schiffsoffizier	ETO

„**Fachkundezeugnisse**" sind Zeugnisse, die kein Befähigungszeugnis darstellen, in 30
denen jedoch bestätigt wird, dass die einschlägigen Vorschriften des STCW-Übereinkommens oder Seefahrtzeit erfüllt worden sind.[3] Fachkundezeugnisse werden in der Seeleute-Befähigungsverordnung als „**Befähigungsnachweis**" bezeichnet.

Tabelle 13: Befähigungsnachweise nach der deutschen Seeleute-Befähigungsverordnung

Nr.	Befähigungsnachweis	Abkürzung nach Seeleute-Befähigungsverordnung
1	Wachbefähigung Brücke	NWB
2	Wachbefähigung Maschine	TWB
3	Vollmatrose im Decksbereich	NVM
4	Vollmatrose im Maschinenbereich	TVM
5	Schiffselektriker	ESE
6	Schiffsmechaniker	GSM

2 Bundesrats-Drucksache 210/13, S. 7.
3 Bundesrats-Drucksache 210/13, S. 7.

Nr.	Befähigungsnachweis	Abkürzung nach Seeleute-Befähigungsverordnung
7	Befähigung für Kapitäne und Schiffoffiziere zum Schiffsdienst auf Öl-, Chemikalien- oder Flüssiggas-Tankschiffen (auch als Vermerk im Befähigungszeugnis möglich)	–
8	Befähigung für Schiffsleute zum Schiffsdienst auf Öl-, Chemikalien- oder Flüssiggas-Tankschiffen	–
9	Medizinische Betreuung	–
10	Sicherheitsgrundausbildung	SGA
11	Führen von Überlebensfahrzeugen und Bereitschaftsbooten	SÜB
12	Führen von Überlebensfahrzeugen und schnellen Bereitschaftsbooten	–
13	Leitung von Brandbekämpfungsmaßnahmen	SLB
14	Grundausbildung in der Gefahrenabwehr	SRT
15	Beauftragter in der Gefahrenabwehr	SSO

31 **„Schriftlicher Nachweis"** bezeichnet Unterlagen, die weder eine Befähigungszeugnis noch ein Fachkundezeugnis darstellen, die jedoch dazu verwendet werden, nachzuweisen, dass die einschlägigen Vorschriften des STCW-Übereinkommens erfüllt sind.[4] In der Seeleute-Befähigungsverordnung werden diese Nachweise als **„Qualifikationsnachweis"** definiert.

Tabelle 14: Qualifikationsnachweise nach der deutschen Seeleute-Befähigungsverordnung

Nr.	Qualifikationsnachweis
1	Fahrgastsicherheitsausbildung
2	Führung von Menschenmengen
3	Befähigung von Krisenbewältigung und Kenntnisse des Verhaltens von Personen in Notsituationen
4	Befähigung zur Gewährleistung der Fahrgastsicherheit, der Ladungssicherheit und der Dichtigkeit des Schiffskörpers
5	Grundunterweisung in Sicherheitsangelegenheiten
6	Grundunterweisung für alle auf Tankschiffen Beschäftigten

4 Bundesrats-Drucksache 210/13, S. 7.

Tabelle 15: Übersicht über alle Befähigungsdokumente nach der deutschen Seeleute-Befähigungsverordnung

Bereich	Dokumentenart	Fahrtgebiet/ Schiffsgröße und -typ/ Maschinenleistung/ Bereich	Befähigung	Abkürzung	Seeleute-Befähigungs-verordnung	STCW-Über-einkommen
Nautik (ohne Fischerei)	Befähigungs-zeugnis	Internationale Fahrt	Kapitän	NK	§ 29 Absatz 1 Nr. 3	A-II/2
			Erster Offizier	NEO	§ 29 Absatz 1 Nr. 2	A-II/2
			Nautischer Wachoffizier	NWO	§ 29 Absatz 1 Nr. 1	A-II/1
		Nationale Fahrt	Kapitän in der küstennahen Fahrt	NK 500	§ 29 Absatz 2 Nr. 2	A-II/3
			Nautischer Wachoffizier in der küstennahen Fahrt	NWO 500	§ 29 Absatz 2 Nr. 1	A-II/3
			Schiffsführer auf Kleinfahrzeugen	NSF	§ 29 Absatz 3	–
	Befähigungs-nachweis	Unterstützungsebene	Wachbefähigung Brücke	NWB	§ 29 Absatz 4 Nr. 1	A-II/4
			Vollmatrose Decksbereich	NVM	§ 29 Absatz 4 Nr. 2	A-II/5
Nautik (Fischerei)	Befähigungs-zeugnis	Fischereifahrzeuge > 24 m Länge	Kapitän/1. Offizier in der Großen Hochseefischerei	BG	§ 33 Absatz 1 Nr. 1a	–
			Nautischer Wachoffizier in der Großen Hochseefischerei	BGW	§ 33 Absatz 1 Nr. 2a	–
			Kapitän in der Kleinen Hochseefischerei	BK	§ 33 Absatz 1 Nr. 1b	–
			Nautischer Wachoffizier in der Kleinen Hochseefischerei	BKW	§ 33 Absatz 1 Nr. 2b	–
		Fischereifahrzeuge < 24 m Länge	Kapitän in der Küstenfischerei	BKü	§ 33 Absatz 2	–
Seefunk	Befähigungs-zeugnis		Allgemeines Betriebszeugnis	GOC	§ 35 Nr. 1	A-IV/2
			Beschränkt Gültiges Betriebszeugnis (UKW-Seefunk)	ROC	§ 35 Nr. 2	A-IV/2

Bereich	Dokumentenart	Fahrtgebiet/ Schiffsgröße und -typ/ Maschinenleistung/ Bereich	Befähigung	Abkürzung	Seeleute-Befähigungs-verordnung	STCW-Über-einkommen
Technik	Befähigungs-zeugnis	Unbeschränkte Maschinenleistung	Leiter der Maschinenanlage	TLM	§ 38 Absatz 1 Nr. 3	A-III/2
			Zweiter Technischer Schiffsoffizier	TZO	§ 38 Absatz 1 Nr. 2	A-III/2
			Technischer Wachoffizier	TWO	§ 38 Absatz 1 Nr. 1	A-III/1
		Maschinenleistung < 750 kW	Schiffsmaschinist	TSM	§ 38 Absatz 2	–
	Befähigungs-nachweis	Unterstützungsebene	Wachbefähigung Maschine	TWB	§ 38 Absatz 3 Nr. 1	A-III/4
			Vollmatrose Maschinenbereich	TVM	§ 38 Absatz 3 Nr. 2	A-III/5
	Befähigungs-zeugnis	Elektrotechnik > 750 kW Maschinenleistung	Elektrotechnischer Schiffsoffizier	ETO	§ 41	A-III/6
			Schiffselektriker	ESE	§ 41	A-III/7
Gesamtschiffs-betrieb	Befähigungs-nachweis		Schiffsmechaniker	GSM	§ 43 Absatz 1	A-VII/2
Schiffssicherheit/ Gefahrenabwehr	Befähigungs-nachweis	Schiffssicherheit (Safety)	Sicherheitsgrundausbildung	SGA	§ 44 Absatz 1	A-VI/1-2
			Führen von Überlebensfahrzeugen und Bereitschaftsbooten	SÜB	§ 45 Absatz 1	A-VI/2-1
			Führen von Überlebensfahrzeugen und schnellen Bereitschaftsbooten	–	§ 45 Absatz 3	A-VI/2-7
			Leitung von Brandbekämpfungsmaßnahmen	SBL	§ 46 Absatz 1	A-VI/3
		Gefahrenabwehr (Security)	Gefahrenabwehrbeauftragter	SSO	§ 47 Satz 1	A-VI/5
			Grundausbildung in der Gefahrenabwehr	SRT	§ 48 Absatz 1	A-VI/6

Bereich	Dokumentenart	Fahrtgebiet/ Schiffsgröße und -typ/ Maschinenleistung/ Bereich	Befähigung	Abkürzung	Seeleute-Befähigungs-verordnung	STCW-Über-einkommen
Besondere Schiffstypen	Befähigungs-nachweis	Öltankschiffe und Chemikalientankschiffe	Schiffsdienst auf Öltankschiffen und Chemikalientankschiffen	–	§ 49 Absatz 1	A-V/1-1-2
			Laden und Löschen auf Öltankschiffen	–	§ 49 Absatz 3	A-V/1-1-2
			Laden und Löschen auf Chemikalientankschiffen	–	§ 49 Absatz 5	A-V/1-1-3
		Flüssiggastankschiffe	Schiffsdienst auf Flüssiggastankschiffen	–	§ 50 Absatz 1	A-V/1-2-1
			Laden und Löschen auf Flüssiggastankschiffen	–	§ 50 Absatz 3	A-V/1-2-2
	Qualifikations-nachweis	Fahrgastschiffe	Führung von Menschenmengen	–	§ 51 Absatz 1	A-V/2-1
			Zusätzliche Fahrgastsicherheitsausbildung	–	§ 51 Absatz 2	A-V/2-2
			Krisenbewältigung und Kenntnisse des Verhaltens von Personen in Notsituationen	–	§ 51 Absatz 3	A-V/2-3
		Ro-Ro-Fahrgastschiffe	Gewährleistung der Fahrgastsicherheit, der Ladungssicherheit und der Dichtigkeit des Schiffskörpers	–	§ 51 Absatz 4	A-V/2-4

32 Für die Ausstellung von **Befähigungszeugnissen und Befähigungsnachweisen** ist das **Bundesamt für Seeschifffahrt und Hydrographie** (BSH) zuständig. Als Ausnahme stellt das Seemannsamt Rostock alle nautischen und technischen Befähigungszeugnisse (Erstausstellung) von Absolventen der nach dem Recht Mecklenburg-Vorpommerns eingerichteten seefahrtbezogenen Ausbildungsstätten aus.

i Alle **Anträge** für Befähigungszeugnisse und Befähigungsdokumente sind auf der Webseite: www.deutsche-flagge.de/de/antraege zu finden.

33 **Qualifikationsnachweise** stellt entweder der anerkannte **Kursanbieter** aus oder aber der zuständige **Schiffsoffizier** an Bord im Rahmen des Safety Management Systems (ISM-Code).

34 In der Tabelle 17 auf den Seiten 69 ff. ist aufgelistet, über welche Befähigungsdokumente (Zertifikate) Seeleute in den jeweiligen Dienststellungen mindestens verfügen müssen. Von diesen **Mindestanforderungen** sind die reedereiinternen Vorgaben im Rahmen des des Safety Management Systems (ISM-Code) zu unterscheiden.

35 Nach dem STCW-Übereinkommen und dem ISM-Code sind für bestimmte Funktionen an Bord kontinuierliche **Fortbildungen** erforderlich. Einige Fortbildungen sind Voraussetzung für die Erteilung und Gültigkeitsverlängerung von Befähigungszeugnissen und -nachweisen. In diesen Fällen ist die Teilnahme an zugelassenen Kursen erforderlich.

36 Nach internationalen und nationalen Regelungen sind bestimmte Kurse **zulassungspflichtig**. In Deutschland werden die Kurse entweder durch das BSH oder die BG Verkehr zugelassen.

Tabelle 16: Zugelassene Fortbildungen in der Seeschifffahrt in Deutschland

Nr.	Kursart	Zulassung
1	Deutsches Seerecht (für EU-Kapitäne und Offiziere)	BSH
2	Medizinische Wiederholungslehrgänge	BG Verkehr
3	Arbeitssicherheit	BG Verkehr
4	ECDIS	BSH
5	ARPA	BSH
6	Seefunk	BSH
7	Tank- und Fahrgastschifffahrt	BSH
8	Schiffssicherheit (Sicherheitsgrundausbildung, Rettungsbootsmann, Brandbekämpfung	BG Verkehr
9	Gefahrenabwehr	BSH

Tabelle 17: Übersicht über alle mindestens notwendigen Befähigungsdokumente nach Dienstrang, Art des Zertifikates und Schiffstyp

Rang / Art des Zertifikat	Decksdienst: Kapitän	Decksdienst: Erster Offizier	Decksdienst: Nautischer Wachoffizier	Decksdienst: Funker	Decksdienst: Vollmatrose im Decksbereich	Decksdienst: Schiffsmann Deck	Maschinendienst: Leiter der Maschinenanlage	Maschinendienst: Zweiter technischer Schiffsoffizier	Maschinendienst: Technischer Wachoffizier	Maschinendienst: Elektrotechnischer Offizier	Maschinendienst: Vollmatrose im Maschinenbereich	Maschinendienst: Schiffselektriker	Maschinendienst: Schiffsmann Maschine	Maschinendienst: Schiffsmechaniker	Benötigt für: ✓ alle Schiff ➢ Tanker ❖ Passagierschiffe 1. Art des Zeugnisses 2. Aussteller 3. einschlägige STCW Regel 4. Verlängerung der Gültigkeitsdauer
Befähigungszeugnis Kapitäne und Schiffsoffiziere und GMDSS Funker	✓	✓	✓	✓			✓	✓	✓	✓					1. Befähigungszeugnis 2. BSH 3. II/1, II/2; II/3, III/1, III/2, III/3, III/6, IV/2, VII/2 4. ja, alle 5 Jahre
Befähigungsnachweis Schiffsleute, die berechtigt sind als Vollmatrose im Decks- und/oder Maschinenbereich oder als Schiffselektriker Dienst zu tun					✓						✓	✓		✓	1. Befähigungsnachweis 2. BSH 3. II/5, III/5, III/7, VII/2 4. nein
GMDSS Funker	✓	✓	✓	✓											1. Befähigungszeugnis 2. BSH oder andere Flaggenstaatsbehörde 3. IV/2 4. 5 Jahre

	Decksdienst						Maschinendienst								
Rang / Art des Zertifikat	Kapitän	Erster Offizier	Nautischer Wachoffizier	Funker	Vollmatrose im Decksbereich	Schiffsmann Deck	Leiter der Maschinenanlage	Zweiter technischer Schiffsoffizier	Technischer Wachoffizier	Elektrotechnischer Offizier	Vollmatrose im Maschinenbereich	Schiffselektriker	Schiffsmann Maschine	Schiffsmechaniker	Benötigt für: ✓ alle Schiff ➢ Tanker ❖ Passagierschiffe 1. Art des Zeugnisses 2. Aussteller 3. einschlägige STCW Regel 4. Verlängerung der Gültigkeitsdauer
Vermerk zur Bestätigung der Anerkennung eines Zeugnisses	✓	✓	✓	✓			✓	✓	✓	✓					1. Befähigungszeugnis 2. BSH 3. I/2 4. wie das Original, max. 5 Jahre
Grundunterweisung in Sicherheitsangelegenheiten	✓	✓	✓	✓	✓	✓	✓	✓	✓	✓	✓	✓	✓	✓	Alle Personen, die an Bord in irgendeiner Weise tätig werden 1. Qualifikationsnachweis 2. zuständiger Offizier an Bord
Grundausbildung in Sicherheitsangelegenheiten	✓	✓	✓	✓	✓	✓	✓	✓	✓	✓	✓	✓	✓	✓	Alle Personen an Bord, die eine Aufgabe in der Sicherheitsrolle haben 1. Befähigungsnachweis 2. BSH oder andere Flaggenstaatsverwaltung 3. VI/1 4. alle 5 Jahre

Rang / Art des Zertifikat	Decksdienst: Kapitän	Decksdienst: Erster Offizier	Decksdienst: Nautischer Wachoffizier	Decksdienst: Funker	Decksdienst: Vollmatrose im Decksbereich	Decksdienst: Schiffsmann Deck	Maschinendienst: Leiter der Maschinenanlage	Maschinendienst: Zweiter technischer Schiffsoffizier	Maschinendienst: Technischer Wachoffizier	Maschinendienst: Elektrotechnischer Offizier	Maschinendienst: Vollmatrose im Maschinenbereich	Maschinendienst: Schiffselektriker	Maschinendienst: Schiffsmann Maschine	Maschinendienst: Schiffsmechaniker	Benötigt für: ✓ alle Schiff ➢ Tanker ❖ Passagierschiffe 1. Art des Zeugnisses 2. Aussteller 3. einschlägige STCW Regel 4. Verlängerung der Gültigkeitsdauer
Seediensttauglichkeit	✓	✓	✓	✓	✓	✓	✓	✓	✓	✓	✓	✓	✓	✓	1. Seetauglichkeitszeugnis 2. anerkannter Arzt der STCW Vertragspartei 3. I/9 4. max. 2 Jahre
Überlebensfahrzeuge, Bereitschaftsboote	✓	✓	✓	✓	✓*		✓	✓	✓	✓	✓*			✓*	1. Befähigungsnachweis 2. BSH oder andere Flaggenstaatsbehörde 3. VI/2.1 4. alle 5 Jahre * nur wenn in der Sicherheitsrolle so vorgesehen
Schnelle Bereitschaftsboote	✓*	✓*	✓*	✓*	✓*		✓*	✓*	✓*	✓*	✓*			✓*	1. Befähigungsnachweis 2. BSH oder andere Flaggenstaatsbehörde 3. VI/2.2 4. alle fünf Jahre * nur wenn in der Sicherheitsrolle so vorgesehen

Rang / Art des Zertifikat	Decksdienst: Kapitän	Decksdienst: Erster Offizier	Decksdienst: Nautischer Wachoffizier	Decksdienst: Funker	Decksdienst: Vollmatrose im Decksbereich	Decksdienst: Schiffsmann Deck	Maschinendienst: Leiter der Maschinenanlage	Maschinendienst: Zweiter technischer Schiffsoffizier	Maschinendienst: Technischer Wachoffizier	Maschinendienst: Elektrotechnischer Offizier	Maschinendienst: Vollmatrose im Maschinenbereich	Maschinendienst: Schiffselektriker	Maschinendienst: Schiffsmann Maschine	Maschinendienst: Schiffsmechaniker	Benötigt für: ✓ alle Schiff ➢ Tanker ❖ Passagierschiffe 1. Art des Zeugnisses 2. Aussteller 3. einschlägige STCW Regel 4. Verlängerung der Gültigkeitsdauer
Moderne Brandbekämpfung	✓	✓	✓*	✓*			✓	✓	✓*	✓*					1. Befähigungsnachweis 2. BSH oder andere Flaggenstaatsbehörde 3. VI/3 4. 5 Jahre * nur wenn in der Sicherheitsrolle so vorgesehen
Medizinische Erste Hilfe	✓	✓	✓	✓	✓*		✓	✓	✓	✓	✓*	✓*		✓*	1. Befähigungsnachweis 2. anerkannte Kurse 3. VI/4.1 4. unbegrenzt
Medizinische Betreuung	✓	✓	✓				✓*	✓*	✓*	✓*					1. Befähigungsnachweis 2. anerkannte Kurse 3. VI/4.2 4. alle 5 Jahre (innerhalb der EU) * nur wenn vorgesehen ist, dass die Person dafür zuständig ist

	Decksdienst						Maschinendienst								
Rang / Art des Zertifikat	Kapitän	Erster Offizier	Nautischer Wachoffizier	Funker	Vollmatrose im Decksbereich	Schiffsmann Deck	Leiter der Maschinenanlage	Zweiter technischer Schiffsoffizier	Technischer Wachoffizier	Elektrotechnischer Offizier	Vollmatrose im Maschinenbereich	Schiffselektriker	Schiffsmann Maschine	Schiffsmechaniker	Benötigt für: ✓ alle Schiff ➢ Tanker ❖ Passagierschiffe 1. Art des Zeugnisses 2. Aussteller 3. einschlägige STCW Regel 4. Verlängerung der Gültigkeitsdauer
Beauftragter für die Gefahrenabwehr auf dem Schiff	✓*	✓*	✓*	✓*			✓*	✓*	✓*	✓*					1. Befähigungsnachweis 2. BSH oder andere Flaggenstaatsbehörde 3. VI/5 4. unbegrenzt * auf jedem Schiff muss eine Beauftragter für die Gefahrenabwehr und ein Stellvertreter sein
Ausbildung zur Förderung des Bewusstseins für die Bedeutung der Gefahrenabwehr oder Sicherheitstraining für Seeleute mit spezifischen Aufgaben im Zusammenhang mit Angelegenheiten der Gefahrenabwehr	✓	✓	✓	✓	✓	✓	✓	✓	✓	✓	✓	✓	✓	✓	1. Befähigungsnachweis 2. BSH oder andere Flaggenstaatsbehörde 3. VI/& 4. unbegrenzt Sollten keine Aufgaben im Zusammenhang mit Angelegenheiten der Gefahrenabwehr von einer Person wahrgenommen werden reicht eine Unterweisung mit schriftlichen Nachweis

Art des Zertifikat / Rang	Decksdienst						Maschinendienst								
	Kapitän	Erster Offizier	Nautischer Wachoffizier	Funker	Vollmatrose im Decksbereich	Schiffsmann Deck	Leiter der Maschinenanlage	Zweiter technischer Schiffsoffizier	Technischer Wachoffizier	Elektrotechnischer Offizier	Vollmatrose im Maschinenbereich	Schiffselektriker	Schiffsmann Maschine	Schiffsmechaniker	Benötigt für: ✓ alle Schiff ➢ Tanker ❖ Passagierschiffe 1. Art des Zeugnisses 2. Aussteller 3. einschlägige STCW Regel 4. Verlängerung der Gültigkeitsdauer
Grundunterweisung für alle auf Tankschiffen Beschäftigten	➢	➢	➢	➢	➢	➢	➢	➢	➢	➢	➢	➢	➢	➢	1. Qualifikationsnachweis 2. Zuständiger Offizier an Bord 3. B-V/1.2-9 4. jedes Mal beim Einsteigen an Bord
Tankergrundausbildung	➢	➢	➢		➢*		➢	➢	➢	➢*	➢*	➢*	➢*		1. Befähigungsnachweis 2. BSH oder Flaggenstaatsbehörde 3. V/1-1, V/1-2 4. alle 5 Jahre *benötigt, wenn spezifische Aufgaben zugewiesen
Öl-Tanker-, Flüssiggas-Tanker-und Öl- und Chemikalien-Tanker-Lehrgang	➢	➢	➢				➢	➢	➢						1. Befähigungsnachweis 2. BSH oder Flaggenstaatsbehörde 3. V/1-1, V/1-2 4. alle fünf Jahre

Rang / Art des Zertifikat	Decksdienst						Maschinendienst								
	Kapitän	Erster Offizier	Nautischer Wachoffizier	Funker	Vollmatrose im Decksbereich	Schiffsmann Deck	Leiter der Maschinenanlage	Zweiter technischer Schiffsoffizier	Technischer Wachoffizier	Elektrotechnischer Offizier	Vollmatrose im Maschinenbereich	Schiffselektriker	Schiffsmann Maschine	Schiffsmechaniker	Benötigt für: ✓ alle Schiff ➢ Tanker ❖ Passagierschiffe 1. Art des Zeugnisses 2. Aussteller 3. einschlägige STCW Regel 4. Verlängerung der Gültigkeitsdauer
Ausbildung in der Führung von Menschen	❖	❖	❖	❖	❖*	❖*	❖	❖	❖	❖	❖*	❖*	❖*	❖*	1. Qualifikationsnachweis 2. Anerkannter Kursanbieter 3. V/2.4 4. alle 5 Jahre * nur wenn in der Sicherheitsrolle so vorgesehen
Sicherheitsausbildung für Personen, die unmittelbar Dienste für Fahrgäste in Fahrgasträumen leisten	❖	❖	❖	❖	❖	❖	❖	❖	❖	❖	❖	❖	❖	❖	1. Qualifikationsnachweis 2. Anerkannter Kursanbieter 3. V/2.5 4. alle 5 Jahre * nur wenn in der Sicherheitsrolle so vorgesehen
Ausbildung in Krisenbewältigung und in menschlichen Verhalten	❖	❖	❖*	❖*	❖*	❖*	❖	❖	❖*	❖*	❖*	❖*	❖*	❖*	1. Qualifikationsnachweis 2. Anerkannter Kursanbieter

	Decksdienst						Maschinendienst								
Rang / Art des Zertifikat	Kapitän	Erster Offizier	Nautischer Wachoffizier	Funker	Vollmatrose im Decksbereich	Schiffsmann Deck	Leiter der Maschinenanlage	Zweiter technischer Schiffsoffizier	Technischer Wachoffizier	Elektrotechnischer Offizier	Vollmatrose im Maschinenbereich	Schiffselektriker	Schiffsmann Maschine	Schiffsmechaniker	Benötigt für: ✓ alle Schiff ➢ Tanker ❖ Passagierschiffe 1. Art des Zeugnisses 2. Aussteller 3. einschlägige STCW Regel 4. Verlängerung der Gültigkeitsdauer
															3. V/2.6 4. alle 5 Jahre * nur wenn in der Sicherheitsrolle so vorgesehen
Ausbildung in Fahrgastsicherheit, Ladungssicherheit und Dichtigkeit des Schiffskörpers	❖	❖	❖*	❖*	❖*	❖*	❖	❖	❖*	❖*	❖*	❖*	❖*	❖*	1. Qualifikationsnachweis 2. Anerkannter Kursanbieter 3. V/2.7 4. alle 5 Jahre * nur wenn in der Sicherheitsrolle so vorgesehen

Die in Deutschland zugelassenen Kurse sind auf der Website: www.deutsche-flagge.de/de/befaehigung/kurse aufgelistet.
Die Stiftung „Schifffahrtsstandort Deutschland“ fördert die Fortbildung von Seeleuten auf Schiffen unter deutscher oder einer EU-Flagge im Rahmen von zugelassenen Lehrgängen. Weitere Informationen sind unter: www.stiftung-schifffahrtsstandort.de/foerderung zu finden.

4. Arbeitsvermittlung

Seitdem es Schifffahrt gibt, werden Seeleute für ihre Arbeit an Bord vermittelt. Die 37
Zeiten, in den Seeleute schanghait wurden, also gegen ihren Willen rekrutiert wurden, sind glücklicherweise vorbei. Heutzutage spielt die Arbeitsvermittlung von Seeleuten durch sogenannte **Crewing-Agenturen** eine große Rolle. Das Outsourcen der Personalverantwortung vor allem für nichteuropäische Seeleute von den Reedereien zu Crewing-Agenturen ist inzwischen üblich.

Crewing-Agenturen sind Arbeitsvermittlungsdienste im In- und Ausland, die teilweise auch Arbeitnehmerüberlassung (Leiharbeit) betreiben.

a) Öffentliche und private Arbeitsvermittlung

Die Arbeitsvermittlung von Seeleuten tritt in zwei Formen auf: die öffentliche und 38
die private Arbeitsvermittlung.

Für die **öffentliche Arbeitsvermittlung** von Seeleuten ist in Deutschland die 39
Bundesagentur für Arbeit zuständig. Die Bundesagentur hat dazu in Hamburg die **Zentrale Heuerstelle** eingerichtet, die bundesweit die gebührenfreie Vermittlung von Fach- und Führungskräften der Seeschifffahrt übernimmt. Darüber hinaus informiert und berät die Zentrale Heuerstelle Hamburg über Aus- und Weiterbildungsmöglichkeiten und vermittelt Ausbildungsplätze für eine Tätigkeit an Bord von Seeschiffen.

Die öffentliche Arbeitsvermittlung wird durch die Tätigkeit **privater Arbeits-** 40
vermittler ergänzt. Seit der Liberalisierung des Arbeitsmarktes im Jahr 2002 benötigen Arbeitsvermittler in Deutschland nur noch eine Anmeldung nach der Gewerbeordnung. Für die Arbeitsvermittlung von Seeleuten ist dagegen entsprechend der Vorgaben des Seearbeitsübereinkommens eine staatliche **Bescheinigung** notwendig. Seeleute-Arbeitsvermittler mit Sitz in Deutschland benötigen eine Bescheinigung der BG Verkehr (§ 24 Absatz 1 SeeArbG). Die Bescheinigung ist auch dann notwendig, wenn der Vermittler in Deutschland Seeleute auf Schiffe unter ausländischer Flagge vermittelt; entscheidend ist der Sitz des Vermittlers in Deutschland. Die Bescheinigung wird für jeweils drei Jahre ausgestellt.

! Wer als Arbeitsvermittler für Seeleute in Deutschland ohne Bescheinigung der BG Verkehr tätig wird, handelt **ordnungswidrig**. Das Bußgeld kann bis 10.000 EUR betragen. Wird bei einer Hafenstaatkontrolle festgestellt, dass Seeleute von Agenturen ohne Zulassung vermittelt wurden, kann ein Schiff festgehalten werden.
Das Muster der **Bescheinigung** der BG Verkehr für private Seeleute-Vermittler ist im Anhang I auf Seite 286 abgedruckt.

41 Ein Vermittler darf nach § 25 Absatz 1 SeeArbG keine Verfahren oder sogenannte **schwarze Listen** verwenden, die Seeleuten an einer Beschäftigung entsprechend ihrer Qualifikation hindert.

i Zumindest in der Vergangenheit war es übliche Praxis, dass vor allem ausländische Crewing-Agenturen **schwarze Listen** geführt haben. Bei diesem illegalen Verfahren setzen Agenturen Seeleute, die sich wegen mangelhafter Arbeitsbedingungen an eine Gewerkschaft gewandt haben, auf interne Listen und geben diese anderen Vermittlern oder Reedern bekannt. Seeleute, die auf diesen schwarzen Listen stehen, haben faktisch keine Chance mehr, auf Seeschiffen eine Anstellung zu finden.

42 Ein Vermittler darf **in keinem Fall Vermittlungsgebühren** von Seeleuten erheben. Seeleute sind damit – dem Seearbeitsübereinkommen folgend – im Vergleich zu Landarbeitnehmern bessergestellt, da Vermittler ihr Honorar Landarbeitnehmern in Rechnung stellen dürfen (§ 296 Absatz 3 SGB III).

43 § 25 Absatz 1 SeeArbG enthält weitere **Anforderungen an Arbeitsvermittler** für Seeleute. Danach muss sich ein Vermittler vom Seemann alle für die Vermittlung relevanten Dokumente vorlegen lassen und ein Verzeichnis aller vermittelten Personen führen. Außerdem muss er ein eigenes Beschwerdemanagementsystem einrichten, über das Seeleute Beschwerden über eine mangelhafte Vermittlung einreichen können; ein Verweis auf das Beschwerdemanagementsystem der Reederei reicht dabei nicht aus. Ein Vermittler benötigt zudem eine Berufshaft- oder Vermögensschadens-Haftpflichtversicherung, um vermittelte Seeleute für mögliche finanzielle Verluste durch Fehler bei der Vermittlung entschädigen zu können. Die Versicherung muss Vermögensschäden abdecken, ohne dass es zu vorherigen Personen- oder Sachschäden gekommen sein muss. Eine Betriebshaftpflichtversicherung ist im Normalfall nicht ausreichend.

i Die Mindestversicherungssumme für die Haftpflichtversicherung eines Seeleute-Arbeitsvermittlers muss mindestens 250.000,– EUR je Versicherungsfall und eine Million EUR für alle Versicherungsfälle eines Versicherungsjahres betragen (§ 114 Absatz 1 VVG).

Tabelle 18: Anforderungen an private Arbeitsvermittler für Seeleute nach dem SeeArbG

SeeArbG	Anforderung an den Vermittler	Bemerkungen
Vermittler hat seinen Sitz in Deutschland		
§ 25 Abs. 1 Nr. 1	Darf keine schwarzen Listen ("black lists") führen	
§ 25 Abs. 1 Nr. 2	Darf keine Vermittlungsgebühren von Seeleuten verlangen	
§ 25 Abs. 1 Nr. 3	Muss sich von Seeleuten alle für die Vermittlung relevanten Dokumente vorlegen lassen	
§ 25 Abs. 1 Nr. 4	Muss ein Verzeichnis der vermittelten Seeleute führen	
§ 25 Abs. 1 Nr. 5	Muss ein Beschwerdemanagementsystem einrichten und BG Verkehr über eingehende Beschwerden unterrichten	Verweis auf Beschwerdemanagementsystem des Reeders reicht nicht aus
§ 25 Abs. 1 Nr. 6	Muss vom Reeder eine Bestätigung vorlegen lassen, dass der Heuervertrag SeeArbG entspricht, der Reeder seinen Heimschaffungspflichten nachkommt und der Reeder eine Versicherung gegen Schäden durch Verstöße aus dem Heuervertrag abgeschlossen hat	wenn Seeleute auf Schiffen unter deutscher Flagge vermittelt werden
§ 25 Abs. 1 Nr. 7	Muss vom Reeder eine Bestätigung vorlegen lassen, dass der Heuervertrag den MLC-Vorgaben entspricht	wenn Seeleute auf Schiffen unter ausländischer Flagge vermittelt werden
§ 25 Abs. 1 Nr. 7	Muss eine Berufshaftpflicht- oder Vermögensschadenshaftpflicht gegen etwaige Vermittlungsfehler abgeschlossen haben	Mindestversicherungssumme: 250.000,– EUR je Fall
Vermittler hat seinen Sitz im Ausland (in einem Nicht-MLC-Vertragsstaat)		
§ 24 Abs. 3	Muss dem Reeder schriftlich versichern, dass er die MLC-Vorgaben zur Arbeitsvermittlung erfüllt	wenn deutscher Reeder ausländischen Vermittler in Nicht-MLC-Vertragsstaat beauftragt

44 Ein Reeder, der Vermittlungsdienste nutzt, um Seeleute auf seinen Schiffen unter deutscher Flagge einzusetzen, muss dem beauftragten Vermittler in Deutschland schriftlich bestätigen, dass der Heuervertrag dem Seearbeitsgesetz entspricht und er unter anderem eine finanzielle Sicherheit für etwaige Heimschaffungskosten für Seeleute vorweisen kann. Wenn ein Reeder Seeleute auf seine Schiffe unter ausländischer Flagge vermitteln lässt, muss der Reeder dem Vermittler **schriftlich bestätigen**, dass die Heuerverträge den Vorgaben des Seearbeitsübereinkommens entsprechen. In beiden Fällen darf der Vermittler dann auf die Einhaltung der Vorschriften durch den Reeder vertrauen und muss den Heuervertrag inhaltlich nicht mehr überprüfen. Die Bestätigung des Reeders kann in den Vertrag zwischen dem Reeder und dem Arbeitsvermittler integriert werden und muss nicht für jede einzelne Vermittlung immer wieder neu ausgestellt werden.

45 Beauftragt der Reeder einen Arbeitsvermittler mit Sitz in einem **ausländischen Staat**, welcher dem Seearbeitsübereinkommen nicht verbindlich beigetreten ist, muss der ausländische Vermittler dem Reeder schriftlich versichern, dass er die Vorgaben des Seearbeitsübereinkommens zur Arbeitsvermittlung einhält. Damit soll die Einhaltung des Seearbeitsübereinkommens auch dann sichergestellt werden, wenn ein ausländischer Staat das Übereinkommen nicht anwendet und die Vermittlungsdienste in seinem Hoheitsgebiet nicht regelmäßig überprüft.

b) Abgrenzung zur Arbeitnehmerüberlassung

46 Die private Arbeitsvermittlung von Seeleuten ist ein globales Phänomen und wird in dem faktisch weltweit geltenden Seearbeitsübereinkommen geregelt. Das deutsche Recht kennt neben der Arbeitsvermittlung noch eine weitere rechtliche Kategorie: die Arbeitnehmerüberlassung, besser bekannt unter dem Begriff **„Leiharbeit"**. Bei der Arbeitnehmerüberlassung überlässt ein Verleiher einen Arbeitnehmer an einen Entleiher. Dieses Dreiecksverhältnis ist zunächst mit der Grundkonstruktion der Arbeitsvermittlung identisch. Der entscheidende Unterschied ist aber, dass bei einer Arbeitnehmerüberlassung der Verleiher als Arbeitgeber auftritt, während bei der Vermittlung der Vermittlungsempfänger – und nicht der Vermittler – der Arbeitgeber ist. Arbeitgeber ist derjenige, der die üblichen Arbeitgeberpflichten und das Arbeitgeberrisiko übernimmt (§ 1 Absatz 2 AÜG).

47 Zu den Arbeitgeberpflichten gehören unter anderem die Zahlung der Sozialversicherungsbeiträge und der Lohnsteuer sowie die Einhaltung der Arbeitsschutzvorschriften (§ 3 Absatz 1 AÜG). Außerdem wird bei einer Arbeitnehmerüberlassung der Arbeitnehmer in den Betrieb des Entleihers eingegliedert und führt seine Arbeit allein nach den Weisungen des Entleihers und in dessen Interesse aus.[5] Ein Arbeits-

5 BAG, Urteil vom 18. Januar 2012 – 7 AZR 723/10 –.

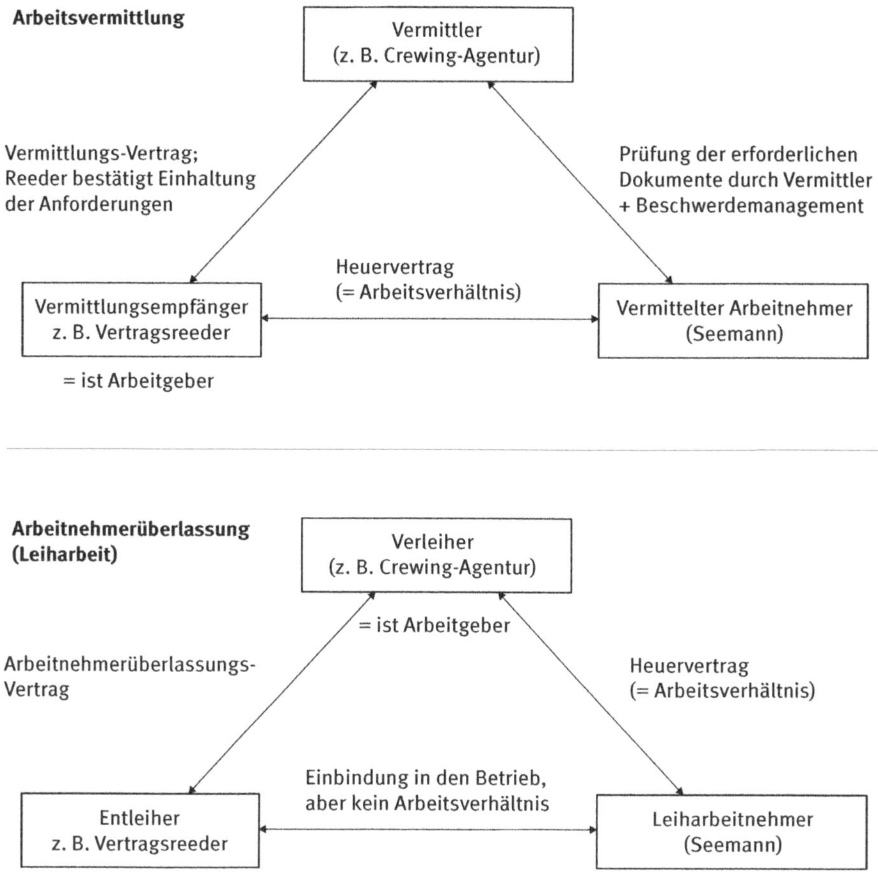

Abb. 8: Arbeitnehmerüberlassung und Arbeitsvermittlung

vermittler ist dagegen lediglich ein **Makler**, der die Gelegenheiten zum Abschluss von Heuerverträgen verschafft, ohne dass er selbst Arbeitgeberpflichten übernimmt.

In der Seeschifffahrt beauftragen häufig Reeder **Crewing-Agenturen** im In- und 48
Ausland mit der **Anwerbung** von Seeleuten. Auch hier kommt es für den Unterschied zwischen Arbeitsvermittlung und Arbeitnehmerüberlassung darauf an, wer der **Arbeitgeber der Seeleute** ist. Ist der Vertragsreeder, der für eine Ein-Schiffs-KG die Verantwortung für den Schiffsbetrieb übernommen hat, der Arbeitgeber, dann liegt eine Arbeitsvermittlung vor. Zahlt dagegen die Crewing-Agentur die Heuern, die Lohnsteuer und Sozialversicherungsabgaben und hat sie den Heuervertrag unterschrieben, dann ist von einer Arbeitnehmerüberlassung auszugehen.

Tabelle 19: Unterschiede Arbeitsvermittlung und Arbeitnehmerüberlassung in der Seeschifffahrt

Bereich	Arbeitsvermittlung	Arbeitnehmerüberlassung
Ziel	Vermittler führt Arbeitssuchende mit Arbeitgebern zur Begründung von Arbeitsverhältnissen zusammen	Verleiher überlässt einem Dritten einen Arbeitnehmer, der in den Betrieb des Dritten eingegliedert wird
Beteiligte Personen	– Vermittler (zB Crewing-Agentur) – Vermittlungsempfänger (zB Vertragsreeder) – Vermittelter Arbeitnehmer (Seemann)	– Verleiher (zB Crewing-Agentur) – Entleiher (zB Vertragsreeder) – Leiharbeitnehmer (Seemann)
Arbeitgeberfunktion	Reeder ist Arbeitgeber der Seeleute	Verleiher (zB Crewing-Agentur) ist Arbeitgeber der Seeleute
Behördliche Genehmigung	Bescheinigung der BG Verkehr	Erlaubnis der Bundesagentur für Arbeit
Laufzeit der Genehmigung	3 Jahre, Verlängerung möglich	zunächst 1 Jahr, nach 3 Jahren unbefristet möglich
Rechtsfolgen einer fehlenden Genehmigung	– Geldbuße für Vermittler bis zu 10.000,– EUR – das Schiff des Reeders kann bei Hafenstaatkontrolle festgehalten werden	– Geldbuße für Verleiher bis zu 30.000,– EUR – es kommt Arbeitsverhältnis zwischen Entleiher und Arbeitnehmer zustande
Vermittlung/Überlassung innerhalb eines Konzerns	Bescheinigung notwendig, wenn Seeleute an selbständige juristische Personen innerhalb eines Konzerns vermittelt werden	Keine Erlaubnis notwendig, wenn Arbeitnehmer innerhalb eines Konzerns überlassen werden und diese Arbeitnehmer nicht zum Zweck der Überlassung eingestellt und beschäftigt werden
Rechtsgrundlage	§§ 24–27 Seearbeitsgesetz	§§ 1–19 Arbeitnehmerüberlassungsgesetz

Für die Arbeitnehmerüberlassung in Deutschland benötigt jeder Verleiher nach dem Arbeitnehmerüberlassungsgesetz (AÜG) eine **Erlaubnis** der Bundesagentur für Arbeit. Für die Seeschifffahrt ist eine Erlaubnis nur dann notwendig, wenn Seeleute für eine Tätigkeit auf Schiffen unter deutscher Flagge überlassen werden. Die Erlaubnis darf nur Verleihern mit Sitz in Deutschland oder in der EU/EWR erteilt werden (§ 3 Absatz 2 AÜG). Damit dürfen Crewing-Agenturen auf den Philippinen Seeleute nicht an deutsche Reedereien überlassen. Die Erlaubnis ist zunächst auf ein Jahr befristet und kann dann verlängert werden. Nach drei Jahren kann die Bundesagentur die Erlaubnis unbefristet erteilen. 49

Überlässt ein Verleiher Arbeitnehmer ohne Genehmigung an einen Entleiher, dann kommt kraft Gesetzes ein **neues Arbeitsverhältnis** zwischen dem Leiharbeitnehmer und dem Entleiher zustande. Der Arbeitsvertrag zwischen dem Verleiher und dem Leiharbeitnehmer ist dann unwirksam (§§ 9 Nummer 1, 10 Absatz 1 AÜG). Reedereien können also bei **unerlaubter Arbeitnehmerüberlassung** von Gesetzes wegen Arbeitgeber von Arbeitnehmern werden, ohne dass sie das wollen. !

Werden Seeleute nur gelegentlich zwischen Arbeitgebern überlassen oder werden sie innerhalb eines **Konzernunternehmens** „ausgeliehen“, dann handelt es sich um keine Arbeitnehmerüberlassung – es sei denn, die Arbeitnehmer werden zum Zweck der Überlassung eingestellt oder beschäftigt (§ 1 Absatz 3 Nummer 2 und 2a AÜG). Für eine ausgegliederte Crewing-Abteilung einer Reederei, die Arbeitgeber der Seeleute ist, aber nicht den Schiffsbetrieb verantwortet, hat das Landesozialgericht Hamburg eine Arbeitnehmerüberlassung bejaht.[6] 50

5. Heuervertrag

Das **Heuerverhältnis** ist die Rechtsbeziehung zwischen einem Arbeitgeber, dem Reeder oder einem anderen Arbeitgeber und einem Besatzungsmitglied.[7] Grundlage des Heuerverhältnisses ist der Heuervertrag (§ 28 Absatz 1 Satz 2 SeeArbG), der Rechte und Pflichten der Vertragsparteien festlegt.[8] 51

a) Allgemeines

Der Heuervertrag muss nach § 28 Absatz 1 SeeArbG **schriftlich** abgeschlossen werden. Dies bedeutet, dass beide Vertragsparteien ihn eigenhändig[9] unterzeichnen 52

6 LAG Hamburg, Urteil vom 20. April 2005 – L 1 KR 16/04 –.
7 *Noltin* in: Bubenzer/Noltin/Peetz/Mallach, SeeArbG, München 2015, vor § 28 Rn. 1.
8 *Noltin* in: Bubenzer/Noltin/Peetz/Mallach, SeeArbG, München 2015, vor § 28 Rn. 1.
9 Oder mittels notariell beglaubigten Handzeichens.

müssen, § 126 Absatz 1 BGB. Notwendig ist, dass der Heuervertrag in mindestens zwei Ausfertigungen unterzeichnet wird, da sowohl Arbeitgeber als auch Besatzungsmitglied im Besitz eines Originalexemplars sein müssen.[10]

53 **Vor Abschluss des Heuervertrages** muss das Besatzungsmitglied die Möglichkeit haben, den Heuervertrag einschließlich anwendbarer Tarif-, Betriebs- und/oder Bordvereinbarungen zu **prüfen**, § 28 Absatz 1 Satz 3 SeeArbG. Für die rechtzeitige Übermittlung gibt es keine starren Fristen, allerdings muss dem Besatzungsmitglied eine angemessene Zeit eingeräumt werden, den Vertrag prüfen zu können, wobei eine Zeitspanne von zwei Wochen als Obergrenze stets ausreichend ist.[11]

54 Regelmäßig wird der Heuervertrag vom Arbeitgeber vorformuliert sein und daher an den Voraussetzungen der Vorschriften über **Allgemeine Geschäftsbedingungen** unterfallen. Besonders wichtig für den Gebrauch von solchen vorformulierten Verträgen ist die Regelung, dass Zweifel bei der Auslegung zulasten des Verwenders, dh des Arbeitgebers gehen, § 305c Absatz 2 BGB.

55 An Bord muss eine **Kopie** jedes Heuervertrages sowie eine **englische Übersetzung** des Mustervertrages mitgeführt werden, § 29 Absatz 1 Satz 3, Absatz 3 SeeArbG.

56 Es ist den Parteien des Heuervertrags jederzeit möglich, den Heuervertrag einvernehmlich zu verändern und so die Arbeitsbedingungen zu verändern. Die Standards des SeeArbG dürfen hierbei jedoch in keinem Fall unterlaufen werden.

b) Probezeit

57 Nach §§ 66 Absatz 4 SeeArbG, 622 Absatz 3 BGB kann eine max. sechsmonatige Probezeit vereinbart werden, während der das Heuerverhältnis mit einer Frist von zwei Wochen gekündigt werden kann. Wird eine Probezeit vereinbart, trifft die gekürzte Kündigungsfrist kraft Gesetzes ein, sodass die Dauer der kürzeren Kündigungsfrist nicht vereinbart werden muss.[12] Soll in den ersten drei Monaten die Kündigungsfrist von nur einer Woche möglich sein (§ 66 Absatz 1 Satz 1 SeeArbG) und zugleich eine Probezeit vereinbart werden, muss dies im Vertrag entsprechend deutlich gemacht werden.

i Der Arbeitgeber kann dem Besatzungsmitglied regelmäßig noch am letzten Tag der Probezeit ordentlich kündigen. Sieht der Arbeitgeber die sechsmonatige Probezeit als nicht bestanden an, so kann er anstatt das Arbeitsverhältnis innerhalb der kurzen Probezeitkündigungsfrist zu beenden,

10 *Noltin* in: Bubenzer/Noltin/Peetz/Mallach, SeeArbG, München 2015, § 28 Rn. 10.

11 *Noltin* in: Bubenzer/Noltin/Peetz/Mallach, SeeArbG, München 2015, § 28 Rn. 6.

12 *Lindemann*, Seearbeitsgesetz und Manteltarifvertrag für die deutsche Seeschifffahrt, Uelzen 2014, § 63 Rn. 5; *Linck* in: Schaub (Begr.), Arbeitsrechts-Handbuch, Systematische Darstellung und Nachschlagewerk für die Praxis, 15. Auflage, München 2013, § 126 Rn. 31.

dem Besatzungsmitglied eine Bewährungschance geben, indem er mit einer überschaubaren, längeren Kündigungsfrist kündigt und dem Besatzungsmitglied für den Fall seiner Bewährung die Wiedereinstellung zusagt.[13]

c) Die Befristung des Heuerverhältnisses

Das Heuerverhältnis kann sowohl befristet als auch unbefristet abgeschlossen werden. 58

Wird eine wirksame Befristungsabrede getroffen, endet das Heuerverhältnis automatisch. Notwendig ist eine vor Vertragsbeginn getroffene **schriftliche Befristungsabrede**, § 14 Absatz 4 TzBfG. Eine mündliche Befristungsabrede ist nichtig. 59

Ein ohne wirksame Befristungsabrede geschlossener Vertrag führt zu einem **unbefristeten Heuerverhältnis**, § 16 Satz 1 TzBfG. !

Möglich ist eine sachgrundlose Befristung, § 14 Absatz 2 TzBfG. Das Heuerverhältnis kann ohne Vorliegen eines sachlichen Grundes bis zur Dauer von zwei Jahren befristet werden. Bis zu dieser Dauer ist auch die höchstens dreimalige Verlängerung des Heuerverhältnisses zulässig. Eine sachgrundlose Befristung ist ausgeschlossen, wenn mit demselben Arbeitgeber bereits zuvor ein Heuerverhältnis bestanden hat, § 14 Absatz 2 Satz 2 TzBfG. Liegen zwischen der vorherigen und der neuen Beschäftigung mehr als drei Jahre, ist eine sachgrundlose Befristung möglich.[14] Regelmäßig werden in der Seeschifffahrt zeitbefristete Heuerverträge abgeschlossen, die dann mit Erreichen des entsprechenden Datums automatisch enden sollen. Notwendig ist, dass das **Ende des Heuerverhältnisses** bereits bei Vereinbarung der Befristung **eindeutig** feststeht. 60

Die weit verbreitete Klausel zur Bestimmung der **Dauer der Befristung** „... month +/–1 on owner's option" ist nach deutschem Recht unzulässig und führt nicht zu einer wirksamen Befristung des Heuerverhältnisses. Es entsteht ein unbefristetes Heuerverhältnis. !

Soll eine einmal vereinbarte Befristung verlängert werden, muss das ursprüngliche Heuerverhältnis nahtlos in den Verlängerungszeitraum übergehen. Für eine Anschlussbefristung ist es also notwendig, dass keine „Leerzeit" entsteht, in der das Besatzungsmitglied keinen Vertrag hat. Wird dann ein neuer Vertrag geschlossen, 61

13 BAG, Urteil vom 7. März 2002 – 2 AZR 93/01 –, Rn. 26 f., juris.
14 BAG, Urteil vom 21. September 2011 – 7 AZR 375/10 –, BAGE 139, 213–225, Rn. 23, zitiert nach juris.

ist die darin getroffene Befristungsabrede unwirksam, weil bereits zuvor ein Heuerverhältnis bestanden hat.[15]

62 Es besteht auch die Möglichkeit, das Heuerverhältnis aus sachlichem Grund zu befristen, § 14 Absatz 1 Satz 1 TzBfG.

? Unklar ist, ob das von der Stiftung „Schifffahrtstandort Deutschland" geförderte Ausfahren der Befähigungszeugnisse eine Sachgrundbefristung ermöglicht.

---

63 Soll ein Besatzungsmitglied in einem Reedereikonzern so lange eingesetzt werden, bis es seine Befähigungszeugnisse ausgefahren hat, bestehen folgende Möglichkeiten, die in dem nachfolgenden Praxistipp dargestellt sind:

! **Praxistipp**

- Das Besatzungsmitglied kann für bis zu 2 Jahre befristet von einer Ein-Schiffs-KG angestellt werden. War die „MS A Ein-Schiffs-KG" Arbeitgeber, kann nach Ablauf der 2 Jahre (oder auch schon früher) ein Heuerverhältnis mit der „MS B Ein-Schiffs-KG" geschlossen werden. In diesem neuen Heuerverhältnis ist wieder eine sachgrundlose Befristung möglich. Notwendig ist hierbei, dass das Besatzungsmitglied während der Dauer des Vertrages jeweils nur auf dem Schiff des Arbeitgebers, **nicht auf anderen Schiffen des Reedereikonzerns** eingesetzt wird.
- Das Besatzungsmitglied klagt gegen eine wirksame Befristungsabrede. Vor Gericht wird ein **Vergleich** geschlossen, dass das Besatzungsmitglied noch so lange befristet beim Arbeitgeber beschäftigt ist, bis es seine Befähigungszeugnisse ausgefahren hat. Eine Befristung, die aufgrund eines gerichtlichen Vergleichs geschlossen wurde, ist ein wirksamer Sachgrund für eine Befristung, § 14 Absatz 1 Satz 2 Nummer 8 TzBfG.[16]

---

64 Wollen die Parteien das befristete Heuerverhältnis ordentlich kündigen können, müssen sie dies vereinbart haben, § 15 Absatz 3 TzBfG.[17]

65 Verlängert sich das Heuerverhältnis aufgrund des Verbots der Urlaubsabgeltung, kann dies dazu führen, dass die bei Vertragsschluss getroffene Befristungsabrede nicht das rechtliche Ende des Heuerverhältnisses widerspiegelt. Dies führt nicht zur Unwirksamkeit der Befristungsabrede. Es reicht aus, wenn im Heuervertrag ein Datum genannt wird, dieses Datum das für die Berechnung des Verlängerungszeitraums relevante Datum ist und das Besatzungsmitglied nicht über dieses Datum hinaus für den Arbeitgeber tätig wird.[18]

---

15 Zum gesamten Absatz: Müller-Glöge, Dietrich (Begr.), Hanau (Begr.), Schaub (Begr.), Erfurter Kommentar zum Arbeitsrecht, 15. Auflage, München 2015, § 14 TzBfG Rn. 87 ff., 96.

16 Zu den Anforderungen an den gerichtlichen Vergleich und der Gefahr des Missbrauchs: BAG, Urteil vom 15. Februar 2012 – 7 AZR 734/10 –, BAGE 140, 368–377, Rn. 17, zitiert nach juris.

17 Bundestags-Drucksache 17/10959, S. 84.

18 Zum gesamten Absatz *Peetz* in: Bubenzer/Noltin/Peetz/Mallach, SeeArbG, München 2015, § 64 Rn. 10.

d) Mindestinhalt und Musterheuervertrag

Der **Mindestinhalt** des Heuervertrages ist in § 28 Absatz 2 SeeArbG aufgeführt. Der in diesem Praxishandbuch abgedruckte **Muster-Heuervertrag** beinhaltet neben dem Mindestinhalt weitere Regelungen. Sofern solche eingefügt werden, wird jeweils erklärt, weshalb eine Einbeziehung sinnvoll ist. Regelungen ohne solche Erklärung müssen Bestandteil des Vertrages sein. Grundlage des Mustervertrages ist die Anwendung deutschen Seearbeitsrechts. Eine Rechtswahl ist grundsätzlich möglich,[19] allerdings von vielen verschiedenen Faktoren abhängig, die im Einzelfall abzuwägen sind. 66

Der **Muster-Heuervertrag** ist im Anhang I auf den Seiten 292 bis 297 abgedruckt.

---

6. Schiffsbesetzung

a) Gesamtzahl der Besatzungsmitglieder

Die Schiffsbesetzung für Handelsschiffe unter deutscher Flagge ist in der **Schiffsbesetzungsverordnung (SchBesV)** geregelt. Bis 1998 enthielt die Verordnung genaue Vorgaben, wie groß die Schiffsbesatzung bei verschiedenen Schiffstypen sein müsse (Regelbesatzung). Mit der Neufassung im Jahr 1998 strich der Gesetzgeber diese detaillierten Bemannungsvorgaben, um die Verantwortung des Reeders für eine sichere Schiffsbesetzung zu stärken. 67

Der Reeder macht der BG Verkehr einen **individuellen Vorschlag** für die Besetzung seines Schiffes. Der Antrag muss eine Besetzung vorsehen, mit der Schiffssicherheit, der sichere Wachdienst, die Einhaltung der Vorschriften des Arbeits- und Umweltschutzes, die Erhaltung der öffentlichen Ordnung und Sicherheit an Bord sowie die sprachliche Verständigung an Bord gewährleistet ist (§ 2 Absatz 1 SchBesV). Weitere Kriterien sind der Schiffstyp, der Automationsstand, die Ausrüstung, der Einsatzzweck, die Hafenfolge, das Fahrtgebiet und die Art der zu befördernden Ladung. Die BG Verkehr prüft den Vorschlag des Reeders und stellt ein Schiffsbesatzungszeugnis aus, wenn alle Voraussetzungen gegeben sind. Die Schiffsbesetzung ist damit einerseits von vielen individuellen Faktoren abhängig, andererseits muss die Verwaltung den **Gleichheitsgrundsatz** beachten und darf die Besetzung vergleichbarer Schiffe nicht völlig unterschiedlich beurteilen. 68

Für die Schiffsbesetzung ist es unerheblich, ob ein Schiff zusätzlich zum Seeschiffsregister (umgangssprachlich: „Erstregister") auch im **Internationalen Seeschiffsregister** (ISR, umgangssprachlich „Zweitregister") eingetragen ist. Die Vorgaben zur Schiffsbesetzung gelten unterschiedslos für beide Register. 69

---

19 Zur Rechtswahl: *Noltin* in: Bubenzer/Noltin/Peetz/Mallach, SeeArbG, München 2015, Einleitung Rn. 34 ff.

b) Nationalitätenvorgaben und Flexibilisierung

70 Auf Handelsschiffen unter deutscher Flagge müssen grundsätzlich der Kapitän und je nach Schiffsgröße 1–2 Schiffsoffiziere EU-/EWR-Staatsbürger sein (EWR = EU-Staaten + Island, Norwegen und Liechtenstein). Von diesen **Nationalitätenvorgaben** darf ein Reeder abweichen, wenn er Ausbildungsplätze schafft. Der Kapitän muss allerdings immer ein EU-/EWR-Staatsbürger sein.

71 Die Nationalitätenvorgaben sind in den §§ 4 und 5 SchBesV geregelt. Sie unterscheiden sich je nach **Schiffsgröße**:

- Bis zu einer Schiffsgröße von 500 BRZ muss nur der Kapitän ein EU-/EWR-Staatsbürger sein.
- Bei einer Schiffsgröße zwischen 500 und 8.000 BRZ muss der Kapitän und 1 Schiffsoffizier EU-/EWR-Staatsbürger sein.
- Bei einer Schiffsgröße über 8.000 BRZ müssen der Kapitän und 2 Schiffsoffiziere EU-/EWR-Staatsbürger sein.

Schiffsgröße in BRZ	Kapitän (EU-/EWR)	Schiffsoffizier (EU-/EWR)
unter 500	1	–
500 bis 8.000	1	1
über 8.000	1	1

Abb. 9: Nationalitätenvorgaben für Handelsschiffe unter deutscher Flagge

72 Die nach der Schiffsbesetzungsverordnung vorgeschriebenen Schiffsmechaniker müssen keine EU-/EWR-Staatsbürger sein, sie müssen aber nach der deutschen See-Berufsausbildungsverordnung ausgebildet worden sein.

73 Im Rahmen des „Maritimen Bündnisses für Ausbildung und Beschäftigung“ vereinbarten die Bundesregierung und die Sozialpartner der Seeschifffahrt **Flexibilisierungsmöglichkeiten** bei der Schiffsbesetzung. Seitdem kann ein Reeder EU-/EWR-Schiffsoffiziere durch Schiffsoffiziere aus Staaten außerhalb der EU/EWR ersetzen, wenn:

- der Reeder Ausbildungsplätze schafft und
- kein entsprechender EU-/EWR-Schiffsoffizier auf dem deutschen seemännischen Arbeitsmarkt verfügbar ist.

74 Für jeden zu ersetzenden EU-/EWR-Schiffsoffizier muss der Reeder **2 Ausbildungsplätze** schaffen, davon einen Schiffsmechaniker-Ausbildungsplatz. Der andere Ausbildungsplatz kann:

- ein Nautischer oder Technischer Offiziersassistent oder
- ein Praxissemester-Student (= Fachschüler und Hochschul-/Fachholstudenten, die eine praktische Ausbildung und Seefahrtzeit auf einem Schiff durchführen) oder

- ein Praktikant Schiffsbetriebstechnischer Assistent (SBTA) oder
- ein Praktikant aus der Marine oder
- ein Facharbeiter der Metall- und Elektrotechnik

sein.

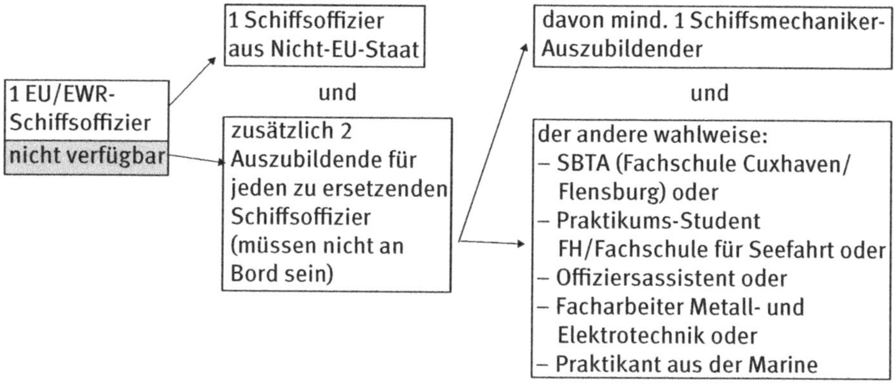

Abb. 10: Ausnahmen von den Nationalitätenvorgaben bei EU-/EWR-Schiffsoffizieren

Will ein Reeder die **Ausnahmemöglichkeiten** nutzen, muss er bei Beantragung des 75
Schiffsbesatzungszeugnisses gegenüber der BG Verkehr nachweisen, dass er die Ausbildungsplätze geschaffen hat. Geeignete Nachweise sind Berufsausbildungsverträge, Bescheinigungen der Berufsbildungsstelle Seeschifffahrt (BBS) oder von der BBS geprüfte Erklärungen von Reedern oder Ausbildungsgemeinschaften mehrerer Reeder, in denen die Auszubildenden, die Offiziersassistenten oder die Facharbeiter der Metall- oder Elektrotechnik sowie die Ausbildungsstätten (Schiffe) namentlich benannt sind. Die Auszubildenden/Praktikanten müssen nicht auf dem Schiff tätig sein, auf dem ein oder zwei EU-/EWR-Offiziere ersetzt werden sollen.

Die Zentrale Heuerstelle Hamburg gibt auf ihrer Internetseite alle 14 Tage eine aktualisierte Information über die **„Verfügbarkeit auf dem inländischen seemännischen Arbeitsmarkt"** heraus (www.arbeitsagentur.de/web/content/DE/dienststellen/rdn/hamburg/Agentur/Unternehmen/ZentraleHeuerstelle/index.htm). Nur wenn bei dem entsprechenden Offiziersrang mit einem „Nein" vermerkt ist, dass es keine entsprechenden Offiziere auf dem deutschen Arbeitsmarkt gibt, darf der Reeder einen EU-/EWR-Offizier durch einen Nicht-EU-/EWR-Offizier ersetzen.

Die **Laufzeit** des Schiffsbesatzungszeugnisses ist begrenzt, wenn ein Reeder die 76
Flexibilisierungsmöglichkeiten nutzt:

- nach jeweiliger Dauer des kürzesten Ausbildungsverhältnisses, wenn der Nachweis der Schaffung der 2 Ausbildungsstellen vorliegt (§ 10 Absatz 6 SchBesV) oder
- 6 Monate, wenn kein Nachweis für die Schaffung von Ausbildungsplätzen vorliegt. In diesem Fall muss der Reeder der BG Verkehr schriftlich zusichern, dass

die Ausbildungsstellen unverzüglich geschaffen werden. Eine Verlängerung über 6 Monate hinaus ist ohne Nachweis nicht zulässig.

! Für den Reeder sind die Flexibilisierungsmöglichkeiten zur Schiffsbesetzung auch wegen der umfangreichen **Förderzuschüsse** für die Ausbildung von seemännischem Nachwuchs interessant (siehe Kap. IX Rn. 1ff.).

c) Einzelne Dienstgrade

77 Bei 3-Wachen-Schiffen sieht die BG Verkehr eine Besetzung mit **4 wachbefähigten Schiffsleuten Deck** als notwendig an, so dass bei schlechter Sicht zumindest immer abwechselnd 6-Stunden-Wachen mit jeweils einem Ausguck und einem Rudergänger besetzt werden können. Zu den wachbefähigten Schiffsleuten Deck gehört auch der Schiffsmechaniker.

78 Die Besetzung mit **Schiffsmechanikern** sowie die Ersetzungsmöglichkeiten sind in § 5 Absatz 2 sowie § 10 Absatz 2 SchBesV geregelt. Schiffsmechaniker müssen erst ab einer Schiffsgröße von 1.600 BRZ gefahren werden. Der Reeder kann einen Schiffsmechaniker durch einen Schiffsmechaniker-Auszubildenden im 2. oder 3. Lehrjahr ersetzen. Unter bestimmten Voraussetzungen ist auch eine Ersetzung durch ein anderes EU-/EWR-Besatzungsmitglied möglich – das kann zum Beispiel ein Schiffsoffizier sein.

Tabelle 20: Besetzung von Handelsschiffen unter deutscher Flagge mit Schiffsmechanikern

Schiffsgröße in BRZ und Maschinenleistung	Regelfall	1. Austauschvariante	2. Austauschvariante
bis 1.600	–	–	–
1.600 bis 3.000 + Maschinenleistung > 750 kW	1 Schiffsmechaniker	1 Schiffsmechaniker-Auszubildender im 2. oder 3. Lehrjahr	1 wachbefähigtes EU-/EWR-Besatzungsmitglied
über 3.000	1 Schiffsmechaniker	1 Schiffsmechaniker-Auszubildender im 2. oder 3. Lehrjahr	1 wachbefähigtes EU-/EWR-Besatzungsmitglied (nur wenn kein Schiffsmechaniker auf Arbeitsmarkt verfügbar)

79 Ein **Schiffskoch** muss immer dann in das Schiffsbesatzungszeugnis mit aufgenommen werden, wenn eine Mindestbesatzungsstärke von 10 Besatzungsmitgliedern vorgeschrieben wird, das heißt also mindestens 10 Besatzungsmitglieder + ein Schiffskoch (Umkehrschluss aus § 7 Absatz 2 SchBesV). Dagegen enthält die Schiffsbesetzungsverordnung keine Regelungen für die Tätigkeit von Stewards.

Nach § 6 Absatz 1 SchBesV ist ein **Schiffsarzt** auf Kauffahrteischiffen: 80
- mit einer Fahrtdauer von mehr als drei Tagen und
- mit 100 oder mehr Personen an Bord

vorgeschrieben.

Maßgeblich ist die Zahl der tatsächlich an Bord befindlichen Personen, das heißt der Besatzungsmitglieder und aller anderen Personen an Bord einschließlich von Fahrgästen oder Spezialpersonal.

d) Schiffsbesatzungszeugnis und Besatzungsliste

Alle **Schiffsbesatzungszeugnisse** (englisch: **Minimum Safe Manning Certificate**) 81
für Handelsschiffe unter deutscher Flagge werden von der BG Verkehr ausgestellt. Das Zeugnis enthält nur die für den Schiffsbetrieb erforderliche **Mindestbesetzung**. Gerade bei größeren Seeschiffen ist es in der Praxis üblich, dass zusätzlich zur vorgeschriebenen Mindestbesetzung weitere Besatzungsmitglieder gefahren werden, um zum Beispiel regelmäßige Wartungsarbeiten oder die regelmäßige Temperaturkontrolle bei Kühlcontainern durchführen zu lassen.

Das **Muster** des deutschen **Schiffsbesatzungszeugnisses** ist im Anhang I auf der Seite 285 abgedruckt.

Schiffsbesatzungszeugnisse sind vom Tag der Ausstellung an maximal **5 Jahre gül-** 82
tig (§ 8 Absatz 2 SchBesV). Die BG Verkehr stimmt die Laufzeit des Schiffsbesatzungszeugnisses auf die sonstigen Schiffssicherheitszeugnisse für das Schiff ab, so dass die Zeugnisse für das Schiff nicht zu unterschiedlichen Zeitpunkten ungültig werden. Die BG Verkehr kann die Laufzeit der Zeugnisse verkürzen, wenn der Reeder zum Beispiel die Flexibilisierungsmöglichkeiten für Schiffsmechaniker nutzt und deswegen die Dauer von Ausbildungsverträgen berücksichtigt werden muss.

Praxistipp

Der Reeder kann für verschiedene Einsatzzwecke **mehrere Schiffsbesatzungszeugnisse** beantragen (§ 10 Absatz 3 SchBesV). Beispielsweise wird die Mindestschiffsbesatzung auf **Hafenassistenzschleppern** aufgestockt, wenn diese über die Hafengrenze hinausfahren, um einen einzelnen Schleppauftrag an der Küste durchzuführen.

Nach § 22 SeeArbG muss der Kapitän eine **Besatzungsliste** über die Zusammenset- 83
zung der Besatzung führen.

Das **Muster** der **Besatzungsliste** ist im Anhang I auf der Seite 298 abgedruckt.

---

84 Der Kapitän muss die Besatzungsliste bei jeder Änderung der Zusammensetzung der Schiffsbesatzung neu erstellen. Die Besatzungsliste dient auch dazu, die Unterscheidung zwischen Besatzungsmitgliedern und Nicht-Besatzungsmitgliedern zu dokumentieren (siehe Kap. II Rn. 64ff.). Der Reeder muss die Besatzungslisten mindestens **5 Jahre aufbewahren** (§ 22 Absatz 3 SeeArbG).

e) Aufliegende Schiffe

85 Die Schiffsbesetzungsverordnung sieht auch für aufliegende Schiffe keine Regelbesatzung vor. Der Reeder muss sein Schiff während des Aufliegens so besetzen, dass:
- der sichere Wachbetrieb gewährleistet ist,
- in Notfällen effektiv reagiert werden kann,
- der Verschlusszustand hinsichtlich Feuerschutz und Erhaltung der Schwimmfähigkeit hergestellt ist,
- die ISM- und ISPS-Rechtsvorschriften eingehalten werden,

vor Anker eine sichere Ankerwache im Sinne des STCW-Codes, Abschnitt A-VIII/2, Teil 4.1, gegangen wird.

86 Grundsätzlich stellt die BG Verkehr kein gesondertes Schiffsbesatzungszeugnis für ein aufliegendes Schiff aus, es sei denn, das Schiff soll für **maximal 48 Stunden** von seiner Aufliegeposition zu einem anderen Platz verholt werden – zum Beispiel von einem **Ankerplatz** in einen Hafen. Der **Besetzungsvorschlag** des Reeders kann eine geringere Schiffsbesetzung als im regulären Schiffsbesatzungszeugnis vorsehen, muss aber mindestens einen EU-Bürger als Kapitän beinhalten. Der Reeder muss zudem der BG Verkehr **nachvollziehbare Gründe** für die Notwendigkeit zum Verholen nachweisen.

! **Praxistipp**
Nachvollziehbare Gründe für die Notwendigkeit, ein Schiff von seiner **Aufliegerposition zu verholen** und damit ein befristetes Schiffsbesatzungszeugnis für maximal 48 Stunden zu erhalten, sind insbesondere:
- Versorgung mit Wasser und Proviant oder anderen dringend an Bord benötigten Betriebsmitteln und Verbrauchsmaterialien,
- Aufsuchen von Landschutz bei schlechtem Wetter,
- medizinische Versorgung der Besatzung,
- erstmalige Aufnahme von Ladung im Zusammenhang mit der Wiederaufnahme der Beschäftigung und
- Durchführung von Werftarbeiten.

B. Während der Tätigkeit an Bord

1. Dienstantritt, Reisekosten

§ 30 SeeArbG schreibt vor, dass der Reeder dem Besatzungsmitglied rechtzeitig den Zeitpunkt mitzuteilen hat, zu dem es sich **an Bord einzufinden hat.** Dabei ist dem Besatzungsmitglied der Liegeplatz des Schiffes oder ein Meldeort anzugeben. Sollte ein Besatzungsmitglied seinen Dienst wegen eines **unabwendbaren Ereignisses** nicht antreten können, hat es diesen Umstand unverzüglich dem Reeder oder dem Kapitän unter Angabe der Gründe mitzuteilen. 87

In § 31 SeeArbG werden die **Reisekosten** geregelt. Das Besatzungsmitglied hat danach einen Anspruch: 88
- auf Ersatz der notwendigen Fahrt- und Gepäckbeförderungskosten sowie
- auf ein angemessenes Tage- und Übernachtungsgeld,

wenn sich das Schiff, auf dem das Besatzungsmitglied seinen Dienst anzutreten hat, an einem anderen Ort befindet als dem, an welchem das Heuerverhältnis begründet worden ist. Die gleichen Ansprüche stehen dem Besatzungsmitglied zu, wenn vor dem Dienstantritt Reisen von dem Ort der Begründung des Heuerverhältnisses an einen anderen Meldeort oder Ort des Dienstantritts notwendig werden.

a) Ort des Dienstantrittes

Die Regelungen im Seearbeitsgesetz zum **Dienstantritt** verpflichten sowohl den Reeder und seinen Vertreter als auch das Besatzungsmitglied. 89

In der Praxis fallen der Zeitpunkt der Begründung des Heuerverhältnisses und des tatsächlichen Dienstantritts des Besatzungsmitgliedes an Bord nur selten zusammen. In den meisten Fällen ist der Ort des Dienstantritts – zumeist der Liegeplatz des Schiffes – ein anderer, als der Ort der Begründung des Heuerverhältnisses. Der **Reeder** ist zwar nach § 28 Absatz 1 Satz 2 Nummer 4 SeeArbG bereits beim Ausstellen des Heuervertrages verpflichtet, den Ort und den Zeitpunkt des Dienstantritts anzugeben; in der Praxis ist dies aber in den meisten Fällen nur unter Vorbehalt möglich, da sich die voraussichtliche Ankunftszeit eines Schiffes nicht immer exakt bestimmen lässt. Der Reeder oder der Arbeitgeber ist zumindest verpflichtet, dem Besatzungsmitglied **rechtzeitig** den Zeitpunkt und den Ort des Dienstantritt mitzuteilen. Das Seearbeitsgesetz lässt es offen, wie der Reeder dieser Verpflichtung nachkommt. 90

Praxistipp !

Jede Reederei sollte sich den **Empfang der schriftlichen Mitteilung** des Zeitpunktes und Ortes des Dienstantrittes von ihren Besatzungsmitgliedern bestätigen lassen. Am einfachsten ist eine Bestätigung per e-mail. Wenn das nicht möglich ist, sollte der zuständige Sachbearbeiter der Reederei zumindest eine Notiz über die Übermittlung der schriftlichen Mitteilung in der Personalakte des

Besatzungsmitgliedes ablegen. Der Gesetzgeber schreibt zwar nicht vor, wie die Mitteilung des Zeitpunkt und Ort des Dienstantritts zu erfolgen hat, aber die Reederei hat die Beweislast für die erfolgte Übermittlung der Mitteilung an die Besatzungsmitglieder.

91 Das **Besatzungsmitglied** hat die Pflicht, den Reeder ohne schuldhaftes Zögern darüber zu informieren, wenn es seinen Dienst aufgrund eines unabwendbaren Ereignisses nicht antreten kann. In diesem Fall trägt das Besatzungsmitglied die Beweislast für die erfolgte Information des Reeders. Unterrichtet das Besatzungsmitglied seinen Reeder nicht, verletzt es seine Pflichten aus dem Heuervertrag. Diese Pflichtverletzung kann zum einem ein Grund für eine außerordentliche Kündigung sein, zum anderen macht sich das Besatzungsmitglied gegenüber dem Reeder schadensersatzpflichtig.[20]

b) Reisekosten

92 Die Bestimmung des § 31 SeeArbG zu den **Anreisekosten** ergänzt § 30 SeeArbG, der den Ort des Dienstantritts regelt. Das deutsche Landarbeitsrecht enthält keine vergleichbare Regelung, da der Weg von der Wohnung zur Arbeitsstätte hin und zurück in die Sphäre des Arbeitnehmers fällt. Nach § 31 SeeArbG ist der Reeder verpflichtet, die Kosten für die Reise zu übernehmen, die **vom Ort der Begründung des Heuerverhältnisses** bis zu dem Ort des Dienstantritts notwendig werden. Im Streitfall kann das Besatzungsmitglied nur diese Reisekosten, nicht aber die Kosten bis zu seinem Wohnort verlangen.

93 Das Besatzungsmitglied hat einen Anspruch auf Erstattung der notwendigen Reisekosten. Das Besatzungsmitglied ist verpflichtet, dem Reeder Quittungen, Rechnungen und andere **Nachweise** über seine tatsächlich entstandenen Reisekosten vorzulegen.

94 Zu den Reisekosten gehören die notwendigen **Fahrtkosten**. Unstreitig gehören die Kosten eine Zugfahrt 2. Klasse und gegebenenfalls Flugkosten in der Economy Class zu den notwendigen Fahrtkosten.[21] Auch wenn der Seemann mit dem eigenen oder einem fremden Pkw reist, sind nur die Kosten für die Bahnfahrt oder gegebenenfalls für die Flugreise maßgeblich. Der Reeder muss auch die notwendigen **Gepäckbeförderungskosten** erstatten, wobei solche Kosten bei einer Zugfahrt üblicherweise nicht anfallen. Bei einer Flugreise ist eine Erstattung für Gepäck bis zu 30 kg angemessen.[22]

20 ArbG Hamburg, Urteil vom 22.4.1976 – S 1 Ca 262/74; vgl. auch: Lindemann, Seearbeitsgesetz und Manteltarifvertrag für die deutsche Seeschifffahrt, Uelzen 2014, S. 438 f.

21 Lindemann, Seearbeitsgesetz und Manteltarifvertrag für die deutsche Seeschifffahrt, Uelzen 2014, S. 442 f.

22 Leitlinie B2.5.1 Absatz 3 Buchstabe d Seearbeitsübereinkommen.

Zu den erstattungsfähigen Kosten gehören auch die Kosten für die Erlangung eines erforderlichen **Visums**. Keine notwendigen Kosten sind dagegen Kosten, die ausschließlich auf Wunsch des Besatzungsmitglieds entstehen. 95

Das Besatzungsmitglied hat auch einen Anspruch auf Zahlung eines **angemessenen Tage- und Übernachtungsgeldes**. Als Tagegeld ist der Verpflegungsmehraufwand des Besatzungsmitglieds in Abhängigkeit von der konkreten Reisedauer anzusehen. Der HTV-See enthält Sätze für das Tagegeld; diese sind als angemessen anzusehen. Das Übernachtungsgeld ist nicht im HTV-See geregelt. Die in den Vorschriften zum öffentlichen Dienstrecht enthaltenen Tagessätze sind auch für die Seeschifffahrt angemessen.[23] 96

Praxistipp

Jede Reederei sollte eine betriebseigene **Reisekostenrichtlinie** entwickeln und anwenden, um unnötige Diskussionen mit Besatzungsmitgliedern zu vermeiden. Die Reisekostenrichtlinie sollte den Besatzungsmitgliedern bei Begründung des Heuerverhältnisses zusammen mit dem Heuervertrag ausgehändigt werden. !

2. Heuern

a) Anspruch auf Heuerzahlung

Das Seearbeitsübereinkommen schreibt in seiner Regel 2.2 („Heuern“) vor, dass alle Seeleute für ihre Arbeit die in ihren Heuerverträgen vereinbarte Heuer regelmäßig und in voller Höhe zu erhalten haben. Nach der Norm A 2.2 des Seearbeitsübereinkommens sollen Seeleute ihre Heuern in nicht größeren als **monatlichen Zeitabständen** und im Einklang mit anwendbaren Gesamtarbeitsverträgen erhalten. 97

Nach den §§ 38, 39 Seearbeitsgesetz hat das Besatzungsmitglied einen Anspruch auf **monatliche Heuerzahlung** sowie das Recht, die Heuer oder einen Teil davon an Familienangehörige oder anderen Personen überweisen zu lassen. 98

Die **Heuer** ist das Entgelt, das der Reeder dem Besatzungsmitglied für seine Dienste an Bord schuldet. Bei Ausbildungsverhältnissen an Bord spricht der Gesetzgeber von „Vergütung“. 99

Bestandteile der Heuer sind: 100

- die Grundheuer,
- Zuschläge,
- Zulagen,
- Prämien und
- Sonderzahlungen.

23 Lindemann, Seearbeitsgesetz und Manteltarifvertrag für die deutsche Seeschifffahrt, Uelzen 2014, S. 442.

Die Bestandteile neben der Grundheuer können variabel oder fest sein. Alle Bestandteile der Heuer zusammen werden als **Gesamtheuer** bezeichnet.

b) Dauer des Heueranspruchs

101 Das Besatzungsmitglied hat während der **gesamten Dauer des Heuerverhältnisses** Anspruch auf die Zahlung der Heuer; der Anspruch besteht von Anfang bis zur Beendigung des Heuerverhältnisses. Weiterhin hat das Besatzungsmitglied einen Heueranspruch für die Dauer der notwendigen **Anreise** zum vereinbarten Ort des Dienstantritts, auch wenn die Anreise bereits vor Beginn des Heuerverhältnisses angetreten wird. Der Anspruch besteht auch für mögliche Verspätungszeiten des Schiffes, wenn das Besatzungsmitglied auf die Ankunft des Schiffes warten muss.

c) Höhe der Heuern

102 Grundsätzlich sind die Vertragsparteien frei darin, die Höhe der Heuer einvernehmlich festzulegen. Das gilt für alle Bestandteile der Heuer, also die Grundheuer und die zusätzlichen Heuerbestandteile. Sind der Reeder und das Besatzungsmitglied tarifgebunden, ist der anzuwendende Tarif die Untergrenze dessen, was vereinbart werden kann. Die Tarifgebundenheit kann auch individuell im Heuervertrag vereinbart werden.

103 Das internationale Seearbeitsübereinkommen schreibt **keine verbindlichen Mindestheuern** für Seeleute vor. Das Übereinkommen legt den Vertragsstaaten in seiner Leitlinie B2.2.3 („Mindestheuern") lediglich nahe, unbeschadet des Grundsatzes freier Kollektivverhandlungen nach Anhörung der Reeder- und Seeleute-Verbände Verfahren zur Festsetzung der Mindestheuern für Seeleute festzulegen. Die ILO legt durch das paritätisch besetzte „Subcommittee on Wages of Seafarers of the Joint Maritime Commission" monatliche Mindestheuern von Schiffsleuten Deck (englisch: able seafarers) fest. Bei der letzten Sitzung im Februar 2014 wurde eine monatliche Mindestheuer für einen Schiffsmann Deck ab dem 1. Januar 2015 in Höhe von 592,– US-Dollar und ab dem 1. Januar 2016 in Höhe von 614,– US-Dollar beschlossen.[24] Diese Mindestheuern sind aber nicht verbindlich für die Vertragsstaaten.

104 In **Deutschland** sieht das am 11. August 2014 verabschiedete **Mindestlohngesetz** einen bundesweit verbindlichen, branchenunabhängigen Mindestlohn von 8,50 EUR brutto pro Stunde für beschäftigte Arbeitnehmer ab dem 1. Januar 2015 vor. Der Mindestlohn gilt nach § 20 Mindestlohngesetz lediglich für im Inland beschäftigte Arbeitnehmerinnen und Arbeitnehmer. Als Inland wird das völkerrecht-

24 www.ilo.org/global/about-the-ilo/media-centre/press-releases/WCMS_236644/lang-en/index.htm.

lich zum Gebiet eines Staates zugehörige Gebiet verstanden. Insofern ist der Begriff „Inland" mit dem Bundesgebiet gleichzusetzen, das nach der Präambel des Grundgesetzes das Staatsgebiet der Bundesrepublik Deutschland umfasst. Zum Bundesgebiet und Inland gehören die inneren Gewässer, aber auch das Küstenmeer, also die 12-Seemeilen-Zone. Die Ausschließliche Wirtschaftszone (AWZ) dagegen gehört – zumindest ohne eine besondere gesetzliche Erstreckungsklausel – nach herrschender Meinung nicht zum Inland.

Nach dem Wortlaut gilt das **Mindestlohngesetz nicht** auf deutschflaggigen Schiffen in der **internationalen Fahrt**. Lediglich wenn ein Schiff unter deutscher Flagge ausschließlich oder überwiegend **im Inland** verkehrt, dh in den deutschen inneren Gewässer und dem deutschen Küstenmeer, und damit die Arbeitsleistung im Inland erbracht wird, ist das Mindestlohngesetz anwendbar. **!**

Der § 21 Absatz 4 Satz 1 des Flaggenrechtsgesetzes (FlRG) erlaubt die Beschäftigung 105
von ausländischen Seeleuten zu sogenannten **Heimatheuern**. Diese Vorschrift ist vom Bundesverfassungsgericht als rechtmäßig beurteilt worden.[25] Der Gesetzgeber hat die Regelung auch im Rahmen der Mindestlohngesetzgebung unverändert belassen. Das Schiff muss dafür im Internationalen Seeschifffahrtsregister (ISR) eingetragen sein (zum ISR: siehe Kap. II Rn. 15ff.).

§ 21 Absatz 4 Flaggenrechtsgesetz: **i**
„(4) Arbeitsverhältnisse von Besatzungsmitgliedern eines im Internationalen Seeschiffahrtsregister eingetragenen Kauffahrteischiffes, die im Inland keinen Wohnsitz oder ständigen Aufenthalt haben, unterliegen bei der Anwendung des Artikels 8 der Verordnung (EG) Nr. 593/2008 des Europäischen Parlaments und des Rates vom 17. Juni 2008 über das auf vertragliche Schuldverhältnisse anzuwendende Recht (Rom I) (ABl. L 177 vom 4.7.2008, S. 6) vorbehaltlich anderer Rechtsvorschriften der Europäischen Gemeinschaft nicht schon auf Grund der Tatsache, dass das Schiff die Bundesflagge führt, dem deutschen Recht. Werden für die in Satz 1 genannten Arbeitsverhältnisse von ausländischen Gewerkschaften Tarifverträge abgeschlossen, so haben diese nur dann die im Tarifvertragsgesetz genannten Wirkungen, wenn für sie die Anwendung des im Geltungsbereich des Grundgesetzes geltenden Tarifrechts sowie die Zuständigkeit der deutschen Gerichte vereinbart worden ist. Nach Inkrafttreten dieses Absatzes abgeschlossene Tarifverträge beziehen sich auf die in Satz 1 genannten Arbeitsverhältnisse im Zweifel nur, wenn sie dies ausdrücklich vorsehen. Die Vorschriften des deutschen Sozialversicherungsrechts bleiben unberührt."

Auch aus dem Wortlaut des § 21 Absatz 4 FlRG, insbesondere der Formulierung „*Ar-* 106
beitsverhältnisse von Besatzungsmitgliedern [....], die im Inland keinen Wohnsitz oder ständigen Aufenthalt haben [...]", folgt, dass der ständige Aufenthalt auf einem Schiff im internationalen Seeverkehr kein Aufenthalt im Inland sein kann. Damit können Reeder auf der Grundlage des § 21 Absatz 4 FlRG mit ihren ausländischen

25 BVerfG, Urteil vom 10. Januar 1995 – 1 BvF 1/90 –, – 1 BvR 342, 348/90 –.

Besatzungsmitgliedern auf deutschflaggigen Schiffen, die im ISR eingetragen sind, **Heimatheuern** sowie die Geltung **ausländischen Arbeits- und Tarifvertragsrechts** vereinbaren.

107 Das Recht der freien Vertragsgestaltung ist nicht unbegrenzt; insbesondere dürfen keine zu niedrigen Heuern vereinbart werden. Das allgemeine **Verbot der Sittenwidrigkeit** des § 138 Absatz 1 BGB und das **Maßregelungsverbot** des § 612 Absatz 2 BGB setzen der freien Vertragsgestaltung Grenzen.[26] Die Vereinbarung einer zu niedrigen Heuer kann ein wucherähnliches Geschäft sein und damit zur Nichtigkeit führen. In diesem Fall muss der Reeder oder Arbeitgeber nach § 612 Absatz 2 BGB die übliche Heuer zahlen.[27] Maßstab hierfür ist, dass Heuer als geschuldete Leistung des Reeders und die Arbeit des Besatzungsmitglieds als Gegenleistung in einem **außergewöhnlichen Missverhältnis** zueinander stehen. Ein solches außergewöhnliches Missverhältnis liegt in der Regel vor, wenn die vereinbarte Heuer nur zwei Drittel der üblichen Heuer beträgt.[28]

d) Heuerzahlung einschließlich Urlaubsentgelt

108 Nach § 39 SeeArbG muss der Reeder die Heuer grundsätzlich **in Euro** berechnen und auszahlen. Eine Vergütung in Form von Deputaten, also Naturalien, ist durch den Gesetzeswortlaut ausgeschlossen. Der Reeder kann mit seinen Besatzungsmitgliedern im Heuervertrag eine andere gesetzliche **Währung** als den Euro vereinbaren. In diesem Fall muss der **Wechselkurs** dem von der Europäischen Zentralbank veröffentlichten Kurs entsprechen und darf für das Besatzungsmitglied nicht nachteilig sein. Zahlungen in ausländischer Währung, die nicht mit dem Besatzungsmitglied vereinbart wurden, haben keine schuldbefreiende Wirkung. Von der Heuer des Besatzungsmitglieds dürfen keine Abzüge für die Erlangung oder Beibehaltung einer Beschäftigung vorgenommen werden.

! **Praxistipp**

Die **amtlichen Wechselkurse** der Europäischen Zentralbank sind unter: www.ecb.europa.eu/stats/exchange/eurofxref/html/index.en.html veröffentlicht.

---

109 Das Besatzungsmitglied kann vom Reeder verlangen, dass die Heuer oder ein vom Besatzungsmitglied bestimmter Teil hiervon im Hafen oder auf der Reede bar an das Besatzungsmitglied ausgezahlt wird. Die **Barauszahlung** der Heuer stellt in der

26 Preis, Arbeitsrecht, Individualarbeitsrecht – Lehrbuch für Studium und Praxis, 4. Auflage, Köln 2012, § 25 III.

27 BAG, Urteil vom 10.März 1960, AP Nr. 2 zu § 138 BGB.

28 BGH, Urteil vom 22. April 1997, AP Nr. 52 zu 138 BGB; BAG, Urteil vom 22. April 2009, NZA 2009, S. 837.

heutigen Zeit allerdings die Ausnahme dar. Besatzungsmitglieder fordern Barauszahlungen von Teilen der Heuer in der Regel nur für zu erwartende Ausgaben beim Landgang. Der Anspruch auf Barauszahlung besteht nur bei fälliger Heuer. Üblicherweise vereinbaren der Reeder und das Besatzungsmitglied die Heuerzahlung im Wege der Bankanweisung (Überweisung auf ein Bankkonto). Das Besatzungsmitglied hat hierbei einen Anspruch auf eine **kostenfreie Überweisung** auf das eigene Konto der gesamten fälligen Heuer oder eines Teils davon.

Das Besatzungsmitglied kann vom Reeder die unbare Auszahlung seiner Heuer 110 oder eines Teils an einen von ihm **bestimmten Empfänger** verlangen. Der Reeder darf etwaige Kosten, die ihm durch diese Form der Heuerzahlung entstehen, nicht vom Besatzungsmitglied erstatten lassen. Im allgemeinen Sprachgebrauch werden solche Zahlungsanweisungen auch **Ziehscheine** genannt. Ein Ziehschein kann von Anfang an oder aber auch während des bestehenden Heuerverhältnisses eingerichtet werden. Der Reeder ist mit Beendigung des Heuerverhältnisses nicht mehr verpflichtet solche Zahlungsanweisungen weiter auszuführen.[29]

Nach § 61 SeeArbG muss der Reeder dem Besatzungsmitglied die Heuer auch 111 während seines Urlaubs als **Urlaubsentgelt** weiterzahlen. Zur Höhe des Urlaubsentgeltes verweist das SeeArbG auf die Fortzahlung der Heuer nach § 37 SeeArbG. In Zweifelsfällen ist ergänzend § 11 Absatz 1 Satz 1 des Bundesurlaubsgesetzes (BUrlG) heranzuziehen. Danach hat das Besatzungsmitglied einen Anspruch auf die durchschnittliche monatliche Heuer der letzten dreizehn Wochen vor Beginn des Urlaubs. Die Tarifvertragsparteien dürfen allerdings vereinbaren, dass das Urlaubsentgelt nach einem anderen Durchschnitt als durch § 11 Absatz 1 Satz 1 BUrlG vorgegeben bemessen wird.[30]

Das Besatzungsmitglied hat für jeden Urlaubstag und jeden in den Urlaub fal- 112 lenden Feiertag Anspruch auf Zahlung **eines Dreißigstel der Heuer**. Befindet sich das Besatzungsmitglied einen ganzen Monat im Urlaub steht ihm auch ein Urlaubsentgelt in Höhe einer vollen Monatsheuer zu. Dabei ist es irrelevant, ob der Monat 28 oder mehr Tage hat. Heuerbestandteile, deren Höhe sich nach dem Ausmaß der Arbeit, dem Erfolg oder ähnlichen, nicht gleichbleibenden Bemessungsgrundlagen richtet, sind bei der Berechnung des Urlaubsentgelts angemessen zu berücksichtigen.

Zusätzlich zum Urlaubsentgelt hat der Reeder die während der Arbeit zu gewäh- 113 renden **Sachbezüge** angemessen zu berücksichtigen und auszuzahlen. Im Regelfall zahlt der Reeder Sachbezüge in Höhe des Beköstigungssatzes, der durch die BG Verkehr jährlich festgesetzt wird (vgl. Kap. III Rn. 190).

---

29 Lindemann, Seearbeitsgesetz und Manteltarifvertrag für die deutsche Seeschifffahrt, Uelzen 2014, S. 507 ff.

30 BAG, Urteil vom 3. Dezember 2002, AP Nr. 57 zu § 11 BUrlG.

114 Das Urlaubsentgelt ist vom **Urlaubsgeld** zu unterscheiden. Urlaubsgeld ist eine zusätzliche freiwillige Leistung des Arbeitsgebers.[31] Ein gesetzlicher Anspruch auf Urlaubsgeld besteht nicht.

e) Heuerabrechnung

115 Nach der Norm 2.2 Absatz 2 des Seearbeitsabkommens haben Seeleute einen Anspruch auf eine **monatliche Abrechnung** über die fälligen und die tatsächlich erfolgten Zahlungen zu erhalten, einschließlich der Heuern, zusätzlicher Vergütungen und des Wechselkurses, sofern die Zahlungen in einer anderen Währung oder zu einem anderen Kurs als vereinbart erfolgen.

116 Der deutsche Gesetzgeber hat die Heuerabrechnung in § 40 SeeArbG geregelt. Nach dieser Vorschrift hat der Reeder dem Besatzungsmitglied bei Fälligkeit eine **Abrechnung in Textform** zu erteilen und ihm unverzüglich auszuhändigen. Die Abrechnung muss den jeweiligen Abrechnungszeitraum und vollständige Angaben über die Zusammensetzung der Heuer enthalten. Hinsichtlich der Zusammensetzung sind insbesondere Angaben über Art und Höhe der Zuschläge, Zulagen, Prämien und **Sonderzahlungen** sowie die vorgenommenen Abzüge und Abschlagszahlungen, einschließlich der an Dritte geleisteten Beträge, erforderlich.

117 Werden Zahlungen nicht in Euro, sondern in einer anderen gesetzlichen Währung erbracht, hat der Reeder auch den zugrunde gelegten **amtlichen Wechselkurs** in der Abrechnung anzugeben.

118 Nach § 108 Absatz 1 Satz 1 GewO muss der Arbeitgeber dem Arbeitnehmer eine Abrechnung in Textform erteilen, aus der der Betrag des verdienten Entgelts und die vorgenommen Abzüge hervorgehen.[32] Die Regelung des Seearbeitsgesetzes konkretisiert diesen allgemeinen Abrechnungsanspruch eines Arbeitnehmers für Besatzungsmitglieder. Das Besatzungsmitglied hat einen Anspruch auf eine **Abrechnung in Textform** nach § 126b BGB. Die Abrechnung muss in Form einer Urkunde oder auf eine andere zur dauerhaften Wiedergabe von Schriftzeichen geeigneten Weise erfolgen – das kann auch durch elektronische Übermittlung an Bord passieren. Der Ausstellende muss genannt werden; eine Unterschrift ist nicht erforderlich. Entsprechend der Fälligkeit der Heuer ist dem Besatzungsmitglied eine Abrechnung mit Ablauf eines jeden Kalendermonats und bei Beendigung des Heuerverhältnisses zu erteilen.[33]

---

31 Preis, Arbeitsrecht, Individualarbeitsrecht Lehrbuch für Studium und Praxis, 4. Auflage, Köln 2012, § 47 VI.

32 Preis, Arbeitsrecht, Individualarbeitsrecht Lehrbuch für Studium und Praxis, 4. Auflage, Köln 2012, § 28 III.

33 Bundestags-Drucksache 17/10959, S. 78.

Die Abrechnung muss den jeweiligen Abrechnungszeitraum und **vollständige Angaben** über die Zusammensetzung der Heuer enthalten. Zum notwendigen Inhalt der Zusammensetzung der Heuer gehören neben der Art und Höhe der Zuschläge, Zulagen, Prämien und Sonderzahlungen auch die vorgenommenen Abzüge, insbesondere Steuerabzüge, Sozialabgaben, sowie Angaben über Vorschuss- oder Abschlagszahlungen. 119

Beanstandet das Besatzungsmitglied eine Abrechnung, hat der Reeder den **Grund der Beanstandung** auf der Abrechnung zu vermerken. Damit wird es dem Besatzungsmitglied ermöglicht, seine Beanstandung später leichter nachzuweisen.[34] 120

Ansonsten weisen Heuerabrechnungen im Unterschied zu Gehaltsabrechnungen einige **Besonderheiten** auf. Die Berechnung der Sozialversicherung erfolgt für Besatzungsmitglieder, die nach deutschem Recht abgerechnet werden, nicht nach dem Bruttobetrag, sondern nach einer so genannten Durchschnittsheuer. Im Kapitel über die Sozialversicherung wird darauf weiter eingegangen (siehe Kap. III Rn. 230ff.). 121

3. Arbeits- und Ruhezeiten

Die Arbeits- und Ruhezeiten im Seearbeitsgesetz sind umfassend in 14 Paragraphen geregelt. Der Gesetzgeber hat diese Vorschriften weitgehend aus dem alten Seemannsgesetz übernommen. Bei der Erarbeitung des Entwurfs des Seearbeitsgesetzes ist es leider nicht gelungen, das **komplizierte Vorschriftenwerk** zu vereinfachen und zu kürzen. Im Folgenden werden nur die wichtigsten, für die Praxis besonders relevanten Vorgaben dargestellt. 122

a) Regelarbeitszeit und Überstunden

Die Regelarbeitszeit auf einem 3-Wachen-Schiff ist **8 Stunden** (§ 43 Absatz 1 SeeArbG), auf einem 2-Wachen-Schiff 12 Stunden (§ 46 Absatz 1 SeeArbG). Die Arbeitszeit, die über die 8 bzw. 12 Stunden hinausgeht, ist Mehrarbeit (Überstunden), die nach § 51 SeeArbG vergütet werden muss. 123

Durch die Formulierung **„in der Regel“** in § 43 SeeArbG macht der Gesetzgeber deutlich, dass es **Ausnahmen** von der Regelarbeitszeit geben kann. Diese Ausnahmen sind in § 47 SeeArbG aufgeführt: 124

1. erforderliche Arbeiten für die Sicherheit des Schiffes und der Personen bei unmittelbarer Gefahr für Ladung oder zur Hilfestellung in Seenotfällen,

34 Bundestags-Drucksache 17/10959, S. 79.

2. Sicherheits-, Feuerlösch- und Rettungsbootsübungen oder
3. „in sonstigen dringenden Fällen“ sowie beim Wachdienst im Hafen.

125 Der Kapitän entscheidet, was ein „sonstiger dringender Fall“ ist. In der Praxis können dies zum Beispiel folgende Tätigkeiten sein:
- Arbeiten, die im unmittelbaren Zusammenhang mit dem Ein- und Auslaufen des Schiffes stehen,
- Arbeiten zur Aufrechterhaltung des Schiffsbetriebes, zum Beispiel **Reparatur- und Wartungsarbeiten** oder
- Seewachdienst im Anschluss an das Auslaufen aus dem Hafen.[35]

126 Für Mehrarbeit in „sonstigen dringenden Fällen“ sowie beim Wachdienst im Hafen haben die Besatzungsmitglieder Anspruch auf eine **Überstundenvergütung**. Für die Berechnung der Überstunden gibt es zwei Möglichkeiten:
1. Einzelabrechnung: $^{1}/_{200}$ der Grundheuer (für die ersten 60 Überstunden/Monat: $^{1}/_{4}$ von $^{1}/_{200}$; für die folgenden 30 Überstunden/Monat: $^{1}/_{2}$ von $^{1}/_{200}$) oder
2. pauschalisierte Abgeltung durch Tarifvertrag.

b) Höchstarbeitszeit und Mindestruhezeit

127 Die §§ 48 und 49 SeeArbG sind von entscheidender Bedeutung. Sie regeln, wie lange Besatzungsmitglieder maximal arbeiten dürfen und wie viel sie mindestens ruhen müssen.

128 Anders als in den meisten anderen Flaggenstaaten fordert das deutsche Recht grundsätzlich die Einhaltung von Höchstarbeitszeiten **und** von Mindestruhezeiten. Weltweit üblich in der Seeschifffahrt ist dagegen die Vorgabe nur der **Mindestruhezeit**. Der Unterschied macht 19 Stunden in einem 7-Tages-Zeitraum aus (91 Stunden Arbeit vs. 72 Stunden). Das Seearbeitsgesetz sieht allerdings 2 Möglichkeiten vor, die Arbeitszeiten auch auf deutschflaggigen Schiffen an das internationale Niveau anzupassen:
- durch Tarifvertrag oder
- in der Revierfahrt während häufiger Hafenfolgen.

In diesen beiden Fällen gilt nur die Mindestruhezeit (und nicht zusätzlich die strengere Höchstarbeitszeit-Regelung), so dass sich der vermeintliche Nachteil aus Reedersicht deutlich relativiert.

129 **Grundsätzlich** gelten folgende Arbeits- und Ruhezeiten (§ 48 Absatz 1 SeeArbG):

35 Lindemann, Seearbeitsgesetz und Manteltarifvertrag für die deutsche Seeschifffahrt, 1. Auflage, Uelzen 2014, Rn. 11–14 zu § 47.

a) Höchstarbeitszeit:
14 Stunden in einem 24-Stunden-Zeitraum und
72 Stunden in einem 7-Tages-Zeitraum,
b) Mindestruhezeit:
10 Stunden in einem 24-Stunden-Zeitraum und
77 Stunden in einem 7-Tages-Zeitraum.

Wenn ein Schiff in kurzer Aufeinanderfolge mehrere Häfen anläuft (**Revierfahrt**), 130
gelten folgende Arbeits- und Ruhezeiten (§ 48 Absatz 2 SeeArbG):
a) Höchstarbeitszeit:
14 Stunden in einem 24-Stunden-Zeitraum und
91 Stunden in einem 7-Tages-Zeitraum (168 Stunden für 7 Tage abzüglich 77 Stunden Mindestruhezeit),
b) Mindestruhezeit:
10 Stunden in einem 24-Stunden-Zeitraum und
77 Stunden in einem 7-Tages-Zeitraum.

Eine kurze Hafenfolge liegt vor, wenn zwischen seewärtigen Lotsversetzpositonen des zu verlassenden Reviers und des anzufahrenden Reviers liegen weniger als 36 Stunden liegen (§ 48 Absatz 2 Satz 2 SeeArbG).

Wenn ein Reeder einen **Tarifvertrag** abgeschlossen hat, gelten folgende Ar- 131
beits- und Ruhezeiten (§ 49 Absatz 1 Nummer 3 SeeArbG):
a) Höchstarbeitszeit:
14 Stunden in einem 24-Stunden-Zeitraum und
98 Stunden in einem 7-Tages-Zeitraum (168 Stunden für 7 Tage abzüglich 70 Stunden Mindestruhezeit),
b) Mindestruhezeit:
10 Stunden in einem 24-Stunden-Zeitraum und
70 Stunden in einem 7-Tages-Zeitraum.

Tabelle 21: Übersicht über die Höchstarbeits- und Mindestruhezeiten (ohne Fischerei)

	24h-Zeitraum		**7 Tages-Zeitraum**	
	Höchst-arbeitszeit	Mindest-ruhezeit	Höchst-arbeitszeit	Mindest-ruhezeit
Handelsschifffahrt				
Regulär	14h	10h	72h	77h
Revierfahrt (kurze Hafenfolge)	14h	10h	91h	77h
Tarifvertrag	14h	10h	98h	70h

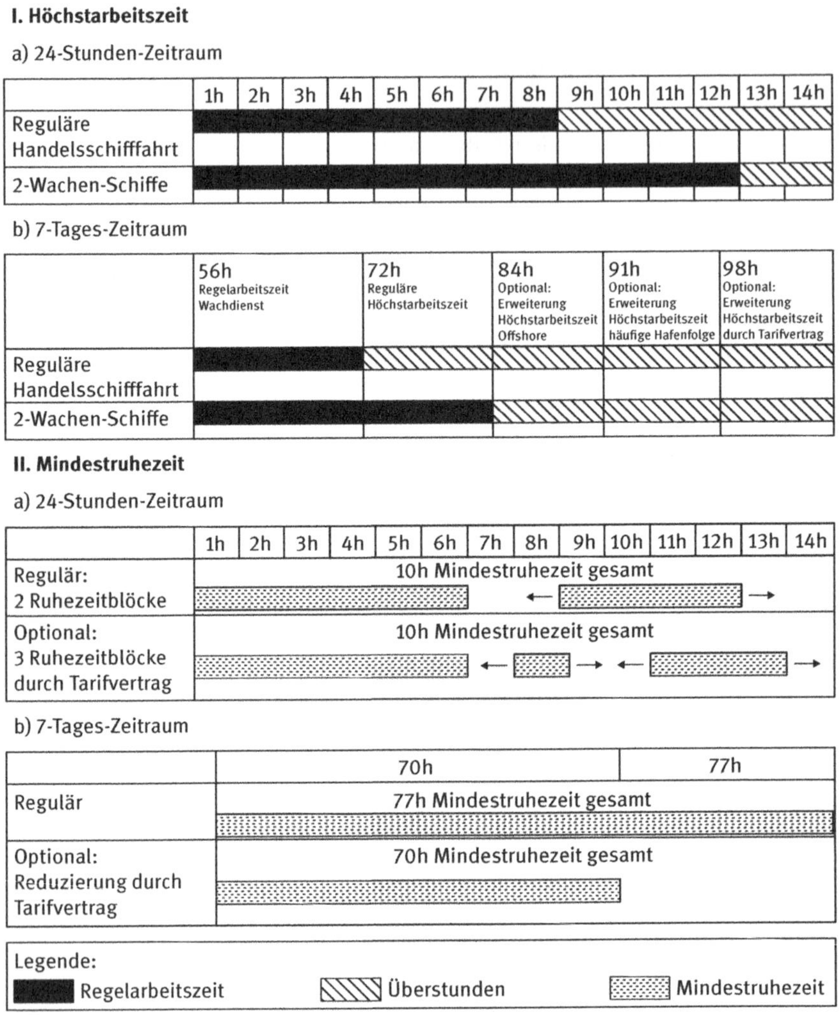

Abb. 11: Regelarbeitszeit-Höchstarbeitszeit-Mindestruhezeit in der Handelsschifffahrt

132 Die Unterschiede zwischen den 3 Varianten liegen ausschließlich bei den Vorgaben für den **7-Tages-Zeitraum**; die Regelungen für den 24-Stunden-Zeitraum sind dagegen immer dieselben.

133 Der Begriff „in jedem Zeitraum von 7 Tagen" in § 48 SeeArbG ist nicht gleichbedeutend mit einer Woche von Montag bis Sonntag, sondern betrifft **jeden 7-Tages-Zeitraum**.

134 Die **Mindestruhezeit** darf grundsätzlich nur in 2 Zeiträume aufgeteilt werden, von denen einer eine Mindestdauer von 6 Stunde, der andere eine Mindestdauer von 1 Stunde haben darf. Zwischen 2 aufeinanderfolgenden Ruhezeiten dürfen maximal

14 Stunden liegen (§ 45 Absatz 3 SeeArbG). Durch **Tarifvertrag oder Betriebsvereinbarung** darf die Mindestruhezeit in 3 Zeiträume aufgeteilt werden. In diesem Fall muss eine Ruhezeit mindestens 6 Stunden betragen, die beiden anderen mindestens 1 Stunde. Diese **Aufteilung der Mindestruhezeit in 3 Blöcke** darf für höchstens zwei 24-Stunden-Zeiträume innerhalb von 7 Tagen in Anspruch genommen werden (§ 49 Absatz 1 Nummer 3 SeeArbG).

Nach einer Arbeitszeit von mehr als 6 Stunden muss eine **Ruhepause** von 135
30 Minuten, nach einer Arbeitszeit von mehr als 9 Stunden eine Ruhepause von 45 Minuten eingelegt werden (§ 45 Absatz 2 SeeArbG). Die Pausen können auch in jeweils 15 Minuten aufgeteilt werden. Die Ruhepausen sind in den Arbeitsnachweisen in der Spalte „Bemerkungen" zu vermerken.

c) Ausflugsschifffahrt und Fischerei

Die BG Verkehr hat für zwei Schifffahrtsbereiche durch **Allgemeinverfügungen** 136
abweichende Arbeitszeitregelungen festgelegt:
- für die saisonal betriebenen Ausflugsschifffahrt sowie
- die Küstenfischerei und Kleine Hochseefischerei.

Beide Allgemeinverfügungen ermöglichen den Besatzungsmitgliedern längere Ar- 137
beitszeiten. Grundlage für die Verfügungen ist der § 49 Absatz 3 SeeArbG, der abweichende Regelungen für Fischereifahrzeuge sowie für Fahrgast- und Fährschiffe ermöglicht, für die üblicherweise keine Tarifverträge geschlossen werden.

Die Allgemeinverfügung für die **Ausflugsschifffahrt** gilt für Fahrgastschiffe, die: 138
- saisonale Ausflugsschifffahrt betreiben,
- nicht im Linienverkehr fahren (keine regelmäßige und ganzjährige Verkehrsverbindung zwischen bestimmten Ausgangs- und Endpunkten),
- keiner gesetzlichen Beförderungspflicht für Fahrgäste unterliegen.

Die wesentlichen Regelungen dieser Allgemeinverfügung sind:
- Anstelle einer Vergütung oder unmittelbarem Freizeitausgleich können Überstunden, Nacht-, Sonntags- und Feiertagsarbeit durch Jahresarbeitszeitkonten ausgeglichen werden.
- Der Ausgleich durch Freizeit muss spätestens bis zum Abschluss der Saison gewährt werden.
- Die tägliche Regelarbeitszeit darf von 8 auf 10 Stunden täglich verlängert werden.

Die Abweichungen werden mit dem starken Arbeitsanfall in der Ausflugsschifffahrt in der Sommersaison begründet, während im Frühjahr und Herbst die Nachfrage bei den Touristen nach Schiffsausfahrten deutlicher schwächer ist. Ohne die Möglichkeit von Jahresarbeitszeitkonten droht die Arbeitslosigkeit vieler Besatzungsmitglieder nach der Saison.

139 Die Allgemeinverfügung für die **Küsten- und Kleine Hochseefischerei** beinhaltet folgende wesentliche Bestimmungen:

- Die tägliche Regelarbeitszeit darf auf 16 Stunden täglich verlängert werden.
- Die Mindestruhezeit darf 8 Stunden in einem 24-Stunden-Zeitraum und 77 Stunden in einem 7-Tages-Zeitraum nicht unterschreiten.
- Die Mindestruhezeit darf während eines Zeitraumes von höchstens zwei aufeinanderfolgenden Wochen unter bestimmten Voraussetzungen sogar auf 70 Stunden in 7 Tagen verringert werden.
- Die Mindestruhezeit darf in 3 Abschnitte statt in 2 Abschnitte aufgeteilt werden.
- Die wöchentliche Arbeitszeit darf im Jahresdurchschnitt 48 Stunden nicht überschreiten.
- Anstelle einer Vergütung oder unmittelbarem Freizeitausgleich können Überstunden, Nacht-, Sonntags- und Feiertagsarbeit durch Beteiligung am Fangerlös ausgeglichen werden.

Die Abweichungen werden mit der Beeinflussung der Fischerei durch natürliche Faktoren wie Gezeiten, Wetter und Fischvorkommen, die keinen regelmäßigen Wachrhythmus zulassen, begründet. Die Quotierung von Fangbeständen, vorgegebene Fangzeiten sowie Fangverbote schränken die zur Verfügung stehenden freien Zeiten für die Fischerei ein. Zudem würde eine Beschränkung der Höchstarbeitszeit, insbesondere während des Fangs und der Verarbeitung, die wirtschaftliche Existenz vieler Fischereibetriebe in Frage stellen.

d) Offshore-Tätigkeiten

140 Die Arbeitszeitregelungen des Seearbeitsgesetzes werden durch die Offshore-Arbeitszeitverordnung (Offshore-ArbZV) ergänzt. Diese Verordnung gilt sowohl für Land-Arbeitnehmer, die im Offshore-Bereich eingesetzt werden, als auch für Besatzungsmitglieder. Anknüpfungspunkt für die Verordnung ist der Begriff „Offshore-Tätigkeiten“ (siehe Kap. II Rn. 83).

141 Für **Besatzungsmitglieder** sind die Abweichungen vom Seearbeitsgesetz vergleichsweise gering:

- Die Regelarbeitszeit darf von 8 Stunden täglich auf 12 Stunden täglich erhöht werden.
- Die Höchstarbeitszeit darf von 72 Stunden auf 84 Stunden in einem 7-Tages-Zeitraum erhöht werden.
- Für je volle 8 Stunden Mehrarbeit (Überstunden) muss ein freier Tag als Ausgleich gewährt werden.

142 Für **Landarbeitnehmer** sieht die Offshore-Arbeitszeitverordnung dagegen größere Abweichungen vom **Arbeitszeitgesetz** vor. Landarbeitnehmer dürfen im Offshore-Bereich zum Beispiel bis zu 12 Stunden am Tag während eines Zeitraumes von 2 Wo-

chen tätig sein (§§ 3 Absatz 1, 6 Absatz 2 Offshore-ArbZV). Damit sind die Arbeitszeiten für Landarbeitnehmer aber immer noch kürzer als die Arbeitszeiten für Besatzungsmitglieder nach dem Seearbeitsgesetz.

Die **Offshore-Arbeitszeitverordnung** ist im Anhang II abgedruckt.

---

e) Nachtarbeit

Nachtarbeit ist die Arbeit **zwischen 20 Uhr und 6 Uhr**, § 53 Absatz 6 SeeArbG. 143

Grundsätzlich ist die Nachtarbeit von Besatzungsmitgliedern auf Handelsschif- 144
fen **zulässig**. Den Besatzungsmitgliedern steht für geleistete Nachtarbeit ein zusätzliche Vergütung (Zuschlag) zu, § 51 SeeArbG.

Jugendliche Besatzungsmitglieder dürfen dagegen grundsätzlich **keine Nacht-** 145
arbeit leisten, § 53 Absatz 6 Satz 1 SeeArbG. Die BG Verkehr kann **Ausnahmen** vom Verbot der Nachtarbeit geben, wenn ansonsten die wirksame Ausbildung der jugendlichen Besatzungsmitglieder gefährdet wäre oder wenn die Besonderheit eines anerkannten Ausbildungsprogrammes die Nacharbeit erforderlich macht und sich die Nachtarbeit nicht nachteilig auf die Gesundheit der jugendlichen Besatzungsmitglieder auswirkt, § 53 Absatz 6 Satz 3 SeeArbG.

f) Dokumentation und Überprüfung

Kapitäne haben nach § 50 SeeArbG dafür zu sorgen, dass auf ihren Schiffen zwei 146
Dokumente zu den Arbeits- und Ruhezeiten geführt werden:
1. die Übersicht über die Arbeitsorganisation
2. die Arbeitszeitnachweise.

In der **Übersicht über die Arbeitsorganisation** muss der Kapitän oder ein von ihm 147
beauftragter Schiffsoffizier folgende Angaben eintragen:
- den See- und Hafendienstplan für jedes Besatzungsmitglied,
- die Höchstarbeits- und Mindestruhezeiten,
- die Aufgaben im Wachdienst und
- die Gesamtstundenzahl der geplanten Arbeitszeit für jedes Besatzungsmitglied.

Auf **Fischereifahrzeugen**, auf denen die Wachdienste nicht nach einem wiederkeh- 148
renden regelmäßigen Rhythmus eingeteilt sind, darf ausnahmsweise auf die Übersicht über die Arbeitsorganisation verzichtet werden (§ 2 Absatz 3 See-ArbZNV).

Das **Muster der Übersicht über die Arbeitsorganisation** ist im Anhang I auf der Seite 300 abgedruckt.

---

149 Für jedes Besatzungsmitglied muss der Kapitän oder die von ihm beauftragte Person **Arbeitszeitnachweise** führen. In die tabellarisch angelegten Arbeitszeitnachweise müssen die Arbeits- oder Ruhezeiten durch eine Kennzeichnung mit „X" oder mit einer durchgehenden Pfeillinie eingetragen werden. Abweichungen von den Höchstarbeits- und Mindestruhezeiten zB durch Tarifvertrag sowie die Ruhepausen müssen in der Spalte „Bemerkungen" eingetragen werden.

150 Der Kapitän oder die von ihm beauftragte Person muss die Arbeitszeitnachweise am Ende des Kalendermonats unterschreiben. Das Besatzungsmitglied erhält jeweils eine Kopie seines Arbeitzeitnachweises. Die Arbeitszeitnachweise können **in elektronischer Form** geführt werden (§ 3 Absatz 1 Satz 2 See-ArbZNV).

Das **Muster für den Arbeitszeitnachweis** ist im Anhang I auf den Seiten 301 und 302 abgedruckt.

151 Für **die behördliche Überprüfung** der Einhaltung der Arbeits- und Ruhezeiten ist die **BG Verkehr** verantwortlich. Sie kontrolliert die Arbeitszeitvorschriften im Rahmen der regelmäßigen seearbeitsrechtlichen Überprüfungen sowie anlassbezogen.

152 Reedereien und Kapitäne sollten aber auch **betriebsintern** die Einhaltung der Arbeitszeitnachweise überprüfen, in dem sie regelmäßig **Fehleranalysen** der Arbeitszeitnachweise durchführen. Für eine umfassende Analyse der Arbeits- und Ruhezeiten sollte die Mindestruhe- und Höchstarbeitszeit in einem Zeitraum von 24 Stunden rückwirkend vom Anfang oder Ende einer **Arbeitszeitperiode** – und nicht von einer **Ruhezeitperiode** – überprüft werden. Nur so kann wirkungsvoll kontrolliert werden, ob die Besatzungsmitglieder ihre Arbeit ausgeruht beginnen.

Tabelle 22: Beispiele Fehleranalyse Aufteilung der Mindestruhezeit (ohne Tarifvertrag)

Gesamt-Mindestruhezeit: 10 Stunden			
1. Ruhezeit-block	**2. Ruhezeit-block**	**3. Ruhezeit-block**	**Fehleranalyse**
6 Stunden	4 Stunden	–	OK
9 Stunden	1 Stunde	–	OK
8 Stunden	1 Stunde	3 Stunden	OK
6 Stunden	3 Stunden	1 Stunde	Fehler, da mehr als zwei Ruhezeitblöcke
7 Stunden	2 Stunden	2 Stunden	Fehler, da mehr als zwei Ruhezeitblöcke
5 Stunden	5 Stunden	–	Fehler, da kein sechsstündiger Ruhezeitblock
9,5 Stunden	0,5 Stunden	–	Fehler, da 2. Ruhezeitblock weniger als eine Stunde

Die Arbeitszeiten in den Arbeitszeitnachweisen sind mit einem "X" markiert

I. Überprüfung der Einhaltung im 24-Stunden-Zeitraum

Beispiel 1:
Tag 2/16.00 Uhr bis Tag 1/16.00 Uhr

Tag/Zeit	01	02	03	04	05	06	07	08	09	10	11	12	13	14	15	16	17	18	19	20	21	22	23	24
1					X	X	X	X		X	X						X	X	X	X				
2					X	X	X	X		X	X						X	X	X	X				

Ergebnis: Arbeitszeit (10 Std) OK / Ruhezeit (14 Std) OK / Ruhezeitblöcke (5 Std, 1 Std, 8 Std) OK

Beispiel 2:
Tag 2/20.00 Uhr bis Tag 1/20.00 Uhr

Tag/Zeit	01	02	03	04	05	06	07	08	09	10	11	12	13	14	15	16	17	18	19	20	21	22	23	24
1									X	X	X	X		X	X	X	X						X	X
2	X	X	X	X					X	X	X	X		X	X	X	X	X	X	X				

Ergebnis: Arbeitszeit (17 Std) **Fehler** / Ruhezeit (7 Std) **Fehler** Ruhezeitblöcke (1 Std, 4 Std, 2 Std) **Fehler (kein 6-Stunden Block und mehr als zwei Zeiträume)**

Beispiel 3:
Tag 1/24.00 Uhr bis Tag 1/00.00 Uhr

Tag/Zeit	01	02	03	04	05	06	07	08	09	10	11	12	13	14	15	16	17	18	19	20	21	22	23	24
1	X	X	X	X	X	X	X						X	X	X	X					X	X	X	X
2	X	X	X	X									X	X	X	X								

Ergebnis: Arbeitszeit (15 Std) **Fehler** / Ruhezeit (9 Std) **Fehler** Ruhezeitblöcke (4 Std, 5 Std) **Fehler (kein 6-Stunden-Block und zweiter Ruhezeitblock nicht ausreichend)**

II. Überprüfung der Einhaltung im 7-Tages-Zeitraum

Beispiel:
Tag 1/00.00 Uhr bis Tag 7/24.00 Uhr

Tag/Zeit	01	02	03	04	05	06	07	08	09	10	11	12	13	14	15	16	17	18	19	20	21	22	23	24
1									X	X	X	X		X	X	X	X						X	X
2	X	X							X	X	X	X		X	X	X	X	X						
3									X	X	X	X		X	X	X	X							
4									X	X	X	X		X	X	X	X	X						
5									X	X	X	X		X	X	X	X							
6	X	X							X	X	X	X		X	X	X	X						X	X
7									X	X	X	X		X	X	X	X							

Ergebnis: Arbeitszeit (66 Std) OK / Ruhezeit (102 Std) OK

Die Arbeitszeiten in den Arbeitszeitnachweisen sind mit einem „X“ markiert

Abb. 12: Beispiele Fehleranalyse Mindestruhe- und Höchstarbeitszeit

4. Landgang und Zugang zu Sozialeinrichtungen

153 Nach der Regel 2.4 Absatz 2 des Seearbeitsübereinkommens ist Seeleuten im Interesse ihrer Gesundheit und ihres Wohlbefindens und entsprechend den betrieblichen Anforderungen ihrer Positionen **Landgang** zu gewähren.

154 Diese völkerrechtliche Vorgabe ist durch **§ 35 SeeArbG** in das deutsche Recht umgesetzt worden. Danach hat das Besatzungsmitglied in seiner dienstfreien Zeit:
- **außerhalb** der Hafenarbeitszeit im Hafen oder
- wenn das Schiff auf Reede liegt

Anspruch auf Landgang.

Zusätzlich hat das Besatzungsmitglied in seiner dienstfreien Zeit:
- auch **innerhalb** der Hafenarbeitszeit im Hafen oder
- wenn das Schiff auf Reede liegt

Anspruch auf Landgang, soweit es der Schiffsbetrieb zulässt.

155 Innerhalb der Hafenarbeitszeit setzt der Anspruch auf Landgang voraus, dass der typischerweise intensive **Schiffsbetrieb** während dieser Zeiten **einen Landgang zulässt**. Während der Hafenarbeitszeit können allgemeine schiffsbetriebliche Gründe entgegenstehen, die noch nicht feststehen, aber möglicherweise erforderlich werden, zB die Tätigkeit des Elektrikers bei Lade- und Löschbetrieb mit eigenen Kränen.[36]

Auch die Schiffssicherheit, zB die Notwendigkeit der Aufstellung von zusätzlichen Wachen oder im Falle eines sich ankündigenden Schlechtwetters, kann für das Verbleiben der gesamten Besatzung an Bord sprechen. Wenn die Gefahr besteht, dass das Besatzungsmitglied nicht rechtzeitig vor dem geplanten Auslaufen des Schiffes an Bord zurückkehren kann, muss der Landgang ebenfalls nicht gewährt werden. Gleichwohl ist der Kapitän verpflichtet, den notwendigen Wachdienst außerhalb der Arbeitszeit im Hafen oder auf Reede gleichmäßig zu verteilen. So soll sichergestellt werden, dass alle Besatzungsmitglieder ihren Anspruch auf Landgang wahrnehmen können.[37]

! Bei der **Verteilung der Wachdienste** der Besatzungsmitglieder muss der Kapitän darauf achten, dass die gesetzlichen Arbeits- und Ruhezeitvorschriften jederzeit **eingehalten** werden.

---

156 Ein Landgangsanspruch besteht nicht, wenn dessen Erfüllung **unmöglich** ist, zum Beispiel im Falle eines behördlichen Verbots. Die Entscheidung über die Erlaubnis zum Verlassen des Schiffes trifft der Kapitän.[38]

36 Bundestags-Drucksache 17/10959, S. 77.
37 Bundestags-Drucksache 17/10959, S. 77.
38 Bundestags-Drucksache 17/10959, S. 76 f.

Der Anspruch auf Landgang setzt voraus, dass das Schiff **im Hafen** oder auf der zum Hafen gehörenden **Reede** liegt. Er besteht nicht, wenn sich das Schiff in Fahrt befindet. 157

Liegt das Schiff nicht direkt an der Hafenpier, sondern **vor Anker** im Hafengebiet oder auf **Reede**, setzt der Landgang die Beförderung zwischen dem Schiff und dem Land voraus. Grundsätzlich muss das Besatzungsmitglied für die Beförderung an Land und zurück selbst sorgen und die angemessenen Kosten hierfür tragen. Besteht für das Besatzungsmitglied keine oder keine angemessene Beförderungsmöglichkeit, verpflichtet § 35 Absatz 4 SeeArbG den Kapitän, für eine **Verbindung zum Land** zu sorgen, soweit es zumutbar ist. Das Gesetz schreibt nicht vor, in welcher Weise die Verbindung zum Land hergestellt werden muss. Zunächst ist das Besatzungsmitglied in der Pflicht, sich selbst um eine Beförderung zum Land zu kümmern und zu bezahlen. Erst wenn das Besatzungsmitglied keine zumutbare Lösung für eine Beförderung an Land finden kann, muss der Kapitän eine Beförderungsmöglichkeit organisieren.[39] Eine Möglichkeit hierfür ist der Einsatz schiffseigener Boote oder die Anmietung von Wassertaxis. Welche finanziellen Aufwendungen für die Reederei wirtschaftlich zumutbar sind und in welchem Umfang die Beteiligung des Besatzungsmitglieds an den Beförderungskosten als angemessen zu betrachten ist, richtet sich nach den Verhältnissen im Einzelfall.[40] 158

Praxistipp **!**
Setzt der Kapitän **schiffseigene Boote** für die Ermöglichung des Landgangs ein, muss er darauf achten, dass auf den Booten **ausreichende Rettungsmittel** für sämtliche an Bord befindliche Personen vorhanden sind.

Seeleute sind häufig monatelang unterwegs. Umso wichtiger sind feste Anlaufstellen in den Häfen. Das Seearbeitsübereinkommen verpflichtet daher die Vertragsstaaten, Seeleuten den **Zugang zu Sozialeinrichtungen an Land** leicht und diskriminierungsfrei zu ermöglichen. Dieser Anspruch ist im deutschen Recht in § 119 SeeArbG realisiert. 159

In Deutschland unterhält die **Deutsche Seemannsmission** in allen großen deutschen sowie in zahlreichen ausländischen Häfen Sozialeinrichtungen für Seeleute. Unter dem Leitbild „support of seafarers' dignity" holen die Mitarbeiter der Seemannsmissionen die Seeleute in den Häfen von ihren Schiffen ab und fahren sie zu den **Seemannsheimen und Seemannsclubs.** Dort stehen den Seeleuten günstige Übernachtungs- und Freizeitmöglichkeiten sowie Telefon- und Internetverbindungen in ihre Heimat zur Verfügung. Viele Mitarbeiter der Seemannsheime und

---

39 Lindemann, Seearbeitsgesetz und Manteltarifvertrag für die deutsche Seeschifffahrt, Uelzen 2014, S. 463.
40 Bundestags-Drucksache 17/10959, S. 77.

-clubs sind ehrenamtlich tätig. Die wertvolle Arbeit der Seemannsmissionen wird ganz wesentlich über Spenden finanziert.

5. Unterkünfte und Freizeiteinrichtungen

a) Anspruch auf Unterkunft

160 Besatzungsmitglieder haben einen Anspruch auf eine **sichere, gesunde und menschenwürdige Unterkunft** an Bord eines Seeschiffes. Zum Unterkunftsanspruch gehört auch die Unterbringung von Kleidungsstücken und Gebrauchsgegenständen der Seeleute.

161 **Unterkünfte und Freizeiteinrichtungen** sind nach dem deutschen Seearbeitsrecht folgende Räume:

- Unterkunftsräume (**Schlaf- und Wohnräume**, Messen, Pantries und sonstige Aufenthaltsräume, Freizeiträume, Büroräume, Küchen, Umkleideräume, Toiletten und Wasch- und Trockenräume, medizinische Räumlichkeiten sowie Verkehrsgänge in den Unterkunftsbereichen)
- Freizeitbereiche an Deck
- Vorrats- und Kühlräume und
- Einrichtungen zur Trinkwasserversorgung.

162 Der Reeder braucht nur dann Unterkünfte an Bord einrichten, wenn es die **Fahrtdauer und die Einsatzbedingungen** des Schiffes erfordern (§ 93 Absatz 1 Satz 1 SeeArbG). Schlafräume sind beispielsweise nur bei längerer Fahrtdauer oder Nachtfahrten notwendig. Eine Gelegenheit, Speisen und Getränke zuzubereiten (Pantry), muss dagegen immer vorhanden sein.

163 Bei den Unterkünften soll der Reeder die **sozialen, kulturellen und religiösen Bedürfnisse** der Besatzungsmitglieder angemessen berücksichtigen. Ein einklagbarer Anspruch der Seeleute auf eine bestimmte Einrichtung lässt sich daraus aber nicht ableiten.

b) Anforderungen an die Unterkünfte

164 Für Handelsschiffe unter deutscher Flagge regelt die See-Unterkunftsverordnung (SeeUnterkunftsV) die **Mindeststandards** für die Unterkünfte an Bord. Die Standards dieser Verordnung entsprechen weitgehend dem Seearbeitsübereinkommen.

165 § 3 SeeUnterkunftsV legt den **Grundsatz** für die Unterbringung fest. Danach muss der Reeder dafür sorgen, dass die Unterkünfte und Freizeiteinrichtungen:

- an Bord vorhanden sind und instand gehalten werden,
- den zum jeweiligen **Kiellegungszeitpunkt** geltenden **Stand der Technik** entsprechen und

- für eine menschenwürdige und gesundheitsgerechte Unterbringung oder Verpflegung der Besatzungsmitglieder geeignet sind.

Die einzelnen **baulichen Anforderungen** an die Unterkünfte und Freizeiteinrichtungen sind in den **§§ 7 bis 28 SeeUnterkunftsV** geregelt. Die **wichtigsten Anforderungen** sind: 166
- Die **Deckenhöhe** in Unterkunftsräumen muss 203 Zentimeter betragen (§ 7 Absatz 1 Satz 2),
- Schlaf- und Wohnräume müssen – mit Ausnahme von Fahrgastschiffen – **Tageslicht** haben (§ 10 Absatz 1),
- die Unterkunftsräume sind mit **Klimaanlagen** auszustatten – mit Ausnahme von Schiffen, die nur Gebiete mit gemäßigten Klima befahren (§ 11 Absatz 2 und 3),
- die Unterkunftsräume müssen **beheizbar** sein – es sei denn, das Schiff fährt ausschließlich in den Tropen (§ 12 Absatz 1),
- die Unterkunftsräume und Freizeitbereiche an Deck dürfen keinen **Lärmbelastungen und Vibrationen** ausgesetzt sein, die der Gesundheit unzuträglich sind (§ 14 Absatz 1; die IMO-Resolution A.468 (XII) „Code on noise levels on board ships" sowie die **DIN ISO** 6954 sind zu beachten),
- die **Schlafräume** müssen bestimmte Mindestgrößen haben; außerdem gilt mit **Ausnahmen** der Grundsatz der Einzelkammerbelegung (§§ 15, 16),
- die Besatzungsmitglieder müssen alle 14 Tage **frische Bettwäsche** und wöchentlich zwei frische Handtücher erhalten (§ 17 Absatz 5),
- größere Schiffe benötigen **Vorrats- und Kühlräume**, kleinere Schiffe mindestens einen Kühlschrank und eine Kochgelegenheit (§ 18 Absatz 2 und 3),
- für Männer und Frauen sind getrennte sanitäre Einrichtungen vorzusehen (§ 20 Absatz 1),
- an allen Waschstellen muss kaltes und warmes Trinkwasser zur Verfügung stehen (§ 21 Absatz 1),
- auf Schiffen müssen, wenn die Betriebsumstände dies erfordern, Waschmaschinen und Wäschetrockner vorhanden sein (§ 26),
- auf jedem Schiff müssen ein oder mehrere Freizeitbereiche an Deck für die Besatzungsmitglieder vorgesehen sein (§ 28).

Die Anforderungen an die **medizinischen Räumlichkeiten** sind weiter unten dargestellt. 167

Neben den baulichen Anforderungen gibt es **„verhaltensbezogene" Pflichten**. 168
Die wichtigsten Pflichten sind:
- § 3 (Verpflichtung des Reeders zur Instandhaltung der Unterkünfte),
- § 5 (Genehmigungspflicht bei Neubauten),
- § 17 Absatz 5 (Ausstattung der Schlafräume mit frischer Bettwäsche),
- § 28 Absatz 2 (Bereitstellen von Freizeiteinrichtungen).

Tabelle 23: Belegung und Größe der Schlafräume auf Handelsschiffen unter deutscher Flagge

	Schiffe < 3.000 BRZ	Schiffe zw. 3.000 und 10.000 BRZ	Schiffe > 10.000 BRZ	Fahrgastschiffe	Spezialschiffe	Fischereifahrzeuge	Bemerkungen
Belegung Schlafräume	max. 2 Besatzungsmitglieder	Einzelbelegung	Einzelbelegung	max. 4 Besatzungsmitglieder (bei Offizieren: max. 2)	max. 2 Besatzungsmitglieder	max. 4 Besatzungsmitglieder (bei Offizieren: max. 2)	
Belegung Schlafräume mit Auszubildenden	Max. 2 Auszubildende, wenn Schlafraum mit eigenem Bad und Toilette ausgestattet ist						
Schlafraum-Bodenflächen pro Besatzungsmitglied (ohne Offiziere)	> 4,5 qm; bei Belegung mit 2 Besatzungsmitgliedern > 7 qm	> 5,5 qm	> 7 qm	> 7,5 qm bei 2 Besatzungsmitgliedern; > 11,5 qm bei 3 Besatzungsmitgliedern; > 14,5 qm bei 4 Besatzungsmitgliedern	> 7,5 qm bei 2 Besatzungsmitgliedern; > 11,5 qm bei 3 Besatzungsmitgliedern; > 14,5 qm bei 4 Besatzungsmitgliedern	> 2,5 qm (Fläche für Kojen, Spinde, Kommoden, Sitzgelegenheiten nicht miteingerechnet)	Kleinere Bodenflächen im Ausnahmefall für Schiffe < 3.000 BRZ, Fahrgast- und Spezialschiffe möglich
Schlafraum-Bodenflächen pro Offizier	> 7,5 qm	> 8,5 qm	> 10 qm	Betriebsebene: < 7,5 qm; Führungsebene: < 8,5 qm	Betriebsebene: < 7,5 qm; Führungsebene: < 8,5 qm	> 6,5 qm, wenn kein gesonderter Wohnraum	
Kojengröße (Innenmaße)	200 cm lang, 80 cm breit						

Darüber hinaus ist nach § 93 Absatz 2 SeeArbG jedes Besatzungsmitglied verpflichtet, die Unterkunftsräume und Einrichtungsgegenstände pfleglich zu behandeln.

c) Medizinische Räumlichkeiten

Seeleute an Bord von Seeschiffen können bei größeren Erkrankungen oder schweren Verletzungen nicht einfach einen Arzt oder ein Krankenhaus an Land aufsuchen, wenn ihr Schiff gerade fernab der Küsten fährt. Größere Schiffe müssen daher über einen **Behandlungsraum** für die medizinische Behandlung verfügen (§ 22 Absatz 1 SeeUnterkunftsV): 169

- Schiffe in der weltweiten Fahrt,
- Schiffe mit 15 oder mehr Personen an Bord mit einer Reisedauer von mehr als 3 Tagen,
- Fahrgastschiffe in der weltweiten Fahrt sowie in der Europäischen Fahrt (§ 46 SeeArbG) und
- Fischereifahrzeuge in der Großen Hochseefischerei.

Diese Schiffe – mit Ausnahme von Fahrgastschiffen in der Europäischen Fahrt bis 170
12 Stunden Fahrtdauer – müssen zusätzlich einen **Krankenraum** haben, der unter anderem bei ansteckenden Krankheiten die Pflege erkrankter Personen fernab der Unterkunftsräume ermöglicht.

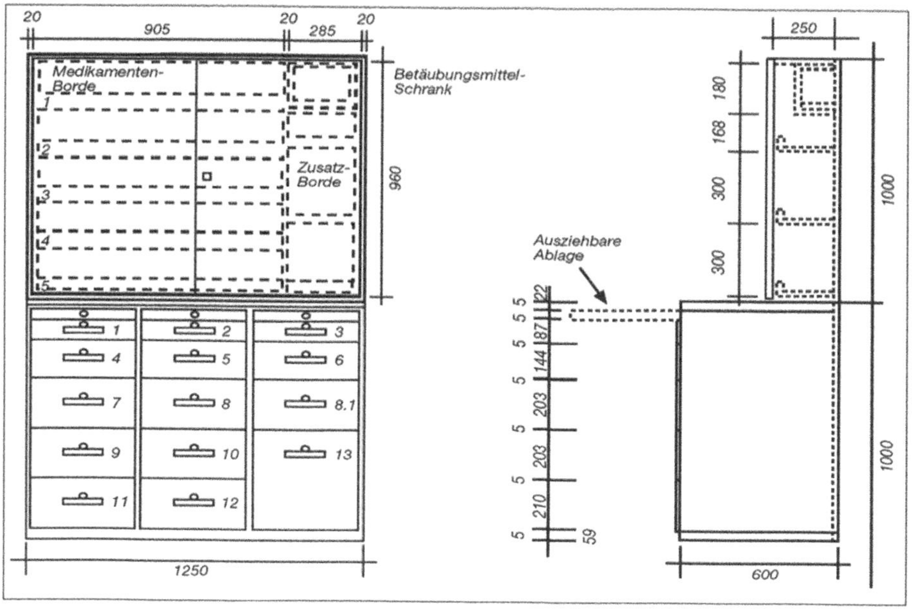

Abb. 13: Zeichnung eines Bord-Apothekenschrankes mit Größenangaben

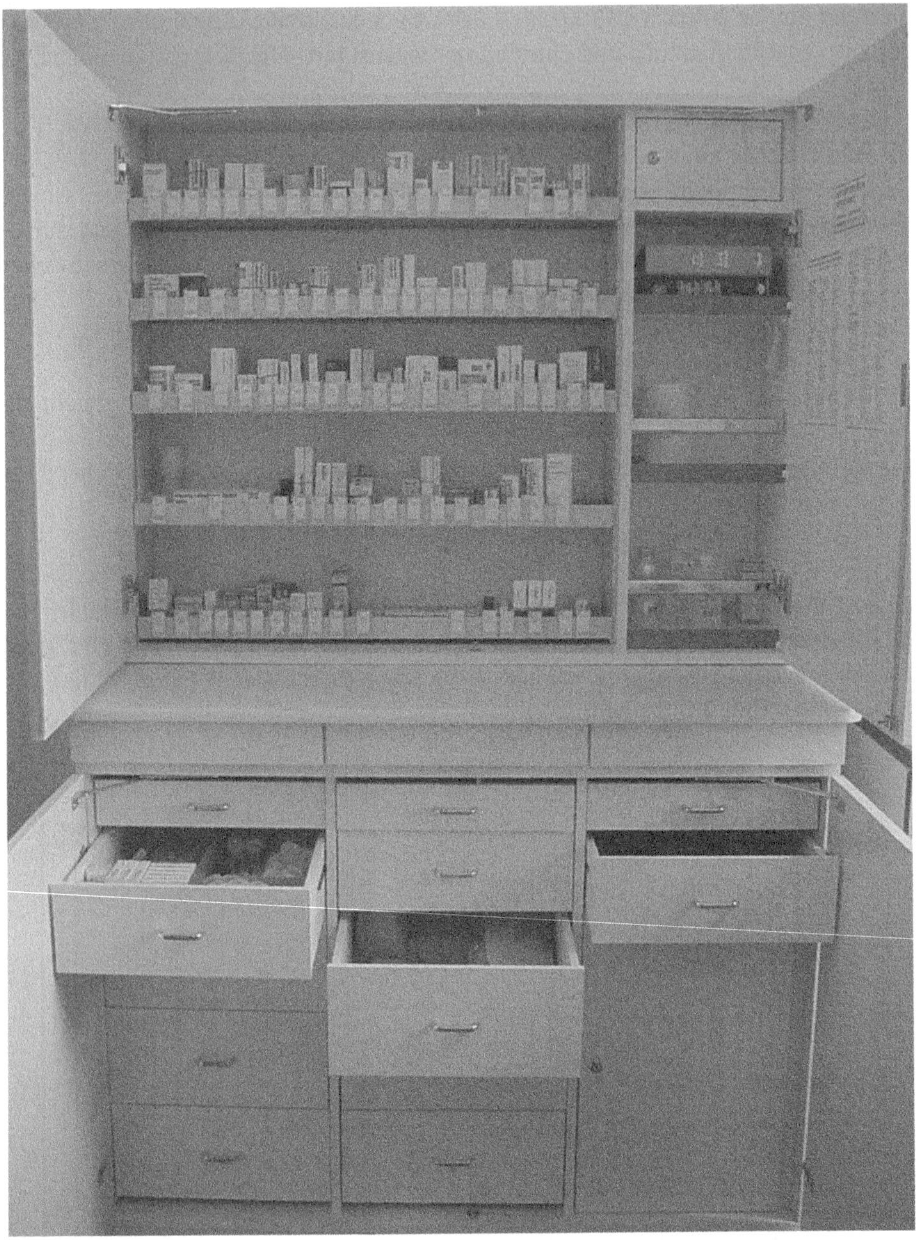

Abb. 14: Photo eines Bord-Apothekenschrankes (© Dr. Philipp Langenbuch, Hamburg)

Auf bestimmten Schiffen muss der Reeder einen **Apothekenschrank** für die Unterbringung von medizinischer Ausstattung einbauen lassen: 171
- Schiffe in der weltweiten Fahrt,
- Schiffe in der Europäischen Fahrt (§ 46 SeeArbG) und
- Fischereifahrzeuge in der Großen und Kleinen Hochseefischerei.

Die Größe, Aufteilung und der Stauplan des Apothekenschranks ist in der Anlage der See-Unterkunftsverordnung einheitlich vorgegeben, damit der Schiffsoffizier, der für die medizinische Betreuung zuständig ist, im Notfall die richtigen Medikamente schnell findet.

d) Bestimmte Schiffstypen, Einflagger, ältere Schiffe

Gewerblich genutzte Sportboote unter 24 Meter Länge (§ 1 Absatz 1 Satz 2 SeeArbG) 172
und Fischereifahrzeuge unter 24 Meter Länge fallen nicht unter die See-Unterkunftsverordnung.

Der Großteil der Vorgaben der See-Unterkunftsverordnung – vor allem die bau- 173
lichen Anforderungen – gilt für alle Handelsschiffe unter deutscher Flagge, die **nach dem 1. August 2013** auf Kiel gelegt wurden. Für vorher auf Kiel gelegte Schiffe ist die Verordnung über die Unterbringung der Besatzungsmitglieder an Bord von Kauffahrteischiffen (Logisverordnung) von 1973 anzuwenden. Einige wenige Vorgaben, die „verhaltensbezogene" Pflichten des Reeders beinhalten, müssen aber auch auf älteren Schiffen eingehalten werden:
- § 3 (Verpflichtung zur Instandhaltung der Unterkünfte),
- § 5 (Genehmigungspflicht bei Neubauten),
- § 17 Absatz 5 (Ausstattung der Schlafräume mit frischer Bettwäsche),
- § 28 Absatz 2 (Bereitstellen von Freizeiteinrichtungen).

Bei **einflaggenden Schiffen**, also Schiffen unter ausländischer Flagge, die zur deut- 174
schen Flagge wechseln, hängt es vom Kiellegungsdatum ab, welche Vorschriften angewendet werden. Für einflaggende Schiffe, die vor dem 1. August 2013 auf Kiel gelegt wurden, gelten:
- die ILO-Übereinkommen Nummer 92 und Nummer 133 und
- die §§ 22–24 SeeUnterkunftsV zu den medizinischen Räumlichkeiten.

Mit dieser Regelung soll der Wechsel von Schiffen zur deutschen Flagge ohne größere **Umbauten** ermöglicht werden. Bei Schiffen, die nach dem 1. August 2013 gebaut wurden und zur deutschen Flagge umflaggen, wird dagegen die See-Unterkunftsverordnung angewendet, da diese Verordnung im wesentlichem der Regel 3.1 des Seearbeitsübereinkommens entspricht.

e) Kontrolle der Unterkünfte

175 Der Kapitän oder der von ihm beauftragte Schiffsoffizier ist verpflichtet, alle Unterkunftsräume und Freizeiteinrichtungen **mindestens einmal monatlich zu besichtigen** (§ 93 Absatz 3 SeeArbG). Bei den regelmäßigen Kontrollen wird überprüft, ob die Unterkünfte ordnungsgemäß instand gehalten und gepflegt werden. In der Praxis wird diese Kontrolle zusammen mit der Überprüfung der Vorrats- und Lagerräume nach § 98 SeeArbG durchgeführt. Der Kapitän oder der Schiffsoffizier müssen das Ergebnis der Besichtigung im Seetagebuch eintragen.

176 Wegen des Eingriffs in die **Unverletzlichkeit der Wohnung** (Artikel 13 GG) darf der Kapitän oder der Schiffsoffizier eine von einem Seemann bewohnte Kammer nur **mit dessen Zustimmung** betreten.

f) Keine Besteuerung der kostenlosen Unterkunft an Bord

177 Die kostenlose Unterkunft an Bord von Seeschiffen muss – anders als Land – nicht versteuert werden. Seeleute werden aufgrund einer betriebsfunktionalen Zwangslage an Bord untergebracht; sie sind nach § 34 Satz 1 SeeArbG verpflichtet, sich grundsätzlich auch während ihrer dienstfreien Zeit an Bord aufzuhalten. Der Reeder hat ein ganz überwiegendes eigenbetriebliches Interesse an einer Unterbringung an Bord. In solchen Fällen sieht der Bundesfinanzhof in der kostenlosen Unterbringung **keinen geldwerten Vorteil**, der versteuert werden muss.

6. Verpflegung

a) Anspruch auf Verpflegung

178 Besatzungsmitglieder haben nach § 98 Absatz 1 SeeArbG einen Anspruch auf kostenlose Verpflegung mit ausreichenden Speisen und Getränken einschließlich Trinkwasser. Dieser Anspruch besteht für die gesamte Dauer des Heuerverhältnisses und nicht nur – wie nach dem Seearbeitsübereinkommen – für die Zeit an Bord. Der Verpflegungsanspruch ist daher nach deutschem Recht zweigeteilt:

1. für die Bordzeiten: Anspruch auf **Naturalverpflegung**,
2. für Zeiten an Land (Urlaub, Freizeit, Krankheit): Anspruch auf **Verpflegungsgeld**.

179 Die Verpflegung muss **angemessen** sein. Der Gesetzgeber hat nur in allgemeiner Form festgelegt, was unter dem Begriff „angemessen" zu verstehen ist, nämlich eine Verpflegung, die hinsichtlich des Nährwerts, der Güte und der Abwechslung eine geeignete und ausgewogene Ernährung gewährleistet. Die früheren Verordnungen über die Speiserollen, die detaillierte Essensmengen vorgaben, sind schon vor langer Zeit aufgehoben worden, da sie nicht mehr zeitgemäß waren. Die zehn Regeln sowie die Referenzwerte für die Nährstoffzufuhr der Deutschen Gesellschaft

für Ernährung e.V. geben eine Orientierung, was eine angemessene Naturalverpflegung ist.

Das **Verpflegungsgeld** ist dann angemessen, wenn es dem **Beköstigungssatz** entspricht, den der Durchschnittsheuer-Ausschuss der BG Verkehr jedes Jahr speziell für die Seeschifffahrt festlegt (siehe Kap. III Rn. 190). i

b) Betriebseigene Kontrollen und Unterweisungen

Der Kapitän oder eine von ihm beauftragte Person muss mindestens **einmal monatlich** die Verpflegungs- und Trinkwasservorräte, die Räume und Ausrüstungsgegenstände für das Trinkwasser und die Küchen kontrollieren. Das Ergebnis der Überprüfung muss im Seetagebuch eingetragen werden. 180

Der Reeder muss dafür sorgen, dass das Küchen- und Bedienungspersonal bei Dienstantritt und nachfolgend alle 2 Jahre über **Tätigkeitsverbote** und Mitteilungspflichten nach dem **Infektionsschutzgesetz** belehrt wird. Zweck der Unterweisung ist es, die Verbreitung ansteckender Krankheiten über Lebensmittel zu unterbinden. Die Belehrung muss im Seetagebuch dokumentiert werden. Anders als an Land muss bei Besatzungsmitgliedern nicht das Gesundheitsamt oder ein vom Gesundheitsamt beauftragter Arzt die Belehrung vornehmen. 181

Jeder Reeder ist auch Lebensmittelunternehmer nach den lebensmittelrechtlichen Vorschriften, da an Bord Lebensmittel für Besatzungsmitglieder verarbeitet und produziert werden. Die Verordnung (EG) Nr. 852/2004 verpflichtet jeden Lebensmittelunternehmer, eine Gefahrenanalyse und die Bestimmung von kritischen Kontrollpunkten bei der Lebensmittelhygiene (englisch: Hazard Analysis and Critical Control Points – **HACCP**) durchzuführen. Diese HACCP umfassen unter anderem Handlungsanweisungen zu richtigen Lagerung und Kühlung von Lebensmittel und zur Einhaltung von Hygienevorgaben. Für die Praxis geben die „Fünf Schlüssel zu sicheren Lebensmittel“ der Weltgesundheitsorganisation WHO und der „Leitfaden für die Lebensmittelhygiene an Bord von Schiffen unter deutscher Flagge“ der BG Verkehr wichtige Hinweise. 182

Der „Leitfaden für die Lebensmittelhygiene an Bord von Schiffen unter deutscher Flagge“ der BG Verkehr ist unter www.deutsche-flagge.de im Download-Bereich unter der Rubrik „Besatzung“, dann „Arbeiten und Leben an Bord“ abrufbar. i

Der Reeder ist nach den §§ 4 bis 7 TrinkwV verpflichtet, an Bord nur einwandfreies Trinkwasser zur Verfügung zu stellen. Deshalb muss jeder sorgfältige Reeder regelmäßige **betriebseigene Trinkwasseruntersuchungen** durchführen lassen. 183

> **i** Bei Frachtschiffen, die keine zahlenden Fahrgäste mitbefördern, schreibt die Trinkwasserverordnung **kein festes Untersuchungsintervall** für Trinkwasseruntersuchungen vor. In diesen Fällen handelt es sich um keine gewerbliche Trinkwasserabgabe, da Besatzungsmitglieder einen Anspruch auf kostenloses Trinkwasser haben.

184 Bei **Fahrgastschiffen** und Frachtschiffen, auf denen zahlende Fahrgäste mitfahren, legt das Gesundheitsamt das Untersuchungsintervall für die betriebseigenen Kontrollen durch den Reeder fest, § 14 Absatz 2 Satz 8 TrinkwV.

185 Von den betriebseigenen Kontrollen sind die **amtlichen Kontrollen** durch die Gesundheitsämter zu unterscheiden. Die Gesundheitsämter müssen Frachtschiffe, die keine Fahrgäste befördern, nur dann amtlich überwachen, wenn dies zum Schutz der menschlichen Gesundheit erforderlich ist. Für Fahrgastschiffe (= gewerbliche Trinkwasserabgabe) müssen die Gesundheitsämter dagegen alle 3 Jahre die Beschaffenheit des Trinkwassers überprüfen. Für diese amtliche Kontrolle müssen die Gesundheitsämter nicht zwingend das jeweilige Schiff besichtigen.

Tabelle 24: Untersuchungsintervalle für Trinkwasser auf Seeschiffen unter deutscher Flagge

	Betriebseigene Untersuchungen durch den Reeder	**Legionellen-Untersuchung durch den Reeder (bei mittleren/ großen Seeschiffen)**	**Amtliche Untersuchungen durch die Gesundheitsämter**
Gewerbliche Trinkwasserabgabe (zB Fahrgastschiffe)	Gesundheitsamt bestimmt Untersuchungsintervall	Gesundheitsamt bestimmt Untersuchungsintervall	Mindestens 1 × in 3 Jahren
Rechtsgrundlage	§ 14 Absatz 2 Satz 8 TrinkwV	§ 19 Absatz 5 Satz 4 TrinkwV	§ 19 Absatz 5 Satz 4 TrinkwV
Keine gewerbliche Trinkwasserabgabe (Frachtschiffe ohne Fahrgäste)	Kein vorgegebener Untersuchungsintervall	Nicht vorgeschrieben	Gesundheitsämter haben Ermessensspielraum, ob überhaupt und – wenn ja – wie häufig überprüft wird
Rechtsgrundlage	–	–	§§ 18 Abs. 1 Satz 4, 19 Abs. 5 Satz 5 TrinkwV

186 Nach der Trinkwasserverordnung dürfen nur bestimmte Aufbereitungsstoffe und Desinfektionsverfahren für das Trinkwasser verwendet werden.

> **i** Die jeweils aktuelle Liste der zugelassenen **Aufbereitungsstoffe und Desinfektionsverfahren** ist auf der Website des Umweltbundesamtes zu finden: www.umweltbundesamt.de/themen/wasser/trinkwasser/rechtliche-grundlagen-empfehlungen-regelwerk/zugelassene-aufbereitungsstoffe

c) Qualifikation des Schiffskochs

Auf Schiffen mit mehr als 10 Besatzungsmitgliedern (laut Schiffsbesatzungszeugnis) schreibt § 7 der Schiffsbesetzungsverordnung einen ausgebildeten und qualifizierten Schiffskoch vor. Als Schiffskoch qualifiziert ist, wer: 187

- eine abgeschlossene **Berufsausbildung** als Koch, Metzger, Schlachter, Bäcker, Konditor oder Hauswirtschaftsmeister hat oder
- eine **Bescheinigung** einer Industrie- und Handelskammer über die Teilnahme an einer **Gaststättenunterrichtung** nach § 4 Absatz 1 Nummer 4 GastG oder den jeweiligen Ländervorschriften hat oder
- eine **Bescheinigung eines ausländischen Staates**, der dem Seearbeitsübereinkommen verbindlich beigetreten ist, über die Qualifikation als Schiffskoch hat oder
- eine gleichwertige Bescheinigung eines ausländischen Staates, der nicht dem Seearbeitsübereinkommen verbindlich beigetreten ist, hat.

Die Anforderungen an die Qualifikation für Schiffsköche sind vergleichsweise niedrig. 188
Es gibt keine eigene deutsche Schiffskoch-Ausbildung. Eine mehrstündige Gaststättenunterrichtung reicht für die Tätigkeit als Schiffskoch aus. Da es vor Inkrafttreten des Seearbeitsgesetzes und der geänderten Schiffsbesetzungsverordnung zum 1.8.2013 keine Anforderungen an die Befähigung von Schiffsköchen gab, wollte der Gesetzgeber den Besatzungsmitgliedern, die bisher die Aufgaben als Schiffskoch zufriedenstellend wahrgenommen haben, auch weiterhin die Arbeit als Schiffskoch ermöglichen.

Bei weniger als 10 vorgeschriebenen Besatzungsmitgliedern muss kein Schiffskoch an Bord sein. Es reicht aus, dass ein Besatzungsmitglied eine Ausbildung oder Unterweisung in den Bereichen Nahrungsmittel- und persönlicher Hygiene sowie Handhabung und Lagerung von Verpflegung an Bord erhalten hat (§ 7 Absatz 2 der Schiffsbesetzungsverordnung). **i**

---

d) Besteuerung und Sozialversicherungsbeiträge für Verpflegung

Die kostenlose Verpflegung an Bord und das Verpflegungsgeld sind als **Sachbezug** 189
Teil des Arbeitslohns. Nach § 14 Absatz 1 Satz 1 des Vierten Buches Sozialgesetzbuch müssen für diesen Teil des Lohns Sozialversicherungsabgaben geleistet werden.

Der Durchschnittsheuer-Ausschuss der BG Verkehr legt jedes Jahr den Sachbe- 190
zug (**Beköstigungssatz**) für die Verpflegung an Bord von Handelsschiffen fest. Dieser festgesetzte Beköstigungssatz gilt auch dann, wenn der Reeder seinen Seeleuten – zum Beispiel durch Tarifvertrag – mehr Verpflegungsgeld zahlt. Auf den festgesetzten Beköstigungssatz werden Sozialversicherungsabgaben erhoben.

Praxistipp **!**

Der durch die BG Verkehr festgelegte Beköstigungssatz für die Seeschifffahrt für das Jahr 2015 beträgt 228,– EUR monatlich.

Der jährlich aktualisierte Beköstigungssatz ist unter:
www.bg-verkehr.de/service/downloads/fuer-seefahrtsunternehmen/beitraege in dem Dokument „Rechengrößen der See-Unfallversicherung" abrufbar.

191 In der Vergangenheit übernahmen die Landesfinanzbehörden den Beköstigungssatz der BG Verkehr über gleichlautende Erlasse auch für die **Steuerberechnung**. Durch die Änderung des Reisekostenrechts im Jahr 2014 hat sich die **Rechtslage für Seeleute** geändert. Erhalten Seeleute ihre nach § 97 SeeArbG kostenfrei zustehende Verpflegung an Bord, werden diese Mahlzeiten nicht mit dem Sachbezugswert versteuert. Da nach dem Reisekostenrecht die Verpflegung durch den Arbeitgeber angerechnet wird, führt dies in der Praxis zu einer Kürzung der Verpflegungspauschale auf 0 Euro. Die Hamburger Finanzbehörde hat zu der neuen Rechtssituation für die Seeschifffahrt eine Bekanntmachung herausgegeben, die nachfolgend abgedruckt ist.

Bekanntmachung der Finanzbehörde der Freien und Hansestadt Hamburg vom 12.08.2014

Aktenzeichen: S 2334-2012/003-52

Beköstigung im Bereich der Seeschifffahrt und im Bereich der Fischerei
(Erlass vom 28.02.2014, BStBl I 2014, 569);
hier: Reform des Reisekostenrechts ab 2014

Der zuständige Ausschuss der Berufsgenossenschaft für Transport und Verkehrswirtschaft hat den Wert des Sachbezugs „Beköstigung für Zwecke der Sozialversicherung für alle Bereiche in der Seefahrt (Kauffahrtei und Fischerei) mit Wirkung vom 01.01.2014 neu festgesetzt. Diese Sachbezugswerte sind auch dem Steuerabzug vom Arbeitslohn zugrunde zu legen. Die festgesetzten Sachbezugswerte gelten auch dann, wenn in einem Tarifvertrag, einer Betriebsvereinbarung oder einem Arbeitsvertrag für die Beköstigung auf Seeschiffen höhere oder niedrigere Werte festgesetzt sind.

Im Hinblick auf die Reform des steuerlichen Reisekostenrechts ab dem 01.01.2014 bitte ich folgendes zu beachten:

1. Erhalten Seeleute an Bord (Auswärtstätigkeit) Mahlzeiten, erfolgt ab dem 01.01.2014 keine Versteuerung der Mahlzeiten mit dem Sachbezugswert (§ 8 Abs. 2 S. 8 und 9 EStG) und der Werbungskostenabzug ist insoweit ausgeschlossen (§ 9 Abs. 4a S. 8ff. EStG). Auf die Rz. 63 und die Rz. 71ff. des BMF-Schreibens zur Reform des steuerlichen Reisekostenrechts ab 01.01.2014 vom 30.09.2013 (BStBl Teil I S. 1279) weise ich hin.
2. Erhalten Seeleute keine Bordverpflegung oder nur eine Teilverpflegung an Bord, können sie – wenn die Abwesenheitszeiten gem. § 9 Abs. 4a EStG erfüllt sind – für die Mehraufwendungen eine Verpflegungspauschale (sog. Tagegeld) unter den in § 9 Abs. 4a EStG genannten Voraussetzungen gem. § 3 Nr. 16 EStG steuerfrei vom Arbeitgeber erhalten oder entsprechend den (Differenz-)Betrag als Werbungskosten geltend machen (§ 9 Abs. 4a S. 8ff. EStG).
3. Seeleute können z.B. auch während des Urlaubs, der Umschaufrist und bei Krankheit eine Barvergütung für Verpflegung erhalten. Es ist zu prüfen, ob die steuerlichen Voraussetzungen einer beruflichen Auswärtstätigkeit erfüllt sind. Liegen diese Voraussetzungen nicht vor, ist die Barvergütung in voller Höhe steuerpflichtig (vgl. § 3 Nr. 16 EStG).

Zusätzlich weise ich darauf hin, dass die Dreimonatsfrist für die Beurteilung, ob Verpflegungsmehraufwendungen als Werbungskosten berücksichtigt oder steuerfrei erstattet werden können, bei Fahrtätigkeiten nicht zur Anwendung kommt (R. 55 des BMF-Schreibens vom 30.09.2013, a.a.O.).

Abb. 15: Bekanntmachung der Hamburger Finanzbehörde zur steuerlichen Behandlung der Beköstigung in der Seeschifffahrt

7. Heuerfortzahlung im Krankheitsfall

Das Besatzungsmitglied hat für die Dauer des Heuerverhältnisses im Falle einer Erkrankung oder Verletzung auf Kosten des Reeders Anspruch auf unverzügliche und angemessene **medizinische Betreuung**, wie sie im Allgemeinen den Arbeitnehmern an Land zur Verfügung steht, § 99 Absatz 1 Satz 1 Halbsatz 1 SeeArbG. 192

Der Anspruch auf medizinische Betreuung umfasst alle erforderlichen **Maßnahmen zum Schutz der Gesundheit und der Heilbehandlung**, einschließlich einer notwendigen Zahnbehandlung, sowie die Verpflegung und Unterkunft des kranken oder verletzten Besatzungsmitglieds. Zur medizinischen Betreuung gehören auch die Versorgung mit den notwendigen Arznei- und Heilmitteln, der Zugang zu medizinischen Geräten und Einrichtungen für Diagnose und Behandlung und zu medizinischen Informationen und Fachauskünften, § 99 Absatz 3 SeeArbG. Die medizinische Betreuung muss nach objektiven Kriterien (Art, Schwere der Erkrankung oder Verletzung) geeignet sein, um die nach den Umständen medizinisch notwendigen Maßnahmen durchzuführen.[41] 193

Der Anspruch auf medizinische Betreuung setzt nicht voraus, dass das Besatzungsmitglied erwerbsunfähig oder arbeitsunfähig ist.[42] Der Anspruch nach Absatz 1 besteht nach § 99 Absatz 5 SeeArbG **nicht**, wenn: 194

- das Heuerverhältnis im Ausland begründet worden ist und das Besatzungsmitglied die Reise wegen einer bei Beginn des Heuerverhältnisses bereits vorhandenen Erkrankung oder Verletzung nicht antritt,
- das Besatzungsmitglied eine Krankheit oder ein Gebrechen bei Abschluss des Heuervertrages vorsätzlich verschwiegen hat oder
- das Besatzungsmitglied sich die Krankheit oder Verletzung durch eine von ihm vorsätzlich begangene Straftat zugezogen hat.

Besonderheiten gelten bei der medizinischen Betreuung in der Bundesrepublik, § 100 SeeArbG.

41 *Mallach* in: Bubenzer/Noltin/Peetz/Mallach, SeeArbG, München 2015, § 99 Rn. 6.
42 *Mallach* in: Bubenzer/Noltin/Peetz/Mallach, SeeArbG, München 2015, § 99 Rn. 10.

195 Eine **Krankheit** im Sinne des Seearbeitsgesetzes ist gegeben, wenn ein regelwidriger Körper- und Geisteszustand vorliegt.[43] Ist das Besatzungsmitglied arbeitsunfähig erkrankt, so hat es einen Anspruch auf Fortzahlung der Heuer im Krankheitsfall nach § 104 SeeArbG. Im Gegensatz zur Regelung des Entgeltfortzahlungsgesetzes ist der Anspruch auf Heuerfortzahlung nach § 104 SeeArbG nicht auf sechs Wochen beschränkt, wenn das Besatzungsmitglied an Bord ist. Befindet sich das Besatzungsmitglied nicht (mehr) an Bord, besteht der Anspruch auf Heuerfortzahlung im Krankheitsfall nur für die Dauer bis zu sechs Wochen, §§ 104 Absatz 2 SeeArbG, 3 Absatz 1 Satz 1 Entgeltfortzahlungsgesetz (EFZG).[44] Die Krankheit, die den Anspruch nach § 104 SeeArbG auslöst, muss zur **Arbeitsunfähigkeit** führen und die Krankheit muss die alleinige Ursache für die Arbeitsverhinderung sein.[45]

196 Die Arbeitsunfähigkeit infolge der Krankheit darf **nicht verschuldet** sein. Andernfalls ist ein Anspruch ausgeschlossen, § 3 Absatz 1 EFZG. Verschuldet ist die Arbeitsunfähigkeit, wenn ein **Verschulden** gegen sich selbst vorliegt, leichtfertiges Verhalten reicht hierfür nicht aus; lediglich eine besonders leichtfertig oder bewusst und willentlich herbeigeführte Arbeitsunfähigkeit führt zum Ausschluss der Heuerfortzahlung im Krankheitsfall.[46]

197 Während der auf Krankheit beruhenden Arbeitsunfähigkeit ist dem Besatzungsmitglied die **Heuer fortzuzahlen**, § 104 Absatz 1 SeeArbG. Die konkret geschuldete Summe bestimmt sich nach der ausgefallenen Arbeitszeit und dem Inhalt dessen, was für diese Arbeitszeit geschuldet wird.[47] Zu zahlen ist also der Betrag, den das Besatzungsmitglied ohne die Arbeitsunfähigkeit bezogen hätte.[48] Für den Anspruch auf Entgeltfortzahlung nach § 104 SeeArbG ist nicht entscheidend, ob eine Arbeitsunfähigkeitsbescheinigung vorliegt oder nicht; die Arbeitsunfähigkeitsbescheinigung dient Beweiszwecken.[49] Wird die **Arbeitsunfähigkeitsbescheinigung** allerdings nicht eingereicht, stellt dies einen Verstoß gegen gesetzliche Pflichten dar, der eine Abmahnung und im Wiederholungsfall eine Kündigung nach sich ziehen kann.[50]

---

43 *Mallach* in: Bubenzer/Noltin/Peetz/Mallach, SeeArbG, München 2015, § 99 Rn. 9.
44 Bundestags-Drucksache 17/10959, S. 97.
45 *Mallach* in: Bubenzer/Noltin/Peetz/Mallach, SeeArbG, München 2015, § 104 Rn. 6.
46 Vgl. *Reinhard* in: Müller-Glöge/Preis/Schmidt (Hrsg.), Erfurter Kommentar zum Arbeitsrecht, 15. Auflage, München 2015, § 3 EFZG Rn. 23.
47 *Reinhard* in: Müller-Glöge/Preis/Schmidt (Hrsg.), Erfurter Kommentar zum Arbeitsrecht, 15. Auflage, München 2015, § 4 EFZG Rn. 2.
48 *Mallach* in: Bubenzer/Noltin/Peetz/Mallach, SeeArbG, München 2015, § 104 Rn. 13.
49 *Mallach* in: Bubenzer/Noltin/Peetz/Mallach, SeeArbG, München 2015, § 104 Rn. 14.
50 BAG, Urteil vom 3. November 2011, 2 AZR 748/10, Rn. 29 f., juris.

Der „gelbe Schein" muss immer dann vorgelegt werden, wenn das Besatzungsmitglied länger als drei Tage krank ist und nicht aufgrund dienstlicher Veranlassung an Bord oder im Ausland ist. Am vierten Tag der Krankheit muss die Krankmeldung dem Arbeitgeber vorliegen. !
Wenn der Arbeitgeber dies verlangt, muss die ärztliche Bescheinigung auch schon früher vorgelegt werden.
Unabhängig von dem Attest muss das Besatzungsmitglied, sobald es erkrankt ist, diese Erkrankung unverzüglich anzeigen. Dies kann beispielsweise auch per Telefon oder E-Mail geschehen. Auch das nicht unverzügliche Anzeigen der Arbeitsunfähigkeit stellt einen Verstoß gegen die gesetzlichen Pflichten des Besatzungsmitglieds dar.

Hat das Besatzungsmitglied im Inland keinen Anspruch auf Krankengeld gegen die Krankenkasse, hat es einen Anspruch in Höhe des gesetzlichen Krankengeldanspruchs gegen den Arbeitgeber/Reeder, § 104 Absatz 2 SeeArbG. Voraussetzung ist, dass kein Heuerfortzahlungsanspruch besteht und das Besatzungsmitglied von Bord gegangen ist. Solange das Besatzungsmitglied **erkrankt an Bord** ist, hat es einen Anspruch auf Heuerfortzahlung in voller Höhe. 198

8. Gesundheitsschutz und medizinische Betreuung

Die medizinische Ausstattung und Betreuung an Bord regeln: 199
- der Unterabschnitt „Gewährleistung der medizinischen Betreuung durch den Reeder" des Seearbeitsgesetzes (§§ 107–113 SeeArbG),
- die Verordnung über maritime medizinische Anforderungen auf Kauffahrteischiffen (MariMedV) und
- der Ausschuss für medizinische Ausstattung in der Seeschifffahrt.

Die Vorgaben zu den **medizinischen Räumlichkeiten (Krankenraum, Behandlungsraum und Operationsraum)** sind in den §§ 22–24 SeeUnterkunftsV enthalten. i

---

Für die medizinische Betreuung an Bord ist der **Kapitän**, ein von ihm beauftragter **Offizier** oder der **Schiffsarzt** zuständig. Dieser jeweils vom Reeder bestimmte Verantwortliche ist darüber hinaus für die Führung der Aufzeichnungen (zB ärztliches Berichtsformular, Krankenbuch, Gesundheitstagebuch für Schiffe mit Schiffsarzt) und deren vertrauliche Behandlung verantwortlich. 200

Schiffsärzte müssen von der BG Verkehr registriert sein und die dafür entscheidenden Anforderungen erfüllen. 201

a) Medizinische Ausstattung

Zur medizinischen Ausstattung gehören nicht nur die **Arzneimittel, Medizinprodukte und Hilfsmittel** der Bordapotheke sowie die Sanitätskästen, sondern auch 202 die zugehörigen Dokumentationen (Krankenbuch, Betäubungsmittelbuch, ärztliches Berichtsformular, Tagebuchaufzeichnungen) und die medizinischen Anleitungen.

Medizinische Anleitungen sind:
- Anleitung zur Krankenfürsorge auf Kauffahrteischiffen und
- Leitfaden für medizinische Erste-Hilfe Maßnahmen bei Unfällen mit gefährlichen Gütern – MFAG Guide

Das Muster des **ärztlichen Berichtsformulares** ist im Anhang I auf den Seiten 303 und 304 abgedruckt.

203 Die Überprüfung der Bordapotheke erfolgt durch **jährliche betriebseigene Kontrollen** durch den zuständigen Offizier unter Mitwirkung einer öffentlichen, in der Schiffsausrüstung erfahrenen Apotheke. Sobald sich das Schiff in einem deutschen Hafen befindet, muss die Apotheke bei der Inventur an Bord hinzugezogen werden. Falls das Schiff keinen deutschen Hafen anläuft, erfolgt die Überprüfung durch Zusendung der durch den nautischen Offizier überprüften und ggf. ergänzten Inventurliste an die Apotheke (§ 109 SeeArbG, § 14 Absatz 1 MariMedV). Die mitwirkende Apotheke stellt in beiden Fällen eine Bestätigung über die Überprüfung aus, die an Bord mitgeführt werden muss.

204 Zusätzlich zu den betriebseigenen Kontrollen überprüft die **BG Verkehr** die medizinische Ausstattung regelmäßig im Rahmen der seearbeitsrechtlichen Flaggenstaatkontrollen.

205 Arzneimittel können auch **im Ausland beschafft** werden, müssen aber den EU-Vorschriften entsprechen. Bei einer Bestellung von Medikamenten im Ausland muss eine öffentliche (deutsche) Apotheke konsultiert werden, um die Anschaffung von gefälschten oder falschen Arzneimitteln zu verhindern (§ 14 Absatz 2 MariMedV).

206 Die nötigen medizinischen Ausstattungsbestandteile der Bordapotheke richten sich nach dem vom Verkehrsministerium im Verkehrsblatt oder Bundesanzeiger veröffentlichten **„Stand der medizinischen Anforderungen in der Seeschifffahrt“**. Das dort veröffentlichte Verzeichnis ist nach Fahrtgebieten, der Art des Schiffes und der Personenanzahl an Bord unterteilt und enthält zB auch die Vorgaben für die Ausstattung mit den Arzneimitteln zur Ersten-Hilfe bei Unfällen mit gefährlicher Ladung (Ausstattung nach Medical First Aid Guide – MFAG), der Rettungsboote oder der Notfalltasche. Auch der vorgeschriebene Stauplan des Apothekenschranks wird in der Veröffentlichung des Verzeichnisses bekannt gegeben.

207 Die Unterteilung der **Fahrtgebiete** des Verzeichnisses erfolgt in:
- **Weltweite Fahrt** (Verzeichnis A),
- **Europäische Fahrt** (Verzeichnis B) und
- **Nationale und küstennahe Fahrt** (Verzeichnis C).

Die Ausstattung ist für Frachtschiffe, Fischereifahrzeuge und Schiffe mit Schiffsarzt **unterschiedlich**. Die Menge der anzuschaffenden Medikamente richtet sich nach der Anzahl der Personen an Bord. Besondere Regelungen bestehen für **Hafenschlepper** und **mit nur einer Person besetzte Fahrzeuge**. 208

Die Arzneimittel und Hilfsmittel der Notfalltasche und des MFAG-Verzeichnisses sind auf das Hauptverzeichnis anrechenbar und in diesem speziell gekennzeichnet. Die jeweilige Unterbringung dieser **Ausstattungspositionen** an Bord ist in der Veröffentlichung des „Standes der medizinischen Anforderungen in der Seeschifffahrt" des Bundesverkehrsministeriums geregelt. 209

Für die Erteilung von Ausnahmen bezüglich bestimmter Medikamente oder Hilfsmittel des Verzeichnisses ist der Seeärztliche Dienst der **BG Verkehr** zuständig (§ 111 SeeArbG). Auch bei Überschreitung der angegebenen Personenzahl oder für Spezialschiffe legt der Seeärztliche Dienst die zusätzlich benötigte Ausstattung fest. 210

Der **Ausschuss für medizinische Ausstattung in der Seeschifffahrt** legt den Inhalt des Verzeichnisses der medizinischen Ausstattung fest (§ 108 SeeArbG). Dieser medizinische Fachausschuss setzt sich aus Vertretern verschiedener Institutionen zusammen, die jeweils einen Experten beauftragen. 211

Der Ausschuss für medizinische Ausstattung in der Seeschifffahrt besteht aus Vertretern folgender Institutionen: **i**

- Seeärztlicher Dienst der BG Verkehr
- Funkärztlicher Beratungsdienst
- Hamburg Port Health Center
- Arbeitskreis der Küstenländer für Schiffshygiene
- Bundesinstitut für Arzneimittel und Medizinprodukte
- Arzneimittelkommission der Deutschen Apotheker,
- Arzneimittelkommission der deutschen Ärzteschaft,
- Bundesamt für Seeschifffahrt und Hydrographie (Nautiker),
- Verband Deutscher Reeder (Nautiker),
- ver.di (Nautiker)
- BG Verkehr (Jurist, ohne Stimmrecht)
- 2 Apotheker (ohne Stimmrecht)
- Deutsche Gesellschaft für Maritime Medizin (ohne Stimmrecht).

Der Ausschuss stellt den Stand der medizinischen Erkenntnisse fest, das heißt er überprüft die vorgeschriebenen Arzneimittel und Hilfsmittel auf ihre **Aktualität und Anwendbarkeit** hin und lässt die Ergebnisse in die Ausstattungslisten einfließen. Aufgrund der kurzfristig möglichen Veröffentlichung des Verzeichnisses im Verkehrsblatt oder Bundesanzeiger kann schnell auf Infektionskrankheiten oder die Rücknahme eines Medikamentes vom Markt reagiert werden. 212

Praxistipp **!**

Der jeweils **aktuelle Stand** der medizinischen Erkenntnisse ist unter www.deutsche-flagge.de/de/medizin/ausstattung-rauemlichkeiten/medizinische-ausstattung abrufbar.

---

b) Funkärztlicher Beratungsdienst

213 Die funkärztliche Beratung für medizinische Notfälle oder akute Erkrankungen auf Seeschiffen (§ 112 SeeArbG) erfolgt in Deutschland durch den **funkärztlichen Beratungsdienst Cuxhaven** (Telemedical Maritime Assistance Service (TMAS) Germany). Die funkärztliche Beratung wird auch Medico Cuxhaven genannt. Der Beratungsdienst steht für Schiffe aller Flaggen weltweit kostenfrei und rund um die Uhr zur Verfügung.

214 Die Ärzte des Krankenhauses Cuxhavens sind speziell geschult, in der Beratung von Seeschiffen erfahren und haben einen genauen Überblick über die an Bord befindlichen Behandlungsmöglichkeiten, Medikamente und Ausstattungsgegenstände.

215 Das Verzeichnis der Arzneimittel, Medizinprodukte und Hilfsmittel für Handelsschiffe unter deutscher Flagge ist mit dem Funkärztlichen Beratungsdienst inhaltlich abgestimmt. Die Medikamente des Arzneimittelverzeichnisses, die nur unter funkärztlicher Beratung verabreicht werden dürfen, sind speziell gekennzeichnet.

! **Praxistipp**
Im Notfall sollte vor einer Kontaktierung des funkärztlichen Beratungsdienstes der Notfallbogen des TMAS Germany ausgefüllt werden. Der Notfallbogen ist unter www.tmas-germany.de abrufbar.

---

c) Medizinische Wiederholungskurse

216 Der Kapitän und der zuständige Schiffsoffizier müssen alle 5 Jahre an einem zugelassenen **medizinischen Wiederholungskurs** teilnehmen, um in Erster-Hilfe, medizinischer Versorgung Erkrankter und der Verwendung aller an Bord befindlichen Ausstattungsgegenstände und Medikamente geschult und auf dem neuesten Stand zu sein. Die Wiederholungslehrgänge müssen von der BG Verkehr zugelassen sein, die regelmäßig die Qualität und die Ausstattung der Anbieter überwacht und zertifiziert.

217 Es gibt einen 16- und einen 40-stündigen Wiederholungskurs. Der große Wiederholungslehrgang ist für Kapitäne und Nautiker in der Weltweiten Fahrt, Europäischen Fahrt und der Großen und Kleinen Hochseefischerei vorgeschrieben. Der kleine Kurs ist für alle übrigen Kapitäne und Offiziere konzipiert, die zB in der Nationalen Fahrt und der küstennahen Fahrt tätig sind.

---

i Die **Maritime-Medizin-Verordnung** ist im Anhang II abgedruckt.

---

9. Arbeitsschutz und Unfallverhütung

218 Der Arbeitsschutz an Bord von Seeschiffen ist in Deutschland umfassend geregelt. Das **Arbeitsschutzgesetz** und die darauf basierenden Verordnungen gelten auch

für die Seeschifffahrt, soweit es dort keine spezielleren Regelungen gibt (§ 1 Absatz 2 Satz 2 ArbSchG). Für die Seeschifffahrt enthält der Internationale Code für die Organisation eines sicheren Schiffsbetriebs (**ISM-Code**) umfangreiche Bestimmungen.

Aufgrund der weitreichenden Regelungen im Arbeitsschutz in Deutschland mussten im Rahmen der Umsetzung des Seearbeitsübereinkommens in nationales Recht **nur wenige neue Paragraphen** zum Arbeitsschutz in das Seearbeitsgesetz eingefügt werden. 219

Alle Vorgaben des Arbeitsschutzes, zB die Arbeitszeitregelungen, gelten auch für den **Kapitän**, da er im Gegensatz zum früheren Seemannsgesetz Besatzungsmitglied ist. Die Besatzungsmitglieder müssen die Maßnahmen der Reederei zum Arbeitsschutz befolgen und umsetzen. 220

a) Gefährdungsbeurteilung

Nach den §§ 5, 6 ArbSchG und § 114 SeeArbG ist jeder Reeder verpflichtet, eine **Gefährdungsbeurteilung** für seine Seeschiffe zu erstellen, aktuell zu halten und regelmäßig zu überprüfen. Bei der Gefährdungsbeurteilung ermittelt und bewertet der Unternehmer alle Gefährdungen, die sich für die Beschäftigten bei ihrer beruflichen Tätigkeit ergeben können. Ziel der Beurteilung ist es, Gefährdungen bei der Arbeit zu erkennen und Vorsorgemaßnahmen zu treffen, um Beeinträchtigungen oder Arbeitsunfälle von Arbeitnehmern zu vermeiden. 221

Praxistipp !
Auf Schiffen, die dem ISM-Code unterliegen, und bei denen das ISM-System mit all seinen Maßnahmen gelebt wird, sind meistens auch die Anforderungen an eine Gefährdungsbeurteilung erfüllt.

b) Schiffssicherheitsausschuss an Bord

Bei 5 oder mehr Besatzungsmitgliedern an Bord muss der Reeder einen **Schiffssicherheitsausschuss** bilden, der sich aus: 222
- dem Kapitän,
- dem Sicherheitsbeauftragten und
- einem von der Bordvertretung bestimmten Mitglied der Bordvertretung

zusammensetzt (§ 115 SeeArbG). Falls keine Bordvertretung besteht, kann der Kapitän dieses Mitglied nach Anhörung der Besatzung bestimmen.

i
Die **Bordvertretung** ist die gewählte Vertretung der Besatzungsmitglieder an Bord gegenüber dem Kapitän nach § 115 Betriebsverfassungsgesetz.
Die **Personenzahl** von 5 oder mehr Besatzungsmitgliedern für die Einrichtung eines Schiffssicherheitsausschusses richtet sich nach der vorgeschriebenen Mindestbesatzung laut **Schiffsbesatzungszeugnis**.

223 Der Ausschuss muss **vierteljährlich tagen** und dies sollte im Seetagebuch dokumentiert werden. Zweck des Ausschusses ist es, auch für die Mannschaftsdienstgrade eine Einbindung in den Arbeitsschutz zu ermöglichen, aktuelle Themen und eventuell neue Regelungen zu besprechen und den Arbeitsschutz und die Prävention von Arbeitsunfällen an Bord regelmäßig zu verbessern.

c) Sicherheitsbeauftragter und Fachkraft für Arbeitssicherheit

224 Jeder Reeder muss auf seinen Schiffen mit 5 oder mehr Besatzungsmitgliedern einen **Sicherheitsbeauftragten** bestellen (§ 116 SeeArbG). Falls eine Bordvertretung vorhanden ist, muss diese der Bestellung des Sicherheitsbeauftragten zustimmen.

! **Praxistipp**
Das Gesetz gibt nicht vor, welche Person eine Reederei als Sicherheitsbeauftragten bestellt. Sinnvoll ist es, den für die Sicherheitsausrüstung zuständigen **Nautischen Offizier** als Sicherheitsbeauftragten einzusetzen.

225 Der Sicherheitsbeauftragte ist – wie in Landunternehmen auch – ein **Mittler** zwischen der Besatzung und dem Kapitän und der Reederei. Er soll vor Ort auf die Umsetzung der Arbeitsschutzmaßnahmen hinwirken, auf die Benutzung der persönlichen Schutzausrüstung hinweisen und Unfall- und Gesundheitsgefahren für die Besatzungsmitglieder melden.

226 Von dem Sicherheitsbeauftragten zu unterscheiden ist die **Fachkraft für Arbeitssicherheit**. Jedes Unternehmen in Deutschland muss eine Fachkraft für Arbeitssicherheit bestellen, § 5 Arbeitssicherheitsgesetz und DGUV-Vorschrift 2.[51] Fachkraft für Arbeitssicherheit kann eine im Betrieb angestellte Person mit der entsprechenden Fortbildung sein, die von der DGUV angeboten wird, oder eine extern beauftragte Fachkraft eines Dienstleisters. Die Fachkraft ist für die Umsetzung des Arbeitsschutzes im gesamten Betrieb zuständig und arbeitet im Landbetrieb.

! **Praxistipp**
Für eine Reederei bietet sich an, den ISM-Beauftragten auch als Fachkraft für Arbeitssicherheit auszubilden, um die fast gleichlautenden Aufgaben zu bündeln.

227 Eine eigene Fachkraft für Arbeitssicherheit kann auch den **Bürobetrieb** der Reederei betreuen. Nur bei kleinen Betrieben (< 30 Mitarbeitern) ist eine externe Fachkraft in der Regel kostengünstiger.

51 Die Abkürzung DGUV steht für Deutsche Gesetzliche Unfallversicherung.

10. Sozialversicherung

Viele Seeleute, die auf Schiffen unter ausländischer Flagge tätig sind, haben für sich privat Kranken- oder Rentenversicherungen abgeschlossen. Das deutsche Sozialversicherungssystem sieht dagegen ein Nebeneinander von gesetzlicher und privater Sozialversicherung vor. Der gesetzliche Regelfall ist dabei die **Pflichtversicherung in der gesetzlichen Sozialversicherung**. Auch für Seeleute auf Schiffen unter deutscher Flagge gilt dieser Grundsatz. 228

Deutsche Seeleute mit **Wohnsitz** in Deutschland sind in den verschiedenen Zweigen der gesetzlichen Sozialversicherung pflichtversichert. Bei diesen Seeleuten gibt es bei der Versicherungspflicht und der Beitragszahlung keine Unterschiede zu deutschen Arbeitnehmern an Land. Ausländische Seeleute sind dagegen nur unter bestimmten Voraussetzungen in der deutschen gesetzlichen Sozialversicherung versichert. 229

a) Beitragsberechnung

Die Beiträge in der seemännischen Sozialversicherung werden für deutsche und EU-/EWR-Seeleute sowie für ausländische Seeleute mit Wohnsitz in Deutschland nach den sogenannten **Durchschnittsheuern** berechnet. Die Durchschnittsheuer sind pauschalisierte Durchschnittswerte für den jeweiligen Dienstrang an Bord, die sich am Heuertarifvertrag See (HTV-See) orientieren (Abschnitt A). Die Sozialversicherungsbeiträge richten sich auch dann nach den Durchschnittsheuern, wenn die tatsächliche Heuer davon abweicht. Wo keine Tarifverträge vorhanden sind oder die Einordnung in die üblichen Dienstränge schwierig ist, richtet sich die Durchschnittsheuer nach dem realen Durchschnittsverdienst der letzten 3 Monate (Abschnitt G). 230

Die Durchschnittsheuern werden auf der Grundlage des § 92 SGB VII jährlich von einem **Ausschuss der BG Verkehr** neu festgesetzt und in der Beitragsübersicht veröffentlicht. Die Durchschnittsheuern des Abschnittes A der Beitragsübersicht beinhalten die **Sonntags-, Feiertags- und Nachtarbeitszuschläge** sowie den Beköstigungssatz. 231

Sinn der Durchschnittsheuern ist es, die Leistungen bei Arbeitsunfällen nach einem **Durchschnittseinkommen** zu berechnen, so dass nicht ein zufällig geringer Verdienst eines Seemanns zum Zeitpunkt eines Arbeitsunfalls zu einer unverhältnismäßig geringen Leistungsgewährung (zum Beispiel lebenslange Unfallrente) führt. 232

Wird ein Schiff verchartert, haftet der Reeder **gesamtschuldnerisch** mit dem **Charterer** für die ordnungsgemäße Zahlung der Sozialversicherungsbeiträge (§ 28e SGB IV). 233

b) Versicherungspflicht für ausländische Seeleute

234 Ausländische Seeleute auf Schiffen unter deutscher Flagge sind immer in der deutschen gesetzlichen **Unfallversicherung** versichert. Eine Befreiungsmöglichkeit gibt es grundsätzlich nicht (siehe Kap. III Rn. 255).

235 Für die **anderen deutschen Sozialversicherungszweige** sind ausländische Seeleute nur unter bestimmten Voraussetzungen versichert. Dabei sind 3 Gruppen von ausländischen Seeleuten zu unterscheiden:

1. Europäische Seeleute (EU/EWR),
2. Seeleute aus Staaten, mit denen Deutschland Sozialversicherungsabkommen geschlossen hat und
3. außereuropäische Seeleute.

---

i Zum **EWR** (Europäischer Wirtschaftsraum) gehören neben den EU-Staaten die Staaten Norwegen, Island und Liechtenstein.

---

236 Für **europäische Seeleute** (EU/EWR) sind vor allem die Verordnungen (EG) Nr. 883/2004 und die Durchführungsverordnung (EG) Nr. 987/2009 wichtig. Diese beiden Verordnungen sollen die innerstaatlichen Rechtsvorschriften der einzelnen EU-Staaten koordinieren. Sie sorgen dafür, dass Doppelversicherungen vermieden werden und die Sozialversicherungsansprüche von Bürgern gesichert werden, die in verschiedenen EU-Staaten tätig sind. Europäische Seeleute mit Wohnsitz in der EU/EWR, die auf Schiffen unter deutscher Flagge tätig sind, sind grundsätzlich in der deutschen gesetzlichen Sozialversicherung pflichtversichert. Sie haben damit dieselben Rechte und Pflichten wie deutsche Seeleute. Europäische Seeleute können sich aber von der Versicherungspflicht in Deutschland befreien lassen, wenn sie nachweisen, dass sie bereits in einem anderen EU-Staat sozialversicherungspflichtig sind. Um in diesen Fällen eine zusätzliche (Doppel-)Versicherung für die Tätigkeit auf Schiffen unter deutscher Flagge zu vermeiden, kann die zuständige Stelle im EU-Ausland eine sogenannte **A 1-Bescheinigung** ausstellen. Mit der A1-Bescheinigung bescheinigt der jeweilige EU-Staat, dass für die betroffene Person das dortige Sozialversicherungsrecht gilt und für diese Person dort eine Versicherung besteht. In diesem Fall unterliegt der EU-Seemann nicht der deutschen gesetzlichen Sozialversicherung. Im Ausland ausgestellte A1-Bescheingungen sind in Deutschland verbindlich und dürfen nicht von deutschen Behörden aufgehoben werden. Bei Unstimmigkeiten können deutsche Prüfbehörden den ausstellenden EU-Staat lediglich bitten, die Bescheinigung aufzuheben oder für ungültig zu erklären.

237 Deutschland hat mit derzeit 21 Staaten **Sozialversicherungsabkommen** geschlossen: Australien, Bosnien-Herzegowina, Brasilien, Chile, China, Indien, Israel, Japan, Kanada, Korea, Kosovo, Marokko, Mazedonien, Montenegro, Philippinen, Quebec, Serbien, Türkei, Tunesien, Uruguay und USA. Diese Abkommen sehen teilweise die Versicherungsfreiheit in der deutschen gesetzlichen Sozialversicherung

Tabelle 25: Übersicht über die Versicherungspflicht und -freiheit für Seeleute in der deutschen gesetzlichen Sozialversicherung

Sozialversicherungszweig	Versicherungspflicht	Versicherungsfreiheit oder Befreiungsmöglichkeit
Gesetzliche Unfallversicherung	Alle Besatzungsmitglieder unabhängig von der Nationalität.	– EU-/EWR-Besatzungsmitglieder, die durch ein Unfallversicherungssystem der EU geschützt sind
Gesetzliche Rentenversicherung	– Deutsche Besatzungsmitglieder – EU-/EWR-Besatzungsmitglieder – Besatzungsmitglieder aus Staaten, mit denen Deutschland Sozialversicherungsabkommen geschlossen hat	– EU-/EWR-Besatzungsmitglieder, die durch ein Rentenversicherungssystem der EU geschützt sind (A1-Bescheinigung) – Ausländische Besatzungsmitglieder, die ihren Wohnsitz außerhalb der EU/EWR haben (Befreiung nur auf Antrag)
Seemannskasse	Wie Rentenversicherung	Wie Rentenversicherung
Gesetzliche Kranken- und Pflegeversicherung	– Deutsche Besatzungsmitglieder (bei Überschreiten der Jahresarbeitsentgeltgrenze private Krankenversicherung möglich) – EU-/EWR-Besatzungsmitglieder – Besatzungsmitglieder aus Staaten, mit denen Deutschland Sozialversicherungsabkommen geschlossen hat	– EU-/EWR-Besatzungsmitglieder, die durch ein Krankenfürsorgesystem der EU geschützt sind (A 1-Bescheinigung) – Ausländische Besatzungsmitglieder, die ihren Wohnsitz außerhalb der EU/EWR haben (Versicherungsfreiheit kraft Gesetz)
Gesetzliche Arbeitslosenversicherung	– Deutsche Besatzungsmitglieder – EU-/EWR-Besatzungsmitglieder – Besatzungsmitglieder aus Staaten, mit denen Deutschland Sozialversicherungsabkommen geschlossen hat	– EU-EWR-Besatzungsmitglieder, die durch ein Arbeitslosenversicherungssystem der EU geschützt sind (A1-Bescheinigung) – Ausländische Besatzungsmitglieder, die ihren Wohnsitz außerhalb der EU/EWR haben (Versicherungsfreiheit kraft Gesetzes)

vor – damit auch für Seeleute auf Schiffen unter deutscher Flagge. Manche Abkommen sehen nur die Versicherungsfreiheit für bestimmte Sozialversicherungszweige, zum Beispiel nur für die Kranken- und Rentenversicherung, vor.

---

i Eine **aktuelle Übersicht** über die Sozialversicherungsabkommen und die Versicherungsfreiheit in den einzelnen Versicherungszweigen enthält das „Rundschreiben über die sozialversicherungsrechtlichen Auswirkungen einer Eintragung in das Internationale Seeschifffahrtsregister (ISR)" der KBS. Das Rundschreiben ist auf der Website der KBS herunterladbar (www.kbs.de/DE/20_firmenkunden/08_Infos_fuer_Unternehmen_d_Seefahrt/084_rundschreiben_und_merkblaetter/rundschreiben.html?nn=107208).

---

238 Seeleute aus dem **außereuropäischen Ausland,** die nicht in Deutschland wohnen (zum Beispiel Philippinen), sind kraft Gesetzes **versicherungsfrei** in der Kranken-, Pflege- und Arbeitslosenversicherung. Für die Rentenversicherung und die Seemannskasse können sich diese Seeleute auf Antrag ihres Reeders befreien lassen (siehe Kap. III Rn. 239ff.).

c) Rentenversicherung

239 Seeleute auf Schiffen unter deutscher Flagge, die ihren **Wohnsitz in Deutschland oder in der EU/EWR** haben, sind kraft Gesetzes in der deutschen gesetzlichen Rentenversicherung versichert. Diese Seeleute – in der Regel Deutsche oder Europäer – können sich **nicht** von der Rentenversicherungspflicht befreien lassen. Die einzige Ausnahme für Europäer ist die Vorlage einer A1-Bescheinigung (siehe Kap. III Rn. 236). Der zuständige Rentenversicherungsträger für Seeleute ist Deutsche Rentenversicherung Knappschaft-Bahn-See (KBS).

240 Seeleute, die mit einem **Mini-Job** tätig sind und maximal 450,– EUR monatlich verdienen (geringfügige Beschäftigung), sind von Gesetzes wegen **nicht** in der Rentenversicherung pflichtversichert.

241 **Ausländische Seeleute**, die **nicht** ihren Wohnsitz in der EU/EWR haben (zum Beispiel philippinische Seeleute), können auf Antrag von der gesetzlichen Rentenversicherung **befreit werden**. Der Antrag muss vom Reeder **innerhalb von 3 Monaten** vom Vorliegen der Befreiungsvoraussetzung an (zum Beispiel Beginn der Tätigkeit, Datum der Einflaggung) gestellt werden. Für die Fristwahrung reicht das Ankreuzen eines entsprechenden Feldes bei der elektronischen Anmeldung der Besatzungsmitglieder für die seemännische Sozialversicherung. Der förmliche Antrag auf Befreiung muss später auf einem Antragsformular der KBS nachgeholt werden. Der betroffene Seemann muss auf der Rückseite des Antragsformulares unterschreiben.

! Verpasst der Reeder die **3-Monats-Frist** für die Befreiung von der Rentenversicherung, gilt die Befreiung erst ab dem Antragseingang. In diesem Fall muss der Reeder Rentenversicherungsbeiträge für seine ausländischen Seeleute nachzahlen.

Die Befreiung von der Rentenversicherung für die ausländischen Seeleute gilt nur für die Dauer des – häufig befristeten – Heuerverhältnisses. Vereinbart der Reeder mit seinem ausländischen Seemann ein neues Heuerverhältnis, muss der Reeder den Antrag auf Befreiung von der Rentenversicherung neu stellen. 242

Die Befreiung von der Rentenversicherung bewirkt gleichzeitig (ohne einen weiteren gesonderten Antrag) auch die Befreiung von der **Seemannskasse**. i

d) Seemannskasse

Die Seemannskasse ist 1974 als Besonderheit der deutschen Sozialversicherung eingerichtet worden. Mit diesem **Alterssicherungssystem** soll Seeleuten der Übergang vom aktiven Berufsleben in den Ruhestand erleichtert werden. 243

Voraussetzung für das Überbrückungsgeld aus der Seemannskasse ist die rentenversicherungs- und unfallversicherungspflichtige Beschäftigung auf einem Seeschiff unter deutscher Flagge. **Deutsche Seeleute und EU-/EWR-Seeleute** sind damit grundsätzlich in der Seemannskasse pflichtversichert. Außereuropäische Seeleute sind dann versicherungsfrei in der Seemannskasse, wenn der Reeder für sie einen Antrag auf Befreiung von der gesetzlichen Rentenversicherung gestellt hat. 244

Die Leistungen der Seemannskasse werden nur **auf Antrag** des jeweiligen Besatzungsmitglieds geleistet. 245

Praxistipp !

Vor der Beantragung des Überbrückungsgeldes sollten Sie sich bei der Seemannskasse beraten lassen. Die Kontaktdaten der Seemannskasse sind auf deren Website abrufbar (www.kbs.de/DE/14_seemannskasse/seemannsnode.html).

Neben der Hauptleistung des Überbrückungsgeldes erbringt die Seemannskasse noch folgende **Leistungen**: 246

- Differenzbetrag zwischen dem Arbeitslosengeld und dem höheren „fiktiven" Überbrückungsgeld,
- Unterschiedsbetrag zwischen der geminderten Rente wegen vorzeitiger Inanspruchnahme und der ungeminderten Rente (Rentenabschlagsausgleich),
- Unterschiedsbetrag zwischen dem letzten gewährten Überbrückungsgeld und der ungeminderten Rente (Sonderausgleich) und
- Einmalzahlungen mit Vollendung des für die Regelaltersrente maßgeblichen Lebensalters, wenn ein Anspruch auf den Rentenabschlagsausgleich und den Sonderausgleiches bestanden hat.

247 Das **Überbrückungsgeld** erhält, wer:
- das 56. Lebensjahr vollendet hat,
- auf Dauer nicht mehr als Seemann, Küstenschiffer, Küstenfischer oder sonst an Bord als Selbstständiger in der Seefahrt tätig ist (auch nicht auf ausländischen Seefahrzeugen),
- keinen Anspruch auf Rente wegen voller Erwerbsminderung oder Vollrente wegen Alters nach den Vorschriften der gesetzlichen Rentenversicherung hat,
- in den letzten 18 Jahren vor Beginn des Überbrückungsgeldes überwiegend, d.h. mehr als die Hälfte der Zeit (= 109 Monate) in der deutschen Seefahrt einschließlich Hochsee- und Küstenfischerei als Arbeitnehmer beschäftigt oder als Küstenschiffer und Küstenfischer tätig war,
- die **Wartezeit** erfüllt hat (Seefahrzeit von 20 Jahren = 240 Monate),
- einen Antrag gestellt hat,
- keinen Anspruch auf Arbeitslosengeld hat und
- kein Überbrückungsgeld auf Zeit bezogen hat.

248 Für die **anderen Leistungen** der Seemannskasse bestehen unterschiedliche Voraussetzungen.

Tabelle 26: Voraussetzungen für die verschiedenen Leistungen der Seemannskasse

	Überbrückungsgeld nach dem 56. Lebensjahr	Differenzbetrag	Rentenabschlagsausgleich	Sonderausgleich	Einmalzahlungen
Vollendetes 56. Lebensjahr	X	X	X	X	
Ausscheiden aus der Seefahrt	X	X	X	X	
Keine Rente	X	X			
Überwiegende Beschäftigung in der Seefahrt	X	X	X	X	
Wartezeit	X	X	X	X	
Antrag	X	X	X	X	X
Kein Anspruch auf Arbeitslosengeld	X				
Kein Überbrückungsgeld auf Zeit	X	X	X	X	X
Anspruch auf lfd. Rentenabschlagsausgleich/ Sonderausgleich					X
Vollendetes 65. Lebensjahr					X

Seeleute, die nicht mehr die 20 Jahre Wartezeit bis zum Erreichen der Regelaltersgrenze erreichen können (also mindestens 45 Jahre alt sind), können sich auf eigenen Antrag von der Beitragspflicht in der Seemannskasse **befreien** lassen. In diesem Fall muss der Befreiungsantrag innerhalb von zwei Monaten nach Beginn des Beschäftigungsverhältnisses gestellt werden, wenn die Befreiung vom Tage des Beginns des Beschäftigungsverhältnisses an wirksam werden soll. 249

e) Kranken- und Pflegeversicherung

Deutsche und europäische Seeleute, die ihren Wohnsitz in Deutschland oder in der EU/EWR haben, sind grundsätzlich in der deutschen Kranken- und Pflegeversicherung **pflichtversichert**. Europäische Seeleute können allerdings bereits in ihrem Heimatstaat kranken- und pflegeversichert sein, so dass sie dann nicht mehr der deutschen Krankenversicherung unterliegen. **Außereuropäische** Seeleute sind kraft Gesetzes versicherungsfrei in der deutschen Krankenversicherung. 250

Bei deutschen und europäischen Seeleuten ist die Pflichtversicherung in der deutschen gesetzlichen Kranken- und Pflegeversicherung von ihrem Einkommen abhängig. Seeleute mit einem höheren Einkommen, das die sogenannte **Versicherungspflichtgrenze** übersteigt, sind versicherungsfrei. Die Versicherungspflichtgrenze wird jedes Jahr neu festgesetzt. 251

Ist ein Besatzungsmitglied versicherungspflichtig, kann er sich eine gesetzliche Krankenkasse **frei wählen**. Der Arbeitgeber des Seemanns führt die Beiträge für die Kranken- und Pflegeversicherung automatisch an die Krankenkasse ab. 252

Für deutsche und europäische Seeleute, die Familienangehörige und Kinder haben, ist die deutsche gesetzliche Krankenversicherung besonders interessant. Ehegatten oder eingetragene Lebenspartner sowie Kinder von Seeleuten sind **kostenlos** in der deutschen Kranken- und Pflegeversicherung **mitversichert** werden, wenn sie: 253

- in Deutschland oder in einem Staat wohnen, mit dem Deutschland ein Sozialversicherungsabkommen geschlossen hat,
- nicht selbst versicherungspflichtig oder freiwillig versichert sind,
- nicht versicherungsfrei sind oder von der Versicherungspflicht befreit wurden,
- nicht hauptberuflich selbständig sind und
- kein Gesamteinkommen haben, das ein Siebtel der Bezugsgröße nach § 18 SGB IV übersteigt. Bei Ausübung einer geringfügig entlohnten Beschäftigung liegt die Einkommensgrenze bei 450,– €.

Wenn die **Familienangehörigen** des Seemanns im europäischen Ausland wohnen, übernimmt die deutsche Krankenkasse alle anfallenden Kosten. Wohnen die Familienangehörigen in einem Staat, mit dem Deutschland ein Sozialversicherungsabkommen abgeschlossen hat, dann kann der Arzt im Ausland direkt mit der deutschen Krankenkasse abrechnen, soweit dies durch das Abkommen abgedeckt ist. 254

Kinder können bis zum 18. Lebensjahr familienmitversichert sein, bei Schul- oder Berufsausbildung oder einem Studium bis zum 25. Lebensjahr, wenn die Einkommensgrenzen eingehalten werden.

f) Unfallversicherung

255 Grundsätzlich sind **alle Besatzungsmitglieder** an Bord von deutschflaggigen Handelsschiffen in der deutschen gesetzlichen Unfallversicherung pflichtversichert. Nur wenn europäische Seeleute bereits in ihrem Heimatland unfallversichert sind und eine A1-Bescheinigung vorlegen können oder wenn bilaterale Sozialversicherungsabkommen zwischen Deutschland und andere Staaten Sonderregelungen für die Unfallversicherung vorsehen, unterfallen Seeleute ausnahmsweise nicht der deutschen Unfallversicherung.

Die deutsche gesetzliche Unfallversicherung bietet insbesondere bei **Arbeitsunfällen und bei Berufskrankheiten** umfangreiche Leistungen, unter anderem durch spezielle Fachkrankenhäuser. Ein wesentliches Ziel der Unfallversicherung ist es, Versicherte nach Arbeitsunfällen wieder in das Berufsleben zurückzuführen. Eine Besonderheit sind die sogenannten **„Trauma-Lotsen"**; dies sind speziell ausgebildete Mitarbeiter der Unfallversicherungsträger, die sich um die Betreuung von traumatisierten Schwerstverletzten kümmern. In der Seeschifffahrt stehen die „Trauma-Lotsen" beispielsweise dann zur Verfügung, wenn Seeleute auf ihrem Schiff in die Gewalt von Piraten gelangten oder den Tod von Schiffbrüchigen miterleben mussten.

Die gesetzliche Unfallversicherung wird für die gewerbliche Seeschifffahrt von der Berufsgenossenschaft für Transport und Verkehrswirtschaft **(BG Verkehr)** durchgeführt. Die BG Verkehr ist im Jahr 2010 aus der Fusion der See-Berufsgenossenschaft und der Fahrzeughaltungs-Berufsgenossenschaft entstanden.

g) Arbeitslosenversicherung

256 **Deutsche und europäische Seeleute** (EU/EWR), die ihren Wohnsitz in der EU/EWR haben, sind auf einem Seeschiff unter deutscher Flagge kraft Gesetzes in der deutschen gesetzlichen Arbeitslosenversicherung gegen Arbeitslosigkeit versichert. EU-/EWR-Seeleute, die bereits in ihrem Heimatstaat versichert sind, sind nicht in der deutschen Arbeitslosenversicherung versichert, wenn sie eine A1-Bescheinigung vorlegen können. **Außereuropäische Seeleute** sind versicherungsfrei in der deutschen gesetzlichen Arbeitslosenversicherung.

Folgende Seeleute sind ebenfalls **nicht** in der gesetzlichen Arbeitslosenversicherung versichert:
- Mini-Jobber (geringfügige Beschäftigung bis maximal 450,– EUR monatlich)
- Schüler einer allgemeinbildenden Schule oder Studierende einer Hochschule oder Fachhochschule
- Personen, die das Alter für die Regelaltersgrenze erreicht haben.

h) Sonderfall: Bauaufsicht auf einer Werft

Bei einem Neubau eines Schiffes entsenden viele Reedereien einige ihrer erfahrenen Seeleute zu Werften in das Ausland, um den ordnungsgemäßen Bau des Schiffes zu überwachen und praktische Anregungen aus dem Schiffsbetrieb in den Neubau einfließen zu lassen. Während dieser Zeit sind diese Seeleute an Land tätig. Bei einer längeren Tätigkeit verlieren diese Seeleute unter Umständen ihre späteren Ansprüche auf Leistungen aus der Seemannskasse. Aufgrund einer jahrelangen Verwaltungspraxis kann eine Bauaufsicht auf einer Werft unter folgenden **Voraussetzungen** ausnahmsweise als Seefahrtzeit im Sinne der seemännischen Sozialversicherung anerkannt werden: 257

1. Die Bauaufsicht darf nur für maximal 6 Monate ausgeübt werden.
2. Die Bauaufsicht muss unmittelbar in Zusammenhang mit der seemännischen Beschäftigung stehen.
3. Der Seemann kehrt nach einer vorübergehenden Landbeschäftigung wieder dauerhaft in den Schiffsbetrieb zurück.

11. Dienstbescheinigung und Seeleuteausweis

a) Dienstbescheinigung

Früher wurden die Seefahrzeiten von Seeleuten im Seefahrtbuch eingetragen. Die Seefahrtbücher wurden mit dem Inkrafttreten des Seearbeitsgesetzes abgeschafft. Der Reeder ist nunmehr nach § 33 SeeArbG verpflichtet, seinen Seeleuten eine Dienstbescheinigung über die an Bord des Schiffes geleisteten Dienste auszustellen. Der Nachweis der Seefahrzeiten ist unter anderem für die Verlängerung von Befähigungszeugnissen (umgangssprachlich: Patente) wichtig. 258

Die Dienstbescheinigung muss dem Besatzungsmitglied spätestens zum **Dienstende** an Bord in deutscher und englischer Sprache ausgehändigt werden. Das Seearbeitsgesetz sieht vor allem für die Fähr- und Schleppschifffahrt eine Vereinfachung vor: Wegen der zahlreichen Besatzungswechsel in nur kurzen Abständen muss der Reeder seinen Seeleuten auf diesen Schiffen Dienstbescheinigungen nur am Jahresende sowie auf Antrag der Seeleute ausstellen. 259

In der Dienstbescheinigung müssen nach § 33 Absatz 2 SeeArbG folgende **Mindestinhalte** enthalten sein: 260

- Vor- und Zuname, Geburtsdatum und -ort, Adresse des Besatzungsmitglieds,
- Name und Anschrift des Reeders, ggf. auch des anderen Arbeitgebers,
- Schiffsname, -typ, IMO-Nummer, Vermessung, Maschinenleistung und Fahrtgebiet,
- Beginn und Ende des Dienstes an Bord und
- die Art und Dauer der vom Besatzungsmitglied geleisteten Dienste (Bezeichnung eines Dienstranges reicht aus).

Das von der BG Verkehr entwickelte **Muster einer Dienstbescheinigung** ist im Anhang I auf der Seite 299 abgedruckt.

261 Für die Dienstbescheinigung ist **keine feste Form** vorgeschrieben. Die Fahrtzeiten können auch in ein fest gebundenes Seearbeitsbuch eingetragen werden, das als Muster auf dem Buchmarkt erhältlich ist. Der Reeder darf die Dienstbescheinigung auch in elektronischer Form ausstellen, wenn das Besatzungsmitglied damit einverstanden ist (§ 33 Absatz 3 SeeArbG).

262 Der Reeder muss die Kopien der von ihm ausgestellten Dienstbescheinigungen mindestens **5 Jahre** aufbewahren. Eine elektronische Speicherung reicht dafür aus. Die BG Verkehr kann die Kopien oder Ausdrucke der ausgestellten Dienstbescheinigungen vom Reeder anfordern, wenn sie die ausreichende Schiffsbesetzung im Nachhinein überprüfen will.

b) Seeleute-Ausweis

263 Zur Vereinfachung des an-Bord- und von-Bord-Gehens in den Häfen können Seeleute beim Bundesamt für Seeschifffahrt und Hydrographie (BSH) einen Seeleute-Ausweis beantragen (§ 62 der Seeleute-Befähigungsverordnung). Anders als früher das Seefahrtbuch ist der Seeleute-Ausweis („seafarer's card") freiwillig.

264 Mit dem Seeleute-Ausweis wird die Zugehörigkeit zur Berufsgruppe der Seeleute dokumentiert. Der Ausweis ist weder ein Passersatz noch ein amtlicher Identitätsnachweis.

265 Der Seeleute-Ausweis wird für Seeleute ausgestellt, die auf einem Handelsschiff unter deutscher Flagge fahren oder die ein Befähigungsdokument des BSH erhalten haben.

Abb. 16: Muster des deutschen Seeleute-Ausweises

12. Beschwerdeverfahren

266 Das Beschwerderecht von Besatzungsmitgliedern ist ein zentraler Baustein des Seearbeitsübereinkommens und des Seearbeitsgesetzes. Seeleute haben damit ein **effektives Instrument** zur Verbesserung ihrer Arbeits- und Lebensbedingungen und zur Beseitigung von Mängeln in der Hand. Zugleich stellt das Beschwerderecht für die Reeder eine große Herausforderung dar, da Beschwerden einerseits sogar zu Festhaltungen von Schiffen führen können, andererseits die Gefahr von Denunziationen besteht.

a) Umfang des Beschwerderechts

267 Das Beschwerderecht nach § 127 SeeArbG umfasst **jede Benachteiligung oder ungerechte Behandlung** eines oder mehrerer Besatzungsmitglieder durch einen Verstoß gegen das Seearbeitsgesetz und die Verordnungen, die auf der Grundlage des Seearbeitsgesetzes erlassen worden sind. Im Zweifel ist von einer Beschwerde auszugehen. Verstöße gegen die Nichteinhaltung anderer Gesetze, zum Beispiel zum Umweltrecht, sind dagegen nicht vom Beschwerderecht umfasst. Die BG Verkehr darf zudem nur in solchen Fällen tätig werden, in denen es um mögliche Verstöße gegen **Mindestanforderungen** des Seearbeitsgesetzes und seiner Verordnungen geht. Für die Rechtsprüfung von individuellen oder tarifrechtlichen Vertragsabreden zwischen einem Seemann und seinem Reeder – zum Beispiel zum Freizeitausgleich – sind im Streitfall die **Arbeitsgerichte** zuständig.

268 Seine Grenzen findet das Beschwerderecht des Seearbeitsgesetzes auch bei **komplizierten arbeitsrechtlichen Fragestellungen**, die die BG Verkehr trotz umfangreicher Beweiserhebung und rechtlich intensiver Prüfung nicht auf Anhieb ent-

scheiden kann. Das Beschwerderecht des Seearbeitsgesetzes kann und darf Entscheidungen der Arbeitsgerichte nicht vorwegnehmen.

269 Seeleute dürfen **keine Nachteile** durch die Erhebung einer Beschwerde haben (§ 127 Absatz 4 SeeArbG); das Seearbeitsübereinkommen verwendet den engeren Begriff „Schikanierung".

i Das Beschwerderecht nach dem Seearbeitsgesetz schließt nicht aus, dass sich Seeleute auch nach **anderen Rechtsvorschriften**, zum Beispiel nach § 13 **Allgemeines Gleichbehandlungsgesetz**, beschweren (§ 127 Absatz 5 SeeArbG).

b) Ablauf des Beschwerdeverfahrens

270 Jedes Besatzungsmitglied hat das Recht, sich bei seinen Vorgesetzten auf dem Schiff oder in der Reederei (**internes Verfahren**) und bei externen Beschwerdestellen (**externes Verfahren**) über mangelhafte Arbeits- und Lebensbedingungen zu beschweren.

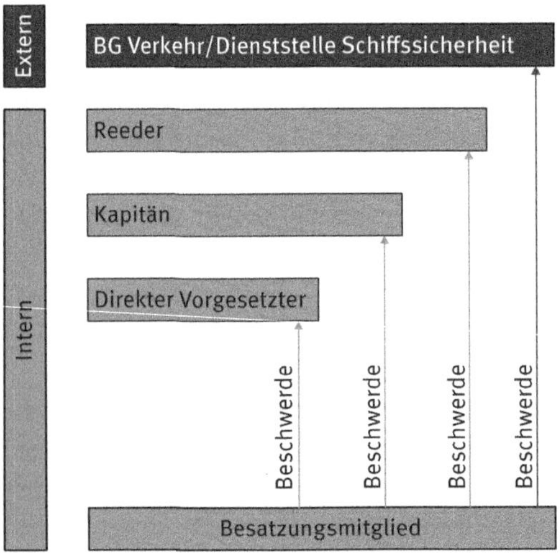

Abb. 17: Systematik des Beschwerdeverfahrens für Seeleute

271 Zunächst sollen Seeleute ihre Beschwerden an den unmittelbaren **Vorgesetzten** an Bord richten (§ 128 SeeArbG). Dieser Soll-Vorschrift liegt der Gedanke zugrunde, dass sich viele Beschwerden dort am besten dort lösen lassen, wo sie entstehen: auf dem Schiff. Wenn die Beschwerde nicht beigelegt werden kann, muss der Vorgesetze sie dem **Kapitän** vorlegen. Das Besatzungsmitglied darf sich jederzeit aber auch direkt an den Kapitän wenden. Der Kapitän muss seine Entscheidung über die Beschwerde in das Seetagebuch eintragen und dem Beschwerdeführer eine Abschrift

dieser Eintragung geben (§ 128 Absatz 3 SeeArbG). Wenn der Kapitän der Beschwerde nicht abhilft, also den Grund der Beschwerde nicht beseitigt, dann muss er die Beschwerde auf Verlangen des Beschwerdeführers an die **Reederei** weiterleiten.

Seeleute, die sich beschweren wollen, können sich mit ihrer Beschwerde **direkt an die Reederei** wenden. Sie sind nicht gezwungen, erst bordintern eine Lösung der Beschwerde zu versuchen. **!**

Besatzungsmitglieder haben darüber hinaus das Recht, sich jederzeit direkt an Land 272
bei den zuständigen Stellen des Flaggen- oder des Hafenstaates beschweren.

Das Recht von Seeleuten, sich direkt an eine **externe Beschwerdestelle** des Flaggenstaates zu wenden, darf vom Reeder **nicht eingeschränkt** werden. **!**

In Deutschland ist die **BG Verkehr** die zentrale Beschwerdestelle. Sie ist verpflich- 273
tet, allen eingehenden Beschwerden nachzugehen und möglichst für Abhilfe zu sorgen. Durch ihren Bereitschaftsdienst kann die Dienststelle Schiffssicherheit der BG Verkehr rund um die Uhr Beschwerden entgegennehmen. Im Ausland können sich Seeleute mit ihren Beschwerden auch an die deutschen **Konsulate und Botschaften** wenden. Die Mitarbeiter dort protokollieren die Beschwerde und leiten sie zur Bearbeitung an die BG Verkehr weiter. Seeleute können sich auch an **„weitere geeignete externe Stellen“** wenden. Nach der Gesetzesbegründung sind damit zum Beispiel die Seemannsmissionen oder die **Gewerkschaft** ITF gemeint.[52]

Im Gegensatz zur BG Verkehr sind die anderen externen Stellen **nicht verpflichtet**, Beschwerden nachzugehen. **!**

Besichtiger von **Klassifikationsgesellschaften** sind keine geeigneten Stellen; sie 274
dürfen nur im Auftrag und nach Weisungen der BG Verkehr tätig werden.

Die BG Verkehr, die deutschen Konsulate und Botschaften und die anderen ge- 275
eigneten externen Stellen müssen die Quelle einer Beschwerde **vertraulich** behandeln (§ 128 Absatz 5 SeeArbG). Nur wenn einer Beschwerde ohne Nennung des Namens des Besatzungsmitgliedes nicht sinnvoll abgeholfen werden kann (zum Beispiel bei nicht gezahlter Heuer), darf der Name des Beschwerdeführers genannt werden, wenn der Betroffene dazu sein Einverständnis erklärt hat.

Seeleute dürfen sich jederzeit während des Beschwerdeverfahrens von einer 276
Person ihres Vertrauens – auch einem Rechtsanwalt – begleiten und vertreten lassen (§ 127 Absatz 3 SeeArbG). Zusätzlich dazu muss jeder Reeder oder in seinem Auf-

52 Bundestags-Drucksache 17/10959, S. 106.

trag der Kapitän eine **Vertrauensperson** an Bord benennen, welche die Besatzungsmitglieder unparteiisch während des Beschwerdeverfahrens beraten kann (§ 127 Absatz 2 SeeArbG). Seeleute können die Hilfe dieser vom Reeder benannten Vertrauensperson nutzen, sie müssen es aber nicht.

277 Das dargestellte Beschwerdeverfahren gilt für alle Handelsschiffe unter deutscher Flagge, die unter das Seearbeitsgesetz fallen. Zusätzlich zu dem flaggenstaatlichen Beschwerdeverfahren dürfen sich Seeleute mit ihren Beschwerden im Ausland auch an ausländische **Hafenstaatkontrolleure** wenden. Der Hafenstaat muss dann den Flaggenstaat über den Eingang einer Beschwerde informieren.

c) Dokumentation

278 Der Kapitän ist verpflichtet, an ihn gerichtete Beschwerden in das **Seetagebuch** einzutragen (siehe Kap. III Rn. 271).

279 Darüber hinaus muss ein Reeder seine Seeleute standardmäßig über das an Bord geltende Beschwerdeverfahren einschließlich der Kontaktdaten für interne und externe Beschwerdestellen schriftlich informieren. Diese **Information**, die zusätzlich zum Heuervertrag überreicht wird, muss nach § 127 Absatz 6 SeeArbG folgende Informationen enthalten:

- Name der Vertrauensperson, die vom Reeder für das Bord-Beschwerdeverfahren benannt werden muss,
- Anschrift und Rufnummern des Reeders,
- Anschrift und Rufnummern der BG Verkehr (als behördliche Beschwerdestelle)
- bei ausländischen Seeleuten Anschrift und Runummer der zuständigen Beschwerdestelle im Wohnsitzstaat.

In der schriftlichen Information muss der **Name der Vertrauensperson** genannt sein, die Nennung nur eines Dienstranges reicht nicht aus.

280 Der Reeder muss die Information immer auf dem neuesten Stand halten. Bei **Aktualisierungen** reicht ein geänderter **Aushang** an einer gut zugänglichen Stelle an Bord des Schiffes aus.

Das **Muster** des von der BG Verkehr entworfenen **Beschwerdeverfahrens** ist im Anhang I auf den Seiten 305 und 306 abgedruckt.

---

281 Die BG Verkehr prüft bei der Zertifizierung und ihren regelmäßigen Kontrollen, ob die Seeleute die Information über das Beschwerdeverfahren erhalten haben.

! Das Beschwerdeverfahren einer Reederei darf **keine Ausschlussfristen** zu Lasten der Seeleute vorsehen. Ein Beschwerdeverfahren, das zum Beispiel vorsieht, dass Seeleute ihre Beschwerden innerhalb von 5 Tagen nach Eintreten des Beschwerdegrundes beim Kapitän einreichen müssen, ist unzulässig, da es das Beschwerderecht unzulässig einschränkt.

C. Nach der Tätigkeit an Bord

1. Urlaub

a) Urlaubsanspruch und Dauer des Urlaubs

Jedes Besatzungsmitglied hat Anspruch auf 30 Kalendertage bezahlten gesetzlichen Mindesturlaub pro Beschäftigungsjahr, §§ 56, 57 SeeArbG. Ein **Verzicht** des Besatzungsmitglieds auf seinen Urlaubsanspruch kann nicht wirksam vereinbart werden, der gesetzliche Mindesturlaubsanspruch ist **unabdingbar**, §§ 9 SeeArbG, 13 Absatz 1 Satz 3 BUrlG.[53] 282

Der Anspruch auf Erholungsurlaub richtet sich gegen den **Arbeitgeber**, allerdings besteht der Anspruch auch direkt gegen den Reeder, falls der Reeder nicht zugleich auch der Arbeitgeber ist.[54] Der Urlaubsanspruch des Besatzungsmitglieds ist mit seiner Entstehung fällig (§ 271 Absatz 1 BGB).[55] Es bedarf keiner Arbeitsleistung des Besatzungsmitglieds, um den Urlaubsanspruch zu begründen.[56] Wenn ein Besatzungsmitglied unmittelbar nach Begründung des Heuerverhältnisses Urlaub beantragt, ist dieser Urlaub unter Berücksichtigung des § 58 SeeArbG zu gewähren. Es besteht die Verpflichtung, Urlaub „im Voraus" zu gewähren.[57] 283

Dem Besatzungsmitglied ist es verboten, einer dem Urlaubszweck widersprechenden Erwerbstätigkeit nachzugehen, §§ 56 Absatz 2 SeeArbG, 8 BUrlG. Verboten ist jede selbständige oder unselbständige Tätigkeit, für die die Arbeitskraft überwiegend in Anspruch genommen wird und die zum Zweck der Entgelterzielung ausgeübt wird.[58] Dies ist jedenfalls immer dann der Fall, wenn ein Besatzungsmitglied während seines Urlaubs bei einer anderen Reederei zur See fährt. Ein **Verstoß** gegen § 8 BUrlG stellt eine Pflichtverletzung dar, der mit einer Abmahnung und im Wiederholungsfall mit einer ordentlichen Kündigung begegnet werden kann,[59] bei einem besonders gravierenden Verstoß kann eine außerordentliche Kündigung gerechtfertigt sein.[60] 284

---

53 Vgl. LAG Hamburg, Urteil vom 15. Januar 1997 – 8 Sa 100/96, BeckRS 1997, 30766330.

54 *Peetz* in: Bubenzer/Noltin/Peetz/Mallach, SeeArbG, München 2015, § 56 Rn. 10.

55 Vgl. *Gallner* in: Müller-Glöge/Preis/Schmidt (Hrsg.), Erfurter Kommentar zum Arbeitsrecht, 15. Auflage, München 2015, BUrlG § 1 Rn. 21.

56 Vgl. *Lampe* in: Rolfs u.a. (Hrsg.), Beck'scher Online-Kommentar Arbeitsrecht, Edition 34, Stand: 1.12.2014, BUrlG § 1 Rn. 11.

57 *Peetz* in: Bubenzer/Noltin/Peetz/Mallach, SeeArbG, München 2015, § 56 Rn. 14.

58 *Linck* in: Schaub (Begr.), Arbeitsrechts-Handbuch, Systematische Darstellung und Nachschlagewerk für die Praxis, 15. Auflage, München 2013, § 104 Rn. 62, 63.

59 *Lampe* in: Rolfs u.a. (Hrsg.), Beck'scher Online-Kommentar Arbeitsrecht, Edition 34, Stand: 1.12.2014, BUrlG § 8 Rn. 4.

60 *Gallner* in: Müller-Glöge/Preis/Schmidt (Hrsg.), Erfurter Kommentar zum Arbeitsrecht, 15. Auflage, München 2015, BUrlG § 8 Rn. 4.

285 Endet das Heuerverhältnis vor Ablauf des Beschäftigungsjahres, hat das Besatzungsmitglied für jeden angefangenen Monat einen Anspruch auf **2,5 Kalendertage** gesetzlichen Urlaub, § 63 Absatz 1 SeeArbG. Da der Urlaub „im Voraus" gewährt werden muss, sofern das Besatzungsmitglied dies fordert,[61] kann dies dazu führen, dass das Besatzungsmitglied mehr Urlaub erhalten hat, als ihm nach dem Gesetz zusteht. In diesen Fällen kann das gezahlte Urlaubsentgelt nicht zurückgefordert werden, § 63 Absatz 2 SeeArbG. Etwas anderes gilt in all den Fällen, in denen das Urlaubsentgelt noch nicht ausgezahlt wurde: Es muss dann nur in der Höhe ausgezahlt werden, in der tatsächlich ein Urlaubsanspruch besteht.[62]

286 Der gesetzliche Urlaubsanspruch sollte strikt von **weiteren Freistellungsansprüchen** des Besatzungsmitglieds getrennt werden. Übliche Formulierungen wie „Das Besatzungsmitglied hat einen Anspruch auf 12 Tage Urlaub pro Bordmonat" sind ungenau. Was ist in den Monaten, in denen das Besatzungsmitglied im Urlaub ist? Was ist mit dem gesetzlichen Mindesturlaubsanspruch? Ist dieser in den 12 Tagen Urlaub pro Bordmonat eingeschlossen oder wird er noch dazugezählt? Auch ist unklar, inwieweit dieser Urlaubsanspruch auch Ausgleichstage für Sonn- und Feiertage nach § 52 SeeArbG mit eingeschlossen sind.

287 Die folgenden Ausführungen beziehen sich nur auf den **gesetzlichen Mindesturlaub**. Wenn allerdings keine klare und eindeutige Trennung von gesetzlichem Urlaub und übergesetzlichem Urlaub (= Freizeitausgleich) vorgenommen wird, wird auch der übergesetzliche Urlaub nach den gesetzlichen Vorschriften behandelt.

b) Festlegung des Urlaubs

288 Der gesetzliche Mindesturlaub ist vom Arbeitgeber unter Berücksichtigung der Urlaubswünsche des Besatzungsmitglieds festzulegen, § 58 Absatz 1 SeeArbG. Ein Recht zur **Selbstbeurlaubung** besteht nicht.[63] Hieraus ergibt sich die Reihenfolge, dass das Besatzungsmitglied zuerst den Urlaub beantragen muss und der Arbeitgeber dann den Urlaub gewährt oder ihn aufgrund dringender betrieblicher Belange oder Urlaubswünsche anderer Besatzungsmitglieder ablehnt, § 58 Absatz 1 SeeArbG. Wenn das Besatzungsmitglied keinen Urlaub beantragt, verfällt dieser zwar grundsätzlich am Ende des Beschäftigungsjahres,[64] wegen entsprechender Überprüfungen im Rahmen der Hafenstaatkontrollen sollte aber auf keinen Fall ein Besatzungsmitglied an Bord sein, das länger als **12 Monate** ununterbrochen zur See gefahren ist. Dies gilt auch dann, wenn ausländische Besatzungsmitglieder über Crewingagentu-

---

61 *Peetz* in: Bubenzer/Noltin/Peetz/Mallach, SeeArbG, München 2015, § 56 Rn. 14.

62 Vgl. BAG, Urteil vom 23. April 1996 – 9 AZR 317/95 –, BAGE 83, 36–39, Rn. 14, zitiert nach juris.

63 Eine Selbstbeurlaubung rechtfertigt regelmäßig eine außerordentliche Kündigung: BAG, Urteil vom 16. März 2000 – 2 AZR 75/99 –, Rn. 39, juris.

64 *Peetz* in: Bubenzer/Noltin/Peetz/Mallach, SeeArbG, München 2015, § 58 Rn. 17 ff.

ren an Bord des Schiffes sind. Der Urlaubsanspruch ist in der MLC festgelegt, sodass es als Verstoß gegen die MLC angesehen werden kann, wenn das Besatzungsmitglied über einen solch langen Zeitraum ununterbrochen an Bord arbeitet – selbst wenn es erst seit wenigen Wochen auf dem Schiff eingesetzt ist, das kontrolliert wird.[65]

Besteht ein Seebetriebsrat oder eine **Bordvertretung**, unterliegt die Aufstellung 289
allgemeiner Urlaubsgrundsätze, die Aufstellung eines Urlaubsplans sowie die Festsetzung der zeitlichen Lage des Urlaubs für einzelne Besatzungsmitglieder, wenn zwischen den direkt Beteiligten kein Einverständnis erzielt wird, der betrieblichen Mitbestimmung, § 87 Absatz 1 Nummer 5 BetrVG.

c) Urlaubsort und Reise zum Urlaubsort

Die Reisekosten zum Urlaubsort und zur Wiederaufnahme der Arbeit auf einem 290
Schiff hat der Arbeitgeber zu tragen. **Urlaubsort** ist der Ort, den das Besatzungsmitglied aus den möglichen Orten wählt. Möglich ist die Wahl aus:

- dem Wohnort des Besatzungsmitglieds,
- dem Ort, an dem das Heuerverhältnis geschlossen wurde,
- der durch Tarifvertrag festgelegte Ort oder
- jeder andere im Heuervertrag vereinbarte Ort.

Nicht zu verwechseln ist der Urlaubsort daher mit dem Ort, zu dem das Besatzungsmitglied ggf. reist, um seinen Urlaub zu verbringen. Urlaubsort iSd § 59 SeeArbG kann nur einer der aufgeführten Orte sein. Zwischen den verschiedenen Urlaubsorten hat das Besatzungsmitglied die Wahl. Der Urlaubsort steht erst fest, nachdem das Besatzungsmitglied eine den Urlaubsort konkretisierende Wahl getroffen hat. In zeitlicher Hinsicht steht dem Besatzungsmitglied das **Wahlrecht** grundsätzlich einmal im Beschäftigungsjahr zu. Gibt das Besatzungsmitglied bei seinem Urlaubsantrag keinen Ort an, wird dies regelmäßig so auszulegen sein, dass das Besatzungsmitglied an den Ort gebracht werden möchte, der im Heuervertrag vereinbart wurde.[66]

Die Kosten, die der Arbeitgeber zu tragen hat, umfassen die notwendigen **Fahrt-** 291
und Gepäckbeförderungskosten sowie ein angemessenes **Tage- und Übernachtungsgeld**, §§ 60, 31 SeeArbG. Das Besatzungsmitglied ist verpflichtet, erhaltene Quittungen, Rechnungen etc. vorzulegen.[67] Eine Vorschusspflicht besteht für den

---

65 Zum Umfang der Hafenstaatkontrolle hinsichtlich des Urlaubsanspruchs *Lindemann*, Seearbeitsgesetz und Manteltarifvertrag für die deutsche Seeschifffahrt, Uelzen 2014, § 56 Rn. 16.

66 Zum gesamten Absatz: *Peetz* in: Bubenzer/Noltin/Peetz/Mallach, SeeArbG, München 2015, § 59 Rn. 1ff.

67 *Noltin* in: Bubenzer/Noltin/Peetz/Mallach, SeeArbG, München 2015, § 31 Rn. 3.

Arbeitgeber nicht.[68] Welche Kosten im konkreten Fall notwendig sind, lässt sich nicht allgemein beurteilen, wobei alle Umstände des Einzelfalls, insbesondere der gesamten Reisezeit, der verfügbaren Reisemittel, deren jeweiliger Kosten und möglicher Ansprüche auf Tage- und Übernachtungsgeld in die Beurteilung einzubeziehen sind.[69] Die notwendigen Fahrtkosten, die zu erstatten sind, beinhalten jedenfalls die Kosten einer Zugfahrt (2. Klasse) bzw. einer Flugreise (economy class), falls dies günstiger ist, als die Zugfahrt und/oder des öffentlichen Personennahverkehrs.[70] Nicht notwendig sind Kosten, die auf Wunsch des Besatzungsmitglieds entstehen, etwa durch Umwege oder durch die Wahl eines teureren Beförderungsmittels.[71]

d) Urlaubstage

292 Reisetage sind nicht auf den Urlaub anzurechnen, § 58 Absatz 4 SeeArbG. Der Urlaubsanspruch beträgt **30 Kalendertage**. Fallen in die Urlaubszeit gesetzliche Feiertage, die am Ort des Heimathafens gelten, so sind diese nicht auf den Urlaub anzurechnen, § 57 Absatz 3 Nummer 1 SeeArbG. Ebenso wie Krankheitstage sind auch Tage mit Landgang und Ausgleichstage für an Bord verbrachte Sonn- und Feiertage sowie die Zeiten der Heimschaffung nicht auf den Urlaubsanspruch anzurechnen, §§ 57 Absatz 3 Nummer 2–4, 76 Absatz 3 SeeArbG.

e) Urlaubsentgelt

293 Während des Urlaubs ist dem Besatzungsmitglied seine Heuer fortzuzahlen, § 61 SeeArbG. Für die Sachwerte, dh insbesondere für die Verpflegung, die das Besatzungsmitglied an Bord kostenlos bekommt, muss ein angemessener Abgeltungsbetrag gezahlt werden, § 61 Absatz 1 Satz 2. Das **Urlaubsentgelt** ist nicht mit dem Urlaubsgeld zu verwechseln. Als Urlaubsentgelt wird die Fortzahlung der Heuer im Urlaub bezeichnet, § 61 SeeArbG. Urlaubsgeld ist eine zusätzliche Zahlung des Arbeitgebers, auf die kein gesetzlicher Anspruch besteht.[72] Im Unterschied zu Landarbeitsverhältnissen (§ 11 BUrlG) wird durch § 61 SeeArbG nicht festgelegt, dass das Urlaubsentgelt vor Antritt des Urlaubs auszuzahlen ist. Die Heuer ist fortzubezahlen, sodass es bei den regelmäßigen Abrechnungsintervallen bleiben kann und im Urlaubsfall keiner gesonderten Heuerzahlung bedarf.

---

68 Vgl. *Noltin* in: Bubenzer/Noltin/Peetz/Mallach, SeeArbG, München 2015, § 31 Rn. 3.
69 *Noltin* in: Bubenzer/Noltin/Peetz/Mallach, SeeArbG, München 2015, § 31 Rn. 3.
70 *Noltin* in: Bubenzer/Noltin/Peetz/Mallach, SeeArbG, München 2015, § 31 Rn. 4.
71 *Noltin* in: Bubenzer/Noltin/Peetz/Mallach, SeeArbG, München 2015, § 31 Rn. 4.
72 *Linck* in: Schaub (Begr.), Arbeitsrechts-Handbuch, Systematische Darstellung und Nachschlagewerk für die Praxis, 15. Auflage, München 2013, § 104 Rn. 115, 137.

f) Urlaub und Krankheit

Wenn ein Besatzungsmitglied im Urlaub arbeitsunfähig erkrankt und diese **Erkrankung** durch ein ärztliches Zeugnis nachweist, werden die Tage des Urlaubs nicht auf den Urlaub angerechnet, § 62 Absatz 1 SeeArbG. Wird ein Besatzungsmitglied an einem Tag krank, der als einen Ausgleich für an Bord verbrachte Sonn- und Feiertage nach § 52 SeeArbG gewährt wird oder an einem Tag, der dem Freizeitausgleich dient, müssen diese Tage nicht nachgewährt werden. Etwas anderes gilt, wenn keine klare Trennung zwischen Urlaub und Freizeitausgleich stattfindet. 294

Voraussetzung der Nichtanrechnung an den Urlaub ist, dass die Tage der krankheitsbedingten Arbeitsunfähigkeit durch ein ärztliches Attest nachgewiesen werden, § 62 Absatz 1 SeeArbG. Unerheblich ist, ob die auf der Krankheit basierende Arbeitsunfähigkeit verschuldet oder **unverschuldet** eingetreten ist.[73] 295

Nicht jede Krankheit führt zur **Arbeitsunfähigkeit**, vielmehr müssen die Voraussetzungen der §§ 104 Absatz 1 Satz 2 SeeArbG, 3 EFZG erfüllt sein.[74] Auch in den Fällen, in denen sich das Besatzungsmitglied trotz Arbeitsunfähigkeit erholen kann, ist eine Anrechnung auf den Urlaub ausgeschlossen.[75] 296

Beispiel

Der Koch bricht sich im Urlaub zwei Finger. Aufgrund seiner Tätigkeit als Koch ist er mit zwei gebrochenen Fingern arbeitsunfähig. Auch wenn er seinen gesamten Urlaub lesend am Strand verbringt, ohnehin nicht schwimmen wollte und sich von den Strapazen des Bordalltags erholen kann, werden die Tage der krankheitsbedingten Arbeitsunfähigkeit nicht auf den Urlaub angerechnet.

Der Nachweis durch **ärztliches Attest** ist eine notwendige Anspruchsvoraussetzung dafür, dass die entsprechenden Tage nicht auf den Urlaubsanspruch angerechnet werden.[76] Liegt kein Attest vor, können die Krankheitstage auf den Urlaub angerechnet werden. Eine Frist zur Einreichung des ärztlichen Zeugnisses ist nicht vorgesehen, es muss jedoch spätestens unverzüglich nach Urlaubsende eingereicht werden.[77] Besteht die Erkrankung wahrscheinlich über den Ablauf des gewährten 297

---

73 *Linck* in: Schaub (Begr.), Arbeitsrechts-Handbuch, Systematische Darstellung und Nachschlagewerk für die Praxis, 15. Auflage, München 2013, § 104 Rn. 56, 57.

74 Vgl. *Gallner* in: Müller-Glöge/Preis/Schmidt (Hrsg.), Erfurter Kommentar zum Arbeitsrecht, 15. Auflage, München 2015, BUrlG § 9 Rn. 3.

75 vgl. *Linck* in: Schaub (Begr.), Arbeitsrechts-Handbuch, Systematische Darstellung und Nachschlagewerk für die Praxis, 15. Auflage, München 2013, § 104 Rn. 56, 57; aA: *Lindemann/Bemm*, SeemG, § 58 Rn. 6.

76 Vgl. *Linck* in: Schaub (Begr.), Arbeitsrechts-Handbuch, Systematische Darstellung und Nachschlagewerk für die Praxis, 15. Auflage, München 2013, § 104 Rn. 60.

77 Vgl. *Lampe* in: Rolfs u.a. (Hrsg.), Beck'scher Online-Kommentar Arbeitsrecht, Edition 34, Stand: 1.12.2014, BUrlG § 9 Rn. 4.

Urlaubszeitraums hinaus fort, muss das Besatzungsmitglied dies mitteilen, § 62 Absatz 1 Satz 2 SeeArbG.

298 Ist das Besatzungsmitglied wieder gesund, setzt sich der einmal gewährte Urlaub fort, § 62 Absatz 2 Satz 1 SeeArbG. Wenn die Krankheit länger andauert als der zugeteilte Urlaub, muss das Besatzungsmitglied **nach der Genesung** wieder seiner Arbeitspflicht nachkommen: Der Urlaub verlängert sich nicht automatisch um die Tage, die das Besatzungsmitglied krank war, § 62 Absatz 2 Satz 1 SeeArbG. Der aufgrund der Arbeitsunfähigkeit nicht genommene Urlaub muss erneut gewährt werden, § 62 Absatz 2 Satz 2 SeeArbG.

299 Ist ein Besatzungsmitglied das gesamte Beschäftigungsjahr erkrankt, entsteht sein Urlaubsanspruch dennoch.[78] Gleiches gilt, wenn das Heuerverhältnis ruht.[79] Der Urlaubsanspruch eines langzeiterkrankten Besatzungsmitglieds verfällt allerdings **15 Monate** nach Ablauf des Beschäftigungsjahres.[80]

Beispiel

Ein Besatzungsmitglied hat sein Heuerverhältnis am 1.10.2010 begonnen. Ab dem 15.8.2013 ist das Besatzungsmitglied arbeitsunfähig erkrankt. Das Urlaubsjahr ist das Beschäftigungsjahr. Am 1.10.2013 konnte der Urlaub des Besatzungsmitglieds nicht verfallen, da das Besatzungsmitglied aufgrund der Erkrankung seinen Urlaub im Beschäftigungsjahr 2012/2013 nicht mehr nehmen konnte. Der Urlaub für das Beschäftigungsjahr 2012/2013 verfällt jedoch 15 Monate, nachdem er entstanden ist: Entstanden ist der Urlaubsanspruch am 1.10.2012, sodass er 15 Monate später, mit Ablauf des 31.12.2013, erlischt. Wird das Besatzungsmitglied Mitte 2015 wieder gesund, hat es einen Urlaubsanspruch von 60 Kalendertagen: Der Urlaubsanspruch, der am 1.10.2013 entstanden ist, wäre am 31.10.2015 verfallen und besteht daher noch. Hinzu kommt der Urlaubsanspruch, der am 1.10.2014 entstanden ist und der Urlaub des aktuellen Beschäftigungsjahres.

---

g) Verlängerung des Heuerverhältnisses und Urlaubsabgeltung

300 Die **Urlaubsabgeltung** ist im Seearbeitsrecht grundsätzlich **verboten**, § 64 SeeArbG. Nur in bestimmten Ausnahmefällen ist sie zulässig, § 64 Absatz 3 SeeArbG. Grundsätzlich verlängert sich das Heuerverhältnis um die Dauer des noch nicht gewährten Urlaubs, § 64 Absatz 1 SeeArbG.

---

78 BAG, Urteil vom 7. August 2012 – 9 AZR 353/10 –, BAGE 142, 371–390, Rn. 14, 24 ff., zitiert nach juris; zur Unabwendbarkeit der EuGH-Rechtsprechung zur RL 2003/88/EG auf Seearbeitsverhältnisse: *Peetz* in: Bubenzer/Noltin/Peetz/Mallach, SeeArbG, München 2015, § 56 Rn. 19.

79 BAG, Urteil vom 7. August 2012 – 9 AZR 353/10 –, BAGE 142, 371–390, Rn. 14, zitiert nach juris.

80 Vgl. BAG, Urteil vom 7. August 2012 – 9 AZR 353/10 –, BAGE 142, 371–390, Rn. 32, zitiert nach juris.

Beispiel
Ein Besatzungsmitglied hat am Ende des Heuerverhältnisses am 31.1. noch einen Urlaubsanspruch von 13 Werktagen. Das Heuerverhältnis endet erst mit Ablauf des 13.2.

Etwas anderes gilt nach § 64 Absatz 1 Satz 1 SeeArbG nur dann, wenn das Besatzungsmitglied: 301
- ein neues Rechtsverhältnis eingeht oder
- aus von seinem Willen unabhängigen Gründen nicht in der Lage ist, den Urlaub während des Zeitraums der Verlängerung zu nehmen.

Der Urlaub darf also abgegolten werden, wenn das Besatzungsmitglied ein **neues Rechtsverhältnis** eingeht. Rechtsverhältnisse, die es dem Besatzungsmitglied nicht ermöglichen, den Urlaub im Verlängerungszeitraum zu nehmen, sind solche, bei deren Eingehen sich das Besatzungsmitglied verpflichtet, in einer dem Urlaubszweck zuwiderlaufenden Weise tätig zu werden.[81] Dies ist immer der Fall, wenn das Besatzungsmitglied ein neues Heuer- oder ein sonstiges Arbeitsverhältnis begründet. Hauptanwendungsfall der möglichen Abgeltung aufgrund willensunabhängiger Gründe ist die bereits im Zeitpunkt der Beendigung feststehende **Krankheit**, die über den gesamten Verlängerungszeitraum andauert.[82]

Beispiel
Das Besatzungsmitglied aus obigem Beispiel wird am 25.1. krankgeschrieben, die Krankheit dauert laut Attest bis einschließlich 13.2. Der Urlaubsanspruch kann mit Beendigung des Heuerverhältnisses am 31.1. abgegolten werden.
Die Verlängerung des Heuerverhältnisses um den noch nicht gewährten Urlaub findet nur einmal statt. Auch wenn das Besatzungsmitglied im Verlängerungszeitraum erkrankt, bleibt es bei dem einmal bestimmten Enddatum. An diesem Datum noch bestehender Urlaub ist abzugelten.

Die Verlängerung des Heuerverhältnisses um den noch nicht gewährten Urlaub findet nur einmal statt. Auch wenn das Besatzungsmitglied im Verlängerungszeitraum erkrankt, bleibt es bei dem **einmal bestimmten Enddatum**. An diesem Datum noch bestehender Urlaub ist abzugelten.[83] 302

81 *Peetz* in: Bubenzer/Noltin/Peetz/Mallach, SeeArbG, München 2015, § 64 Rn. 4.
82 *Lindemann*, Seearbeitsgesetz und Manteltarifvertrag für die deutsche Seeschifffahrt, Uelzen 2014, § 64 Rn. 8 mwN; *Peetz* in: Bubenzer/Noltin/Peetz/Mallach, SeeArbG, München 2015, § 64 Rn. 5.
83 Zum gesamten Absatz: *Lindemann*, Seearbeitsgesetz und Manteltarifvertrag für die deutsche Seeschifffahrt, Uelzen 2014, § 64 Rn. 13.

Beispiel
Das Besatzungsmitglied aus obigem Beispiel wird am 25.1. krankgeschrieben, die Krankheit dauert laut Attest bis zum 10.2. Eine Abgeltung des Urlaubsanspruchs am 31. Januar ist nicht möglich, da am 31.1. nicht feststeht, dass das Besatzungsmitglied den gesamten Verlängerungszeitraum über krank sein wird. Am Ende des 10.2., dem letzten Tag der Krankheit, hat das Besatzungsmitglied noch einen Urlaubsanspruch von 13 Tagen, da es vom 1.2. bis 10.1. keinen Urlaub nehmen konnte. In der Zeit vom 11.2. bis 13.2. kann das Besatzungsmitglied 3 Kalendertage Urlaub nehmen. Mit Ablauf des 13.2. besteht noch ein Urlaubsanspruch von 10 Kalendertagen. Dieser Urlaubsanspruch ist abzugelten. Das Heuerverhältnis verlängert sich nicht noch mal um 10 Tage bis zum 23.2.

303 Wenn das Besatzungsmitglied **versichert**, dass ein die Abgeltung rechtfertigender Grund vorliegt, ist der Urlaub abzugelten, solange kein Grund besteht, an der Aussage des Besatzungsmitglieds zu zweifeln; eine Nachforschungspflicht des Arbeitgebers oder Reeders besteht nicht.[84]

304 Eine weitere Ausnahme vom Urlaubsabgeltungsverbot besteht für den Fall, dass das Heuerverhältnis **außerordentlich gekündigt** wurde. In diesem Fall ist die Abgeltung zulässig, eine Verlängerung findet nicht statt.[85]

In dem Sonderfall, dass nach der Beendigung des Heuerverhältnisses ein Arbeitsverhältnis beim Arbeitgeber begründet wird, ist eine Abgeltung ausgeschlossen. In diesem Fall ist der noch aus dem Heuerverhältnis zustehende Urlaub **im neuen Arbeitsverhältnis** zu gewähren, § 64 Absatz 2 SeeArbG. Die Regelung greift nur ein, wenn das ehemalige Besatzungsmitglied einen Arbeitsvertrag mit dem Arbeitgeber oder dem Reeder iSd § 4 Absatz 2 SeeArbG schließt, nicht jedoch, wenn das ehemalige Besatzungsmitglied einen Arbeitsvertrag mit einem Unternehmen schließt, das mit dem ehemaligen Arbeitgeber oder Reeder lediglich in einem Konzern verbunden ist.[86]

2. Heimschaffung

305 Das Besatzungsmitglied hat einen Anspruch auf Heimschaffung in den gesetzlich vorgesehenen Fällen, §§ 73, 75 SeeArbG. Die Vorschriften über die Heimschaffung müssen in einer für das Besatzungsmitglied geeigneten Sprache so an Bord zur Verfügung stehen, dass das Besatzungsmitglied ungehindert Einsicht nehmen kann,

84 *Peetz* in: Bubenzer/Noltin/Peetz/Mallach, SeeArbG, München 2015, § 64 Rn. 8.
85 *Peetz* in: Bubenzer/Noltin/Peetz/Mallach, SeeArbG, München 2015, § 64 Rn. 6 f. AA *Lindemann*, Seearbeitsgesetz und Manteltarifvertrag für die deutsche Seeschifffahrt, Uelzen 2014, § 64 Rn. 9.
86 Zum gesamten Absatz: *Peetz* in: Bubenzer/Noltin/Peetz/Mallach, SeeArbG, München 2015, § 64 Rn. 11 f.

§ 78 SeeArbG.[87] Das Besatzungsmitglied ist nach § 73 SeeArbG heimzuschaffen, wenn:
- *dies aufgrund Krankheit oder Verletzung notwendig ist,*
- *das Heuerverhältnis endet,*
- *Arbeitgeber oder Reeder ihre vertraglichen oder gesetzlichen Pflichten wegen Insolvenz, Veräußerung des Schiffes, Änderung der Eintragung im Schiffsregister oder aus einem ähnlichen Grund nicht mehr erfüllten oder*
- *ein Schiff ein Gebiet befahren soll, in dem besondere Gefahren durch bewaffnete Auseinandersetzungen drohen und in das sich das Besatzungsmitglied nicht begeben will, oder wenn das Schiff ein solches Gebiet nicht unverzüglich verlässt.*

Ein Heimschaffungsanspruch besteht nicht, wenn das Schiff ein **Pirateriegebiet** befährt.[88]

Das Besatzungsmitglied kann aus den Heimschaffungsorten nach § 75 SeeArbG **wählen**: 306
- Wohnort,
- Ort, an dem der Heuervertrag geschlossen wurde,
- durch Tarifvertrag festgelegter Ort oder
- im Heuervertrag vereinbarter Ort.

Die Heimschaffung ist grundsätzlich vom **Arbeitgeber** und/oder **Reeder** zu organisieren; das Besatzungsmitglied kann wählen, an wen es sich wendet. Die Heimschaffung muss so organisiert werden, dass das Besatzungsmitglied keine eigenen Planungen treffen muss. Die Reiseorganisation umfasst die Vergewisserung, dass das Besatzungsmitglied die für die Heimschaffung erforderlichen Ausweispapiere, insbesondere seinen Pass, erhält, § 76 Absatz 1 Satz 2 SeeArbG. Ist es dem Arbeitgeber/Reeder nicht möglich, die Heimschaffung zu organisieren, hat das Besatzungsmitglied einen Anspruch auf Zahlung des für die Heimschaffung erforderlichen Geldbetrages. Es besteht keine Pflicht des Besatzungsmitglieds, die Heimschaffung selbst zu organisieren.[89] 307

Der Anspruch auf Heimschaffung **umfasst** nach § 76 Absatz 1 Satz 3, Absatz 2 SeeArbG: 308
- die Beförderung an den Heimschaffungsort (grundsätzlich auf dem Luftweg),
- die Unterkunft und Verpflegung während der Heimschaffung,
- die Beförderung von bis zu 30 kg Gepäck an den Heimschaffungsort und

87 *Peetz* in: Bubenzer/Noltin/Peetz/Mallach, SeeArbG, München 2015, § 78 Rn. 1.
88 Bundestags-Drucksache 17/10959, S. 88.
89 Seit dem letzten Nachweis: *Peetz* in: Bubenzer/Noltin/Peetz/Mallach, SeeArbG, München 2015, § 75 Rn. 3, 4.

- ärztliche Behandlung, soweit diese notwendig ist, damit das Besatzungsmitglied an den Bestimmungsort reisen kann.

309 Der Arbeitgeber bzw. der Reeder hat die **Kosten der Heimschaffung** zu tragen, eine Verrechnung der Heimschaffungskosten mit Ansprüchen des Besatzungsmitglieds ist grundsätzlich ausgeschlossen, § 76 Absatz 2 Satz 2, 3 SeeArbG. Eine Verrechnung bzw. die Rückforderung des für die Heimschaffung aufgewendeten Betrages ist möglich, wenn das Heuerverhältnis durch eine außerordentliche Kündigung des Arbeitgebers beendet worden ist, § 76 Absatz 6 SeeArbG, oder durch eine solche hätte beendet werden können.[90] In diesem Fall hat das Besatzungsmitglied auch keinen Anspruch auf Fortzahlung der Heuer, § 76 Absatz 6 SeeArbG. Der Anspruch auf Fortzahlung der Heuer während der Heimschaffung besteht ansonsten uneingeschränkt, § 76 Absatz 1 Satz 4 SeeArbG.

310 Der Anspruch auf Heimschaffung **erlischt**, wenn er nicht innerhalb von drei Monaten (maßgeblich ist der Tag, an dem der Heimschaffungsanspruch das erste Mal hätte geltend gemacht werden können) geltend gemacht worden ist, § 76 Absatz 4 Satz 2 SeeArbG.

311 Die Kosten, die bei der Heimschaffung entstehen, können durch die **P&I-Versicherung** abgedeckt werden.[91] Der Reeder muss nachweisen können, dass für die an Bord beschäftigten Besatzungsmitglieder eine Zahlungsübernahmeerklärung vorliegt, durch die sichergestellt ist, dass die Heimschaffung auch bei finanziellem Unvermögen des Reeders durchgeführt werden kann und nicht an Finanziellem scheitert, § 76 Absatz 8 SeeArbG.

312 Wenn das Besatzungsmitglied nicht heimgeschafft wird, veranlasst die BG Verkehr die Heimschaffung, verauslagt die Kosten und nimmt den Arbeitgeber und/oder Reeder in **Regress**, § 77 SeeArbG.

3. Zurücklassung

313 Ohne Einwilligung der **BG Verkehr** darf ein Besatzungsmitglied nicht im Ausland zurückgelassen werden, § 72 Absatz 1 Satz 1 SeeArbG. Das Zurücklassungsverbot dient dem Schutz der Besatzungsmitglieder und soll verhindern, dass diese in eine Lage geraten, in der es ihnen nicht möglich ist, ihren Lebensbedarf zu bestreiten und sie in existenzielle Nöte kommen können.[92] Eine **Zurücklassung** liegt vor, wenn das Besatzungsmitglied das Schiff auf Veranlassung des Kapitäns verlassen muss und das Besatzungsmitglied nicht unverzüglich heimgeschafft wird und kein Fall

90 *Peetz* in: Bubenzer/Noltin/Peetz/Mallach, SeeArbG, München 2015, § 75 Rn. 9.
91 Bundestags-Drucksache 17/10959, S. 88.
92 Bundestags-Drucksache 17/10959, S. 87.

des § 101 SeeArbG vorliegt.[93] Ein Verlassen des Schiffes auf Veranlassung des Kapitäns liegt nicht vor, wenn das Besatzungsmitglied nach eigener Kündigung des Heuerverhältnisses oder ohne Wissen des Kapitäns das Schiff verlässt.[94]

Die Zurücklassung kann zulässig sein. Dies ist sie jedoch nur, wenn die Einwil- 314
ligung der BG Verkehr vor der Zurücklassung vorliegt; eine nachträgliche Genehmigung ist nicht möglich.[95] Die BG Verkehr kann die Erteilung der Einwilligung davon abhängig machen, dass eine **finanzielle Sicherheit** geleistet wird, wenn zu befürchten ist, dass das Besatzungsmitglied hilfsbedürftig ist, § 72 Absatz 2 SeeArbG. Die Höhe der Sicherheit muss so bemessen sein, dass sie den Unterhalt des Besatzungsmitglieds für drei Monate gewährleistet, § 72 Absatz 2 SeeArbG. Bei jugendlichen Besatzungsmitgliedern ist neben der Einwilligung der BG Verkehr auch die Einwilligung der gesetzlichen Vertreter notwendig, § 72 Absatz 3 SeeArbG.

D. Beendigung des Heuerverhältnisses durch Kündigung[96]

Die Kündigung des Heuerverhältnisses kann sowohl der Arbeitgeber als auch das 315
Besatzungsmitglied erklären, § 65 SeeArbG.

Muster: Kündigung

„Hiermit kündigen wir/ich das mit Ihnen/Ihrem Unternehmen bestehende Heuerverhältnis fristgemäß/fristlos zum nächstmöglichen Termin. Dies ist nach unserer/meiner Berechnung der…"

[Bei Kündigung durch Arbeitgeber:]
„Der Betriebsrat hat der Kündigung zugestimmt/sich nicht geäußert/widersprochen; seine Stellungnahme ist beigefügt.
Wir weisen Sie darauf hin, dass Sie sich aus Anlass der Beendigung Ihres Arbeitsverhältnisses innerhalb von drei Monaten vor Beendigung oder, falls dies nicht möglich sein sollte, innerhalb von drei Tagen nach Zugang des Kündigungsschreibens bei der Agentur für Arbeit arbeitssuchend melden müssen (§ 38 SGB III). Kommen Sie Ihrer Verpflichtung nicht fristgerecht nach, kann die Agentur für Arbeit eine einwöchige Sperrzeit anordnen, in der Sie kein Arbeitslosengeld erhalten (§ 159 Absatz 1 Satz 2 Nr. 7, Absatz 6 SGB III)."[97]

---

93 *Peetz* in: Bubenzer/Noltin/Peetz/Mallach, SeeArbG, München 2015, § 72 Rn. 3.

94 Bundestags-Drucksache 17/10959, S. 87.

95 *Peetz* in: Bubenzer/Noltin/Peetz/Mallach, SeeArbG, München 2015, § 72 Rn. 4.

96 Die folgenden Ausführungen entsprechen weitestgehend: *Peetz* in: Bubenzer/Noltin/Peetz/Mallach, SeeArbG, München 2015, §§ 65 ff.

97 Für die Wirksamkeit der Kündigung ist der Zusatz nicht erforderlich, auch löst sein Fehlen in der Regel keine Schadenersatzpflicht aus: BAG, Urteil vom 29. September 2005 – 8 AZR 571/04 –, BAGE 116, 78–85, Rn. 18 ff., zitiert nach juris zu §§ 2 Absatz 2 Nr. 3, 37b SGB III; siehe auch *Linck* in: Schaub (Begr.), Arbeitsrechts-Handbuch, Systematische Darstellung und Nachschlagewerk für die Praxis, 15. Auflage, München 2013, § 122 Rn. 9. Da den Arbeitgeber hinsichtlich der steuer- und so-

1. Kündigungsberechtigung

316 Nach § 65 Absatz 1 SeeArbG kann das Heuerverhältnis durch den Reeder und durch das Besatzungsmitglied gekündigt werden. Dies ist missverständlich und unklar formuliert. Das Heuerverhältnis kann – beim Vorliegen eines Kündigungsgrundes – von **Arbeitgeber und Besatzungsmitglied** gekündigt werden. Da Reeder und Arbeitgeber nicht identisch sein müssen, kann der **Reeder** das Heuerverhältnis nicht immer kündigen. Er kann dies nur, wenn er zugleich der Arbeitgeber des Besatzungsmitglieds ist. Will der Reeder, dass das Besatzungsmitglied das Schiff verlässt, muss das Besatzungsmitglied der entsprechenden Aufforderung Folge leisten, wenn die Heimschaffung des Besatzungsmitglieds sichergestellt ist.[98]

Beispiel
Das Besatzungsmitglied ist bei der ABC-Crewing-Agency angestellt und fährt auf dem Schiff MS XYZ. Reeder ist die XYZ GmbH & Co. KG. Die XYZ GmbH & Co. KG kann das Heuerverhältnis zwischen dem Besatzungsmitglied und der ABC-Crewing-Agency nicht kündigen. Sie kann das Besatzungsmitglied aber von Bord verweisen.

---

317 Die ordentliche Kündigung[99] **eines Schiffsoffiziers oder Kapitäns** kann nur der Arbeitgeber aussprechen, § 65 Absatz 3 SeeArbG. Notwendig ist, dass der Arbeitgeber die Kündigungsentscheidung selbst trifft, nicht, dass er notwendigerweise auch die Kündigung unterzeichnet.[100] Um Schiffsoffizieren zu kündigen, kann der Arbeitgeber dem Kapitän oder Dritten eine **Vollmachtsurkunde** ausstellen, aus der hervorgeht, dass die Person berechtigt ist, den Arbeitgeber bei der schriftlichen Erklärung der Kündigung zu vertreten, wenn er eine solche für den Einzelfall angeordnet hat.[101]

---

zialversicherungsrechtlichen Folgen der Beendigung des Heuerverhältnisses eine Hinweispflicht trifft, soweit der Arbeitgeber mit der Unkenntnis des Besatzungsmitglieds rechnen muss (vgl. BAG, Urteil vom 10. März 1988 – 8 AZR 420/85 –, Rn. 16, juris zur einvernehmlichen Auflösung des Arbeitsverhältnisses; generell: *Linck* in: Schaub (Begr.), Arbeitsrechts-Handbuch, Systematische Darstellung und Nachschlagewerk für die Praxis, 15. Auflage, München 2013, § 122 Rn. 9), sollte ein entsprechender Hinweis in das Kündigungsschreiben aufgenommen werden.

98 Zum gesamten Absatz: *Peetz* in: Bubenzer/Noltin/Peetz/Mallach, SeeArbG, München 2015, § 65 Rn. 6.

99 Die außerordentliche Kündigung gegegenüber einem Schiffsoffizier oder Kapitän muss nicht vom Arbeitgeber ausgesprochen werden: *Monnerjahn*, Das Arbeitsverhältnis in der deutschen Seeschiffahrt, 1964, S. 94.

100 BAG, Urteil vom 28. September 1983 – 7 AZR 83/82 –, BAGE 43, 299–304, Rn. 15, zitiert nach juris; Bundestags-Drucksache 17/10959, S. 84.

101 BAG, Urteil vom 28. September 1983 – 7 AZR 83/82 –, BAGE 43, 299–304, Rn. 18, zitiert nach juris.

Muster: Vollmacht zur Vertretung beim Ausspruch der Kündigung
„Arbeitgeber XYZ"
Hiermit bevollmächtigt „Arbeitgeber XYZ", Herrn/Frau Vor- und Zuname, Geburtstdatum, ggf. Funktion, sie beim Ausspruch von Kündigungen gegenüber Schiffsoffizieren und Kapitänen zu vertreten, sofern die Kündigungsentscheidung im Einzelfall von „Arbeitgeber XYZ" getroffen und die Kündigung von „Arbeitgeber XYZ" angeordnet wurde. Diese Vollmacht ermöglicht lediglich die Vertretung bei der Unterzeichnung der Kündigung, nicht die Vertretung bei der Entscheidung, ob gekündigt wird oder nicht.

Originalunterschrift(en) Geschäftsführung „Arbeitgeber XYZ"

Eine Vollmacht ist notwendig, da andernfalls die Kündigung gem. § 174 BGB zurückgewiesen werden kann. Wird die Originalvollmacht nicht mit der Kündigung übergeben, kann das Besatzungsmitglied die Kündigung unverzüglich zurückweisen und die Kündigung wird nicht wirksam, § 174 Satz 1 BGB.

Auch in den Fällen, in denen eine andere Person als der Arbeitgeber das Heuerverhältnis für den Arbeitgeber kündigen können soll, sollte eine entsprechende Vollmacht ausgestellt werden. Nicht notwendig ist dies nur in den Fällen, in denen dem Kündigungsempfänger die Kündigungsberechtigung des Unterzeichners bekannt ist[102] oder sich aus dem Gesetz ergibt.[103] 318

Aus dem Gesetz ergibt sich die **Kündigungsberechtigung des Kapitäns.** Dieser kann in den Fällen kündigen, in denen auch der Reeder hätte kündigen können. Dies ist – mit Ausnahme der Kündigung von Schiffsoffizieren oder Kapitänen – immer dann der Fall, wenn die Besatzungsmitglieder direkt beim Reeder beschäftigt sind. Der Kapitän kann den beim Reeder beschäftigten Besatzungsmitgliedern auch kündigen, wenn der Reeder nicht Arbeitgeber des Kapitäns ist, da der Kapitän auch in diesem Fall Vertreter des Reeders iSd § 479 HGB ist.[104] 319

2. Kündigungserklärung

Das Heuerverhältnis kann nur schriftlich gekündigt werden, § 65 Absatz 2 SeeArbG. Das Kündigungsschreiben muss eindeutig erkennen lassen, dass und zu welchem Zeitpunkt das Heuerverhältnis gekündigt werden soll. 320

102 BAG, Urteil vom 20. Mai 1981 – 7 AZR 1154/78 –, Rn. 16, juris.
103 BAG, Urteil vom 10. Februar 2005 – 2 AZR 584/03 –, Rn. 49, juris.
104 Zum gesamten Absatz: *Peetz* in: Bubenzer/Noltin/Peetz/Mallach, SeeArbG, München 2015, § 65 Rn. 7.

a) Form

321 Damit die Kündigung wirksam ist, muss sie **schriftlich** erklärt werden, § 65 Absatz 2 Satz 1 SeeArbG. Das Schriftformerfordernis gilt sowohl für die Kündigung durch den Arbeitgeber als auch für die Kündigung durch das Besatzungsmitglied, § 65 Absatz 1, 2 SeeArbG. Das Kündigungsschreiben ist vom Kündigungsberechtigten eigenhändig zu unterschreiben, § 126 Absatz 1 BGB.

! Eine Kündigung durch Radiogramm,[105] Telefax,[106] Telegramm,[107] SMS,[108] E-Mail, E-Postbrief[109] oder durch elektronische Form ist nicht ausreichend (§ 65 Absatz 2 Satz 2 SeeArbG). Wird die Schriftform nicht eingehalten, ist die Kündigung nichtig, § 125 Satz 1 BGB.[110]

b) Mindestinhalt

322 Aus dem Kündigungsschreiben muss klar hervorgehen, dass der Kündigende das Heuerverhältnis beenden will. Der Kündigungsadressat muss erkennen können, dass das Heuerverhältnis **beendet** werden soll. Ebenso muss sich der **Zeitpunkt**, zu dem das Heuerverhältnis aus Sicht des Kündigenden beendet sein soll, aus der Kündigungserklärung ergeben. Aus der Erklärung oder den Umständen muss sich deshalb zumindest ergeben, ob eine fristgemäße oder eine fristlose Kündigung gewollt ist.[111]

323 Auch eine Kündigung *„zum nächstzulässigen Termin"* ist **hinreichend bestimmt**, wenn dem Erklärungsempfänger die Dauer der Kündigungsfrist bekannt oder für ihn bestimmbar ist. Sie ist typischerweise dahin zu verstehen, dass der Kündigende die Auflösung des Arbeitsverhältnisses zu dem Zeitpunkt erreichen will, der sich bei Anwendung der einschlägigen gesetzlichen, tarifvertraglichen und/oder vertraglichen Regelungen als rechtlich frühestmöglicher Beendigungstermin ergibt.[112]

---

105 BAG, Urteil vom 28. September 1983 – 7 AZR 83/82 –, BAGE 43, 299–304, Rn. 12.

106 BGH, Urteil vom 30. Juli 1997 – VIII ZR 244/96 –, Rn. 15, juris.

107 BAG, Urteil vom 28. September 1983 – 7 AZR 83/82 –, BAGE 43, 299–304, Rn. 12, zitiert nach juris.

108 Landesarbeitsgericht Hamm (Westfalen), Urteil vom 17. August 2007 – 10 Sa 512/07 –, Rn. 67, juris.

109 *Müller-Glöge* in: Müller-Glöge/Preis/Schmidt (Hrsg.), Erfurter Kommentar zum Arbeitsrecht, 15. Auflage, München 2015, BGB § 623 Rn. 12.

110 Vgl. BAG, Urteil vom 28. September 1983 – 7 AZR 83/82 –, BAGE 43, 299–304, Rn. 14, zitiert nach juris.

111 Vgl. zum gesamten Absatz: BAG, Urteil vom 10. April 2014 – 2 AZR 647/13 –, Rn. 14, juris.

112 Zum gesamten Absatz: BAG, Urteil vom 10. April 2014 – 2 AZR 647/13 –, Rn. 17, juris.

Die Angabe der **Kündigungsgründe** im Kündigungsschreiben ist grundsätzlich kein Wirksamkeitserfordernis der Kündigung.[113] Lediglich die Kündigung von Schwangeren[114] und Auszubildenden nach der Probezeit[115] muss im Kündigungsschreiben den Kündigungsgrund benennen. i

c) Zugang

Die Kündigung ist eine empfangsbedürftige **Willenserklärung**. Dies bedeutet, dass die schriftliche Kündigungserklärung dem Kündigungsempfänger im Original zugehen muss, um wirksam zu sein. Es ist nicht ausreichend, dass das unterschriebene Original beim Besatzungsmitglied/dem Arbeitgeber verbleibt und der Kündigungsempfänger ein Fax oder Ähnliches erhält. Dies gilt auch dann, wenn sich der Kündigungserklärende oder der Kündigungsempfänger an Bord befindet. 324

Die Kündigung muss dem Kündigungsempfänger zugehen, § 130 BGB. **Unter Anwesenden** ist die Kündigung zugegangen, wenn das Schriftstück ausgehändigt wurde und der Kündigungsempfänger in der Lage ist, vom Inhalt der Kündigung Kenntnis zu nehmen. Es ist daher ausreichend, wenn dem Kündigungsempfänger das Original so lange überlassen wird, dass er vom Inhalt Kenntnis erlangen kann. Ob das Originalkündigungsschreiben tatsächlich gelesen wird, ist unerheblich.[116]

Befindet sich das Besatzungsmitglied an Bord und ist der Reeder der Arbeitgeber des Besatzungsmitglieds, so geht die vom Besatzungsmitglied unterschriebene Kündigung zu, wenn die Kündigung dem Kapitän zugeht, da der Kapitän den Reeder vertritt, vgl. § 479 BGB. i

Ist der Reeder nicht der Arbeitgeber des Besatzungsmitglieds, haben Kapitän und Besatzungsmitglied aber den gleichen Arbeitgeber, geht die Kündigung des Besatzungsmitglieds zu, wenn sie dem Kapitän zugeht, da mit der Vorgesetzteneigenschaft und der Disziplinargewalt des Kapitäns die Vertretung zur Entgegennahme von Kündigungen einhergeht. Haben Kapitän und Besatzungsmitglied unterschiedliche, vom Reeder getrennte Arbeitgeber, muss die Kündigung des Besatzungsmitglieds dem Arbeitgeber zugehen. Die Kündigung des Kapitäns muss stets dem Arbeitgeber zugehen. 325

Befindet sich das Besatzungsmitglied an Bord und will der Arbeitgeber das Heuerverhältnis kündigen, kann er dies dadurch erreichen, dass er dem Besatzungsmitglied die Kündigung an Bord zugehen lässt, dh dem Besatzungsmitglied 326

113 *Lindemann/Bemm* SeemG, § 62 Rn. 20; *Linck* in: Schaub (Begr.), Arbeitsrechts-Handbuch, Systematische Darstellung und Nachschlagewerk für die Praxis, 15. Auflage, München 2013, § 123 Rn. 61.

114 § 9 Absatz 3 MuschG.

115 § 88 Absatz 3 SeeArbG.

116 Zum gesamten Absatz: BAG, Urteil vom 4. November 2004 – 2 AZR 17/04 –, Rn. 18 ff., juris.

muss das im Original unterschriebene Kündigungsschreiben an Bord zugehen. Ist dies organisatorisch nicht möglich oder nicht gewollt, kann das Kündigungsschreiben auch an der **Heimatadresse des Besatzungsmitglieds** zugehen. Wird das Kündigungsschreiben in den **Hausbriefkasten** eingeworfen, geht es in dem Zeitpunkt zu, in dem mit der Leerung gerechnet werden konnte, abhängig von der Uhrzeit des Einwurfs am selben oder am Folgetag.[117] Gleiches gilt für ein **Einwurf-Einschreiben**, da dieses in den Briefkasten eingeworfen wird und der Einwurf quittiert wird.[118] Ein **Übergabe-Einschreiben** geht dem Empfänger erst zu, wenn es ihm ausgehändigt wird, sodass das Einlegen des Benachrichtigungszettels in den Briefkasten nicht ausreichend ist.[119] Rechtssicher (aber zeitaufwendig) ist es, die Kündigung durch einen **Gerichtsvollzieher** zustellen zu lassen, da dieser nicht nur den Zugang, sondern auch den Inhalt des Schreibens dokumentiert.[120]

327 Geht die Kündigung dem Besatzungsmitglied an Land zu einem Zeitpunkt zu, zu dem es sich auf See befindet oder geht die Kündigung dem Besatzungsmitglied an Bord zu, ist sie fristwahrend zugegangen. Hiervon zu trennen ist die Frist, die zur Einreichung einer **Kündigungsschutzklage** eingehalten werden muss: Nach § 24 Absatz 4 Satz 1 KSchG ist die Kündigungsschutzklage binnen 3 Wochen zu erheben, nachdem die Kündigung dem Besatzungsmitglied an Land zugegangen ist. Nach § 24 Absatz 4 Satz 2 KSchG beträgt die Frist 6 Wochen nach Dienstende an Bord, wenn die Kündigung während der Fahrt des Schiffes zugeht. Abzustellen ist jeweils darauf, ob das Besatzungsmitglied bei Zugang der Kündigung nicht an Bord oder auf Landgang war: In diesen Fällen beträgt die Frist zur Einreichung der Klage 3 Wochen. In den Fällen, in denen das Besatzungsmitglied an Bord oder auf Landgang war, als die Kündigung an der Heimatadresse oder an Bord zuging, beträgt die Frist 6 Wochen nach Dienstende.[121]

3. Kündigungsfrist

328 Sowohl Arbeitgeber als auch Besatzungsmitglied haben bei ordentlichen Kündigungen Mindestkündigungsfristen einzuhalten, § 66 SeeArbG.

---

117 *Preis* in: Ascheid/Preis/Schmidt (Hrsg.), Kündigungsrecht: Großkommentar zum gesamten Recht der Beendigung von Arbeitsverhältnissen, 4. Auflage, München 2012, D Rn. 41.

118 *Preis* in: Ascheid/Preis/Schmidt (Hrsg.), Kündigungsrecht: Großkommentar zum gesamten Recht der Beendigung von Arbeitsverhältnissen, 4. Auflage, München 2012, D Rn. 55.

119 BAG, Urteil vom 25. April 1996 – 2 AZR 13/95 –, BAGE 83, 73–82, Rn. 17, zitiert nach juris.

120 *Mrosk*, Der Nachweis des Zugangs von Willenserklärungen im Rechtsverkehr, NJW 2013, S. 1485.

121 Zum gesamten Absatz: *Peetz* in: Bubenzer/Noltin/Peetz/Mallach, SeeArbG, München 2015, § 65 Rn. 17.

a) Dauer der Kündigungsfrist

Damit das Heuerverhältnis zum gewünschten Zeitpunkt beendet werden kann, muss im Falle einer ordentlichen Kündigung die jeweilige Kündigungsfrist eingehalten werden. Die Kündigungsfrist richtet sich nach § 66 SeeArbG und ist abhängig davon, wie lange das Heuerverhältnis bereits besteht: 329

Tabelle 27: Kündigungsfristen bei ordentlicher Kündigung

Dauer des Heuerverhältnisses	Länge der Kündigungsfrist für Arbeitgeber und Besatzungsmitglied
3 Monate	7 Tage (gilt nicht für Kapitän)
erste Reise länger als 3 Monate	7 Tage, Ausspruch innerhalb von 3 Tagen nach Beendigung der Reise (gilt nicht für Kapitän)
3 Monate/Ende erste Reise	4 Wochen (=28 Tage) zum 15. oder Ende des Kalendermonats
über 2 Jahre	2 Monate zum Ende des Kalendermonats

Besteht das Heuerverhältnis länger als 8 Jahre, verlängert sich die Kündigungsfrist für den Arbeitgeber, § 66 Absatz 3 SeeArbG. 330

Tabelle 28: Kündigungsfristen bei ordentlicher Kündigung bei längerem Heuerverhältnis

Dauer des Heuerverhältnisses	Länge der Kündigungsfrist für Arbeitgeber
8 Jahre	3 Monate zum Monatsende
10 Jahre	4 Monate zum Monatsende
12 Jahre	5 Monate zum Monatsende
15 Jahre	6 Monate zum Monatsende
20 Jahre	7 Monate zum Monatsende

Das Besatzungsmitglied kann auch weiterhin mit einer Frist von 2 Monaten zum Ende des Kalendermonats kündigen, solange nichts Abweichendes vereinbart ist. 331

! Sowohl für den Arbeitgeber als auch für das Besatzungsmitglied können längere als die gesetzlichen Mindestkündigungsfristen vereinbart werden. Die Kündigungsfrist des Besatzungsmitglieds darf jedoch in keinem Fall kürzer sein als die des Arbeitgebers, §§ 66 Absatz 4 SeeArbG, 622 Absatz 6 BGB.

Die Mindestkündigungsfristen des § 66 SeeArbG sehen, sobald das Heuerverhältnis eine gewisse Zeit besteht, eine Kündigung zum 15. oder eine Kündigung zum Ende eines Kalendermonats vor. Solange die Kündigungsfrist eingehalten wird, muss das Enddatum des Heuerverhältnisses nicht auf einem 15. oder dem Ende des Kalen- 332 dermonats liegen; eine Kündigung zu jedem beliebigen Zeitpunkt nach Ablauf der Kündigungsfrist ist möglich.[122]

Beispiel
Besatzungsmitglied A ist seit über 2 Jahren im Betrieb. Die Kündigungsfrist beträgt 2 Monate zum Ende des Kalendermonats. Wird am 20. Januar gekündigt, so endet das Heuerverhältnis Ende März. Den Heuervertragsparteien steht es jedoch frei, auch zu einem anderen Termin die Beendigung des Heuerverhältnisses zu erklären, beispielsweise zum 23. April. Auch in diesem Fall ist die Mindestkündigungsfrist von 2 Monaten gewahrt. Dass das Heuerverhältnis an einem „krummen" Datum endet, ist unbeachtlich.

333 Wird eine **Probezeit** vereinbart, so ist während dieser maximal sechsmonatigen Erprobungsphase eine Kündigung mit einer Frist von zwei Wochen möglich, §§ 66 Absatz 4 SeeArbG, 622 Absatz 3 BGB. Um in den ersten drei Monaten des Heuerverhältnisses mit der gesetzlichen Frist von 7 Tagen kündigen zu können, muss dies im Falle einer Probezeitvereinbarung ausdrücklich im Vertrag geregelt werden.[123]

b) Berechnung der Kündigungsfrist

334 Die Berechnung der Kündigungsfrist erfolgt nach §§ 187 Absatz 1, 188 Absatz 2 BGB. Maßgeblich ist stets der Zugang der Kündigungserkärung.

Beispiele
Ist die Kündigung an einem Dienstag zugegangen und beträgt die Kündigungsfrist 1 Woche, dh 7 Tage, so endet die Beschäftigung mit Ablauf des auf den Zugang folgenden Dienstags. Beträgt die Kündigungsfrist 1 Monat und ist die Kündigung am 4.4. zugegangen, so endet das Heuerverhältnis mit Ablauf des 4.5.

335 Wenn nicht nur die Dauer der Frist, sondern auch ein bestimmtes Datum (zum 15. oder zum Ende eines Kalendermonats) zu beachten ist, so bezeichnet dies das Datum, zu dem das Heuerverhältnis beendet werden kann.

Beispiele
Die Kündigungsfrist beträgt 2 Monate zum Ende des Kalendermonats. Wenn die Kündigung am 20. Januar zugeht, so endet das Heuerverhältnis nicht am 20. März (2 Monate), sondern es konnte erst „zum Ende des Kalendermonats", dh zum 31. März gekündigt werden.
Die Kündigungsfrist beträgt 4 Wochen zum 15. oder zum Ende des Kalendermonats. Das Heuerverhältnis soll zum 15. August (Sonnabend) beendet werden. Der Sonnabend, der vier Wochen vor dem

122 *Peetz* in: Bubenzer/Noltin/Peetz/Mallach, SeeArbG, München 2015, § 66 Rn. 5.
123 *Peetz* in: Bubenzer/Noltin/Peetz/Mallach, SeeArbG, München 2015, § 66 Rn. 14; zu weiteren Ausnahmen im Aushilfsverhältnis und bei Kleinbetrieben: *Müller-Glöge* in: Müller-Glöge/Preis/Schmidt (Hrsg.), Erfurter Kommentar zum Arbeitsrecht, 15. Auflage, München 2015, BGB § 622 Rn. 16 ff.

15. August liegt, ist der 18. Juli. Die Kündigung muss daher spätestens am 18. Juli zugehen, um zum 15. August wirksam zu sein.

Ist der letzte Tag, an dem eine Kündigung erklärt werden kann, ein **Sonnabend, Sonntag oder Feiertag**, muss die Kündigung dennoch an diesem Tag zugehen, da § 193 BGB nicht gilt.[124] Wurde die Kündigungsfrist falsch berechnet, so wird das Heuerverhältnis zu dem Termin beendet, zu dem es bei korrekt berechneter Frist geendet hätte, wenn hinreichend deutlich ist, dass das Heuerverhältnis auch dann enden soll, beispielsweise durch den Zusatz *„hilfsweise kündigen wir das Heuerverhältnis zum nächstmöglichen Termin"*.[125] 336

4. Anhörung des Betriebsrats

Besteht eine Arbeitnehmervertretung (**Seebetriebsrat/Bordvertretung**) nach dem Betriebsverfassungsgesetz, ist diese vor dem Ausspruch jeder Kündigung anzuhören, § 102 Absatz 1 BetrVG.[126] Der Seebetriebsrat ist anzuhören, wenn von der Entscheidung mehrere Schiffe des Seebetriebs betroffen sind. Bei einer Kündigung von Schiffsoffizieren ist stets der Seebetriebsrat anzuhören, § 116 Absatz 6 Nummer 1 lit. c BetrVG.[127] Ist von einer sonstigen Kündigung der Bordbetrieb des einzelnen Schiffes betroffen, so ist die Bordvertretung anzuhören. Wird die Kündigung vom Kapitän ausgesprochen, ist die Bordvertretung anzuhören, § 115 Absatz 7 Nummer 1 BetrVG.[128] Wird dem Kapitän gekündigt, ist der Seebetriebsrat nicht anzuhören, die Entscheidung ist dem Seebetriebsrat lediglich rechtzeitig mitzuteilen, §§ 114 Absatz 6 Satz 2, 105 BetrVG. 337

Ist der Seebetriebsrat bzw. die Bordvertretung nicht vor Ausspruch der Kündigung angehört worden, ist die Kündigung unwirksam, § 102 Absatz 1 Satz 3 BetrVG. Gleiches gilt, wenn die Anhörung fehlerhaft war und der Fehler dem Arbeitgeber zuzurechnen ist.[129] **!**

---

124 BAG, Urteil vom 5. März 1970 – 2 AZR 112/69 –, BAGE 22, 304, Rn. 16 ff., zitiert nach juris.
125 Vgl. BAG, Urteil vom 10. April 2014 – 2 AZR 647/13 –, Rn. 17, juris.
126 Auf Reedereien, die ihren Sitz ausschließlich im Ausland haben, findet das BetrVG keine Anwendung, auch nicht, wenn sie ein deutschflaggiges Schiff bereedern, BAG, Urteil vom 26. September 1978 – 1 AZR 480/76 –, BAGE 31, 77–83, Rn. 26 ff., zitiert nach juris.
127 *Weigand* in: Etzel (u.a.), KR: Gemeinschaftskommentar zum Kündigungsschutzgesetz und zu sonstigen kündigungsrechtlichen Vorschriften, 10. Auflage 2013, SeemG Rn. 56.
128 *Thüsing* in: Richardi (Hrsg.), Betriebsverfassungsgesetz und Wahlordnung, 14. Auflage, München 2014, BetrVG § 115 Rn. 115.
129 *Mauer* in: Rolfs u.a. (Hrsg.), Beck'scher Online-Kommentar Arbeitsrecht, Edition 34, Stand: 1.12.2014, BetrVG § 102 Rn. 22.

338 Um Seebetriebsrat bzw. Bordvertretung ordnungsgemäß zu unterrichten, müssen die aus Sicht des Kündigenden tragenden Kündigungsgründe[130] sowie Name, Lebensalter, Unterhaltspflichten, Dauer der Betriebszugehörigkeit, Kündigungsfrist, Kündigungstermin, ausgeübte Tätigkeit, betrieblicher Werdegang und die Art der Kündigung mitgeteilt werden.[131] Auch wenn die Anhörung grundsätzlich formfrei möglich ist, sollte sie schriftlich durchgeführt werden, da so die Beteiligung des Seebetriebsrats/der Bordvertretung leichter zu beweisen ist.[132]

Muster: Anhörung des Seebetriebsrats/der Bordvertretung[133]

An den Seebetriebsrat/die Bordvertretung ......
zu Händen des/der Seebetriebsratsvorsitzenden/der/des Vorsitzenden der Bordvertretung ......
Sehr geehrte(r) ......,
die Firma ...... beabsichtigt, Herrn/Frau (vollständige Personalangaben) zu kündigen. Herr/Frau wurde zum ...... als ...... eingestellt. Auf die Beteiligung des Seebetriebsrats/der Bordvertretung anlässlich der Einstellung nehmen wir Bezug. Die Kündigungsfrist beträgt ...... Herr/Frau ...... [Erläuterung der Gründe, die aus Sicht des Arbeitgebers die Kündigung rechtfertigen].

Bei einer ordentlichen Kündigung:
Der Seebetriebsrat/die Bordvertretung wird gebeten, der Kündigung zuzustimmen. Für den Fall, dass eine Zustimmung nicht möglich ist, wird ergänzend darum gebeten, Bedenken gegen diese Kündigung schriftlich binnen einer Woche mitzuteilen.

Bei außerordentlicher Kündigung:
Der Seebetriebsrat/die Bordvertretung wird gebeten, der Kündigung unverzüglich zuzustimmen. Wegen der besonderen Eilbedürftigkeit wird gebeten, sofort eine Sitzung des Seebetriebsrats/der Bordvertretung einzuberufen und die beabsichtigte Kündigung zum Gegenstand einer Sitzung des Seebetriebsrats/der Bordvertretung zu machen. Der Seebetriebsrat/die Bordvertretung wird gebeten, der Kündigung zuzustimmen. Für den Fall, dass der Seebetriebsrat/der Bordvertretung sich hierzu außer Stande sieht, wird darum gebeten, Bedenken gegen die Kündigung schriftlich innerhalb von drei Tagen mitzuteilen.

Zusätzlich bei außerordentlicher Kündigung und hilfsweise ausgesprochner ordentlicher Kündigung:
Auch für den Fall, dass diese Kündigung aus nicht vorhersehbaren Gründen rechtsunwirksam sein sollte, sehen wir uns nicht in der Lage, das Heuerverhältnis mit Herrn/Frau ...... fortzusetzen. Für diesen Fall beabsichtigen wir, uns von ihm/ihr unter Wahrung der gesetzlichen/tariflichen/vertraglichen Frist zu trennen. Wir ersuchen den Seebetriebsrat/die Bordvertretung, auch der beabsichtigten hilfsweisen ordentlichen Kündigung zuzustimmen.

Unterschrift

---

130 BAG, Urteil vom 6. Juli 2006 – 2 AZR 520/05 –, Rn. 18, juris.

131 *Schulte* in: Moll (Hrsg.), Münchener Anwalts Handbuch Arbeitsrecht, 3. Auflage, München 2012, § 47 Rn. 29 f.

132 *Linck* in: Schaub (Begr.), Arbeitsrechts-Handbuch, Systematische Darstellung und Nachschlagewerk für die Praxis, 15. Auflage, München 2013, § 124 Rn. 25, 43, 44.

133 Die Formulierungsvorschläge entsprechen weitestgehend wortgleich *Schulte* in: Moll (Hrsg.), Münchener Anwalts Handbuch Arbeitsrecht, 3. Auflage, München 2012, § 47 Rn. 34 ff.

Ist der Seebetriebsrat/die Bordvertretung ordnungsgemäß unterrichtet, kann der Seebetriebsrat/die Bordvertretung zu der geplanten Kündigung Stellung nehmen; hierfür hat er bei einer ordentlichen Kündigung eine Woche, bei einer außerordentlichen Kündigung 3 Tage Zeit, § 102 BetrVG. Der Kündigung kann ausdrücklich zugestimmt werden, ihr kann widersprochen werden oder es können Bedenken geäußert werden. Äußert sich der Seebetriebsrat/die Bordvertretung überhaupt nicht, so gilt dies als Zustimmung zur Kündigung, § 102 Absatz 2 Satz 2 BetrVG. Wird der Kündigung widersprochen, hat dies keinen Einfluss auf die Wirksamkeit der Kündigung.[134] Wird der Kündigung widersprochen und wird Kündigungsschutzklage erhoben, ist das Besatzungsmitglied grundsätzlich bis zum rechtskräftigen Abschluss des Rechtsstreits weiterzubeschäftigen, § 102 Absatz 5 BetrVG. 339

5. Kündigung außerhalb des Kündigungsschutzgesetzes

Bei jeder Kündigung stellt sich für den Arbeitgeber die Frage, ob ein besonderer Grund vorliegen muss, der die Kündigung rechtfertigt, oder ob ohne einen besonderen Grund gekündigt werden kann. Das Besatzungsmitglied kann stets ohne das Vorliegen eines Kündigungsgrundes ordentlich kündigen. Aus Sicht des Besatzungsmitglieds ist daher die Frage maßgeblich, wie ausgeprägt der Schutz seines Heuerverhältnisses ist. Ein besonderer Grund, der eine ordentliche Kündigung rechtfertigt, ist notwendig, wenn das Kündigungsschutzgesetz Anwendung findet.[135] 340

Das Kündigungsschutzgesetz ist nicht anwendbar, wenn in dem Betrieb in der Regel 5 oder weniger Besatzungsmitglieder beschäftigt sind, bzw. 10 oder weniger Besatzungsmitglieder, deren Heuerverhältnisse nach dem 31.12.2003 begonnen haben, § 23 Absatz 1 Satz 2 KSchG. Abzustellen ist auf die Anzahl der Besatzungsmitglieder im Seebetrieb (Gesamtheit der Seeschiffe eines Schifffahrtsbetriebs, § 24 Absatz 2 KSchG), sodass die Anzahl der Landarbeitnehmer auch dann unerheblich ist, wenn die Schiffe regelmäßig an den Sitz des Landbetriebs zurückkehren.[136]

Das Kündigungsschutzgesetz ist auch nicht anwendbar, wenn das Heuerverhältnis im Zeitpunkt des Zugangs der Kündigung noch keine sechs Monate bestanden hat, § 1 Absatz 1 KSchG. Wenn zwischen einem beendeten und einem neu begründeten Heuerverhältnis mit demselben Arbeitgeber ein enger zeitlicher und 341

---

134 *Mauer* in: Rolfs u.a. (Hrsg.), Beck'scher Online-Kommentar Arbeitsrecht, Edition 34, Stand: 1.12.2014, BetrVG § 102 Rn. 10 f.; der begründete Widerspruch kann allerdings zur Sozialwidrigkeit der Kündigung nach § 1 Absatz 2 S. 2 Nr. 1 lit. b KSchG führen, BAG, Urteil vom 6. Juni 1984 – 7 AZR 451/82 –, Rn. 34 ff., juris.

135 Dieser Absatz entspricht: *Senne*, Arbeitsrecht: Das Arbeitsverhältnis in der betrieblichen Praxis, 8. Auflage, München 2011, S. 205.

136 *Peetz* in: Bubenzer/Noltin/Peetz/Mallach, SeeArbG, München 2015, § 65 Rn. 27.

sachlicher Zusammenhang besteht, ist eine Unterbrechung unbeachtlich.[137] Jedenfalls ab einer Zeitspanne von vier Monaten ist ein zeitlicher Zusammenhang nicht mehr gegeben.[138] Ist die erste Reise des Besatzungsmitglieds erst nach über sechs Monaten beendet, beginnt der Kündigungsschutz nach dem KSchG erst 3 Tage nach Beendigung der Reise, § 24 Absatz 3 KSchG.

Ist das Kündigungsschutzgesetz nicht anwendbar, ist die Kündigung nur an allgemeinen gesetzlichen Kündigungsschranken zu messen. Das **Maßregelungsverbot** des § 612a BGB verbietet es u.a., dass ein Besatzungsmitglied deshalb gekündigt wird, weil es seine Rechte in zulässiger Weise ausübt.[139] Die Kündigung ist nichtig (§ 134 BGB), wenn die Rechtsausübung der tragende Grund[140] für die Kündigung ist. Auch eine Kündigung, die darauf gestützt ist, dass das Besatzungsmitglied von seinem **Beschwerderecht** Gebrauch macht, ist unwirksam, § 127 Absatz 4 SeeArbG.

Beispiel

Ein Besatzungsmitglied ist davon überzeugt, dass das Essen an Bord ungenießbar ist und informiert die Hafenstaatkontrolleure. Bei der Kontrolle wird nichts beanstandet, das Auslaufen des Schiffes verzögert sich jedoch, was zu hohen Kosten führt. Eine Kündigung des Besatzungsmitglieds ist gesetzeswidrig, da dieses lediglich ein ihm zustehendes Recht wahrgenommen hat.

342 Eine Kündigung, die dem Anstandsgefühl aller billig und gerecht Denkenden widerspricht, ist **sittenwidrig** und damit nichtig, § 138 Absatz 1 BGB.[141] Sittenwidrig ist eine Kündigung nur in besonders krassen Fällen, wobei alle Umstände des Einzelfalls zu berücksichtigen sind.[142] Eine Kündigung ist insbesondere sittenwidrig, wenn Grundrechte des Kündigungsempfängers grob verletzt werden.[143]

343 Eine Kündigung ist auch dann unwirksam, wenn sie gegen **Treu und Glauben** verstößt, § 242 BGB. Ob ein Verstoß gegen Treu und Glauben vorliegt, richtet sich nach den Umständen des Einzelfalles.[144] Eine Kündigung ist nicht willkürlich, wenn ein irgendwie einleuchtender Grund zur Kündigung besteht.[145] Die **Diskriminierungsverbote des § 1 AGG** sind im Rahmen der Prüfung einer Kündigung zu be-

137 Vgl. BAG, Urteil vom 7. Juli 2011 – 2 AZR 12/10 –, BAGE 138, 321–331, Rn. 22.
138 LAG Hamburg 13.10.1986 – 4 Sa 72/86, BeckRS 2014, 70192.
139 BAG, Urteil vom 23. Oktober 2008 – 2 AZR 483/07 –, Rn. 40, juris.
140 BAG, Urteil vom 13. April 2011 – 10 AZR 88/10 –, BAGE 137, 339–346, Rn. 27, zitiert nach juris.
141 BAG, Urteil vom 14. Dezember 2004 – 9 AZR 23/04 –, BAGE 113, 129–135, Rn. 22, zitiert nach juris.
142 BAG, Urteil vom 22. Mai 2003 – 2 AZR 426/02 –, Rn. 27, juris.
143 BAG, Urteil vom 15. November 2012 – 6 AZR 339/11 –, BAGE 143, 343–353, Rn. 15, zitiert nach juris.
144 *Vossen* in: Moll (Hrsg.), Münchener Anwalts Handbuch Arbeitsrecht, 3. Auflage, München 2012, § 43 Rn. 37.
145 BAG, Urteil vom 24. Januar 2008 – 6 AZR 96/07 –, Rn. 28, juris.

rücksichtigen.[146] Liegt der Kündigungsgrund im Geschlecht, in der Religion, in der Weltanschauung, in einer Behinderung, im Alter oder in der sexuellen Identität des Besatzungsmitglieds, kann hierin zugleich ein Verstoß gegen Art. 3 GG vorliegen, sodass die Kündigung bereits nach § 138 Absatz 1 BGB nichtig ist.[147] Jedenfalls verstoßen diskriminierende Kündigungen typischerweise zumindest gegen § 242 BGB.[148]

Beispiel
Die Kündigung eines weiblichen Besatzungsmitglieds wird damit begründet, dass „die Seefahrt ein Beruf für Männer" sei. Hierin liegt ein Verstoß gegen das Gleichbehandlungsgebot des Art. 3 GG und die Kündigung ist unwirksam.

6. Ordentliche, personenbedingte Kündigung

Ist das Kündigungsschutzgesetz anwendbar, kann einem Besatzungsmitglied nur 344
ordentlich gekündigt werden, wenn die Kündigung in der Person oder im **Verhalten des Besatzungsmitglieds** begründet ist oder wenn dringende betriebliche Erfordernisse die Kündigung rechtfertigen, §§ 65 Absatz 4 SeeArbG, 1 Absatz 2 KSchG.

Nach §§ 65 Absatz 4 SeeArbG, 1 Absatz 2 KSchG kann eine Kündigung gerecht- 345
fertigt sein, wenn sie in der Person des Arbeitnehmers begründet ist. Bei der Frage, ob eine personenbedingte Kündigung oder eine verhaltensbedingte Kündigung ausgesprochen werden kann, hilft folgende Überlegung: Ein personenbedingter Kündigungsgrund liegt vor, wenn das Besatzungsmitglied will, aber nicht kann; ein verhaltensbedingter Kündigungsgrund ist gegeben, wenn das Besatzungsmitglied kann, aber nicht will.[149]

a) Negative Prognose

Die personenbedingte Kündigung ist keine Sanktion für vergangene Störungen.[150] 346
Die personenbedingte Kündigung bezieht sich **auf die Zukunft** und soll dem Arbeitgeber die Möglichkeit geben, zu erwartenden betrieblichen Beeinträchtigungen zuvorzukommen.[151] Eine personenbedingte Kündigung setzt daher voraus, dass das

146 BAG, Urteil vom 6. November 2008 – 2 AZR 523/07 –, BAGE 128, 238–255, Rn. 28, zitiert nach juris.

147 Zur sexuellen Orientierung als von Art. 3 GG umfasst: BVerfG, Beschluss vom 7. Juli 2009 – 1 BvR 1164/07 –, BVerfGE 124, 199-235, Rn. 87, zitiert nach juris.

148 BAG, Urteil vom 22. Mai 2003 – 2 AZR 426/02 –, Rn. 27, juris.

149 vHH/Linck/*Krause* § 1 Rn. 313.

150 BAG, Urteil vom 27. November 2008 – 2 AZR 193/07 –, Rn. 37, juris.

151 MAnwHdB/Vossen § 43 Rn. 448.

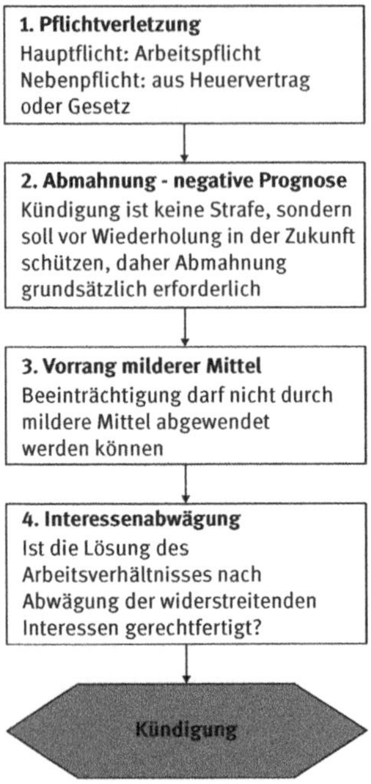

Abb. 18: Voraussetzungen für eine personenbedingte Kündigung eines Besatzungsmitglieds

Besatzungsmitglied aufgrund mangelnder Eignung oder unzureichender Fähigkeiten nicht nur für eine kurze Zeit nicht in der Lage ist, den Vertragszweck zu erfüllen.[152]

Beispiel
Einem Besatzungsmitglied sind die für den Einsatz notwendigen Patente entzogen worden. Es ist daher nicht in der Lage, seine geschuldete Arbeitsleistung zu erbringen. Da die Befähigungszeugnisse nicht nur für einen vernachlässigbar kurzen Zeitraum nicht vorliegen, besteht die negative Prognose, dass dieses Hindernis auch zukünftig dazu führen wird, dass das Besatzungsmitglied seine Arbeitsleistung nicht erbringt.

---

b) Erhebliche Beeinträchtigung betrieblicher Interessen

347 Steht fest, dass dem Arbeitnehmer die Fähigkeit oder die Eignung, die geschuldete Arbeitsleistung zu erbringen, im Kündigungszeitpunkt fehlt oder dass sie erheblich eingeschränkt ist und dass mit ihrer baldigen Wiederherstellung nicht gerechnet

---

152 BAG, Urteil vom 10. Oktober 2002 – 2 AZR 472/01 –, BAGE 103, 111–123, Rn. 35, zitiert nach juris.

werden kann, ist eine Kündigung nur dann gerechtfertigt, wenn **betriebliche Interessen erheblich beeinträchtigt** werden. Es muss also zu einer konkreten Störung des Arbeitsverhältnisses führen, die im Zeitpunkt der Kündigung noch andauert und zukünftig auch zu befürchten ist.[153]

Beispiel
Durch die mangelnden Befähigungszeugnisse ist das Besatzungsmitglied nicht einsetzbar. Ist ein Besatzungsmitglied überhaupt nicht einsetzbar, beeinträchtigt dies stets die betrieblichen Interessen des Arbeitgebers, da ein Ersatzbesatzungsmitglied mit den Aufgaben betraut werden muss und es zu erheblichen wirtschaftlichen Belastungen kommt.[154]

---

c) Vorrang milderer Mittel

Eine Kündigung ist entsprechend dem das ganze Kündigungsrecht beherrschenden 348
Verhältnismäßigkeitsgrundsatz unwirksam, wenn sie durch **andere mildere Mittel** vermieden werden kann. Ist die Kündigung nicht zur Beseitigung der betrieblichen Beeinträchtigungen bzw. der eingetretenen Vertragsstörung geeignet oder nicht erforderlich, ist sie daher unwirksam. Der Arbeitgeber muss von mehreren gleich geeigneten, zumutbaren Mitteln dasjenige wählen, das das Arbeitsverhältnis und den betroffenen Arbeitnehmer am wenigsten belastet: Eine Kündigung ist als letztes Mittel nur zulässig, wenn der Arbeitgeber alle zumutbaren Möglichkeiten zu ihrer Vermeidung ausgeschöpft hat.[155] Ein solch milderes Mittel ist stets die **Weiterbeschäftigung** auf einem anderen freien Arbeitsplatz.[156] In der Seeschifffahrt ist zu beachten, dass keine Pflicht besteht, ein Besatzungsmitglied, dessen vertragliche Aufgabe es ist, an Bord eines Schiffes zu arbeiten, an Land weiterzubeschäftigen.[157]

d) Interessenabwägung

Schließlich muss eine **umfassende Interessenabwägung** vorgenommen werden, 349
wobei vor allem[158] zu prüfen ist, ob der Arbeitgeber die aufgrund des personenbe-

---

153 Der Absatz entspricht BAG, Urteil vom 10. Oktober 2002 – 2 AZR 472/01 –, BAGE 103, 111–123, Rn. 35, zitiert nach juris.

154 Zum Kriterium der wirtschaftlichen Belastung als Beeinträchtigung betrieblicher Interessen: BAG, Urteil vom 7. November 2002 – 2 AZR 599/01 –, Rn. 27, juris (krankheitsbedingte Kündigung).

155 Der Absatz entspricht BAG, Urteil vom 12. Juli 2007 – 2 AZR 716/06 –, BAGE 123, 234–246, Rn. 29, zitiert nach juris.

156 BAG, Urteil vom 10. Juni 2010 – 2 AZR 1020/08 –, Rn. 16 ff., juris.

157 LAG Hamburg, 30.10.1981 – 6 Sa 51/81, SeeAE BGB § 615 Nr. 1 II.

158 In der Seeschifffahrt nur untergeordnete Bedeutung haben das Präventionsverfahren nach § 84 Absatz 1 SGB I sowie das Betriebliche Eingliederungsmanagement (BEM) nach § 84 Absatz 2 SGB IX, da in diesen Fällen das Besatzungsmitglied meist seedienstuntauglich sein dürfte. Zum

dingten Kündigungsgrundes eingetretene Störung des Heuerverhältnisses billigerweise noch hinnehmen muss oder ob die Kündigung bei verständiger Würdigung und Abwägung der beiderseitigen Interessen der Vertragsparteien und des Betriebes billigenswert und angemessen erscheint.[159] Hierbei ist u.a. zu berücksichtigen, ob die Unfähigkeit der korrekten Erbringung der Arbeitsleistung auf betriebliche Umstände[160] zurückzuführen ist, ob und wie lange das Arbeitsverhältnis zunächst ungestört verlaufen ist,[161] sowie die allgemeinen sozialen Gesichtspunkte wie Betriebszugehörigkeit, Lebensalter und Unterhaltspflichten.[162]

e) Insbesondere: krankheitsbedingte Kündigung

350 Ein Unterfall der personenbedingten Kündigung ist die **krankheitsbedingte Kündigung**. Bei der krankheitsbedingten Kündigung sind 3 Fälle zu unterscheiden:

- Das Besatzungsmitglied ist häufig für einen kurzen Zeitraum krank.
- Das Besatzungsmitglied ist dauernd arbeitsunfähig.
- Das Besatzungsmitglied ist über einen lang andauernden Zeitraum erkrankt.

351 Auch bei einer krankheitsbedingten Kündigung gelten die allgemeinen Voraussetzungen der personenbedingten Kündigung: Zunächst ist eine negative Prognose hinsichtlich des voraussichtlichen Gesundheitszustandes des erkrankten Arbeitnehmers erforderlich. Es müssen objektive Tatsachen vorliegen, die die Besorgnis einer weiteren, längeren Erkrankung rechtfertigen, wobei auf den Kündigungszeitpunkt und die bisher ausgeübte Tätigkeit abzustellen ist. Die zu erwartenden Auswirkungen des Gesundheitszustandes des Arbeitnehmers müssen zu einer erheblichen Beeinträchtigung der betrieblichen Interessen führen. Sie können durch Störungen im Arbeitsablauf oder durch eine erhebliche wirtschaftliche Belastung hervorgerufen werden. Weiterhin ist erforderlich, dass die Kündigung nicht durch andere mildere Mittel vermieden werden kann und dass eine umfassende Interessenabwägung zulasten des Besatzungsmitglieds ausgeht.[163]

352 Bei einer **häufigen Kurzzeiterkrankung** ist bei der negativen Prognose zu berücksichtigen, dass häufige Kurzzeiterkrankungen in der Vergangenheit als Indizien

---

Präventionsverfahren und BEM: *Linck* in: Schaub (Begr.), Arbeitsrechts-Handbuch, Systematische Darstellung und Nachschlagewerk für die Praxis, 15. Auflage, München 2013, § 131 Rn. 5 ff.

159 BAG, Urteil vom 10. Oktober 2002 – 2 AZR 472/01 –, BAGE 103, 111–123, Rn. 35, zitiert nach juris.

160 BAG, Urteil vom 7. November 2002 – 2 AZR 599/01 –, Rn. 56, juris.

161 BAG, Urteil vom 7. November 2002 – 2 AZR 599/01 –, Rn. 28, juris.

162 *Linck* in: Schaub (Begr.), Arbeitsrechts-Handbuch, Systematische Darstellung und Nachschlagewerk für die Praxis, 15. Auflage, München 2013, § 131 Rn. 10–11.

163 BAG, Urteil vom 12. Juli 2007 – 2 AZR 716/06 –, BAGE 123, 234–246, Rn. 27–30, zitiert nach juris.

für entsprechende Erkrankungen in der Zukunft angesehen werden können.[164] Die Beeinträchtigung betrieblicher Interessen kann zum einen in einer Betriebsablaufstörung liegen, zum anderen in wirtschaftlichen Belastungen, sodass eine Kündigung wegen häufiger Kurzzeiterkrankungen insbesondere dann gerechtfertigt sein kann, wenn mit immer neuen beträchtlichen krankheitsbedingten Fehlzeiten und entsprechenden Mehraufwendungen für die Beschäftigung von Aushilfskräften zu rechnen ist.[165]

Beispiel

Ein Besatzungsmitglied ist über mehrere Jahre jedes Jahr mehrmals ca. für 4 Wochen krank[166]. Da das Besatzungsmitglied bei Beginn der Erkrankungen stets an Bord ist, wird es außerplanmäßig nach Deutschland abgelöst. Die Erkrankungen in der Vergangenheit sind ein Indiz dafür, dass das Besatzungsmitglied auch künftig in entsprechendem Umfang krank sein wird. Die wirtschaftliche Belastung des Arbeitgebers liegt in diesem Fall insbesondere in den zusätzlichen Reise- und Einsatzkosten sowie den Kosten für die Heuerfortzahlung, die über das hinausgehen, das der Arbeitgeber nach § 104 SeeArbG im Falle einer einmaligen, lang andauernden Erkrankung zu zahlen verpflichtet ist.[167] Ein milderes Mittel als die Kündigung ist nicht gegeben, da eine alternative Beschäftigung an Bord nicht möglich ist. Im Beispielsfall sind auch keine Gründe ersichtlich, weshalb die Interessenabwägung dazu führen würde, dass der Arbeitgeber nicht kündigen kann. Die Kündigung wäre wirksam.

Die **krankheitsbedingte dauernde Unfähigkeit**, die vertraglich geschuldete Ar- 353
beitsleistung zu erbringen, berechtigt den Arbeitgeber grundsätzlich zur ordentlichen Kündigung des Heuerverhältnisses.[168] Steht fest, dass das Besatzungsmitglied in Zukunft die geschuldete Arbeitsleistung überhaupt nicht erbringen kann, ist das Verhältnis von Leistung und Gegenleistung auf Dauer erheblich gestört.[169] Liegt eine krankheitsbedingte dauernde Leistungsunfähigkeit vor oder ist die Wiederherstellung der Arbeitsfähigkeit völlig ungewiss, kann in der Regel ohne Weiteres von einer erheblichen Beeinträchtigung der betrieblichen Interessen ausgegangen werden.[170]

Ist das Besatzungsmitglied über einen **langen Zeitraum** arbeitsunfähig er- 354
krankt, steht diese ungewisse Wiederherstellung der Arbeitsfähigkeit einer krank-

---

164 BAG, Urteil vom 23. Juni 1983 – 2 AZR 15/82 –, BAGE 43, 129–143, Rn. 27, zitiert nach juris.

165 BAG, Urteil vom 16. Februar 1989 – 2 AZR 299/88 –, BAGE 61, 131–151, Rn. 34.

166 In diesem Fall wäre vor Ausspruch der Kündigung ein betriebliches Eingliederungsmanagement durchzuführen, siehe hierzu *Linck* in: Schaub (Begr.), Arbeitsrechts-Handbuch, Systematische Darstellung und Nachschlagewerk für die Praxis, 15. Auflage, München 2013, § 131 Rn. 6 ff.

167 *Peetz* in: Bubenzer/Noltin/Peetz/Mallach, SeeArbG, München 2015, § 65 Rn. 62.

168 Vgl. BAG, Urteil vom 10. Juni 2010 – 2 AZR 1020/08 –, Rn. 14, juris.

169 Vgl. BAG, Urteil vom 10. Juni 2010 – 2 AZR 1020/08 –, Rn. 14, juris.

170 BAG, Urteil vom 12. Juli 2007 – 2 AZR 716/06 –, BAGE 123, 234–246, Rn. 28, zitiert nach juris.

heitsbedingten dauernden Leistungsunfähigkeit dann gleich, wenn in den nächsten 24 Monaten mit einer anderen Prognose nicht gerechnet werden kann.[171] Zu beachten ist, dass die spätere Entwicklung einer Krankheit nach Ausspruch einer Kündigung weder zur Bestätigung noch zur Korrektur der Prognose verwertet werden kann; auch hier ist allein auf den Kündigungszeitpunkt abzustellen.[172]

355 Grundsätzlich trägt der Arbeitgeber, der die Kündigung ausgesprochen hat, die **Beweislast** dafür, dass ein Kündigungsgrund vorliegt, § 1 Absatz 2 Satz 4 KSchG. Dies gilt auch für die Voraussetzungen einer krankheitsbedingten Kündigung. Hinsichtlich der negativen Gesundheitsprognose genügt der Arbeitgeber seiner Darlegungslast zunächst, wenn er die bisherige Dauer der Erkrankung sowie die ihm ggf. bekannten Krankheitsursachen darlegt. Wenn auf die zunächst pauschale Darlegung der bisherigen Krankheitszeit der Arbeitnehmer konkret ggf. unter Entbindung seiner Ärzte von der Schweigepflicht dartut, dass mit einer früheren Genesung zu rechnen ist, obliegt nunmehr dem Arbeitgeber der Beweis für die Berechtigung der negativen Prognose, den er in der Regel nur durch ein medizinisches **Sachverständigengutachten** erbringen kann. Es kann nicht nur deshalb, weil eine Krankheit bereits lange andauert, die Schlussfolgerung gezogen werden, dass auch in der Zukunft mit einer ungewissen Fortdauer der Krankheit zu rechnen ist.[173]

7. Ordentliche, verhaltensbedingte Kündigung

356 Ist das Kündigungsschutzgesetz anwendbar, kann einem Besatzungsmitglied nur ordentlich gekündigt werden, wenn die Kündigung in der Person oder im **Verhalten des Besatzungsmitglieds** begründet ist oder wenn **dringende betriebliche Erfordernisse** die Kündigung rechtfertigen, §§ 65 Absatz 4 SeeArbG, 1 Absatz 2 KSchG.

357 Auch das Verhalten eines Besatzungsmitglieds kann also dazu führen, dass das Heuerverhältnis vom Arbeitgeber gekündigt werden kann. Abzugrenzen ist die verhaltensbedingte von der personenbedingten und der außerordentlichen Kündigung: Ein **verhaltensbedingter Kündigungsgrund** ist gegeben, wenn das Besatzungsmitglied kann, aber nicht will, ein personenbedingter Kündigungsgrund liegt vor, wenn das Besatzungsmitglied will, aber nicht kann.[174] Der wesentliche Unterschied zur außerordentlichen Kündigung besteht darin, dass es dem Arbeitgeber bei einer verhaltensbedingten Kündigung noch zugemutet werden kann, die Kündigungsfrist

171 BAG, Urteil vom 19. April 2007 – 2 AZR 239/06 –, Rn. 18, juris.

172 BAG, Urteil vom 12. April 2002 – 2 AZR 148/01 –, BAGE 101, 39–52, Rn. 4, zitiert nach juris.

173 BAG, Urteil vom 12. April 2002 – 2 AZR 148/01 –, BAGE 101, 39–52, Rn. 43, zitiert nach juris.

174 *Krause* in: von Hoyningen-Huene/Linck/Krause, Kündigungsschutzgesetz: KSchG, 15. Auflage, München 2013, § 1 Rn. 313

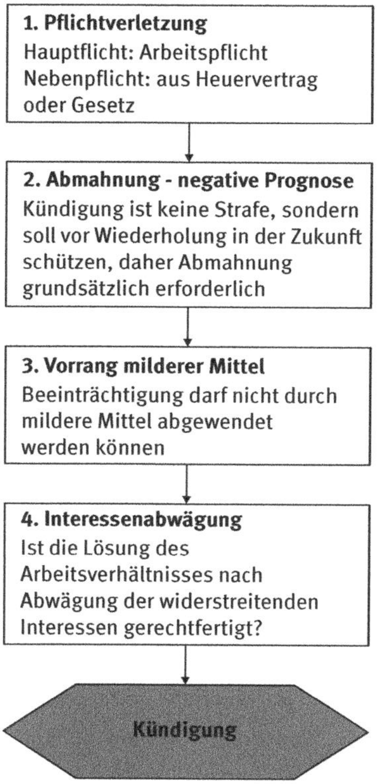

Abb. 19: Voraussetzungen für eine verhaltensbedingte Kündigung eines Besatzungsmitglieds

einzuhalten.[175] Eine verhaltensbedingte Kündigung ist nicht eine Sanktion für die **Vertragspflichtverletzung**, sondern dient der Vermeidung des Risikos, dass weitere Pflichtverletzungen begangen werden.[176]

Die Kündigung muss durch Gründe, die im Verhalten des Arbeitnehmers liegen, bedingt sein. Dies ist der Fall, wenn der Arbeitnehmer seine vertraglichen Haupt- oder Nebenpflichten erheblich und in der Regel schuldhaft verletzt hat und eine dauerhaft störungsfreie Vertragserfüllung in Zukunft nicht mehr zu erwarten steht. Dann kann dem Risiko künftiger Störungen nur durch die (fristgemäße) Beendigung des Arbeitsverhältnisses begegnet werden. Das wiederum ist nicht der Fall, wenn schon mildere Mittel und Reaktionen – wie etwa eine Abmahnung – vonseiten des Arbeitgebers geeignet gewesen wären, beim Arbeitnehmer künftige Vertragstreue zu bewirken.[177] Schließlich muss eine umfassende Interessenabwägung zulasten des Besatzungsmitglieds ausgehen.[178]

---

175 *Oetker* in: Müller-Glöge/Preis/Schmidt (Hrsg.), Erfurter Kommentar zum Arbeitsrecht, 15. Auflage, München 2015, KSchG § 1 Rn. 204.

176 BAG, Urteil vom 18. September 2008 – 2 AZR 827/06 –, Rn. 32, juris.

177 Der Absatz entspricht bis hier: BAG, Urteil vom 11. Juli 2013 – 2 AZR 994/12 –, Rn. 20, juris.

178 BAG, Urteil vom 11. Juli 2013 – 2 AZR 994/12 –, Rn. 43, juris.

a) Vertragsverletzung

358 Eine verhaltensbedingte Kündigung setzt voraus, dass das Besatzungsmitglied eine **Haupt- oder Nebenpflicht** verletzt hat.[179] Die Hauptpflicht des Besatzungsmitglieds ist die Arbeitspflicht, die verletzt wird, wenn das Besatzungsmitglied seinen Dienst ungerechtfertigt nicht antritt.[180] **Nebenpflichten**, die das Besatzungsmitglied verletzten kann, können sich ausdrücklich oder konkludent aus dem Heuervertrag[181] oder aus dem Gesetz[182] ergeben. Die **Pflichtverletzung** muss einen Bezug zum Heuerverhältnis aufweisen, da das Privatleben des Besatzungsmitglieds kündigungsrechtlich grundsätzlich unbeachtlich ist.[183]

b) Abmahnung – negative Prognose

359 Beruht die Vertragspflichtverletzung auf steuerbarem Verhalten des Besatzungsmitglieds, ist grundsätzlich davon auszugehen, dass sein künftiges Verhalten schon durch die Androhung von Folgen für den Bestand des Heuerverhältnisses positiv beeinflusst werden kann. Einer Abmahnung bedarf es nur dann nicht, wenn bereits bei Ausspruch der Kündigung erkennbar ist, dass eine Verhaltensänderung **in Zukunft** auch nach Abmahnung nicht zu erwarten steht, oder es sich um eine so **schwere Pflichtverletzung** handelt, dass selbst deren erstmalige Hinnahme dem Arbeitgeber nach objektiven Maßstäben unzumutbar und damit offensichtlich – auch für das Besatzungsmitglied erkennbar – ausgeschlossen ist.[184] Von einer Abmahnung kann nur gesprochen werden, wenn der Arbeitgeber das Besatzungsmitglied deutlich und ernsthaft ermahnt und es auffordert, ein genau bezeichnetes Fehlverhalten zu ändern bzw. aufzugeben.[185] Eine Abmahnung muss das Besatzungsmitglied also auf seine Pflichten hinweisen (**Dokumentationsfunktion**), auf die Pflichtverletzung aufmerksam machen (**Rügefunktion**) sowie für die Zukunft ein pflichtgemäßes Verhalten einfordern und für den Fall einer erneuten Pflichtverletzung Konsequenzen androhen (**Warnfunktion**).[186] Zu beachten ist, dass die

---

179 Vgl. BAG, Urteil vom 11. Juli 2013 – 2 AZR 994/12 –, Rn. 20, juris.

180 Vgl. *Oetker* in: Müller-Glöge/Preis/Schmidt (Hrsg.), Erfurter Kommentar zum Arbeitsrecht, 15. Auflage, München 2015, KSchG § 1 Rn. 190.

181 Vgl. *Oetker* in: Müller-Glöge/Preis/Schmidt (Hrsg.), Erfurter Kommentar zum Arbeitsrecht, 15. Auflage, München 2015, KSchG § 1 Rn. 190.

182 Vgl. *Linck* in: Schaub (Begr.), Arbeitsrechts-Handbuch, Systematische Darstellung und Nachschlagewerk für die Praxis, 15. Auflage, München 2013, § 133 Rn. 3.

183 *Ulrich* in: Moll (Hrsg.), Münchener Anwalts Handbuch Arbeitsrecht, 3. Auflage, München 2012, § 43 Rn. 304.

184 Der gesamte Absatz entspricht: BAG, Urteil vom 11. Juli 2013 – 2 AZR 994/12 –, Rn. 21, juris.

185 Vgl. BAG, Urteil vom 18. Januar 1980 – 7 AZR 75/78 –, Rn. 22, juris.

186 Vgl. BAG, Urteil vom 19. Juli 2012 – 2 AZR 782/11 –, BAGE 142, 331–338, Rn. 20, zitiert nach juris.

Warnfunktion einer Abmahnung sich nur auf gleichartige Pflichtverletzungen erstreckt.[187]

Jede Abmahnung muss die
- Dokumentationsfunktion
- Rügefunktion
- Warnfunktion

erfüllen.

Die Abmahnung ist formfrei möglich, sollte jedoch zu Beweiszwecken **schriftlich** erfolgen.[188] Nicht notwendig ist, dass die Abmahnung auch ausdrücklich als solche bezeichnet wird; es ist ausreichend, dass die Funktionen der Abmahnungen erfüllt werden.[189] Als abmahnungsberechtigte Personen kommen nicht nur Kündigungsberechtigte, sondern alle Mitarbeiter in Betracht, die aufgrund ihrer Aufgabenstellung dazu befugt sind, dem Besatzungsmitglied verbindliche Anweisungen bezüglich des Ortes, der Zeit sowie der Art und Weise der arbeitsvertraglich geschuldeten Arbeitsleistung zu erteilen.[190] 360

Eine bestimmte Anzahl von Abmahnungen ist grundsätzlich nicht erforderlich; je nach Einzelfall kann bereits eine Abmahnung ausreichen, sodass schon bei der ersten Wiederholung die Kündigung ausgesprochen werden kann.[191] Werden mehrere Abmahnungen ausgesprochen, ist zu beachten, dass Abmahnungen ihre **Warnfunktion** einbüßen können, wenn der Arbeitgeber trotz ständig neuer Pflichtverletzungen des Besatzungsmitglieds weiterhin nur abmahnt.[192] Das Besatzungsmitglied muss die in der Abmahnung enthaltene Drohung noch ernst nehmen können; es darf sich nicht um eine „leere" Drohung handeln.[193] Wurde mehrmals abgemahnt (entweder, da es erforderlich war, oder, weil dem Besatzungsmitglied „noch eine letzte Chance" gegeben werden sollte), muss die letzte Abmahnung vor Ausspruch der Kündigung **besonders eindringlich gestaltet** sein, wobei sich die Form (eindringliches Abmahnungsgespräch, besonders hervorgehobener Text „letztmalige Abmahnung" etc.) nach den Umständen des Einzelfalls richtet.[194] 361

---

187 Vgl. BAG, Urteil vom 27. September 2012 – 2 AZR 955/11 –, Rn. 47, juris.

188 *Linck* in: Schaub (Begr.), Arbeitsrechts-Handbuch, Systematische Darstellung und Nachschlagewerk für die Praxis, 15. Auflage, München 2013, § 132 Rn. 9.

189 BAG, Urteil vom 18. Januar 1980 – 7 AZR 75/78 –, Rn. 22, juris.

190 Vgl. BAG, Urteil vom 18. Januar 1980 – 7 AZR 75/78 –, Rn. 22, juris.

191 *Linck* in: Schaub (Begr.), Arbeitsrechts-Handbuch, Systematische Darstellung und Nachschlagewerk für die Praxis, 15. Auflage, München 2013, § 132 Rn. 20.

192 Vgl. BAG, Urteil vom 27. September 2012 – 2 AZR 955/11 –, Rn. 47, juris.

193 Vgl. BAG, Urteil vom 27. September 2012 – 2 AZR 955/11 –, Rn. 47, juris.

194 Vgl. BAG, Urteil vom 15. November 2001 – 2 AZR 609/00 –, BAGE 99, 340–348, Rn. 41, zitiert nach juris.

Muster (Allerletzte) **Abmahnung**[195]
Sehr geehrte(r) Frau/Herr ......,
... (Darstellung des Sachverhaltes, der zum Anlass für die Abmahnung genommen wird, ggf. Hinweis auf vorausgegangene Abmahnungen.)... Sie haben damit gegen Ihre arbeitsvertraglichen Pflichten verstoßen. Ihre Pflicht wäre es gewesen ... (Darstellung der korrekten Verhaltensweise) ...
Wir mahnen Sie hiermit wegen dieses Verstoßes ab. Die Abmahnung nehmen wir zur Personalakte.
Wir weisen Sie darauf hin, dass wir in diesem Verhalten einen Verstoß gegen Ihre heuervertraglichen Pflichten sehen. Wir sind nicht bereit, derartige Pflichtwidrigkeiten in Zukunft hinzunehmen und bitten Sie nachdrücklich, den Ihnen obliegenden heuervertraglichen Pflichten ordnungsgemäß nachzukommen. Sollten Sie gleichwohl – entgegen dieser Abmahnung – erneut in der von uns gerügten oder ähnlichen Art und Weise gegen Ihre heuervertraglichen Pflichten verstoßen, müssen Sie mit einer, ggf. auch außerordentlichen, Kündigung Ihres Arbeitsverhältnisses rechnen.
Ggf: Wir fordern Sie letztmalig auf, Ihren arbeitsvertraglichen Pflichten nachzukommen. Dies ist unsere allerletzte Abmahnung. Sollte sich diese oder eine gleichartige Pflichtverletzung wiederholen, werden wir das zwischen Ihnen und uns bestehende Arbeitsverhältnis außerordentlich, hilfsweise ordentlich kündigen.

Mit freundlichen Grüßen

c) Vorrang milderer Mittel

362 Die verhaltensbedingte Kündigung ist nur zulässig, wenn **kein milderes Mittel** geeignet ist, dafür zu sorgen, dass sich das Besatzungsmitglied künftig vertragstreu verhält.[196] Ob ein milderes Mittel gleich geeignet ist, die zukünftige Vertragsverletzung zu beseitigen, hängt von den Umständen des Einzelfalls ab. Die **Abmahnung** ist zum einen notwendig, um bei einem nicht besonders gravierenden Verstoß die negative Prognose einer künftigen Pflichtverletzung begründen zu können. Die Abmahnung stellt jedoch auch stets ein milderes Mittel dar, da sie das Heuerverhältnis nicht beendet, dem Besatzungsmitglied seinen Fehler aber deutlich aufzeigt. Ein weiteres milderes Mittel, das zu prüfen ist, bevor eine Kündigung ausgesprochen werden kann, ist eine Versetzung des Besatzungsmitglieds auf einen freien Arbeitsplatz in einem anderen Betrieb des Unternehmens, § 1 Absatz 2 Satz 2 Nummer 1 lit. b) KSchG. Zu fragen ist zunächst, ob eine Versetzung geeignet ist, eine künftige Pflichtverletzung sicher auszuschließen.[197] Ggf. ist auch zu prüfen, ob eine Weiterbeschäftigung zu geänderten Arbeitsbedingungen möglich ist. Eine Weiterbeschäftigung auf einem anderen Arbeitsplatz stellt nur dann ein milderes Mittel zur Kün-

195 Nach *Schrader/Klagges* in: Schaub/Schrader/Straube/Vogelsang, Arbeitsrechtliches Formular- und Verfahrenshandbuch, 10. Auflage, München 2013, Rn. 456, 459.
196 Vgl. BAG, Urteil vom 11. Juli 2013 – 2 AZR 994/12 –, Rn. 20, juris.
197 Eine Versetzung ist nur dann ein gleich geeignetes, milderes Mittel, wenn es eine weitere Störung zuverlässig ausschließende Beschäftigungsmöglichkeit gibt: BAG, Urteil vom 28. Oktober 2010 – 2 AZR 293/09 –, Rn. 12, juris.

digung dar, wenn sie dem Arbeitgeber auch möglich und zumutbar ist. Im Falle einer erheblich verschuldeten Vertragspflichtverletzung ist eine Versetzung dem Arbeitgeber grundsätzlich nicht zumutbar. Die Frage, ob der Arbeitgeber gehalten ist, das Besatzungsmitglied an einem anderen freien Arbeitsplatz weiterzubeschäftigen, statt ihm zu kündigen, hängt daher sowohl von den Ursachen des Fehlverhaltens und dem am neuen Arbeitsplatz zu erwartenden Verhalten als auch von der Schwere des Pflichtenverstoßes ab, also insbesondere von der Intensität und den Folgen zB eines des tätlichen Angriffs.[198] Eine Versetzung ist an Bord **nur in absoluten Ausnahmesituationen** möglich, da die Aufgaben und Verantwortlichkeiten so präzisiert sind, dass im Falle einer **Schlechtleistung**[199] oder bei unakzeptablem Verhalten anderen Besatzungsmitgliedern gegenüber regelmäßig kein anderer Beschäftigungsplatz zur Verfügung steht. Eine Versetzung an Land muss nicht geprüft werden, da eine Versetzung nur im Seebetrieb geschuldet ist[200] und die Tätigkeit an Land eine Umschulung voraussetzen würde, welche dem Arbeitgeber nicht zugemutet werden kann[201].

d) Interessenabwägung

Schließlich ist zu beurteilen, ob die Lösung des Arbeitsverhältnisses in **Abwägung der Interessen** beider Vertragsteile billigenswert und angemessen erscheint.[202] 363

8. Ordentliche, betriebsbedingte Kündigung

Ist das Kündigungsschutzgesetz anwendbar, kann einem Besatzungsmitglied nur ordentlich gekündigt werden, wenn die Kündigung in der Person oder im Verhalten des Besatzungsmitglieds begründet ist oder wenn dringende betriebliche Erfordernisse die Kündigung rechtfertigen, §§ 65 Absatz 4 SeeArbG, 1 Absatz 2 KSchG. 364

Die ordentliche Kündigung ist nach § 1 Absatz 2 KSchG sozial gerechtfertigt, wenn sie durch dringende betriebliche Erfordernisse, die einer Weiterbeschäftigung des Arbeitnehmers im Betrieb entgegenstehen, bedingt ist. 365

Dem Arbeitgeber steht es grundsätzlich frei, Betriebsstrukturen zu verändern und Arbeitsplätze abzubauen. Voraussetzungen der betriebsbedingten Kündigung sind der tatsächliche Wegfall eines Arbeitsplatzes aufgrund einer unternehmeri-

198 Seit dem letzten Nachweis: BAG, Urteil vom 6. Oktober 2005 – 2 AZR 280/04 –, Rn. 33, juris.
199 *Peetz* in: Bubenzer/Noltin/Peetz/Mallach, SeeArbG, München 2015, § 65 Rn. 83.
200 *Peetz* in: Bubenzer/Noltin/Peetz/Mallach, SeeArbG, München 2015, § 65 Rn. 53, 83.
201 *Ulrich* in: Moll (Hrsg.), Münchener Anwalts Handbuch Arbeitsrecht, 3. Auflage, München 2012, § 43 Rn. 320.
202 BAG, Urteil vom 28. Oktober 2010 – 2 AZR 293/09 –, Rn. 12, juris.

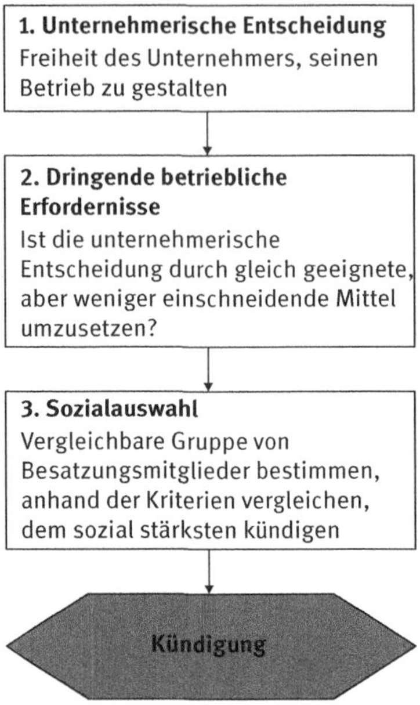

Abb. 20: Voraussetzungen für eine betriebsbedingte Kündigung eines Besatzungsmitglieds

schen Entscheidung, eine fehlende Weiterbeschäftigungsmöglichkeit und schließlich muss unter vergleichbaren Besatzungsmitgliedern demjenigem Besatzungsmitglied gekündigt werden, das unter sozialen Gesichtspunkten am wenigsten schutzwürdig ist.[203]

a) Unternehmerische Entscheidung

366 Anders als bei der personen- und verhaltensbedingten Kündigung hat die betriebsbedingte Kündigung ihre Ursache in einer **unternehmerischen Entscheidung** und stellt einen Ausgleich dafür dar, dass der Arbeitgeber das wirtschaftliche Risiko trägt.[204] Die unternehmerische Entscheidung kann sich aus innerbetrieblichen oder außerbetrieblichen Gründen ergeben. In beiden Konstellationen liegt der Kündigungsgrund in der Sphäre des Arbeitgebers, der entweder agiert, das heißt eine Organisationsentscheidung trifft, oder auf eine bestimmte Situation reagiert. Die Reaktion des Arbeitgebers auf eine bestimmte Situation liegt insbesondere vor, wenn der

---

203 Der Absatz entspricht *Rolfs* in: Rolfs u.a. (Hrsg.), Beck'scher Online-Kommentar Arbeitsrecht, Edition 34, Stand: 1.12.2014, § 1 KSchG Rn. 339.

204 *Senne*, Arbeitsrecht: Das Arbeitsverhältnis in der betrieblichen Praxis, 8. Auflage, München 2011, 227.

Arbeitgeber einen Auftrag verliert und den Personalbestand an die noch verbleibende Arbeitsmenge anpassen muss.[205]

Beispiel
(für eine aus **innerbetrieblichen Gründen** resultierende Unternehmerentscheidung)
Zur Kostensenkung beschließt der Arbeitgeber, sein Schiff nur noch mit der nach den gesetzlichen Bemannungsvorschriften notwendigen Mindestbesatzung zu bemannen und künftig keine Stewards mehr einzusetzen.[206] Hierin liegt eine unternehmerische Entscheidung, die von einem innerbetrieblichen Grund – der Verbesserung der Kostenstruktur – getragen ist.

Beispiel
(für eine auf **außerbetrieblichen Gründen** basierende Unternehmerenscheidung)
Eine Crewingagentur, die lediglich für eine Reederei arbeitet, verliert den Auftrag, zwei der Schiffe der Reederei zu bemannen, da diese verkauft werden.[207] Die Crewingagentur beschließt, dem verringerten Personalbedarf Rechnung zu tragen.

Die unternehmerische Entscheidung ist **formfrei** möglich.[208] Sie ist gerichtlich nicht 367
auf ihre sachliche Rechtfertigung oder ihre Zweckmäßigkeit hin zu überprüfen, sondern nur darauf, ob sie offensichtlich unsachlich, unvernünftig oder willkürlich ist.[209] Dies ist beispielsweise der Fall, wenn sie unmittelbar oder mittelbar gegen Gesetze oder Verträge verstößt oder deren Umgehung dient oder wenn sie sich nur unter Verstoß gegen Gesetzes- oder Tarifrecht realisieren lässt, sofern der Schutzzweck der verletzten Norm das betroffene Arbeitsfeld unmittelbar erfasst.[210] Gerichtlich überpüfbar ist allerdings, ob die fragliche Entscheidung tatsächlich umgesetzt wurde und dadurch das Beschäftigungsbedürfnis für einzelne Arbeitnehmer entfallen ist. Nur wenn die unternehmerische Entscheidung auch zum Wegfall von Be-

---

205 Seit dem letzten Nachweis: BAG, Urteil vom 18. Juli 2013 – 6 AZR 420/12 –, Rn. 45, juris.

206 Die Entscheidung, ein Schiff nur noch mit dem notwendigen Mindestpersonal zu bemannen, rechtfertigt eine betriebsbedingte Kündigung der überzähligen Besatzungsmitglieder: ArbG Hamburg, 15.6.1989 – S 5 Ca 308/88, BeckRS 2014, 70197.

207 Nur wenn ein dauerhafter Auftragsrückgang unmittelbar zur Verringerung einer bestimmten Arbeitsmenge führt, liegt hierin ein dringendes betriebliches Erfordernis zur Kündigung: BAG, Urteil vom 15. Juni 1989 – 2 AZR 600/88 –, Rn. 37, juris. Der Arbeitgeber hat die Tatsachen näher darzulegen, aus denen sich ergeben soll, dass zukünftig auf Dauer mit einem reduzierten Arbeitsvolumen und Beschäftigungsbedarf zu rechnen ist. Das Vorliegen von möglicherweise nur kurzfristigen Produktions- oder Auftragsschwankungen muss ausgeschlossen sein: BAG, Urteil vom 23. Februar 2012 – 2 AZR 548/10 –, Rn. 20, juris – dies ist in dem Beispiel der Fall, da die Reederei die Schiffe verkauft hat und so mit einem kurzen Auftragsrückgang nicht zu rechnen ist.

208 *Linck* in: Schaub (Begr.), Arbeitsrechts-Handbuch, Systematische Darstellung und Nachschlagewerk für die Praxis, 15. Auflage, München 2013, § 134 Rn. 9.

209 BAG, Urteil vom 24. Mai 2012 – 2 AZR 124/11 –, Rn. 21, juris.

210 BAG, Urteil vom 7. Oktober 2004 – 2 AZR 122/04 –, Rn. 21, juris.

schäftigungsmöglichkeit(en) führt, kann sie eine betriebsbedingte Kündigung rechtfertigen.[211]

b) Dringende betriebliche Erfordernisse

368 Nach § 1 Absatz 2 Satz 1 KSchG müssen **dringende betriebliche Erfordernisse** die Kündigung bedingen. Die Kündigung muss im Interesse des Betriebs unvermeidbar sein. Daran fehlt es, wenn der betrieblichen Notwendigkeit durch weniger belastende Mittel auf technischem, organisatorischem oder wirtschaftlichem Gebiet entsprochen werden kann. Es sind aber nur solche Mittel zu berücksichtigen, die gleich wirksam sind, um das unternehmerische Ziel zu erreichen.[212]

369 Die Kündigung ist daher unwirksam, wenn das zu kündigende Besatzungsmitglied an einem anderen Arbeitsplatz in demselben Betrieb oder in einem anderen Betrieb des Unternehmens – ggf. zu veränderten Arbeitsbedingungen – weiterbeschäftigt werden kann.[213] Zu beachten ist hierbei, dass nur eine Weiterbeschäftigung sowohl dem Besatzungsmitglied als auch dem Arbeitgeber objektiv möglich und zumutbar sein muss. Dies setzt voraus, dass ein freier vergleichbarer (gleichwertiger) Arbeitsplatz oder ein freier Arbeitsplatz zu geänderten (schlechteren) Arbeitsbedingungen vorhanden ist und das Besatzungsmitglied über die hierfür erforderlichen Fähigkeiten und Kenntnisse verfügt.[214] Hieraus ergibt sich, dass eine Weiterbeschäftigung an Land nicht in Betracht kommt und lediglich eine Weiterbeschäftigung auf einem anderen freien Arbeitsplatz im Seebetrieb geprüft werden muss.[215] Land- und Seebetrieb sind kündigungsrechtlich getrennte Betriebe eines Schifffahrtsunternehmens.[216]

c) Sozialauswahl

370 Für die Annahme eines dringenden betrieblichen Erfordernisses reicht es aus, wenn das betriebliche Beschäftigungsbedürfnis für eine Gruppe von Mitarbeitern entfällt. Erst die **Sozialauswahl** nach § 1 Absatz 3 KSchG hat die Funktion, festzulegen, welches von mehreren vergleichbaren Besatzungsmitgliedern des Betriebs die Kündigung trifft.[217] Abzustellen ist hierbei auf einen Vergleich der Sozialdaten Dauer der

211 Seit dem letzten Nachweis: BAG, Urteil vom 24. Mai 2012 – 2 AZR 124/11 –, Rn. 21, juris.
212 Zum gesamten Absatz: BAG, Urteil vom 8. November 2007 – 2 AZR 418/06 –, Rn. 15, juris.
213 BAG, Urteil vom 9. September 2010 – 2 AZR 493/09 –, Rn. 20, juris.
214 BAG, Urteil vom 29. März 2007 – 2 AZR 31/06 –, Rn. 38, juris.
215 *Peetz* in: Bubenzer/Noltin/Peetz/Mallach, SeeArbG, München 2015, § 65 Rn. 112f.
216 ArbG Hamburg, Urteil vom 18.5.1995 – S 14 Ca 8/94, BeckRS 2014, 70180.
217 Vgl. zum gesamten Absatz: BAG, Urteil vom 18. Oktober 2006 – 2 AZR 676/05 –, Rn. 24, juris.

Betriebszugehörigkeit, Lebensalter, Unterhaltspflichten und Schwerbehinderung, § 1 Absatz 3 KSchG.

Die soziale Auswahl nach § 1 Absatz 3 Satz 1 KSchG erstreckt sich innerhalb ei- 371
nes Betriebs nur auf die Besatzungsmitglieder, die **miteinander vergleichbar** sind. Dabei bestimmt sich der Kreis der in die soziale Auswahl einzubeziehenden vergleichbaren Besatzungsmitglieder in erster Linie nach arbeitsplatzbezogenen Merkmalen, also zunächst nach der ausgeübten Tätigkeit. Dies gilt nicht nur bei einer Identität der Arbeitsplätze, sondern auch dann, wenn das Besatzungsmitglied aufgrund seiner Tätigkeit und Ausbildung eine andersartige, aber gleichwertige Tätigkeit ausführen kann. Die Notwendigkeit einer kurzen Einarbeitungszeit steht der Vergleichbarkeit nicht entgegen. An einer Vergleichbarkeit fehlt es jedoch, wenn der Arbeitgeber das Besatzungsmitglied nicht einseitig im Rahmen des Direktionsrechts auf den anderen Arbeitsplatz umsetzen oder versetzen kann. Maßgebend ist demnach, ob der Heuervertrag des Besatzungsmitglieds, dessen Arbeitsplatz weggefallen ist, einen Einsatz ohne Änderung des Heuervertrags rechtlich zulässt. Die Vergleichbarkeit kann grundsätzlich auch nicht dadurch herbeigeführt werden, dass der Heuervertrag eines von einem betrieblichen Ereignis betroffenen Arbeitnehmers erst anlässlich dieses Ereignisses entsprechend abgeändert wird.[218] Hieraus ergibt sich, dass nur solche Besatzungsmitglieder miteinander vergleichbar sind, die auf derselben Position arbeiten und auch im Schiffsbetrieb tätig sind: Nur dann ist eine Versetzung mittels des Direktionsrechts auf eine gleiche Position im Schiffsbetrieb möglich.[219] Findet das KSchG auf ein Besatzungsmitglied keine Anwendung, ist es auch nicht innerhalb der sozialen Auswahl zu berücksichtigen. Ihm muss zuerst gekündigt werden.[220]

Werden die Besatzungsmitglieder in einem Reedereikonzern auf allen Schiffen 372
des Konzerns eingesetzt, so sind auch alle Besatzungsmitglieder des Konzerns, die auf der gleichen Position arbeiten, miteinander vergleichbar. Können die Besatzungsmitglieder aufgrund des Heuervertrages nur **auf einem bestimmten Schiff** des Seebetriebs arbeiten und wird ein anderes Schiff des Seebetriebs verkauft, sind sie nicht in die Sozialauswahl mit einzubeziehen.

Beispiel
Die Besatzungsmitglieder sind direkt beim Reedereikonzern eingestellt. Der Konzern trifft die unternehmerische Entscheidung, zwei Schiffe zu verkaufen und den damit verbundenen Personalüberhang abzubauen. Da vertraglich ein 1:1-System vereinbart ist, entfällt die Beschäftigungsmöglichkeit für 4 Besatzungen. Es kann also 4 Kapitänen, 4 Ersten Nautischen Offizieren usw. gekündigt

218 Vgl. zum gesamten Absatz: BAG, Urteil vom 18. Oktober 2006 – 2 AZR 676/05 –, Rn. 30, juris.
219 *Peetz* in: Bubenzer/Noltin/Peetz/Mallach, SeeArbG, München 2015, § 65 Rn. 118.
220 Seit dem letzten Nachweis: BAG, Urteil vom 25. April 1985 – 2 AZR 140/84 –, BAGE 48, 314–327, Rn. 44, zitiert nach juris.

werden.[221] Können alle Ersten Nautischen Offiziere auf allen Schiffen des Reedereikonzerns eingesetzt werden, muss die Sozialauswahl unter allen Ersten Nautischen Offizieren durchgeführt werden. Gilt für einige von diesen das KSchG noch nicht, muss zunächst diesen gekündigt werden. Sodann den sozial Stärksten.
Sind die Besatzungen vertraglich an ein Schiff gebunden, so kann ohne Sozialauswahl gerade denjenigen Besatzungsmitgliedern gekündigt werden, die auf dem konkret zu verkaufenden Schiff beschäftigt sind.

373 Sind die Besatzungsmitglieder bestimmt, die vergleichbar sind, so sind diese anhand der Sozialdaten Dauer der Betriebszugehörigkeit, Lebensalter, Unterhaltspflichten und Schwerbehinderung zu vergleichen. Unterhaltspflichten, die in der Sozialauswahl zu berücksichtigen sind, sind alle auf einer gesetzlichen Regelung beruhenden Unterhaltsverpflichtungen,[222] auch wenn sie im Ausland zu erbringen sind.[223] Der Arbeitgeber hat nur die Sozialdaten zu berücksichtigen, die ihm bekannt sind oder die er hätte kennen müssen.[224]

i Nicht jede Schwerbehinderung führt dazu, dass das Besatzungsmitglied seedienstuntauglich ist. Daher ist auch eine mögliche Schwerbehinderung in der Sozialauswahl im Seebetrieb zu berücksichtigen.

374 § 1 Absatz 3 Satz 1 KSchG verlangt vom Arbeitgeber die „ausreichende“ Berücksichtigung der dort angeführten Sozialdaten. Dem Arbeitgeber steht damit bei der Gewichtung der Sozialdaten ein **Wertungsspielraum** zu. Dem Gesetzeswortlaut ist nicht zu entnehmen, wie die in § 1 Absatz 3 Satz 1 KSchG genannten sozialen Gesichtspunkte im Einzelfall zu bewerten sind. Kein Kriterium ist wichtiger als eines der anderen. Der dem Arbeitgeber verbleibende Wertungsspielraum ist sogar dann zu beachten, wenn der Arbeitgeber eine Sozialauswahl zunächst für entbehrlich gehalten hat. Auch wenn eine Sozialauswahl gar nicht oder methodisch fehlerhaft durchgeführt wurde, ist die Kündigung jedenfalls nicht aus diesem Grund unwirksam, wenn mit der Person des Gekündigten gleichwohl – zufällig – eine objektiv vertretbare Auswahl getroffen wurde. Der Arbeitgeber braucht grundsätzlich nicht die „bestmögliche“ Sozialauswahl vorgenommen zu haben. Ebenso wenig ist entscheidend, ob das Arbeitsgericht diese Auswahl getroffen hätte, wenn es eigenverantwortlich die sozialen Erwägungen hätte anstellen und die entsprechenden sozia-

221 In diesem Beispiel wird vorausgesetzt, dass § 613a BGB keine Anwendung findet bzw. die Besatzungsmitglieder dem Übergang des Heuerverhältnisses widersprochen haben. Zur Anwendbarkeit des § 613a: *Noltin* in: Bubenzer/Noltin/Peetz/Mallach, SeeArbG, München 2015, § 27 Rn. 29 ff.

222 BAG, Urteil vom 12. August 2010 – 2 AZR 945/08 –, Rn. 48, juris.

223 LAG Niedersachsen, Urteil vom 12. Dezember 2003 – 10 Sa 247/03 –, Rn. 34 ff., juris.

224 *Oetker* in: Müller-Glöge/Preis/Schmidt (Hrsg.), Erfurter Kommentar zum Arbeitsrecht, 15. Auflage, München 2015, KSchG § 1 Rn. 306.

len Grunddaten hätte gewichten müssen. Der dem Arbeitgeber einzuräumende Wertungsspielraum führt dazu, dass nur deutlich schutzwürdigere Arbeitnehmer sich mit Erfolg auf einen Auswahlfehler berufen können.[225]

Mögliche **Gewichtungen**, die von der Rechtsprechung nicht beanstandet wurden, sind: 375

Tabelle 29: Gewichtung der Sozialdaten bei der Sozialauswahl im Rahmen einer Kündigung

Wie viele Punkte bei welchen Sozialdaten?	BAG[226]	BAG[227]	BAG[228]
Betriebszugehörigkeit	**1,5**	**2**	**1**, ab dem 11. Jahr: **2**
Lebensalter	**1** (ab 18 Jahren)	**1** (max. 59)	**1** (max. 55)
Schwerbehinderung oder Gleichgestellte	**11** (50% und mehr) **9** (Gleichgestellte)	**10**	**1** (50%) **5** (je weitere 10%)
Unterhaltspflichten	**5** (Ehegatte/ eingetragener Lebenspartner) **7** (unterhaltspflichtiges Kind)	**5** (Ehegatte/ eingetragener Lebenspartner) **10** (unterhaltspflichtiges Kind)	**4** (Ehegatte/ eingetragener Lebenspartner) **3** (unterhaltspflichtiges Kind)

Wurde die Sozialauswahl durchgeführt, kann der Arbeitgeber unter den Voraussetzungen des § 1 Absatz 3 Satz 2 KSchG bestimmte Besatzungsmitglieder von der Sozialauswahl ausnehmen. Die Weiterbeschäftigung des Besatzungsmitglieds muss im betrieblichen Interesse liegen, was der Fall sein kann, wenn das Besatzungsmitglied besondere Kenntnisse oder Fähigkeiten besitzt oder besondere Leistungen erbringt. Auch kann es zur Sicherstellung einer ausgewogenen Personalstruktur notwendig sein, das Besatzungsmitglied im Betrieb zu halten. 376

d) Sonderfall: Verbot der Austauschkündigung

Will der Reeder, der zugleich Arbeitgeber ist, seinen Personalbedarf über eine Crewingagentur decken, kann er den bei ihm beschäftigten Besatzungsmitgliedern nicht betriebsbedingt kündigen. Das Bundesarbeitsgericht begründet dies damit, dass der Crewingagentur lediglich die Auswahl und Zurverfügungstellung der Besatzungsmitglieder übertragen wird. Insbesondere bleibe das Direktionsrecht des Arbeitgebers regelmäßig beim Reeder. Der Reeder bestimmt den wirtschaftlichen 377

225 Der gesamte Absatz entspricht: BAG, Urteil vom 7. Juli 2011 – 2 AZR 476/10 –, Rn. 48, juris.

226 BAG, Urteil vom 6. November 2008 – 2 AZR 523/07 –, BAGE 128, 238–255, zitiert nach juris.

227 BAG, Urteil vom 12. März 2009 – 2 AZR 418/07 – juris.

228 BAG, Urteil vom 9. November 2006 – 2 AZR 812/05 –, BAGE 120, 137–146, zitiert nach juris.

Schiffsbetrieb, bestimmt Ladung, Frachtraten und den Terminplan des Schiffes in Bezug auf die anzulaufenden Häfen. Die unternehmerische Entscheidung, künftig kein eigenes Seepersonal mehr nutzen zu wollen, betrifft nur einen kleinen, formalen Teilbereich der typischen Arbeitgeberfunktion.

! Anders ist die Situation, wenn der Reeder die Arbeitgeberfunktion iSd § 4 SeeArbG aufgibt. In diesem Fall liegt keine Austauschkündigung vor und eine betriebsbedingte Kündigung ist möglich.[229]

378 Ist der Einsatz von Leiharbeitnehmern zu ausländischen Heuern wirtschaftlich notwendig, kommt eine Änderungskündigung in Betracht.[230]

! **Praxistipp**
Das Ziel, die Beschäftigungsbedingungen zu ändern, kann stets auch durch eine einvernehmliche Vertragsänderung erreicht werden.

9. Verdachtskündigung

379 Ein Sonderfall einer ordentlichen oder außerordentlichen verhaltensbedingten Kündigung ist die Verdachtskündigung: Auch der **Verdacht einer schwerwiegenden Pflichtverletzung** kann einen Kündigungsgrund bilden. Ein solcher Verdacht stellt gegenüber dem Vorwurf, das Besatzungsmitglied habe eine bestimmte (strafbare) Handlung begangen, einen eigenständigen Kündigungsgrund dar. Eine Verdachtskündigung kann gerechtfertigt sein, wenn sich starke Verdachtsmomente auf objektive Tatsachen gründen, die Verdachtsmomente geeignet sind, das für die Fortsetzung des Arbeitsverhältnisses erforderliche Vertrauen zu zerstören, und der Arbeitgeber alle zumutbaren Anstrengungen zur Aufklärung des Sachverhalts unternommen, insbesondere dem Besatzungsmitglied Gelegenheit zur Stellungnahme gegeben hat. Der Verdacht muss auf konkrete – vom Kündigenden darzulegende und gegebenenfalls zu beweisende – Tatsachen gestützt sein. Es muss eine große Wahrscheinlichkeit dafür bestehen, dass der Verdacht zutrifft. Die Umstände, die den Verdacht begründen, dürfen nach allgemeiner Lebenserfahrung nicht ebenso gut durch ein Geschehen zu erklären sein, das eine außerordentliche Kündigung

229 *Peetz* in: Bubenzer/Noltin/Peetz/Mallach, SeeArbG, München 2015, § 65 Rn. 130.
230 Zum gesamten Absatz: BAG, Urteil vom 26. September 1996 – 2 AZR 200/96 –, BAGE 84, 209–216, Rn. 21 ff., zitiert nach juris; zur außerordentlichen Verdachtskündigung: BAG, Urteil vom 21. November 2013 – 2 AZR 797/11 –, BAGE 146, 303–322, Rn. 32, zitiert nach juris; dazu, dass eine ordentliche Verdachtskündigung an gleichen Voraussetzungen wie eine außerordentliche Verdachtskündigung gemessen wird; ausführlich zur Verdachtskündigung: *Dörner/Vossen* in: Ascheid/Preis/Schmidt, Kündigungsrecht, 4. Auflage, München 2012, BGB § 626 Rn. 345 ff.

nicht zu rechtfertigen vermöchte. Bloße, auf mehr oder weniger haltbare Vermutungen gestützte Verdächtigungen reichen zur Rechtfertigung eines dringenden Tatverdachts nicht aus.[231]

Wird das Besatzungsmitglied vor Ausspruch der Kündigung nicht angehört, ist eine Verdachtskündigung stets unwirksam. In diesem Fall kann die Kündigung nur wirksam sein, wenn die vorgeworfene Tat tatsächlich begangen wurde. Dies ist im Kündigungsschutzprozess vom Arbeitgeber zu beweisen. **!**

---

10. Änderungskündigung

Ein milderes Mittel zur Beendigung des Heuerverhältnisses mittels ordentlicher Kündigung ist der Ausspruch einer **Änderungskündigung** nach § 2 KSchG.[232] Eine Änderungskündigung liegt vor, wenn der Arbeitgeber das Heuerverhältnis kündigt und im Zusammenhang mit der Kündigung die Fortsetzung des Heuerverhältnisses zu geänderten Bedingungen anbietet, §§ 65 Absatz 4 SeeArbG, 2 KSchG. Eine Änderungskündigung setzt sich daher aus zwei Elementen zusammen: eine Kündigung des Heuerverhältnisses sowie das Angebot zur Fortsetzung des Heuerverhältnisses zu geänderten Bedingungen.[233] 380

Das Änderungsangebot muss dabei so **konkret gefasst** sein, dass es das Besatzungsmitglied ohne Weiteres annehmen kann. Dies muss sich bereits im Zeitpunkt des Zugangs des Kündigungsschreibens eindeutig aus dem Kündigungsschreiben ergeben. Eine spätere Klarstellung durch den Arbeitgeber reicht nicht aus. Das Schriftformerfordernis des § 65 Absatz 2 SeeArbG erstreckt sich auch auf das Änderungsangebot. Das Änderungsangebot ist Bestandteil der Kündigung. Der Inhalt des Änderungsangebots muss im Kündigungsschreiben zumindest hinreichend genau angedeutet werden. Dabei sind ggf. auch außerhalb des Schreibens liegende Umstände zur Auslegung der Erklärung heranzuziehen und zu berücksichtigen.[234] 381

---

231 Zum gesamten Absatz: BAG, Urteil vom 23. Mai 2013 – 2 AZR 102/12 –, Rn. 20f., juris.
232 BAG, Urteil vom 26. September 1996 – 2 AZR 200/96 –, BAGE 84, 209–216, Rn. 25, zitiert nach juris.
233 Vgl. *Linck* in: Schaub (Begr.), Arbeitsrechts-Handbuch, Systematische Darstellung und Nachschlagewerk für die Praxis, 15. Auflage, München 2013, § 137 Rn. 1.
234 BAG, Urteil vom 28. Oktober 2010 – 2 AZR 688/09 –, Rn. 18, juris.

Muster: Änderungskündigung[235]

Änderungskündigung

Sehr geehrte(r) Frau/Herr ......,
infolge der nach wie vor andauernden Schifffahrtskrise haben wir uns leider entschließen müssen, das MS ABC zu verkaufen. Aus diesem Grunde müssen wir das zwischen Ihnen und uns seit dem ...... bestehende Heuerverhältnis ordentlich fristgemäß zum nächstzulässigen Zeitpunkt, das ist nach unseren Berechnungen der ......, kündigen. Hilfsweise kündigen wir das Heuerverhältnis zum nächstmöglichen Zeitpunkt.
Zugleich bieten wir Ihnen an, ... (Es folgt das Änderungsangebot, möglichst konkret, dies kann ein anderer Arbeitsplatz im gleichen Betrieb sein – beispielsweise kann dem ehemals Ersten Nautischen Offizier angeboten werden, künftig als Zweiter Nautischer Offizier zu fahren –, das Angebot kann sich aber auch auf einen anderen Betrieb des Unternehmens beziehen;[236] beispielsweise als Bauaufsicht oder in der Inspektion oder auf einer anderen Position an Bord) ......
Ggf.: Der Betriebsrat wurde zur Änderungskündigung angehört. Er hat der Kündigung zugestimmt/ sich nicht geäußert/ihr widersprochen; seine Stellungnahme ist beigefügt.

Mit freundlichen Grüßen

382 Das Besatzungsmitglied kann das ihm gemachte Änderungsangebot ablehnen, es annehmen oder unter Vorbehalt annehmen. Wird die Annahme unter Vorbehalt erklärt, muss der Vorbehalt innerhalb der Kündigungsfrist, spätestens jedoch innerhalb von 3 Wochen nach Zugang der Kündigung erklärt werden, § 2 Satz 2 KSchG.

383 Die Unrentabilität des Betriebs kann einer Weiterbeschäftigung des Besatzungsmitglieds zu unveränderten Arbeitsbedingungen entgegenstehen und ein dringendes betriebliches Erfordernis zur Änderung der Arbeitsbedingungen sein. Voraussetzung einer solchen **Änderungskündigung zur Heuerreduzierung** ist, dass durch die Senkung der Personalkosten die Stilllegung eines oder mehrerer Schiffe verhindert werden kann und die Kosten durch andere Maßnahmen nicht zu senken sind. Regelmäßig bedarf es deshalb eines umfassenden Sanierungsplans, der alle gegenüber der beabsichtigten Änderungskündigung milderen Mittel ausschöpft. Der Arbeitgeber hat die Finanzlage des Betriebs, den Anteil der Personalkosten, die

235 Nach *Schrader/Klagges* in: Schaub/Schrader/Straube/Vogelsang, Arbeitsrechtliches Formular- und Verfahrenshandbuch, 10. Auflage, München 2013, Rn. 557.

236 In diesem Fall ist zu beachten, dass eine Änderungskündigung als milderes Mittel zur Beendigungskündigung vom Arbeitgeber nur gefordert werden kann, wenn die Weiterbeschäftigung auf einem anderen freien Arbeitsplatz im Seebetrieb möglich ist; ob eine Weiterbeschäftigung an Land angeboten wird bzw. werden kann, ist eine Entscheidung des Arbeitgebers, die bei der Bewertung der Wirksamkeit der Beendigungskündigung des im Seebetrieb beschäftigten Besatzungsmitglieds nicht zu berücksichtigen ist.

Auswirkung der erstrebten Kostensenkungen für den Betrieb und für die Arbeitnehmer darzustellen und darzulegen, weshalb andere Maßnahmen nicht in Betracht kommen.[237]

Beispiel
Der Arbeitgeber möchte einem Besatzungsmitglied kündigen, da bei dessen Beschäftigung im Vergleich zu Besatzungsmitgliedern anderer Nationalitäten besonders hohe Lohnkosten anfallen. Eine Beendigungskündigung ist nicht möglich, da die Lohnkostensenkung auch mit dem milderen Mittel der Änderungskündigung zur Heuerreduzierung erreicht werden kann.[238] Die Wirksamkeit der Änderungskündigung ist dann von dem umfassenden Sanierungskonzept abhängig.

---

11. Beschränkungen der Kündigungsmöglichkeiten des Arbeitgebers

Für bestimmte Gruppen von Besatzungsmitgliedern ist die Kündigungsmöglichkeit 384
des Arbeitgebers eingeschränkt.[239] Die ordentliche Kündigung gegenüber Besatzungsmitgliedern, die Mitglieder und Wahlbewerber der **Organe der Seebetriebsverfassung** sind, ist nach § 15 Absatz 1 KSchG grundsätzlich unzulässig. Eine außerordentliche Kündigung ist möglich, wenn das zuständige Organ der Kündigung zugestimmt hat oder diese Zustimmung durch eine gerichtliche Entscheidung ersetzt wurde, § 15 Absatz 1 KSchG. Wird **Schwerbehinderten** oder diesen gleichgestellten Besatzungsmitgliedern ohne **Zustimmung** des Integrationsamtes gekündigt, ist diese Kündigung unwirksam.[240]

Nicht jede Schwerbehinderung führt dazu, dass das Besatzungsmitglied seedienstuntauglich ist. Die Ausgleichsabgabe nach § 77 SGB IV muss auch von Arbeitgebern gezahlt werden, die Besatzungsmitglieder in Seebetrieben einsetzen und die entsprechende Quote nicht erfüllen.

Auch **Schwangere** und junge Mütter sind besonders vor Kündigungen geschützt. 385
Nach § 9 MuSchG ist die Kündigung einer Frau während der Schwangerschaft und bis zum Ablauf von vier Monaten nach der Entbindung nicht möglich, wenn die

---

237 Der gesamte Absatz entspricht: BAG, Urteil vom 10. September 2009 – 2 AZR 822/07 –, BAGE 132, 78–87, Rn. 25, zitiert nach juris.

238 BAG, Urteil vom 26. September 1996 – 2 AZR 200/96 –, BAGE 84, 209–216, Rn. 25, zitiert nach juris.

239 Zu weiteren Gruppen, die Sonderkündigungsschutz genießen, sowie zu den weiteren Voraussetzungen in den aufgeführten Fällen: *Eylert/Sänger*: Der Sonderkündigungsschutz im 21. Jahrhundert – Zur Entwicklung der Rechtsprechung des Bundesarbeitsgerichts zum Sonderkündigungsschutz, RdA 2010, S. 24–44.

240 BAG, Urteil vom 6. September 2007 – 2 AZR 324/06 –, BAGE 124, 43–48, Rn. 12ff., zitiert nach juris.

Schwangerschaft oder Entbindung dem Arbeitgeber vor Ausspruch der Kündigung bekannt war oder innerhalb von zwei Wochen nach Zugang der Kündigung angezeigt wurde. Wurde vom Besatzungsmitglied Elternzeit verlangt, darf der Arbeitgeber ab diesem Zeitpunkt für die Dauer der Elternzeit ebenfalls nicht kündigen, § 18 Absatz 1 Satz 1 Bundeselterngeld- und Elternzeitgesetz.

12. Außerordentliche Kündigung

386 Neben einer ordentlichen Kündigung unter Einhaltung einer Kündigungsfrist kann das Heuerverhältnis auch **außerordentlich, fristlos gekündigt** werden, §§ 67, 68 SeeArbG, 626 Absatz 1 BGB. Eine außerordentliche Kündigung ohne Einhaltung einer Kündigungsfrist ist möglich, wenn Tatsachen vorliegen, aufgrund derer dem Kündigenden unter Berücksichtigung aller Umstände des Einzelfalls und unter Abwägung der Interessen beider Vertragsteile die Fortsetzung des Heuerverhältnisses selbst bis zum Ablauf der Kündigungsfrist nicht zugemutet werden kann. Dafür ist zunächst zu prüfen, ob der Sachverhalt ohne seine besonderen Umstände „an sich", das heißt typischerweise als **wichtiger Grund** geeignet ist. In einem zweiten Schritt bedarf es der weiteren Prüfung, ob dem Kündigenden die Fortsetzung des Heuerverhältnisses unter Berücksichtigung der konkreten Umstände des Falls und unter Abwägung der Interessen beider Vertragsteile – jedenfalls bis zum Ablauf der Kündigungsfrist – zumutbar ist oder nicht.[241]

a) An sich geeigneter Kündigungsgrund

387 Ein an sich **geeigneter Grund zur Kündigung** kann in einer erheblichen Verletzung der vertraglichen Hauptleistungspflichten liegen. Auch die schuldhafte Verletzung von Nebenpflichten kann ein wichtiger Grund zur außerordentlichen Kündigung sein. Bei einer Nebenpflichtverletzung kommt eine außerordentliche Kündigung nur in Betracht, wenn das Gewicht dieser Pflichtverletzung durch erschwerende Umstände verstärkt wird. Als Vertragspflichtverletzung, die grundsätzlich eine außerordentliche Kündigung zu rechtfertigen vermag, ist ein nachhaltiger Verstoß des Arbeitnehmers gegen berechtigte Weisungen des Arbeitgebers anzusehen. Ebenso kann die erhebliche Verletzung der **Pflicht zur Rücksichtnahme** auf die gegenseitigen Interessen einen an sich geeigneten Kündigungsgrund darstellen. Der konkrete Inhalt der Rücksichtnahmepflichten ergibt sich aus dem jeweiligen Arbeitsverhältnis und seinen spezifischen Anforderungen.[242]

---

241 Der Absatz entspricht: BAG, Urteil vom 21. November 2013 – 2 AZR 797/11 –, BAGE 146, 303–322, Rn. 15, zitiert nach juris.

242 Vgl. zum gesamten Absatz: BAG, Urteil vom 12. Mai 2010 – 2 AZR 845/08 –, Rn. 19 f., juris.

Tabelle 30: Gründe für außerordentliche Kündigung durch den Reeder

Grund	Beschreibung	Konkretisierung
Mangelnde Eignung	– Besatzungsmitglied ist für Dienst an Bord ungeeignet – Ungeeignetheit bestand schon vor Beginn des Heuerverhältnisses – Gründe für Ungeeignetheit waren Arbeitgeber nicht bekannt/hätte er nicht wissen können	ungeeignet = wenn Besatzungsmitglied wegen einer Krankheit oder mangels notwendiger Erfahrungen, Kenntnisse oder Befähigungszeugnisse nicht in der Lage ist, den vertraglich übernommenen Dienst auszuüben
Krankheit: Verschweigen oder Nichtangabe	– Besatzungsmitglied verschweigt ansteckende Krankheit oder – Besatzungsmitglied gibt nicht an, dass es Dauerausscheider von Typhus oder Paratyphus ist – durch Krankheit werden andere gefährdet	– ansteckende Krankheit = bei denen Meldepflicht nach §§ 6, 7 IfSG besteht – Gefährdung = wenn Ansteckung wahrscheinlich ist; an Bord von Seeschiffen immer anzunehmen
Pflicht-verletzung	– Besatzungsmitglied verletzt seine Pflichten aus Heuervertrag beharrlich oder – Besatzungsmitglied verletzt seine Pflichten in besonders grober Weise	– beharrlich = Besatzungsmitglied will die ihm übertragene Arbeit bewusst und nachhaltig nicht leisten; nicht zwingend: wiederholte Pflichtverletzung
Straftat	– Besatzungsmitglied begeht Straftat – Straftat macht sein Verbleiben an Bord unzumutbar	– nicht zwingend: strafrechtliche Verurteilung – unzumutbar jedenfalls wenn Straftat sich gegen anderes Besatzungsmitglied oder gegen das Schiff oder gegen Arbeitgeber richtet
Arbeitsunfähigkeit infolge Straftat	– Besatzungsmitglied wird durch eine von ihm begangene Straftat arbeitsunfähig	– nicht zwingend: strafrechtliche Verurteilung – arbeitsunfähig = § 104 SeeArbG, § 3 EFZG – nicht relevant: Besatzungsmitglied kann woanders eingesetzt werden

b) Kündigungsgründe: Kündigung durch den Arbeitgeber

388 Einige **Kündigungsgründe**, die an sich geeignet sind, die außerordentliche fristlose Kündigung gegenüber dem Besatzungsmitglied zu rechtfertigen, sind in § 67 Absatz 1 Nummer 1–5 aufgeführt.

389 – **Mangelnde Eignung**:
Ist das Besatzungsmitglied für den übernommenen Dienst ungeeignet und steht dies bereits vor Beginn des Heuerverhältnisses fest, so ist die Kündigung gerechtfertigt, wenn die Gründe dem Arbeitgeber nicht bekannt waren oder hätten bekannt sein müssen, §§ 67 Absatz 1 Satz 2 Nummer 1 SeeArbG, 626 Absatz 1 BGB. Für den übernommenen Dienst ungeeignet ist das Besatzungsmitglied, wenn es wegen einer Krankheit oder mangels notwendiger Erfahrungen, Kenntnisse oder Befähigungszeugnisse nicht in der Lage ist, den vertraglich übernommenen Dienst auszuüben.[243]

390 – **Krankheit: Verschweigen oder Nichtangabe**:
Verschweigt ein Besatzungsmitglied eine ansteckende Krankheit, durch die es andere gefährdet oder gibt es nicht an, dass es Dauerausscheider von Typhus oder Paratyphus ist, liegt ebenfalls ein an sich geeigneter Kündigungsgrund vor, §§ 67 Absatz 1 Satz 2 Nummer 2 SeeArbG, 626 Absatz 1 BGB. Gefährdet sind andere Besatzungsmitglieder, wenn eine Ansteckung wahrscheinlich ist. Aufgrund der besonderen Umstände an Bord ist eine solche Gefährdung regelmäßig anzunehmen.[244] Als ansteckende Krankheit im Sinne des § 67 Absatz 1 Satz 2 Nummer 2 SeeArbG gelten unter anderem die ansteckenden Krankheiten, bei denen eine Meldepflicht nach §§ 6, 7 IfSG besteht.[245]

391 – **Pflichtverletzung**:
Verletzt das Besatzungsmitglied seine Pflichten aus dem Heuerverhältnis beharrlich oder in besonders grober Weise, liegt ein an sich geeigneter Kündigungsgrund vor, §§ 67 Absatz 1 Satz 2 Nummer 3 SeeArbG, 626 Absatz 1 BGB. Eine beharrliche **Verletzung der Arbeitspflicht** setzt in der Person des Besatzungsmitglieds eine Nachhaltigkeit im Willen voraus. Der Arbeitnehmer muss die ihm übertragene Arbeit bewusst und nachhaltig nicht leisten wollen. Beharrlichkeit setzt allerdings nicht notwendigerweise wiederholte Pflichtverletzungen des Besatzungsmitglieds voraus. Auch die einmalige Vertragsverletzung kann das Merkmal der Beharrlichkeit erfüllen, wenn daraus der nachhaltige

243 *Weigand* in: Etzel (u.a.): Gemeinschaftskommentar zum Kündigungsschutzgesetz und zu sonstigen kündigungsrechtlichen Vorschriften, 10. Auflage 2013, SeemG Rn. 115.

244 *Peetz* in: Bubenzer/Noltin/Peetz/Mallach, SeeArbG, München 2015, § 67 Rn. 27.

245 *Lindemann*, Seearbeitsgesetz und Manteltarifvertrag für die deutsche Seeschifffahrt, Uelzen 2014, § 67 Rn. 11.

Wille des Arbeitnehmers erkennbar wird, seinen arbeitsvertraglichen Pflichten nicht nachkommen zu wollen.[246]

- **Begehen einer Straftat**: 392
  Begeht das Besatzungsmitglied eine Straftat, die seinen weiteren Verbleib an Bord unzumutbar macht, stellt dies einen an sich geeigneten Kündigungsgrund dar, §§ 67 Absatz 1 Satz 2 Nummer 4 SeeArbG, 626 Absatz 1 BGB. Eine strafrechtliche Verurteilung ist keine Voraussetzungen für das Vorliegen des an sich geeigneten Kündigungsgrundes.[247] Neben den an Bord begangenen Straftaten bilden auch solche Taten einen an sich geeigneten Kündigungsgrund, die im zeitlichen Rahmen der Schiffsreise begangen wurden, beispielsweise während des Landgangs. Unzumutbar kann der Verbleib an Bord sowohl sein, wenn sich die Straftat gegen ein anderes Besatzungsmitglied oder das Schiff richtet, als auch, wenn die Straftat gegen den Arbeitgeber gerichtet ist. In diesem Fall ist es unzumutbar, dass das Besatzungsmitglied weiter an Bord verbleibt, da dort eine direkte Kontrolle durch den Arbeitgeber kaum möglich ist und erhebliche Schäden verursacht werden können.[248]
- **Arbeitsunfähigkeit infolge des Begehens einer Straftat**: 393
  Wird ein Besatzungsmitglied durch eine von ihm begangene Straftat arbeitsunfähig, stellt dies einen an sich geeigneten Kündigungsgrund dar, §§ 67 Absatz 1 Satz 2 Nummer 5 SeeArbG, 626 Absatz 1 BGB. Voraussetzung ist, dass die Straftat tatsächlich begangen wurde. Auf eine strafrechtliche Verurteilung kommt es nicht an. Der Begriff der Arbeitsunfähigkeit entspricht dem in §§ 104 SeeArbG, § 3 EFZG. Ob das Besatzungsmitglied in einem anderen als dem vertraglich vereinbarten Arbeitsbereich eingesetzt werden kann, ist irrelevant.[249]

Wird die außerordentliche Kündigung auf See ausgesprochen, ist die Kündigung samt Kündigungsgrund ins Seetagebuch einzutragen und dem Besatzungsmitglied ist eine Kopie der Eintragung auszuhändigen, § 67 Absatz 2 SeeArbG. **!**

---

246 Zum gesamten Absatz: BAG, Urteil vom 31. Januar 1985 – 2 AZR 486/83 –, Rn. 22, juris.

247 *Weigand* in: Etzel (u.a.): Gemeinschaftskommentar zum Kündigungsschutzgesetz und zu sonstigen kündigungsrechtlichen Vorschriften, 10. Auflage 2013, SeemG Rn. 122.

248 Seit dem letzten Nachweis: *Peetz* in: Bubenzer/Noltin/Peetz/Mallach, SeeArbG, München 2015, § 67 Rn. 46 f.

249 Zum gesamten Absatz: *Peetz* in: Bubenzer/Noltin/Peetz/Mallach, SeeArbG, München 2015, § 67 Rn. 48 ff.; aA in Hinblick auf den Einsatz auf einem anderen als dem vertraglich vereinbarten Arbeitsbereich: *Weigand* in: Etzel (u.a.): Gemeinschaftskommentar zum Kündigungsschutzgesetz und zu sonstigen kündigungsrechtlichen Vorschriften, 10. Auflage 2013, SeemG 123; *Dörner* in: Ascheid/Preis/Schmidt (Hrsg.), Kündigungsrecht: Großkommentar zum gesamten Recht der Beendigung von Arbeitsverhältnissen, 4. Auflage, München 2012, SeemG § 64 Rn. 8.

394 Wenn das Besatzungsmitglied an Bord bleibt, nachdem eine außerordentliche Kündigung ausgesprochen wurde, muss es für seine Verpflegung bezahlen, indem es den Verpflegungssatz entrichtet, § 67 Absatz 3 SeeArbG.

c) Kündigungsgründe: Kündigung durch das Besatzungsmitglied

395 Will **das Besatzungsmitglied außerordentlich kündigen**, muss ebenfalls ein wichtiger Grund vorliegen, §§ 67 Absatz 1 SeeArbG, 626 Absatz 1 BGB.

396 – **Schwere Pflichtverletzung**:
Dem Wortlaut des § 68 Absatz 1 Satz 2 Nummer 1 SeeArbG nach besteht das Recht des Besatzungsmitglieds zur außerordentlichen Kündigung, wenn Reeder oder Kapitän sich einer schweren Pflichtverletzung schuldig machen. Eine Kündigungsmöglichkeit besteht nur für den Arbeitgeber. Ist dieser vom Reeder verschieden, kann bei einer Pflichtverletzung des Reeders nicht gekündigt werden. Allerdings ist es dem Besatzungsmitglied in diesen Fällen nicht zuzumuten, weiter an Bord eines Schiffes dieses Reeders zu arbeiten. Es hat ein Leistungsverweigerungsrecht und einen Anspruch auf Heimschaffung. Gleichzeitig behält es seinen Anspruch auf Heuer.[250] Insbesondere bei Rückständen in der Heuerzahlung[251] oder bei gravierenden Fürsorgepflichtverletzungen[252] liegt ein an sich geeigneter Kündigungsgrund vor.

397 – **Ehrverletzung oder Misshandlung**:
Das Besatzungsmitglied kann nach § 68 Absatz 1 Satz 2 Nummer 2 Alt. 1 SeeArbG das Heuerverhältnis außerordentlich kündigen, wenn der Kapitän es in erheblicher Weise in der Ehre verletzt hat, es selbst misshandelt hat oder die Misshandlung duldet. Voraussetzung ist, dass Kapitän und Besatzungsmitglied den gleichen Arbeitgeber haben. Andernfalls ist es dem Besatzungsmitglied jedoch nicht zumutbar an Bord zu bleiben, es hat ein Leistungsverweigerungsrecht, einen Anspruch auf Heimschaffung und behält seinen Heueranspruch gegen den Arbeitgeber.[253] Haben Kapitän und Besatzungsmitglied den gleichen Arbeitgeber, so ist für die Kündigung aufgrund einer Beleidigung erforderlich, dass das Besatzungsmitglied konkret darlegt, wodurch es beleidigt worden ist, da eine pauschale Behauptung nicht ausreicht; die Misshandlung setzt keinen

250 Zum gesamten Absatz: *Peetz* in: Bubenzer/Noltin/Peetz/Mallach, SeeArbG, München 2015, § 68 Rn. 5.

251 Eine Kündigung ist gerechtfertigt, wenn die Heuer für zwei aufeinanderfolgende Monate nicht überwiesen wird: ArbG Hamburg 15.1.1980 – S 1 Ca 443/78, zitiert nach *Lindemann*, Seearbeitsgesetz und Manteltarifvertrag für die deutsche Seeschifffahrt, Uelzen 2014, § 68 Rn. 5.

252 *Henssler* in: Säcker/Rixecker: Münchener Kommentar zum Bürgerlichen Gesetzbuch, 5. Auflage, § 626 Rn. 273.

253 Bis hier zum gesamten Absatz: *Peetz* in: Bubenzer/Noltin/Peetz/Mallach, SeeArbG, München 2015, § 67 Rn. 5, 8 f., 11.

Tabelle 31: Gründe für außerordentliche Kündigung durch das Besatzungsmitglied

Grund	Beschreibung	Konkretisierung
Schwere Pflichtverletzung	Reeder oder Kapitän hat sich gegenüber Besatzungsmitglied einer schweren Pflichtverletzung schuldig gemacht	– schwere Pflichtverletzung, etwa bei Rückständen bei Heuerzahlung (2 aufeinanderfolgende Monate) oder gravierender Fürsorgepflichtverletzung – Kündigung nur möglich, wenn Pflichtverletzung durch Arbeitgeber
Ehrverletzung oder Misshandlung	Kapitän hat Besatzungsmitglied in erheblicher Weise in der Ehre verletzt oder	– Kündigung nur möglich, wenn Kapitän und Besatzungsmitglied denselben Arbeitgeber haben, dann muss das Besatzungsmitglied die Beleidigung konkret darlegen
	Kapitän hat Besatzungsmitglied misshandelt oder	– Kündigung nur möglich, wenn Kapitän und Besatzungsmitglied denselben Arbeitgeber haben – Misshandlung umfasst nicht nur physische Eingriffe in die körperliche Unversehrtheit
	Kapitän duldet Misshandlung des Besatzungsmitglieds durch eine andere Person	– Kündigung nur möglich, wenn Kapitän und Besatzungsmitglied denselben Arbeitgeber haben – Duldung der Misshandlung: Kapitän muss persönlich Kenntnis von Misshandlung haben
Flaggenwechsel	Schiff wechselt die Flagge	– Kündigung nur, wenn unvorhersehbare Änderung der Arbeitsbedingungen eintritt = wenn Dienstpflicht auf Schiffen unter bestimmten Flaggen begrenzt war und Schiff in nicht vereinbarte Flagge wechselt – wenn Reeder nicht der Arbeitgeber ist: kein Kündigungsrecht
Keine Urlaubsgewährung	Reeder/Arbeitgeber gewährt nicht den gesetzlichen Mindesturlaub	– unerheblich, ob Urlaub verschuldet oder unverschuldet nicht gewährt wurde; Voraussetzung ist, dass Besatzungsmitglied Urlaub beantragt hat

Grund	Beschreibung	Konkretisierung
Verseuchter Hafen	– Schiff soll einen verseuchten Hafen anlaufen oder verlässt ihn nicht unverzüglich – schwere gesundheitliche Gefahren für Besatzungsmitglied	– Besatzungsmitglied wusste nicht oder konnte nicht vor Reiseantritt wissen, dass das Schiff einen verseuchten Hafen anläuft – kein Kündigungsrecht, wenn Reeder *nicht* der Arbeitgeber ist
Kriegsgebiet	Schiff soll ein Gebiet mit bewaffneten Auseinandersetzungen befahren oder Schiff verlässt ein solches Gebiet nicht unverzüglich	– kein Kündigungsrecht, da Heimschaffungsanspruch milderes Mittel ist
Seeuntüchtigkeit des Schiffes	Schiff ist nicht seetüchtig	– Besatzungsmitglied muss auf Mangel hinweisen und Mangel wird trotzdem nicht in angemessener Frist behoben – seeuntüchtig = nicht geeignet, die See zu halten und gewöhnliche Gefahren der Seefahrt zu überstehen – kein Kündigungsrecht, wenn Reeder nicht der Arbeitgeber ist
Gesundheitsschädliche Aufenthaltsräume	Aufenthaltsräume der Besatzung sind gesundheitsschädlich	– Besatzungsmitglied muss auf Mangel hinweisen und Mangel wird trotzdem nicht in angemessener Frist behoben – alle Räume des Schiffes sind Aufenthaltsräume – kein Kündigungsrecht, wenn Reeder nicht der Arbeitgeber ist
Ungenügende Verpflegung	Verpflegungsvorräte oder Trinkwasser sind ungenügend oder verdorben	– Besatzungsmitglied muss auf Mangel hinweisen und Mangel wird trotzdem nicht in angemessener Frist behoben – kein Kündigungsrecht, wenn Reeder nicht der Arbeitgeber ist
Unzureichende Bemannung	Schiff ist unzureichend besetzt	– Besatzungsmitglied muss auf Mangel hinweisen und Mangel wird trotzdem nicht in angemessener Frist behoben – unzureichende Bemannung = keine Mindestbesatzung nach Schiffsbesatzungszeugnis – kein Kündigungsrecht, wenn Reeder nicht der Arbeitgeber ist
Dringende persönliche Gründe	Dringende Familienangelegenheit oder sonstiger dringender persönlicher Grund	– keine Interessenabwägung, nur Missbrauchskontrolle – Beispiele: Tod eines Angehörigen, Geburt des eigenen Kindes – kein Schadenersatzanspruch

physischen Eingriff in die körperliche Unversehrtheit des Besatzungsmitglieds voraus.[254] Eine Duldung einer Misshandlung ist nur möglich, wenn der Kapitän persönlich Kenntnis von der Misshandlung hat.[255]

– **Flaggenwechsel**: 398
  Nach §§ 68 Absatz 1 Satz 2 Nummer 3 SeeArbG, 626 Absatz 1 BGB kann das Besatzungsmitglied außerordentlich kündigen, wenn „das Schiff die Flagge wechselt". Die Ausübung des Kündigungsrechts ist nur möglich, wenn mit dem Flaggenwechsel eine unvorhersehbare Änderung der Arbeitsbedingungen eintritt. Dies ist nur dann der Fall, wenn die Dienstpflicht auf bestimmte Flaggen begrenzt wurde und das Schiff in eine nicht vereinbarte Flagge wechselt.[256] Ist der Reeder nicht der Arbeitgeber des Besatzungsmitglieds, besteht das Kündigungsrecht nicht. Ist das Besatzungsmitglied nach dem Vertrag mit dem Arbeitgeber nicht verpflichtet, auf dem Schiff unter neuer Flagge zu arbeiten, besteht ein Anspruch, auf einem anderen Schiff beschäftigt zu werden, sowie ein Heimschaffungs- und Heueranspruch.[257]
– **Keine Urlaubsgewährung**: 399
  Wird entgegen den gesetzlichen Vorschriften kein Urlaub gewährt, liegt ein an sich geeigneter Kündigungsgrund zur außerordentlichen Kündigung vor, §§ 68 Absatz 1 Satz 2 Nummer 4 SeeArbG, 626 Absatz 1 BGB. Ob die Urlaubsgewährung verschuldet oder unverschuldet unterblieben ist, ist unerheblich.[258]
– **Verseuchter Hafen**: 400
  Soll das Schiff einen verseuchten Hafen anlaufen oder verlässt das Schiff einen Hafen bei Ausbruch einer **Seuche** nicht unverzüglich und können sich daraus schwere gesundheitliche Gefahren für das Besatzungsmitglied ergeben, kann das Heuerverhältnis durch das Besatzungsmitglied außerordentlich gekündigt werden, §§ 68 Absatz 1 Satz 2 Nummer 5 SeeArbG, 626 Absatz 1 BGB. Weitere Voraussetzung ist, dass das Besatzungsmitglied vor Antritt der Reise wusste oder hätte wissen müssen, dass es einen solchen Hafen anläuft, § 68 Absatz 1 Satz 4 KSchG. Das Kündigungsrecht besteht grundsätzlich nicht, wenn der Reeder nicht der Arbeitgeber ist. Als milderes Mittel zur Kündigung hat das Besatzungsmitglied in diesem Fall ein Leistungsverweigerungsrecht sowie einen Anspruch auf Heimschaffung und Fortzahlung der Heuer.[259]

---

254 ArbG Hamburg, 2.6.1981 – S 15 Ca 181/80, zitiert nach *Lindemann*, Seearbeitsgesetz und Manteltarifvertrag für die deutsche Seeschifffahrt, Uelzen 2014, § 68 Rn. 7.

255 *Lindemann*, Seearbeitsgesetz und Manteltarifvertrag für die deutsche Seeschifffahrt, Uelzen 2014, § 68 Rn. 8.

256 *Peetz* in: Bubenzer/Noltin/Peetz/Mallach, SeeArbG, München 2015, § 67 Rn. 14 ff., insb. Rn. 19.

257 *Peetz* in: Bubenzer/Noltin/Peetz/Mallach, SeeArbG, München 2015, § 67 Rn. 21.

258 *Lindemann*, Seearbeitsgesetz und Manteltarifvertrag für die deutsche Seeschifffahrt, Uelzen 2014, § 68 Rn. 12.

259 *Peetz* in: Bubenzer/Noltin/Peetz/Mallach, SeeArbG, München 2015, § 67 Rn. 24.

401 – **Kriegsgebiet:**
Der Kündigungsgrund des §§ 68 Absatz 1 Satz 2 Nummer 6 SeeArbG, 626 Absatz 1 BGB kann nicht zur Anwendung kommen, da stets ein Heimschaffungsanspruch besteht und dieser das mildere Mittel darstellt.[260]

402 – **Seeuntüchtigkeit des Schiffs:**
Ist das Schiff, auf dem das Besatzungsmitglied beschäftigt ist, nicht seetüchtig, kann es außerordentlich kündigen, wenn es zuvor auf den Mangel hingewiesen hat und der Mangel nicht in angemessener Frist behoben wurde, §§ 68 Absatz 1 Satz 2 Nummer 7, Satz 3 SeeArbG, 626 Absatz 1 BGB. Seeuntüchtig ist ein Schiff, wenn es nicht dazu geeignet ist, die See zu halten und die gewöhnlichen Gefahren der Seefahrt zu überstehen.[261] Ist der Reeder nicht der Arbeitgeber des Besatzungsmitglieds, kann das Besatzungsmitglied nicht kündigen: Es hat einen Anspruch, auf einem anderen Schiff beschäftigt zu werden, sowie einen Heimschaffungs- und Heueranspruch.[262]

403 – **Gesundheitsschädliche Aufenthaltsräume:**
Wenn die Aufenthaltsräume für die Besatzung gesundheitsschädlich sind, das Besatzungsmitglied auf diesen Mangel hingewiesen hat und der Mangel nicht in angemessener Frist behoben wurde, ist das ein geeigneter Kündigungsgrund, §§ 68 Absatz 1 Satz 2 Nummer 8, Satz 3 SeeArbG, 626 Absatz 1 BGB. Alle Räume des Schiffes sind Aufenthaltsräume. Ist der Reeder nicht der Arbeitgeber des Besatzungsmitglieds, kann das Besatzungsmitglied nicht kündigen: Es hat einen Anspruch, auf einem anderen Schiff beschäftigt zu werden, sowie einen Heimschaffungs- und Heueranspruch.[263]

404 – **Ungenügende oder verdorbene Verpflegungs- und Trinkwasservorräte:**
Sind Verpflegung und Trinkwasser ungenügend und es ändert sich trotz vorherigen Hinweises innerhalb einer angemessenen Frist nichts an der Situation, ist eine außerordentliche Kündigung gerechtfertigt, §§ 68 Absatz 1 Satz 2 Nummer 9, Satz 3 SeeArbG, 626 Absatz 1 BGB. Ist der Reeder nicht der Arbeitgeber des Besatzungsmitglieds, kann das Besatzungsmitglied nicht kündigen: Es hat einen Anspruch, auf einem anderen Schiff beschäftigt zu werden, sowie einen Heimschaffungs- und Heueranspruch.[264]

260 *Peetz* in: Bubenzer/Noltin/Peetz/Mallach, SeeArbG, München 2015, § 67 Rn. 26 f.

261 *Lindemann,* Seearbeitsgesetz und Manteltarifvertrag für die deutsche Seeschifffahrt, Uelzen 2014, § 68 Rn. 19.

262 *Peetz* in: Bubenzer/Noltin/Peetz/Mallach, SeeArbG, München 2015, § 67 Rn. 5, 29.

263 Zum gesamten Absatz: *Peetz* in: Bubenzer/Noltin/Peetz/Mallach, SeeArbG, München 2015, § 67 Rn. 5, 30 f.

264 Zum gesamten Absatz: *Peetz* in: Bubenzer/Noltin/Peetz/Mallach, SeeArbG, München 2015, § 67 Rn. 5, 32 f.

– **Unzureichende Bemannung**: 405
Ist das Schiff unzureichend besetzt und wurde dies trotz Hinweises nicht innerhalb einer angemessenen Frist behoben, besteht ein außerordentliches Kündigungsrecht, wenn der Reeder der Arbeitgeber ist, § 68 Absatz 1 Satz 2 Nummer 10, Satz 3 SeeArbG. Ist der Reeder nicht der Arbeitgeber, kann das Besatzungsmitglied nicht kündigen, es hat jedoch den Anspruch, auf einem anderen Schiff beschäftigt zu werden, sowie einen Heimschaffungs- und Heueranspruch. Die Bemannung ist unzureichend, wenn die nach der Schiffsbesetzung notwendigen Positionen nicht besetzt sind.[265]

Das Besatzungsmitglied kann auch kündigen, wenn dies wegen eines dringenden persönlichen Grundes, beispielsweise einer dringenden Familienangelegenheit, erforderlich ist, § 69 SeeArbG. Dieser Kündigungsgrund folgt nicht den allgemeinen Regeln. Siehe hierzu Kap. III Rn. 410. **!**

---

d) Interessenabwägung

Die außerordentliche Kündigung ist wirksam, wenn die durchzuführende **Interessenabwägung** ergibt, dass das Interesse des Kündigenden an der sofortigen Beendigung des Heuerverhältnisses das Interesse des Kündigungsempfängers, zumindest bis zum Ablauf der ordentlichen Kündigungsfrist beschäftigt zu werden, übersteigt. Bei der Prüfung, ob dem Arbeitgeber eine Weiterbeschäftigung des Besatzungsmitglieds trotz Vorliegens einer erheblichen Pflichtverletzung oder eines dahingehenden dringenden Verdachts jedenfalls bis zum Ablauf der Kündigungsfrist zumutbar ist, sowie der Prüfung, ob dem Besatzungsmitglied ein Abwarten bis zum Ablauf der Kündigungsfrist zugemutet werden kann, ist in einer Gesamtwürdigung das Interesse des Kündigenden an der sofortigen Beendigung des Heuerverhältnisses gegen das Interesse des Kündigungsempfängers an dessen Fortbestand abzuwägen. Es hat eine Bewertung des Einzelfalls unter Beachtung des Verhältnismäßigkeitsgrundsatzes zu erfolgen. Dabei lassen sich die Umstände, anhand derer zu beurteilen ist, ob dem Kündigenden die Weiterbeschäftigung zumutbar ist oder nicht, nicht abschließend festlegen. Zu berücksichtigen sind aber regelmäßig das Gewicht und die Auswirkungen der in Rede stehenden Pflichtverletzung, der Grad des Verschuldens des Kündigungsempfängers, eine mögliche Wiederholungsgefahr sowie die Dauer des Arbeitsverhältnisses und dessen störungsfreier Verlauf. Eine außerordentliche Kündigung kommt nur in Betracht, wenn es keinen angemessenen Weg gibt, das Arbeitsverhältnis fortzusetzen, weil dem Arbeitgeber sämtliche 406

---

265 Zum gesamten Absatz: *Peetz* in: Bubenzer/Noltin/Peetz/Mallach, SeeArbG, München 2015, § 67 Rn. 5, 34 f.

milderen Reaktionsmöglichkeiten unzumutbar sind. Ein gegenüber der fristlosen Kündigung in diesem Sinne milderes Mittel ist die ordentliche Kündigung.[266]

! Die Schwerpunktsetzung bei der Interessenabwägung ist davon abhängig, welcher seearbeitsrechtliche außerordentliche Kündigungsgrund einschlägig ist.

407 Bei einer **Kündigung durch den Arbeitgeber** sind die in § 67 Absatz 1 Nummer 1, 2, 5 SeeArbG benannten wichtigen Gründe (Ungeeignetheit für den Dienst bereits vor Begründung des Heuerverhältnisses, Verschweigen einer ansteckenden Krankheit bzw. Nicht-Anzeige, Arbeitsunfähigkeit infolge einer vom Besatzungsmitglied begangenen Straftat) Kündigungsgründe, die zunächst einen rein objektiven Anknüpfungspunkt darstellen und scheinbar keinen Raum für eine Einzelfallbewertung eröffnen. Sie stellen damit einen Sonderfall der Fälle dar, die von § 626 BGB umfasst sind. Wenn die gesetzlich normierten, objektiven Kriterien erfüllt sind, ist bei der Interessenabwägung gebührend zu berücksichtigen, dass das Vorliegen der Voraussetzungen grundsätzlich als wichtiger Grund iSd § 626 BGB ausreicht und bei dem Vorliegen der objektiven Kriterien eine Interessenabwägung idR zulasten des Besatzungsmitglieds ausgeht. Im Unterschied hierzu eröffnen § 67 Absatz 1 Nummer 3, 4 SeeArbG direkte Wertungsmöglichkeiten, die im Rahmen der Interessenabwägung zu berücksichtigen sind.[267]

408 Gleiches gilt umgekehrt für die außerordentlichen **Kündigungsgründe des Besatzungsmitglieds**, die primär an objektive Kriterien anknüpfen: Kündigt das Besatzungsmitglied, weil es misshandelt wird oder eine Misshandlung seiner Person geduldet wird, das Schiff die Flagge wechselt oder entgegen den gesetzlichen Vorschriften kein Urlaub gewährt wird, so ist in besonderem Maße davon auszugehen, dass die Interessenabwägung zugunsten des Besatzungsmitglieds ausgehen wird.[268]

e) Rechtsfolgen

409 Ist die außerordentliche Kündigung wirksam, endet das Heuerverhältnis mit Zugang der Kündigung. **Kündigt das Besatzungsmitglied nach § 68 SeeArbG** außerordentlich, hat es Anspruch auf die Zahlung einer Monatsheuer, § 68 Absatz 2 Satz 1 SeeArbG. **Kündigt der Reeder wegen Schiffsverlustes oder Schiffbruch**, hat das

266 Der gesamte Absatz entspricht: BAG, Urteil vom 21. November 2013 – 2 AZR 797/11 –, BAGE 146, 303–322, Rn. 17, zitiert nach juris.

267 Zum gesamten Absatz: *Peetz* in: Bubenzer/Noltin/Peetz/Mallach, SeeArbG, München 2015, § 67 Rn. 11 f.

268 Zum gesamten Absatz: *Peetz* in: Bubenzer/Noltin/Peetz/Mallach, SeeArbG, München 2015, § 67 Rn. 4 f.

Besatzungsmitglied über das Ende des Heuerverhältnisses hinaus, längstens bis zum Ablauf von zwei Monaten nach Zugang der Kündigung, einen Anspruch auf Zahlung der Heuer für jeden Tag der Arbeitslosigkeit, wobei Arbeitslosengeld und sonstige Verdienste angerechnet werden, § 70 SeeArbG.

f) Sonderfall: Kündigung wegen dringender Familienangelegenheiten

Das Besatzungsmitglied kann auch außerordentlich fristlos kündigen, wenn **dringende Familienangelegenheiten** oder andere persönliche Gründe die außerordentliche Kündigung erforderlich machen, § 69 SeeArbG. Anders als die außerordentliche fristlose Kündigung durch das Besatzungsmitglied nach § 68 SeeArbG oder die des Arbeitgebers nach § 67 SeeArbG ist § 69 SeeArbG nicht als Unterfall des § 626 BGB ausgestaltet. Dies bedeutet, dass keine Interessenabwägung durchzuführen ist. Sobald die Voraussetzungen des § 69 SeeArbG vorliegen, ist die Kündigung wirksam. Auf die Interessen des Arbeitgebers kommt es nicht an. Grundsätzlich ist das Vorliegen eines Kündigungsgrundes nach § 69 SeeArbG daher aus der Sicht des Besatzungsmitglieds zu bewerten. Empfindet das Besatzungsmitglied die Vorkommnisse als so gravierend, dass es bereit ist, dafür sein Heuerverhältnis außerordentlich zu kündigen, ist die Kündigung grundsätzlich gerechtfertigt. Nur in dem absoluten Ausnahmefall, dass ein Sachverhalt vorliegt, der unter keinen Umständen nachvollziehbar eine außerordentliche Kündigung zu rechtfertigen vermag, ist eine Kündigung nach § 69 SeeArbG ausgeschlossen. Kündigt das Besatzungsmitglied aus dringenden familiären oder persönlichen Gründen nach § 69 SeeArbG, steht ihm kein Schadenersatzanspruch zu.[269] 410

E. Sonstige Beendigung des Heuerverhältnisses

1. Aufhebungsvertrag

Das Heuerverhältnis kann einvernehmlich durch einen schriftlichen Aufhebungsvertrag aufgehoben werden, § 623 BGB. 411

269 Zum gesamten Absatz: *Peetz* in: Bubenzer/Noltin/Peetz/Mallach, SeeArbG, München 2015, § 67 Rn. 1 ff.

Muster: Aufhebungsvertrag[270]

Zwischen

Frau/Herrn ......, ... (Anschrift), – Besatzungsmitglied –

und

der .... (Anschrift) – Arbeitgeber –

wird folgende Vereinbarung getroffen:

1. Die Parteien sind sich darüber einig, dass das zwischen ihnen bestehende Heuerverhältnis einvernehmlich/auf Veranlassung des Besatzungsmitglieds/des Arbeitgebers mit Ablauf des ...... sein Ende finden wird.
2. Für den Monat/die Monate ...... wird der Arbeitgeber dem Arbeitnehmer die monatliche Bruttovergütung in Höhe von ...... EUR zahlen, soweit noch nicht erfolgt.
3. Der Arbeitgeber verpflichtet sich, an den Arbeitnehmer für den Verlust des Arbeitsplatzes in entsprechender Anwendung der §§ 9, 10 KSchG eine Abfindung in Höhe von ...... EUR brutto zu zahlen. Die Abfindung ist bereits jetzt entstanden, sie ist vererblich, sie ist fällig bei Beendigung des Arbeitsverhältnisses.
4. Es bleibt bei der unwiderruflichen Freistellung des Arbeitnehmers durch den Arbeitgeber von der Verpflichtung zur Erbringung der Arbeitsleistung unter Fortzahlung der Vergütung und unter Anrechnung der ihm noch zustehenden Resturlaubsansprüche für die Beschäftigungsjahre ...... und .... Der Resturlaub wurde ab Beginn der Freistellung arbeitgeberseits gewährt. Die Parteien sind sich damit darüber einig, dass der dem Arbeitnehmer zustehende Resturlaub in natura gewährt wurde. Sämtliche Urlaubsansprüche des Arbeitnehmers sind erledigt.
5. Der Arbeitgeber verpflichtet sich, dem Arbeitnehmer ein wohlwollendes qualifiziertes Arbeitszeugnis zu erteilen, das sich auf Leistung und Verhalten erstreckt. Das Zeugnis wird befriedigende Leistungs- und Verhaltensbeurteilung beinhalten. Das Besatzungsmitglied ist berechtigt, hierzu einen Entwurf zu fertigen, von dem der Arbeitgeber nur aus Gründen der Zeugniswahrheit abweichen darf.
6. Mit Erfüllung dieser Vereinbarung sind sämtliche wechselseitigen finanziellen Ansprüche der Parteien aus dem Heuerverhältnis und seiner Beendigung, gleich aus welchem Rechtsgrund, gleich ob bekannt oder unbekannt, erledigt.

Unterschriften

2. Befristung

412 Wurde eine wirksame Befristungsabrede getroffen, endet das Heuerverhältnis nach Ablauf der Befristung automatisch, ohne dass es einer Kündigung bedarf.

270 Das Muster entspricht *Schrader/Klagges* in: Schaub/Schrader/Straube/Vogelsang, Arbeitsrechtliches Formular- und Verfahrenshandbuch, 10. Auflage, München 2013, Rn. 456, 459.

3. Auflösungsantrag

Nach § 9 KSchG kann das Heuerverhältnis auch dadurch beendet werden, dass Arbeitgeber oder Besatzungsmitglied im Kündigungsschutzprozess einen Antrag auf Auflösung des Heuerverhältnisses gegen Zahlung einer Abfindung stellen. Voraussetzung ist, dass die Kündigung unwirksam ist. Die Auflösung des Heuerverhältnisses nach § 9 KSchG setzt stets einen Antrag voraus. Dieser Antrag muss grundsätzlich begründet sein. Stellt das Besatzungsmitglied den Antrag, muss es darlegen, weshalb ihm die Fortsetzung des Heuerverhältnisses nicht mehr zuzumuten ist. Das Besatzungsmitglied muss konkret darlegen, weshalb eine Fortsetzung nicht möglich sein soll, und muss diese Gründe ggf. beweisen.[271] Wenn der Arbeitgeber einen Auflösungsantrag stellt, ist erforderlich, dass eine weitere, den betrieblichen Zwecken dienende Zusammenarbeit nicht zu erwarten ist, § 9 Absatz 1 Satz 2 KSchG. Hieran sind strenge Anforderungen zu stellen.[272] Beantragt der Arbeitgeber die Auflösung des Heuerverhältnisses, ist er für die Gründe, die gegen eine weitere, dem Betriebszweck dienende Zusammenarbeit sprechen, in vollem Umfang die darlegungs- und Beweislast.[273] Kündigt der Arbeitgeber einem leitenden Angestellten, muss der Auflösungsantrag nicht begründet werden. 413

Da der Kapitän leitender Angestellter ist (siehe Kap. II Rn. 51), muss der Antrag, das Heuerverhältnis mit einem Kapitän aufzulösen, nicht begründet werden. !

Löst das Gericht das Heuerverhältnis auf, verurteilt es den Arbeitgeber zugleich zur Zahlung einer angemessenen Abfindung, § 9 Absatz 1 Satz 1 KSchG. Die Höhe der Abfindung steht im freien Ermessen des Gerichts und beträgt maximal[274] bis zu achtzehn Monatsheuern. 414

Praxistipp !

Ist die Zusammenarbeit mit einem Kapitän dauerhaft gestört, kann das Heuerverhältnis auch gegen den Willen des Kapitäns beendet werden. Hierzu muss eine Kündigung ausgesprochen werden und im Gerichtstermin ist ein Auflösungsantrag zu stellen. Ist die Kündigung wirksam, ist das Heuerverhältnis beendet. Ist die Kündigung unwirksam, löst das Gericht das Heuerverhältnis auf und setzt eine Abfindung fest.

---

271 *Kiel* in: Müller-Glöge/Preis/Schmidt (Hrsg.), Erfurter Kommentar zum Arbeitsrecht, 15. Auflage, München 2015, KSchG § 9 Rn. 7.

272 BAG, Urteil vom 29. August 2013 – 2 AZR 419/12 –, Rn. 18, juris.

273 BAG, Urteil vom 30. September 1976 – 2 AZR 402/75 –, BAGE 28, 196–202, Rn. 12, zitiert nach juris.

274 Die maximale Höhe ist abhängig von der Dauer der Betriebszugehörigkeit und dem Lebensalter des Besatzungsmitglieds. In jedem Fall kann eine Abfindung bis zu zwölf Monatsgehälter betragen.

4. Beendigung kraft Gesetzes

415 Kraft Gesetz endet das Heuerverhältnis, wenn der Verlust von Schiff und Besatzung vermutet wird, § 71 SeeArbG.

5. Tod

416 Da die Pflicht zur Erbringung der Arbeitsleistung höchstpersönlich ist, endet das Heuerverhältnis mit dem Tod des Besatzungsmitglieds.[275]

275 *Preis* in: Müller-Glöge/Preis/Schmidt (Hrsg.), Erfurter Kommentar zum Arbeitsrecht, 15. Auflage, München 2015, BGB § 611 Rn. 316.

IV.
Das Ausbildungsverhältnis

A. Ausbildungsverhältnisse in der Seeschifffahrt

1. Ausbildungswege in der Seeschifffahrt

Es gibt verschiedene Möglichkeiten, eine Karriere als Seemann zu beginnen. Die 1
wichtigsten **Wege in die Seeschifffahrt** sind:
- die Ausbildung zum Schiffsmechaniker,
- die Ausbildung zum Schiffsbetriebstechnischen Assistenten (SBTA),
- die praktische Ausbildung und Seefahrzeit zum Nautischen oder Technischen Offiziersassistenten (NOA/TOA) oder
- das Studium der Nautik oder der Schiffsbetriebstechnik mit integrierten Praxissemestern.

Mit Ausnahme der Offiziersassistenten-Ausbildung ist allen Ausbildungsgängen die 2
Unterteilung in
- die **praktische** Ausbildung und Seefahrtzeit an Bord und
- die **theoretische** Ausbildung an den seemännischen Ausbildungsstätten der Länder

gemeinsam. Die praktische Ausbildung und die Seefahrtzeiten an Bord wechseln sich dabei mit der theoretischen Ausbildung an Land ab. Die Praxiszeiten müssen vor der theoretischen Abschlussprüfung absolviert werden.

Ohne **praktische Seefahrtzeiten** kann niemand Karriere in der Seeschifffahrt 3
machen. Die praktischen Seefahrtzeiten sind Voraussetzung für den Erwerb von Befähigungszeugnissen (umgangssprachlich: Patente). Die Seefahrtzeit für den Erwerb eines Befähigungszeugnisses kann durch:
- den Besitz des Zeugnisses über die Abschlussprüfung im Ausbildungsberuf **Schiffsmechaniker** oder
- den Abschluss einer zugelassenen praktischen Ausbildung und Seefahrtzeit als **Offiziersassistent** oder
- **Praxissemester** während des Studiums

nachgewiesen werden.

Die verschiedenen Ausbildungswege führen zu 3 Berufen an Bord von Seeschif- 4
fen:
1. Kapitän,
2. Leiter der Maschinenanlage,
3. Schiffsmechaniker.

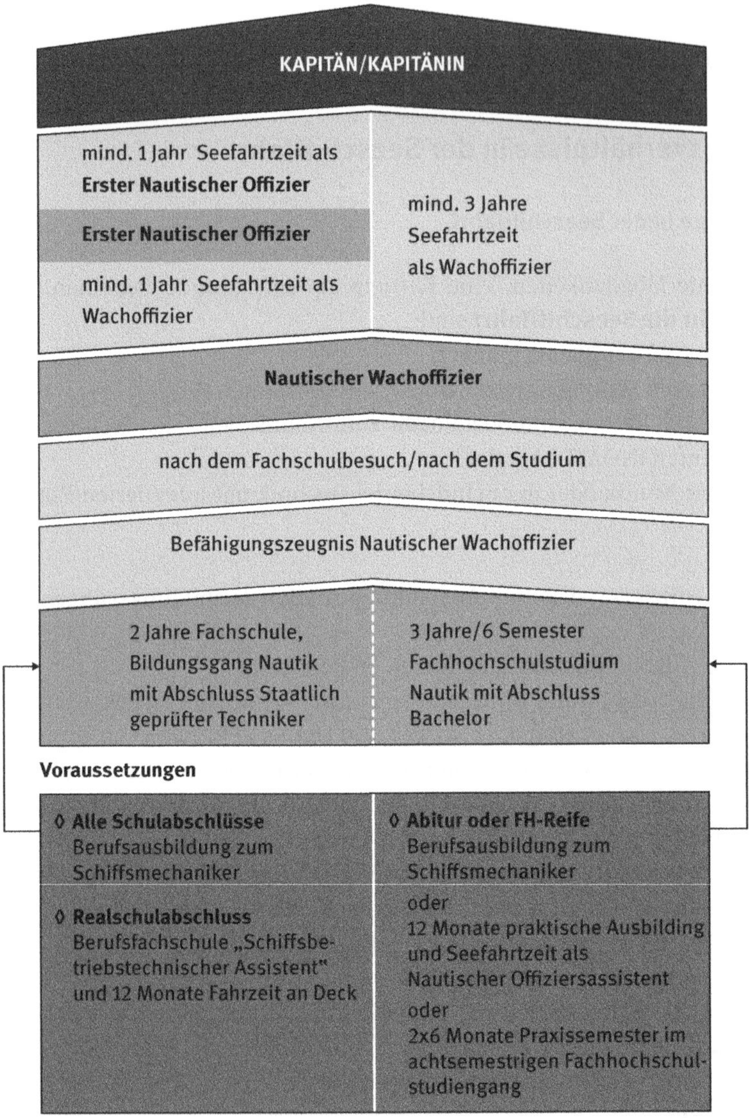

Abb. 21: Ausbildungsweg zum Kapitän

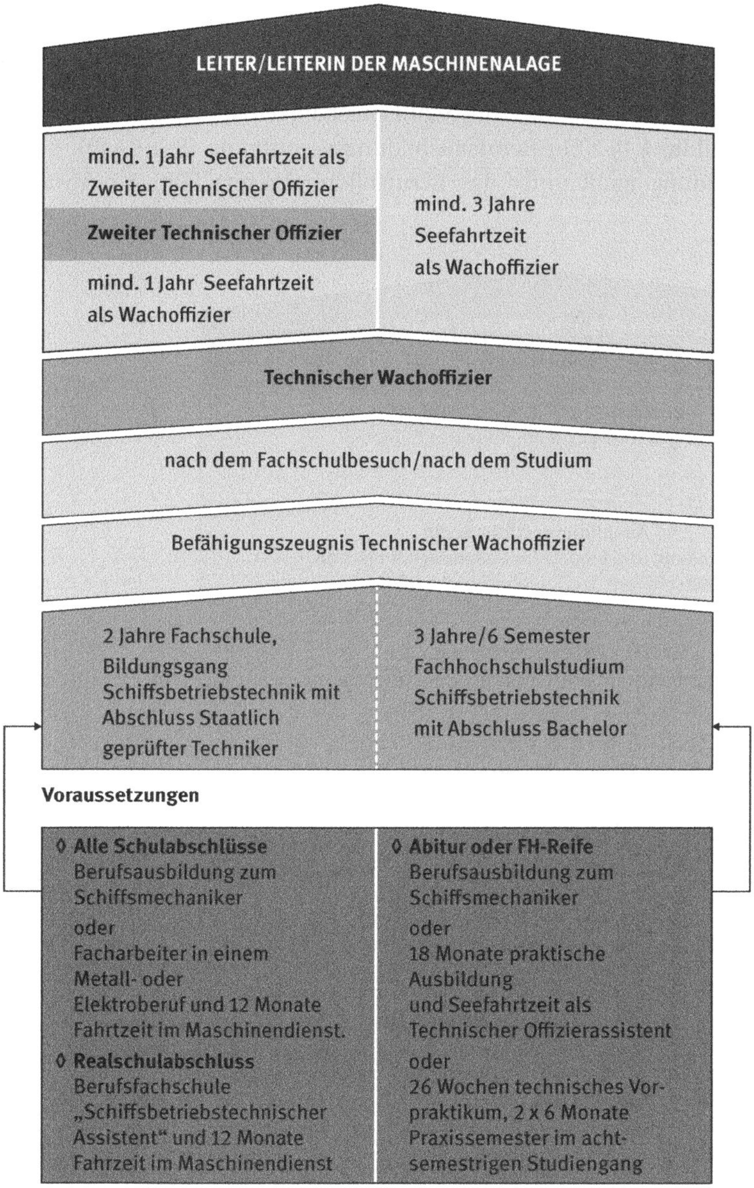

Abb. 22: Ausbildungsweg zum Leiter der Maschinenanlage

2. Schiffsmechaniker

5 Die einzige ***Berufs*ausbildung** an Bord von Seeschiffen ist die Ausbildung zum **Schiffsmechaniker**. Die Ausbildung zum Schiffsmechaniker ist eine staatlich anerkannte Berufsausbildung (§ 2 See-Berufsausbildungsverordnung (See-BAV)), auch wenn diese Ausbildung nicht unter das Berufsbildungsgesetz fällt (§ 2 Absatz 2 Nummer 3 BBiG).

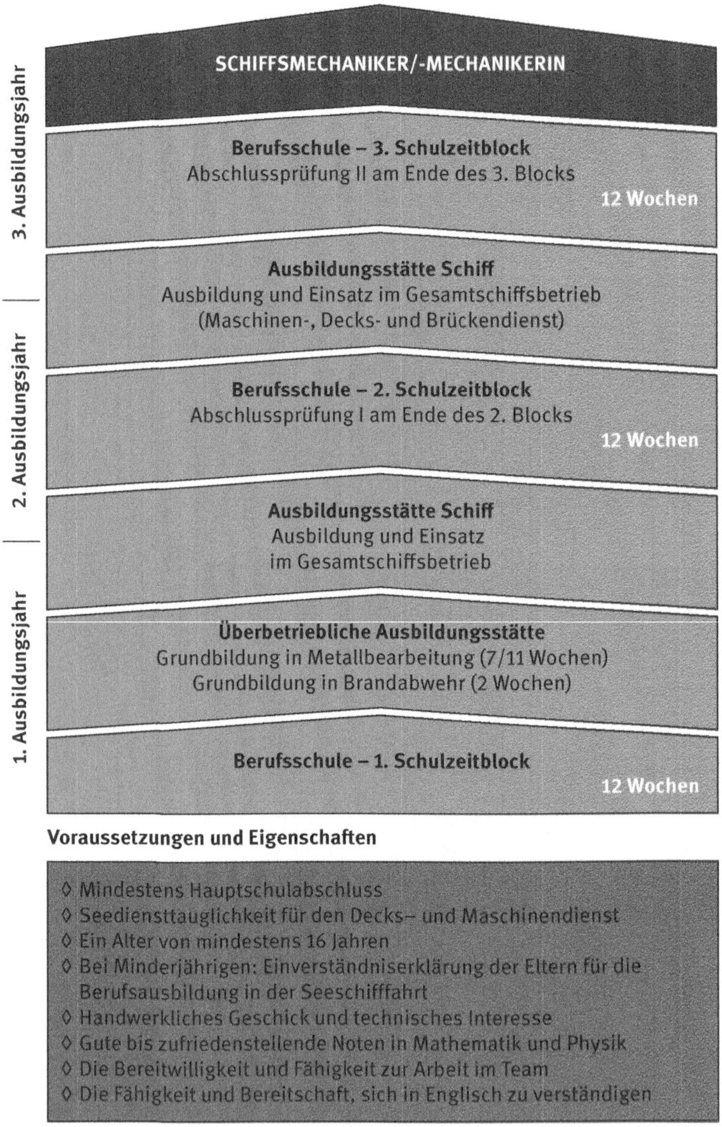

Abb. 23: Ausbildungsweg Schiffsmechaniker

Die Berufsausbildung zum Schiffsmechaniker erfolgt nach dem **dualen Berufsbildungssystem** auf Grundlage der See-BAV. In dieser Verordnung ist als Anlage 1 auch der Ausbildungsrahmenplan für die Berufsausbildung zum Schiffsmechaniker enthalten. 6

Die **See-Berufausbildungsverordnung** regelt ausschließlich den Ausbildungsberuf **Schiffsmechaniker**.

Der Auszubildende benötigt vor Beginn der Ausbildung einen **Ausbildungsvertrag**, 7
der die Anforderungen des § 81 SeeArbG erfüllt.

Das **Muster** des von der Berufsbildungsstelle Seeschifffahrt (BBS) entworfenen **Ausbildungsvertrages für Schiffsmechaniker** ist auf der Website der BBS herunterladbar: www.berufsbildung-see.de/download (dort in der Rubrik „Ausbildungsverträge").

Die Berufsausbildung zum Schiffsmechaniker wird durch die **Berufsbildungsstelle** 8
Seeschifffahrt (BBS) als zuständige Stelle nach § 91 SeeArbG überwacht. Die BBS berät und informiert zudem Ausbildende und Auszubildende.

Die **praktische Ausbildung** wird unter anderen in folgenden Bereichen durch- 9
geführt:
- Schiffsbetriebsführung Deck und Maschine,
- Ladungs- und Umschlagtechnik,
- Schiffssicherheit und
- Schiffsbetriebstechnik.

Die Ausbildung muss auf einem von der BBS anerkannten **Ausbildungsschiff** statt- 10
finden.

Ein Schiff unter **deutscher Flagge** wird von der Berufsbildungsstelle Seeschifffahrt als **Ausbildungsschiff anerkannt**, wenn:
- an Bord zwei deutschsprachige Ausbilder mit der Ausbildung beauftragt sind und
- das Schiff durch eine anerkannte Organisation (Klassifikationsgesellschaft) klassifiziert ist.

Erfolgt die Ausbildung auf einem Schiff unter **ausländischer Flagge** muss zusätzlich:
- deutsches Recht auf das Ausbildungsverhältnis angewendet werden (Verpflichtung des Reeders gegenüber der BBS und Festlegung im Ausbildungsvertrag),
- der ausländische Flaggenstaat des Schiffes Vertragsstaat der Übereinkommen der IMO und der ILO sein,
- ein gleichwertiges Schutzniveau beim Arbeits-, Sozial- und Jugendschutzrecht wie in einem EU-Mitgliedsstaat gewährleistet sein und
- die zuständige Behörde des ausländischen Flaggenstaates ihr Einverständnis zur Überwachung der Ausbildung durch die Berufsbildungsstelle Seeschifffahrt erklärt haben.

11 Der **theoretische Schulunterricht** wird an den seemännischen Berufsschulen in:
- Elsfleth,
- Lübeck-Travemünde und
- Rostock

in Blockform mit Internatsbetrieb vermittelt.

12 Die Ausbildungsdauer beträgt **3 Jahre** und kann unter bestimmten Voraussetzungen auch auf Schiffen unter ausländischen Flaggen durchgeführt werden. Am Ende dieser Ausbildung steht ein staatlich anerkannter Facharbeiterabschluss.

Tabelle 32: Inhalte der Berufsausbildung zum Schiffsmechaniker

Integrative Fertigkeiten, Kenntnisse und Fähigkeiten	**Berufsprofilgebende Fertigkeiten, Kenntnisse und Fähigkeiten**
Grundsätze der Sozialkompetenz, Berufsbildung, Arbeits- und Tarifrecht	Schiffsbetriebsführung Deck, Wachdienst
Aufbau und Organisation des Reederei- und Schiffsbetriebes	Schiffsbetriebsführung Maschine, Wachdienst
Arbeitssicherheit und Gesundheitsschutz, Erste-Hilfe-Maßnahmen	Ladungs- und Umschlagstechnik
Planen und Vorbereiten von Arbeitsabläufen sowie Kontrollieren und Bewerten der Arbeitsergebnisse	Schiffssicherheit hinsichtlich Brandabwehr und Rettung
Lesen, Anwenden und Erstellen von technischen Unterlagen	Schiffsbetriebstechnik, Elektrotechnik, Leittechnik und Elektronik
Gefahrenabwehr	Wartung und Instandsetzung
Kommunikation im Schiffsbetrieb in deutscher und englischer Sprache	Bearbeiten von Metallen
Umweltschutz und rationelle Verwendung von Energie und Materialien	

13 Bestimmte Inhalte der praktischen Ausbildung sind an Bord nur schwer zu vermitteln und müssen daher überbetrieblich in geeigneten Ausbildungsstätten an Land durchgeführt werden. Zu dieser **überbetrieblichen Ausbildung** gehören die Metallbearbeitung, die Brandabwehr und Rettung sowie die Gefahrenabwehr.

14 Zum **Ausbilder** können nur deutschsprachige Schiffsoffiziere und Schiffsmechaniker bestellt werden, die auf folgenden Teilgebieten der Berufs- und Arbeitspädagogik eine Ausbildung nachweisen:
- allgemeine Grundlagen der Berufsbildung in der Seeschifffahrt,
- Planung der Berufsausbildung an Bord und an Land und
- Durchführung der Berufsausbildung an Bord.

3. Offiziersassistenten

Neben der Berufsausbildung zum Schiffsmechaniker gibt es auch die Möglich- 15
keit, die notwendigen Seefahrtzeiten als **Nautischer Offiziersassistent (NOA) oder Technischer Offiziersassistent (TOA)** zu erwerben. Rechtsgrundlage für diese Form der Ausbildung sind die beiden **Richtlinien** für die praktische Ausbildung und Seefahrzeit als Nautischer oder Technischer Offiziersassistent vom 8. Januar 2009.

Die **Richtlinien** für die Ausbildung von **Offiziersassistenten** sind auf der Website www.deutsche-flagge.de im Download-Bereich unter „Ausbildung und Befähigung“ herunterladbar.

Nautische und Technische Offiziersassistenten sind **Besatzungsmitglieder** und 16
benötigen daher vor Beginn ihrer Tätigkeit an Bord Heuerverträge.

Die **Berufsbildungsstelle Seeschifffahrt** (BBS) ist für die Überprüfung der ord- 17
nungsgemäßen Durchführung der Ausbildung der Offiziersassistenten zuständig.

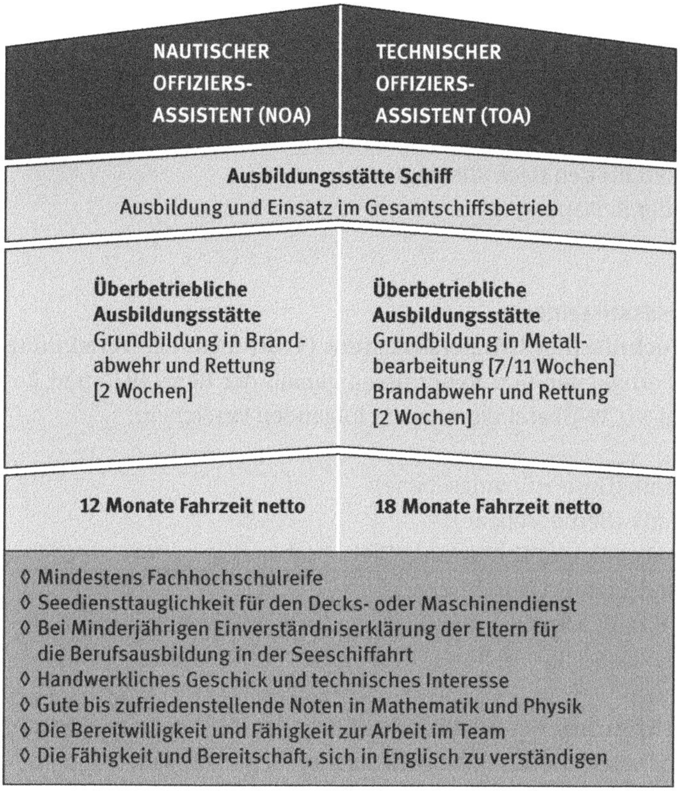

Abb. 24: Ausbildung Offiziersassistenten

a) Nautische Offiziersassistenten

18 Die Ausbildung zum **Nautischen Offiziersassistent (NOA)** dient der Vermittlung und dem Erwerb von Fertigkeiten und Kenntnissen gemäß der Regel II/1 der Anlage zum STCW-Übereinkommen in folgenden Bereichen:

1. Schiffsführung,
2. Ladungsumschlag und -stauung,
3. Überwachung des Schiffsbetriebs und
4. Fürsorge für die Personen an Bord.

19 Für die **Planung und Durchführung** der Ausbildung sind die Reederei, der Kapitän und ein mit der Ausbildung beauftragter **nautischer** Schiffsoffizier verantwortlich.

20 Vor dem Beginn der Ausbildung an Bord hat der Nautische Offiziersassistent einen Grundsicherheitslehrgang in Schiffssicherheit (Basic Safety) zu absolvieren. Die Ausbildungszeit an Bord beträgt **12 Monate Nettofahrzeit.** Der Nautische Offiziersassistent hat ein Berichtsheft zu führen.

21 Für eine **Ausbildungsbescheinigung** als Nautischer Offiziersassistent muss ein Bewerber folgende Dokumente bei der Berufsbildungsstelle Seeschifffahrt einreichen:

1. Zeugnis der Hochschulreife (Abitur) oder der Fachhochschulreife oder ein als gleichwertig anerkanntes Zeugnis oder erfolgreiche Abschlussprüfung der Berufsfachschule „Schiffsbetriebstechnischer Assistent – Nautik",
2. Seediensttauglichkeit für den Decksdienst,
3. Personalausweis oder Reisepass.

b) Technische Offiziersasstistenten

22 Die Ausbildung zum **Technischen Offiziersassistent (TOA)** dient der Vermittlung und dem Erwerb von Fertigkeiten und Kenntnissen gemäß der Regel III/4 und Regel III/1 der Anlage zum STCW-Übereinkommen in folgenden Bereichen:

1. Metallbearbeitung
2. Schiffsbetriebstechnik (Unterstützungsebene)
3. Schiffsbetriebstechnik (Betriebsebene)
4. Elektrotechnik, Elektronik und Leittechnik (Betriebsebene)
5. Wartung und Instandsetzung (Betriebsebene)
6. Überwachung des Schiffsbetriebes und Fürsorge für die Personen an Bord (Betriebsebene).

23 Die **Planung und Durchführung** der Ausbildung obliegt der Reederei, dem Kapitän und einem mit der Ausbildung beauftragten **technischen** Schiffsoffizier.

Der Technische Offiziersassistent hat vor dem Beginn seiner Ausbildung: 24
- einen Grundsicherheitslehrgang in Schiffssicherheit (Basic Safety) und
- eine überbetriebliche Ausbildung in der **Metallbearbeitung** von mindestens 7 Wochen

zu absolvieren.

Die Ausbildungszeit an Bord beträgt **18 Monate Nettofahrzeit**, die Teilnahme 25
am Grundsicherheitslehrgang und an der überbetrieblichen Metallausbildung wird auf die erforderliche Nettofahrzeit angerechnet.

Für eine **Ausbildungsbescheinigung** als Technischer Offiziersassistent muss 26
ein Bewerber folgende Dokumente bei der Berufsbildungsstelle Seeschifffahrt einreichen:
1. Zeugnis der Hochschulreife (Abitur) oder der Fachhochschulreife oder ein als gleichwertig anerkanntes Zeugnis oder erfolgreiche Abschlussprüfung der Berufsfachschule „Schiffsbetriebstechnischer Assistent – Technik“,
2. Seediensttauglichkeit für den Technischen Dienst,
3. Personalausweis oder Reisepass.

Personen, die ein Zeugnis über eine Abschlussprüfung in einem **Ausbildungsberuf** 27
der Metall- oder Elektrotechnik besitzen, können ihre erforderlichen Seeefahrzeiten um bis zum 6 Monate verkürzen.

---

i Nähere Informationen über die Verkürzung der Seefahrtzeiten für **„Seiteneinsteiger“** (Ausbildung in der Metall- oder Elektrotechnik) enthält die Website der Berufsbildungsstelle Seeschifffahrt: www.berufsbildung-see.de/download/Liste Anerkennung Seiteneinsteiger.pdf.

---

4. Praxissemesterstudenten

Nach dem Abitur oder der Fachhochschulreife ist der Erwerb des Befähigungszeug- 28
nisses für die weltweite Seeschifffahrt über das **Fachhochschulstudium** (8 Semester) mit 2 integrierten **Praxissemestern** möglich.

Bei diesem Weg ist das Fahrzeiterfordernis nach dem STCW-Übereinkommen in den Studiengang integriert. Jeder Hochschulstandort legt durch die Prüfungs- und Praxissemesterverordnung fest, an welcher Stelle im Studium das Praxissemester liegt.

Der Praxissemesterstudent bekommt während der Fahrzeit einen **Vertrag von** 29
der Hochschule und behält den **Status als Student** (vgl. Kap. II Rn. 74).

---

i Auskünfte über die Praxissemester an Bord von Seeschiffen erteilen die jeweiligen (Fach-)Hochschulen. Die Kontaktdaten der seefahrtbezogenen Ausbildungsstätten sind unter: www.german-maritime-universities.de/en/home abrufbar.

---

30 Praxissemesterstudenten sind nach § 3 Absatz 3 Nummer 8 SeeArbG **keine Besatzungsmitglieder**. Somit sind Praxissemesterstudenten weder nach der Richtlinie zur Ausbildungsplatzförderung in der Seeschifffahrt vom 29. Oktober 2014 noch nach den Statuten der Stiftung „Schifffahrtsstandort Deutschland" förderfähig.

Tabelle 33: Unterschiede zwischen Praxissemesterstudenten und Offiziersassistenten

	Praxissemesterstudent	Offiziersassistent
Voraussetzungen	Abitur/Fachhochschulreife Gültige Seediensttauglichkeit Immatrikulation	Abitur/Fachhochschulreife Gültige Seediensttauglichkeit Ausbildungsbescheinigung der Berufsbildungsstelle Seeschifffahrt e.V.
Zuständigkeit und Kontrolle der praktischen Ausbildung und Seefahrtzeit	Hochschule (Praxissemesterbeauftragter)	Berufsbildungsstelle Seeschifffahrt e.V.
Vorgaben für die praktische Ausbildung und Seefahrtzeit	Zeitliche und inhaltliche Vorgaben nach STCW von mindestens: Nautik: 12 Monaten Technik: 18 Monaten	Zeitliche und inhaltliche Vorgaben nach STCW von mindestens: Nautik: 12 Monaten Technik: 18 Monaten
Wechsel praktische Ausbildung und Seefahrtzeit/Studium	Grundsätzlich: Nautik: 6 Monate vor dem Studium, dann weitere 6 Monate während des Studiums Keine einheitlichen Regelungen der Hochschulen Technik: 6–12 Monate vor dem Studium, dann weitere 6 Monate während des Studiums Keine einheitlichen Regelungen der Hochschulen	Grundsätzlich: Nautik: 12 Monate vor dem Studium; Alternativ: 6 Monate vor dem Studium, dann weitere 6 Monate während des Studiums (ggf. als Urlaubssemester) Technik: 18 Monate vor dem Studium. Alternativ: 12 Monate vor dem Studium, dann weitere 6 Monate während des Studiums
Ausbildungsnachweise	On Board Training Record Book vom Bundesamt für Seeschifffahrt und Hydrographie	On Board Training Record Book vom Bundesamt für Seeschifffahrt und Hydrographie
Besatzungsmitglied nach Seearbeitsgesetz	Nein	Ja
Anspruch auf Vergütung	Nein	Ja
Anspruch auf Urlaub	Nein	Ja

	Praxissemesterstudent	Offiziersassistent
Förderung durch den Bund	Nein	Bisher: NOA: 12.750 EUR TOA: 17.000 EUR nach den Richtlinien zur Ausbildungsplatzförderung in der Seeschifffahrt
Förderung durch die Stiftung „Schifffahrtsstandort Deutschland“	Nein	Nautische Offiziersassistenten pro Quartal 3.500 € für bis zu 6 Quartale Technische Offiziersassistenten pro Quartal 3.500 € für bis zu 9 Quartale

B. Abweichungen vom Heuerverhältnis

Die Norm A2.1 des **Seearbeitsübereinkommens** enthält keine spezifischen Regelungen zu den Verträgen von Auszubildenden. Verträge mit Auszubildenden müssen dieselben inhaltlichen und formellen Voraussetzungen wie „normale" Heuerverträge erfüllen. 31

Der **deutsche Gesetzgeber** hat dagegen die Besonderheiten der Berufsausbildung an Bord von Seeschiffen in Abschnitt 4 des Seearbeitsgesetzes geregelt. Die §§ 81 bis 92 SeeArbG enthalten die Vorgaben für den Inhalt des Berufsausbildungsvertrages, die Ausbildungsvergütung, die Probezeit, Beendigung und Zuständigkeiten. 32

1. Ergänzende Anwendung des Berufsbildungsgesetzes

Aufgrund der Besonderheiten der Seeschifffahrt enthält das SeeArbG spezifische Regelungen, die vom Berufsbildungsgesetz (BBiG) abweichen. Das BBiG ist nur dann auf die Ausbildung in der Seeschifffahrt anzuwenden, wenn das SeeArbG dies ausdrücklich vorschreibt oder wenn das SeeArbG Regelungslücken belässt. Das BBiG selbst schließt seine direkte Anwendung auf eine Berufsbildung auf Handelsschiffen aus (§ 3 Absatz 2 Nummer 3 BBiG). 33

Dennoch finden sich im SeeArbG Parallelen zum BBiG. Wie im BBiG auch, darf ein Reeder eine Berufsausbildung an Bord nur dann durchführen, wenn er mit dem Auszubildenden bei Beginn der praktischen Ausbildung einen Vertrag über die Berufsausbildung an Bord abgeschlossen hat. § 81 Satz 3 SeeArbG schreibt sogar ausdrücklich die entsprechende Anwendung des § 10 Absatz 2 bis 5 BBiG auch für Berufsausbildungsverträge für Berufe an Bord von Seeschiffen vor. Damit stellt der 34

Gesetzgeber sicher, dass für alle Auszubildenden an Bord grundsätzlich die allgemein geltenden Rechtsvorschriften und Rechtsgrundsätze anzuwenden sind.

2. Der Ausbildungsvertrag

35 Nach § 81 SeeArbG darf ein Reeder die Ausbildung eines Besatzungsmitglieds für einen Beruf an Bord nur dann durchführen, wenn er mit dem Auszubildenden einen **Berufsausbildungsvertrag** mit den Inhalten des § 82 SeeArbG geschlossen hat. § 82 SeeArbG entspricht im Wesentlichen der Norm A2.1 Absatz 1 Buchstabe a bis c und Absatz 4 des Seearbeitsübereinkommens.

Das **Muster** des von der Berufsbildungsstelle Seeschifffahrt entworfenen **Muster-Ausbildungsvertrages** ist auf der Website der BBS herunterladbar: www.berufsbildung-see.de/download (dort in der Rubrik „Ausbildungsverträge").

Praxistipp
Reeder und Auszubildende sollten **immer den Muster-Ausbildungsvertrag** der Berufsbildungsstelle Seeschifffahrt als zuständige Stelle für die Ausbildung in der Seeschifffahrt verwenden. Der Muster-Ausbildungsvertrag ist zudem mit der BG Verkehr als Flaggenstaatbehörde abgestimmt.

36 Durch den Berufsausbildungsvertrag wird ein **Berufsausbildungsverhältnis** begründet. Der Ausbildungsvertrag ist eine **Beweisurkunde** über den Abschluss und die wesentlichen Inhalte des Ausbildungsverhältnisses. Wie auch beim Heuervertrag ist der Reeder verpflichtet, dem Auszubildenden und dessen gesetzlichen Vertretern rechtzeitig vor dem beabsichtigten Vertragsschluss einen **Entwurf** des Ausbildungsvertrages einschließlich der für ihn geltenden Tarifverträge zu übergeben. Der Auszubildende kann dadurch den Inhalt des Vertrages prüfen und gegebenenfalls bei Dritten Rat einholen.

37 Wie beim Heuervertrag bedarf der Vertrag über die Berufsausbildung an Bord der **Schriftform**; die elektronische Form ist ausgeschlossen. Der Ausbildungsvertrag muss von allen beteiligten Vertragspartnern unterzeichnet werden; jedem Vertragspartner ist unverzüglich ein Exemplar des Vertrages auszuhändigen.[1]

38 Beginnt die Berufsausbildung zunächst **an Land**, weil der Auszubildende ursprünglich keinen maritimen Berufsabschluss angestrebt hat, muss der Reeder spätestens vor Beginn der praktischen Ausbildung an Bord einen Ausbildungsvertrag nach § 82 SeeArbG abschließen. Nur so ist gewährleistet, dass es bei flaggen- und hafenstaatlichen Kontrollen nicht zu Beanstandungen kommt. Ein doppeltes Ausbildungsverhältnis wird dadurch nicht begründet.

1 Bundestags-Drucksache 17/10959, S. 89f.

V.
Notfälle an Bord

A. Unfälle und Verletzungen

Bei medizinischen Notfällen oder Unfällen sollten umgehend der wachhabende Offizier, der Kapitän und der für die medizinische Betreuung zuständige nautische Offizier benachrichtigt werden. Außerdem sind die **Notfallpläne** der Reederei zu beachten. 1

Im Falle einer **schwereren Erkrankung oder Verletzung** auf See sollte der funkärztliche Beratungsdienst Medico Cuxhaven oder ein anderer nächstgelegener funkärztlicher Beratungsdienst oder die nächstgelegene Küstenfunkstelle kontaktiert werden. **!**

Kontaktdaten Medico Cuxhaven:
Tel.: + 4 94 72 17 80
Fax: +49 47 21 78 15 20
E-mail: medico@tmas-germany.de

Bei Arbeitsunfällen ist es wichtig, eine **Unfallanzeige** für die Berufsgenossenschaft auszufüllen und zu übermitteln, damit eine Aufnahme als Arbeitsunfall stattfinden kann. 2

Bei Handelsschiffen unter deutscher Flagge ist die **Unfallanzeige** zu übermitteln an: **!**

Berufsgenossenschaft für Transport und Verkehrswirtschaft
Ottenser Hauptstraße 54
22765 Hamburg
Fax: + 49 40 39 80-1666

Durch die Unfallanzeige ist sichergestellt, dass **Rentenleistungen oder spätere Ansprüche**, zB Spätfolgen einer Verletzung, bei der Berufsgenossenschaft geltend gemacht werden können. Nach dem Verlassen des Schiffes können außerdem Rehabilitationsmaßnahmen und eine umfassende Betreuung durch die Berufsgenossenschaft eingeleitet werden. Der Vorteil ist, dass diese Betreuung und Wiedereingliederung in den Beruf qualitativ höher ist als die der Krankenkassen, da die Berufsgenossenschaft ein hohes Interesse daran hat, das Besatzungsmitglied wieder in den Beruf einzugliedern, um Rentenleistungen zu vermeiden. 3

Beim Ausfüllen der Unfallanzeigen kommt es nicht auf eine Schuldzuweisung an, sondern diese dient auch der **Aufklärung des Unfallhergangs** und damit der Prävention ähnlicher Unfälle, denn die Anzeigen werden daraufhin in der Berufsgenossenschaft -unter Beachtung des Datenschutzes- ausgewertet. Daher sollte die 4

Anzeige möglichst einen kurzen Bericht enthalten, der beschreibt, wie es zu dem Unfall kam.

Das **Muster der Unfallanzeige** kann unter: www.bg-verkehr.de/versicherung/arbeits-und-wege unfall/unfallanzeige heruntergeladen werden.

B. Todesfälle

1. Anzeige des Todesfalles

5 Bei einem Todesfall an Bord eines Seeschiffes unter deutscher Flagge ist jedes Besatzungsmitglied, das von dem Sterbefall erfahren hat, verpflichtet, den Kapitän zu **informieren** (§ 37 Absatz 2 Personenstandsgesetz – PStG). Der Kapitän muss ein **Protokoll über den Todesfall** anfertigen. In der Niederschrift sollten folgende wesentliche Informationen enthalten sein:
- Angaben zum Schiff, Heimathafen, IMO-Nr., Reederei und Kapitän
- Angaben über die Person an Bord, die den Todesfall gemeldet hat
- Angaben über den Verstorbenen (Name, Vorname, letzte Wohnortadresse, Familienstand)
- Zeitpunkt des Todes oder Zeitpunkt, an dem der Verstorbene zuletzt lebend gesehen wurde.

Praxistipp
Für die Protokollierung eines Todesfalls sollte jeder Kapitän das **Muster der „Niederschrift über die Anzeige eines Todesfalls“** verwenden, das auf der nächsten Seite abgedruckt ist.

---

6 Der Kapitän und derjenige, der ihn über den Todesfall informiert hat, müssen das Protokoll **unterschreiben** (§ 37 Absatz 3 PStG). Anschließend hat der Kapitän das Protokoll an das Standesamt I in Berlin zu übermitteln – am besten **per Fax**.

Anders als nach dem Wortlaut des § 37 Absatz 3 Personenstandsgesetz muss der Kapitän das Protokoll **direkt an das Standesamt I in Berlin** übermitteln und nicht an das nächste Seemannsamt, da die Seemannsämter mit Inkrafttreten des Seearbeitsgesetzes aufgelöst wurden (mit Ausnahme Mecklenburg-Vorpommerns).

Kontaktdaten des Standesamtes I in Berlin:
Standesamt I in Berlin
Schönstedtstraße 5
13357 Berlin
Tel.: + 4 93 09 02 69-50 00
Fax: +4 93 09 02 69-52 45

Niederschrift über die Anzeige eines Todesfalles
nach § 37 Personenstandsgesetz

Name des Seeschiffes		Ort der Anzeige
Unterscheidungssignal	IMO-Nr.	
Heimathafen		Tag der Anzeige
Reederei (Name und Anschrift)		
Kapitän (Familienname, Vorname und Anschrift)		

Vor mir, dem unterzeichnenden Kapitän, erscheint als Anzeigender:

Familienname	Vorname(n)	Beruf
Wohnort und Wohnung (PLZ, Ort, Straße und Hausnummer)		☐ persönlich bekannt[1] oder ☐ ausgewiesen durch Pass/Personalausweis[1]

und zeigte den Tod folgender Person an:

Familienname (ggf. Geburtsname)		ggfls. akademischer Grad
Vornamen		Beruf
letzter Wohnort und Wohnung (PLZ, Ort, Straße Hausnummer) des Verstorbenen		
Geburtstag	Geburtsort ggf. Geburtsland	
Religionszugehörigkeit[2]		mit Angabe im Sterbeeintrag[1] ☐ einverstanden ☐ nicht einverstanden
Familienstand	bei Verheirateten oder Verwitweten: Familienname und Vorname des Ehegatten	
Familienname, Vornamen und Anschrift des nächsten Angehörigen oder einer sonstigen Auskunftsperson		

Bei Sterbefällen auf dem Seeschiff:

Zeitpunkt des Todes (Tag, Monat, Jahr, Stunde, Minute = Ortszeit)

Bei Sterbefällen außerhalb des Seeschiffes:

Sterbeort mit Straße und Hausnummer
Zeitpunkt der Anbordnahme des Verstorbenen (Tag, Monat, Jahr, Stunde, Minute = Ortszeit)
Falls bekannt: Ort und Zeitpunkt des Todes
Ort und Zeitpunkt, an dem der Verstorbene zuletzt lebend gesehen worden ist (Tag, Monat, Jahr, Stunde, Minute = Ortszeit)

Der/Die Anzeigende erklärte:

☐ Ich habe den Verstorbenen tot gesehen. ☐ Ich habe den Verstorbenen nicht tot gesehen, aber auf folgende Weise Kenntnis vom Tode erlangt:

1) Zutreffendes ankreuzen
2) Rechtliche Zugehörigkeit oder Nichtzugehörigkeit zu einer Kirche, Religionsgesellschaft oder Weltanschauungsgemeinschaft

Vorgelesen, genehmigt und unterschrieben

____
(Unterschrift des Anzeigenden)

1 Niederschrift an das Standesamt I in Berlin
1 Niederschrift verbleibt beim Kapitän

____
(Unterschrift des Kapitäns)

Ort, Datum

Urschriftlich

mit ____ Anlagen und einer Durchschrift der Niederschrift unter Bezugnahme auf § 37 Abs. 3 Personenstandsgesetz weitergeleitet

An das
Standesamt I in Berlin
Schönstedtstraße 5
13357 Berlin

(per Fax: +49 30 90 269-52 45)

Name des Schiffes	Unterscheidungssignal	IMO-Nr.

Das von mir geführte Schiff befindet/befand sich auf der Reise:

von (Hafen, Land)	nach (Hafen, Land)

Im Zeitpunkt des Todes auf dem Seeschiff/der Anbordnahme des Verstorbenen hat sich das Schiff auf folgender Position befunden:

(Position)

Das Schiff ist berechtigt, die Bundesflagge zu führen.

Amtliche Ermittlungen über den Tod sind nach meiner Kenntnis:

- ☐ nicht eingeleitet worden.
- ☐ eingeleitet worden. Sie wurden eingeleitet durch:

Der Kapitän

Abb. 25: Muster Niederschrift und Mitteilung über Todesfall an Bord

2. Bestattung

Bis zur Bestattung eines Verstorbenen sollte der Leichnam gekühlt werden. Zu diesem Zweck gehört eine **Leichenhülle aus Kunststoff** zur medizinischen Ausstattung auf Handelsschiffen unter deutscher Flagge. 7

Der **Kapitän** muss nach § 79 Absatz 1 SeeArbG für die Bestattung sorgen, wenn ein Besatzungsmitglied an Bord oder während einer Schiffsreise im Ausland verstorben ist. Grundsätzlich sollte der Verstorbene **an Land bestattet werden**, wenn das Schiff innerhalb von 24 Stunden zumutbarerweise einen Hafen erreichen kann und keine gesundheitlichen Bedenken (zum Beispiel fehlende Kühlungsmöglichkeit) bestehen. Nach Möglichkeit soll das Besatzungsmitglied in seiner Heimat seine letzte Ruhe finden.[1] 8

Wenn im Ausnahmefall eine **Bestattung auf See** erforderlich ist, dann ist diese in einer würdigen Form vorzunehmen. 9

Die Bestattung **auf See** sollte nur in **absoluten Ausnahmefällen** erfolgen. Vor einer solchen Bestattung sollte der Kapitän auf jeden Fall die nächstgelegene Botschaft oder das Konsulat des Staatsangehörigkeitsstaates des Verstorbenen kontaktieren. **!**

Der Reeder muss die **Kosten für die Bestattung** übernehmen, wenn ein Besatzungsmitglied in Zusammenhang mit seiner Tätigkeit oder deren Folgen verstorben ist (§ 79 Absatz 2 SeeArbG). Der Reeder kann sich die Kosten für die Überführung des Leichnams an den Ort der Bestattung von der BG Verkehr erstatten lassen (§ 64 Absatz 2 SGB VII). 10

3. Sorge für Sachen und Heuerguthaben

Ist ein Besatzungsmitglied verstorben oder wird es vermisst, muss der Kapitän dessen Sachen an den **Vertreter des Reeders** vor Ort übergeben (§ 80 Absatz 1 SeeArbG). Der Reeder ist verpflichtet, die Sachen unverzüglich an die Erben des verstorbenen Besatzungsmitglieds oder an die Angehörigen des vermissten Seemanns zu überreichen. 11

Der Reeder muss ein noch bestehendes Heuerguthaben an die Erben des verstorbenen Besatzungsmitglieds oder an die Angehörigen des vermissten Seemanns überweisen (§ 80 Absatz 2 SeeArbG). 12

---

1 Bundestags-Drucksache 17/10959, S. 89.

VI.
Zeugnisse und Kontrollen

A. Seearbeitszeugnis und Seearbeits-Konformitätserklärung

1. Zeugnispflichtige und nicht-zeugnispflichtige Schiffe

Das Seearbeitsgesetz unterscheidet **zeugnispflichtige und nicht-zeugnispflichtige Schiffe**. Bei den zeugnispflichtigen Schiffen wird wiederum unterschieden zwischen dem Seearbeitszeugnis und dem Fischereiarbeitszeugnis. 1

Tabelle 34: Benötigte seearbeitsrechtliche Zeugnisse und Dokumente für alle Schiffe

Schiffstyp	Benötigte Dokumente
Handelsschiff > 500 BRZ und in der internationalen Fahrt eingesetzt	Seearbeitszeugnis, Seearbeits-Konformitätserklärung
Handelsschiff < 500 BRZ oder nur Nationale Fahrt	Nur Überprüfungsbericht
Fischereifahrzeug, das mehr als 3 Tage auf See bleibt sowie > 24m Länge oder in einer Entfernung > 200 sm von Küste eingesetzt	Fischereiarbeitszeugnis
Alle anderen Fischereifahrzeuge	Kein seearbeitsrechtliches Dokument

a) Zeugnispflichtige Schiffe

Mit dem Seearbeitsübereinkommen ist eine neue Zeugnisform für Handelsschiffe eingeführt worden: das **Seearbeitszeugnis**. Mit diesem Zeugnis bescheinigt der Flaggenstaat, dass die Arbeits- und Lebensbedingungen der Seeleute an Bord des entsprechenden Schiffes den nationalen Regelungen für die Umsetzung des Seearbeitsübereinkommens genügen. 2

Ein Seearbeitszeugnis benötigen alle Handelsschiffe mit einer Größe von 500 BRZ und mehr in der internationalen Fahrt. Für eine **Zeugnispflicht** müssen damit zwei Bedingungen zusammentreffen: 3

1. die Schiffsgröße von 500 BRZ oder mehr und
2. das Fahrtgebiet internationale Fahrt.

Ist nur eine der beiden Bedingungen erfüllt, ist das Schiff nicht zeugnispflichtig. Bei dem Fahrtgebiet „Internationale Fahrt" bewegt sich ein Schiff von einem Staat in einen Hafen eines anderen Staates oder fährt nur im Ausland. Schiffe, die nur in der deutschen **Ausschließlichen Wirtschaftszone (AWZ)** verkehren, fallen dagegen nicht unter das Fahrtgebiet „internationale Fahrt".

! Für die **Zuschüsse zu den Lohnnebenkosten** gelten Fahrten von deutschen Häfen in die deutsche Ausschließliche Wirtschaftszone (AWZ) ausnahmsweise als „internationale Fahrt".

4 Ein **Reeder** darf zeugnispflichtige Schiffe nur mit einem Seearbeitszeugnis und einer Seearbeits-Konformitätserklärung in Dienst stellen oder betreiben (§ 130 Absatz 1 und § 132 Absatz 1 SeeArbG). Die Zeugnisverpflichtung trifft auch den **Kapitän**: Ohne ein gültiges Seearbeitszeugnis darf kein Kapitän mit seinem Schiff aus einem Hafen auslaufen oder es in Fahrt halten (§ 130 Absatz 1 Satz 2 SeeArbG).

5 Die BG Verkehr stellt ein Seearbeitszeugnis erst nach einer eingehenden **Überprüfung** des Schiffes vor Ort aus. Die Überprüfung kann entweder durch Besichtiger der BG Verkehr oder einer anerkannten Klassifikationsgesellschaft durchgeführt werden. Der Reeder hat damit faktisch ein Wahlrecht, wen er mit der Besichtigung beauftragt. Die BG Verkehr kann sich aber jederzeit vorbehalten, eine eigene Besichtigung durchzuführen (§ 130 Absatz 2 Satz 3 SeeArbG).

6 Ein Seearbeitszeugnis kann in **verschiedenen Unterarten** erteilt werden (siehe Kap. VI Rn. 16ff.).

Tabelle 35: Zeugnispflichtige Schiffe: Überprüfungen und Zeugnisse (ohne Fischerei)

Stadium	BG Verkehr	Anerkannte Klassifikationsgesellschaft
Vorläufige Überprüfung	**Vorläufiges Seearbeitszeugnis** – Neubau oder – Flaggenwechsel oder – Reederwechsel – Laufzeit: max. 6 Monate	**Anerkanntes vorläufiges Seearbeitszeugnis** – Neubau oder – Flaggenwechsel oder – Reederwechsel – Laufzeit: max. 6 Monate
Erstmalige Überprüfung	**Seearbeitszeugnis** – Zwischenbesichtigungen alle 2,5 Jahre – Laufzeit max. 5 Jahre	
	DMLC (Seearbeits-Konformitätserklärung) – Teil I und Teil II – Laufzeit: unbegrenzt, wenn sich Inhalt nicht ändert	
Erneuerungsüberprüfung	**Kurzzeitzeugnis** – für Zeitspanne zwischen Überprüfung und neuem Seearbeitszeugnis – Laufzeit max. 6 Monate	**Amtlich anerkanntes Kurzzeitzeugnis** – für Zeitspanne zwischen Überprüfung und neuem Seearbeitszeugnis – Laufzeit max. 6 Monate

Seearbeitszeugnisse (einschließlich der Unterarten vorläufige Seearbeitszeugnisse 7
und Kurzzeitzeugnisse), Seearbeits-Konformitätserklärungen und Fischereiarbeitszeugnisse verlieren ihre **Gültigkeit**:

- bei einem **Flaggen- oder Reederwechsel**,
- bei wesentlichen **baulichen Veränderungen** der Unterkünfte und Freizeiteinrichtungen
- bei Rücknahme oder Widerruf durch die BG Verkehr und
- speziell beim Seearbeitszeugnis, wenn die vorgeschriebenen Zwischenüberprüfungen nicht durchgeführt werden.

b) Nicht-zeugnispflichtige Schiffe

Handelsschiffe, die 8

- nur in nationalen Gewässern eingesetzt werden oder
- die international fahren, aber kleiner als 500 BRZ sind,

sind **nicht-zeugnispflichtig** (§ 134 des Seearbeitszeugnisses). Allerdings werden auch diese Schiffe regelmäßig seearbeitsrechtlich kontrolliert. Anstelle des Seearbeitszeugnisses stellt die BG Verkehr für diese Schiffe einen **Überprüfungsbericht** aus.

Ein Reeder kann für seine nicht-zeugnispflichtigen Schiffe **freiwillig** Seear- 9
beitszeugnisse als Qualitätsnachweis beantragen und erteilen lassen (§ 130 Absatz 8 SeeArbG).

2. Prüfungsintervalle

Die Überprüfung der Arbeits- und Lebensbedingungen an Bord von Seeschiffen 10
durch den Flaggenstaat ist keine einmalige Angelegenheit, sondern eine kontinuierliche Aufgabe. Der Gesetzgeber schreibt regelmäßige Überprüfungen vor. Dabei wird im SeeArbG unterschieden zwischen den Überprüfungen:

- von Schiffen mit Seearbeitszeugnissen,
- von nicht-zeugnispflichtigen Schiffen und
- Schiffen mit Fischereiarbeitszeugnissen.

a) Schiffe mit Seearbeitszeugnis

Seearbeitszeugnisse sind 5 Jahre gültig und müssen daher **alle 5 Jahre** erneuert wer- 11
den (§ 130 Absatz 5 Satz 2 SeeArbG). Der Ablauf der **Erneuerung** eines Seearbeitszeugnisses und der Besichtigungsumfang ist genau derselbe wie bei der erstmaligen Erteilung. Insbesondere muss das Schiff vor Ort überprüft werden (§ 5 Absatz 1 Satz 1 SeeArbÜV). Die Seearbeits-Konformitätserklärung muss dagegen nicht erneuert werden. Der Reeder muss die Erneuerungsüberprüfung rechtzeitig vor dem Ab-

	Schiffstyp	Flaggenstaatliche Überprüfungen
	Handelsschiff • Internationale Fahrt und > 500 BRZ	**alle 5 Jahre** **und** **Zwischenüberprüfung alle 2,5 Jahre**
	Handelsschiff • nur Nationale Fahrt oder • Internationale oder Nationale Fahrt und < 500 BRZ	**alle 3 Jahre**
	Fischereifahrzeug • > 3 Tage auf See und > 24m Länge oder • > 3 Tage auf See und > 200 sm von Küste entfernt eingesetzt	**alle 4 Jahre**
	Alle anderen Fischereifahrzeuge	**nur anlassbezogen (z. B. bei Beschwerden)**

Abb. 26: Überprüfungsintervalle bei verschiedenen Schiffstypen

lauf der Gültigkeit des bisherigen Seearbeitszeugnisses beantragen und durchführen lassen. Im Regelfall findet die Erneuerungsüberprüfung innerhalb eines **3-Monats-Zeitraumes** vor dem Auslaufen des alten Zeugnisses statt. In diesem Fall beginnt die 5-jährige Laufzeit des neuen Zeugnisses mit dem Tag des Ablaufs des alten Zeugnisses. Der Reeder kann aber eine Erneuerungsüberprüfung auch deutlich vor dem Ablauf des alten Zeugnisses durchführen lassen. In diesem Fall beginnt die

Laufzeit des neuen Zeugnisses mit dem Tag des Abschlusses der Erneuerungsüberprüfung.

Beispiele für Fristenberechnung bei Erneuerungsüberprüfung
Ein Seearbeitszeugnis ist bis zum 31. Dezember gültig.

Variante 1:
Die Erneuerungsüberprüfung findet **innerhalb** des 3-Monats-Zeitraums vor Gültigkeitsablauf statt, also im Zeitraum vom 31.9. bis zum 31.12.
=> Das neue Zeugnis ist ab dem 1.1. gültig.

Variante 2:
Die Erneuerungsüberprüfung findet **außerhalb** des 3-Monats-Zeitraums vor Gültigkeitsablauf statt (vor dem 31.9.), zum Beispiel am 1.8.
=> Das neue Zeugnis ist ab dem 1.8. gültig.

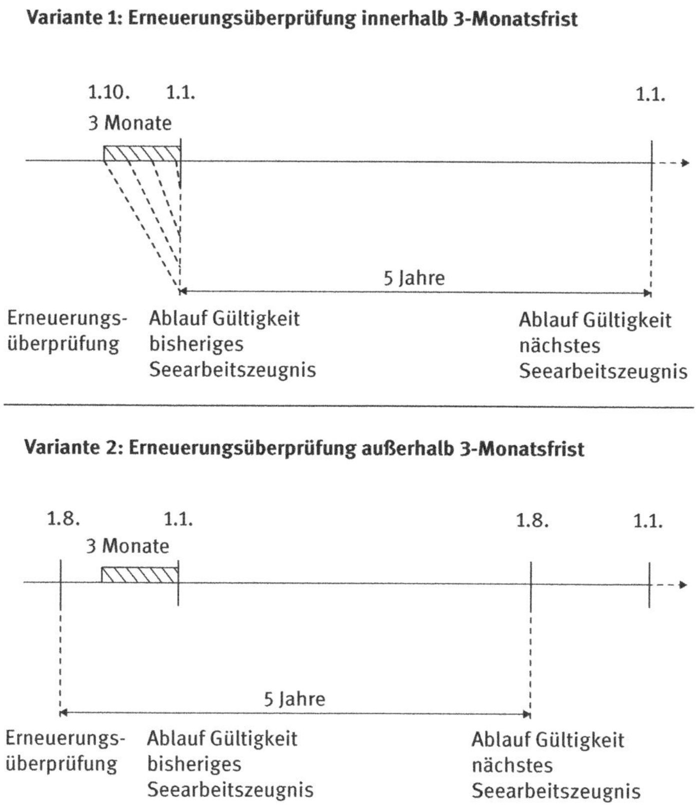

Abb. 27: Erneuerungsüberprüfung für Seearbeitszeugnis

12 Für zeugnispflichtige Schiffe sind regelmäßige **Zwischenbesichtigungen** für das Seearbeitszeugnis vorgeschrieben. In Anlehnung an die internationalen Sicherheitszeugnisse muss der Flaggenstaat auch beim Seearbeitszeugnis **zwischen dem 2. und dem 3. Jahr** der Laufzeit des Seearbeitszeugnisses eine Zwischenüberprüfung durchführen. Der Reeder kann damit innerhalb eines Jahres unter Berücksichtigung des Fahrplanes des Schiffes den optimalen Zeitpunkt für eine Zwischenüberprüfung auswählen. Die Zeitspanne wird von dem Tag des Ablaufs der Gültigkeit des Seearbeitszeugnisses zurückgerechnet (§ 5 Absatz 1 Satz 2 SeeArbÜV). Wenn das Zeugnis zum Beispiel am 10.3.2020 abläuft, muss die Zwischenüberprüfung zwischen dem 10.3.2017 und dem 10.3.2018 durchgeführt werden.

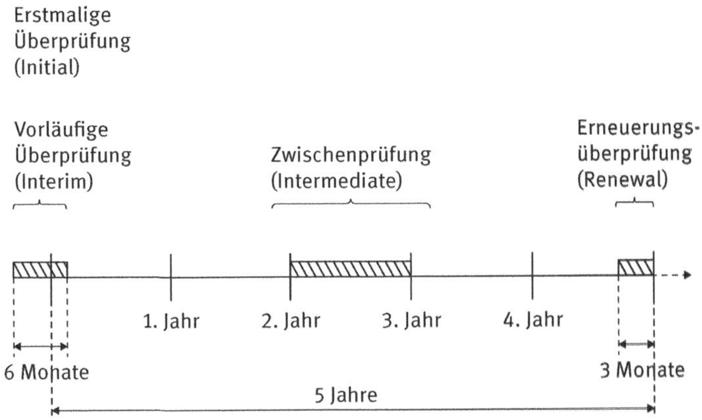

Abb. 28: Überprüfungsintervalle für Seearbeitszeugnis

13 Die Besichtiger der **BG Verkehr** oder der anerkannten Klassifikationsgesellschaft kontrollieren bei der Zwischenüberprüfung, ob die Voraussetzungen für die Erteilung des Zeugnisses weiterhin vorliegen und der Reeder nach wie vor seinen Verpflichtungen nachkommt. Wenn keine Mängel festgestellt werden, wird die Zwischenüberprüfung im Seearbeitszeugnis vermerkt.

b) Nicht-zeugnispflichtige Schiffe

14 Die BG Verkehr überprüft **nicht-zeugnispflichtige Schiffe alle 3 Jahre**.

c) Schiffen mit Fischereiarbeitszeugnis

15 Größere **Fischereifahrzeuge**, die ein Fischereiarbeitszeugnis benötigen, werden **alle 4 Jahre** überprüft. Bei kleineren Fischereifahrzeuge hat der Gesetzgeber nur dann Kontrollen vorgesehen, wenn ein Anlass besteht, zum Beispiel wenn eine Beschwerde eingegangen ist (§ 129 Absatz 2 Nummer 4 SeeArbG).

3. Zeugnis- und Dokumentenarten

a) Seearbeitszeugnis

Mit dem Seearbeitszeugnis (englisch: Maritime Labour Certificate) bestätigt die BG 16
Verkehr für ein deutschflaggiges Handelsschiff, dass die gesetzlichen Vorschriften des Seearbeitsrechts eingehalten sind. Insbesondere wird durch das Zeugnis bestätigt, dass:

- das jeweilige Schiff durch einen Besichtiger auf die Einhaltung der vorgeschriebenen Arbeits- und Lebensbedingungen überprüft worden ist,
- der Reeder das Vorhandensein von Verfahren zur Einhaltung der Arbeits- und Lebensbedingungen nachgewiesen hat,
- der Kapitän mit den Anforderungen des Seearbeitsübereinkommens und den Verantwortlichkeiten vertraut ist und
- der Reeder der BG Verkehr alle notwendigen Informationen zur Erteilung der Seearbeits-Konformitätserklärung vorgelegt hat.

Das Seearbeitszeugnis ist ein **Anscheinsbeweis** dafür, dass die Arbeits- und Le- 17
bensbedingungen an Bord den gesetzlichen Bestimmungen entsprechen.

Das **Muster** des **deutschen Seearbeitszeugnisses** ist im Anhang I auf den Seiten 256 bis 259 abgedruckt.

Das Seearbeitszeugnis muss im **Original** an Bord des Schiffes mitgeführt werden 18
(§ 130 Absatz 1 Satz 3 SeeArbG). Der Reeder muss zudem eine Kopie des Seearbeitszeugnisses an gut sichtbarer Stelle an Bord aushängen lassen (§ 130 Absatz 7 SeeArbG).

Das Seearbeitszeugnis ist **5 Jahre** gültig (§ 130 Absatz 5 SeeArbG). 19

b) Vorläufiges Seearbeitszeugnis

Die BG Verkehr stellt ein vorläufiges Seearbeitszeugnis (englisch: Interim Maritime 20
Labour Certificate) aus:

- bei einem Neubau,
- bei einem Flaggenwechsel oder
- bei einem Reederwechsel.

In diesen 3 Fällen steht häufig nicht genügend Zeit für eine seearbeitsrechtliche Überprüfung des Schiffes zur Verfügung. Eine solche Überprüfung ist aber eine zwingende Voraussetzung für ein (endgültiges) Seearbeitszeugnis. Damit der Schiffsbetrieb nicht unterbrochen werden muss, kann die BG Verkehr ein vorläufiges Seearbeitszeugnis nach § 131 Absatz 1 SeeArbG ausstellen.

21 Für die Erteilung eines vorläufigen Seearbeitszeugnisses gibt es nach § 6 SeeArbÜV 4 **Voraussetzungen**:

1. Der Reeder muss nachvollziehbar darstellen, dass er über angemessene Verfahren zur Einhaltung der Arbeits- und Lebensbedingungen verfügt.
2. Der Reeder muss der BG Verkehr in der Praxis seinen ersten Entwurf des Teils 2 der Seearbeits-Konformitätserklärung übermitteln.
3. Der Kapitän des Schiffes muss die seearbeitsrechtlichen Anforderungen und Verpflichtungen kennen.
4. Die BG Verkehr muss das Schiff überprüft haben.

22 Das vorläufige Seearbeitszeugnis ist **maximal 6 Monate** gültig. Nach Ablauf der 6 Monate darf nur noch ein endgültiges Seearbeitszeugnis ausgestellt werden. Das vorläufige Seearbeitszeugnis ist – anders als das endgültige Seearbeitszeugnis – auch **ohne Seearbeits-Konformitätserklärung** gültig; der Reeder muss bei der BG Verkehr lediglich einen ersten Entwurf für den Teil 2 der Erklärung eingereicht haben.

Das **Muster** des deutschen **vorläufigen Seearbeitszeugnisses** ist im Anhang I auf den Seiten 260 und 261 abgedruckt.

---

c) Kurzzeitzeugnis

23 Ein Reeder muss ein Seearbeitszeugnis nach 5 Jahren erneuern lassen. Dazu muss er sein Schiff durch die BG Verkehr oder eine anerkannte Klassifikationsgesellschaft überprüfen lassen. Im Normalfall beantragt ein Reeder die Überprüfung innerhalb eines 3-Monats-Zeitraums vor Ablauf der Gültigkeit des bisherigen Seearbeitszeugnisses. Die Besichtiger führen dann die Überprüfung durch und übermitteln ihren Überprüfungsbericht an die Zentrale der BG Verkehr in Hamburg. Dort wird der Bericht ausgewertet und geprüft, ob die gesetzlichen Vorgaben an Bord tatsächlich eingehalten wurden. Liegen alle Voraussetzungen vor, stellt die BG Verkehr das Seearbeitszeugnis aus und übermittelt es der Reederei. Durch wetterbedingte Fahrplanänderungen des Schiffes kann es aber vorkommen, dass die Überprüfung des Schiffes erst so kurz vor dem Ablauf des bisherigen Zeugnisses erfolgt, dass die BG Verkehr keine Zeit mehr hat, den Überprüfungsbericht auszuwerten oder die Reederei das Original des Zeugnisses nicht mehr rechtzeitig an Bord bekommt. In diesen Ausnahmefällen darf die BG Verkehr ein Seearbeitszeugnis in der Form eines **Kurzzeitzeugnisses** (englisch: Short Term Certificate) ausstellen. Mit dem Kurzzeitzeugnis nach § 131 Absatz 2 SeeArbG wird die Zeit von der Bordbesichtigung bis zur Übermittlung des Zeugnisses an Bord überbrückt.

24 Kurzzeitzeugnisse sind maximal **6 Monate** gültig (§ 131 Absatz 4 SeeArbG).

Das **Kurzzeitzeugnis** unterscheidet sich äußerlich nicht von dem Muster des „normalen" Seearbeitszeugnisses. Der einzige Unterschied ist die kürzere Laufzeit des Zeugnisses.

d) Amtlich anerkanntes Seearbeitszeugnis

Nicht immer können die Besichtiger der BG Verkehr eine seearbeitsrechtliche Über- 25 prüfung an Bord von Schiffen durchführen. Im Gegensatz zu den Klassifikationsgesellschaften verfügt die BG Verkehr über kein weltweites Netz von Besichtigern. Zudem verbleibt nicht immer genügend Vorlaufzeit, um ein von der BG Verkehr ausgestelltes vorläufiges Seearbeitszeugnis oder ein Kurzzeitzeugnis an Bord von weltweit fahrenden Schiffen zu übermitteln. Der Gesetzgeber hat daher ein praktisches Bedürfnis für **amtlich anerkannte Seearbeitszeugnisse** erkannt und diese Zeugnisform in § 131 Absatz 3 Satz 1 SeeArbG geregelt. Das amtlich anerkannte Seearbeitszeugnis wird nicht von der BG Verkehr, sondern von einer anerkannten Klassifikationsgesellschaft ausgestellt. Es gibt **zwei Unterarten** des amtlich anerkannten Seearbeitszeugnisses:

1. das amtlich anerkannte vorläufige Seearbeitszeugnis und
2. das amtlich anerkannte Kurzzeitzeugnis.

Die Voraussetzung für die Ausstellung dieser beiden amtlich anerkannten Zeugnisse sind dieselben wie bei „regulären" vorläufigen Seearbeitszeugnissen und Kurzzeitzeugnissen. Insbesondere darf ein amtlich anerkanntes Seearbeitszeugnis nur nach einer seearbeitsrechtlichen Überprüfung des Schiffes erteilt werden.

Die anerkannte **Klassifikationsgesellschaft** bestätigt in dem anerkannten See- 26 arbeitszeugnis, dass sie die Voraussetzungen für das Erteilen eines vorläufigen Seearbeitszeugnisses oder eines Kurzzeitzeugnisses als erfüllt ansieht. Sie muss der BG Verkehr eine Kopie des von ihr ausgestellten amtlich anerkannten Seearbeitszeugnisses übermitteln. Die BG Verkehr kann jederzeit eine eigene Besichtigung anordnen.

Rechtlich ist das amtlich anerkannte Seearbeitszeugnis **kein Verwaltungsakt**, 27 sondern eine auf privatrechtlicher Grundlage erstellte Bescheinigung. Erst die amtliche Anerkennung dieser Bescheinigung durch die BG Verkehr stellt einen Verwaltungsakt dar.

Für die amtlich anerkannten Seearbeitszeugnisse dürfen die anerkannten Klas- 28 sifikationsgesellschaften ihre eigenen **Muster** verwenden.

e) Fischereiarbeitszeugnis

Das Fischereiarbeitszeugnis wird für größere Schiffe vor allem der Kleinen und Gro- 29 ßen Hochseefischerei ausgestellt. Die Details zum Fischereiarbeitszeugnis sind in Kap. VIII Rn. 1ff. dargestellt.

f) Seearbeits-Konformitätserklärung

30 Neben dem Seearbeitszeugnis gibt es noch ein weiteres seearbeitsrechtliches Dokument: die **Seearbeits-Konformitätserklärung** (englisch: **Declaration of Maritime Labour Compliance, kurz: DMLC**). Schiffe, für die ein Seearbeitszeugnis vorgeschrieben ist, benötigen zwingend auch eine Seearbeits-Konformitätserklärung. Nur wenn ein vorläufiges Seearbeitszeugnis ausgestellt wird, kann auf die Konformitätserklärung verzichtet werden (§ 6 Absatz 3 SeeArbÜV).

31 Die Seearbeits-Konformitätserklärung muss – genau wie das Seearbeitszeugnis – an gut sichtbarer Stelle **an Bord ausgehängt** werden (§ 132 Absatz 5 in Verbindung mit § 130 Absatz 7 SeeArbG).

32 Die Seearbeits-Konformitätserklärung ist neben dem Seearbeitszeugnis ein **Anscheinsbeweis** für die Einhaltung der Vorschriften zu den Arbeits- und Lebensbedingungen an Bord. Anhand der Erklärung können amtliche Kontrolleure, aber auch Besatzungsmitglieder nachvollziehen, wie der Reeder die Einhaltung des Seearbeitsgesetzes an Bord sicherstellt und welche Rechte Seeleute im deutschen Recht haben. Die Seearbeits-Konformitätserklärung macht zudem die Auslegung der völkerrechtlichen Vorgaben des Seearbeitsübereinkommens durch den jeweiligen Flaggenstaat transparent. Hafenstaatkontrolleure können zum Beispiel auf einen Blick erkennen, was der jeweilige Flaggenstaat unter „Nachtarbeit" versteht oder ob er die Höchstarbeitszeit- oder Mindestruhezeitgrenze anwendet.

33 Die Seearbeits-Konformitätserklärung ist in **2 Teile** aufgeteilt: In Teil 1 erklärt der Flaggenstaat, wie die Vorgaben des Seearbeitsübereinkommens in nationales Recht umgesetzt werden. Teil 2 ist vom Reeder zu erstellen; dort muss beschrieben werden, durch welche Maßnahmen er die Einhaltung der innerstaatlichen Anforderungen an Bord realisiert.

Das **Muster** der deutschen **Seearbeits-Konformitätserklärung** ist im Anhang I auf den Seiten 265 bis 274 (Teil I) und 288 bis 291 (Teil II) abgedruckt.

---

34 Die Seearbeits-Konformitätserklärung ist im Gegensatz zum Seearbeitszeugnis **unbefristet gültig**. Die BG Verkehr muss nur dann eine neue Erklärung ausstellen, wenn:
- ein Flaggen- oder Reederwechsel vorliegt oder
- sich das Seearbeitsgesetz und die darauf basierenden Verordnungen wesentlich geändert haben (Teil I der Erklärung) oder
- der Reeder seine Maßnahmen zur Umsetzung des Gesetzes und der Verordnungen wesentlich verändert hat (Teil II der Erklärung).

In der Praxis kann eine Seearbeits-Konformitätserklärung 10 oder mehr Jahre gültig sein.

4. Ablauf der Zertifizierung

Der Reeder muss ein Seearbeitszeugnis und eine Seearbeits-Konformitätserklärung bei der BG Verkehr beantragen. Für diese **Zertifizierung** ist folgender Ablauf vorgesehen 35

1. Der Reeder beantragt bei der BG Verkehr telefonisch oder per e-mail den schiffstypenspezifischen Teil 1 der Seearbeits-Konformitätserklärung.
2. Die BG Verkehr übermittelt den Teil 1 der Erklärung an den Reeder.
3. Der Reeder erstellt den Teil 2 der Erklärung und übermittelt ihn der BG Verkehr.
4. Die BG Verkehr prüft, ob die angegebenen Maßnahmen geeignet sind.
5. Wenn der Teil 2 der Erklärung geeignet ist, überprüfen Besichtiger der BG Verkehr oder einer anerkannten Klassifikationsgesellschaft das Schiff.
6. Wenn die Überprüfung ergeben hat, dass der Teil 2 der Erklärung der Realität an Bord entspricht, stellt die BG Verkehr das Seearbeitszeugnis und die Seearbeits-Konformitätserklärung aus.

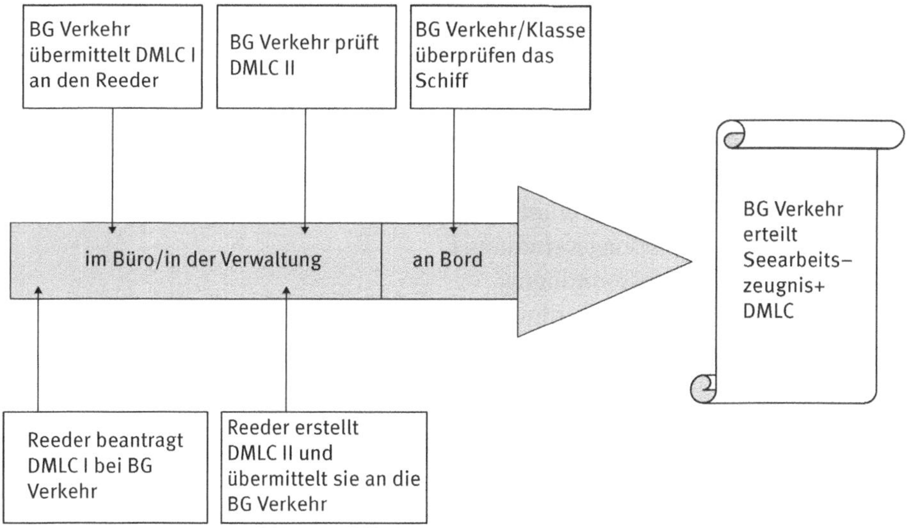

Abb. 29: Ablauf seearbeitsrechtliche Zertifizierung

Bei **Neubauten** führt die BG Verkehr zusätzlich eine Planprüfung der Unterkünfte und Freizeiteinrichtungen durch. 36

B. Flaggenstaatkontrolle

1. Zuständigkeit, Prüfungsmaßstab

37 Das Seearbeitsübereinkommen verpflichtet die Flaggenstaaten, Handelsschiffe unter ihrer Flagge regelmäßig seearbeitsrechtlich zu überprüfen. In Deutschland wird diese **Flaggenstaatkontrolle** durch die BG Verkehr durchgeführt (§ 129 Absatz 1 SeeArbG). Die **BG Verkehr** ist die verantwortliche Behörde für alle Bereiche des Seearbeitsrechts. Sie bleibt auch dann verantwortlich, wenn zum Beispiel im Ausland eine anerkannte Klassifikationsgesellschaft eine Überprüfung eines Schiffes durchführt, da die BG Verkehr die Plausibilität dieser Kontrolle überprüft und nur die BG Verkehr endgültige Seearbeitszeugnisse und Seearbeits-Konformitätserklärungen ausstellt. Zudem überprüft die BG Verkehr kontinuierlich, ob die **Klassifikationsgesellschaften** ihre flaggenstaatlichen Aufgaben für die deutsche Flagge ordnungsgemäß wahrnehmen.

Die Liste der **anerkannten Klassifikationsgesellschaften** für die deutsche Flagge ist unter: www.deutsche-flagge.de/de/flagge/flaggenstaat/klassen abrufbar.

---

38 **Prüfungsmaßstab** für die flaggenstaatlichen Überprüfungen ist das Seearbeitsgesetz und die Verordnungen, die auf Grundlage des Seearbeitsgesetzes erlassen worden sind. Das sind im Einzelnen:
- die Seeleute-Befähigungsverordnung,
- die See-Berufsausbildungsverordnung,
- die Schiffsbesetzungsverordnung,
- die Seearbeitsnachweisverordnung,
- die Offshore-Arbeitszeitverordnung,
- die See-Unterkunftsverordnung,
- die Maritime-Medizin-Verordnung und
- die Seearbeitsüberprüfungs-Verordnung.

Die wichtigsten seearbeitsrechtlichen **Verordnungen** sind im Anhang II abgedruckt.

---

39 Deutschland ist dem Seearbeitsübereinkommen am 16. August 2013 verbindlich beigetreten und hat sich damit verpflichtet, die internationalen Vorgaben für Schiffe unter seiner Flagge anzuwenden. Wegen der vielen verschiedenen Rechtsordnungen auf der Welt lässt das internationale Recht den einzelnen Staaten **Spielräume und Auslegungsmöglichkeiten**, wie sie die Vorgaben in ihr jeweiliges nationales Recht umsetzen. Im Bereich des Seearbeitsrechts überprüft die ILO, ob der jeweilige Staat das Seearbeitsübereinkommen richtig in sein Recht übernommen hat.

Praxistipp
Reeder, Seeleute und Kontrolleure können dem **Teil 1 der Seearbeits-Konformitätserklärung** des jeweiligen Staates entnehmen, welche jeweiligen nationalen Bestimmungen im Seearbeitsrecht gelten.

2. Ablauf einer Flaggenstaatkontrolle an Bord, Mängelabstellung

Der **Ablauf** einer seearbeitsrechtlichen Überprüfung eines Schiffes durch die Besichtiger der BG Verkehr oder einer anerkannten Klassifikationsgesellschaft folgt einer festgelegten Reihenfolge: 40

a) Vorbereitung

Der Besichtiger nutzt verschiedene Informationsquellen (Schiffsakte, Hafenstaatkontrollberichte, bereits ausgestellte seearbeitsrechtliche Dokumente, Überprüfungsberichte), um sich einen Überblick über das Schiff zu verschaffen. 41

b) Eröffnungsgespräch

Der Besichtiger informiert die Schiffsführung an Bord über folgende Punkte und stimmt diese ab: 42
- den Umfang und zeitlichen Ablauf der Überprüfung,
- die Überprüfungsmethoden,
- die vertrauliche Behandlung aller personenbezogenen Daten und
- die Verfügbarkeit der Besatzungsmitglieder und die Begehung der Unterkünfte.

c) Durchführung der Überprüfung

Die Besichtiger der BG Verkehr und der anerkannten Klassifikationsgesellschaften führen die Überprüfungen des Schiffes anhand einer **Prüfliste** durch. 43

Die **Prüfliste der BG Verkehr** für die seearbeitsrechtliche Flaggenstaatkontrolle ist im Anhang I auf den Seiten 275 bis 283 abgedruckt.

Den Besichtigern stehen verschiedene **Überprüfungsmethoden** zur Verfügung: 44
1. Prüfung **seearbeitsrechtlicher Dokumente**, zum Beispiel Besatzungslisten, Seediensttauglichkeitszeugnisse, Heuerverträge, Arbeitszeitnachweise
2. Prüfung von **Arbeitsschutzmaßnahmen** sowie Unterlagen über die Organisation des Arbeitsschutzes, zum Beispiel persönliche Schutzausrüstung, Gefährdungsbeurteilung, Unfallberichte, Nachweise über Sicherheitsunterweisungen, Protokolle des Schiffssicherheitsausschusses

3. **Begehung** der Unterkunftsräume, der Proviant- und Küchenräume, der medizinischen Räumlichkeiten einschließlich Prüfung der Dokumentation der internen Kontrollen
4. **Vertrauliche Interviews** mit Besatzungsmitgliedern.

45 Wegen des Umfangs der Vorschriften können einige Anforderungen nur stichprobenartig geprüft werden. Die Besichtiger haben einen weiten **Beurteilungsspielraum**, anhand welcher Methoden sie prüfen und welche Punkte sie intensiver kontrollieren. Die umfassenden Befugnisse der Besichtiger ergeben sich aus § 143 SeeArbG.

d) Abschlussgespräch und Mängelabstellung

46 In einem Abschlussgespräch stellen die Besichtiger der Schiffsführung die Ergebnisse ihrer Überprüfung vor. Wenn **Mängel** festgestellt wurden, müssen der Reeder oder in seiner Vertretung der Kapitän den Besichtigern einen Maßnahmenplan vorlegen, in dem sie geeignete Korrekturmaßnahmen vorschlagen. Je nach Schwere der festgestellten Mängel können die Besichtiger folgende Zeiträume für die Abstellung von Mängeln festlegen:
- vor Auslaufen des Schiffes aus dem Hafen,
- innerhalb von 14 Tagen oder innerhalb einer anderen Frist
- bis zum Einlaufen des Schiffes in den nächsten Hafen,
- vor Erteilung eines Seearbeitszeugnisses.

47 Bei **schwerwiegenden Mängeln**, die:
- eine Gefahr für die Sicherheit und Gesundheit der Besatzungsmitglieder darstellen oder
- eine schwere oder wiederholte Verletzung der Vorschriften zu den Arbeits- und Lebensbedingungen bedeuten,

kann die BG Verkehr einem Schiff das Auslaufen aus dem Hafen untersagen (**Festhaltung**). In diesen Fällen kann die BG Verkehr zusätzlich ein Audit nach dem ISM-Code an Bord oder an Land in der Reederei anordnen.

48 Unabhängig von einer Mängelfeststellung überreichen die Besichtiger der BG Verkehr der Schiffsführung zwei Ausfertigungen ihres **Überprüfungsberichts.** Die Schiffsführung muss eine Kopie des Überprüfungsberichtes an Bord aushängen.

49 Die **Klassifikationsgesellschaften** dürfen eigene Muster für Überprüfungsberichte verwenden. Die Mindestinhalte dieser Berichte der Klassifikationsgesellschaften sind in § 8 Absatz 2 der Seearbeitsüberprüfungs-Verordnung festgelegt.

C. Hafenstaatkontrolle

1. Prüfungsmaßstab

Bei den Hafenstaatkontrollen überprüft der Staat, in dem ein Hafen liegt, Schiffe unter ausländischer Flagge auf die Einhaltung der internationalen Sicherheits-, Umwelt- sowie Arbeits- und Lebensbedingungen. Dabei wird kontrolliert, ob der jeweilige Flaggenstaat seiner Verantwortung für die Schiffe unter seiner Flagge nachgekommen ist. In Europa führen speziell ausgebildete Kontrolleure bereits seit 1982 Hafenstaatkontrollen durch. In Deutschland ist die BG Verkehr für die Hafenstaatkontrollen verantwortlich. 50

Prüfungsmaßstab für die Hafenstaatkontrollen ist grundsätzlich nur das **internationale Recht**. Die Kontrolleure dürfen nicht ihr eigenes nationales Recht auf ausländische Schiffe übertragen. Bei den seearbeitsrechtlichen Hafenstaatkontrollen werden daher nur die Artikel, Regeln und der Teil A des Codes des Seearbeitsübereinkommens geprüft (§ 137 Absatz 1 SeeArbG). Allerdings lässt das Seearbeitsübereinkommen an einigen Stellen **Spielraum für nationale Festlegungen** und Konkretisierungen. Beispielsweise sieht die Norm A 2.3 Absatz 2 des Seearbeitsübereinkommens vor, dass jeder Staat entweder eine Höchstarbeitszeit oder eine Mindestruhezeit festzulegen hat. Folgerichtig verweisen die entsprechenden Richtlinien der ILO für die Hafenstaatkontrolle („Guidlines for Port State Control Officers") auf die jeweiligen nationalen Standards („with respect to the national standards implementing Standard A 2.3"). Ein anderes Beispiel ist die Festlegung des jeweiligen Flaggenstaates, welche Personengruppen in Zweifelsfällen unter den Begriff „Seeleute" fallen. Diese gesetzgeberische Entscheidung des jeweiligen Flaggenstaates ist auch für die Hafenstaatkontrollen bindend. Das im Seearbeitsübereinkommen abgedruckte Muster der Seearbeits-Konformitätserklärung sieht allerdings kein Feld vor, in dem aufgelistet werden könnte, wer nach der Auffassung des jeweiligen Flaggenstaates Seemann ist oder wer nicht. In Zweifelsfällen muss der jeweilige Flaggenstaat kontaktiert werden. 51

Die seearbeitsrechtliche **Hafenstaatkontrolle** umfasst **sämtliche Anforderungen** des Seearbeitsübereinkommens und ist nicht auf die im Anhang A5-I des Seearbeitsübereinkommens einzeln aufgelisteten 14 Punkte beschränkt. !

---

2. Prüfungsintervalle, Risikoprofil eines Schiffes

Die Überprüfungsintervalle bei den Hafenstaatkontrollen richten sich nach dem individuellen Risiko eines Schiffes. Dafür werden Schiffe in **3 Risikoklassen** eingeteilt: 52

1. **„Qualitätsschiffe"**: Kontrolle frühestens alle 24 Monate
2. **„Standardrisikoschiffe"**: Kontrolle mindestens alle 12 Monate
3. **„Hochrisikoschiffe"**: Kontrolle mindestens alle 6 Monate.

53 Für die Einstufung ist die Kombination verschiedener Faktoren entscheidend:
- Alter und Typ des Schiffes,
- Leistung des Flaggenstaates,
- Leistung der Klassifikationsgesellschaft,
- Leistung der Reederei,
- frühere Festhaltungen und/oder Anzahl der festgestellten Mängel im Rahmen der Hafenstaatkontrollen.

Für die Berechnung der Faktoren gibt es den „Ship Risk Calculator" (Leistung des Schiffes) und den „Company Performance Calculator" (Leistung der Reederei/ Schiffsflotte). Schiffe mit herausragenden positiven Faktoren werden mit selteneren Hafenstaatkontrollen „belohnt". Festgestellte Mängel bei einer Hafenstaatkontrolle im europäischen Bereich fließen in eine zentrale Datenbank bei der Europäischen Schiffssicherheitsagentur EMSA.

54 Die Kontrolleure der BG Verkehr überprüfen Schiffe zudem **außerplanmäßig**, wenn Verkehrszentralen, Hafenbehörden, Lotsen oder die Wasserschutzpolizei bei ihren Kontrollen Mängel festgestellt haben oder wenn Seeleute sich über mangelhafte Arbeits- und Lebensbedingungen an Bord beschweren.

3. Einfache und gründlichere Überprüfung

a) Anscheinsbeweis Seearbeitszeugnis

55 Nach dem Wortlaut der Regel 5.2.1 Absatz 2 des Seearbeitsübereinkommens soll sich die Hafenstaatkontrolle bei einem vorliegenden Seearbeitszeugnis und einer Seearbeits-Konformitätserklärung auf die Prüfung dieser Dokumente beschränken. Auch nach § 137 Absatz 2 SeeArbG gelten die Anforderungen als erfüllt, wenn auf einem Schiff unter ausländischer Flagge ein Seearbeitszeugnis vorgelegt werden kann. Die Funktion der Dokumente als **Anscheinsbeweis** wird aber relativiert, wenn man sie in den Zusammenhang mit anderen Regelungen im Übereinkommen stellt. Die Hafenstaatkontrolleure können eine gründlichere Überprüfung – also eine Kontrolle über die reine Zeugniskontrolle hinaus – unter anderem dann durchführen, wenn es Grund zur Annahme gibt, dass die Arbeits- und Lebensbedingungen nicht den Anforderungen entsprechen (§ 137 Absatz 3 Satz 2 Nummer 2 SeeArbG). Bereits auf seinem Weg von der Gangway in das Schiffsbüro zu Beginn einer Überprüfung kann ein geschulter Hafenstaatkontrolleur mögliche Mängel an Bord feststellen, so dass sich vergleichsweise einfach ein Anlass für eine gründlichere Überprüfung ergeben kann.

b) Anlässe für gründlichere Überprüfung

Die Hafenstaatkontrolleure können nach § 137 Absatz 3 Satz 1 SeeArbG in 4 Fällen 56
eine **gründlichere seearbeitsrechtliche Überprüfung** (englisch: expanded inspection) durchführen:

1. bei fehlendem, ungültigem, gefälschtem Seearbeitszeugnis oder Seearbeits-Konformitätserklärung (unter anderem, wenn der Flaggenstaat das Seearbeitsübereinkommen nicht ratifiziert hat und daher keine Seearbeitszeugnisse erteilt),
2. wenn es Grund zur Annahme gibt, dass die Arbeits- und Lebensbedingungen nicht den Anforderungen entsprechen
3. wenn es Grund zur Annahme gibt, dass das Schiff nur deswegen die Flagge gewechselt hat, um die Einhaltung der Anforderungen zu umgehen, oder
4. wenn sich ein Seemann über mangelhafte Arbeits- und Lebensbedingungen an Bord beschwert hat.

Der Hafenstaatkontrolleur kann in diesen Fällen eine gründlichere Überprüfung durchführen, muss es aber nicht.

Das Seearbeitsgesetz engt das **Ermessen des Kontrolleurs**, ob er gründlicher 57
überprüft oder nicht, dann ein, wenn ein festgestellter Mangel

- eine **Gefahr** für die Sicherheit des Schiffes oder der Besatzung darstellen könnte oder
- eine besonders schwerwiegende Verletzung der Anforderungen darstellt.

In diesem Fall **muss** der Kontrolleur tätig werden. Den genauen Umfang einer 58
gründlicheren Überprüfung legt wiederum der Hafenstaatkontrolleur nach seinem Ermessen fest.

4. Gründe für Festhaltungen

Jeder Hafenstaatkontrolleur hat einen weiten Beurteilungsspielraum, ob die von 59
ihm festgestellten Mängel die Festhaltung eines Schiffes rechtfertigen. Nach deutschem Recht muss ein Kontrolleur den **Verhältnismäßigkeitsgrundsatz** beachten; es darf kein milderes, gleich geeignetes Mittel für die Mängelabstellung geben. Nach der Norm A5.1.4 Absatz 15 des Seearbeitsübereinkommens darf kein Schiff „über Gebühr“ festgehalten werden.

Mögliche Gründe für eine Festhaltung können sein: 60

- fehlendes Seearbeitszeugnis auf einem zeugnispflichtigen Schiff,
- mehrere Besatzungsmitglieder haben keinen schriftlichen Heuervertrag,
- der Reeder zahlt keine Heuern an seine Besatzungsmitglieder,
- die Mindestruhezeiten wurden wiederholt nicht eingehalten,
- Besatzungsmitglieder werden nicht ausreichend verpflegt,

- die Kombüse und die Vorratsräume sind vollkommen verdreckt,
- es fehlt wichtige medizinische Ausstattung oder das Haltbarkeitsdatum eines Großteils der Medikamente ist abgelaufen.

VII. Ordnungswidrigkeiten und Straftaten

Das Seearbeitsgesetz enthält 19 Ordnungswidrigkeiten-Tatbestände und insgesamt 3 Paragraphen zu Ordnungswidrigkeiten und Straftaten. Im Vergleich zum Seemannsgesetz ist die **Zahl der Ordnungswidrigkeiten und Straftaten deutlich reduziert** worden. Der Gesetzgeber will dadurch deutlich machen, dass der **Verwaltungsvollzug** im Rahmen der Flaggenstaatkontrolle deutlich effektiver ist als nachträglich verhängte Bußgelder. Seeleute profitieren unmittelbar von Anordnungen der BG Verkehr zu **Mängelbeseitigung**, da der Reeder diese Vorgaben sofort oder nur mit einer kurzen Frist umsetzen muss. Wegen dieses „Druckmittels" des Verwaltungszwangs, der sogar bis zu der Festhaltung eines Schiffes reichen kann, bedarf es in vielen Fällen keiner Sanktionierung durch Ordnungswidrigkeiten. 1

Die Bußgeldvorschriften sind in § 145 SeeArbG geregelt. Die **Bußgeldhöhe** kann in 3 Stufen je nach Schwere des Verstoßes bis zu 5.000, bis zu 10.000 oder sogar bis zu 50.000 Euro betragen. 2

Die **BG Verkehr** ist für die Verfolgung der Ordnungswidrigkeiten zuständig (§ 145 Absatz 4 SeeArbG). 3

Die **Strafvorschriften** des § 146 SeeArbG beziehen sich auf Handlungen, deren **Unrechtsgehalt** besonders hoch ist. § 146 Absatz 1 SeeArbG bestraft die gemeinschaftliche Nichtbefolgung einer Anordnung, welche die öffentliche Sicherheit und Ordnung betrifft (umgangssprachlich: **Meuterei**). § 146 Absatz 3 SeeArbG enthält die Strafandrohung für Handlungen, die in ihrer Grundform als Ordnungswidrigkeiten verfolgt werden können, aber durch die beharrliche Wiederholung oder durch die Gefährdung der Arbeitskraft oder Gesundheit der betroffenen Personen zu einer Straftat werden. 4

Tabelle 36: Ordnungswidrigkeiten nach dem Seearbeitsgesetz

Handelnder	Ordnungswidrigkeit	Verstoß gegen SeeArbG	Max. Höhe Bußgeld
Reeder oder anderer Arbeitgeber	Beschäftigung einer Person an Bord unter 16 Jahren	§ 10 Absatz 1	50.000
Reeder oder anderer Arbeitgeber	Beschäftigung eines Besatzungsmitglieds ohne gültiges Seediensttauglichkeitszeugnis	§ 12 Absatz 1 Satz 2	50.000
Reeder oder anderer Arbeitgeber	Keine mind. 5-jährige Aufbewahrung von Besatzungsliste, Seetagebuch oder Kopie Dienstbescheinigung	§ 22 Absatz 3 Satz 1, § 33 Absatz 5 Satz 1	5.000
Arbeitsvermittler	Seeleute-Vermittlung ohne Bescheinigung der BG Verkehr	§ 26 Absatz 3	10.000
Kapitän oder anderer Vorgesetzter	Keine Erlaubnis zum Landgang	§ 34 Satz 2	5.000
Reeder, anderer Arbeitgeber oder Kapitän	Keine Einhaltung der Arbeits- und Ruhezeiten	§ 48 Absatz 1	50.000
Kapitän, Schiffsoffizier oder anderer Vorgesetzter	Kein Führen der Arbeitszeitnachweise oder der Übersicht über die Arbeitsorganisation	§ 50 Absatz 1 Satz 1 oder Absatz 2	10.000
Reeder, anderer Arbeitgeber oder Kapitän	Keine Gewährung von Urlaub eines jugendlichen Besatzungsmitglieds	§ 58 Absatz 2	10.000
Kapitän	Zurücklassen eines Besatzungsmitglieds im Ausland	§ 72 Absatz 1 Satz 1	50.000
Kapitän	Keine Gewährung einer Kommunikationseinrichtung	§ 94 Satz 1	5.000
Kapitän	Kein Erlaubnis eines Bordbesuchs	§ 95 Satz 1 Nr. 1	5.000
Kapitän	Keine Übergabe eines Heuerguthabens an Reedervertreter vor Ort	§ 106 Absatz 1 Satz 1	10.000
Kapitän	Keine Erstellung einer Auflistung über Sachen und Heuerguthaben	§ 106 Absatz 2 Satz 1	5.000
Reeder, Kapitän, Schiffsoffizier, Schiffsarzt	Kein Führen oder keine 5-jährige Aufbewahrung von Nachweisen über betriebseigne Kontrolle der medizinischen Ausstattung	§ 109 Absatz 3 Satz 3	5.000
Kapitän oder anderer Arbeitgeber	Keine Unterweisung eines jugendlichen Besatzungsmitglieds in Arbeitsschutz	§ 117 Absatz 5	10.000

Handelnder	Ordnungswidrigkeit	Verstoß gegen SeeArbG	Max. Höhe Bußgeld
Kapitän, Reeder, anderer Arbeitgeber oder Kapitän	Keine Befolgung einer Anordnung der BG Verkehr für Arbeitsverbot/Arbeits-beschränkung für jugendliches Besatzungsmitglied	§ 117 Absatz 8 Satz 2; § 143 Absatz 1 Satz 1 iVm 117 Absatz 2 Satz 1	50.000
Besatzungsmitglied	Keine Befolgung einer Anordnung eines Vorgesetzen zur Abwendung einer Gefahr für Menschen, Schiff oder Ladung oder einer schweren Störung des Schiffsbetriebes oder der Schiffssicherheit	§ 124 Absatz 1 Satz 2	50.000
Kapitän	Keine Eintragung in das Seetagebuch bei Nutzung von Zwangsmitteln	§ 121 Absatz 6	10.000
Reeder, anderer Arbeitgeber, Kapitän oder Besatzungsmitglied	Keine Befolgung eines Tatbestandes einer Rechtsverordnung nach dem SeeArbG	§§ 20 Absatz 1 Satz 1 Nr. 1, 2, 4, 5, 6; § 55 Satz 1 Nr. 2; § 96 Satz 1; § 113 Absatz 1 Satz 1 Nr. 2, 3, 4, 5, 6 oder Absatz 2	5.000

Tabelle 37: Straftaten nach dem Seearbeitsgesetz

Handelnder	Straftat	Konkretisierung	Verstoß gegen SeeArbG	Max. Strafrahmen
Reeder oder anderer Arbeitgeber	Beschäftigung einer Person an Bord unter 16 Jahren	Beharrliche Wiederholung oder Gefährdung der Gesundheit oder Arbeitskraft der betroffenen Person	§ 146 Absatz 3 Nr. 1 und 2	1 Jahr oder Geldstrafe
Reeder oder anderer Arbeitgeber	Beschäftigung eines Besatzungsmitglieds ohne gültiges Seediensttauglichkeitszeugnis	Beharrliche Wiederholung oder Gefährdung der Gesundheit oder Arbeitskraft der betroffenen Person	§ 146 Absatz 3 Nr. 1 und 2	1 Jahr oder Geldstrafe
Reeder, anderer Arbeitgeber oder Kapitän	Keine Einhaltung der Arbeits- und Ruhezeiten	Beharrliche Wiederholung oder Gefährdung der Gesundheit oder Arbeitskraft der betroffenen Person	§ 146 Absatz 3 Nr. 1 und 2	1 Jahr oder Geldstrafe
Kapitän	Zurücklassen eines Besatzungsmitglieds im Ausland	Beharrliche Wiederholung oder Gefährdung der Gesundheit oder Arbeitskraft der betroffenen Person	§ 146 Absatz 3 Nr. 1 und 2	1 Jahr oder Geldstrafe
Kapitän, Reeder oder anderer Arbeitgeber	Keine Befolgung einer Anordnung der BG Verkehr für Arbeitsverbot/Arbeitsbeschränkung für jugendliches Besatzungsmitglied	Beharrliche Wiederholung oder Gefährdung der Gesundheit oder Arbeitskraft der betroffenen Person	§ 146 Absatz 3 Nr. 1 und 2	1 Jahr oder Geldstrafe
Besatzungsmitglied	Keine Befolgung einer Anordnung eines Vorgesetzen zur Abwendung einer Gefahr für Menschen, Schiff oder Ladung oder einer schweren Störung des Schiffsbetriebes oder der Schiffssicherheit	Gemeinschaftliche Begehung oder Gefährdung eines anderen oder fremder Sachen von bedeutendem Wert	§ 146 Absatz 1 Nr. 1 und 2	5 Jahre (3 Jahre bei fahrlässiger Begehung)
		Gefährdung der Arbeitskraft der betroffenen Person	§ 146 Absatz 3 Nr. 3	1 Jahr oder Geldstrafe

VIII. Besonderheiten der Fischerei

A. Fischereiarbeitszeugnis

Fischereifahrzeuge unterliegen nicht dem Seearbeitsübereinkommen, sondern dem 1
Übereinkommen Nr. 188 über die Arbeit im Fischereisektor, 2007 (ILO-Übereinkommen Nr. 188). Das ILO-Übereinkommen Nr. 188 sieht für größere Fischereifahrzeuge ein mit dem Seearbeitszeugnis vergleichbares Dokument vor. Dieses **Fischereiarbeitszeugnis** ist für Fischereifahrzeuge vorgeschrieben, die länger als 3 Tage auf See bleiben und

1. entweder 24 m oder länger sind oder
2. die regelmäßig in mehr als 200 Seemeilen Entfernung von der Küste fischen.

Schiffe, die kürzer als 3 Tage auf See bleiben, benötigen dagegen kein Fischereiarbeitszeugnis. In der Praxis sind hauptsächlich Fischereifahrzeuge der Großen und Kleinen Hochseefischerei, in Ausnahmefällen auch der Küstenfischerei zeugnispflichtig.

Wie beim Seearbeitszeugnis auch, muss das **Original** des Fischereiarbeitszeug- 2
nisses an Bord mitgeführt werden; eine Kopie ist an Bord an einer gut sichtbaren Stelle auszuhängen.

Das Fischereiarbeitszeugnis darf nur von der **BG Verkehr**, nicht von einer aner- 3
kannten Organisation ausgestellt werden. Auch für die Überprüfungen an Bord sind nur die Besichtiger der BG Verkehr zuständig. Eine Seearbeits-Konformitätserklärung oder vorläufige Zeugnisse gibt es im Fischereibereich nicht.

Das Fischereiarbeitszeugnis ist **4 Jahre** gültig. Damit können die seearbeits- 4
rechtlichen Überprüfungen gleichzeitig mit den Besichtigungen für die Sicherheitszeugnisse nach dem Torremolinos-Übereinkommen durchgeführt werden.

Das **Muster des Fischereiarbeitszeugnisses** ist im Anhang I auf den Seiten 262 bis 264 abgedruckt.

B. Der Heuervertrag in der Fischerei

Arbeitnehmer auf Fischereifahrzeuge müssen wie alle anderen Besatzungsmitglie- 5
der auch über einen schriftlichen Heuervertrag verfügen. Aufgrund der Besonderheiten in der Fischerei gibt es aber 3 **Abweichungen** gegenüber den Inhalten eines „normalen" Heuervertrages:

1. Es muss zusätzlich der Name und das Fischereikennzeichen des Schiffes, auf dem das Besatzungsmitglied tätig wird, in den Heuervertrag mit aufgenommen werden,

2. Es müssen zusätzlich die voraussichtlichen Reisen in den Heuervertrag aufgenommen werden, die zum Vertragsabschluss bekannt sind.
3. Anstelle einer **Festheuer** darf auf Fischereifahrzeugen auch eine **Beteiligung am Fangerlös** vereinbart werden.

Diese Abweichungen sind in § 28 Absatz 3 SeeArbG geregelt.

6 Bei **jugendlichen Besatzungsmitgliedern** in der Ausbildung auf Fischereifahrzeugen ist dagegen eine Vergütung nur nach Fanganteil wegen des Anspruchs nach § 84 SeeArbG nicht erlaubt.

IX.
Zuschüsse und Gebühren

A. Zuschüsse

1. Staatliche Beihilfen und privatwirtschaftliche Ausbildungsförderung

Für Deutschland als Exportnation ist eine wettbewerbsfähige Handelsschifffahrt unter deutscher Flagge von großer Bedeutung. Die finanzielle Unterstützung der Schifffahrt unter deutscher Flagge ist ein wichtiger Baustein des **„Maritimen Bündnisses“**, das die **Bundesregierung, die Küsten-Bundesländer** und die **Sozialpartner** geschlossen haben. 1

Die **Bundesregierung** fördert die Seeschifffahrt unter deutscher Flagge derzeit durch: 2

1. die Zuschüsse zur Senkung der Lohnnebenkosten (LNK-Zuschüsse),
2. den Lohnsteuereinbehalt für Arbeitgeber gemäß § 41a IV EStG und
3. die Ausbildungsplatzförderung durch den Bund (APK-Zuschüsse).

Zusätzlich unterstützt die privatwirtschaftliche **„Stiftung Schifffahrtsstandort Deutschland“** die Ausbildung, Qualifizierung und Fortbildung von Besatzungsmitgliedern auf Schiffen unter deutscher Flagge oder einer sonstigen EU-Flagge mit rund 20 Millionen Euro jährlich.[1] Auch die Ausbildungsplatzförderung des Bundes (APK-Zuschüsse) setzt die deutsche oder eine andere EU-Flagge voraus. 3

2. Zuschüsse zu den Lohnnebenkosten (LNK-Zuschüsse)

Im Rahmen der finanziellen Fördermaßnahmen des Bundes für die deutsche Seeschifffahrt werden seit Ende 2001 auf Antrag Zuschüsse zur Senkung der Lohnnebenkosten für die Beschäftigung von Besatzungsmitgliedern auf unter deutscher Flagge betriebenen und im internationalen Verkehr eingesetzten Schiffen gewährt. Die aktuelle Rechtsgrundlage hierfür ist die Richtlinie zur Senkung der Lohnnebenkosten in der Seeschifffahrt vom 9. November 2012, die bis 31. Dezember 2017 gilt. 4

Die **Richtlinie zur Senkung der Lohnnebenkosten** vom 9.11.2012 ist auf der Website www.deutsche-flagge.de im Download-Bereich unter „Finanzen“ herunterladbar.

---

1 www.deutsche-flagge.de/de/finanzen.

5 Nach der Richtlinie werden die Zuschüsse für Besatzungsmitglieder auf folgenden Schiffen unter deutscher Flagge gewährt:
- **Handelsschiffe**, die zur gewerbsmäßigen Beförderung von Gütern oder Personen im internationalen Seeverkehr eingesetzt oder zu diesem Zweck gewerbsmäßig vermietet werden sowie
- **Kabelleger-, Nassbagger- und Schleppschiffe**, wenn mehr als 50% der vom jeweiligen Schiff im Bewilligungszeitraum tatsächlich ausgeführten Tätigkeiten im internationalen Seeverkehr erbracht werden (bei Schleppschiffen können Wartezeiten proportional zu den von ihnen ausgeführten Tätigkeiten im internationalen Seeverkehr angerechnet werden, Bagger- und Aushubarbeiten stellen keinen internationalen Seeverkehr im Sinne dieser Richtlinie dar).

Diese Schiffe müssen:
- im Eigentum des **Seeschifffahrtsunternehmens** stehen oder
- dem Seeschifffahrtsunternehmen auf Grund von Leasing-/Bareboatcharterverträgen überlassen werden,

sofern sie in dem Bewilligungszeitraum die deutsche Flagge nach § 1 oder § 2 Absatz 1 Nummer 1 oder Nummer 2 Buchstabe a oder § 2 Absatz 1a oder Absatz 2 des Flaggenrechtsgesetzes führen. Für die Schiffe, die erst im Verlauf des Bewilligungszeitraumes unter die Bundesflagge gebracht werden, gilt dieses ab dem Tag, von dem an die Bundesflagge geführt wird, bis zum Ende des Bewilligungszeitraumes.

6 Die Höhe des Zuschusses ist von der **Anzahl der an Bord beschäftigten förderfähigen Besatzungsmitglieder**, deren Qualifikation und Bordposition abhängig. Es wird kein Zuschuss pro Schiff gewährt, sondern die Zuschüsse sind an die im Bewilligungszeitraum tatsächlich beschäftigten förderfähigen Besatzungsmitglieder geknüpft. Im Ergebnis werden also nur dann Zuschüsse gewährt, wenn förderfähiges Personal auch tatsächlich beschäftigt wurde.

! Beantragt ein Schifffahrtsunternehmen Zuschüsse auch für solche Besatzungsmitglieder, die im Bewilligungszeitraum nicht bei ihm beschäftigt waren, muss er diese **zu Unrecht gewährten Zuschüsse** spätestens im Verwendungsnachweisverfahren **zurückzahlen.**

7 Förderfähige **Besatzungsmitglieder** im Sinne der Richtlinie sind Besatzungsmitglieder:
- für die das Seeschifffahrtsunternehmen in der Bundesrepublik Deutschland **Lohnsteuern und Sozialversicherungsabgaben** in Höhe der gesetzlichen Pflichtbeiträge abführt **und**
- die **EU-/EWR-Staatsangehörige** sind (= EU sowie Island, Liechtenstein, Norwegen und Schweiz) sind.

8 Besatzungsmitglieder, die weder Kapitän noch Schiffsoffizier sind, sondern im Rahmen des „sonstigen Schiffsbetriebs" an Bord tätig sind, sind nur dann förderfähig,

wenn sie **unbefristet beschäftigt** werden. Für Auszubildende werden keine Lohnnebenostenzuschüsse gezahlt, da für diese andere Fördermöglichkeiten bestehen.

Die Lohnnebenkostenzuschüsse werden für das **jeweilige Kalenderjahr** bewilligt. 9

Tabelle 38: Zuschüsse zu den Lohnnebenkosten für Seeleute auf Schiffen unter deutscher Flagge für das Jahr 2015

Bordposition	**Schiffsgröße**	
	< = BRZ 3.000	**> BRZ 3.000**
Kapitän	13.000 Euro	16.700 Euro
Erster Offizier; Leiter der Maschinenanlage	13.000 Euro	15.000 Euro
Nautischer/Technischer Wachoffizier; Zweiter Technischer/Erster Offizier (in der Erfahrungsseefahrtszeit + erfolgreicher Abschluss der schulischen Ausbildung zum Offizier liegt zum Zeitpunkt der Veröffentlichung der Richtlinie nicht mehr als vier Jahre zurück)	15.400 Euro	15.400 Euro
Sonstige Offiziere	12.200 Euro	12.200 Euro
Schiffsmechaniker; Schiffsbetriebsmeister	12.700 Euro	12.700 Euro
Schiffsleute und sonstige Arbeitnehmer, die im Rahmen des Schiffsbetriebs an Bord tätig werden	9.400 Euro	9.400 Euro

Die Zuwendungen werden nicht an Seeschifffahrtsunternehmen gewährt, deren 10 **Fortbestand** unmittelbar (= während des Bewilligungszeitraumes) **gefährdet** ist. Eine solche Gefährdung ist insbesondere anzunehmen, wenn die fälligen Zinsverpflichtungen nicht beglichen wurden, es sei denn, dass eine den Fortbestand des Unternehmens sichernde Regelung getroffen worden ist oder zur Absicherung möglicher Ansprüche des Bundes bis zum Abschluss des Verwendungsnachweisverfahrens nach Nummer 6.4 der Richtlinie eine Bankgarantie zu Gunsten der Bundesrepublik Deutschland vorgelegt wird oder – über deren Vermögen ein Insolvenz- oder ein vergleichbares Verfahren beantragt oder eröffnet worden ist. Dasselbe gilt für Antragsteller/-innen und, sofern der Antragsteller eine juristische Person ist, für den Inhaber/die Inhaberin der juristischen Person, die eine eidesstattliche Versicherung nach § 807 ZPO oder § 284 AO abgegeben haben oder zu deren Abgabe verpflichtet sind.

Die **Anträge** für die **Zuschüsse zur Senkung der Lohnnebenkosten** (LNK-Zuschüsse) sind unter: www.deutsche-flagge.de/de/antraege im Bereich „Finanzen“ abrufbar. i

3. Lohnsteuereinbehalt

11 Nach § 41a Absatz 4 Einkommenssteuergesetz (EStG) braucht der Arbeitgeber von Seeleuten – unabhängig von ihrer Nationalität und ihrem Wohnsitz – auf deutschflaggigen Schiffen **nur 60% der entstandenen Lohnsteuer** an das Finanzamt abführen und darf 40% der eigentlich abzuführenden Lohnsteuer für sich einbehalten. Damit will der Gesetzgeber deutschen Reedereien einen Kostenausgleich für die deutlich höheren Kosten beim Betrieb eines Schiffes unter deutscher Flagge ermöglichen. Der Betrieb unter deutscher Flagge ist im Wesentlichen wegen der erheblichen Sozialabgaben teurer als unter anderen Flaggen.

12 Die Besatzungsmitglieder müssen in einem mehr als **183 Tage dauernden zusammenhängenden Heuerverhältnis** mit der Reederei mit Sitz in Deutschland stehen. Die Lohnsteuer kann aber nur für die Zeit des Heuerverhältnisses an Bord eines deutschflaggigen Schiffes gekürzt werden.

13 Der Seemann wird beim Lohnsteuereinbehalt so gestellt, als habe sein Arbeitgeber 100% der Lohnsteuer an das Finanzamt abgeführt. Für den Seemann ergeben sich durch den Lohnsteuereinbehalt also **weder Vor- noch Nachteile**.[2]

14 Unter deutscher Flagge sind alle Besatzungsmitglieder entweder **beschränkt oder unbeschränkt steuerpflichtig**. Beschränkt steuerpflichtige Seeleute haben weder die deutsche Staatsbürgerschaft noch ihren Wohnsitz in Deutschland. Diese entweder europäischen oder außereuropäischen Seeleute sind nur mit ihrem auf hoher See oder in deutschen Gewässern erworbenen Einkommen steuerpflichtig. Die beschränkte oder unbeschränkte Steuerpflicht ist abhängig vom Fahrtgebiet des Seeschiffes. Nach der Rechtsprechung des Bundesfinanzhofes und auf der Grundlage einer Verwaltungsanweisung hält sich der ausländische Seemann nur dann im Bundesgebiet auf, wenn sich das Schiff entweder auf Hoher See oder in deutschem Hoheitsgewässer aufhält. In fremden Hoheitsgewässern und Häfen findet keine Zuordnung zum deutschen Steuerrecht statt. Soweit nicht im Inland ansässige Seeleute auf Schiffen unter deutscher Flagge fahren und sich diese Schiffe in ausländischen Hoheitsgewässern und in anschließenden Meereszonen des Küstenstaates befinden, wird deren Arbeit nicht im Inland verwertet.

15 Die Lohnsteuerkürzung ist auch dann möglich, wenn der Arbeitgeber der Seeleute nicht zugleich Reeder des Schiffes ist. In diesem Fall muss der **Arbeitgeber an dem Schiff beteiligt sein**, wobei es keine Vorgaben für die Höhe seiner Beteiligung gibt.

2 www.deutsche-flagge.de/de/finanzen/lohnsteuereinbehalt-fuer-arbeitgeber.

4. Ausbildungsplatzförderung durch den Bund (APK-Zuschüsse)

Bei der Ausbildungsförderung ist zu **unterscheiden** zwischen: 16
- der Ausbildungsförderung durch den Bund (APK-Zuschüsse) und
- der finanziellen Unterstützung der Berufsausbildung durch die privatwirtschaftliche „Stiftung Schifffahrtsstandort Deutschland“ (siehe Kap. IX Rn. 26ff.).

Durch die Ausbildungsplatzförderung des Bundes wird ausschließlich die Ausbildung: 17
- zum **Schiffsmechaniker** und
- zum **Offiziersassistenten**

gefördert. Die „Stiftung Schifffahrtstandort Deutschland“ fördert zusätzlich auch das Ausfahren der Befähigungszeugnisse als wesentliche Qualifizierungsmaßnahme im Rahmen der (erweiterten) Berufsausbildung.

Rechtsgrundlage für die Ausbildungsförderung ist die jährlich neu herausgegebene **Richtlinie zur Ausbildungsplatzförderung**. 18

Die **Richtlinie zur Ausbildungsplatzförderung vom 29.10.2014** ist auf der Website www.deutsche-flagge.de im Download-Bereich unter „Finanzen“ herunterladbar.

Die **Europäische Kommission** hält staatliche Beihilfen, die das Ziel haben, weiterhin für eine wettbewerbsfähige Flotte auf den Weltmärkten zu sorgen sowie die Beschäftigung europäischer Seeleute zu schützen und zu fördern, für gerechtfertigt. 19

Die Bundesregierung fördert diese gemeinschaftlichen Seeverkehrsinteressen. Mit Hilfe von Zuwendungen zum Zweck der Ausbildungsplatzförderung an Seeschifffahrtsunternehmen sollen Ausbildungsplätze für seemännischen Nachwuchs auf Schiffen unter deutscher Flagge oder der Flagge eines anderen EU-Mitgliedstaates erhalten oder zusätzlich geschaffen werden. In diesem Zusammenhang soll das maritime Fachwissen bewahrt und verbessert sowie die Beschäftigung deutscher Seeleute und von Seeleuten aus Mitgliedstaaten der Europäischen Union gefördert werden.

Die **Richtlinie für die Ausbildungsplatzförderung** wird jährlich neu herausgegeben. Die langfristige Fortführung dieser Form der Förderung wird politisch diskutiert.

Förderfähig sind Ausbildungsplätze von Schiffsmechanikern sowie von nautischen und technischen Offiziersassistenten. Die Ausbildung muss auf **Ausbildungsschiffen** erfolgen. Ausbildungsschiffe für die Ausbildung für den Schiffsmechaniker sind Schiffe, die von der Berufsbildungsstelle Seeschifffahrt als geeignete Ausbildungsstätten für die Berufsausbildung zum Schiffsmechaniker anerkannt sind (vgl. 20

Kap. IV Rn. 5ff.). Die Ausbildung von Offiziersassistenten muss auf Schiffen erfolgen, welche die Voraussetzungen der Richtlinie für die praktische Ausbildung und Seefahrtzeit von Offiziersassistenten erfüllen.

Die **Richtlinien für die praktische Ausbildung und Seefahrtzeit von Nautischen oder Technischen Offiziersassistenten** sind auf der Website www.deutsche-flagge.de im Download-Bereich unter „Ausbildung und Befähigung" herunterladbar.

21 Alle Ausbildungsschiffe müssen **im Eigentum** eines Seeschifffahrtsunternehmens stehen oder diesem aufgrund von Leasing-/Bareboatcharterverträgen überlassen werden, sofern sie in dem Bewilligungszeitraum in einem inländischen Schiffsregister eingetragen sind und die deutsche Flagge oder die Flagge eines EU-Mitgliedstaates führen.

22 Der **Bewilligungszeitraum** für die Ausbildungsförderung ist der Ausbildungszeitraum des jeweiligen Ausbildungsverhältnisses.

23 Die Zuwendungen werden **nicht** an Seeschifffahrtsunternehmen gewährt,

- deren Fortbestand unmittelbar (während des Bewilligungszeitraumes) gefährdet ist. Eine solche Gefährdung ist insbesondere anzunehmen, wenn die fälligen Zinsverpflichtungen nicht beglichen wurden, es sei denn, dass eine den Fortbestand des Unternehmens sichernde Regelung getroffen worden ist oder zur Absicherung möglicher Ansprüche des Bundes bis zum Abschluss des Verwendungsnachweisverfahrens nach Nummer 6.4 dieser Richtlinie eine Bankgarantie zu Gunsten der Bundesrepublik Deutschland vorgelegt wird oder
- über deren Vermögen ein Insolvenz- oder ein vergleichbares Verfahren beantragt oder eröffnet worden ist. Dasselbe gilt für Antragstellerinnen/Antragsteller, die zur Abgabe der Vermögensauskunft nach § 807 ZPO oder § 284 AO verpflichtet sind oder bei denen diese abgenommen wurde. Ist der Antragsteller eine durch einen gesetzlichen Vertreter vertretene juristische Person, gilt dies, sofern den gesetzlichen Vertreter aufgrund seiner Verpflichtung als gesetzlicher Vertreter der juristischen Person die entsprechenden Verpflichtungen aus § 807 ZPO oder § 284 AO treffen.

Tabelle 39: Ausbildungsplatzförderung durch den Bund (Stand: 2015)

Ausbildung	Unterstützung pro Ausbildungsplatz
Schiffsmechaniker	25.500 Euro
Nautischer Offiziersassistent	12.750 Euro
Technischer Offiziersassistent	17.000 Euro

24 Bei den Zuwendungen handelt es sich um **Pauschalbeträge** für jedes neu geschaffene Ausbildungsverhältnis und nicht für jedes Ausbildungsjahr.

Die Reedereien müssen die Anträge auf Gewährung von Zuschüssen **vor dem jeweiligen Abschluss** eines Ausbildungsvertrages beim Bundesamt für Seeschifffahrt und Hydrographie (BSH) stellen. Die Zuwendungen werden nur für Ausbildungen bewilligt, die noch nicht begonnen worden sind, das heißt vor dem Abschluss eines Ausbildungsvertrages. 25

Die **Anträge** für die **Ausbildungsplatzförderung** (APK-Zuschüsse) sind unter: www.deutsche-flagge.de/de/antraege im Bereich „Finanzen" abrufbar. i

5. Ausbildungsförderung durch die Stiftung „Schifffahrtsstandort Deutschland"

Am 5. Dezember 2012 wurde die gemeinnützige Stiftung „Schifffahrtsstandort Deutschland" mit Sitz in Hamburg als **rechtsfähige Stiftung** des bürgerlichen Rechts anerkannt. Die Stiftung ist vom Verband Deutscher Reeder errichtet worden und am 28. Dezember 2012 vom Bundesamt für Seeschifffahrt und Hydrographie im Bundesanzeiger als Einrichtung nach § 7 Absatz 3 FlRG bekanntgemacht worden. Die Stiftung hat ihre Arbeit Anfang Januar 2013 aufgenommen. 26

Die Stiftung hat die **Aufgabe**, die Ablösebeiträge von Reedern im Rahmen von Ausflaggungsgenehmigungen zu erheben und damit die Ausbildung, Qualifizierung und Fortbildung von nautischem und technischem Seepersonal am Standort Deutschland zu fördern. Die geförderten Besatzungsmitgliedern müssen auf Seeschiffen beschäftigt sein, die: 27

- in einem deutschen Seeschiffsregister eingetragen sind und
- die deutsche oder eine andere EU-Flagge führen.

Die Stiftung fördert die **Berufsausbildungen** zum: 28

- Schiffsmechaniker,
- Nautischen Offiziersassistent,
- Technischen Offiziersassistent und
- Kapitän und Schiffsoffizier des nautischen und technischen Schiffsdienstes (Qualifizierungsförderung).

Für die Förderung müssen folgende **Bedingungen** erfüllt sein: 29

- Beschäftigungsverhältnis mit einem deutschen Arbeitgeber,
- Sozialversicherungspflicht in Deutschland,
- Entrichtung der Sozialabgaben in den einzelnen Zweigen der See-Sozialversicherung und
- Gesamtvergütung mindestens 850 Euro pro Monat.

30 Gefördert werden **Unternehmen**, die:
- ihren Sitz in Deutschland haben und
- Ausbildungsplätze auf eigenen oder geleasten oder bareboat-gecharterten Schiffen bereitstellen.

31 Die Ausbildung muss auf **Ausbildungsschiffen** erfolgen. Ausbildungsschiffe müssen folgende Mindestanforderungen erfüllen:
- Eintragung in einem deutschen Seeschiffsregister,
- deutsche Flagge oder die eines anderen Mitgliedstaates der EU,
- keine Bundesdienstflagge oder Landesdienstflagge eines deutschen Bundeslandes,
- Eigentum des Antragstellers oder von diesem geleast oder bare-boat gechartert,
- für die Förderung der Ausbildung zum Schiffsmechaniker muss das Schiff von der Berufsbildungsstelle Seeschifffahrt als Ausbildungsschiff für die Schiffsmechaniker-Ausbildung anerkannt sein (siehe Kap. IV Rn. 10)

Tabelle 40: Ausbildungsförderung durch die Stiftung „Schifffahrtsstandort Deutschland" (Stand: 2015)

Ausbildung	**Unterstützung pro Quartal**	**Dauer**
Schiffsmechaniker	3.500 Euro	12
Nautischer Offiziersassistent	3.500 Euro	6
Technischer Offiziersassistent	3.500 Euro	9
Kapitän und Schiffsoffizier des nautischen und technischen Schiffsdienstes	8.000 Euro; ggf. 9.500 Euro bei vorausgegangener Arbeitslosigkeit	16 ggf. bis zu 20 bei vorausgegangener Arbeitslosigkeit

32 Seit Januar 2015 können bei der Stiftung „Schifffahrtsstandort Deutschland" zusätzlich auch Anträge auf finanzielle Unterstützung von **Fortbildungsmaßnahmen** im Rahmen der Berufsausbildung von nautischem und technischem Seepersonal gestellt werden. Damit unterstützt die Stiftung erstmals auf Antrag auch Fortbildungsmaßnahmen (Lehrgänge) von nautischem und technischem Seepersonal.

i Die **Anträge** für die **Ausbildungsförderung** und für die Förderung von Fortbildungsmaßnahmen durch die Stiftung „Schifffahrtsstandort Deutschland" sind unter: www.stiftung-schifffahrtsstandort.de/foerderung abrufbar.
Die **Anträge** sind **im Original** bei der Stiftung einzureichen. Alle angeforderten **anderen Unterlagen** sollen als **Kopie** eingereicht werden, es sei denn, die Stiftung verlangt Originalunterlagen.

B. Gebühren

Für die Ausstellung von seearbeitsrechtlichen Dokumenten müssen die Reedereien Gebühren bezahlen. Je nach Dokumentenart werden diese Gebühren von **unterschiedlichen Stellen** in Rechnung gestellt: 33

1. BG Verkehr,
2. BSH,
3. anerkannte Klassifikationsgesellschaft.

Die **BG Verkehr** stellt das Seearbeitszeugnis, das vorläufige Seearbeitszeugnis, das Fischereiarbeitszeugnis, die Seearbeits-Konformitätserklärung, das Schiffsbesatzungszeugnis und die (Zulassungs-)Bescheinigung für private Seeleutevermittler aus. Eine Besonderheit ist das Seediensttauglichkeitszeugnis: Für Besatzungsmitglieder auf deutschflaggigen Handelsschiffen sind die Seediensttauglichkeitsuntersuchungen kostenlos, da die BG Verkehr diese Kosten übernimmt. Die einzelnen Gebühren sind in der Anlage der BG Verkehr-Gebührenverordnung (BGVGebV) aufgeführt. Der Aufwand für Besichtigungen, der zusätzlich zu den Zeugnisgebühren anfällt, wird nach Stunden abgerechnet. 34

Das **Bundesamt für Seeschifffahrt und Hydrographie** stellt alle seeleutebezogenen Befähigungsdokumente wie den Seeleute-Ausweis und die Befähigungszeugnisse (umgangssprachlich: Patente) aus. Rechtsgrundlage für die Gebühren ist die Anlage der BSH-Gebührenverordnung (BSHGebV). 35

Die Kosten für amtlich anerkannte Seearbeitszeugnisse werden von den anerkannten **Klassifikationsgesellschaften** abgerechnet. Häufig haben Reeder und Klassifikationsgesellschaften eine Pauschalkostenvereinbarung (sogenannte **block fee-Verträge**) abgeschlossen, mit dem die Kosten für sämtliche Schiffsbesichtigungen abgedeckt sind. 36

Tabelle 41: Gebühren für seearbeitsrechtliche Dokumente

Dienstleistung	Gebühr in EUR	Ausstellende Behörde	Rechtsgrundlage
Seearbeitszeugnis	460	BG Verkehr	Nr. 3102 Anlage BGVGebV
Vorläufiges Seearbeitszeugnis	230	BG Verkehr	Nr. 3101 Anlage BGVGebV
Fischereiarbeitszeugnis	460	BG Verkehr	Nr. 3104 Anlage BGVGebV
Seearbeits-Konformitätserklärung (DMLC)	1140	BG Verkehr	Nr. 3103 Anlage BGVGebV
Schiffsbesatzungszeugnis	60	BG Verkehr	Nr. 3201 Anlage BGVGebV
Bescheinigung (Zulassung) für private Arbeitsvermittlungsdienste für Seeleute	945	BG Verkehr	Nr. 3105 Anlage BSHGebV

Dienstleistung	Gebühr in EUR	Ausstellende Behörde	Rechtsgrundlage
Vollständige Seediensttauglichkeits-untersuchung für Selbstzahler (= nicht bei BG-Verkehr versichert)	100	BG Verkehr	Nr. 3002 Anlage BGVGebV
Seeleute-Ausweis	25	BSH	Nr. 2001 Anlage BSHGebV
Befähigungszeugnisse, -nachweise, Seefunkzeugnisse (bei mehreren Anträgen gleichzeitig Gebührenermäßigung)	50	BSH	Nr. 2001 Anlage BSHGebV
Anerkennungsvermerke (Endorsements) von ausländischen Befähigungsdokumenten	100	BSH	Nr. 2005 Anlage BSHGebV

Abkürzungen:
- BG Verkehr: Berufsgenossenschaft für Transport und Verkehrswirtschaft
- BSH: Bundesamt für Seeschifffahrt und Hydrographie
- BGVGebV: BG Verkehr-Gebührenverordnung
- BSHGebV: BSH-Gebührenverordnung

Anhang I
Checkliste: An Bord benötigte seearbeitsrechtliche Dokumente

1. **Von der Verwaltung erteilte amtliche Zeugnisse und Dokumente**

2. **Vom Reeder/Kapitän auszufüllende Dokumente**

Bundesrepublik Deutschland
Federal Republic of Germany

SEEARBEITSZEUGNIS
Maritime Labour Certificate

(Anmerkung: Diesem Zeugnis muss eine Seearbeits-Konformitätserklärung beigefügt sein)
(Note: This Certificate shall have a Declaration of Maritime Labour Compliance attached)

Ausgestellt im Namen der Regierung der
BUNDESREPUBLIK DEUTSCHLAND durch die
BERUFSGENOSSENSCHAFT FÜR TRANSPORT UND VERKEHRSWIRTSCHAFT
nach den Bestimmungen von Artikel V und Titel 5 des Seearbeitsübereinkommens, 2006
(im Folgenden als „das Übereinkommen" bezeichnet)

Issued under the authority of the Government of the
FEDERAL REPUBLIC OF GERMANY by
BERUFSGENOSSENSCHAFT FÜR TRANSPORT UND VERKEHRSWIRTSCHAFT
under the provisions of Article V and Title 5 of the Maritime Labour Convention, 2006
(referred to below as "the Convention")

Angaben zum Schiff
Particulars of the ship

Name des Schiffes ....
Name of ship

Unterscheidungssignal ....
Distinctive number or letters

Heimathafen ....
Port of registry

Datum der Registrierung ....
Date of registry

Bruttoraumzahl [1] ....
Gross tonnage [1]

IMO-Nummer ....
IMO Number

Schiffstyp .... /
Type of ship

Name und Anschrift des Reeders [2] ....
Name and address of the shipowner [2]

1 Für Schiffe, die dem von der Internationalen Seeschifffahrts-Organisation angenommenen vorläufigen System der Schiffsvermessung unterliegen, ist die Bruttoraumzahl diejenige, die im Internationalen Schiffsmessbrief (1969) in der Spalte BEMERKUNGEN aufgeführt ist. Siehe Artikel II (1) c) des Übereinkommens. / *For ships covered by the tonnage measurement interim scheme adopted by the IMO, the gross tonnage is that which is included in the REMARKS column of the International Tonnage Certificate (1969). See Article II(1)(c) of the Convention.*

2 *Reeder* bedeutet den Eigner des Schiffes oder jede andere Organisation oder Person, wie den Leiter, Agenten oder Bareboat-Charterer, die vom Reeder die Verantwortung für den Betrieb des Schiffes übernommen hat und die sich mit der Übernahme dieser Verantwortung bereit erklärt hat, die Aufgaben und Pflichten zu erfüllen, die den Reedern gemäß diesem Übereinkommen auferlegt werden, ungeachtet dessen, ob andere Organisationen oder Personen bestimmte dieser Aufgaben oder Pflichten im Auftrag des Reeders erfüllen. Siehe Artikel II (1) j) des Übereinkommens. / *Shipowner means the owner of the ship or another organization or person, such as the manager, agent or bareboat charterer, who has assumed the responsibility for the operation of the ship from the owner and who, on assuming such responsibility, has agreed to take over the duties and responsibilities imposed on shipowners in accordance with this Convention, regardless of whether any other organizations or persons fulfil certain of the duties or responsibilities on behalf of the shipowner. See Article II(1)(j) of the Convention.*

- 2 -

Hiermit wird bescheinigt,
This is to certify:

1 **dass dieses Schiff überprüft und seine Einhaltung der Anforderungen des Übereinkommens und der Bestimmungen der beigefügten Seearbeits-Konformitätserklärung nachgeprüft worden ist.**
that this ship has been inspected and verified to be in compliance with the requirements of the Convention, and the provisions of the attached Declaration of Maritime Labour Compliance.

2 **dass die in Anhang A5-I des Übereinkommens aufgeführten Arbeits- und Lebensbedingungen der Seeleute den innerstaatlichen Vorschriften des vorstehend erwähnten Landes zur Durchführung des Übereinkommens entsprechen. Diese innerstaatlichen Vorschriften sind in der beigefügten Seearbeits-Konformitätserklärung, Teil I, zusammengefasst.**
that the seafarers' working and living conditions specified in Appendix A5-I of the Convention were found to correspond to the abovementioned country's national requirements implementing the Convention. These national requirements are summarized in the Declaration of Maritime Labour Compliance, Part I.

Dieses Zeugnis gilt bis ________________, vorbehaltlich der Überprüfungen in Übereinstimmung mit den Normen A5.1.3 und A5.1.4 des Übereinkommens.
This certificate is valid until subject to inspections in accordance with Standards A5.1.3 and A5.1.4 of the Convention.

Dieses Zeugnis gilt nur, wenn die in Hamburg
am ________________________________ ausgestellte Seearbeits-Konformitätserklärung beigefügt ist.
This certificate is valid only when the Declaration of Maritime Labour Compliance issued at Hamburg on is attached.

Die Überprüfung, auf der dieses Zeugnis beruht, wurde abgeschlossen am: ______________________
Completion date of the inspection on which this certificate is based was:

Ausgestellt in **Hamburg** **am** ______________________________
Issued at **(Ort der Ausstellung)** *on* **(Datum der Ausstellung)**
(Place of issue of certificate) *(Date of issue)*

(Siegel)
(Seal)

BERUFSGENOSSENSCHAFT FÜR TRANSPORT UND VERKEHRSWIRTSCHAFT
- Dienststelle Schiffssicherheit -

____

- 3 -

Vermerke
für die obligatorische Zwischenüberprüfung und (falls erforderlich) etwaige zusätzliche Überprüfungen
Endorsements for mandatory intermediate inspection and, if required, any additional inspection

Hiermit wird bescheinigt, dass das Schiff in Übereinstimmung mit den Normen A5.1.3 und A5.1.4 des Übereinkommens überprüft worden ist und dass die in Anhang A5-I des Übereinkommens aufgeführten Arbeits- und Lebensbedingungen den innerstaatlichen Vorschriften des vorstehend erwähnten Landes zur Durchführung des Übereinkommens entsprechen.
This is to certify that the ship was inspected in accordance with Standards A5.1.3 and A5.1.4 of the Convention and that the seafarers' working and living conditions specified in Appendix A5-I of the Convention were found to correspond to the abovementioned country's national requirements implementing the Convention.

Zwischenüberprüfung:
(zwischen dem 2. und 3. Jahrestag abzuschließen)
Intermediate inspection:
(to be completed between the 2nd and 3rd anniversary dates)

unterzeichnet: ____________________
Signed:
(Unterschrift des ermächtigten Bediensteten)
(Signature of authorized official)

Ort: ____________________
Place:

(Siegel)
(Seal)

Datum: ____________________
Date:

Weitere Vermerke (falls erforderlich)
Additional endorsements (if required)

Hiermit wird bescheinigt, dass das Schiff zwecks Nachprüfung, dass es die innerstaatlichen Vorschriften zur Durchführung des Übereinkommens weiterhin erfüllte, wie durch die Norm A3.1 Absatz 3 des Übereinkommens (erneute Eintragung im Schiffsregister oder wesentliche Veränderungen der Unterkünfte) vorgeschrieben, oder aus anderen Gründen Gegenstand einer zusätzlichen Überprüfung war.
This is to certify that the ship was the subject of an additional inspection for the purpose of verifying that the ship continued to be in compliance with the national requirements implementing the Convention, as required by Standard A3.1, paragraph 3, of the Convention (re-registration or substantial alteration of accommodation) or for other reasons.

Zusätzliche Überprüfung (falls erforderlich):
Additional inspection (if required):

unterzeichnet: ____________________
Signed:
(Unterschrift des ermächtigten Bediensteten)
(Signature of authorized official)

Ort: ____________________
Place:

(Siegel)
(Seal)

Datum: ____________________
Date:

Zusätzliche Überprüfung (falls erforderlich):
Additional inspection (if required):

unterzeichnet: ____________________
Signed:
(Unterschrift des ermächtigten Bediensteten)
(Signature of authorized official)

Ort: ____________________
Place:

(Siegel)
(Seal)

Datum: ____________________
Date:

- 4 -

Zusätzliche Überprüfung (falls erforderlich): *Additional inspection (if required):*	**unterzeichnet:** *Signed:*	______________________ **(Unterschrift des ermächtigten Bediensteten)** *(Signature of authorized official)*
	Ort: *Place:*	______________________
(Siegel) *(Seal)*	**Datum:** *Date:*	______________________

Bundesrepublik Deutschland
Federal Republic of Germany

VORLÄUFIGES SEEARBEITSZEUGNIS
Interim Maritime Labour Certificate

Ausgestellt im Namen der Regierung der
BUNDESREPUBLIK DEUTSCHLAND durch die
BERUFSGENOSSENSCHAFT FÜR TRANSPORT UND VERKEHRSWIRTSCHAFT
nach den Bestimmungen von Artikel V und Titel 5 des Seearbeitsübereinkommens, 2006
(im Folgenden als „das Übereinkommen" bezeichnet)

Issued under the authority of the Government of the
FEDERAL REPUBLIC OF GERMANY by
BERUFSGENOSSENSCHAFT FÜR TRANSPORT UND VERKEHRSWIRTSCHAFT
under the provisions of Article V and Title 5 of the Maritime Labour Convention, 2006
(referred to below as "the Convention")

Angaben zum Schiff
Particulars of the ship

Name des Schiffes ....
Name of ship

Unterscheidungssignal ....
Distinctive number or letters

Heimathafen ....
Port of registry

Datum der Registrierung ....
Date of registry

Bruttoraumzahl [1] ....
Gross tonnage [1]

IMO-Nummer ....
IMO Number

Schiffstyp .... /
Type of ship

Name und Anschrift des Reeders [2] ....
Name and address of the shipowner [2]

1 Für Schiffe, die dem von der Internationalen Seeschifffahrts-Organisation angenommenen vorläufigen System der Schiffsvermessung unterliegen, ist die Bruttoraumzahl diejenige, die im Internationalen Schiffsmessbrief (1969) in der Spalte BEMERKUNGEN aufgeführt ist. Siehe Artikel II (1) c) des Übereinkommens. / *For ships covered by the tonnage measurement interim scheme adopted by the IMO, the gross tonnage is that which is included in the REMARKS column of the International Tonnage Certificate (1969). See Article II(1)(c) of the Convention.*

2 *Reeder* bedeutet den Eigner des Schiffes oder jede andere Organisation oder Person, wie den Leiter, Agenten oder Bareboat-Charterer, die vom Reeder die Verantwortung für den Betrieb des Schiffes übernommen hat und die sich mit der Übernahme dieser Verantwortung bereit erklärt hat, die Aufgaben und Pflichten zu erfüllen, die den Reedern gemäß diesem Übereinkommen auferlegt werden, ungeachtet dessen, ob andere Organisationen oder Personen bestimmte dieser Aufgaben oder Pflichten im Auftrag des Reeders erfüllen. Siehe Artikel II (1) j) des Übereinkommens. / *Shipowner means the owner of the ship or another organization or person, such as the manager, agent or bareboat charterer, who has assumed the responsibility for the operation of the ship from the owner and who, on assuming such responsibility, has agreed to take over the duties and responsibilities imposed on shipowners in accordance with this Convention, regardless of whether any other organizations or persons fulfil certain of the duties or responsibilities on behalf of the shipowner. See Article II(1)(j) of the Convention.*

- 2 -

Hiermit wird für die Zwecke der Norm A5.1.3 Absatz 7 des Übereinkommens bescheinigt, dass
This is to certify, for the purposes of Standard A5.1.3, paragraph 7, of the Convention, that

a) **das Schiff, soweit angemessen und praktisch möglich, in Bezug auf die in Anhang A5-I des Übereinkommens genannten Angelegenheiten überprüft worden ist, unter Berücksichtigung einer Überprüfung der nachfolgend unter Buchstabe b), c) und d) aufgeführten Punkte;**
this ship has been inspected, as far as reasonable and practicable, for the matters listed in Appendix A5-I to the Convention, taking into account verification of items under(b),(c) and (d) below;

b) **der Reeder der zuständigen Stelle oder anerkannten Organisation nachgewiesen hat, dass das Schiff über angemessene Verfahren verfügt, um das Übereinkommen einzuhalten;**
the shipowner has demonstrated to the competent authority or recognized organization that the ship has adequate procedures to comply with the Convention;

c) **der Kapitän mit den Anforderungen des Übereinkommens und den Verantwortlichkeiten für die Durchführung vertraut ist; und**
the master is familiar with the requirements of the Convention and the responsibilities for implementation; and

d) **der zuständigen Stelle oder anerkannten Organisation einschlägige Informationen zur Erstellung einer Seearbeits-Konformitätserklärung vorgelegt worden sind.**
relevant information has been submitted to the competent authority or recognized organization to produce a Declaration of Maritime Labour Compliance.

Dieses Zeugnis ist gültig bis ____________, vorbehaltlich der Überprüfungen in Übereinstimmung mit den Normen A5.1.3 und A5.1.4.
This certificate is valid until ..... subject to inspections in accordance with Standards A5.1.3 and A5.1.4.

Die unter a) genannte Überprüfung wurde abgeschlossen am: __________________
Completion date of the inspection referred to under (a) above was:

Ausgestellt in ____________________ **am** ______________________________
Issued at **(Ort der Ausstellung)** *on* **(Datum der Ausstellung)**
(Place of issue of certificate) *(Date of issue)*

(Siegel)
(Seal)

BERUFSGENOSSENSCHAFT FÜR TRANSPORT UND VERKEHRSWIRTSCHAFT
- Dienststelle Schiffssicherheit -

____

Bundesrepublik Deutschland
Federal Republic of Germany

FISCHEREIARBEITSZEUGNIS
Fishing Labour Certificate

Ausgestellt im Namen der Regierung der
BUNDESREPUBLIK DEUTSCHLAND durch die
BERUFSGENOSSENSCHAFT FÜR TRANSPORT UND VERKEHRSWIRTSCHAFT
nach den Bestimmungen des § 133 des Seearbeitsgesetzes

Issued under the authority of the Government of the
FEDERAL REPUBLIC OF GERMANY by
BERUFSGENOSSENSCHAFT FÜR TRANSPORT UND VERKEHRSWIRTSCHAFT
under the provisions of § 133 of the Maritime Labour Act

Angaben zum Schiff
Particulars of the ship

Name des Schiffes ....
Name of ship

Unterscheidungssignal ....
Distinctive number or letters

Fischereizeichen ....
Fishery identification letters and numbers

CFR - Nummer ....
CFR - number

Heimathafen ....
Port of registry

Datum der Registrierung ....
Date of registry

Länge (*) ....
Length (*)

Name und Anschrift des Reeders ....
Name and address of the shipowner

(*) Länge gemäß der Begriffsbestimmung in Artikel 2 Absatz 5 der Anlage des Torremolinos-Übereinkommens
(*) Length as defined in Article 2 (5) of the Annex to the Torremolinos-Convention

Fishing Labour Certificate 01/2013

- 2 -

Hiermit wird bescheinigt,
This is to certify:

1 **dass dieses Schiff gemäß § 129 des Seearbeitsgesetzes überprüft worden ist.**
that this ship has been inspected in accordance with § 129 of the Maritime Labour Act.

2 **dass die Arbeits- und Lebensbedingungen der Besatzungsmitglieder den Vorschriften des Seearbeitsgesetzes entsprechen.**
that the crew members' working and living conditions were found to correspond to the requirements of the Maritime Labour Act.

Dieses Zeugnis gilt bis ________________, vorbehaltlich der Zwischenüberprüfung nach § 129 Absatz 2 Nr. 3 des Seearbeitsgesetzes .
This certificate is valid until ..... subject to the intermediate inspection in accordance with § 129, para. 2, number 3 of the Maritime Labour Act.

Die Überprüfung, auf der dieses Zeugnis beruht, wurde abgeschlossen am: ________________
Completion date of the inspection on which this certificate is based was:

Ausgestellt in ________________ **am** ________________
Issued at **(Ort der Ausstellung)** *(Place of issue of certificate)* *on* **(Datum der Ausstellung)** *(Date of issue)*

(Siegel)
(Seal)

BERUFSGENOSSENSCHAFT FÜR TRANSPORT UND VERKEHRSWIRTSCHAFT
- Dienststelle Schiffssicherheit -

____

- 3 -

Vermerke

für die obligatorische Zwischenüberprüfung und (falls erforderlich) etwaige zusätzliche Überprüfungen
Endorsements for mandatory intermediate inspection and, if required, any additional inspection

Hiermit wird bescheinigt, dass das Schiff überprüft worden ist und dass die Arbeits- und Lebensbedingungen der Besatzungsmitglieder den Vorschriften des Seearbeitsgesetzes entsprechen.
This is to certify that the ship was inspected and that crew members' working and living conditions were found to correspond to the requirements of the Maritime Labour Act.

Zwischenüberprüfung:
Intermediate inspection:

unterzeichnet: ______________________
Signed:
(Unterschrift des ermächtigten Bediensteten)
(Signature of authorized official)

Ort: ______________________
Place:

(Siegel)
(Seal)

Datum: ______________________
Date:

Weitere Vermerke (falls erforderlich)

Additional endorsements (if required)

Hiermit wird bescheinigt, dass das Schiff Gegenstand einer zusätzlichen Überprüfung war und dass die Arbeits- und Lebensbedingungen der Besatzungsmitglieder den Vorschriften des Seearbeitsgesetzes entsprechen.
This is to certify that the ship was the subject of an additional inspection and that crew members' working and living conditions were found to correspond to the requirements of the Maritime Labour Act.

Zusätzliche Überprüfung (falls erforderlich):
Additional inspection (if required):

unterzeichnet: ______________________
Signed:
(Unterschrift des ermächtigten Bediensteten)
(Signature of authorized official)

Ort: ______________________
Place:

(Siegel)
(Seal)

Datum: ______________________
Date:

Zusätzliche Überprüfung (falls erforderlich):
Additional inspection (if required):

unterzeichnet: ______________________
Signed:
(Unterschrift des ermächtigten Bediensteten)
(Signature of authorized official)

Ort: ______________________
Place:

(Siegel)
(Seal)

Datum: ______________________
Date:

Bundesrepublik Deutschland
Federal Republic of Germany

Seearbeitsübereinkommen, 2006
Maritime Labour Convention, 2006

Seearbeits-Konformitätserklärung - Teil I
Declaration of Maritime Labour Compliance - Part I

(Diese Erklärung muss dem Seearbeitszeugnis des Schiffes beigefügt werden)
(Note: This Declaration must be attached to the ship's Maritime Labour Certificate)

Ausgestellt im Namen der Regierung der
BUNDESREPUBLIK DEUTSCHLAND
durch die BERUFSGENOSSENSCHAFT FÜR TRANSPORT UND VERKEHRSWIRTSCHAFT

Issued under the authority of the Government of the
FEDERAL REPUBLIC OF GERMANY
by BERUFSGENOSSENSCHAFT FÜR TRANSPORT
UND VERKEHRSWIRTSCHAFT

In Bezug auf die Bestimmungen des Seearbeitsübereinkommens, 2006, wird das nachstehend bezeichnete Schiff:
With respect to the provisions of the Maritime Labour Convention, 2006, the following referenced ship:

Name des Schiffes *Name of ship*	**IMO-Nummer** *IMO Number*	**Bruttoraumzahl** *Gross tonnage*

in Übereinstimmung mit der Norm A5.1.3 des Übereinkommens unterhalten.
is maintained in accordance with Standard A5.1.3 of the Convention.

Der Unterzeichner erklärt im Namen der genannten zuständigen Stelle, dass
The undersigned declares, on behalf of the above mentioned competent authority, that:

a) **die Bestimmungen des Seearbeitsübereinkommens vollständig in die nachfolgend genannten innerstaatlichen Anforderungen übertragen worden sind;**
the provisions of the Maritime Labour Convention are fully embodied in the national requirements referred to below;

b) **diese innerstaatlichen Anforderungen in den nachfolgend angegebenen Bestimmungen enthalten sind; zum Inhalt dieser Bestimmungen werden Erläuterungen gegeben, sofern es erforderlich ist;**
these national requirements are contained in the national provisions referenced below; explanations concerning the content of those provisions are provided where necessary;

c) **die Einzelheiten von im Wesentlichen gleichwertigen Regelungen gemäß Artikel VI Absatz 3 und 4 in dem für diesen Zweck bestimmten Absatz aufgeführt sind;**
the details of any substantial equivalencies under Article VI, paragraphs 3 and 4, are in the section provided for this purpose below;

d) **von der zuständigen Stelle gemäß Titel 3 gewährte Ausnahmen in dem für diesen Zweck bestimmten Abschnitt klar angegeben sind;**
any exemptions granted by the competent authority in accordance with Title 3 are clearly indicated in the section provided for this purpose below; and

e) **auf spezifische Anforderungen der innerstaatlichen Gesetzgebung zu Schiffsarten ebenfalls unter den entsprechenden Anforderungen hingewiesen wird.**
any ship-type specific requirements under national legislation are also referenced under the requirements concerned.

1. Mindestalter (Regel 1.1)
Minimum age (Regulation 1.1)

Innerstaatliche Vorschriften: Seearbeitsgesetz: §§ 10, 53, 54, 117
National requirements: *Maritime Labour Act: §§ 10, 53, 54, 117*

Personen unter 16 Jahren sowie Personen, die der Vollzeitschulpflicht unterliegen, dürfen auf Schiffen nicht als Seeleute (Besatzungsmitglieder) beschäftigt werden.

Unter 18jährige Besatzungsmitglieder (jugendliche Besatzungsmitglieder) dürfen in der Zeit zwischen 20 Uhr und 6 Uhr nicht arbeiten. Im Rahmen der Ausbildung und des Wachdienstes sind Ausnahmen vom Verbot der Nachtarbeit möglich, siehe §§ 53 und 54 des Seearbeitsgesetzes.

Die Beschäftigung von jugendlichen Besatzungsmitgliedern ist verboten, wenn diese Arbeiten ihre Gesundheit oder Sicherheit gefährden können. § 117 Absatz 2 des Seearbeitsgesetzes beinhaltet grundlegende Beschäftigungsverbote. Der Kapitän hat bei bestimmten Tätigkeiten nach § 117 Absatz 3 des Seearbeitsgesetzes zu prüfen, ob eine Arbeit jugendlicher Besatzungsmitglieder auszuschließen ist.

Persons under the age of 16 as well as persons, for whom a full time school attendance is compulsory, shall not work on a ship as a seafarer (crew member).

Crew members under the age 18 (young crew members) shall not work in any period between 20:00 hrs and 06:00 hrs. Exceptions from the night work restriction can be made in the course of a training programme or for watch duties. §§ 53 and 54 of the maritime Labour Act provide for possible exceptions.

The employment of young crew members is prohibited where the work is likely to jeopardize their health or safety. § 117 (2) of the Maritime Labour Act contains fundamental employment restrictions. The master has to verify for certain types of work according to § 117 (3) of the Maritime Labour Act whether a work of young crew members is excluded.

2. Ärztliches Zeugnis (Regel 1.2)
Medical certification (Regulation 1.2)

Innerstaatliche Vorschriften: Seearbeitsgesetz: §§ 11 bis 20; Maritime-Medizin-Verordnung
National requirements: *Maritime Labour Act: §§ 11 to 20; Ordinance on Maritime Medicine*

Besatzungsmitglieder dürfen nur beschäftigt werden, wenn sie ein gültiges ärztliches Zeugnis (Seediensttauglichkeitszeugnis) besitzen, das durch einen zugelassenen Arzt oder in Ausnahmefällen durch die Berufsgenossenschaft für Transport und Verkehrswirtschaft (BG Verkehr) ausgestellt worden ist.

Eine Liste der zugelassenen Ärzte wird von der BG Verkehr veröffentlicht.

Das ärztliche Zeugnis ist längstens 2 Jahre gültig. Bei jugendlichen Besatzungsmitgliedern beträgt die Gültigkeit längstens 1 Jahr.

Läuft die Gültigkeitsdauer eines Seediensttauglichkeitszeugnisses während einer Reise des Schiffs ab, bleibt es gültig, bis der nächste Hafen angelaufen wird, in dem das Besatzungsmitglied ein ärztliches Zeugnis von einem qualifizierten Arzt erhalten kann, mit der Maßgabe, dass dieser Zeitraum drei Monate nicht überschreiten darf.

Ein durch einen anderen Staat oder auf Grund einer Vorschrift eines anderen Staates ausgestelltes Seediensttauglichkeitszeugnis, das den Anforderungen des STCW-Übereinkommens genügt, ist einem deutschen ärztlichen Zeugnis gleichwertig.

Crew members shall only be employed if they hold a valid medical certificate issued by an approved medical practitioner or in exceptional cases by the Berufsgenossenschaft für Transport und Verkehrswirtschaft (BG Verkehr).

A list of approved medical practitioners is published by the BG Verkehr.

The medical certificate is valid for a maximum period of 2 years. In case of youth crew members the validity is maximum 1 year.

If the period of validity of a certificate expires in the course of a voyage, the certificate shall continue to be in force until the next port of call where the crew member can obtain a medical certificate from a qualified medical practitioner, provided that this period shall not exceed three months.

A medical certificate issued by another state or due to a regulation of another state is to be considered as equivalent if it is in accordance with the requirements of the STCW Convention.

3. Befähigungen der Seeleute (Regel 1.3)
Qualifications of seafarers (Regulation 1.3)

Innerstaatliche Vorschriften: Seearbeitsgesetz: § 23; Seeleute-Befähigungsverordnung; Verordnung über die Berufsausbildung in der Seeschifffahrt
National requirements: *Maritime Labour Act: § 23; Ordinance on Seafarers' Competency; Ordinance on Vocational Training in Maritime Shipping*

Die Besatzungsmitglieder müssen den Anforderungen des STCW-Übereinkommens in Bezug auf Ausbildung und Befähigung entsprechen und die vorgeschriebenen Befähigungszeugnisse, Befähigungsnachweise oder Qualifikationsbescheinigungen besitzen.

Alle Besatzungsmitglieder müssen, bevor sie eine Beschäftigung an Bord eines Schiffes aufnehmen, eine Sicherheitsunterweisung nach Abschnitt A-VI/1 Absatz 1 des STCW-Codes erhalten.

Crew members shall comply with the provisions of the STCW Convention with respect to training and competency and shall hold relevant certificates of competency, certificates of proficiency or documentary evidence.

Before being employed on board of a ship, all crew members shall receive safety familiarization training according to section A-VI/1 paragraph 1 of the STCW Code.

4. Beschäftigungsverträge der Seeleute (Regel 2.1)
Seafarers' employment agreements (Regulation 2.1)

Innerstaatliche Vorschriften: Seearbeitsgesetz: §§ 28 bis 33, §§ 65 bis 69, §§ 81 bis 89
National requirements: *Maritime Labour Act: §§ 28 to 33, §§ 65 to 69, §§ 81 to 89*

Jedes Besatzungsmitglied muss im Besitz eines schriftlichen Heuervertrags sein. Handelt es sich bei dem Besatzungsmitglied um einen Auszubildenden, muss ein schriftlicher Vertrag über die Berufsausbildung an Bord vorhanden sein. Die §§ 28 und 82 des Seearbeitsgesetzes beinhalten die Mindestinhalte, die in den Heuervertrag oder in den Vertrag über die Berufsausbildung an Bord aufzunehmen sind.

Dem Besatzungsmitglied ist der Vertragsentwurf, einschließlich anzuwendender Tarifverträge, Betriebs- oder Bordvereinbarungen, rechtzeitig vor dem beabsichtigten Vertragsabschluss auszuhändigen oder zu übermitteln. Der Reeder und das Besatzungsmitglied erhalten je eine Ausfertigung des von ihnen unterzeichneten Vertrags. Kopien der einzelnen Heuerverträge sind an Bord mitzuführen.

§ 33 des Seearbeitsgesetzes regelt die Inhalte der Dienstbescheinigung. Die Bescheinigung ist dem Besatzungsmitglied spätestens zum Dienstende auszuhändigen. Bei Schiffen, auf denen in kurzen Abständen die Besatzungen wechseln oder regelmäßig dieselben Häfen angelaufen werden, insbesondere in der Fähr- und Schleppschifffahrt, muss die Dienstbescheinigung nur auf Antrag des Besatzungsmitglieds sowie bei Beendigung des Heuerverhältnisses ausgehändigt oder übermittelt werden.

Das Heuerverhältnis kann durch den Reeder oder das Besatzungsmitglied ordentlich oder außerordentlich gekündigt werden. Die Kündigung bedarf der Schriftform. Ein befristetes Heuerverhältnis kann nur ordentlich gekündigt werden, wenn dies einzelvertraglich oder tarifvertraglich vereinbart ist. § 66 des Seearbeitsgesetzes regelt die Kündigungsfristen für eine ordentliche Kündigung.

Der Reeder oder das Besatzungsmitglied kann das Heuerverhältnis aus wichtigem Grund ohne Einhaltung einer Frist außerordentlich kündigen. Zusätzlich kann das Besatzungsmitglied das Heuerverhältnis wegen dringender Familienangelegenheiten ohne Einhaltung einer Frist kündigen.

Each crew member shall be in possession of a written employment agreement. If the crew member is a trainee, a written agreement about the apprenticeship on board shall be available. §§ 28 and 82 of the Maritime Labour Act provide minimum particulars that shall be recorded in the employment agreement or agreement about the apprenticeship on board.

The draft agreement including applicable collective bargaining agreements and company or shipboard agreements shall be handed out or submitted to the crew member in due time before signing the agreement. The shipowner and the crew member shall each receive an original of the agreement signed by both of them. Copies of the individual agreements shall be carried on board the ship.

§ 33 of the Maritime Labour Act stipulates the contents of the record of employment. The record is to be handed over to the crew member latest at the end of service on board. On board of ships on which the crew changes at short intervals or on ships calling regularly at the same ports (e.g. ferries and tugs) the record of employment needs to be handed over or to be submitted only at the request of the crew member and on termination of the employment agreement.

The employment engagement may be terminated by the shipowner or the crew member through ordinary or extraordinary termination. The termination requires the written form. A fixed-term employment engagement may only be terminated if it has been agreed upon in the employment agreement. § 66 of the Maritime Labour Act stipulates notice periods for an ordinary termination.

The shipowner or the crew member may extraordinarily terminate the employment engagement for compelling reasons without observing a notice period. In addition, the crew member may extraordinarily terminate the employment engagement without observing any notice period due to urgent family matters.

5. Inanspruchnahme eines bewilligten oder zugelassenen oder geregelten privaten Anwerbungs- und Arbeitsvermittlungsdienstes (Regel 1.4)
<u>Use of any licensed or certified or regulated private recruitment and placement service (Regulation 1.4)</u>

Innerstaatliche Vorschriften: Seearbeitsgesetz: §§ 24 bis 27
National requirements: *Maritime Labour Act: §§ 24 to 27*

Der Reeder darf einen privaten Arbeitsvermittlungsdienst für Seeleute (Vermittler) mit Sitz in Deutschland nur dann in Anspruch nehmen, wenn ihm vom Vermittler eine schriftliche Bescheinigung der BG Verkehr vorgelegt worden ist.

Der Reeder darf einen Vermittler mit Sitz in Staaten, die das Seearbeitsübereinkommen nicht ratifiziert haben, nur dann in Anspruch nehmen, wenn der Vermittler schriftlich versichert hat, dass er die Regelungen zur Anwerbung und Vermittlung nach Regel 1.4 des Seearbeitsübereinkommens erfüllt.

The shipowner may only make use of a private seafarer recruitment and placement service based in Germany if the service is able to provide a written approval of the BG Verkehr.

The shipowner may only make use of a private seafarer recruitment and placement service based in countries that have not ratified MLC if the service has assured in writing that he complies with the requirements of Regulation 1.4 MLC.

6. Arbeits- oder Ruhezeiten (Regel 2.3)
<u>Hours of work or rest (Regulation 2.3)</u>

Innerstaatliche Vorschriften: Seearbeitsgesetz: §§ 42 bis 55; See-Arbeitszeitnachweisverordnung; Offshore-Arbeitszeitverordnung
National requirements: *Maritime Labour Act: §§ 42 to 55; Ordinance on the working organization and working time records in maritime shipping; Offshore-Working Hours Ordinance*

Die Regelungen zur Normalarbeitszeit, zu den Ruhezeiten und zu den Beschränkungen der Höchstarbeitszeit und der Mindestruhezeit entsprechen den Vorgaben des Seearbeitsübereinkommens.

Auf Schiffen, die in kurzer Aufeinanderfolge mehrere Häfen anlaufen (weniger als 36 Stunden zwischen den seewärtigen Lotsversetzpositionen der Revierzufahrten) gilt die vom Seearbeitsübereinkommen vorgegebene Mindestruhezeit von
a) 10 Stunden in jedem Zeitraum von 24 Stunden und
b) 77 Stunden in jedem Zeitraum von sieben Tagen.

Darüber hinaus kann in einem Tarifvertrag oder in einer Betriebs- oder Bordvereinbarung unter Beachtung des Abschnittes A-VIII/1 des STCW-Code vereinbart werden, dass
1. nur eine Mindestruhezeit von 70 Stunden in jedem Zeitraum von sieben Tagen gilt und
2. die Mindestruhezeit in drei Abschnitte aufgeteilt wird, wobei ein Ruheabschnitt eine Mindestdauer von sechs Stunden und die beiden anderen Ruheabschnitte jeweils eine Mindestdauer von einer Stunde haben muss.

Außerhalb der Fahrt mit kurzer Aufeinanderfolge mehrerer Häfen und wenn für Besatzungsmitglieder kein Tarifvertrag oder keine Betriebs- oder Bordvereinbarung mit Arbeitszeitregelungen gilt, muss neben der Mindestruhezeit zusätzlich auch die Höchstarbeitzeit von 14 Stunden in jedem Zeitraum von 24 Stunden und 72 Stunden in jedem Zeitraum von sieben Tagen eingehalten werden.

Besatzungsmitglieder, die während einer planmäßigen Ruhezeit Arbeit geleistet oder an einer Übung teilgenommen haben, müssen eine Ausgleichsruhezeit erhalten, die mindestens der Dauer der Ruhezeitunterbrechung entspricht.

Auf jedem Schiff ist eine Übersicht über die Arbeitsorganisation an Bord zu führen und an einem leicht zugänglichen Ort auszuhängen. Die Übersicht muss dem Muster in Anhang I der See-Arbeitszeitnachweisverordnung entsprechen.

Für jedes Besatzungsmitglied ist ein Arbeitszeitnachweis zu führen, aus dem die täglichen Arbeitszeiten und Ruhezeiten ersichtlich sind. Die Nachweise müssen dem Muster in Anhang II der See-Arbeitszeitnachweisverordnung entsprechen. Jedem Besatzungsmitglied ist am Ende eines jeden Kalendermonats eine Kopie des Arbeitszeitnachweises für diesen Monat auszuhändigen.

The provisions concerning normal working hours, hours of rest and restrictions to the maximum hours of work and the minimum hours of rest comply with the requirements of the Maritime Labour Convention.

On ships calling at several ports in short sequence (less than 36 hours between the seaward positions for pilot transfer for restricted waters) the following minimum hours of rest according to the Maritime Labour Convention apply:
a) 10 hours in any 24-hour period and
b) 77 hours in any 7-day period.

In addition it may be agreed in a collective bargaining agreement or in a company or shipboard agreement in compliance with Part A-VIII/1 of the STCW-Code that
1. only the minimum of 70 hours of rest in any 7-day period applies and
2. that the minimum hours of rest may be divided into three periods, one of which shall be at least six hours in length and the other two periods of rest shall be each at least one hour in length.

Beyond the period of frequent port calls and when no collective bargaining agreement or company or shipboard agreement concerning hours of work applies to crew members the maximum hours of work of 14 hours in any 24-hour period and 72 hours in any period of seven days have to be observed in addition to the minimum hours of rest.

Crew members who performed work or participated in a drill during a scheduled rest period shall be provided with an adequate compensatory period of rest which must cover at least the duration of the interruption of the rest period.

A table with the shipboard working arrangements shall be maintained and posted in an easily accessible place on every ship. The table shall comply with the model contained in Appendix I of the Ordinance on the working organization and working time records in maritime shipping.

A record of hours of work and hours of rest shall be kept for every crew member showing the daily hours of work and hours of rest. The records shall comply with the model contained in Appendix II of the Ordinance on the working organization and working time records in maritime shipping. Every crew member shall receive a copy of the record of hours of work and hours of rest for the respective month at the end of each calendar month.

7. Besatzungsstärke des Schiffes (Regel 2.7)
Manning levels for the ship (Regulation 2.7)

Innerstaatliche Vorschriften: Seearbeitsgesetz: §§ 21, 22; Schiffsbesetzungsverordnung
National requirements: *Maritime Labour Act: §§ 21, 22; Safe Manning Regulations*

Der Reeder und der Kapitän haben für eine nach Anzahl, Qualifikation und Eignung ausreichende Schiffsbesatzung zu sorgen, um unter allen Betriebszuständen einen sicheren, effizienten und gefahrlosen Schiffsbetrieb zu gewährleisten. Dabei sind die Vorgaben aus dem Schiffsbesatzungszeugnis, welches auf allen Schiffen mitzuführen ist, sicherzustellen.

Durch den Kapitän ist eine Besatzungsliste zu führen, die jederzeit den vollständigen Stand der Zusammensetzung der Besatzung wiedergibt. Die Besatzungsliste muss dem von der BG Verkehr veröffentlichten Muster entsprechen.

The shipowner and the master have to ensure that a sufficient number of qualified and suitable crew members are on board to guarantee that the ship is operated safely, efficiently and with due regard to security under all conditions. In this regard, the requirements of the Minimum Safe Manning Certificate, which shall be carried on every ship, have to be observed.

The master must keep a crew list which reflects the complete composition of the crew at any time. The crew list must comply with the model published by the BG Verkehr.

8. Unterkünfte (Regel 3.1)
Accommodation (Regulation 3.1)

Innerstaatliche Vorschriften: Seearbeitsgesetz: §§ 93 bis 96; See-Unterkunftsverordnung
National requirements: *Maritime Labour Act: §§ 93 to 96; Ordinance on Accommodation in Maritime Shipping*

Die See-Unterkunftsverordnung regelt die Unterkünfte der Besatzungsmitglieder und beinhaltet Ausnahmeregelungen für bestimmte Schiffe. Auf Schiffen, deren Kiel vor dem Inkrafttreten des Seearbeitsgesetzes gelegt wurde, gelten die bisherigen baulichen Anforderungen an Unterkünfte (Verordnung über die Unterbringung der Besatzungsmitglieder an Bord von Kauffahrteischiffen vom 8. Februar 1973).

Der Kapitän oder ein von ihm damit beauftragter Schiffsoffizier hat die Unterkunftsräume und Freizeiteinrichtungen mindestens einmal monatlich zu besichtigen. Das Ergebnis jeder Besichtigung ist im Seetagebuch einzutragen.

The Ordinance on Accommodation in Maritime Shipping contains the regulations for accommodation of crew members and includes exemptions for certain ships. The previous construction requirements for accommodation are applicable to ships with keel-laying date before the Maritime Labour Act came into force (Ordinance on Crew Accommodation on board Merchant Ships dated 08. February 1973).

The Master or a ship's officer nominated by him shall inspect the accommodation and recreational facilities at least monthly. The results of each inspection shall be recorded in the ship's log book.

9. Freizeiteinrichtungen an Bord (Regel 3.1)
On-board recreational facilities (Regulation 3.1)

Innerstaatliche Vorschriften: Seearbeitsgesetz: §§ 93 bis 96; See-Unterkunftsverordnung
National requirements: *Maritime Labour Act: §§ 93 to 96; Ordinance on Accommodation in Maritime Shipping*

Die See-Unterkunftsverordnung enthält Anforderungen für Freizeiteinrichtungen an Bord. Auf Schiffen, deren Kiel vor dem Inkrafttreten des Seearbeitsgesetzes gelegt wurde, gelten die bisherigen baulichen Anforderungen an Freizeiteinrichtungen (Verordnung über die Unterbringung der Besatzungsmitglieder an Bord von Kauffahrteischiffen vom 8. Februar 1973).

The Ordinance on Accommodation in Maritime Shipping contains requirements for recreational facilities on board. The previous construction requirements for recreational facilities are applicable to ships with keel-laying date before the Maritime Labour Act came into force (Ordinance on Crew Accommodation on board Merchant Ships dated 08. February 1973).

10. Verpflegung einschließlich Bedienung (Regel 3.2)
Food and catering (Regulation 3.2)

Innerstaatliche Vorschriften: Seearbeitsgesetz: § 10, §§ 97, 98; Infektionsschutzgesetz; Schiffsbesetzungsverordnung; Trinkwasserverordnung
National requirements: *Maritime Labour Act: § 10, §§ 97, 98; Infection Protection Act; Safe Manning Regulations; Drinking Water Ordinance*

Besatzungsmitglieder, die als Schiffskoch beschäftigt werden, müssen für die Zubereitung von Speisen ausgebildet und qualifiziert sein und mindestens 18 Jahre alt sein und

1. im Besitz des Zeugnisses über die Abschlussprüfung im Ausbildungsberuf Koch/Köchin oder eines anderen einschlägigen Ausbildungsberufes nach innerstaatlichem Recht sein oder
2. eine Bescheinigung einer Industrie- und Handelskammer über die Teilnahme an einer Gaststättenunterrichtung nachweisen oder
3. einen Nachweis über die Befähigung zum Schiffskoch einer anderen Vertragspartei des Seearbeitsübereinkommens besitzen oder
4. einen gleichwertigen Nachweis eines anderen als in Nummer 3 genannten Staates besitzen.

Schiffe mit weniger als zehn Besatzungsmitgliedern müssen keinen qualifizierten Schiffskoch mitführen; das für die Zubereitung der Speisen verantwortliche Besatzungsmitglied muss eine Ausbildung oder Unterweisung in den Bereichen Nahrungsmittel- und persönliche Hygiene sowie Handhabung und Lagerung von Verpflegung an Bord haben.

In außergewöhnlichen Notfällen kann die BG Verkehr eine Ausnahmegenehmigung erteilen, nach der ein anderes Besatzungsmitglied während einer bestimmten begrenzten Zeit bis zum nächsten leicht erreichbaren Anlaufhafen oder längstens in einem Zeitraum von bis zu einem Monat die Aufgaben des Schiffskochs wahrnehmen darf. In diesen Fällen muss das für die Zubereitung der Speisen verantwortliche Besatzungsmitglied in den Bereichen Nahrungsmittel- und persönlicher Hygiene sowie Handhabung und Lagerung von Verpflegung an Bord ausgebildet oder unterwiesen werden.

Das Küchen- und Bedienungspersonal ist über die geltenden lebensmittelrechtlichen und trinkwasserrechtlichen Vorschriften zu unterweisen. Zusätzlich ist das Küchen- und Bedienungspersonal bei Dienstantritt an Bord und im Weiteren alle zwei Jahre über die in den §§ 42 und 43 des Infektionsschutzgesetzes genannten Tätigkeitsverbote und Mitteilungspflichten zu belehren. Die Belehrungen sind im Seetagebuch zu dokumentieren.

Durch den Kapitän oder eine von ihm beauftragte Person sind monatlich Überprüfungen der Verpflegungs- und Trinkwasservorräte, aller Räume und Ausrüstungsgegenstände, die der Lagerung von Verpflegung und Trinkwasser dienen, und der Küchen und der anderen Ausrüstungen für die Zubereitung und das Servieren von Speisen durchzuführen. Das Ergebnis der Überprüfung ist im Seetagebuch zu dokumentieren.

Crew members who are engaged as a ship's cook have to be trained and qualified in preparing food and must be at minimum 18 years of age and must be in possession of:

1. *a certificate of final examination in an apprenticeship as a cook or another relevant apprenticeship according to national law, or*
2. *a certificate of participation in an instruction in catering according to § 4 (1) no. 4 Gaststättengesetz, issued by a Chamber of Commerce and Industry, or*
3. *a certificate of proficiency as a ship's cook issued by a member state of the Maritime Labour Convention, or*
4. *an equivalent certificate of another state*

Ships with a manning of less than ten crew members are not required to carry a qualified ship's cook; the crew member who processes food in the galley must be trained or instructed in areas including food and personal hygiene as well as handling and storage of food on board ship.

In exceptional circumstances BG Verkehr may issue an exemption permitting another crew member to carry out the duties of the ship's cook for a specified limited period until the next convenient port of call or for a period not exceeding one month. In these cases the crew member who processes food in the galley must be trained or instructed in areas including food and personal hygiene as well as handling and storage of food on board the ship.

The catering personnel must be familiarized with the applicable regulations related to food and drinking water. In addition, the catering personnel is to be instructed when commencing duty on board and subsequently every two years about prohibitions of activity and reporting obligations in accordance with §§ 42, 43 of Infection Protection Act. The instructions have to be recorded in the ship's log book.

The master or another person designated by him must conduct monthly inspections of the supplies of food and drinking water, the provision rooms and equipment used for the storage of food and drinking water and the galleys and other equipment used for preparing and serving food. The results of the inspection shall be recorded in the ship's log book.

11. Gesundheit und Sicherheit und Unfallverhütung (Regel 4.3)
Health and safety and accident prevention (Regulation 4.3)

Innerstaatliche Vorschriften: Seearbeitsgesetz: §§ 114 bis 118; Arbeitsschutzgesetz; Arbeitssicherheitsgesetz; Betriebssicherheitsverordnung; Lärm- und Vibrations-Arbeitsschutzverordnung; PSA-Benutzungsverordnung; Gefahrstoffverordnung; Lastenhandhabungsverordnung; Verordnung zur arbeitsmedizinischen Vorsorge; Siebtes Buch Sozialgesetzbuch; Unfallverhütungsvorschriften
National requirements: *Maritime Labour Act: §§ 114 to 118; Labour Protection Act; Occupational Safety Act; Ordinance on Industrial Safety and Health; Noise and Vibration at Work Regulations; Ordinance on the Use of Personal Protective Equipment; Ordinance on Hazardous Substances; Load Handling Regulations; Regulation concerning Occupational Health Care; Volume VII of the Social Insurance Code; Accident Prevention Regulations*

Der Reeder hat die erforderlichen Maßnahmen zur Verhütung von Arbeitsunfällen, Berufskrankheiten und arbeitsbedingten Gesundheitsgefahren sowie für eine wirksame Erste Hilfe zu treffen. Die Maßnahmen sind auf ihre Wirksamkeit zu überprüfen und erforderlichenfalls anzupassen.

Im Rahmen des Arbeitsschutzsystems hat der Reeder Gefährdungsbeurteilungen durchzuführen und zu dokumentieren.

Arbeitsunfälle von Besatzungsmitgliedern, die zum Tod oder zu einer Arbeitsunfähigkeit von mehr als drei Kalendertagen führen, sind zu dokumentieren und dem Unfallversicherungsträger zu melden.

§ 115 Abs. 1 des Seearbeitsgesetzes regelt die Zusammensetzung des Schiffssicherheitsausschusses, welcher auf Schiffen mit fünf oder mehr Besatzungsmitgliedern einzurichten ist. Sitzungen des Ausschusses sind vierteljährlich durchzuführen.

Auf Schiffen mit fünf oder mehr Besatzungsmitgliedern ist mindestens ein Sicherheitsbeauftragter zu bestellen, der den Reeder bei der Durchführung der Maßnahmen zur Verhütung von Arbeitsunfällen und Berufskrankheiten unterstützt.

The shipowner has to take all necessary measures to prevent occupational accidents, occupational diseases and work related hazards as well as to provide an effective first aid. The measures shall be monitored for their effectivity and adjusted if needed.

The shipowner has to conduct and to document risk assessments within the occupational health protection system.

Accidents of crew members causing death or incapacity to work for more than three days have to be recorded and reported to the relevant accident insurance.

§ 115 (1) of the Maritime Labour Act regulates the composition of the ship's safety committee which shall be established on ships with five or more crew members. Meetings of the committee shall take place on a quarterly basis.

On ships with five or more crew members minimum one safety representative is to be appointed, who shall support the shipowner in implementing the measures to prevent occupational accidents and diseases.

12. Medizinische Betreuung an Bord (Regel 4.1)
On-board medical care (Regulation 4.1)

Innerstaatliche Vorschriften: Seearbeitsgesetz: §§ 99 bis 113; Schiffsbesetzungsverordnung; Maritime-Medizin-Verordnung; Bekanntmachung des Standes der medizinischen Erkenntnisse
National requirements: *Maritime Labour Act: §§ 99 to 113; Safe Manning Regulations; Ordinance on Maritime Medicine; Publication of the state of medical knowledge*

Das Besatzungsmitglied hat für die Dauer des Heuerverhältnisses im Falle einer Erkrankung oder Verletzung Anspruch auf unverzügliche und angemessene medizinische Betreuung auf Kosten des Reeders.

Jedes Schiff ist mit einer angemessenen medizinischen Ausstattung (Schiffsapotheke, ärztliche Berichtsformulare und Tagebücher, medizinische Ausrüstung und medizinische Anleitungen) auszurüsten. Entspricht die medizinische Ausstattung dem im Verkehrsblatt oder im Bundesanzeiger jeweils zuletzt bekanntgemachten Stand der medizinischen Anforderungen in der Seeschifffahrt (Stand der medizinischen Erkenntnisse), ist die medizinische Ausstattung als angemessen anzusehen.

Auf Schiffen mit einer Fahrtdauer von mehr als drei Tagen in der internationalen Fahrt und mit 100 oder mehr Personen an Bord muss ein Schiffsarzt vorhanden sein.

Auf Schiffen ohne Schiffsarzt ist der Kapitän für die Durchführung der medizinischen Betreuung an Bord zuständig. Er kann die Durchführung dieser Aufgabe an einen anderen Schiffsoffizier übertragen. Der Kapitän und der mit der Durchführung der medizinischen Betreuung an Bord beauftragte Schiffsoffizier müssen mindestens alle fünf Jahre an einem zugelassenen medizinischen Wiederholungslehrgang teilnehmen.

Der Reeder hat sicherzustellen, dass die medizinische Ausstattung und die medizinischen Räumlichkeiten mindestens alle zwölf Monate betriebsintern überprüft werden. Die interne Kontrolle der Ausstattung mit Arzneimitteln und Medizinprodukten ist unter Mitwirkung einer Apotheke durchzuführen. Nachweise über die Überprüfung sind mindestens fünf Jahre an Bord aufzubewahren.

Die medizinische Betreuung eines erkrankten oder verletzten Besatzungsmitgliedes ist auf einem ärztlichen Berichtsformular zu dokumentieren und an Bord aufzubewahren. Das Berichtsformular und die darin enthaltenen Angaben sind vertraulich zu behandeln. Die Form muss dem veröffentlichten Muster entsprechen.

In the event of illness or injury the crew member is for the period of the employment engagement entitled to receive prompt and adequate medical care at the expense of the shipowner.

Each ship has to be fitted with appropriate medical equipment (ship's pharmacy, medical report forms and diaries, other medical equipment and medical guidance). The medical equipment meets the requirements if it complies with the medical standard in shipping (state of medical knowledge) as published in the Verkehrsblatt or the Bundesanzeiger in their current versions.

Ships engaged in international voyages of more than three days duration and with 100 persons or more on board shall carry a medical ship's doctor.

The master is in charge for carrying out medical care on ships which do not carry a ship's doctor. He may delegate this duty to another ship's officer. The master and the ship's officer who is in charge of medical care on board are required to attend an approved medical refresher course every five years.

The shipowner has to ensure that the medical accommodations and the medical equipment are internally verified at least every twelve months. The internal verification of the supply with pharmaceuticals and medical products shall be carried out with the participation of a pharmacy. Documented evidence of the verifications shall be kept on board for minimum five years.

The medical treatment of a sick or injured crew member shall be recorded in a medical report from and kept on board. The medical report form and the information contained therein shall be kept confidential. The form must comply with the published model.

13. Beschwerdeverfahren an Bord (Regel 5.1.5)
On-board complaint procedures (Regulation 5.1.5)

Innerstaatliche Vorschriften: Seearbeitsgesetz: §§ 127, 128
National requirements: *Maritime Labour Act: §§ 127, 128*

Der Reeder hat das Besatzungsmitglied zusätzlich zur Aushändigung des Heuervertrages schriftlich über die an Bord gültigen Beschwerderegelungen (Beschwerdeverfahren) zu informieren.

Der Reeder hat die Informationen zum Beschwerdeverfahren stets auf dem aktuellen Stand zu halten. Hierzu kann er das Besatzungsmitglied auf einen allgemein zugänglichen Aushang an Bord verweisen.

The shipowner has to inform the crew member in writing about the complaint procedure applicable on board the ship in addition to the delivery of the employment agreement.

The shipowner has to keep the complaint procedure up to date. For this purpose, he may refer the crew member to an easily accessible notice on board the ship.

14. Zahlung der Heuern (Regel 2.2)
Payment of wages (Regulation 2.2)

Innerstaatliche Vorschriften: Seearbeitsgesetz: §§ 37 bis 41, §§ 51, 84, 85
National requirements: *Maritime Labour Act: §§ 37 to 41, §§ 51, 84, 85*

Die Heuer ist mit dem Ablauf eines jeden Kalendermonats und bei Beendigung des Heuerverhältnisses fällig.

Die Heuer ist in Euro zu berechnen und auszuzahlen, es sei denn, dass im Heuervertrag die Auszahlung in einer anderen gesetzlichen Währung vereinbart wird. Wird die Heuer in einer anderen Währung erbracht als im Vertrag vereinbart, muss der Wechselkurs dem von der Europäischen Zentralbank zum Zeitpunkt der Zahlung veröffentlichten Kurs entsprechen.

Das Besatzungsmitglied kann vom Reeder verlangen, dass die Heuer oder ein Teil hiervon unbar an das Besatzungsmitglied oder an einen vom Besatzungsmitglied benannten Empfänger geleistet wird. Der Reeder darf von dem Besatzungsmitglied keine Erstattung der Kosten für die unbare Auszahlung verlangen.

Der Reeder hat dem Besatzungsmitglied mit dem Ablauf eines Kalendermonats und bei Beendigung des Heuerverhältnisses eine Abrechnung in Textform zu erteilen und ihm unverzüglich auszuhändigen. Die Abrechnung muss den jeweiligen Abrechnungszeitraum und vollständige Angaben über die Zusammensetzung der Heuer enthalten. Beanstandet das Besatzungsmitglied die Abrechnung, ist der Grund der Beanstandung vom Reeder auf der Abrechnung zu vermerken.

The wages are due at the end of each calendar month and at the end of the employment engagement.

The wages shall be calculated and paid in EURO unless the payment in a different legal currency has been agreed in the employment agreement. If the wages are paid in a different currency than that stated in the employment agreement, the rate of currency exchange shall comply with the rate as published by the European Central Bank at the time of payment.

The crew member may request the shipowner to remit all or part of his wages cashless directly to the crew member or to a person nominated by the crew member. The shipowner cannot demand from the crew member any reimbursement of the costs resulting from the cashless transfer.

At the end of each calendar month and at the end of the employment engagement the shipowner has to draw up a monthly account in text form that is to be handed out to the crew member without delay. The account must contain the respective accounting period and the full details regarding the composition of the wages. If the crew member rejects the account, the reason for the objection shall be noted on the account by the shipowner.

Name:
Name: ____________________

Titel:
Title: ____________________

(Siegel)
(Seal)

Unterschrift:
Signature: ____________________
(Berufsgenossenschaft für Transport und Verkehrswirtschaft)

Ort:
Place: ____________________

Datum:
Date: ____________________

Im Wesentlichen gleichwertige Regelungen
Substantial equivalencies

Die folgenden gemäß Artikel VI Absatz 3 und 4 des Übereinkommens vorgesehenen im Wesentlichen gleichwertigen Regelungen, mit Ausnahme der oben angegebenen, werden zur Kenntnis genommen (ggf. Beschreibung einfügen).
The following substantial equivalencies, as provided under Article VI, paragraphs 3 and 4, of the Convention, except where stated above, are noted (insert description if applicable).

Es ist keine gleichwertige Regelung anwendbar.
No equivalency has been granted.

Name: ____________________
Name:

Titel: ____________________
Title:

(Siegel)
(Seal)

Unterschrift: ____________________
Signature:
(Berufsgenossenschaft für Transport und Verkehrswirtschaft)

Ort: ____________________
Place:

Datum: ____________________
Date:

Ausnahmen
Exemptions

Die folgenden von der zuständigen Stelle aufgrund des Titels 3 des Übereinkommens gewährten Ausnahmen werden zur Kenntnis genommen:
The following exemptions granted by the competent authority as provided in Title 3 of the Convention are noted:

Es ist keine Ausnahme gewährt worden.
No exemption has been granted.

Name: ____________________
Name:

Titel: ____________________
Title:

(Siegel)
(Seal)

Unterschrift: ____________________
Signature:
(Berufsgenossenschaft für Transport und Verkehrswirtschaft)

Ort: ____________________
Place:

Datum: ____________________
Date:

Prüfliste

-Seearbeitsgesetz-

Dienststelle Schiffssicherheit
BG Verkehr

Name des Schiffes:	Ort und Datum der Überprüfung:
Art der Überprüfung: Interim ☐ Initial ☐ Intermediate ☐ Renewal ☐ Additional ☐ Nicht-zeugnispflichtige Schiffe ☐	

I. Relevante Unterlagen und Dokumente für die Überprüfung

Bezeichnung	√	Bezeichnung	√
Seearbeitsgesetz (Nr. 16-01)	☐	Übersicht über die Arbeitsorganisation an Bord (Nr. 7-09)	☐
Seearbeits-Konformitätserklärung (Nr. 16-02)	☐	Arbeitszeitnachweise (Nr. 7-10)	☐
Seetagebuch (versch. Nr.)	☐	Bescheinigungen für private Arbeitsvermittlungsdienste (Nr. 4-02, 4-03, 4-04)	☐
Besatzungsliste (Nr. 10-02)	☐	Zahlungsübernahmeerklärung für Fälle der Heimschaffung (Nr. 9-03)	☐
Schiffsbesatzungszeugnis (Nr. 10-01)	☐	Bescheinigung Trinkwasseruntersuchung (Nr. 12-02)	☐
Befähigungszeugnisse (Nr. 3-01)	☐	Nachweis über medizinischen Wiederholungslehrgang (Nr. 13-04)	☐
Befähigungsnachweis Schiffskoch (Nr. 12-09)	☐	Ärztliches Berichtsformular (Nr. 13-05)	☐
Seediensttauglichkeitszeugnisse (Nr. 2-01)	☐	Nachweise über betriebsinterne Kontrolle der medizinischen Ausstattung (Nr. 13-10)	☐
Kopien Heuerverträge bzw. Berufsausbildungsverträge (Nr. 5-03)	☐	Nachweise über Gefährdungsbeurteilungen (Nr. 14-05)	☐
Kopien der Tarifverträge (Nr. 5-04)	☐	Sonstige Nachweise über die Durchführung von Arbeitsschutzmaßnahmen (Nr. 14-00)	☐
Beschwerdeverfahren an Bord (15-01)	☐	Protokolle Schiffssicherheitsausschuss (Nr. 14-12)	☐
Nachweis über Planprüfung Unterkünfte und Freizeiteinrichtungen (Nr. 11-01)	☐	DGUV V1 und Handbuch See (Nr. 14-02)	☐

II. Anforderungen

Nr.	Spezifikation/ Anforderungen	Referenz SeeArbG	Referenz MLC	Erfüllt	N/A	Mangel
1-00	**Mindestalter**					
1-01	Alle Besatzungsmitglieder an Bord sind mindestens 16 Jahre alt.	§ 10 (1)	A1.1.1	☐		☐
1-02	Jugendliche Besatzungsmitglieder (Besatzungsmitglieder unter 18 Jahren) werden nicht als Schiffskoch beschäftigt.	§ 10 (2)	A3.2.8	☐	☐	☐
1-03	Jugendliche Besatzungsmitglieder werden nicht mit Arbeiten beschäftigt, die eine Gefahr für deren Gesundheit oder Sicherheit darstellen. *Sie dürfen nicht beschäftigt werden:* *1. mit Arbeiten, die ihre physische oder psychische Leistungsfähigkeit übersteigen,* *2. mit Arbeiten, bei denen sie sittlichen Gefahren ausgesetzt sind,* *3. mit Arbeiten, die mit Unfallgefahren verbunden sind, von denen anzunehmen ist, dass Jugendliche sie wegen mangelnden Sicherheitsbewusstseins oder mangelnder Erfahrung nicht erkennen oder nicht abwenden können,* *4. mit Arbeiten, bei denen ihre Gesundheit durch außergewöhnliche Hitze oder Kälte oder starke Nässe gefährdet wird,* *5. mit Arbeiten, bei denen sie schädlichen Einwirkungen von Lärm, Erschütterungen oder Strahlen ausgesetzt sind,* *6. mit Arbeiten, bei denen sie schädlichen Einwirkungen von Gefahrstoffen im Sinne der Gefahrstoffverordnung ausgesetzt sind,* *7. mit Arbeiten, bei denen sie schädlichen Einwirkungen von biologischen Arbeitsstoffen im Sinne der Biostoffverordnung ausgesetzt sind,* *8. im Maschinendienst, wenn sie die Abschlussprüfung in einem für den Maschinendienst anerkannten Ausbildungsberuf noch nicht bestanden haben.* *Die Nummern 3 bis 8 gelten nicht für die Beschäftigung von jugendlichen Besatzungsmitgliedern, soweit dies zur Erreichung ihres Ausbildungszieles erforderlich ist, ihr Schutz durch die Aufsicht einer fachkundigen Person gewährleistet ist und der Luftgrenzwert bei gefährlichen Stoffen nach Nummer 6 unterschritten wird.* *Der Kapitän hat insbesondere bei folgenden Tätigkeiten zu prüfen, ob eine Beschäftigung jugendlicher Besatzungsmitglieder auszuschließen ist:* *1. Heben, Bewegen oder Tragen schwerer Lasten oder Gegenstände,* *2. Betreten von Kesseln, Tanks und Kofferdämmen,* *3. Bedienen von Hebezeugen und anderen kraftgetriebenen Geräten und Werkzeugen oder die Tätigkeit als Signalgeber zur Verständigung mit den Personen, die derartige Geräte bedienen;* *4. Handhabung von Festmacher- oder Schlepptrossen oder Ankergeschirr,* *5. Takelage,* *6. Arbeiten in der Höhe oder auf Deck bei schwerem Wetter,* *7. Wachdienst während der Nacht,* *8. Wartung elektrischer Anlagen und Geräte,* *9. Reinigung von Küchenmaschinen,* *10. Bedienen von Schiffsbooten oder die Übernahme der Verantwortung für sie*	§ 117 (1) bis (4)	A1.1.4	☐	☐	☐

Stand 05.01.2015

Prüfliste
-Seearbeitsgesetz-

Dienststelle Schiffssicherheit
BG Verkehr

Nr.	Spezifikation/ Anforderungen	Referenz SeeArbG	Referenz MLC	Erfüllt	N/A	Mangel
1-04	Jugendliche Besatzungsmitglieder werden **nicht** in der Zeit zwischen 20 Uhr und 06 Uhr beschäftigt. *Mögliche Ausnahmen:* ➢ *Im Wachdienst auf See dürfen jugendliche Besatzungsmitglieder ab 5 Uhr beschäftigt werden.* ➢ *Der Arbeitsbeginn für den Wachdienst kann auf 4 Uhr gelegt werden, wenn andernfalls die Ausbildung beeinträchtigt würde.* ➢ *Aufgrund eines Tarifvertrags können jugendliche Besatzungsmitglieder einmal in der Woche in der Zeit von 20 bis 24 Uhr beschäftigt werden.* ➢ *Die Dienststelle Schiffssicherheit kann weitere Ausnahmen vom Verbot der Nachtarbeit zulassen.*	§ 53 (4), (6) § 54 (1)	A1.1.2 A1.1.3	☐	☐	☐
2-00	**Ärztliches Zeugnis**					
2-01	Alle Besatzungsmitglieder an Bord sind im Besitz eines gültigen Seediensttauglichkeitszeugnisses, in welchem bescheinigt ist, dass sie für die zu verrichtende Tätigkeit an Bord seediensttauglich sind.	§ 11 § 12 (1)	A1.2.1	☐		☐
2-02	Die Gültigkeitsdauer der Seediensttauglichkeitszeugnisse beträgt zwei (2) Jahre, für jugendliche Besatzungsmitglieder ein (1) Jahr. ➢ *Abweichend kann durch den zugelassenen Arzt auch eine kürzere Geltungsdauer festgelegt werden.*	§ 12 (5)	A1.2.7	☐		☐
2-03	Die Seediensttauglichkeitszeugnisse entsprechen dem veröffentlichten Muster und sind durch einen von der BG Verkehr zugelassenen Arzt ausgestellt. ➢ *Liste der zugelassenen Ärzte: http://www.deutsche-flagge.de/de/medizin/seediensttauglichkeit* ➢ *Muster Seediensttauglichkeitszeugnis: siehe Anlage MLC-Leitfaden*	§ 12 (1)	A1.2.4	☐	☐	☐
2-04	Anerkennung von ausländischen Seediensttauglichkeitszeugnissen: Die Zeugnisse entsprechen den Anforderungen des STCW-Übereinkommen (STCW Abschnitt A-I/9) ➢ *Die Zeugnisse beinhalten mindestens die Informationen nach STCW Abschnitt A-I/9 Absatz 7*	§ 12 (7)	A1.2.3	☐	☐	☐
2-05	Ärztliche Zeugnisse für Besatzungsmitglieder des Deckdienstes enthalten einen Nachweis über das Farbsehvermögen.	MarMedV	A1.2.7	☐		☐
2-06	Läuft die Gültigkeitsdauer eines Zeugnisses während einer Reise des Schiffs ab, so bleibt es gültig, bis der nächste Hafen angelaufen wird, in dem die Besatzungsmitglieder ein ärztliches Zeugnis von einem qualifizierten Arzt erhalten können, mit der Maßgabe, dass dieser Zeitraum 3 Monate nicht überschreiten darf.	§ 12 (6)	A1.2.9	☐	☐	☐
2-07	Die nach Nr. 2-03 und 2-04 ausgestellten Seediensttauglichkeitszeugnisse sind auf Schiffen in der Auslandsfahrt in Englisch ausgestellt.	MarMedV	A1.2.10	☐	☐	☐
3-00	**Befähigungen der Seeleute**					
3-01	Alle Besatzungsmitglieder sind für ihre Aufgaben an Bord ausgebildet und im Besitz der notwendigen und gültigen Befähigungszeugnisse und Qualifikationen nach STCW und Schiffsbesatzungszeugnis.	§ 23	Reg. 1.3.1 Reg. 1.3.3	☐		☐
3-02	Alle Besatzungsmitglieder haben vor Aufnahme ihrer Tätigkeit an Bord eine im Seetagebuch dokumentierte Sicherheitsunterweisung gemäß Abschnitte A-VI/1 Absatz 1 des STCW-Codes erhalten.	§ 23	Reg. 1.3.2	☐		☐
4-00	**Anwerbung und Arbeitsvermittlung**					
4-01	Die Besatzungsmitglieder werden angestellt bzw. vermittelt durch:					
	1. den Reeder oder anderen Arbeitgeber ☐					
	2. die Agentur für Arbeit ☐					
	3. eine private Vermittlungsagentur in Deutschland (weiter bei 4-02) ☐					
	4. eine öffentliche Arbeitsagentur in einem MLC- Mitgliedsstaat ☐					
	5. eine private Vermittlungsagentur in einem MLC- Mitgliedsstaat (weiter bei 4-03) ☐					
	6. eine Agentur in einem Staat, welcher MLC nicht ratifiziert hat (weiter bei 4-04) ☐					
4-02	Zu Nr. 3.: Der Reeder muss eine schriftliche Bescheinigung der BG Verkehr vorlegen, dass der in Anspruch genommene private Arbeitsvermittlungsdienst den Anforderungen des Seearbeitsgesetzes entspricht.	§ 24 (1)	A1.4.2	☐	☐	☐
4-03	Zu Nr. 5.: Es liegt eine Bescheinigung vor, die bestätigt, dass der in Anspruch genommene private Arbeitsvermittlungsdienst einem Zulassungssystem in dem betreffenden MLC-Mitgliedstaat unterliegt.		A1.4.2	☐	☐	☐
4-04	zu Nr. 6.: Private Arbeitsvermittlungsdienste mit Sitz in Staaten, die das Seearbeitsübereinkommen nicht gezeichnet haben, dürfen nur in Anspruch genommen werden, wenn der Vermittler dem Reeder schriftlich versichert hat, dass er die Anforderungen aus Regel 1.4 des Seearbeitsübereinkommens erfüllt.	§ 24 (3)	A1.4.9	☐	☐	☐
4-05	Die genutzten Anwerbungs- und Vermittlungsdienste verwenden keine Mittel (z.B. Black Lists), die dazu bestimmt sind, Seeleute an der Erlangung einer Beschäftigung zu hindern.	§ 25 (1)	A1.4.5(a)	☐	☐	☐
4-06	Für die Vermittlung von Besatzungsmitgliedern wird weder unmittelbar noch mittelbar eine Vergütung verlangt.	§ 25 (1) § 39 (4)	A1.4.5(b)	☐	☐	☐
5-00	**Beschäftigungsverträge der Seeleute**					
5-01	Jedes Besatzungsmitglied ist im Besitz eines schriftlichen durch den Reeder und das Besatzungsmitglied unterschriebenen Heuervertrages bzw. Berufsausbildungsvertrages.	§ 28 (1), § 81	A2.1.1(a) A2.1.1(c)	☐		☐
5-02	Den Besatzungsmitgliedern wurde rechtzeitig vor Vertragsabschluss ein Vertragsentwurf einschließlich der anwendbaren Tarifverträge, Betriebs- oder Bordvereinbarungen ausgehändigt oder übermittelt.	§ 28 (1), § 82 (1)	A2.1.1(b)	☐		☐
5-03	Kopien der einzelnen unterschriebenen Heuerverträge und Berufsausbildungsverträge befinden sich an Bord (Elektronische Kopien sind möglich!).	§ 29 (1)	A2.1.1(d)	☐		☐
5-04	Falls die Heuerverträge darauf verweisen: Es befinden sich Kopien der Tarifverträge, Betriebs- oder Bordvereinbarungen an Bord.	§ 29 (2)	A2.1.2	☐	☐	☐

Stand 05.01.2015

Prüfliste

-Seearbeitsgesetz-

Dienststelle Schiffssicherheit
BG Verkehr

Nr.	Spezifikation/ Anforderungen	Referenz SeeArbG	Referenz MLC	Erfüllt	N/A	Mangel
5-05	<u>Auf Schiffen in der Auslandsfahrt</u>: Die in Pkt. 5-04 genannten Unterlagen sowie ein Musterheuervertrag befinden sich in englischer Übersetzung an Bord.	§ 29 (3)	A2.1.2	☐	☐	☐
	<u>Die Heuerverträge beinhalten die folgenden Angaben (5-06 bis 5-18)</u>: ➢ *Die Angaben nach Nr. 5-11 bis 5-15 und 5-17 können durch die Angabe der Tarifverträge oder Betriebs- und Bordvereinbarungen ersetzt werden*	§ 28 (2) § 28 (4)	A2.1.4			
5-06	Der Name und Anschrift des Reeders; im Falle eines anderen Arbeitgebers Name und Anschrift des Arbeitgebers und des Reeders	§ 28 (2) Nr.1	A2.1.4(b)	☐		☐
5-07	Name, Geburtsdatum, Geburtsort und Anschrift des Besatzungsmitglieds	§ 28 (2) Nr.2	A2.1.4(a)	☐		☐
5-08	Die Bezeichnung oder Beschreibung der vom Besatzungsmitglied zu leistenden Dienste, gegebenenfalls die Beschränkung der Dienstpflicht auf bestimmte Schiffe oder Fahrtgebiete	§ 28 (2) Nr.3	A2.1.4(d)	☐		☐
5-09	Der Zeitpunkt des Beginns des Heuerverhältnisses, der Ort und der Tag des Dienstantritts unter Angabe des Schiffes	§ 28 (2) Nr.4	A2.1.4(k)	☐		☐
5-10	bei befristeten Heuervertrag die vorgesehene Dauer des Heuerverhältnisses	§ 28 (2) Nr.5	A2.1.4(k)	☐	☐	☐
5-11	Die Zusammensetzung und Höhe der Heuer einschließlich der Zuschläge, Zulagen, Prämien und Sonderzahlungen oder die für die Berechung der Heuer zugrunde zu legende Formel sowie die Fälligkeit der Heuer	§ 28 (2) Nr.6	A2.1.4(e)	☐		☐
5-12	Vereinbarte Arbeitszeiten und Ruhezeiten	§ 28 (2) Nr.7	A2.1.4(k)	☐		☐
5-13	Die Dauer des jährlichen Erholungsurlaubs	§ 28 (2) Nr.8	A2.1.4(f)	☐		☐
5-14	Bei unbefristetem Heuervertrag oder wenn die Kündbarkeit eines befristeten Heuerverhältnisses vereinbart ist: die Voraussetzungen, Fristen und Termine für eine Kündigung	§ 28 (2) Nr.9	A2.1.4(g)	☐	☐	☐
5-15	Der Heimschaffungsanspruch des Besatzungsmitglieds	§ 28 (2) Nr.10	A2.1.4(i)	☐		☐
5-16	Die Angabe der Tarifverträge, Betriebsvereinbarungen oder Bordvereinbarungen, die auf das Heuerverhältnis anzuwenden sind	§ 28 (2) Nr.11	A2.1.4(j)	☐	☐	☐
5-17	Die Leistungen der medizinischen Betreuung und der sozialen Sicherheit, die der Reeder oder der andere Arbeitgeber dem Besatzungsmitglied zu gewähren hat *<u>Grundsätze der Sozialversicherung</u>:* *1. <u>Unfallversicherung</u>: Alle Besatzungsmitglieder sind gesetzlich unfallversichert.* *2. <u>Rentenversicherung</u>: Grundsätzlich sind alle Besatzungsmitglieder gesetzlich rentenversicherungspflichtig. Nichtdeutsche Besatzungsmitglieder, die ihren Wohnsitz im Ausland haben, können auf Antrag von der Versicherungspflicht befreit werden. Ausgenommen hiervon sind Staatsangehörige von EU oder EWR Staaten, sowie eventuell Staatsangehörige der Länder mit denen Sozialversicherungsabkommen bestehen.* *3. <u>Kranken- und Pflegeversicherung</u>: Deutsche Besatzungsmitglieder müssen entweder gesetzlich oder privat versichert sein. Nichtdeutsche Besatzungsmitglieder, die ihren Wohnsitz im Ausland haben, und Besatzungsmitglieder, die durch ein Krankenfürsorgesystem der EU geschützt sind, unterliegen nicht dieser Versicherungspflicht. Für Seeleute aus Staaten, mit denen ein Sozialversicherungsabkommen besteht, gelten unterschiedliche Regelungen.* *4. <u>Arbeitslosenversicherung</u>: Deutsche Besatzungsmitglieder und Besatzungsmitglieder aus der EU sind gesetzlich arbeitslosenversichert. Besatzungsmitglieder aus Drittstaaten, die ihren Wohnsitz im Ausland haben, unterliegen nicht dieser Versicherungspflicht. Für Besatzungsmitglieder aus Staaten, mit denen ein Sozialversicherungsabkommen besteht, gelten unterschiedliche Regelungen.* *<u>Medizinische Betreuung auf Kosten des Reeders</u>* *1. Die medizinische Betreuung auf Kosten des Reeders endet für jedes Besatzungsmitglied spätestens mit dem Ablauf der 26. Woche, nachdem es das Schiff verlassen hat.* *2. Für Besatzungsmitglieder, die in der gesetzlichen oder privaten Krankenversicherung versichert sind, endet die medizinische Betreuung auf Kosten des Reeders, wenn sie nach Deutschland heimgeschafft sind.* *3. Bei Verletzung infolge eines Arbeitsunfalls endet die medizinische Betreuung, sobald die zuständige Unfallversicherung mit der Leistung beginnt.* *4. Ein arbeitsunfähig erkranktes oder verletztes Besatzungsmitglied hat Anspruch auf Fortzahlung der Heuer vom Beginn der Arbeitsunfähigkeit mindestens bis zu dem Tage, an dem es das Schiff verlässt. Bei Verlassen des Schiffes besteht ein Anspruch auf Fortzahlung der vollen Heuer für die Dauer von bis zu sechs Wochen vom Beginn der Arbeitsunfähigkeit an.* *5. Ein erkranktes oder verletztes Besatzungsmitglied, das keinen Anspruch auf Fortzahlung der Heuer mehr hat, hat gegen den Reeder Anspruch auf einen Betrag in Höhe des Krankengeldes nach SGB V bis zu einer Dauer von 16 Wochen ab Beginn der Arbeitsunfähigkeit oder der Behandlung in einem Krankenhaus. Der Anspruch besteht nicht für ein Besatzungsmitglied, das das Schiff verlassen hat und im Inland einen Anspruch auf Krankengeld gegen die gesetzliche Krankenversicherung hat.*	§ 28 (2) Nr.12	A2.1.4(h)	☐		☐
5-18	Ort und Datum, an dem der Heuervertrag abgeschlossen wurde	§ 28 (2) Nr.13	A2.1.4(c)	☐		☐
5-19	Unterschrift des Reeders (oder Vertreter des Reeders) und des Besatzungsmitglieds	§ 28 (1)	A2.1.1(a)	☐		☐

Prüfliste

-Seearbeitsgesetz-

Dienststelle Schiffssicherheit
BG Verkehr

Nr.	Spezifikation/ Anforderungen	Referenz SeeArbG	Referenz MLC	Erfüllt	N/A	Mangel
5-20	Die Besatzungsmitglieder erhalten spätestens bei Dienstende eine schriftliche Bescheinigung über ihren Dienst an Bord in deutscher und englischer Sprache. *Mindestinhalt:* ➢ *Name, Geburtsdatum, Geburtsort und Anschrift des Besatzungsmitglieds,* ➢ *Name und Anschrift des Reeders; im Fall eines anderen Arbeitgebers Name und Anschrift des Arbeitgebers und des Reeders,* ➢ *Name des Schiffs, der Schiffstyp, die Identifikationsnummer, die Vermessung, die Maschinenleistung und das Fahrtgebiet* ➢ *Zeitpunkt des Beginns und der Beendigung des Dienstes an Bord,* ➢ *Art und Dauer der vom Besatzungsmitglied geleisteten Dienste.* *Hinweis:* *Bei Schiffen, auf denen in kurzen Abständen die Besatzungen wechseln oder die regelmäßig dieselben Häfen anlaufen (z.B. Fähren und Schlepper), muss die Dienstbescheinigung nur auf Antrag des Besatzungsmitglieds und bei Ende des Heuerverhältnisses ausgestellt werden.*	§ 33 (1), (2)	A2.1.1(e) B2.1.1	☐		☐
5-21	Die Dienstbescheinigungen beinhalten keine Beurteilung der Arbeitsleistungen oder Angaben über die Heuern.	§ 33 (4)	A2.1.3	☐		☐
5a-00	**Besonderheiten für Berufsausbildungsverträge (sofern zutreffend)**					
	Die Berufsausbildungsverträge beinhalten die folgenden Angaben: ➢ *Die Angaben nach Nr. 5a-07, 5a-09 bis 5a-11, 5a-13 und 5a-14 können durch die Angabe der Tarifverträge oder Betriebs- und Bordvereinbarungen ersetzt werden*	§ 82 (3)	A2.1.4			
5a-01	Der vollständige Name und die Anschrift des Reeders (Ausbildende); im Fall eines anderen Ausbildenden Name und die Anschrift desjenigen und des Reeders	§ 82 (3) Nr.1	A2.1.4(b)	☐		☐
5a-02	Der vollständige Name, das Geburtsdatum, der Geburtsort und die Anschrift des Auszubildenden	§ 82 (3) Nr.2	A2.1.4(a)	☐		☐
5a-03	Der Zeitpunkt des Beginns der Berufsausbildung	§ 82 (3) Nr.3	A2.1.4(k)	☐		☐
5a-04	Die Art, sachliche und zeitliche Gliederung sowie das Ziel der Berufsausbildung, insbesondere die Berufstätigkeit, für die ausgebildet werden soll	§ 82 (3) Nr.4	A2.1.4(k)	☐		☐
5a-05	Dauer der Berufsausbildung	§ 82 (3) Nr.5	A2.1.4(k)	☐		☐
5a-06	Ausbildungsmaßnahmen außerhalb der Ausbildungsstätte	§ 82 (3) Nr.6	A2.1.4(k)	☐		☐
5a-07	Dauer der täglichen regelmäßigen Ausbildungszeit und der Ruhezeiten	§ 82 (3) Nr.7	A2.1.4(k)	☐		☐
5a-08	Dauer der Probezeit	§ 82 (3) Nr.8	A2.1.4(k)	☐		☐
5a-09	Fälligkeit und Höhe der Vergütung	§ 82 (3) Nr.9	A2.1.4(e)	☐		☐
5a-10	Die Dauer des jährlichen Erholungsurlaubes	§ 82 (3) Nr.10	A2.1.4(f)	☐		☐
5a-11	Die Voraussetzungen unter denen der Berufsausbildungsvertrag gekündigt werden kann	§ 82 (3) Nr.11	A2.1.4(g)	☐		☐
5a-12	Die Angabe der Tarifverträge, Betriebs- und Bordvereinbarungen, die auf das Berufsausbildungsverhältnis an Bord anzuwenden sind	§ 82 (3) Nr.12	A2.1.4(j)	☐		☐
5a-13	Die Leistungen der medizinischen Betreuung und der sozialen Sicherheit, die der Reeder oder der andere Ausbildende dem Auszubildenden zu gewähren hat	§ 82 (3) Nr.13	A2.1.4(h)	☐		☐
5a-14	Der Heimschaffungsanspruch des Auszubildenden	§ 82 (3) Nr.14	A2.1.4(i)	☐		☐
5a-15	Der Ort und das Datum, an dem der Vertrag über die Berufsausbildung an Bord abgeschlossen worden ist	§ 82 (3) Nr.15	A2.1.4(c)	☐		☐
5a-16	Unterschrift des Reeders (oder Vertreter des Reeders) und des Auszubildenden	§ 82 (1)	A2.1.1(a)	☐		☐
5a-17	Die Probezeit beträgt mindestens einen Monat, jedoch nicht mehr als fünf Monate.	§ 86		☐		☐
6-00	**Zahlung der Heuern**					
6-01	Die Besatzungsmitglieder erhalten die in ihren Heuerverträgen vereinbarte Heuer mit dem Ablauf eines jeden Kalendermonats und bei Beendigung des Heuerverhältnisses.	§ 37 (1), § 38 (2)	Reg. 2.2.1 A2.2.1	☐		☐
6-02	Den Besatzungsmitgliedern werden geleistete Mehrarbeit bzw. Überstunden vergütet. ➢ Vergütung Mehrarbeit nach § 51 SeeArbG, oder ➢ Überstundenvergütung (Pauschal oder Einzelstunden) nach Tarifvertrag	§ 51	B2.2.2.1	☐	☐	☐
6-03	Vor Beginn des Heuerverhältnisses erhalten die Besatzungsmitglieder ebenfalls Heuer für die Dauer der notwendigen Anreise zum vereinbarten Ort des Dienstantritts.	§ 37 (2)		☐	☐	☐
6-04	Die Besatzungsmitglieder erhalten unverzüglich mit Ablauf eines jeden Kalendermonats und bei Beendigung des Heuerverhältnisses eine Abrechnung in Textform (**elektronisch möglich**).	§ 40 (1)	A2.2.2	☐		☐
6-05	Die Abrechnungen enthalten den jeweiligen Abrechnungszeitraum sowie Angaben über die Zusammensetzung der Heuer (Zuschläge, Zulagen, Prämien, Sonderzahlungen, Abzüge und Abschlagszahlungen oder Angaben über den Wechselkurs, sofern die Zahlungen in einer anderen Währung als im Vertrag vereinbart erfolgen)	§ 40 (2)	A2.2.2	☐		☐
6-06	Der Wechselkurs entspricht dem von der Europäischen Zentralbank veröffentlichten Kurs.	§ 39 (1)	A2.2.5	☐	☐	☐
6-07	Auf Verlangen des Besatzungsmitgliedes werden die Heuer oder Abschlagszahlungen davon unbar an das Besatzungsmitglied oder an einen von ihm bestimmten Empfänger (Familie, Unterhaltsberechtigte) überwiesen.	§ 39 (2)	A2.2.3 A2.2.4	☐	☐	☐

Stand 05.01.2015

Prüfliste
-Seearbeitsgesetz-

Dienststelle Schiffssicherheit
BG Verkehr

Nr.	Spezifikation/ Anforderungen	Referenz SeeArbG	Referenz MLC	Erfüllt	N/A	Mangel
6-08	Der Reeder verlangt keine Gebühren für die in Pkt. 6-07 genannte Leistung.	§ 39 (3)		☐	☐	☐
6-09	Von der Heuer werden keine Abzüge für die Erlangung oder Beibehaltung einer Beschäftigung vorgenommen.	§ 39 (4)	A1.4.5(b)	☐		☐
7-00	**Arbeits- und Ruhezeiten**					
7-01	Die Regelarbeitszeit (Seearbeitszeit und Hafenarbeitszeit) wird nur in sonstigen dringenden Fällen und bei Wachdienst im Hafen verlängert. *Dazu zählen z.B. Ein- und Auslaufen des Schiffes und notwendige Arbeiten zur Aufrechterhaltung des Schiffsbetriebs.*	§ 47 (4)		☐		☐
7-02	Die folgenden Höchstarbeits- und Mindestruhezeiten werden eingehalten:	§ 48	A2.3.5			
7-03	<u>Höchstarbeitszeiten</u> ➢ 14 Stunden in jedem Zeitraum von 24 Stunden und ➢ 72 Stunden in jedem Zeitraum 7 Tagen	§ 48 (1) Nr.1	A2.3.5	☐	☐	☐
7-04	<u>Mindestruhezeiten</u> ➢ 10 Stunden in jedem Zeitraum von 24 Stunden und ➢ 77 Stunden in jedem Zeitraum von 7 Tagen	§ 48 (1) Nr.2	A2.3.5	☐	☐	☐
7-05	Die Mindestruhezeit von zehn Stunden wird in höchstens 2 Zeiträume aufgeteilt, von denen einer eine Mindestdauer von 6 Stunden, der andere eine Mindestdauer von einer Stunde haben muss. Der Zeitraum zwischen zwei aufeinander folgenden Ruhezeiten beträgt nicht mehr als 14 Stunden.	§ 45 (3)	A2.3.6	☐	☐	☐
7-06	<u>Bei zulässigen Abweichungen von der Höchstarbeitszeit aufgrund häufiger Hafenfolge (Lotse - Lotse < 36 Std.)</u>: Die Anforderungen an die Mindestruhezeiten werden eingehalten.	§ 48 (2),	A2.3.5	☐	☐	☐
7-07	<u>Bei zulässigen Abweichungen von der Aufteilung der Mindestruhezeit aufgrund Tarifvertrag:</u> Die Mindestruhezeit wird in höchstens drei Abschnitte aufgeteilt, von denen einer eine Mindestdauer von sechs Stunden und die beiden übrigen eine Mindestdauer von jeweils einer Stunde haben. Diese Ausnahmeregelung wird für höchstens zwei 24-Stunden-Zeiträume in jedem Zeitraum von sieben Tagen in Anspruch genommen.	§ 49 (1) Nr.2	A2.3.13	☐	☐	☐
7-08	<u>Bei zulässigen Abweichungen von der Höchstarbeitszeit und Mindestruhezeit aufgrund Tarifvertrag:</u> Eine Mindestruhezeit von 70 Stunden in jedem Zeitraum von 7 Tagen wird nicht unterschritten. Diese Ausnahme wird für höchstens zwei aufeinanderfolgende Wochen zugelassen. Zwischen zwei Perioden von Ausnahmen muss eine Zeitspanne liegen, die mindestens doppelt so lang ist, wie der unter die Ausnahmeregelung fallende Zeitraum.	§ 49 (1) Nr.3	A2.3.13	☐	☐	☐
7-09	<u>Kapitäne die keine Seewache gehen:</u> Die Beschränkungen hinsichtlich Mindestruhezeit werden eingehalten.	§ 42 (4)	A2.3.5(b)	☐	☐	☐
7-10	<u>Abweichende Arbeitszeitregelungen für Schiffe bis 2500 BRZ, Bergungsfahrzeuge und Schlepper in der Nord- und Ostseefahrt :</u> Die Seearbeitszeit der zum Wachdienst eingeteilten Besatzungsmitglieder kann auf See bis zu zwölf Stunden täglich verlängert werden.	§ 46	A2.3.5	☐	☐	☐
7-11	<u>Abweichende Arbeitszeitregelungen für Schiffe, von denen aus Offshore-Tätigkeiten durchgeführt werden:</u> Die Seearbeitszeit für Besatzungsmitglieder darf auf 12 Stunden täglich verlängert werden. Die Anforderungen an die Mindestruhezeit sind einzuhalten.	§ 11 Offshore-ArbZV	A2.3.5	☐	☐	☐
7-12	Dem betroffenen Besatzungsmitglied wird eine ausreichende Ausgleichsruhezeit gewährt, wenn es während einer Rufbereitschaft Arbeit geleistet hat oder während einer planmäßigen Ruhezeit an einer Übung teilgenommen hat.	§ 45 (4), § 47 (3)	A2.3.8	☐	☐	☐
7-13	Sicherheits-, Feuerlösch- und Rettungsbootsübungen werden so durchgeführt, dass die Störung der Ruhezeiten auf ein Mindestmaß beschränkt und Übermüdung vermieden wird.	§ 47 (2)	A2.3.7	☐		☐
7-14	Eine Übersicht über die Arbeitsorganisation an Bord ist mit den folgenden Angaben an einem leicht zugänglichen Ort ausgehängt: 1. See- und Hafendienstplan für alle Besatzungsmitglieder 2. Höchstarbeits- und Mindestruhezeiten 3. Abweichende Arbeitszeitregelungen aufgrund Tarifvertrag ➢ *Muster gemäß Anhang I See-ArbZNV*	§ 50 (1)	A2.3.10	☐		☐
7-15	An Bord werden monatliche Arbeitszeitnachweise für jedes Besatzungsmitglied geführt. ➢ Muster gemäß Anhang II See-ArbZNV	§ 50 (2)	A2.3.12	☐		☐
7-16	Die Arbeitszeitnachweise werden nach Ablauf des Kalendermonats von Kapitän und Besatzungsmitglied unterzeichnet und die Besatzungsmitglieder erhalten eine Kopie davon.	§ 2 See-ArbZNV	A2.3.12	☐		☐
7-17	Den Besatzungsmitgliedern werden Ruhepausen von angemessener Dauer gewährt: ➢ *spätestens nach 6 Stunden ununterbrochener Arbeitszeit* ➢ *Jugendlichen Besatzungsmitgliedern spätestens nach 4,5 Stunden ununterbrochener Arbeitszeit*	§ 45 (2) § 53 (5)	B2.3.1.1	☐	☐	☐
8-00	**Urlaubsanspruch**					

Stand 05.01.2015

Prüfliste

-Seearbeitsgesetz-

Dienststelle Schiffssicherheit
BG Verkehr

Nr.	Spezifikation/ Anforderungen	Referenz SeeArbG	Referenz MLC	Erfüllt	N/A	Mangel
8-01	Die Besatzungsmitglieder haben für jedes Beschäftigungsjahr Anspruch auf bezahlten Erholungsurlaub (siehe auch Heuervertrag). ➢ *Mindesturlaub: 30 Kalendertage* ➢ *Besatzungsmitglieder unter 18 Jahren: 32 Kalendertage* ➢ *Besatzungsmitglieder unter 17 Jahren: 34 Kalendertage* ➢ ***Nicht auf den Mindesturlaub nach § 57 SeeArbG** anzurechnen sind gesetzliche Feiertage, die am Ort des Heimathafens gelten sowie Arbeitsunfähigkeitszeiten infolge Krankheit oder Unfall, Arbeitsausfälle in Folge Mutterschaft, Landgang und Ausgleichsfreizeiten*	§§ 56,57	Reg. 2.4.1 A2.4.2 B2.4.1.4	☐		☐
8-02	Es gibt keine Vereinbarungen zwischen Reeder und Besatzungsmitgliedern, die eine Abgeltung des Erholungsurlaubs vorsehen. ➢ *Urlaub kann nur abgegolten werden, soweit dieser wegen Beendigung des Heuerverhältnisses nicht gewährt werden kann (siehe auch § 64 (3) SeeArbG)*	§ 56 (1)	A2.4.3	☐		☐
8-03	Urlaub wird wie folgt gewährt: Besatzungsmitglieder: Möglichst nach sechsmonatigem ununterbrochenem Dienst an Bord, jedoch spätestens bis zum Schluss des Beschäftigungsjahres Jugendliche Besatzungsmitglieder: Spätestens nach sechsmonatigem ununterbrochenem Dienst an Bord	§ 58 (1)	A2.5.2(b) B2.4.4	☐		☐
8-04	Der Reeder trägt die Reisekosten zum und vom Urlaubsort zum Ort der Wiederaufnahme des Dienstes. *Urlaubsort ist nach Wahl des Besatzungsmitglieds:* 1. *der Wohnort des Besatzungsmitglieds* 2. *der Ort, an dem der Heuervertrag abgeschlossen wurde* 3. *der durch Tarifvertrag festgelegte Ort* 4. *jeder andere im Heuervertrag festgelegte Ort*	§§ 59, 60	B2.4.2.3	☐		☐
8-05	Den Besatzungsmitgliedern wird das Urlaubsentgelt in Höhe ihrer Heuer (plus Abgeltungsbetrag für Sachbezüge wie z.B. Verpflegung) gewährt.	§ 61 (1)	B2.4.1.3	☐		☐
8-06	Den Besatzungsmitgliedern wird in der dienstfreien Zeit Landgang gewährt.	§ 35	Reg. 2.4.2	☐	☐	☐
9-00	**Heimschaffung**					
9-01	Die Besatzungsmitglieder haben einen Anspruch auf **kostenlose** Heimschaffung (siehe auch Heuervertrag). 1. *im Falle von Krankheit oder Verletzung,* 2. *wenn das Heuerverhältnis endet, im Falle einer ordentlichen Kündigung nach Ablauf der Kündigungsfristen.* 3. *Wenn der Reeder seine gesetzlichen oder arbeitsvertraglichen Verpflichtungen wegen Insolvenz, Veräußerung des Schiffs, Änderung der Eintragung im Schiffsregister oder aus einem ähnlichen Grund nicht mehr erfüllt.* 4. *Wenn ein Schiff ein Gebiet befahren soll, in dem besondere Gefahren durch bewaffnete Auseinandersetzungen drohen, und in das sich das Besatzungsmitglied nicht begeben will, oder wenn das Schiff ein solches Gebiet nicht unverzüglich verlässt.*	§§ 73, 76	Reg. 2.5.1 A2.5.1 B2.5.1.1	☐		☐
9-02	Der Reeder hat für Fälle der Heimschaffung eine Zahlungsübernahmeerklärung nachgewiesen, die durch eine Bürgschaft, eine Versicherungspolice oder eine Garantie durch eine Vereinigung von Reedern abgedeckt ist. ➢ *z.B. P&I Versicherung oder Bankbürgschaft*	§ 76 (8)	Reg. 2.5.2	☐	☐	☐
9-03	Den Besatzungsmitgliedern steht eine Kopie der Vorschriften über die Heimschaffung in geeigneter Sprache zur Verfügung.	§ 78	A2.5.9	☐		☐
9-04	Jugendliche Besatzungsmitglieder haben während der ersten Auslandsreise nach viermonatigem Dienst einen Anspruch auf kostenlose Heimschaffung, wenn sich während der Zeit an Bord herausgestellt hat, dass sie für das Leben auf See ungeeignet sind. (siehe auch Heuervertrag)	§ 74	B2.5.2.3	☐	☐	☐
10-00	**Besatzungsstärke des Schiffes**					
10-01	Das Schiff ist nach Anzahl, Qualifikation und Eignung und in Übereinstimmung mit dem Schiffsbesatzungszeugnis ausreichend besetzt.	§ 21	A2.7.1	☐		☐
10-02	Durch den Kapitän werden Besatzungslisten geführt, die den aktuellen Stand der Schiffsbesatzung wiedergeben. ➢ *Muster gemäß IMO-FAL-Formular* ➢ *Auf Schiffen in der nationalen Fahrt: Auch Eintrag im Schiffstagebuch möglich*	§ 22		☐		☐
11-00	**Unterkünfte und Freizeiteinrichtungen an Bord**					
11-01	Es sind sichere und menschenwürdige Unterkünfte und Freizeiteinrichtungen gemäß LogisV bzw. SeeUnterkunftsV (Kiellegung maßgebend) vorhanden. ➢ *Siehe Prüfliste "SeeUnterkV" oder sonstige Prüfnachweise*	§ 93 i.V.m. See-UnterkV	A3.1.1(a)	☐	☐	☐
11-02	Die Unterkunftsräume und Freizeiteinrichtungen sind sauber und in einem guten Allgemeinzustand.	§ 93 i.V.m. See-UnterkV	Reg. 3.1.1	☐	☐	☐
11-03	Jedem Besatzungsmitglied steht ein eigener Schlafraum zur Verfügung. ➢ *Ausgenommen sind Fahrgastschiffe, Spezialschiffe und Schiffe mit weniger als 3000 BRZ* ➢ *Auszubildende können in Doppelkammern untergebracht werden*	§ 15 (2) See-UnterkV	A3.1.9(a)	☐	☐	☐
11-04	Jedem Besatzungsmitglied steht eine Koje zur Verfügung	§ 17 (1) See-UnterkV	A3.1.9(d)	☐	☐	☐
11-05	Den Besatzungsmitgliedern stehen für Männer und Frauen getrennte Schlafräume und Sanitäreinrichtungen zur Verfügung.	§ 15 (2) See-UnterkV	A3.1(b) A3.1.11 (a)	☐	☐	☐
11-06	Klima- und Heizungsanlagen sind betriebsbereit und sorgen in den Unterkunftsräumen für eine ausreichende Lufterneuerung bzw. gesundheitlich zuträgliche Raumtemperatur.	§§ 11, 12 See-UnterkV	A3.1.7 B3.1.2 B3.1.3	☐	☐	☐

Stand 05.01.2015

Prüfliste

-Seearbeitsgesetz-

Dienststelle Schiffssicherheit
BG Verkehr

Nr.	Spezifikation/ Anforderungen	Referenz SeeArbG	Referenz MLC	Erfüllt	N/A	Mangel
11-07	Die Unterkunftsräume sind angemessen beleuchtet und mit einer betriebsbereiten Notbeleuchtung versehen.	§ 10 See-UnterkV	A3.1.8 B3.1.4	☐	☐	☐
11-08	An den Waschstellen steht warmes und kaltes Trinkwasser zur Verfügung.	§ 21 (1) See-UnterkV	A3.1.11(f)	☐	☐	☐
11-09	Unterkunftsräume und Freizeitbereiche an Deck sind keinen unzuträglichen Lärmbelastungen und Vibrationen ausgesetzt. ➢ *z.B. Nachweis durch Protokolle über durchgeführte Schalldruckpegel- und Schwingungsmessungen*	§ 14 See-UnterkV	A3.1.6(h) B3.1.12	☐	☐	☐
11-10	Kühlräume sind auch von innen zu öffnen und sind mit einer Alarmvorrichtung versehen.	§ 18 (2) See-UnterkV		☐	☐	☐
11-11	Den Besatzungsmitgliedern werden vierzehntäglich sauberes Bettzeug und wöchentlich mindestens zwei frische Handtücher zur Verfügung gestellt.	§ 17 (5) See-UnterkV	B3.1.10	☐	☐	☐
11-12	<u>Soweit die Betriebsumstände dies erfordern</u>: Den Besatzungsmitgliedern stehen Einrichtungen zur Wäschepflege zur Verfügung. ➢ *Waschmaschinen, Wäschetrockner oder Trockenraum, Bügeleisen und Bügelbretter*	§ 26 See-UnterkV	A3.1.13	☐	☐	☐
11-13	Den Besatzungsmitgliedern stehen angemessen ausgestattete Freizeiträume und Einrichtungen zur Freizeitgestaltung kostenlos zur Verfügung.	§ 28 See-UnterkV	B3.1.11	☐	☐	☐
11-14	Auf Verlangen wird den Besatzungsmitgliedern ein angemessener und preisgünstiger Zugang zu Schiff-Land-Fernsprechverbindungen, E-Mail und Internetdiensten gewährt. (soweit an Bord vorhanden)	§ 94	B3.1.11.4 (j)	☐	☐	☐
11-15	Es sind Aufzeichnungen im Seetagebuch vorhanden, dass die Unterkunftsräume und Freizeiteinrichtungen mindestens monatlich durch den Kapitän oder einen beauftragten Schiffsoffizier besichtigt worden sind. Datum der letzten Besichtigung: ➢ *Die Besichtigung der Wohn- und Schlafräume bedarf der Zustimmung durch das jeweilige Besatzungsmitglied*	§ 93 (3)	A3.1.18	☐	☐	☐
12-00	**Verpflegung einschließlich Bedienung**					
12-01	Es wird **ausreichende, kostenlose und angemessene** Verpflegung und Trinkwasser an Bord zur Verfügung gestellt und dabei werden eventuelle kulturelle und religiöse Besonderheiten berücksichtigt.	§ 97 (1)	A3.2.1 A3.2.2	☐	☐	☐
12-02	Es wird sichergestellt, dass die Qualität des Trinkwassers den in der Trinkwasserverordnung festgelegten Anforderungen entspricht. (z.B. durch betriebseigene Untersuchungen). Datum der letzten Untersuchung:	§ 97 (2) i.V.m. TrinkwV	Reg. 3.2.1	☐	☐	☐
12-03	Trinkwasserschläuche sind gekennzeichnet und mit einer Kupplung versehen, die nur an Trinkwassereinfüllstutzen passt. Die Einfüllstutzen sind mit Verschlusskappen versehen.	§ 3 See-UnterkV	Reg. 3.21	☐	☐	☐
12-04	Bei der Gewinnung und Aufbereitung von Trinkwasser werden nur solche Aufbereitungsstoffe zugesetzt und Desinfektionsverfahren verwendet, die in der Liste des Umweltbundesamtes enthalten sind. ➢ *Liste der Aufbereitungsstoffe und Desinfektionsverfahren gemäß § 11 TrinkwV*	§ 97 (2) i.V.m. TrinkwV	Reg. 3.2.1	☐	☐	☐
12-05	Es werden monatliche Überprüfungen der Verpflegungs- und Trinkwasservorräte, Küchenräume und Proviantträume sowie Ausrüstungsgegenstände, die der Zubereitung und dem Servieren von Speisen dienen, durch den Kapitän oder eine von ihm beauftragte Person durchgeführt und im Seetagebuch dokumentiert. Datum der letzten Überprüfung:	§ 98	A3.2.7	☐	☐	☐
12-06	Das Küchen- und Bedienungspersonal wurde hinsichtlich lebensmittelrechtlicher und trinkwasserrechtlicher Vorschriften unterwiesen.	§ 97 (2)	A.3.2.2(c)	☐	☐	☐
12-07	Das Küchen- und Bedienungspersonal wurde vor Dienstantritt an Bord über die im Infektionsschutzgesetz genannten Tätigkeitsverbote und Mitteilungspflichten belehrt. Die Belehrungen werden im Seetagebuch dokumentiert.	§ 97 (2)	A.3.2.2(c)	☐	☐	☐
12-08	Vom Küchen- und Bedienungspersonal wird die notwendige Personalhygiene beachtet und es wird geeignete und saubere Arbeitskleidung getragen. ➢ *Siehe auch Nr. 2.1 Hygiene-Leitfaden*	§ 97 (2)	A.3.2.2(b)	☐	☐	☐
12-09	Bei der Behandlung und Lagerung der Lebensmittel wird die notwendige Lebensmittelhygiene beachtet. ➢ *Siehe auch Nr. 2.2 und 2.3 Hygiene-Leitfaden*	§ 97 (2)	A.3.2.2(b)	☐	☐	☐
12-10	In den Kühlräumen herrscht die für die betreffenden Lebensmittel notwendige Temperatur. ➢ *Temperaturen siehe Hygiene-Leitfaden*	§ 97 (2)	A3.2.2(b)	☐	☐	☐
12-11	Die Vorratsräume, Küchen, Pantries und Messen sowie deren Einrichtungen sind in einem sauberen und guten Allgemeinzustand. ➢ *Siehe auch Nr. 2.4 Hygiene-Leitfaden*	§ 97 (2)	A3.2.2(b)	☐	☐	☐
12-12	Die als Schiffskoch angestellten Besatzungsmitglieder sind mindestens 18 Jahre alt, und für die Zubereitung von Speisen entsprechend ausgebildet und qualifiziert. ➢ *Zeugnis über die Abschlussprüfung im Ausbildungsberuf Koch/Köchin oder anderer einschlägiger Ausbildungsberuf oder* ➢ *Bescheinigung einer Industrie- und Handelskammer über die Teilnahme an einer Gaststättenunterrichtung oder* ➢ *Nachweis über die Befähigung zum Schiffskoch einer Vertragspartei des Seearbeitsübereinkommens, 2006 oder* ➢ *ein anderer gleichwertiger Nachweis eines anderen Staates*	§ 7 (2) SchBesV	Reg. 3.2.3 A3.2.3 A3.2.4	☐	☐	☐
12-13	<u>Auf Schiffen **ohne Schiffskoch**</u>: Es ist sichergestellt, dass das für die Zubereitung von Speisen verantwortliche Besatzungsmitglied eine Ausbildung oder Unterweisung in den Bereichen Nahrungsmittel- und persönliche Hygiene sowie Handhabung und Lagerung von Verpflegung an Bord erhalten hat. ➢ *Gilt nur auf Schiffen mit einer vorgeschriebenen Besatzung von weniger als 10 Personen oder wenn eine befristete Ausnahmegenehmigung hinsichtlich der Besetzung mit einem Schiffskoch erteilt worden ist.*	§ 7 (2), § 10 (5) SchBesV	A3.2.5 A3.2.6	☐	☐	☐

Stand 05.01.2015

Prüfliste
-Seearbeitsgesetz-

Dienststelle Schiffssicherheit
BG Verkehr

Nr.	Spezifikation/ Anforderungen	Referenz SeeArbG	Referenz MLC	Erfüllt	N/A	Mangel
13-00	**Medizinische Betreuung an Bord und an Land**					
13-01	Den Besatzungsmitgliedern wird im Falle einer Erkrankung oder Verletzung eine unverzügliche, angemessene und kostenlose medizinische Betreuung gewährt.	§ 99 (1)	Reg.4.1.1 Reg.4.1.2	☐		☐
13-02	Die Besatzungsmitglieder haben das Recht, in den Häfen umgehend einen qualifizierten Arzt oder Zahnarzt aufzusuchen.	§ 99 (4)	A4.1.1(c)	☐		☐
13-03	An Bord befindet sich ein Schiffsarzt. ➢ *Auf Schiffen in der internationalen Fahrt mit einer Fahrtdauer von mehr als 3 Tagen und mit einhundert oder mehr Personen an Bord.*	§ 6 (1) SchBesV	A4.1.4(b)	☐	☐	☐
13-04	<u>Bei Schiffen ohne Schiffsarzt</u>: Es ist sichergestellt, dass die medizinische Betreuung an Bord entweder durch den Kapitän oder einen vom Kapitän beauftragten Schiffsoffizier durchgeführt wird. ➢ *Der Kapitän und der gegebenenfalls beauftragte Schiffsoffizier müssen alle fünf Jahre an einem zugelassenen medizinischen Wiederholungslehrgang teilnehmen* ➢ *Befähigungszeugnisse nach STCW Regel VI/4 Absatz 2 und 3 werden als gleichwertig anerkannt*	§ 109 (1)	A4.1.4(c) B4.1.1.3	☐	☐	☐
13-05	Die medizinische Betreuung wird in einem ärztlichen Berichtsformular dokumentiert und die darin enthaltenen Angaben werden vertraulich behandelt. ➢ Muster gemäß Anlage 14 MLC-Leitfaden <u>http://www.bg-verkehr.de/service/downloads/dienststelle-schiffssicherheit/mlc/mlc-leitfaden</u>	§ 109 (4)	A4.1.2	☐	☐	☐
13-06	Das Schiff ist mit einer angemessenen medizinischen Ausstattung ausgerüstet. Nummer des Verzeichnisses: ➢ *A 1: Weltweite Fahrt mit bis zu 20 Personen* ➢ *A 2: Weltweite Fahrt mit bis zu 30 Personen* ➢ *B: Europäische Fahrt mit bis zu 20 Personen* ➢ *C 1: Nationale und küstennahe Fahrt mit bis zu 5 Personen* ➢ *C 2: Nationale und küstennahe Fahrt mit bis zu 10 Personen* ➢ *Eine zusätzliche Ausrüstung ist mitzuführen, wenn die für das Verzeichnis vorgegebene Personenzahl überschritten wird.*	§ 107 (2)	A4.1.4(a)	☐		☐
13-07	An Bord ist ein Apothekenschrank nach Anlage der See-Unterkunftsverordnung fest installiert. ▪ *Nur auf Schiffen in der weltweiten und Europäischen Fahrt erforderlich* ▪ *Der Apothekenschrank ist im Behandlungsraum zu installieren, wenn dieser vorgeschrieben ist*	§ 22 (3) See-UnterkV	A4.1.4(a)	☐	☐	☐
13-08	Die Kranken-, Behandlungs- und Operationsräume befinden sich in einem einsatzbereiten Zustand und werden nur für die Behandlung kranker oder verletzter Besatzungsmitglieder benutzt.	§ 107 (1)	Reg.3.1.1	☐	☐	☐
13-09	Mindestens alle 12 Monate wird durch interne Kontrollen sichergestellt, dass sich die medizinischen Räumlichkeiten und die medizinischen Ausstattung in einem ordnungsgemäßen Zustand befinden. Datum der letzten Kontrolle:	§ 109 (3)	B4.1.1.4	☐		☐
13-10	Bei der Kontrolle und notwendigen Ergänzung der medizinischen Ausstattung wird sich der Mitwirkung einer Apotheke bedient.	§ 109 (3)	B4.1.1.4	☐		☐
13-11	Über die Durchführung der internen Kontrollen und die Mitwirkung der Apotheke werden Nachweise geführt und mindestens fünf Jahre an Bord aufbewahrt.	§ 109 (3)	B4.1.1.4	☐		☐
13-12	Die Kommunikationsausrüstung im Behandlungsraum gewährleistet eine funkärztliche Beratung während der medizinischen Betreuung und die zuständigen Schiffsoffiziere sind mit Handhabung der Ausrüstung vertraut.	§ 22 (2) See-UnterkV	B4.1.1.6	☐	☐	☐
14-00	**Schutz der Gesundheit und Sicherheit und Unfallverhütung**					
14-01	Der Reeder hat erforderliche Maßnahmen zur Verhütung von Arbeitsunfällen, Berufskrankheiten und arbeitsbedingten Gesundheitsgefahren getroffen.	§ 114 i.V.m. § 3 ArbSchG	Reg. 4.3.1 A4.3.1(b)	☐		☐
14-02	Den Besatzungsmitgliedern wird das Handbuch See der BG Verkehr zur Verfügung gestellt.	§ 114	A4.3.1(a) A4.3.2(b)	☐	☐	☐
14-03	Technische und organisatorische Maßnahmen des Arbeitsschutzes werden umgesetzt und beachtet. ➢ *z.B. Absturzsicherungen an offenen Luken und sonstige Schutzeinrichtungen* ➢ *Warnhinweise und ausgehängte Arbeitsanweisungen*	§ 114 i.V.m. § 4 ArbSchG	A4.3.1(b)	☐		☐
14-04	Maßnahmen des Arbeitsschutzes werden regelmäßig überprüft und wenn notwendig angepasst.	§ 3 (1) ArbSchG	A4.3.1(d)	☐		☐
14-05	Gefährdungsbeurteilungen werden durchgeführt und an Bord des Schiffes sind Unterlagen über die Ergebnisse der Gefährdungsbeurteilungen vorhanden. *Insbesondere sind zu berücksichtigen:* ➢ *Gefahren bei der Benutzung und Bedienung von Arbeitsmitteln, Werkzeugen, Geräten, Maschinen und Anlagen* ➢ *Gefahren durch Lärm und Vibrationen* ➢ *Gefahren durch Gefahrstoffe* ➢ *Gefährdungen jugendlicher Besatzungsmitglieder*	§§ 114, 117 (4) i.V.m. §§ 5, 6 ArbSchG	A4.3.1(a)	☐		☐
14-06	Die Besatzungsmitglieder werden über den Arbeits- und Gesundheitsschutz an Bord ausreichend, angemessen und regelmäßig unterwiesen.	§ 12 ArbSchG	A4.3.1(a) B4.3.9	☐		☐
14-07	Jugendliche Besatzungsmitglieder werden vor Beginn der Arbeit und bei wesentlichen Änderungen der Arbeitsbedingungen vom Kapitän unterwiesen. Die Unterweisung ist mindestens halbjährlich zu wiederholen. ➢ *Insbesondere vor erstmaliger Arbeitsaufnahme an Maschinen und gefährlichen Arbeitsstellen oder von Arbeiten, bei denen sie mit gesundheitsgefährdenden Stoffen in Berührung kommen.*	§ 117 (5)	A4.3.1(a) A4.3.2(b) B4.3.10.2	☐	☐	☐
14-08	Geeignete persönliche Schutzausrüstung wird zur Verfügung gestellt und die Besatzungsmitglieder werden in die Benutzung dieser unterwiesen? ➢ *z.B. Bereithalten von Anwenderhinweisen*	§ 114 i.V.m. § 3 PSA-BV	A4.3.1(c) B4.3.4.1	☐		☐

Stand 05.01.2015

Prüfliste

-Seearbeitsgesetz-

Dienststelle Schiffssicherheit
BG Verkehr

Nr.	Spezifikation/ Anforderungen	Referenz SeeArbG	Referenz MLC	Erfüllt	N/A	Mangel
14-09	Arbeitsunfälle werden erfasst und an die BG Verkehr gemeldet. ➢ *Bei Unfällen, bei denen ein Beschäftigter getötet wird oder für mehr als drei Tage arbeitsunfähig wird.*	§ 6 (2) ArbSchG	A4.3.1(d) B4.3.5.1	☐	☐	☐
14-10	Ein Sicherheitsbeauftragter ist bestellt. ➢ *Bei Schiffen mit fünf oder mehr Besatzungsmitgliedern*	§ 116 (1)	A4.3.2 (d)	☐	☐	☐
14-11	Sitzungen des Schiffssicherheitsausschusses unter Beteiligung des/der Sicherheitsbeauftragten werden mindestens vierteljährlich durchgeführt. Datum der letzten Sitzung: ➢ *Auf Schiffen mit 5 oder mehr Besatzungsmitgliedern*	§ 115 (2)	A4.3.2 (d)	☐	☐	☐
15-00	**Beschwerdeverfahren an Bord**					
15-01	Die Besatzungsmitglieder werden mit Aushändigung des Heuervertrages schriftlich über die an Bord gültigen Beschwerderegelungen informiert (Beschwerdeverfahren - Onboard-Complaint-Procedure).	§ 127 (6)	A5.1.5.4	☐		☐
15-02	Durch den Reeder oder Kapitän wurde mindestens eine Vertrauensperson an Bord des Schiffes benannt, welche bei der Wahrnehmung des Beschwerderechts behilflich ist.	§ 127 (2)	A5.1.5.4	☐	☐	☐
15-03	Im Beschwerdeverfahren werden neben dem Namen der Vertrauensperson auch die Anschriften und Rufnummern des Reeders, der BG Verkehr und der im Wohnsitzstaat für Beschwerden zuständigen Stelle genannt.	§ 127 (6)	A5.1.5.4	☐		☐
15-04	Das Besatzungsmitglied kann sich jederzeit direkt beim unmittelbaren Vorgesetzten, beim Kapitän, dem Reeder, der BG Verkehr, den deutschen Auslandsvertretungen oder einer anderen geeigneten Stelle beschweren.	§ 127 (1), (4)	A5.1.5.2	☐		☐
15-05	Das Besatzungsmitglied kann sich während des Verfahrens von einer Vertrauensperson seiner Wahl an Bord des Schiffes begleiten oder vertreten lassen.	§ 127 (3)	A5.1.5.3	☐		☐
15-06	Besatzungsmitglieder oder Vertrauenspersonen werden wegen der Einreichung einer Beschwerde nicht benachteiligt.	§ 127 (4)	5.1.5.4 A5.1.5.3	☐	☐	☐
15-07	Der Reeder hält die Informationen über die Beschwerderegelungen auf dem aktuellen Stand und gibt Änderungen über einen allgemein zugänglichen Aushang an Bord bekannt.	§ 127 (6)	A5.1.5.4	☐		☐
16-00	**Sonstiges**					
16-01	Kopien des Seearbeitsgesetzes und Seearbeitsübereinkommens befinden sich an Bord des Schiffes. (auf Schiffen in der Auslandsfahrt auch in englischer Übersetzung)	§ 29 (1)	A5.1.1.2 A2.1.1(d)	☐		☐
16-02	Kopien des letzten Inspektionsberichtes, des Seearbeitszeugnisses und der Seearbeits-Konformitätserklärung (Teil I und II) sind an Bord ausgehängt.	§ 130 (7), § 132 (5)	A5.1.3.12	☐		☐

Zeitaufwand für:
- Vor- und Nachbereitung
- An- und Abreise
- Inspektionsdauer

<u>Allgemeine Bemerkungen zur Inspektion</u>:

Datum Name und Unterschrift Inspektor

Stand 05.01.2015

Seediensttauglichkeitszeugnis
German Medical Certificate

Dieses Zeugnis entspricht den Anforderungen nach dem Internationalen Übereinkommen über Normen für die Ausbildung, die Erteilung von Befähigungszeugnissen und den Wachdienst von Seeleuten von 1978 in der jeweils geltenden Fassung (STCW-Übereinkommen) und dem Seearbeitsübereinkommen 2006 (MLC)

This certificate complies with the requirements according to the International Convention on Standards of Training, Certification and Watchkeeping for Seafarers, 1978 (STCW), as amended, and according to the Maritime Labour Convention, 2006 (MLC)

Identifizierungsnummer
Identification Number

Name
Surname

Vorname(n)
Forename(s)

Geburtsdatum *Date of birth*	Geschlecht *Gender* ☐ männlich *male* ☐ weiblich *female*	Staatsangehörigkeit: *Nationality:*

Dienstzweig(e):
Occupation(s):

Das Besatzungsmitglied hat sich am Untersuchungstag ausgewiesen ☐ Ja *Yes* ☐ Nein *No*
Identification documents were checked at the point of examination

Ich bestätige, dass folgende Tauglichkeitskriterien untersucht wurden und den Anforderungen nach den geltenden Vorschriften entsprechen.
I confirm that the following fitness criteria have been assessed and meet the standards.

Hörvermögen *Hearing* ☐ Ja *Yes* ☐ Nein *No*	Hörvermögen ohne Hörgerät ausreichend *Unaided hearing satisfactory* ☐ Ja *Yes* ☐ Nein *No*
Sehvermögen *Visual Acuity* ☐ Ja *Yes* ☐ Nein *No*	Tauglich als Ausguck *Fit for look-out duties* ☐ Ja *Yes* ☐ Nein *No*
Sehhilfe(n) (Brille, Kontaktlinsen) *Visual Aid(s) (Spectacles, Contact Lenses)* ☐ Nein *No*	☐ Ja *Yes* Muss im Dienst Sehhilfe tragen und Ersatz mit sich führen *Has to wear Visual Aid on duty and to keep a spare pair available*

Farbsehvermögen *Colour vision* ☐ Ja *Yes* ☐ Nein *No* ☐ Nicht erforderlich *Not required* — Datum der letzten Untersuchung *Date of the last colour vision test*

Einschränkungen *Restrictions* ☐ Ja *Yes* ☐ Nein *No*
Genaue Angaben der Einschränkungen:
Specified:

Das Besatzungsmitglied ist frei von Gesundheitsstörungen, von denen anzunehmen ist, dass sie sich durch den Dienst auf See verschlimmern, es seedienstuntauglich machen oder die Gesundheit und Sicherheit anderer Personen an Bord gefährden können.
The seafarer is free from any medical condition likely to be aggravated by service at sea or to render him unfit for such service or to endanger the health of other persons on board.

Datum der Untersuchung
Date of examination

Gültig bis
Date of expiry

Mit dieser Unterschrift bestätigt das Besatzungsmitglied, dass es über den Inhalt des Zeugnisses sowie sein Recht auf eine Überprüfung nach Absatz 6 Abschnitt A-I/9 des STCW-Codes belehrt worden ist.
The seafarer confirms that he has been informed of the content of the certificate and of the right to a review in accordance with paragraph 6 of section A-I/9 of STCW-Code.

Autorisierungsstempel
Authorization stamp

Stempel des zugelassen Arztes oder des Arztes des seeärztlichen Dienstes
Stamp of authorized physician or physician of the German Maritime Medical Service

Unterschrift des Seefahrers
Seafarer's signature

Unterschrift des zugelassenen Arztes oder des Arztes des seeärztlichen Dienstes
Signature of authorized physician or physician of the German Maritime Medical Service

(VkBl. 2013, S. 806)

BUNDESREPUBLIK DEUTSCHLAND
Federal Republic of Germany

Schiffsbesatzungszeugnis
Minimum Safe Manning Document

Ausgestellt im Namen der Bundesrepublik Deutschland von der Berufsgenossenschaft für Transport und Verkehrswirtschaft nach Maßgabe der Bestimmungen von Regel V/14(2) des Internationalen Übereinkommens von 1974/88 zum Schutz des menschlichen Lebens auf See, in der jeweils geltenden Fassung.
Issued under the provisions of Regulation V/14(2) of the International Convention for the Safety of Life at Sea, 1974/88, as amended, under the authority of the Government of the Federal Republic of Germany by the Berufsgenossenschaft für Transport und Verkehrswirtschaft.

Name des Schiffes *Ship's Name* ______________________ **Schiffsart** *Type of Ship* Frachtschiff/Cargo Ship

Heimathafen *Port of Registry* ______________ **IMO-Nr.** *IMO-Number* ______________ **Unterscheidungssignal** *Distinctive Number or Letters* ______________

Bruttoraumzahl *Gross Tonnage* ______________ **Hauptantriebsleistung** *Main Propulsion Power* ______________ **Zeitweise unbesetzter Maschinenraum** *Temporarily Unattended Machinery Space* ______________

Einsatzgebiet *Trading Area* ______________________

Betreibendes Unternehmen *Operating company* ______________________

Auf Seereisen gilt das in diesem Dokument genannte Schiff als ausreichend besetzt, wenn auf ihm mindestens die in der nachstehenden Tabelle vermerkte Schiffsbesatzung vorhanden ist.
The ship named in this document is considered to be safely manned if, when it proceeds to sea, it carries not less than the number and grades/capacities of personnel specified in the table below.

Dienstgrad/Anzahl/erforderliches Befähigungszeugnis gem. STCW-Übereinkommen: *Grade or capacity/number of persons /certificate acc. to STCW-Convention:*					
Kapitän 1) *Master*			**Leiter der Maschinenanlage** 2) *Chief Engineer Officer*		
Erster Offizier 2) *Chief Mate*			**Zweiter techn. Offizier** 2) *Second Engineer Officer*		
Nautische Wachoffiziere 2) *Navigational Watchkeeping Officers*			**Techn. Wachoffiziere** 2) *Engineering Watchkeeping Officers*		
Schiffsmechaniker 3) *General Purpose Rating*			**Schiffselektrotechniker/-elektriker** *Electrical Technician/Electrician*		
Schiffsmann Deck (wachbefähigt) 4) *Rating Deck (watchkeeper)*			**Schiffsmann Maschine (wachbefähigt)** 4) *Rating Engine (watchkeeper)*		
Schiffsmann Deck *Rating Deck*			**Schiffsmann Maschine** *Rating Engine*		
Koch *Cook*					
Gesamtzahl: *Total Number:*					

Etwaige besondere Anforderungen oder Bedingungen:
Special requirements or conditions, if any:

Ausgestellt in Hamburg am: *Issued at Hamburg on:* ______________ **Gültig bis:** *Valid until:* ______________

(Siegel/Seal)

BERUFSGENOSSENSCHAFT FÜR TRANSPORT UND VERKEHRSWIRTSCHAFT
- Dienststelle Schiffssicherheit -

____

Nationales Recht *(national law)*
1) **EU/EWR-Staatsangehöriger** *EC/EEA-Citizen*
2) **Davon insgesamt mindestens EU/EWR-Staatsangehörige(r)** *Thereof total minimum EC/EEA-Citizen(s)*
3) **Davon mind. 1 gem. See-BAV oder 1 Auszubildender zum Schiffsmechaniker im zweiten oder dritten Ausbildungsjahr** *Thereof minimum 1 according to See-BAV or 1 general purpose trainee in the 2nd or 3rd training year*
4) **Davon insgesamt mindestens EU/EWR-Staatsangehörige(r)** *Thereof total minimum EC/EEA-Citizen(s)*

SBZ 01/2014

Bundesrepublik Deutschland
Federal Republic of Germany

Bescheinigung für private Arbeitsvermittlungsdienste für Seeleute (Vermittler) nach § 26 des Seearbeitsgesetzes
Certificate for private seafarer placement services (placement provider) in accordance with § 26 of the Maritime Labour Act

Ausgestellt im Namen der Regierung der
BUNDESREPUBLIK DEUTSCHLAND durch die
BERUFSGENOSSENSCHAFT FÜR TRANSPORT UND VERKEHRSWIRTSCHAFT
Issued under the provision of the Government of the
FEDERAL REPUBLIC OF GERMANY by
BERUFSGENOSSENSCHAFT FÜR TRANSPORT UND VERKEHRSWIRTSCHAFT

Hiermit wird bescheinigt, dass
This is to certify that

Name und Anschrift des Vermittlers:
Name and address of the placement provider:

die Anforderungen nach § 25 des Seearbeitsgesetzes und Regel 1.4 des Seearbeitsübereinkommens erfüllt.
complies with the requirements of § 25 of the Maritime Labour Act and Regulation 1.4 of the Maritime Labour Convention.

Die Bescheinigung ist gültig bis:
The certificate is valid until:

Ausgestellt in Hamburg, am:
Issued in Hamburg on:

BERUFSGENOSSENSCHAFT FÜR TRANSPORT
UND VERKEHRSWIRTSCHAFT
- Dienststelle Schiffssicherheit-

(Siegel)
(Seal)

Erklärung der Verantwortlichkeit des Reeders
nach § 3 Absatz 2 der Seearbeitsüberprüfungs-Verordnung (SeeArbÜV)

Declaration of shipowner's responsibility
according to section 3 para. 2 of the Seearbeitsüberprüfungs-Verordnung (SeeArbÜV)

Das folgende Unternehmen
The following Company

Name *Name*	
Adresse *Address*	
Kontaktperson *Contact person*	
Telefonnummer *Phone*	
E-Mail / *email*	

hat die Verantwortung als Reeder für das folgende Schiff übernommen und hat sich mit der Übernahme dieser Verantwortung verpflichtet, die Aufgaben und Pflichten zu erfüllen, die dem Reeder nach dem Seearbeitsgesetz und den anderen Rechtsvorschriften zur Umsetzung des Seearbeitsübereinkommens auferlegt werden.
has assumed as shipowner the responsibility for the operation of the following ship and, on assuming such responsibility, has agreed to fulfil the duties and responsibilities imposed on the shipowner in accordance with the German Maritime Labour Act and other legal provisions implementing the Maritime Labour Convention.

Schiffsname *Name of ship*	
IMO Nummer *IMO number*	
Rufzeichen *Call sign*	
Datum der Registrierung *Date of registry*	

Name und Unterschrift Reeder
Name and signature of the shipowner

Ort und Datum
Place and date

SEEARBEITS-KONFORMITÄTSERKLÄRUNG
Teil II

Declaration of Maritime Labour Compliance
Part II

IMO number:

Maßnahmen zur Sicherstellung der fortlaufenden Erfüllung der Anforderungen zwischen den Überprüfungen
Measures adopted to ensure ongoing compliance between inspections

Die folgenden Maßnahmen sind vom Reeder, der im Seearbeitszeugnis benannt wird, das dieser Erklärung beigefügt ist, getroffen worden, um die fortlaufende Erfüllung der Anforderungen zwischen den Überprüfungen sicherzustellen:
(Nachfolgend sind die Maßnahmen anzugeben, die vom Reeder getroffen worden sind, um die Erfüllung der Anforderungen für jeden der Punkte in Teil I sicherzustellen)
The following measures have been drawn up by the shipowner, named in the Maritime Labour Certificate to which this Declaration is attached, to ensure ongoing compliance between inspections:
(State below the measures drawn up to ensure compliance with each of the items in Part I)

1. **Mindestalter (Regel 1.1)** ☐
Minimum age (Regulation 1.1)

2. **Ärztliches Zeugnis (Regel 1.2)** ☐
Medical certification (Regulation 1.2)

3. **Befähigungen der Seeleute (Regel 1.3)** ☐
Qualifications of seafarers (Regulation 1.3)

4. **Beschäftigungsverträge der Seeleute (Regel 2.1)** ☐
Seafarers' employment agreements (Regulation 2.1)

5. **Inanspruchnahme eines bewilligten oder zugelassenen oder geregelten privaten Anwerbungs- und Arbeitsvermittlungsdienstes (Regel 1.4)** ☐
Use of any licensed or certified or regulated private recruitment and placement service (Regulation 1.4)

6. **Arbeits- oder Ruhezeiten (Regel 2.3)** ☐
Hours of work or rest (Regulation 2.3)

7. **Besatzungsstärke des Schiffes (Regel 2.7)** ☐
Manning levels for the ship (Regulation 2.7)

8. **Unterkünfte (Regel 3.1)** ☐
Accommodation (Regulation 3.1)

9. **Freizeiteinrichtungen an Bord (Regel 3.1)** ☐
On-board recreational facilities (Regulation 3.1)

- 2 -

10.	**Verpflegung einschließlich Bedienung (Regel 3.2)** *Food and catering (Regulation 3.2)*	☐
11.	**Gesundheit und Sicherheit und Unfallverhütung (Regel 4.3)** *Health and safety and accident prevention (Regulation 4.3)*	☐
12.	**Medizinische Betreuung an Bord (Regel 4.1)** *On-board medical care (Regulation 4.1)*	☐
13.	**Beschwerdeverfahren an Bord (Regel 5.1.5)** *On-board complaint procedures (Regulation 5.1.5)*	☐
14.	**Zahlung der Heuern (Regel 2.2)** *Payment of wages (Regulation 2.2)*	☐

- 3 -

Ich bescheinige hiermit, dass die genannten Maßnahmen getroffen worden sind, um die fortlaufende Erfüllung der in Teil I aufgeführten Anforderungen zwischen den Überprüfungen sicherzustellen:
I hereby certify that the above measures have been drawn up to ensure ongoing compliance, between inspections, with the requirements listed in Part I.

Name des Reeders[1)]
Name of shipowner[1)]

....

Anschrift des Unternehmens
Company address

....

Name des Unterschriftsberechtigten
Name of the authorized signatory

....

Titel ....
Title

Unterschrift des Unterschriftsberechtigten
Signature of the authorized signatory

....

Datum ....
Date

....

Stempel bzw. Siegel des Reeders [1)]
Stamp or seal of the shipowner [1)]

---

1) Reeder bedeutet den Eigner des Schiffes oder jede anderer Organisation oder Person, wie den Leiter, Agenten oder Bareboat-Charterer, die vom Reeder die Verantwortung für den Betrieb des Schiffes übernommen hat und die sich mit der Übernahme dieser Verantwortung bereit erklärt hat, die Aufgaben und Pflichten zu erfüllen, die den Reedern gemäß diesem Übereinkommen auferlegt werden, ungeachtet dessen, ob andere Organisationen oder Personen bestimmte dieser Aufgaben oder Pflichten im Auftrag des Reeders erfüllen. Siehe Artikel II(1)j) des Übereinkommens.
Shipowner means the owner of the ship or another organization or person, such as the manager, agent or bareboat charterer, who has assumed the responsibility for the operation of the ship from the owner and who, on assuming such responsibility, has agreed to take over the duties and responsibilities imposed on shipowners in accordance with this Convention, regardless of whether any other organizations or persons fulfil certain of the duties or responsibilities on behalf of the shipowner. See Article II(1)(j) of the Convention.

1) Reeder bedeutet den Eigner des Schiffes oder jede anderer Organisation oder Person, wie den Leiter, Agenten oder Bareboat-Charterer, die vom Reeder die Verantwortung für den Betrieb des Schiffes übernommen hat und die sich mit der Übernahme dieser Verantwortung bereit erklärt hat, die Aufgaben und Pflichten zu erfüllen, die den Reedern gemäß diesem Übereinkommen auferlegt werden, ungeachtet dessen, ob andere Organisationen oder Personen bestimmte dieser Aufgaben oder Pflichten im Auftrag des Reeders erfüllen. Siehe Artikel II(1)j) des Übereinkommens.
Shipowner means the owner of the ship or another organization or person, such as the manager, agent or bareboat charterer, who has assumed the responsibility for the operation of the ship from the owner and who, on assuming such responsibility, has agreed to take over the duties and responsibilities imposed on shipowners in accordance with this Convention, regardless of whether any other organizations or persons fulfil certain of the duties or responsibilities on behalf of the shipowner. See Article II(1)(j) of the Convention.

1) Reeder bedeutet den Eigner des Schiffes oder jede anderer Organisation oder Person, wie den Leiter, Agenten oder Bareboat-Charterer, die vom Reeder die Verantwortung für den Betrieb des Schiffes übernommen hat und die sich mit der Übernahme dieser Verantwortung bereit erklärt hat, die Aufgaben und Pflichten zu erfüllen, die den Reedern gemäß diesem Übereinkommen auferlegt werden, ungeachtet dessen, ob andere Organisationen oder Personen bestimmte dieser Aufgaben oder Pflichten im Auftrag des Reeders erfüllen. Siehe Artikel II(1)j) des Übereinkommens.
Shipowner means the owner of the ship or another organization or person, such as the manager, agent or bareboat charterer, who has assumed the responsibility for the operation of the ship from the owner and who, on assuming such responsibility, has agreed to take over the duties and responsibilities imposed on shipowners in accordance with this Convention, regardless of whether any other organizations or persons fulfil certain of the duties or responsibilities on behalf of the shipowner. See Article II(1)(j) of the Convention.

- 4 -

Die genannten Maßnahmen sind von der Berufsgenossenschaft für Transport und Verkehrswirtschaft geprüft worden und genügen nach Überprüfung des Schiffes deren Feststellungen zufolge den unter der Norm A5.1.3 Absatz 10 Buchstabe b) dargelegten Zwecken in Bezug auf Maßnahmen zur Sicherstellung der erstmaligen und fortlaufenden Erfüllung der Anforderungen in Teil I dieser Erklärung.
The above measures have been reviewed by Berufsgenossenschaft für Transport und Verkehrswirtschaft and, following inspection of the ship, have been determined as meeting the purposes set out under Standard A5.1.3, paragraph 10(b), regarding measures to ensure initial and ongoing compliance with the requirements set out in Part I of this Declaration.

Name Tilo Berger
Name

Titel ....
Title

Anschrift
Address

....

....

Unterschrift ....
Signature

Ort ....
Place

Datum ....
Date

Siegel
Seal

Musterheuervertrag[1]

a) Vertragsparteien des Heuervertrages

Besatzungsmitglied
Vorname, Nachname ______________________
Geburtsdatum ______________________
Geburtsort ______________________
Anschrift ______________________
____
(hiernach: „**Besatzungsmitglied**“)

Arbeitgeber i.S.d § 4 Abs. 2 SeeArbG
Name ______________________
Anschrift ______________________
____
(hiernach: „**Arbeitgeber**“)

b) Name und Anschrift des Reeders
Name ______________________
Anschrift ______________________
____

Vertragsparteien des Heuervertrages sind das Besatzungsmitglied und der Arbeitgeber. Gesetzliche Pflichten des Reeders bleiben hiervon unberührt.

c) Zeitpunkt des Beginns des Heuerverhältnisses, der Ort und der Tag des Dienstantritts unter Angabe des Schiffes
Das Heuerverhältnis beginnt am Tag der Abreise des Besatzungsmitglieds vom Wohnort zum Dienstantritt. Bis dahin ist es an Weisungen des Arbeitgebers nicht gebunden.

Hiervon abweichend vereinbaren die Parteien, dass das Heuerverhältnis unabhängig vom Dienstantritt am ______________________ beginnt.

Datum des Dienstantritts ______________________
Ort des Dienstantritts (Hafen) ______________________
Erstmaliger Dienstantritt auf
Schiffsname ______________________
IMO-Nummer ______________________

Sollten sich Zeitpunkt und Ort des Dienstantritts ändern, informiert der Arbeitgeber das Besatzungsmitglied hierüber rechtzeitig, mindestens aber drei Tage vor dem geplanten Dienstantritt.

[1] Der Musterheuervertrag entspricht in Hinblick auf die gesetzlich notwendigen Elemente weitestgehend einem Heuervertrag, den der VDR seinen Mitgliedsunternehmen zur Verfügung gestellt hat.

d) Vom Besatzungsmitglied zu leistende Dienste, Besonderheiten bei Diensterbringung auf einem Schiff unter ausländischer Flagge
Das Besatzungsmitglied wird als ______________________________ eingesetzt. Das Besatzungsmitglied kann auf allen Schiffen des Reeders, unabhängig von der jeweiligen Flagge, eingesetzt werden.

Soweit keine abweichende Regelung in diesem Heuervertrag getroffen ist oder auf Grund eines anwendbaren Tarifvertrages oder einer anwendbaren Betriebs- oder Bordvereinbarung gilt, sind bei Diensten an Bord von Schiffen unter ausländischer Flagge oder Erbringung der Arbeitsleistung im Ausland hinsichtlich der Währung, der mit einem Auslandsaufenthalt oder dem Aufenthalt an Bord verbundenen zusätzlichen Leistungen und der Bedingungen für die Rückkehr der Besatzungsmitglieder die jeweils geltenden gesetzlichen Bestimmungen maßgebend.

e) Grundvergütung, pauschalierte Überstundenvergütung
Das Besatzungsmitglied erhält eine Grundvergütung zuzüglich pauschalierter Überstundenvergütung (siehe h).)

f) Zuschläge für Sonntags-, Feiertags- und Nachtarbeit
Beschäftigte, die Sonntags-, Feiertags- und Nachtarbeit (SFN) zu den begünstigten Zeiten leisten, erhalten hierfür aus ihrer Arbeitszeit resultierende Zuschläge nach § 3b des Einkommensteuergesetzes (siehe h).)

Unabhängig davon, ob das Besatzungsmitglied solche Arbeit leistet, erhält es zu diesem Zweck zunächst Zahlungen nach Maßgabe dieser Regelung für Sonntags-, Feiertags- und Nachtarbeit.

Die Steuerfreiheit der Zahlungen im Sinne des Absatzes 1 nach § 3b des Einkommensteuergesetzes setzt voraus, dass die Verrechnung der Zahlungen im Sinne des Absatzes 1 mit den einzeln ermittelten Zuschlägen grundsätzlich jeweils vor der Erstellung der Lohnsteuerbescheinigung und somit regelmäßig spätestens zum Ende des Kalenderjahrs oder beim Ausscheiden des Besatzungsmitgliedes erfolgt. Daher sind die Zahlungen im Sinne des Absatz 1 grundsätzlich anhand tatsächlicher Aufzeichnungen einzeln abzurechnen. Soweit die Zahlungen im Sinne des Absatz 1 nicht nach § 3b des Einkommensteuergesetzes steuerfrei behandelt werden können, sind sie grundsätzlich zurückzugewähren; eine Verrechnung mit einem Grundlohnergänzungsanspruch im Sinne der Regelung h) ist jedoch möglich.

g) Grundlohnergänzungsanspruch
Soweit Zahlungen nach Regelung f) Abs. 1 dieses Vertrages die Voraussetzungen für die Steuerfreiheit im Sinne des 3b des Einkommensteuergesetzes nicht erfüllen und daher nach Regelung f) Abs. 2 S. 3 zurückgewährt

zurückgewährt werden müssen, hat das Besatzungsmitglied in dieser Höhe einen Anspruch auf eine Lohnergänzung nach Maßgabe dieser Vorschrift (Grundlohnergänzungsanspruch).

Der Grundlohnergänzungsanspruch ist zu versteuerndes Arbeitseinkommen. Eine Steuerbefreiung nach § 3b des Einkommensteuergesetzes kommt nicht in Betracht.

Die Ansprüche nach Regelung f) Abs. 1 Satz 1 und nach dieser Vorschrift schließen sich gegenseitig aus. Der Grundlohnergänzungsanspruch ist der Höhe nach begrenzt auf Zahlungen gemäß Regelung f) Abs. 1 S. 1.

h) Zusammensetzung, Höhe und Fälligkeit der Heuer

Zusammensetzung der Heuer (brutto) und Währung

Grundvergütung

____

pauschalierte Überstundenvergütung

____

zunächst pauschalierte SFN-Zuschläge (siehe Regelung f)

____

ggf. Grundlohnergänzugnsanspruch (siehe Regelung g)bis zu

____

sonstige Zahlungen

____

Die Vergütung und Fälligkeit richtet sich nach den gesetzlichen Bestimmungen der §§ 37 - 40 SeeArbG.

Über die vereinbarte durchschnittliche Arbeitszeit hinaus geleistete Dienste sind bis zur Grenze der zulässigen Höchstarbeitszeit durch die pauschalierten Zuschläge und die pauschalierte Überstundenvergütung abgegolten. Die pauschalierten Zuschläge und die pauschalierte Überstundenvergütung entsprechen mindestens den Beträgen, die in dem zum Zeitpunkt der Begründung dieses Heuerverhältnisses geltenden Heuertarifvertrages zur See festgelegt sind, sofern dieser nicht in Bezug genommen wird.

i) Jahresurlaub

Der Anspruch auf bezahlten Jahresurlaub richtet sich nach § 56 SeeArbG. Das Besatzungsmitglied hat einen Anspruch auf 30 Kalendertage gesetzlichen Urlaub pro Beschäftigungsjahr.

j) Ausgleich für auf See verbrachte Sonn- und Feiertage

Der Ausgleich für die an Bord verbrachten Sonn- und Feiertage richtet sich nach § 52 SeeArbG.

j) Freizeitausgleich

Zusätzlich zum Jahresurlaub und dem Ausgleich für auf See verbrachte Sonn- und Feiertage erhält das Besatzungsmitglied einen Anspruch auf Freizeitausgleich in Höhe von _______ Kalendertagen für jeden Monat den das Besatzungsmitglied an Bord arbeitet. Ist das Besatzungsmitglied nur Teile von Monaten an Bord, entsteht der Anspruch anteilig.

Die Vorschriften der §§ 56 ff. SeeArbG finden auf den Freizeitausgleich keine Anwendung.

k) Beendigung des Heuerverhältnisses und Probezeit
Dieses Heuerverhältnis ist auf unbestimmte Zeit geschlossen. Die ersten 6 Monate des Heuerverhältnisses gelten als Probezeit.

i) Kündigung des auf unbestimmte Zeit geschlossenen Heuerverhältnisses
Vorbehaltlich der einwöchigen Kündigungsmöglichkeit innerhalb der ersten drei Monate der Probezeit nach § 66 Abs. 1 SeeArbG, kann das Heuerverhältnis während der vereinbarten Probezeit beiderseits mit einer Frist von 2 Wochen unbeschadet des Rechts zur fristlosen Kündigung gekündigt werden. Die Kündigung des Heuerverhältnisses richtet sich im Übrigen nach den §§ 65 - 69 SeeArbG

ii) Erreichen der Regelaltersgrenze
Das Heuerverhältnis endet darüber hinaus, wenn das Besatzungsmitglied die gesetzliche Regelaltersgrenze erreicht hat.

l) Befristetes Heuerverhältnis, Probezeit
Dieses Heuerverhältnis ist auf bestimmte Zeit geschlossen. Die ersten 6 Monate des Heuerverhältnisses gelten als Probezeit.

i) Kündigung des auf bestimmte Zeit geschlossenen Heuerverhältnisses
Vorbehaltlich der einwöchigen Kündigungsmöglichkeit innerhalb der ersten drei Monate der Probezeit nach § 66 Abs. 1 SeeArbG, kann das Heuerverhältnis während der vereinbarten Probezeit beiderseits mit einer Frist von 2 Wochen unbeschadet des Rechts zur fristlosen Kündigung gekündigt werden. Die Kündigung des auf bestimmte Zeit geschlossenen Heuerverhältnisses richtet sich im Übrigen nach den §§ 65 - 69 SeeArbG, ein beiderseitiges Recht zur ordentlichen Kündigung wird vereinbart.

ii) Ende des befristeten Heuerverhältnisses
Das Heuerverhältnis inklusive Urlaubstage endet automatisch am ______________________________, ohne dass es einer Kündigung bedarf. Befindet sich das Besatzungsmitglied an diesem Tag an Bord eines Schiffes, das sich auf See befindet, setzt sich das Heuerverhältnis bis zur Ankunft des Schiffes im nächsten Hafen, in dem die Heimschaffung und Ablösung des Besatzungsmitglieds sicher und mit allgemein zugänglichen Verkehrsmitteln möglich ist, unverändert fort und endet erst am Tag der Ankunft des Schiffes im Hafen.

iii) Befristung für die Dauer einer Seereise
Das Heuerverhältnis wird für die Dauer einer Seereise geschlossen und endet automatisch, nachdem der Hafen ______________________________ erreicht ist und ______________ weitere Tage vergangen sind, ohne dass es einer Kündigung bedarf.

m) Medizinische Betreuung und Soziale Sicherheit
Die Fortzahlung der Heuer im Krankheitsfall und die Leistungen der medizinischen Betreuung des Besatzungsmitglieds richten sich nach den §§ 99 - 113 SeeArbG. Die soziale Absicherung des Besatzungsmitglieds ergibt sich aus den Bestimmungen des Sozialgesetzbuchs (SGB).

n) Heimschaffungsanspruch
Der Heimschaffungsanspruch richtet sich nach den §§ 73 - 77 SeeArbG.

o) Arbeits- und Ruhezeiten
Die Arbeits- und Ruhezeiten richten sich nach den §§ 42 - 55 SeeArbG.

p) Angabe der anzuwendenden Tarifverträge, Betriebsvereinbarungen oder Bordvereinbarungen
Auf dieses Heuerverhältnis finden folgende Tarifverträge, Betriebsvereinbarungen und/oder Bordvereinbarungen Anwendung:
1. ______________________________
2. ______________________________

q) Zustimmung zur Arbeitnehmerüberlassung
Dem Arbeitgeber wurde am ...... die Erlaubnis zur Arbeitnehmerüberlassung nach § 1 des Gesetzes zur Regelung der gewerbsmäßigen Arbeitnehmerüberlassung (Arbeitnehmerüberlassungsgesetz – AÜG) vom 7.8.1972 (BGBl. I 1393) idF vom 3.2.1995 (BGBl. I 158) zul. geänd. 20.12.2011 (BGBl. I 2854) ausgestellt von der Bundesagentur für Arbeit, Regionaldirektion ......, erteilt.
Neben dem Einsatz auf allen Schiffen des Arbeitgebers ist das Besatzungsmitglied verpflichtet, auf Schiffen von Kunden des Arbeitgebers tätig zu werden, unabhängig der jeweiligen Flagge. Solange das Besatzungsmitglied bei Kunden des Arbeitgebers eingesetzt ist, unterliegt er dem Weisungsrecht des Kunden im Rahmen des Vertrages. Änderungen von Einsatzdauer, Arbeitszeit sowie Art der Tätigkeit und Vergütung sind jedoch nur bei Vereinbarung zwischen Besatzungsmitglied und Arbeitgeber wirksam.

r) Ausschlussfrist
Alle beiderseitigen Ansprüche aus dem bestehenden Arbeitsverhältnis müssen innerhalb einer Frist von drei Monaten nach Fälligkeit schriftlich gegenüber der anderen Vertragspartei geltend gemacht werden, ansonsten verfallen sie. Lehnt eine Vertragspartei den Anspruch schriftlich ab oder erklärt sie sich nicht innerhalb von zwei Wochen nach der Geltendmachung des Anspruches, so verfällt der Anspruch, wenn er nicht innerhalb einer weiteren Frist von drei Monaten nach der Ablehnung oder nach dem Fristablauf gerichtlich geltend gemacht wird.
Diese Ausschlussfrist gilt nicht für Ansprüche, die auf einer vorsätzlichen oder grob fahrlässigen Pflichtverletzung der anderen Vertragspartei bzw. eines Erfüllungsgehilfen der anderen Vertragspartei beruhen. Diese Ausschlussfrist gilt weiterhin nicht für Ansprüche, die auf einer Verletzung des Lebens, des Körpers oder der Gesundheit aufgrund einer schuldhaften Pflichtverletzung der anderen Vertragspartei bzw. eines Erfüllungsgehilfen der anderen Vertragspartei beruhen.

r) Ort und Datum, an dem der Heuervertrag abgeschlossen wurde
Datum des Vertragsschlusses: ______________________
Ort des Vertragsschlusses: ______________________

Unterschrift Besatzungsmitglied

Unterschrift Arbeitgeber

s) Übernahme der Gesamtverantwortung durch den Reeder (wenn nicht identisch mit dem Arbeitgeber)

Durch seine Unterschrift übernimmt der Reeder die Gesamtverantwortung zur Erfüllung seiner gesetzlichen Pflichten gemäß den §§ 4 Abs. 1, 29 SeeArbG.

Unterschrift Reeder

IMO CREW LIST
(IMO FAL Form 5)

Arrival	Departure	Page Number

1.1 Name of ship	1.2 IMO number
1.3 Call sign	1.4 Voyage number
2. Port of arrival/departure	3. Date of arrival/departure
4. Flag State of ship	5. Last port of call

6. No.	7. Family name, given names	8. Rank or rating	9. Nationality	10. Date and place of birth	11. Nature and number of identity document

12. Date and signature by master, authorized agent or officer

Record of Employment

(in accordance with § 33 of the Maritime Labour Act for the service rendered on board of ships flying the German flag)

Dienstbescheinigung

(gemäß § 33 des Seearbeitsgesetzes für den geleisteten Dienst auf Schiffen unter deutscher Flagge)

I. Crew member / *Besatzungsmitglied*					
First name: *Vorname:*		Family name: *Familienname:*		Date of Birth: *Geburtsdatum:*	
Place of birth: *Geburtsort:*		Address: *Anschrift:*			

II. Shipowner / *Reeder*			
Name: *Name:*		Address: *Anschrift:*	

III. Another employer*) / *anderer Arbeitgeber**)			
Name: *Name:*		Address: *Anschrift:*	

IV. Ship / *Schiff*					
Name: *Name:*		Ship type: *Schiffstyp:*		IMO-No.: *IMO-Nr.:*	
GT: *BRZ:*		Engine power (kW): *Maschinenleistung (kW):*			
Range of trade**) *Fahrtgebiet**):*					
☐ International voyage *Internationale Fahrt*	☐ Near coastal voyage *Küstenahe Fahrt*	☐ Domestic voyage *Nationale Fahrt*	☐ Deep sea fishing *Große Hochsee-fischerei*	☐ High sea fishing Kleine Hochsee-fischerei	☐ Coastal fishing Küsten-fischerei

V. Service on board / *Dienst an Bord*			
Date of beginning service: *Datum des Dienstbeginns:*		Date of end of service: *Datum des Dienstendes:*	
Rank: *Dienstrang:*		Duration of service: *Dienstdauer:*	

Place and Date / *Ort und Datum*	Signature Shipowner or Master / *Unterschrift Reeder oder Kapitän*

*) To be completed only if the shipowner is not the employer of the crew member / *Nur auszufüllen, wenn der Reeder nicht der Arbeitgeber des Besatzungsmitglieds ist*

**) The different trade areas are described in § 2 Seeleute-Befähigungsverordnung / *Die Fahrtgebiete sind in § 2 der Seeleute-Befähigungsverordnung beschrieben*
Near coastal voyage means an international voyage in the course of which ports in the European part of the Kingdom of the Netherlands, in the Kingdom of Denmark with the exception of the Faeroes and Greenland, and ports in the Republic of Poland are called at. / *Küstennahe Fahrt ist die internationale Fahrt, während der Häfen im europäischen Teil des Königreichs der Niederlande, im Königreich Dänemark mit Ausnahme der Färöer und Grönlands sowie Häfen der Republik Polen angelaufen werden.*

1/2014

STANDARDMUSTER FÜR DIE ÜBERSICHT ÜBER DIE ARBEITSORGANISATION AN BORD [1]

Name des Schiffes: Flagge: IMO Nr. Letzte Aktualisierung der Übersicht: ( ) von ( ) Seiten

Die Höchstarbeitszeit und Mindestruhezeit unterliegen nachstehender Regelung: Seearbeitsgesetz, das dem Seearbeitsübereinkommen, 2006 der IAO und dem Internationalen Übereinkommen über Normen für die Ausbildung, die Erteilung von Befähigungszeugnissen und den Wachdienst von Seeleuten (1978) in seiner geänderten Fassung (STCW Übereinkommen) entspricht.

Höchstarbeitszeit und Mindestruhezeit:

1. Nach § 48 Absatz 1 des Seearbeitsgesetzes sind die folgenden Arbeits- und Ruhezeiten sind einzuhalten:
a) Höchstarbeitzeit von 14 Stunden in jedem Zeitraum von 24 Stunden und 72 Stunden in jedem Zeitraum von sieben Tagen
b) Mindestruhezeit von 10 Stunden in jedem Zeitraum von 24 Stunden und 77 Stunden in jedem Zeitraum von sieben Tagen
2. Auf einem Schiff, das in kurzer Aufeinanderfolge mehrere Häfen anläuft, kann von der Höchstarbeitszeit während der Tage häufiger Hafenfolge abgewichen werden. Die Anforderungen an die Mindestruhezeit sind einzuhalten (§ 48 Absatz 2 Seearbeitsgesetz).
3. Die Mindestruhezeit darf nur in höchstens zwei Zeiträume aufgeteilt werden, von denen einer eine Mindestdauer von sechs Stunden, der andere eine Mindestdauer von einer Stunde haben muss. Der Zeitraum zwischen zwei aufeinander folgenden Ruhezeiten darf 14 Stunden nicht überschreiten. (§ 45 Absatz 3 Seearbeitsgesetz)
4. Aufgrund eines Tarifvertrags kann von der Höchstarbeits- und der Mindestruhezeit in dem nach Abschnitt A-VIII/1 des STCW-Codes zulässigen Maße abgewichen werden (§ 49 Absatz 1 Nr. 2 und 3 Seearbeitsgesetz)

Sonstige Bestimmungen:

Dienstliche Stellung/Rang [2]	Tägliche Regelarbeitszeit auf See		Tägliche Regelarbeitszeit im Hafen		Bemerkungen	Tägliche Gesamtarbeitszeit/Gesamtruhezeit [3] (Std.)	
	Wachdienst (von ... bis ...)	Sonstige Pflichten (von ... bis ...) [4]	Wachdienst (von ... bis ...)	Sonstige Pflichten (von ... bis ...) [4]		Auf See	Im Hafen

Unterschrift des Kapitäns: ____________________

(1) Die in diesem Muster verwendeten Begriffe sind in der Arbeitssprache des Schiffes sowie auf Schiffen in der Auslandsfahrt zusätzlich in Englisch anzugeben.
(2) Hier sind die gleichen wie die im Schiffsbesatzungszeugnis für diese dienstliche Stellung/Ränge enthaltenen Begriffe zu verwenden.
(3) Nichtzutreffendes streichen
(4) Für das Wachpersonal können unter der Rubrik „Bemerkungen" Angaben zu de voraussichtlich für außerplanmäßige Dienste abzuleistenden Stundenzahl eingetragen werden; diese Stunden sind in die Rubrik zur Angabe der täglichen Gesamtarbeitszeit aufzunehmen.

STANDARDMUSTER FÜR DIE ÜBERSICHT ÜBER DIE ARBEITSZEITEN UND RUHEZEITEN VON BESATZUNGSMITGLIEDERN (1)

Name des Schiffs: ____________ IMO-Nummer (falls vorhanden): ____________ Flagge des Schiffs: ____________

Besatzungsmitglied (vollständiger Name): ____________ Dienstliche Stellung/Rang: ____________

Monate und Jahr: ____________ Wachmann (2) ja ☐ nein ☐

Übersicht über die Arbeits-/Ruhezeiten (3)

Bitte kennzeichnen Sie die Arbeits- oder Rluhezeiten ggf. mit einem "X" oder verwenden Sie eine durchgehenden Pfeillinie.

																											Nicht vom Besatzungsmitglied auszufüllen	
Stunden	00	01	02	03	04	05	06	07	08	09	10	11	12	13	14	15	16	17	18	19	20	21	22	23	Ruhezeiten während eines Zeitraums von 24 Std.	Bemerkungen	jeweilige Arbeits- oder Ruhezeiten innerhalb eines beliebigen Zeitraums von 24 Std. (4)	jeweilige Arbeits- oder Ruhezeiten innerhalb eines beliebigen Zeitraums von 7 Tagen. (4)
Datum																												
Stunden	00	01	02	03	04	05	06	07	08	09	10	11	12	13	14	15	16	17	18	19	20	21	22	23				

(1) Die in dieser Mustertabelle enthaltenen Angaben sind in der Arbeitssprache des Schiffs sowie auf Schiffen in der Auslandsfahrt zusätzlich in Englisch zu machen.

(2) mit ✓ bestätigen

(3) Nichtzutreffendes streichen.

(4) Um die Einhaltung der einschlägigen Anforderungen an die Arbeits- und Ruhezeiten der Besatzungsmitglieder sicherzustellen, können sich zusätzliche Berechnungen und Überprüfungen als erforderlich erweisen.

Für dieses Schiff gelten die nachstehenden Rechts- und Verwaltungsvorschriften über die Begrenzung der Arbeitszeiten oder Mindestruhezeiten: §§ 42 bis 55 des Seearbeitsgesetzes

Für dieses Schiff gelten die nachstehenden Tarifverträge über die Begrenzung der Arbeitszeiten oder Mindestruhezeiten: ____________

Ich bestätige, dass die Übersicht die Arbeits- bzw. Ruhezeiten des betroffenen Besatzungsmitglieds korrekt wiedergibt.

Name des Kapitäns oder der vom Kapitän zur Unterzeichnung dieser Übersicht beauftragten Person: ____________

Unterschrift des Kapitäns oder der hierzu beauftragten Person: ____________ Unterschrift des Besatzungsmitglieds: ____________

Dem Besatzungsmitglied ist eine Kopie dieses Nachweises auszuhändigen.

Dieses Formular ist gemäß den vom der

Berufsgenossenschaft für Transport- und Verkehrswirtschaft

aufgestellten Verfahren zu prüfen

Anlage 5

Ärztliches Berichtsformular

Ärztliche Untersuchung/Medical Treatment/Reconocimiento médico/Examen médical

Name und Anschrift der:
Name and address of:
Nombre y dirección de la:
Nom et adresse de:

Reederei — Owners — Cía. naviera — la Cie de navigation

Agentur — Agents — Agencia — l'agent

Schiffsname/Name of ship/Nombre del buque/Nom du navire

Ankunftsdatum/Date of arrival/Fecha de llegada/Date d'arrivée

Ort und Datum/Place and date/
Lugar y fecha/Lieu et date

Name und Unterschrift des Kapitäns/Master's name and signature/
Nombre y firma del capitán/Nom et signature du capitaine

An Bord ausfüllen
Fill out aboard
A rellenar a bordo
A remplir à bord

Um ärztliche Untersuchung und/oder Behandlung wird für nachfolgend genannten Patienten gebeten:
Medical examination and/or treatment is requested:
Se ruega reconocimiento y/o tratamiento médico de la persona señalada a continuación:
Demande d'examen et/ou de soins médicaux pour la personne ci-dessous nommée:

Rang/Rank/Grado/Grade

Name des Kranken/Name of patient
Nombre del paciente/Nom du malade

Geburtsdatum/Date of birth/
Fecha de nacimiento/Date de naissance

Hinweise für den Zahnarzt/Augenarzt: Nur einfache Behandlungen gehen zu Lasten der Reederei. Kosten für Zahnersatz, Gold- oder Platinkronen/besondere Brillengestelle, Gläser usw. müssen dem Besatzungsmitglied direkt berechnet werden, es sei denn, es handelt sich um notwendigen Ersatz verursacht durch Unfall.

Special note for dentist/optician: Only simple treatment is chargeable to the shipowner. Costs for dentures, gold or platinum crowns/special spectacle frames or lenses are to be paid by the crew-member himself, except replacement was caused by an accident.

Advertencias para el médico dentista/oculista: Sólo los tratamientos sencillos serán a cargo de la Cía. naviera. Los gastos para dentadura, puentes de oro o platino/monturas o cristales especiales para gafas, etc. deberán ser cargados a el tripulante personalmente.

A l'attention du dentiste/de l'oculiste: Seuls les soins dentaires/ophtalmologiques simples sont pris en charge par la Compagnie de navigation. Fausses dents, couronnes d'or ou de platine/montures de lunettes ou verres speciaux et autres coûts du genre sont a facturer directement à l'interessé.

1x Bord
1x ship
1x queda a bordo
1x à bord

Arbeitsunfall:
Accident at work:
Accidente de trabajo:
S'agit-il d'un accident du travail:

nein / no / no / non ☐ — ja / yes / sí / oui ☐

Tag	Monat	Jahr	Uhrzeit
Day	Month	Year	Time
Día	Mes	Año	Hora
Jour	Mois	Année	Heure

1x Agentur
1x agent
1x cia agente
1x l'agent

Erkrankung / Zähne?
Illness / dental?
Enfermedad / de los dientes?
S'agit-il d'une maladie / des dents?

nein / no / no / non ☐ — ja / yes / sí / oui ☐

Seit wann erkrankt: (Datum)
Ill since when: (date)
Desde cuando: (fecha)
Depuis quand: (date)

Verletzung:
Injury:
Herida:
S'agit-il d'une blessure:

nein / no / no / non ☐ — ja / yes / sí / oui ☐

Seit wann verletzt: (Datum)
Injured since when: (date)
Desde cuando: (fecha)
Depuis quand: (date)

2x Arzt
2x doctor
2x médico
2x au médecin

Ärztliche Nachbehandlung:
Treatment by doctor:
Tratamiento médico posterior:
Y eut-il soins médicaux consécutifs:

nein / no / no / non ☐ — ja / yes / sí / oui ☐

Wann erstmalig ärztlich behandelt: — im Hafen
When first medically treated: — in port
Primer tratamiento médico: — en el puerto
Quand pour la première fois: — au port
Datum/date/fecha/date:

Verteiler:
Copies:
Distribución:
Destinés:

Patient schon früher am gleichen Symptom erkrankt?
Was patient previously ill with same symptom?
El paciente, ¿ha estado enfermo anteriormente con los mismos síntomas?
Le malade a-t-il antérieurement déjà souffert de la même affection?

nein / no / no / non ☐ — ja / yes / sí / oui ☐

Beschreibung der Krankheit/Beschwerden/Verletzung:
Description of illness/complaint/injury:
Descripción de la enfermedad/molestia/herida:
Description de la maladie/des malaises/de la blessure:

Nur vom Arzt auszufüllen / To be filled out by doctor only / A rellenar sólo por el médico / Emplacement réservé au médecin

Es wird um Beantwortung folgender Fragen gebeten:
Se ruega contestación a las siguientes preguntas:
Please answer the following questions:
Prière de répondre aux questions suivantes:

Ansteckende Krankheit: Infectious disease: Enfermedad contagiosa: L'affection est-elle contagieuse:	nein / no / no / non ☐	ja / yes / sí / oui ☐	was ist zu tun: what is to be done: medidas a adoptar: mesure à prendre:
Patient arbeitsunfähig: Patient unfit for duty: Paciente incapacidado para el trabajo: Y a-t-il incapacité de travail:	nein / no / no / non ☐	ja / yes / sí / oui ☐	Tage arbeitsunfähig Unfit for days Incapacitado para el trabajo durante días Durée de l'incapacité de travail jours ☐
Patient partly unfit:* Paciente parcialmente capacitado para el trabajo:* Y a-t-il capacité partielle de travail:*	no / no / non ☐	yes / sí / oui ☐	Bettruhe erforderlich: / Confinement to bed necessary: / Reposo en cama: / Le malade doit-il garder le lit: nein / no / no / non ☐ ja / yes / sí / oui ☐ Tage / days / días / jours ☐
Weitere Behandlung erforderlich: Further treatment necessary: Precisa tratamiento ulterior: Des soins complémentaires seront à dispenser:	nein / no / no / non ☐	ja / yes / sí / oui ☐	an Bord/aboard/a bordo/à bord ☐ ambulant/out-patient/ambulatorio/titre ambulatoire ☐ durch Arzt/by doctor/por el médico/par un médecin ☐ Hospital/hospital/el hospital/l'hôpital ☐
Repatriierung erforderlich: Repatriation necessary: Enviar a su patria necesario: Rapatriement nécessaire:	nein / no / no / non ☐	ja / yes / sí / oui ☐	
Ist der Patient transportfähig: Can the patient be moved: El paciente puede ser transportado: Le malade est transportable:	nein / no / no / non ☐	ja / yes / sí / oui ☐	Eisenbahn/railway/tren/train ☐ Flugzeug/airplane/avión/avion ☐ oder/or/o por/ou par ________

Diagnose des Arztes:
Doctor's diagnosis:
Diagnóstico del médico:
Diagnostic du médecin:

Laboruntersuchungen und/oder Röntgenaufnahmen sowie Befund:
Laboratory tests and/or X-ray pictures and findings:
Análisis de laboratorio realizados y/o radiografías tomadas así como resultado del reconocimiento:
Analyses et examens de laboratoire et/ou radiographies pratiqués et résultats:

Aufnahme im Krankenhaus: Admission to hospital: Ingreso en hospital: Y eut-il hospitalisation:	nein / no / no / non ☐	ja / yes / sí / oui ☐	Name und Anschrift: Name and address: Nombre y dirección: Identification de l'établissement de soins:	Aufnahmedatum: Date of admission: Fecha del ingreso en hospital: Date d'admission: ☐
Tage im Krankenhaus: Days in hospital: Días de hospitalización: Durée de l'hospitalisation:	☐		Datum der Entlassung: Date of discharge: Fecha de alta: Date de sortie de l'hôpital: ☐	
Operation erforderlich: Operation necessary: Operación necesaria: Y eut-il intervention chirurgicale:	nein / no / no / non ☐	ja / yes / sí / oui ☐	welcher Art: what kind: de qué clase: nature de l'acte:	
Ärztliche Nachbehandlung/Kontrolle erforderlich: Subsequent medical treatment/checks required: Tratamiento médico posterior/control necesario: Un traitement/contrôle médical s'impose-t-il:	nein / no / no / non ☐	ja / yes / sí / oui ☐	wann when quando quand ________	

Welche Behandlung wird an Bord empfohlen:
What treatment is advised on board ship:
A bordo se recomienda el siguiente tratamiento:
Traitement prescrit à suivre à bord:

Welche Medikamente: / wie häufig:
Which medicines: / how often:
Qué medicación: / tantas veces:
Quels médicaments: / combien de fois:

Bemerkungen / Remarks / Observaciones / Observations:

Patient ist beim Arzt erschienen am: ______ um ______ Uhr, entlassen am: ______ um ______ Uhr
Patient called on doctor on: ______ at ______ hours, left on: ______ at ______ hours
El paciente se presentó al médico el día: ______ a las ______ horas, y se marchó el día ______ a las ______ horas
Le patient s'est présenté au cabinet du médecin le ______ à ______ heures, il est sorti le ______ à ______ heures

Ort und Datum
Place and date/Lugar y fecha/Lieu et date

Unterschrift und Stempel des Arztes
Signature and stamp of the doctor/Firma y sello del médico/Signature et cachet du médecin

*) Not permitted for seafarer under German law.

Fragen ankreuzen X und/oder ausführlich beantworten
Please answer with a cross X and/or in detail
Marcar las preguntas con un aspa X donde corresponda y/o contestarlas con detalle
Marquer d'une croix la case correspondante X et/ou répondre en toutes lettres

Stand 08. April 2013

Beschwerdeverfahren an Bord

(in Übereinstimmung mit dem Seearbeitsgesetz)

Änderungen zum Beschwerdeverfahren werden an der Informationstafel des Schiffes bekannt gemacht!

I. Kontaktdaten

Schiffsname:	**IMO Nummer:**

Kontaktinformationen Reeder

Name:
Anschrift:
Kontaktperson:
Telefon:
Email:

Name der bestimmten Person/Personen, die dem Besatzungsmitglied auf vertraulicher Grundlage unparteiischen Rat zu einer Beschwerde erteilen und bei der Wahrnehmung des Beschwerderechts behilflich sein kann/können

Name(n):
Dienstrang:

Kontaktinformationen der zuständigen Stelle
Dienststelle Schiffssicherheit der BG Verkehr
Referat ISM / ILO
Brandstwiete 1, 20457 Hamburg
Telefon während der Arbeitszeit: + 49 40 36 137-213
Telefon nach der Arbeitszeit: + 49 40 36 137-100
Telefax: + 49 40 36 137-295
Email: mlc-complaint@bg-verkehr.de
Homepage: www.dienststelle-schiffssicherheit.de

Kontaktinformationen der zuständigen Stelle im Wohnsitzstaat des Besatzungsmitglieds (wenn vorhanden)

Name:
Anschrift:
Telefon:
Email:

Stand 08. April 2013

II. Verfahren

1. Das Besatzungsmitglied hat das Recht, sich über einen Verstoß gegen das Seearbeitsgesetz und die auf Grund dieses Gesetzes erlassenen Rechtsvorschriften oder über eine Benachteiligung oder ungerechte Behandlung bei den in Punkt 4 und 8 genannten Personen oder Stellen zu beschweren.

2. Wegen der Erhebung einer Beschwerde dürfen keine Nachteile entstehen.

3. Das Besatzungsmitglied hat das Recht, sich außer der vom Reeder benannten Vertrauensperson von einer Vertrauensperson seiner Wahl während des Beschwerdeverfahrens an Bord begleiten und vertreten zu lassen.

4. Die Beschwerde soll zunächst an den unmittelbaren Vorgesetzten zur Abhilfe gerichtet werden. Hilft dieser der Beschwerde nicht innerhalb einer angemessenen Frist (im Regelfall zwei Wochen) ab, hat dieser auf Verlangen des Beschwerdeführers den Kapitän über die Beschwerde zu unterrichten. Der Kapitän hat über die Beschwerde zu entscheiden.

5. Handelt es sich um eine Beschwerde über das Verhalten von Besatzungsmitgliedern, hat der Kapitän zunächst einen gütlichen Ausgleich zu versuchen.

6. Hilft der Kapitän der Beschwerde nicht ab, hat er diese auf Verlangen des Beschwerdeführers an den Reeder weiterzuleiten.

7. Der Kapitän hat die Beschwerde und seine Entscheidung unter Darstellung des Sachverhalts im Seetagebuch einzutragen. Dem Beschwerdeführer ist eine Abschrift der Eintragung auszuhändigen.

8. Gleichwohl hat das Besatzungsmitglied jederzeit das Recht, sich direkt

   - beim Kapitän,
   - beim Reeder,
   - bei der Dienststelle Schiffssicherheit der BG Verkehr,
   - bei den deutschen Auslandsvertretungen,
   - bei anderen geeigneten Stellen

   zu beschweren.

9. <u>Rechtsgrundlage für das Beschwerdeverfahren</u>: §§ 127, 128 Seearbeitsgesetz

Anhang II

A. Seearbeitsgesetz (SeeArbG)

Stand: Geändert durch Art. 3 G v. 26.6.2013 II 763

Das G wurde als Artikel 1 des G v. 20.4.2013 I 868 vom Bundestag beschlossen und am 24.4.2013 im Bundesgesetzblatt verkündet. Es tritt gem. Art. 7 Abs. 1 dieses G am 1.8.2013 in Kraft. Soweit dieses G zum Erlass von Rechtsverordnungen ermächtigt oder Ermächtigungen ändert oder zur Verkündung im Bundesanzeiger befugt, tritt dieses G gem. Art. 7 Abs. 3 am Tag nach der Verkündung in Kraft.

Inhaltsübersicht

Unterabschnitt 3
Gewährleistung der medizinischen Betreuung durch den Reeder
§ 107 Medizinische Räumlichkeiten und medizinische Ausstattung
§ 108 Ausschuss für medizinische Ausstattung in der Seeschifffahrt
§ 109 Durchführung der medizinischen Betreuung und Kontrollen an Bord
§ 110 Überwachung
§ 111 Ausnahmen
§ 112 Funk- und satellitenfunkärztliche Betreuung
§ 113 Rechtsverordnungen

Unterabschnitt 4
Sicherheit und Gesundheitsschutz bei der Arbeit
§ 114 Allgemeiner Schutz gegen Betriebsgefahren
§ 115 Schiffssicherheitsausschuss
§ 116 Sicherheitsbeauftragter
§ 117 Besonderer Schutz von jugendlichen Besatzungsmitgliedern
§ 118 Rechtsverordnungen

Unterabschnitt 5
Zugang zu Sozialeinrichtungen an Land
§ 119 Sozialeinrichtungen für Seeleute an Land

Abschnitt 7
Ordnung an Bord und Beschwerderecht
Unterabschnitt 1
Einhaltung der Ordnung an Bord
§ 120 Verhalten an Bord
§ 121 Verantwortung des Kapitäns für die Erhaltung von Sicherheit und Ordnung
§ 122 Anordnungsbefugnis der Schiffsoffiziere und der anderen Vorgesetzten
§ 123 Pflichten der Vorgesetzten
§ 124 Pflichten der Besatzungsmitglieder und der sonstigen an Bord befindlichen Personen
§ 125 Anbordbringen von Personen und Gegenständen
§ 126 Besatzungsmitgliedern gleichgestellte Personen

Unterabschnitt 2
Beschwerderecht, Beschwerdeverfahren
§ 127 Beschwerderecht
§ 128 Beschwerdeverfahren

Abschnitt 8
Zeugnisse und Verantwortlichkeit des Flaggenstaates
Unterabschnitt 1
Überprüfung der Arbeits- und Lebensbedingungen auf Schiffen und an Land
§ 129 Umfang der Flaggenstaatkontrolle

Unterabschnitt 2
Seearbeitszeugnis und Seearbeits-Konformitätserklärung
§ 130 Pflicht zum Mitführen eines Seearbeitszeugnisses, Erteilungsvoraussetzungen

Abschnitt 1
Allgemeine Vorschriften

§ 1 Anwendungsbereich

(1) [1]Dieses Gesetz regelt die Arbeits- und Lebensbedingungen von Seeleuten an Bord von Kauffahrteischiffen, die die Bundesflagge führen. [2]Es gilt nicht für gewerbsmäßig genutzte Sportboote unter 24 Meter Länge, wenn auf diesen nicht mehr als zwei Personen beschäftigt sind.

(2) Für Beschäftigte an Bord eines Fahrzeuges, das

1. die Wasserstraßen der Zonen 1 und 2 nach dem Anhang I der Binnenschiffsuntersuchungsordnung vom 6. Dezember 2008 (BGBl. I S. 2450), in der jeweils geltenden Fassung, seewärts nicht verlässt oder zu verlassen beabsichtigt oder
2. die in Nummer 1 bezeichneten Wasserstraßen nur auf Grund einer besonderen schiffssicherheitsrechtlichen Genehmigung seewärts verlassen darf,

gelten die in der Binnenschifffahrt anzuwendenden arbeitsrechtlichen Vorschriften.

(3) Für Seeleute auf Schiffen unter ausländischer Flagge gelten die §§ 139 bis 141 sowie für Schiffe unter ausländischer Flagge die §§ 137 und 138.

§ 2 Begriffsbestimmungen

Im Sinne dieses Gesetzes und soweit nicht ausdrücklich etwas anders bestimmt ist, sind

1. das Seearbeitsübereinkommen: das Seearbeitsübereinkommen 2006 der Internationalen Arbeitsorganisation vom 23. Februar 2006 (BGBl. 2013 II S. 763, 765),
2. das STCW-Übereinkommen: das Internationale Übereinkommen vom 7. Juli 1978 über Normen für die Ausbildung, die Erteilung von Befähigungszeugnissen und den Wachdienst von Seeleuten (BGBl. 1982 II S. 297) in der jeweils geltenden Fassung,
3. ein Schiff unter ausländischer Flagge: ein Schiff unter einer anderen Flagge als der Bundesflagge, das dem Erwerb durch die Seefahrt dient,
4. die Berufsgenossenschaft: die Berufsgenossenschaft für Transport und Verkehrswirtschaft,
5. der seeärztliche Dienst der Berufsgenossenschaft: eine mit Ärzten ausgestattete unselbständige Arbeitseinheit der Berufsgenossenschaft, die schifffahrtsmedizinische Aufgaben wahrnimmt,
6. Arbeitszeit: die Zeit, während der ein Besatzungsmitglied Arbeit verrichten muss,

7. Ruhezeit: die Zeit außerhalb der Arbeitszeit, wobei dieser Begriff kürzere Arbeitsunterbrechungen (Ruhepausen) nach § 45 Absatz 2 und § 53 Absatz 5 nicht mit einschließt,
8. Feiertage: in Deutschland die gesetzlichen Feiertage des Liegeortes, im Ausland und auf See die Feiertage des Registerhafens des Schiffes,
9. Servicepersonal: die Besatzungsmitglieder, die zur Verpflegung, Bedienung, Betreuung, Unterhaltung oder Krankenpflege anderer Besatzungsmitglieder oder von Passagieren arbeiten oder auf dem Schiff im Verkauf tätig sind,
10. anerkannte Organisation: eine nach § 135 anerkannte Organisation.

§ 3 Besatzungsmitglieder

(1) Seeleute im Sinne dieses Gesetzes sind alle Personen, die an Bord des Schiffes tätig sind, unabhängig davon, ob sie vom Reeder oder einer anderen Person beschäftigt werden oder als Selbständige tätig sind, einschließlich der zu ihrer Berufsbildung Beschäftigten (Besatzungsmitglieder).

(2) [1]Für die zu ihrer Berufsausbildung Beschäftigten gelten die Vorschriften des Abschnittes 4 über die Berufsausbildung an Bord. [2]Soweit die Vorschriften des Abschnittes 4 keine besonderen Regelungen treffen, sind im Übrigen die Vorschriften dieses Gesetzes mit der Maßgabe anzuwenden, dass an die Stelle des „Heuervertrages" der „Berufsausbildungsvertrag", an die Stelle des „Heuerverhältnisses" das „Berufsausbildungsverhältnis" und an die Stelle der „Heuer" die „Vergütung" tritt. [3]Für Praktikanten und andere Personen, die beschäftigt werden, um berufliche Fertigkeiten, Kenntnisse, Fähigkeiten oder berufliche Erfahrungen zu erwerben, ohne dass es sich um eine Berufsausbildung handelt, gelten die Sätze 1 und 2 entsprechend.

(3) [1]Keine Besatzungsmitglieder im Sinne des Absatzes 1 sind

1. Lotsinnen oder Lotsen sowie Personen, die im Auftrag des Bundes, eines Landes oder einer anderen öffentlich-rechtlichen Körperschaft Beratungs- oder Kontrolltätigkeit an Bord ausüben,
2. Personen, die im Auftrag einer Werft oder eines Anlagenherstellers zur Ausführung von Gewährleistungsarbeiten oder Garantiearbeiten oder anderen an Bord notwendigen Arbeiten oder zur Einweisung der Besatzung in der Regel nicht länger als 96 Stunden an Bord tätig sind,
3. Personen, die zur Ausführung von unaufschiebbaren Reparaturen oder Wartungsarbeiten, die von den Besatzungsmitgliedern nicht selbst ausgeführt werden können oder dürfen, in der Regel nicht länger als 96 Stunden an Bord tätig sind,
4. Reederei- und Ladungsinspektorinnen oder -inspektoren, die auf der Grundlage der Reiseplanung in der Regel nicht länger als 72 Stunden an Bord tätig sein sollen,
5. Künstlerinnen oder Künstler, die zur Unterhaltung der Fahrgäste nicht länger als 72 Stunden an Bord tätig sind,
6. Wissenschaftlerinnen oder Wissenschaftler, die vorübergehend an Bord von Schiffen tätig sind,
7. Personen, die sich auf einem Schiff befinden, um von dort aus besondere Tätigkeiten zur Errichtung, zur Änderung oder zum Betrieb von Bauwerken, künstlichen Inseln oder sonstigen Anlagen auf See durchzuführen,
8. Fachschülerinnen oder -schüler und Hochschul- oder Fachhochschulstudentinnen oder -studenten, die an nach Landesrecht eingerichteten Ausbildungsstätten ausgebildet werden und zu diesem Zweck eine praktische Ausbildung und Seefahrtszeit auf einem Schiff durchführen,
9. Schülerinnen oder Schüler, die im Rahmen von landesrechtlichen Vorschriften ein Praktikum an Bord leisten,
10. Schülerinnen oder Schüler, denen durch Vermittlung des Verbandes Deutscher Reeder auf vertraglicher Grundlage während der Schulferien Einblick in die Praxis der Seefahrtberufe gewährt wird, ohne dass diese Personen an Bord tätig sind,

11. Kanalsteurer auf dem Nord-Ostsee-Kanal und
12. Sicherheitskräfte privater nach der Gewerbeordnung zugelassener Bewachungsunternehmen.

[2]Abweichend von Satz 1 Nummer 2 oder 3 genehmigt die Berufsgenossenschaft auf Antrag des anderen Arbeitgebers oder des Reeders, dass eine zu diesen Personengruppen gehörende Person über den jeweils dort genannten Zeitraum hinaus an Bord tätig sein kann, ohne Besatzungsmitglied zu sein, soweit

1. die Tätigkeit auf einer bestimmten Schiffsreise erfolgt oder erfolgen soll,
2. eine über den in Satz 1 Nummer 2 oder 3 genannten Zeitraum hinausgehende Tätigkeit an Bord für die Erfüllung einer bestimmten Aufgabe erforderlich ist, die von den nach den schiffssicherheitsrechtlichen Vorschriften an Bord tätigen Besatzungsmitgliedern nicht selbst ausgeführt werden kann oder darf, und
3. der vorgesehene Einsatz drei Wochen nicht überschreitet.

[3]Die Genehmigung ist auf den für die Tätigkeit voraussichtlich erforderlichen Zeitraum zu beschränken, der drei Wochen nicht überschreiten darf. [4]Eine Kopie der Genehmigung ist an Bord mitzuführen.

(4) [1]Für die in Absatz 3 Satz 1 bezeichneten Personengruppen gelten die §§ 10, 120 bis 126 sowie die auf Grund dieser Vorschriften erlassenen Rechtsverordnungen. [2]Für die in Absatz 3 Satz 1 Nummer 8, 9 und 10 bezeichneten Personengruppen gelten zusätzlich zu den in Satz 1 genannten Vorschriften die §§ 11 bis 20, 42 bis 55, 73 bis 80, 93 bis 113, 117, 118, 127 und 128 sowie die auf Grund dieser Vorschriften erlassenen Rechtsverordnungen. [3]Für die in Absatz 3 Satz 1 Nummer 11 bezeichnete Personengruppe gelten zusätzlich zu den in Satz 1 genannten Vorschriften die §§ 11 bis 20 und 36 sowie die auf Grund dieser Vorschriften erlassenen Rechtsverordnungen. [4]Für die in Absatz 3 Satz 1 Nummer 12 bezeichneten Personengruppen gelten zusätzlich zu den in Satz 1 genannten Vorschriften die §§ 11 bis 20 sowie die auf Grund dieser Vorschriften erlassenen Rechtsverordnungen. [5]Der Reeder hat dafür zu sorgen, dass die in Absatz 3 Satz 1 Nummer 6 bis 10 und 12 genannten Personengruppen eine Unterweisung über die gesetzlichen Arbeitsschutzvorschriften sowie die vorgeschriebene Sicherheitsunterweisung erhalten. [6]Die in Absatz 3 Satz 1 Nummer 10 genannte Personengruppe ist vom Reeder in der gesetzlichen Unfallversicherung gegen Unfälle zu versichern.

(5) Name, Zweck sowie Beginn und Ende des Aufenthaltes von Personen an Bord, die nach Absatz 3 nicht zu den Besatzungsmitgliedern gehören und keine Fahrgäste sind, sind unverzüglich im Seetagebuch zu vermerken.

§ 4 Reeder

(1) Reeder im Sinne dieses Gesetzes ist

1. der Eigentümer des Schiffes oder
2. jede andere Organisation oder Person, die vom Eigentümer des Schiffes die Verantwortung für den Betrieb des Schiffes übernommen und die sich mit der Übernahme dieser Verantwortung in dem Vertrag mit dem Eigentümer verpflichtet hat, die Aufgaben und Pflichten zu erfüllen, die dem Reeder nach diesem Gesetz und den anderen Rechtsvorschriften zur Umsetzung des Seearbeitsübereinkommens auferlegt werden.

(2) [1]Der Reeder ist für die Einhaltung der Rechte und Pflichten nach diesem Gesetz und den anderen Rechtsvorschriften zur Umsetzung des Seearbeitsübereinkommens verantwortlich. [2]Dies gilt auch dann, wenn

1. eine andere Organisation oder Person bestimmte Aufgaben und Pflichten im Auftrag des Reeders erfüllt oder
2. eine andere Organisation oder Person Arbeitgeber oder Ausbildender eines Besatzungsmitglieds ist (anderer Arbeitgeber).

(3) [1]Unabhängig von der Verantwortung des Reeders nach Absatz 2 ist auch der andere Arbeitgeber für die Einhaltung der Rechte und Pflichten des Reeders nach diesem Gesetz und den anderen

Rechtsvorschriften zur Umsetzung des Seearbeitsübereinkommens verantwortlich. 2 Der Reeder hat zur Wahrnehmung seiner Verantwortung nach Absatz 2 vertraglich mit dem anderen Arbeitgeber sicherzustellen, dass der andere Arbeitgeber die ihm nach Satz 1 obliegenden Aufgaben und Pflichten gegenüber dem Besatzungsmitglied erfüllt.

(4) 1 Der Reeder haftet auch für Zahlungsverpflichtungen des anderen Arbeitgebers aus dem Heuer- oder Berufsausbildungsverhältnis; insoweit gelten die Vorschriften über den Bürgen, der auf die Einrede der Vorausklage verzichtet hat. 2 Die Haftung des Reeders für die Verpflichtung zur Heuer- oder Vergütungszahlung erstreckt sich auf die übliche Vergütung, es sei denn, dass sich ein abweichender Anspruch aus einer vom Reeder unterschriebenen Ausfertigung des Heuer- oder Berufsausbildungsvertrages ergibt.

(5) Für bürgerliche Rechtsstreitigkeiten zwischen Arbeitnehmern oder Auszubildenden und Reedern über Ansprüche aus der Verantwortung des Reeders nach Absatz 2 Satz 1 in Verbindung mit Absatz 2 Satz 2 Nummer 2 oder Absatz 4 sind ausschließlich die Gerichte für Arbeitssachen zuständig.

§ 5 Kapitän und Stellvertreter

(1) Kapitän ist das vom Reeder zur Führung des Schiffes bestellte Besatzungsmitglied.

(2) Der Kapitän muss Inhaber eines staatlichen Befähigungszeugnisses sein, das ihn zur Führung des Schiffes berechtigt.

(3) Ist ein Kapitän nicht vorhanden oder ist er verhindert, so nimmt der Erste Offizier des Decksdienstes oder der Alleinsteuermann die Pflichten und Befugnisse des Kapitäns wahr.

§ 6 Schiffsoffiziere

Schiffsoffiziere sind Besatzungsmitglieder des nautischen oder des technischen Dienstes, die eines staatlichen Befähigungszeugnisses bedürfen, sowie die Schiffsärztinnen und Schiffsärzte, die Seefunkerinnen und Seefunker, die Schiffselektrotechnikerinnen und Schiffselektrotechniker und die Zahlmeisterinnen und Zahlmeister.

§ 7 Jugendliche Besatzungsmitglieder

Jugendliche Besatzungsmitglieder sind Besatzungsmitglieder, die das 18. Lebensjahr nicht vollendet haben.

§ 8 Datenschutz

(1) Der Reeder und der Kapitän haben dafür zu sorgen, dass Heuerverträge, Heuerabrechnungen, Seediensttauglichkeitszeugnisse, Krankenunterlagen sowie alle anderen Unterlagen mit personenbezogenen Daten so an Bord verwahrt werden, dass kein unberechtigter Dritter davon Kenntnis erlangen kann.

(2) 1 Der Reeder hat sicherzustellen, dass die Übermittlung personenbezogener Daten von Besatzungsmitgliedern nur an die Person erfolgt, für die die Daten dienstlich oder zu privaten Zwecken bestimmt sind. 2 Die Übermittlung von personenbezogenen Daten, insbesondere Kopien von Heuerverträgen, an den Kapitän an Bord eines Schiffes ist zulässig.

§ 9 Abweichende Vereinbarungen

1 Von den Vorschriften dieses Gesetzes kann zu Ungunsten des Besatzungsmitglieds nur abgewichen werden, wenn es gesetzlich bestimmt ist. 2 Die Mindestanforderungen der Arbeits- und Lebensbedingungen des Seearbeitsübereinkommens im Sinne der Artikel III, IV und VI Nummer 1 Satz 1 sind auch dann zu beachten, wenn eine abweichende Rechtswahl getroffen worden ist.

Abschnitt 2
Mindestanforderungen für die Arbeit von Besatzungsmitgliedern auf Schiffen

Unterabschnitt 1
Mindestalter

§ 10 Mindestalter des Besatzungsmitglieds
(1) Der Reeder darf Personen unter 16 Jahren sowie Personen, die der Vollzeitschulpflicht unterliegen, als Besatzungsmitglied auf Schiffen nicht beschäftigen oder arbeiten lassen.

(2) Personen unter 18 Jahren dürfen nicht als Schiffskoch oder Schiffsköchin arbeiten.

(3) Abweichend von Absatz 1 dürfen auf Fischereifahrzeugen Personen ab 15 Jahren, die nicht mehr der Vollzeitschulpflicht unterliegen, im Rahmen eines Berufsausbildungsverhältnisses beschäftigt werden.

Unterabschnitt 2
Seediensttauglichkeit

§ 11 Erfordernis der Seediensttauglichkeit
[1]Als Besatzungsmitglied darf nur tätig sein, wer für die von ihm zu verrichtende Tätigkeit auf See gesundheitlich tauglich (seediensttauglich) ist. [2]Seediensttauglich ist, wer nach seinem Gesundheitszustand für die Tätigkeit an Bord von Schiffen geeignet und hinreichend widerstandsfähig ist und den zur Erhaltung der Schiffssicherheit gestellten besonderen Anforderungen seines Dienstzweiges genügt. [3]Ein Reeder darf ein Besatzungsmitglied nur tätig werden lassen, wenn dieses seediensttauglich ist.

§ 12 Seediensttauglichkeitszeugnis
(1) [1]Das Besatzungsmitglied hat vor Aufnahme seiner Tätigkeit seine Seediensttauglichkeit durch eine Bescheinigung eines zugelassenen Arztes nachzuweisen (Seediensttauglichkeitszeugnis). [2]Der Reeder darf ein Besatzungsmitglied ohne ein gültiges Seediensttauglichkeitszeugnis auf Schiffen nicht beschäftigen.

(2) [1]Der zugelassene Arzt hat vor jeder Seediensttauglichkeitsuntersuchung die Identität der zu untersuchenden Person festzustellen und Einblick in die für die Person erfassten Daten des Seediensttauglichkeitsverzeichnisses nach Maßgabe des § 19 Absatz 6 zu nehmen. [2]Er darf eine Untersuchung auf Seediensttauglichkeit nur durchführen und ein Seediensttauglichkeitszeugnis nur erteilen, wenn im Seediensttauglichkeitsverzeichnis kein Sperrvermerk eingetragen ist.

(3) [1]Der zugelassene Arzt darf die Seediensttauglichkeit nur bescheinigen, wenn er auf Grund einer medizinischen Untersuchung die Seediensttauglichkeit festgestellt hat. [2]Das Seediensttauglichkeitszeugnis kann auch auf Grund einer Untersuchung eines Arztes des seeärztlichen Dienstes der Berufsgenossenschaft durch diese ausgestellt werden, soweit dies in diesem Gesetz oder auf Grund dieses Gesetzes bestimmt ist.

(4) [1]Jede Untersuchung auf Seediensttauglichkeit sowie jede Ausstellung eines Seediensttauglichkeitszeugnisses ist der Berufgenossenschaft durch den zugelassenen Arzt unverzüglich nach Abschluss der Untersuchung zum Zweck der Einstellung in das Seediensttauglichkeitsverzeichnis nach Maßgabe des Satzes 2 elektronisch zu melden. [2]In der Meldung sind die in § 19 Absatz 3 Nummer 1 bis 7 und 9 bis 16 bezeichneten Daten anzugeben.

(5) [1]Die Gültigkeitsdauer des Seediensttauglichkeitszeugnisses beträgt zwei Jahre, für jugendliche Besatzungsmitglieder ein Jahr. [2]Der zugelassene Arzt oder der Arzt des seeärztlichen Dienstes

kann abweichend von Satz 1 eine kürzere Geltungsdauer des Seediensttauglichkeitszeugnisses festsetzen, wenn

1. nach dem Ergebnis der Untersuchung die Seediensttauglichkeit nur bis zu diesem Zeitpunkt voraussehbar ist,
2. nur eine befristete Tätigkeit vorliegt oder
3. auf Grund der Funktion an Bord eine kürzere Gültigkeitsdauer angezeigt ist.

(6) Läuft die Gültigkeitsdauer eines Seediensttauglichkeitszeugnisses während einer Reise des Schiffes ab, so gilt es weiter, bis der nächste Hafen angelaufen wird, in dem das Besatzungsmitglied ein ärztliches Zeugnis von einem qualifizierten Arzt erhalten kann, längstens jedoch für drei weitere Monate.

(7) Ein Seediensttauglichkeitszeugnis, das von der zuständigen Einrichtung eines anderen Staates ausgestellt ist, steht einem Seediensttauglichkeitszeugnis nach Absatz 1 gleich, wenn das Zeugnis den Anforderungen des STCW-Übereinkommens genügt.

§ 13 Ablehnung der Seediensttauglichkeit, Feststellungen durch die Berufsgenossenschaft

(1) [1] Wird einer untersuchten Person wegen fehlender Seediensttauglichkeit das Seediensttauglichkeitszeugnis durch einen zugelassenen Arzt nicht erteilt oder stellt der zugelassene Arzt eine Einschränkung ihrer Seediensttauglichkeit insbesondere hinsichtlich Dauer, Tätigkeitsbereich oder Fahrtgebiet fest, so kann die Person diese Feststellung auf Antrag bei der Berufsgenossenschaft überprüfen lassen. [2] Die Berufsgenossenschaft überprüft die Feststellung des zugelassenen Arztes durch die Ärzte des seeärztlichen Dienstes der Berufsgenossenschaft

1. nach Aktenlage auf der Grundlage der Ergebnisse vorangegangener ärztlicher Untersuchungen oder anderer medizinischer Befunde,
2. auf der Grundlage einer Untersuchung eines Arztes des seeärztlichen Dienstes der Berufsgenossenschaft oder
3. auf der Grundlage eines Gutachtens einer Fachärztin oder eines Facharztes.

[3] Die Berufsgenossenschaft ist befugt, Untersuchungsergebnisse über diese Person im Einzelfall von dem Arzt, der die vorhergegangene Untersuchung durchgeführt hat, anzufordern.

(2) Ergibt die Überprüfung, dass die Person seediensttauglich ist, stellt die Berufsgenossenschaft ein Seediensttauglichkeitszeugnis aus.

(3) [1] Wird auf Grund der Untersuchung festgestellt, dass die untersuchte Person nicht oder nur eingeschränkt seediensttauglich ist, stellt die Berufsgenossenschaft dies durch Bescheid fest. [2] Widerspruch und Anfechtungsklage gegen einen Bescheid nach Satz 1 haben keine aufschiebende Wirkung.

§ 14 Anordnungsbefugnisse der Berufsgenossenschaft

(1) [1] Die Berufsgenossenschaft kann, soweit es erforderlich ist, um

1. Mehrfachuntersuchungen zu vermeiden,
2. der Notwendigkeit besonderer ärztlicher Beurteilung Rechnung zu tragen,
3. die Tätigkeit der zugelassenen Ärzte zu überwachen,

gegenüber einer zu untersuchenden Person anordnen, dass eine Seediensttauglichkeitsuntersuchung ausschließlich durch Ärzte des seeärztlichen Dienstes der Berufsgenossenschaft durchgeführt und das Seediensttauglichkeitszeugnis durch diese erteilt wird. [2] Die Anordnung ist zusätzlich als Sperrvermerk in das Seediensttauglichkeitsverzeichnis einzutragen.

(2) [1] Wenn die Berufsgenossenschaft Grund zu der Annahme hat, dass ein Besatzungsmitglied die Anforderungen an die Seediensttauglichkeit nicht mehr erfüllt, kann sie anordnen, dass sich das Besatzungsmitglied binnen einer bestimmten Frist einer Untersuchung bei einem Arzt des seeärztlichen Dienstes der Berufsgenossenschaft zu unterziehen hat. [2] Die Berufsgenossenschaft kann ergänzend zu der Untersuchung nach Satz 1 ein Gutachten einer Fachärztin oder eines Facharztes

heranziehen. [3] Sie ist befugt, Untersuchungsergebnisse über dieses Besatzungsmitglied im Einzelfall von dem Arzt, der die vorhergegangene Untersuchung durchgeführt hat, anzufordern. [4] Ein Grund im Sinne des Satzes 1 ist im Falle des § 17 Absatz 2 stets gegeben.

(3) [1] Ergibt die angeordnete Untersuchung nach Absatz 2 Satz 1, dass das Besatzungsmitglied nicht mehr seediensttauglich ist, oder wird die in Absatz 2 Satz 1 bezeichnete Frist nicht eingehalten, so erklärt die Berufsgenossenschaft das Seediensttauglichkeitszeugnis für ungültig. [2] Bestehen im Falle des Absatzes 2 Satz 1 erhebliche Zweifel an der Seediensttauglichkeit, kann die Berufsgenossenschaft das Seediensttauglichkeitszeugnis schon mit der Anordnung nach Absatz 2 Satz 1 für vorläufig ungültig erklären. [3] Über Erklärungen nach Satz 1 oder 2 sind der Reeder und der Kapitän unverzüglich durch die Berufsgenossenschaft zu unterrichten. [4] Ein für ungültig oder vorläufig ungültig erklärtes Seediensttauglichkeitszeugnis ist von der Berufsgenossenschaft einzuziehen. [5] Während der Dauer der Beschäftigung auf einem Schiff hat der Kapitän das eingezogene Seediensttauglichkeitszeugnis auf Verlangen der Berufsgenossenschaft zu übermitteln, ansonsten das Besatzungsmitglied. [6] Mit Eintritt der Unanfechtbarkeit der Entscheidung über die Ungültigkeit des Seediensttauglichkeitszeugnisses ist dieses zu vernichten.

(4) Im Falle eines nach § 12 Absatz 7 gleichgestellten Seediensttauglichkeitszeugnisses gelten die Absätze 2 und 3 mit der Maßgabe entsprechend, dass an die Stelle der Erklärung der Ungültigkeit des Seediensttauglichkeitszeugnisses die Anordnung tritt, dass das Besatzungsmitglied auf einem Schiff, das die Bundesflagge führt, nicht tätig sein darf; die Anordnung ist im Seediensttauglichkeitszeugnis zu vermerken.

(5) Widerspruch und Anfechtungsklage gegen Anordnungen nach den Absätzen 2 und 3, auch in Verbindung mit Absatz 4, haben keine aufschiebende Wirkung.

§ 15 Rechtsbehelfsverfahren

(1) Den Widerspruchsbescheid nach § 73 der Verwaltungsgerichtsordnung erlässt der Widerspruchsausschuss.

(2) [1] Der Widerspruchsausschuss wird bei der Berufsgenossenschaft gebildet und besteht aus einem Bediensteten der Berufsgenossenschaft, der die Befähigung zum Richteramt oder zum höheren Verwaltungsdienst haben muss, als Vorsitzenden und zwei Beisitzern, von denen einer ein Arzt des seeärztlichen Dienstes der Berufsgenossenschaft und der andere aus der Berufsgruppe des Widerspruchsführers sein muss. [2] Der Widerspruchsausschuss entscheidet mit der Mehrheit seiner Mitglieder. [3] Auf das Verfahren vor dem Widerspruchsausschuss sind im Übrigen die §§ 63 bis 69, 71, 89 und 90 des Verwaltungsverfahrensgesetzes anzuwenden.

(3) Im Widerspruchsverfahren hat sich der Widerspruchsführer auf Anordnung der Berufsgenossenschaft oder auf eigenes Verlangen durch einen besonders bestellten Gutachter, der hinsichtlich der zu beurteilenden gesundheitlichen Fragen besonders fachkundig ist, untersuchen zu lassen.

(4) [1] Das Widerspruchsverfahren ist gebührenfrei. [2] § 80 des Verwaltungsverfahrensgesetzes gilt mit der Maßgabe, dass dem Widerspruchsführer die Kosten des Verfahrens nur auferlegt werden können, soweit der Widerspruch auf Grund grob fahrlässigen Verhaltens des Widerspruchsführers erfolglos geblieben ist.

§ 16 Zulassung von Ärzten

(1) [1] Eine Ärztin oder ein Arzt wird durch die Berufsgenossenschaft zur Feststellung der Seediensttauglichkeit zugelassen, wenn sie oder er

1. die für die Untersuchung und die Feststellung der Seediensttauglichkeit notwendigen fachlichen Kenntnisse besitzt sowie
2. unabhängig und zuverlässig ist und dadurch die Gewähr für eine ordnungsgemäße Erfüllung der Aufgaben bietet.

[2]Im Antrag auf Zulassung sind die in § 19 Absatz 3 Nummer 8 bezeichneten Daten anzugeben. [3]Nachträgliche Änderungen der Daten sind unverzüglich zu melden. [4]Die Berufsgenossenschaft veröffentlicht die Zulassung unter Angabe des Namens, der Anschrift und der Telefonnummer im Verkehrsblatt und auf ihrer Internetseite.

(2) [1]Die Zulassung ist auf drei Jahre, bei erstmaliger Zulassung auf ein Jahr befristet. [2]Die Zulassung kann, auch nachträglich, mit Nebenbestimmungen verbunden werden.

(3) [1]Die Zulassung ist zurückzunehmen, wenn die Ärztin oder der Arzt die Zulassung

1. durch arglistige Täuschung, Drohung oder Bestechung oder
2. vorsätzlich oder grob fahrlässig durch Angaben, die in wesentlicher Beziehung unrichtig oder unvollständig waren,

erwirkt hat. [2]Die Zulassung ist zu widerrufen, wenn die Ärztin oder der Arzt nicht mehr über die notwendigen fachlichen Kenntnisse, die erforderliche Unabhängigkeit oder Zuverlässigkeit verfügt. [3]Im Übrigen bleiben die §§ 48 und 49 des Verwaltungsverfahrensgesetzes unberührt. [4]Die Berufsgenossenschaft kann, auch in den Fällen der Sätze 1 und 2, anstelle der Rücknahme oder des Widerrufs bis zur Beseitigung der Rücknahme- oder Widerrufsgründe das Ruhen der Zulassung für einen bestimmten Zeitraum anordnen, soweit mit einer Beseitigung der Rücknahme- oder Widerrufsgründe binnen des bestimmten Zeitraumes zu rechnen ist.

§ 17 Überwachung der Ärzte

(1) [1]Ein zugelassener Arzt unterliegt der Überwachung durch die Berufsgenossenschaft. [2]Über die Befugnisse des § 143 hinaus können die Ärzte des seeärztlichen Dienstes der Berufsgenossenschaft

1. verlangen, dass der Berufsgenossenschaft medizinische Befunde und die auf diesen beruhenden Seediensttauglichkeitszeugnisse in einer Weise zur Verfügung gestellt werden, dass eine Zuordnung zu der untersuchten Person nicht möglich ist,
2. Auskunft über die durchgeführten Untersuchungen und ausgestellten Seediensttauglichkeitszeugnisse verlangen,
3. anordnen, bei Untersuchungen gegenwärtig zu sein, soweit die zu untersuchende Person vor der Untersuchung eingewilligt hat.

[3]Die Ärzte des seeärztlichen Dienstes der Berufsgenossenschaft sind bei Wahrnehmung ihrer Befugnisse nach Satz 2 im selben Maße wie der überwachte Arzt zur Verschwiegenheit über die zur Kenntnis gelangten Tatsachen und sonstigen Informationen verpflichtet. [4]Soweit die in Satz 2 Nummer 2 bezeichneten Daten elektronisch gespeichert sind, sind diese auf Verlangen der Berufsgenossenschaft auszudrucken. [5]Die Berufsgenossenschaft hat alle Unterlagen, die personenbezogene, insbesondere medizinische Daten enthalten und ihr entgegen Satz 2 Nummer 1 zur Kenntnis gelangt sind, an den zugelassenen Arzt zurückzugeben oder zu vernichten. [6]Bereits bei ihr gespeicherte Daten sind zu löschen.

(2) Stellt die Berufsgenossenschaft im Rahmen einer Überprüfung nach Absatz 1 fest, dass einem offensichtlich untauglichen Bewerber ein Seediensttauglichkeitszeugnis erteilt worden ist und es zur Abwehr erheblicher Nachteile für das Gemeinwohl oder einer sonst unmittelbar drohenden Gefahr für die öffentliche Sicherheit erforderlich ist, hat der zugelassene Arzt der Berufgenossenschaft auf Verlangen im Einzelfall die Zuordnung zu der Person des Bewerbers zu ermöglichen, um die erforderlichen Maßnahmen zur Gefahrenabwehr gegenüber dem Inhaber dieses Seediensttauglichkeitszeugnisses treffen zu können.

(3) Der zugelassene Arzt hat die Maßnahmen nach Absatz 1 Satz 2 und Absatz 2 zu dulden.

(4) [1]Soweit es im Rahmen der Zulassung von Ärzten erforderlich ist, dürfen die Ärzte des seeärztlichen Dienstes der Berufsgenossenschaft Untersuchungen auf Seediensttauglichkeit durchführen und Seediensttauglichkeitszeugnisse ausstellen. [2]Im Rahmen dieser Untersuchungen sind die zu schulenden Ärzte befugt, bei den Untersuchungen gegenwärtig zu sein, soweit die zu untersu-

chende Person vor der Untersuchung eingewilligt hat. [3]Absatz 1 Satz 3 gilt für die zu schulenden Ärzte entsprechend.

§ 18 Übernahme der Untersuchungskosten

(1) [1]Die Berufsgenossenschaft übernimmt die Kosten der in den §§ 12 und 13 bezeichneten Untersuchungen, wenn

1. die zu untersuchende Person in einem Heuerverhältnis zu einem Mitglied der Berufsgenossenschaft steht,
2. die zu untersuchende Person ein Heuerverhältnis im Sinne der Nummer 1 eingeht oder
3. ein Mitglied der Berufsgenossenschaft die Untersuchung veranlasst hat.

[2]Die Berufsgenossenschaft kann die von ihr nach Satz 1 übernommenen Kosten nach näherer Regelung ihrer Satzung auf ihre Mitglieder umlegen.

(2) Soweit die Voraussetzungen des Absatzes 1 nicht zutreffen, ist zur Zahlung der Kosten verpflichtet, wer sich hierzu durch eine vor der Berufsgenossenschaft abgegebene oder ihr mitgeteilte Erklärung zur Übernahme verpflichtet hat oder wer die Untersuchung beantragt hat.

(3) Die Kosten der Untersuchungen für jugendliche Besatzungsmitglieder erstattet der Bund der Berufsgenossenschaft.

§ 19 Seediensttauglichkeitsverzeichnis

(1) Die Berufsgenossenschaft führt ein Verzeichnis über alle durchgeführten Seediensttauglichkeitsuntersuchungen (Seediensttauglichkeitsverzeichnis).

(2) Das Seediensttauglichkeitsverzeichnis wird zur Speicherung von Daten geführt, um

1. die Durchführung der Seediensttauglichkeitsuntersuchungen und die Ausstellung der Seediensttauglichkeitszeugnisse zu gewährleisten,
2. die Überwachung der Tätigkeit der zugelassenen Ärzte sicherzustellen,
3. die Abrechnung der Seediensttauglichkeitsuntersuchungen mit den zugelassenen Ärzten zu gewährleisten,
4. Mehrfach-Seediensttauglichkeitsuntersuchungen bei unterschiedlichen zugelassenen Ärzten zu vermeiden,
5. die Echtheit und die Gültigkeit von Seediensttauglichkeitszeugnissen festzustellen,
6. in anonymisierter Form statistische oder wissenschaftliche Auswertungen zu ermöglichen.

(3) Im Seediensttauglichkeitsverzeichnis werden, soweit dies zur Erfüllung der in Absatz 2 genannten Zwecke jeweils erforderlich ist, gespeichert

1. Familienname, Vorname, Geschlecht,
2. Geburtsdatum,
3. Geburtsort und Geburtsland,
4. Staatsangehörigkeit,
5. Anschrift und Telekommunikationsdaten,
6. Funktion an Bord oder Dienststellung,
7. Name eines die Zulassung beantragenden oder des zugelassenen Arztes,
8. Anschrift, Telekommunikationsdaten, Alter, Qualifikation, Bankverbindung, Zugangsdaten zum Verzeichnis, Zulassungstag eines die Zulassung beantragenden oder des zugelassenen Arztes sowie Name und Anschrift des Praxispersonals, der vertretenden Ärzte und der Konsiliarärzte des untersuchenden zugelassenen Arztes,
9. medizinische Fallbeispiele in anonymisierter Form,
10. Untersuchungstag oder Untersuchungstage,
11. Abschluss der Untersuchung und Abschlusstag,
12. Kostenträger der Seediensttauglichkeitsuntersuchung,
13. Seediensttauglichkeit für Dienstzweige,

14. Gültigkeit des Seediensttauglichkeitszeugnisses,
15. Nummer des Seediensttauglichkeitszeugnisses,
16. Diagnosegruppen in anonymisierter Form,
17. Sperrvermerke der Berufsgenossenschaft.

(4) Wer eine Seediensttauglichkeitsuntersuchung beantragt, hat dem zugelassenen Arzt einen Identitätsnachweis vorzulegen sowie die in Absatz 3 Nummer 1 bis 6 aufgeführten Daten mitzuteilen und auf Verlangen zu belegen.

(5) Zum Zweck des Absatzes 2 Nummer 1 bis 6 dürfen Daten nach Absatz 3 von der Berufsgenossenschaft verarbeitet und genutzt werden.

(6) [1]Zum Zweck des Absatzes 2 Nummer 1 und 4 dürfen Daten nach Absatz 3 Nummer 1, 2, 5, 15 und 17 an die zugelassenen Ärzte übermittelt und von ihnen genutzt werden, soweit dies zur Erfüllung der ihnen obliegenden Aufgaben erforderlich ist. [2]Bei der ersten Seediensttauglichkeitsuntersuchung eines Besatzungsmitglieds darf ein zugelassener Arzt Daten nach Absatz 3 Nummer 1 bis 6 und 10 bis 16 erheben. [3]Bei einer Folgeuntersuchung darf ein zugelassener Arzt Daten nach Absatz 3 Nummer 6, 10 und 12 bis 16 speichern sowie Daten nach Absatz 3 Nummer 1, 4, 5 und 6 verändern.

(7) Zum Zweck des Absatzes 2 Nummer 5 dürfen Daten nach Absatz 3 Nummer 1, 2, 13 bis 15 an das Bundesamt für Seeschifffahrt und Hydrographie übermittelt und von ihm genutzt werden, soweit dies zur Erfüllung der ihm obliegenden Aufgaben erforderlich ist.

(8) [1]Zum Zweck des Absatzes 2 Nummer 5 dürfen auf Antrag Daten nach Absatz 3 Nummer 1, 2, 14 und 15 an Unternehmen, zuständige Stellen anderer Staaten oder internationale oder europäische Organisationen übermittelt und von ihnen genutzt werden, soweit dies zur Erfüllung der ihnen obliegenden Aufgaben erforderlich ist. [2]Werden Daten an eine ausländische öffentliche Stelle oder an eine internationale oder europäische Organisation übermittelt, ist der Empfänger darauf hinzuweisen, dass die übermittelten Daten nur zu dem Zweck verarbeitet und genutzt werden dürfen, zu dessen Erfüllung sie übermittelt werden. [3]Eine Übermittlung unterbleibt, wenn dadurch schutzwürdige Interessen des Betroffenen beeinträchtigt werden, insbesondere wenn beim Empfänger ein angemessener Datenschutzstandard nicht gewährleistet ist.

(9) Zum Zweck des Absatzes 2 Nummer 6 dürfen Daten nach Absatz 3 Nummer 2 bis 4, 6, 9, 10, 13 und 16 in anonymisierter Form an Einrichtungen, die wissenschaftliche Forschung betreiben, sowie an öffentliche Stellen übermittelt werden.

(10) [1]Die nach Absatz 3 gespeicherten und nach den Absätzen 4 bis 8 übermittelten personenbezogenen Daten sind zu löschen, soweit sie für die Aufgaben nach Absatz 2 nicht mehr erforderlich sind, spätestens jedoch zehn Jahre nach dem Tag, an dem das letzte Ereignis eingetreten ist, das zur Speicherung der Daten geführt hat. [2]Im Falle der Ablehnung eines Arztes als zugelassener Arzt sind die Daten nach Absatz 3 Nummer 8 mit Eintritt der Unanfechtbarkeit der Entscheidung über den Antrag unverzüglich zu löschen.

(11) [1]Dem Besatzungsmitglied oder dem zugelassenen Arzt wird auf Antrag schriftlich über den ihn betreffenden Inhalt des Seediensttauglichkeitsverzeichnisses unentgeltlich Auskunft erteilt. [2]Der Antragsteller hat dem Antrag einen Identitätsnachweis beizufügen.

§ 20 Rechtsverordnungen

(1) [1]Das Bundesministerium für Verkehr, Bau und Stadtentwicklung wird ermächtigt, im Einvernehmen mit dem Bundesministerium für Arbeit und Soziales durch Rechtsverordnung ohne Zustimmung des Bundesrates

1. die näheren Anforderungen an die Seediensttauglichkeit, einschließlich der erforderlichen Nachuntersuchungen durch die Berufsgenossenschaft,
2. die Durchführung der vorgeschriebenen Untersuchungen,
3. die Ausgestaltung des Seediensttauglichkeitszeugnisses,

4. Voraussetzungen für die Zulassung der Ärzte, insbesondere die Anforderungen an die Befähigung und die persönliche Eignung, sowie die erforderlichen Nachweise,
5. das Erfordernis einer Fortbildung der zugelassenen Ärzte,
6. die näheren Einzelheiten über die Erhebung, die Verarbeitung und die Nutzung der Daten des Seediensttauglichkeitsverzeichnisses

sowie das jeweilige Verfahren zu regeln. [2]In Rechtsverordnungen nach Satz 1 Nummer 4 oder 5 können Regelungen über eine Prüfung der Fachkunde einschließlich der Regelungen über Ablauf und Inhalt der Prüfung, die Leistungsbewertung und die Zusammensetzung des Prüfungsausschusses getroffen werden. [3]In Rechtsverordnungen nach Satz 1 Nummer 6 kann vorgesehen werden, dass die an die jeweiligen Empfänger jeweils zu übermittelnden Daten ihnen durch Abruf im automatisierten Verfahren übermittelt oder von ihnen direkt eingestellt werden können, soweit
1. dem jeweiligen Stand der Technik entsprechende Maßnahmen zur Sicherstellung des Datenschutzes und der Datensicherheit, insbesondere zum Schutz der Vertraulichkeit und der Unversehrtheit der Daten getroffen,
2. bei der Nutzung allgemein zugänglicher Netze Verschlüsselungsverfahren angewendet und
3. die Zulässigkeit der Direkteinstellung oder der Abrufe kontrolliert

werden.

(2) Rechtsverordnungen nach Absatz 1 bedürfen des Einvernehmens des Bundesministeriums für Ernährung, Landwirtschaft und Verbraucherschutz, soweit die Seefischerei betroffen ist.

Unterabschnitt 3
Besatzungsstärke, Besatzungsliste, Befähigungen

§ 21 Besatzungsstärke der Schiffe
[1]Der Reeder und der Kapitän haben unbeschadet der Vorschriften des Schiffssicherheitsgesetzes für eine nach Anzahl, Qualifikation und Eignung ausreichende Schiffsbesatzung zu sorgen, um unter allen Betriebszuständen einen sicheren, effizienten und gefahrlosen Schiffsbetrieb zu gewährleisten. [2]Das Nähere kann in einer Rechtsverordnung nach § 9 Absatz 1 Nummer 3 des Seeaufgabengesetzes geregelt werden.

§ 22 Besatzungsliste
(1) [1]Auf Schiffen in der internationalen Fahrt ist der Kapitän verpflichtet, eine Besatzungsliste zu erstellen und mitzuführen, die jederzeit den vollständigen Stand der Zusammensetzung der Besatzung unter Angabe der Vornamen und Familiennamen, der Geburtsdaten, der Geburtsorte, der Nationalitäten, der Nummern der Identitätsnachweise und der Funktionen an Bord oder der Dienststellungen der Besatzungsmitglieder wiedergibt. [2]Die Besatzungsliste muss dem von der Berufsgenossenschaft im Verkehrsblatt oder Bundesanzeiger veröffentlichten Muster entsprechen.

(2) Auf Schiffen in der nationalen Fahrt ist der Kapitän verpflichtet, entweder eine Besatzungsliste entsprechend Absatz 1 zu erstellen und mitzuführen oder die Zusammensetzung der Besatzung entsprechend Absatz 1 Satz 1 in das Seetagebuch einzutragen.

(3) [1]Der Reeder ist verpflichtet, die Besatzungslisten und die Seetagebücher für das jeweilige Schiff mindestens fünf Jahre aufzubewahren. [2]Die Frist beginnt bei Besatzungslisten ab dem Tag der Ausstellung, bei Seetagebüchern ab dem Tag der letzten Eintragung. [3]Aufbewahrungsfristen nach anderen Rechtsvorschriften bleiben davon unberührt.

(4) [1]Die Berufsgenossenschaft kann vom Kapitän und vom Reeder jederzeit verlangen, dass
1. die Besatzungsliste,
2. eine Kopie der Besatzungsliste oder
3. ein die Besatzung des Schiffes wiedergebender Auszug aus dem Seetagebuch

vorgelegt oder übermittelt wird, um die Einhaltung der sicheren Besetzung nach den dafür geltenden Vorschriften zu überprüfen. [2]Der Kapitän und der Reeder sind verpflichtet, dem Verlangen nach Satz 1 unverzüglich nachzukommen.

§ 23 Befähigungszeugnisse und -nachweise, Sicherheitsunterweisung
[1]Als Besatzungsmitglied darf nur tätig sein, wer Inhaber der nach den seeverkehrsrechtlichen Vorschriften erforderlichen Befähigungszeugnisse, Befähigungsnachweise oder sonstiger Qualifikationsbescheinigungen ist. [2]Der Kapitän hat dafür zu sorgen, dass die Besatzungsmitglieder eine Sicherheitsunterweisung mit den nach der Regel VI/1 der Anlage zu dem STCW-Übereinkommen vorgeschriebenen Inhalten an Bord erhalten.

Unterabschnitt 4
Arbeitsvermittlung

§ 24 Verpflichtungen des Reeders
(1) Ein Reeder darf einen privaten Arbeitsvermittlungsdienst für Seeleute (Vermittler) mit Sitz in Deutschland nur dann für die Vermittlung von Seeleuten in Anspruch nehmen, wenn ihm vom Vermittler eine schriftliche Bescheinigung der Berufsgenossenschaft vorgelegt worden ist, dass der Vermittler die Anforderungen des § 25 erfüllt.

(2) Der Reeder bestätigt einem Vermittler mit Sitz in Deutschland vor Abschluss einer Vermittlung schriftlich, dass
1. der zu schließende Heuervertrag die Anforderungen der §§ 28 und 29 erfüllt,
2. er seinen Verpflichtungen nach den §§ 73 bis 76 nachkommt und
3. er eine Versicherung abgeschlossen hat, um Personen, die an Bord eines Schiffes vermittelt worden sind, für finanzielle Verluste zu entschädigen, die ihnen infolge einer vom Reeder zu vertretenden Pflichtverletzung aus dem Beschäftigungsvertrag entstehen.

(3) Ein Reeder darf einen Vermittler mit Sitz in Staaten, die das Seearbeitsübereinkommen nicht ratifiziert haben, nur dann für die Vermittlung von Seeleuten in Anspruch nehmen, wenn der Vermittler dem Reeder gegenüber schriftlich versichert hat, dass er die Vorschriften zur Anwerbung und Vermittlung nach der Regel 1.4 des Seearbeitsübereinkommens erfüllt.

§ 25 Anforderungen an Vermittler
(1) Ein Vermittler darf Personen, die an Bord eines Schiffes tätig werden sollen, nur vermitteln, wenn er
1. keine Mittel, Verfahren oder Listen verwendet, um sie an der Aufnahme einer Beschäftigung zu hindern, die ihrer Qualifikation entspricht,
2. von ihnen weder unmittelbar noch mittelbar eine Vergütung für die Vermittlung verlangt,
3. von ihnen vor der Vermittlung verlangt, alle für die zu vermittelnde Tätigkeit erforderlichen Dokumente vorzulegen,
4. ein stets aktuelles Verzeichnis aller angeworbenen oder vermittelten Personen führt,
5. ein Beschwerdemanagementsystem eingerichtet hat und stets aktuell unterhält sowie die Berufsgenossenschaft unverzüglich über Beschwerden unterrichtet, denen nicht abgeholfen worden ist,
6. von jedem Reeder vor Abschluss einer Vermittlung eine Bestätigung nach § 24 Absatz 2 entgegennimmt,
7. von jedem Reeder, der Schiffe unter ausländischer Flagge betreibt, vor Abschluss einer Vermittlung eine schriftliche Bestätigung entgegennimmt, dass der zu schließende Beschäftigungsvertrag den im Seearbeitsübereinkommen genannten Anforderungen entspricht,

8. eine Versicherung abgeschlossen hat, um Personen, die an Bord eines Schiffes vermittelt worden sind, für finanzielle Verluste zu entschädigen, die ihnen infolge einer von dem Vermittler zu vertretenen Pflichtverletzung entstehen.

(2) Die §§ 296 bis 301 des Dritten Buches Sozialgesetzbuch bleiben unberührt.

§ 26 Verfahren

(1) [1]Die Berufsgenossenschaft stellt einem Vermittler auf schriftlichen Antrag eine Bescheinigung über das Erfüllen der Anforderungen nach § 25 Absatz 1 aus, wenn keine Anhaltspunkte dafür vorliegen, dass der Vermittler den Anforderungen nicht genügen wird. [2]Der Vermittler hat gegenüber der Berufsgenossenschaft in seinem Antrag alle zur Beurteilung der Voraussetzung nach Satz 1 erforderlichen Angaben zu machen. [3]Hat die Berufsgenossenschaft auf Grund ihr bekannter Tatsachen Zweifel an der Richtigkeit der Angaben des Antragstellers, kann sie die Verbände der Reeder und der Seeleute vor Ausstellen der Bescheinigung nach Satz 1 anhören. [4]Die Berufsgenossenschaft berücksichtigt dabei auch ihr bekannt gewordene Beschwerden.

(2) Die Bescheinigung nach Absatz 1 Satz 1 wird für die Dauer von drei Jahren ausgestellt.

(3) Wer Personen, die an Bord eines Schiffes tätig werden sollen, vermittelt, bedarf der Bescheinigung nach Absatz 1.

(4) Die Berufsgenossenschaft soll in geeigneter Weise, ohne Angabe personenbezogener Daten, Probleme öffentlich bekannt machen, die sich bei der Anheuerung auf einem Schiff ergeben können, das die Flagge eines Staates führt, der das Seearbeitsübereinkommen nicht ratifiziert hat.

§ 27 Rechtsverordnungen

Das Bundesministerium für Arbeit und Soziales wird ermächtigt, im Einvernehmen mit dem Bundesministerium für Verkehr, Bau und Stadtentwicklung durch Rechtsverordnung ohne Zustimmung des Bundesrates Näheres zum Verfahren der Antragstellung und zur Erteilung der Bescheinigung nach § 26 Absatz 1 zu regeln.

Abschnitt 3
Beschäftigungsbedingungen

Unterabschnitt 1
Heuervertrag, Dienstleistungspflicht

§ 28 Heuervertrag

(1) [1]Der Reeder darf ein Besatzungsmitglied nur beschäftigen, wenn es bei Dienstantritt einen Heuervertrag hat. [2]Durch den Heuervertrag wird ein Heuerverhältnis zwischen dem Reeder und dem Besatzungsmitglied begründet. [3]Der Reeder hat dem Besatzungsmitglied rechtzeitig vor dem beabsichtigten Vertragsabschluss einen Vertragsentwurf, einschließlich der nach Absatz 2 Nummer 11 anzugebenden Tarifverträge, Betriebsvereinbarungen oder Bordvereinbarungen, auszuhändigen oder zu übermitteln. [4]Der Heuervertrag bedarf der Schriftform; die elektronische Form ist ausgeschlossen. [5]Der Reeder und das Besatzungsmitglied erhalten je eine Ausfertigung des von ihnen unterzeichneten Heuervertrages.

(2) In den Heuervertrag ist der wesentliche Inhalt des Heuerverhältnisses aufzunehmen, insbesondere:

1. der vollständige Name und die Anschrift des Reeders; im Falle eines anderen Arbeitgebers der vollständige Name und die Anschrift des Arbeitgebers und des Reeders,
2. der vollständige Name, das Geburtsdatum, der Geburtsort und die Anschrift des Besatzungsmitglieds,

3. die Bezeichnung oder Beschreibung der vom Besatzungsmitglied zu leistenden Dienste, soweit vorgesehen, die Beschränkung der Dienstpflicht auf bestimmte Schiffe oder Fahrtgebiete,
4. der Zeitpunkt des Beginns des Heuerverhältnisses, der Ort und der Tag des Dienstantritts unter Angabe des Schiffes,
5. bei befristetem Heuervertrag die vorgesehene Dauer des Heuerverhältnisses,
6. die Zusammensetzung und die Höhe der Heuer einschließlich der Zuschläge, Zulagen, Prämien und Sonderzahlungen oder die für die Berechnung der Heuer zugrunde zu legende Formel sowie die Fälligkeit der Heuer,
7. die vereinbarten Arbeitszeiten und Ruhezeiten,
8. die Dauer des jährlichen Erholungsurlaubs,
9. bei unbefristetem Heuervertrag oder wenn die Kündbarkeit eines befristeten Heuerverhältnisses vereinbart ist: die Voraussetzungen, Fristen und Termine für eine Kündigung,
10. der Heimschaffungsanspruch des Besatzungsmitglieds,
11. die Angabe der Tarifverträge, Betriebsvereinbarungen oder Bordvereinbarungen, die auf das Heuerverhältnis anzuwenden sind,
12. die Leistungen der medizinischen Betreuung und der sozialen Sicherheit, die der Reeder oder der andere Arbeitgeber dem Besatzungsmitglied gewährt oder zu gewähren hat,
13. der Ort und das Datum, an dem der Heuervertrag abgeschlossen worden ist.

(3) Für Besatzungsmitglieder von Fischereifahrzeugen sind in den Heuervertrag aufzunehmen:

1. zusätzlich zu Absatz 2 Nummer 3 der Name und das Fischereikennzeichen des Fischereifahrzeuges oder die Namen und die Fischereikennzeichen der Fischereifahrzeuge, auf dem oder denen das Besatzungsmitglied Dienst leisten soll,
2. zusätzlich zu Absatz 2 Nummer 4 die Reise oder Reisen, die unternommen werden sollen, falls sie im Zeitpunkt des Vertragsschlusses angegeben werden können,
3. abweichend von Absatz 2 Nummer 6 der Betrag der Heuer oder die Höhe des Anteils und dessen Berechnungsart, wenn das Entgelt in einer Beteiligung besteht, oder der Betrag der Heuer und die Höhe des Anteils und dessen Berechnungsart, wenn beide Formen des Entgelts miteinander verbunden werden, und die gegebenenfalls vereinbarte Mindestheuer.

(4) Hat das Besatzungsmitglied voraussichtlich länger als einen Monat seine Arbeitsleistung im Ausland an Land oder an Bord eines Schiffes unter ausländischer Flagge zu erbringen, sind in den Heuervertrag zusätzlich aufzunehmen:

1. die voraussichtliche Dauer der im Ausland oder an Bord eines Schiffes unter ausländischer Flagge auszuübenden Tätigkeit,
2. die Währung, in der die Heuer ausgezahlt wird,
3. die mit dem Auslandsaufenthalt oder dem Aufenthalt an Bord eines Schiffes unter ausländischer Flagge verbundenen zusätzlichen Leistungen,
4. die Bedingungen für die Rückkehr des Besatzungsmitglieds.

(5) [1] Die Angaben nach Absatz 2 Nummer 6 bis 10, 12 und Absatz 4 Nummer 2 bis 4 können ersetzt werden durch die Angabe der Tarifverträge, Betriebsvereinbarungen oder Bordvereinbarungen, die für das Heuerverhältnis gelten. [2] Ist in diesen Fällen die jeweilige gesetzliche Regelung maßgebend, so kann hierauf verwiesen werden.

(6) [1] Bei der Änderung wesentlicher Vertragsbedingungen gelten die Absätze 1 bis 5 entsprechend. [2] Satz 1 gilt nicht bei einer Änderung der gesetzlichen Vorschriften, der Tarifverträge, Betriebsvereinbarungen oder Bordvereinbarungen, die für das Heuerverhältnis gelten.

§ 29 Information über Beschäftigungsbedingungen

(1) [1] Der Reeder hat durch geeignete Maßnahmen sicherzustellen, dass die Besatzungsmitglieder auf einfache Weise klare Informationen über ihre Vertragsbedingungen, insbesondere über den Inhalt dieses Gesetzes erhalten können. [2] Hierzu sind eine Kopie dieses Gesetzes und des Seearbeitsüber-

einkommens an geeigneter Stelle an Bord mindestens in deutscher Sprache auszulegen. [3]Jeweils eine Kopie der einzelnen Heuerverträge ist mitzuführen. [4]Ist der Heuervertrag mit einem anderen Arbeitgeber abgeschlossen, so ist an Bord die Kopie einer Ausfertigung mitzuführen, auf der der Reeder mit seiner Unterschrift seine Verantwortung nach § 4 Absatz 2 bestätigt hat. [5]Das Besatzungsmitglied hat das Recht, jederzeit in die Kopie seines Heuervertrages Einsicht zu nehmen.

(2) Soweit der Heuervertrag auf einen Tarifvertrag, eine Betriebsvereinbarung oder Bordvereinbarung verweist, sind diese Unterlagen an geeigneter Stelle an Bord auszulegen.

(3) [1]Der Reeder hat ein Exemplar dieses Gesetzes, des Seearbeitsübereinkommens, eines Mustervertrages der Heuerverträge sowie der Tarifverträge, Betriebsvereinbarungen oder Bordvereinbarungen, auf die in den Heuerverträgen verwiesen wird, in englischer Übersetzung an Bord mitzuführen. [2]Satz 1 gilt nicht für Schiffe, die nur deutsche Häfen anlaufen.

§ 30 Dienstantritt

(1) [1]Der Reeder hat dem Besatzungsmitglied rechtzeitig den Zeitpunkt mitzuteilen, zu dem es sich an Bord einzufinden hat. [2]Dabei ist ihm der Liegeplatz des Schiffes oder ein Meldeort anzugeben.

(2) Kann das Besatzungsmitglied den Dienst wegen eines unabwendbaren Ereignisses nicht antreten, so hat es dies unverzüglich dem Reeder oder dem Kapitän unter Angabe der Gründe mitzuteilen.

§ 31 Anreisekosten

[1]Befindet sich das Schiff, auf dem das Besatzungsmitglied seinen Dienst anzutreten hat, an einem anderen Ort als dem, an welchem das Heuerverhältnis begründet worden ist, so hat das Besatzungsmitglied Anspruch auf Ersatz der notwendigen Fahrt- und Gepäckbeförderungskosten sowie auf ein angemessenes Tage- und Übernachtungsgeld. [2]Die gleichen Ansprüche stehen dem Besatzungsmitglied zu, wenn vor dem Dienstantritt Reisen von dem Ort der Begründung des Heuerverhältnisses an einen anderen Meldeort oder Ort des Dienstantritts notwendig werden.

§ 32 Dienstleistungspflicht

[1]Das Besatzungsmitglied hat die Dienste zu verrichten, zu denen es im Rahmen des Heuerverhältnisses verpflichtet ist. [2]Es hat dabei den Anordnungen der zuständigen Vorgesetzten Folge zu leisten.

§ 33 Dienstbescheinigung

(1) [1]Das Besatzungsmitglied hat gegen den Reeder Anspruch auf eine Bescheinigung über den an Bord des Schiffes geleisteten Dienst. [2]Die Bescheinigung ist dem Besatzungsmitglied spätestens am Tag des Dienstendes an Bord in deutscher und englischer Sprache auszuhändigen oder zu übermitteln. [3]Bei Schiffen, auf denen in kurzen Abständen die Besatzungen wechseln oder regelmäßig dieselben Häfen angelaufen werden, insbesondere in der Fähr- und Schleppschifffahrt, muss die Dienstbescheinigung nur auf Antrag des Besatzungsmitglieds sowie bei Ende des Heuerverhältnisses ausgehändigt oder übermittelt werden.

(2) In die Dienstbescheinigung sind aufzunehmen:

1. der Vorname und Familienname, das Geburtsdatum, der Geburtsort und die Anschrift des Besatzungsmitglieds,
2. der Name und die Anschrift des Reeders; im Falle eines anderen Arbeitgebers der Name und die Anschrift des Arbeitgebers und des Reeders,
3. der Name des Schiffes, der Schiffstyp, die Identifikationsnummer, die Vermessung, die Maschinenleistung und das Fahrtgebiet,
4. der Zeitpunkt des Beginns und des Endes des Dienstes an Bord,
5. die Art und Dauer der vom Besatzungsmitglied geleisteten Dienste.

(3) Die Erteilung der Dienstbescheinigung ist elektronisch zulässig, soweit das Besatzungsmitglied eingewilligt hat.

(4) [1]Die Dienstbescheinigung darf keine Beurteilung der Leistung und des Verhaltens des Besatzungsmitglieds und keine Angaben über die Heuer enthalten. [2]Der Anspruch auf ein Zeugnis nach § 109 der Gewerbeordnung bleibt unberührt.

(5) [1]Der Reeder ist verpflichtet, die Dienstbescheinigungen der Besatzungsmitglieder mindestens fünf Jahre ab dem Tag der Ausstellung in Kopie oder elektronisch aufzubewahren. [2]Die Berufsgenossenschaft kann vom Reeder jederzeit verlangen, dass Kopien von Dienstbescheinigungen vorgelegt oder übermittelt werden, um die Einhaltung der sicheren Besetzung nach den geltenden Vorschriften zu überprüfen. [3]Der Reeder ist verpflichtet, dem Verlangen nach Satz 2 unverzüglich nachzukommen.

Unterabschnitt 2
Bordanwesenheit, Landgang, Gefahren für das Schiff

§ 34 Bordanwesenheitspflicht

[1]Das Besatzungsmitglied ist auch während seiner dienstfreien Zeit zur Anwesenheit an Bord verpflichtet, soweit ihm nicht der Kapitän oder in dessen Vertretung der zuständige Vorgesetzte eine Erlaubnis zum Verlassen des Schiffes erteilt hat. [2]Die Erlaubnis ist zu erteilen, soweit dem Besatzungsmitglied ein Anspruch auf Landgang nach § 35 zusteht.

§ 35 Landgang

(1) Das Besatzungsmitglied hat in seiner dienstfreien Zeit außerhalb der Hafenarbeitszeit im Hafen oder, wenn das Schiff auf Reede liegt, Anspruch auf Landgang.

(2) Das Besatzungsmitglied hat in seiner dienstfreien Zeit auch innerhalb der Hafenarbeitszeit im Hafen oder, wenn das Schiff auf Reede liegt, Anspruch auf Landgang, soweit es der Schiffsbetrieb zulässt.

(3) Der Anspruch auf Landgang nach den Absätzen 1 und 2 besteht nur, soweit es die Abfahrtzeit und die Sicherheit des Schiffes und der Besatzungsmitglieder zulassen.

(4) Der Kapitän hat, wenn für die Landgänger keine oder keine angemessene Beförderungsmöglichkeit durch Dritte besteht, soweit es zumutbar ist, für eine Verbindung zum Land zu sorgen.

(5) Der Kapitän hat dafür zu sorgen, dass der außerhalb der Arbeitszeit im Hafen oder auf Reede notwendige Wachdienst gleichmäßig auf die Besatzungsmitglieder verteilt wird.

§ 36 Abwendung von Gefahren für das Schiff

(1) [1]Das Besatzungsmitglied hat jede Anordnung des Kapitäns zu befolgen, die dazu dienen soll, drohende Gefahr für Menschen, Schiff oder Ladung abzuwenden, einen großen Schaden zu vermeiden, schwere Störungen des Schiffsbetriebs zu verhindern oder öffentlich-rechtliche Vorschriften über die Schiffssicherheit zu erfüllen. [2]In dringenden Fällen gilt das Gleiche gegenüber Anordnungen eines an Ort und Stelle befindlichen Vorgesetzten. [3]Kanalsteurer auf dem Nord-Ostsee-Kanal stehen insoweit den Besatzungsmitgliedern gleich.

(2) Die Vorschriften des Absatzes 1 gelten auch bei drohender Gefahr für andere Schiffe und Menschen.

(3) Bei Seegefahr, insbesondere bei drohendem Schiffbruch, darf das Besatzungsmitglied das Schiff ohne Einwilligung des Kapitäns nicht verlassen, solange dieser selbst an Bord bleibt.

(4) Bei Schiffbruch ist das Besatzungsmitglied verpflichtet, nach Anordnung des Kapitäns nach besten Kräften für die Rettung von Menschen und ihren Sachen sowie für die Sicherstellung der Schiffsteile, der Ausrüstung und der Ladung zu sorgen und bei der Bergung Hilfe zu leisten.

Unterabschnitt 3
Heuer

§ 37 Anspruch auf Heuer

(1) Das Besatzungsmitglied hat für die Dauer des Heuerverhältnisses Anspruch auf Zahlung der vereinbarten Heuer.

(2) [1]Vor Beginn des Heuerverhältnisses hat das Besatzungsmitglied Anspruch auf Zahlung der Heuer für die Dauer der notwendigen Anreise zum vereinbarten Ort des Dienstantritts. [2]Der Anspruch besteht auch für Zeiten, um die sich die Ankunft des Schiffes verspätet.

§ 38 Bemessung und Fälligkeit der Heuer

(1) [1]Die Heuer bemisst sich nach Kalendermonaten. [2]Bei Berechnung der Heuer für einzelne Tage wird der Kalendermonat zu 30 Tagen gerechnet.

(2) [1]Die Heuer ist mit Ablauf eines jeden Kalendermonats oder bei Beendigung des Heuerverhältnisses fällig. [2]Stehen variable Bestandteile der Heuer bei Ablauf des Kalendermonats noch nicht fest, werden sie mit Ablauf des Kalendermonats fällig, in dessen Verlauf sie erstmals der Höhe nach feststehen oder billigerweise festgestellt werden können. [3]Stehen Anteile an Fracht, Gewinn oder Erlös bei Ablauf des Kalendermonats noch nicht fest, kann das Besatzungsmitglied eine Abschlagszahlung in ungefährer Höhe des bis dahin verdienten Anteils der Heuer verlangen.

§ 39 Zahlung der Heuer

(1) [1]Die Heuer ist in Euro zu berechnen und auszuzahlen, es sei denn, dass im Heuervertrag eine andere gesetzliche Währung vereinbart ist. [2]Vereinbaren Reeder und Besatzungsmitglied, dass die Heuer in einer anderen gesetzlichen Währung als Euro gezahlt werden soll, muss der Wechselkurs dem von der Europäischen Zentralbank veröffentlichten Kurs entsprechen und darf für das Besatzungsmitglied nicht nachteilig sein.

(2) Das Besatzungsmitglied kann vom Reeder verlangen, dass die Heuer oder ein vom Besatzungsmitglied bestimmter Teil hiervon

1. im Hafen oder auf der Reede bar an das Besatzungsmitglied ausgezahlt wird oder
2. unbar an das Besatzungsmitglied oder an einen vom Besatzungsmitglied bestimmten Empfänger geleistet wird.

(3) Der Reeder kann von dem Besatzungsmitglied keine Erstattung der durch die unbare Leistung entstandenen Kosten verlangen.

(4) Von der Heuer des Besatzungsmitglieds dürfen keine Abzüge für die Erlangung oder Beibehaltung einer Beschäftigung vorgenommen werden.

§ 40 Abrechnung

(1) Der Reeder hat dem Besatzungsmitglied bei Fälligkeit (§ 38) eine Abrechnung in Textform (§ 126b des Bürgerlichen Gesetzbuchs) zu erteilen und ihm unverzüglich auszuhändigen.

(2) [1]Die Abrechnung muss den jeweiligen Abrechnungszeitraum und vollständige Angaben über die Zusammensetzung der Heuer enthalten. [2]Hinsichtlich der Zusammensetzung sind insbesondere Angaben über Art und Höhe der Zuschläge, Zulagen, Prämien und Sonderzahlungen sowie die vorgenommenen Abzüge und Abschlagszahlungen, einschließlich der an Dritte geleisteten Beträge, erforderlich. [3]Werden Zahlungen nicht in Euro, sondern in einer anderen gesetzlichen Währung erbracht, hat der Reeder auch den zugrunde gelegten Wechselkurs in der Abrechnung anzugeben.

(3) Beanstandet das Besatzungsmitglied die Abrechnung, ist der Grund der Beanstandung vom Reeder auf der Abrechnung zu vermerken.

§ 41 Verkauf von Waren und Erbringung von Dienstleistungen

Verkauft der Reeder einem Besatzungsmitglied Waren oder erbringt er ihm gegenüber Dienstleistungen, sind die Preise so zu kalkulieren, dass nach Deckung der Kosten keine Überschüsse entstehen.

Unterabschnitt 4
Arbeitszeiten und Ruhezeiten

§ 42 Grundsätze für die Gestaltung der Arbeitszeit

(1) [1]Vorschriften über die Seearbeitszeit sind anzuwenden ab dem Zeitpunkt, an dem das Schiff zum Antritt oder zur Fortsetzung der Reise seinen Liegeplatz im Hafen oder auf der Reede zu verlassen beginnt. [2]Vorschriften über die Hafenarbeitszeit sind anzuwenden ab dem Zeitpunkt, an dem das Schiff im Hafen ordnungsgemäß festgemacht oder auf der Reede geankert hat. [3]Treffen an einem Tag Seearbeitszeit und Hafenarbeitszeit zusammen, so ist bei der Berechnung der täglichen Höchstarbeitszeit die an diesem Tag insgesamt geleistete Arbeit zu berücksichtigen.

(2) Besatzungsmitglieder mit gesundheitlichen Problemen, die laut ärztlicher Bescheinigung auf die Nachtarbeit zurückzuführen sind, müssen, sofern möglich, auf eine geeignete Stelle im Tagesdienst versetzt werden.

(3) [1]Der Kapitän hat für die Einhaltung der Arbeitszeitvorschriften der Besatzungsmitglieder zu sorgen. [2]Für Besatzungsmitglieder, die nicht beim Reeder beschäftigt sind, haben deren Arbeitgeber oder Ausbildender und der Kapitän gemeinsam für die Einhaltung der Arbeitszeitvorschriften zu sorgen. [3]Für diese Besatzungsmitglieder kann anstelle des Kapitäns der Arbeitgeber oder der Ausbildende oder die ihn an Bord vertretende Person mit Zustimmung des Kapitäns Anordnungen zur Arbeitszeit treffen. [4]Satz 3 ist in den Fällen des § 47 Absatz 1 nicht anzuwenden.

(4) [1]Der Kapitän soll sich bei seiner Arbeitszeit so weit wie möglich an den Arbeitszeitvorschriften dieses Unterabschnitts orientieren. [2]Die Mindestruhezeiten nach § 48 Absatz 1 Nummer 2 dürfen nicht unterschritten werden. [3]Dies gilt nicht, soweit eine abweichende Regelung nach § 49 Absatz 1 Nummer 3 und 4 auch in Verbindung mit Absatz 2 oder 3 besteht oder eine Arbeitszeitverlängerung in den besonderen Fällen des § 47 Absatz 1 und 2 zulässig ist. [4]§ 50 sowie § 45 Absatz 3 und 4 sind anzuwenden, sofern keine abweichende Regelung nach § 49 Absatz 1 Nummer 2 besteht. [5]Die §§ 51 und 52 sind nicht anzuwenden. [6]Wenn der Kapitän Seewache geht, sind die §§ 43 bis 49 anzuwenden.

(5) Ergänzend zu den §§ 43 bis 48 darf die Arbeitszeit von Besatzungsmitgliedern eines Fischereifahrzeugs durchschnittlich 48 Stunden wöchentlich innerhalb von zwölf Monaten nicht überschreiten.

§ 43 Seearbeitszeit

(1) [1]Die Seearbeitszeit der zum Wachdienst bestimmten Besatzungsmitglieder darf in der Regel acht Stunden täglich nicht überschreiten. [2]Sie wird nach dem Drei-Wachen-System eingeteilt. [3]Besatzungsmitglieder dürfen während der Brückenwache neben dem Wachdienst keine anderen Arbeiten ausführen. [4]Im Übrigen dürfen die Besatzungsmitglieder während der Wache an Werktagen zwischen 18 und 6 Uhr sowie an Sonntagen und Feiertagen neben dem Wachdienst nur mit gelegentlichen Instandsetzungsarbeiten sowie mit Arbeiten beschäftigt werden, die zur Sicherung des Schiffes und dessen Fahrt, zur Sicherung der Ladung oder zum Bootsdienst unbedingt erforderlich sind.

(2) [1]Die Seearbeitszeit der nicht zum Wachdienst bestimmten Besatzungsmitglieder mit Ausnahme des Servicepersonals darf in der Regel acht Stunden werktäglich nicht überschreiten und muss zwischen 6 und 18 Uhr liegen. [2]An Sonntagen und an Feiertagen dürfen diese Besatzungsmitglieder nur in besonderen Fällen nach § 47 beschäftigt werden.

(3) [1]Die Seearbeitszeit des Servicepersonals darf in der Regel acht Stunden täglich nicht überschreiten. [2]Die Arbeitszeit kann um bis zu eine Stunde verlängert werden, wenn in die Arbeitszeit regelmäßig und in erheblichem Umfang Arbeitsbereitschaft fällt. [3]Die Arbeitszeit muss zwischen 6 und 20 Uhr liegen. [4]Der Zeitraum darf für das Servicepersonal auf Fahrgastschiffen auf Anordnung des Kapitäns und für das Krankenpflegepersonal außerdem auf Anordnung des Schiffsarztes oder der Schiffsärztin überschritten werden. [5]Das Servicepersonal darf an Sonntagen und Feiertagen nur mit Arbeiten beschäftigt werden, die zur Verpflegung, Bedienung oder Krankenpflege der an Bord befindlichen Personen unbedingt erforderlich sind, sowie im Verkauf und zur Betreuung oder Unterhaltung von Fahrgästen.

§ 44 Hafenarbeitszeit

(1) [1]Die Hafenarbeitszeit der Besatzungsmitglieder mit Ausnahme des Servicepersonals darf von Montag bis Freitag in der Regel acht Stunden täglich nicht überschreiten. [2]Am Samstag darf die Hafenarbeitszeit in der Regel fünf Stunden, bei Wachdienst acht Stunden nicht überschreiten. [3]Die Hafenarbeitszeit muss, abgesehen vom Wachdienst, von Montag bis Freitag zwischen 6 und 18 Uhr, am Samstag zwischen 6 und 13 Uhr liegen.

(2) [1]An Werktagen außerhalb der in Absatz 1 Satz 3 bestimmten Zeiten sowie an Sonntagen und Feiertagen dürfen die in Absatz 1 genannten Besatzungsmitglieder nur mit notwendigem Wachdienst sowie mit unumgänglichen und unaufschiebbaren Arbeiten beschäftigt werden. [2]An Sonntagen und Feiertagen darf die Beschäftigung mit unumgänglichen und unaufschiebbaren Arbeiten in der Regel fünf Stunden nicht überschreiten.

(3) [1]Die Hafenarbeitszeit des Servicepersonals muss zwischen 6 und 18 Uhr liegen. [2]Im Übrigen ist § 43 Absatz 3 entsprechend anzuwenden.

§ 45 Ruhepausen und Ruhezeiten

(1) Den Besatzungsmitgliedern sind Ruhepausen und Ruhezeiten zu gewähren, die von ausreichender Dauer sein müssen, um die Sicherheit und Gesundheit der Besatzungsmitglieder zu gewährleisten.

(2) [1]Sofern nicht spätestens nach einer Arbeitszeit von sechseinhalb Stunden eine Ruhezeit gewährt wird, muss die Arbeitszeit spätestens nach sechs Stunden durch eine Ruhepause unterbrochen werden. [2]Die Ruhepause muss mindestens betragen:

1. 30 Minuten bei einer Arbeitszeit von mehr als sechs bis zu neun Stunden,
2. 45 Minuten bei einer Arbeitszeit von mehr als neun Stunden.

[3]Die Ruhepausen nach Satz 2 können in Zeitabschnitte von jeweils mindestens 15 Minuten aufgeteilt werden.

(3) [1]Die Ruhezeit nach § 48 Absatz 1 Nummer 2 Buchstabe a darf nur in höchstens zwei Zeiträume aufgeteilt werden, von denen einer eine Mindestdauer von sechs Stunden, der andere eine Mindestdauer von einer Stunde haben muss. [2]Der Zeitraum zwischen zwei aufeinanderfolgenden Ruhezeiten darf 14 Stunden nicht überschreiten. [3]Für das Servicepersonal muss in den Fällen des § 43 Absatz 3 Satz 4 auch in Verbindung mit § 44 Absatz 3 einer der Zeiträume für die Ruhezeit nach Satz 1 mindestens acht Stunden betragen.

(4) [1]Hat das Besatzungsmitglied während seiner planmäßigen Ruhezeit in Bereitschaft zu sein und wird die Ruhezeit durch Aufrufe zur Arbeit gestört, ist dem Besatzungsmitglied eine angemessene Ruhezeit als Ausgleich zu gewähren. [2]Die Ausgleichsruhezeit muss mindestens der Dauer der Ruhezeitunterbrechungen entsprechen. [3]Eine ununterbrochene Ruhezeit von sechs Stunden muss gewährleistet sein.

§ 46 Abweichende Arbeitszeitregelungen für Zwei-Wachen-Schiffe, Bergungsfahrzeuge und Schlepper

(1) [1]Auf Schiffen mit einer Bruttoraumzahl von bis zu 2.500 in der Fahrt in der Ostsee, in der Nordsee und entlang der norwegischen Küste bis zu 64° nördlicher Breite, im Übrigen bis zu 61° nördlicher Breite und 7° westlicher Länge sowie nach den Häfen Großbritanniens, Irlands und der Atlantikküste Frankreichs, Spaniens und Portugals ausschließlich Gibraltars sowie für Fischereifahrzeuge gleicher Größe auch über diese Fahrtgebiete hinaus darf, sofern die Reise länger als zehn Stunden dauert, die Arbeitszeit des zum Wachdienst bestimmten Deck- und Maschinenpersonals auf See abweichend von § 43 Absatz 1 auf bis zu zwölf Stunden täglich verlängert und nach dem Zwei-Wachen-System eingeteilt werden. [2]Satz 1 ist auch auf Schiffen mit einer Bruttoraumzahl über 2.500 anzuwenden, die vor dem 1. Juli 2002 den bis dahin geltenden Grenzwert für den Raumgehalt eingehalten haben. [3]Wird die Arbeitszeit entsprechend verlängert, haben die Besatzungsmitglieder Anspruch auf einen angemessenen Zuschlag zur Grundheuer.

(2) [1]Auf Bergungsfahrzeugen, See- und Bergungsschleppern in der Nord- und Ostseefahrt bis zu 61° nördlicher Breite ist Absatz 1 Satz 1 für die Arbeitszeit der Wache gehenden Besatzungsmitglieder anzuwenden. [2]Wenn das Fahrzeug an der Bergungsstätte eingesetzt ist, kann die Arbeitszeit abweichend von § 43 vom Kapitän, insbesondere unter Berücksichtigung des Tidenwechsels und der Wetterlage, festgesetzt werden.

§ 47 Arbeitszeitverlängerung in besonderen Ausnahmefällen

(1) [1]Der Kapitän hat das Recht, für Besatzungsmitglieder die Arbeitsstunden anzuordnen, die für die unmittelbare Sicherheit des Schiffes und der Personen an Bord bei einer unmittelbaren Gefahr für die Ladung oder zur Hilfeleistung für in Seenot befindliche Schiffe oder Personen erforderlich sind. [2]Der Kapitän kann den Arbeitszeit- und Ruhezeitplan vorübergehend außer Kraft setzen und anordnen, dass die Besatzungsmitglieder jederzeit die erforderlichen Arbeitsstunden erbringen, bis die normale Situation wiederhergestellt ist.

(2) Sicherheits-, Feuerlösch- und Rettungsbootsübungen sowie durch innerstaatliche Rechtsvorschriften und durch internationale Vereinbarungen vorgeschriebene Übungen sind in einer Weise durchzuführen, die die Störung der Ruhezeiten auf ein Mindestmaß beschränkt und keine Übermüdung verursacht.

(3) [1]In den Fällen der Absätze 1 und 2 sind die §§ 43 bis 46 und 48 nicht anzuwenden. [2]Sobald es nach Wiederherstellung der normalen Situation möglich ist, hat der Kapitän sicherzustellen, dass jedes Besatzungsmitglied, das während einer planmäßigen Ruhezeit Arbeit geleistet oder an einer Übung teilgenommen hat, eine ausreichende Ruhezeit erhält. [3]Die Ausgleichsruhezeit muss mindestens der Dauer der Ruhezeitunterbrechung entsprechen.

(4) [1]Abgesehen von den Fällen der Absätze 1 und 2 kann der Kapitän in sonstigen dringenden Fällen eine Verlängerung der in den §§ 43, 44 und 46 bestimmten täglichen Arbeitszeit anordnen. [2]Dasselbe gilt bei Wachdienst im Hafen. [3]In diesen Fällen sind die Regelungen der §§ 43, 44 und 46 über die Lage der Arbeitszeit und die Beschäftigungsbeschränkungen nicht anzuwenden.

§ 48 Höchstarbeitszeiten und Mindestruhezeiten

(1) Der Reeder und der Kapitän haben dafür zu sorgen, dass auf dem Schiff folgende Arbeitszeiten und Ruhezeiten der Besatzungsmitglieder eingehalten werden:

1. die Höchstarbeitszeit darf nicht überschreiten:
   a) 14 Stunden in jedem Zeitraum von 24 Stunden und
   b) 72 Stunden in jedem Zeitraum von sieben Tagen

   und

2. die Mindestruhezeit darf nicht unterschreiten:
   a) zehn Stunden in jedem Zeitraum von 24 Stunden und
   b) 77 Stunden in jedem Zeitraum von sieben Tagen.

(2) [1] Auf einem Schiff, das in kurzer Aufeinanderfolge mehrere Häfen anläuft, kann von der Höchstarbeitszeit nach Absatz 1 Nummer 1 Buchstabe b während der Tage der häufigen Hafenfolge abgewichen werden. [2] Eine kurze Aufeinanderfolge von Häfen liegt dann vor, wenn zwischen den seewärtigen Lotsenversetzpositionen des zu verlassenden Reviers und des anzufahrenden Reviers weniger als 36 Stunden liegen. [3] Nachdem das Schiff das Fahrtgebiet mit häufiger Hafenfolge wieder verlassen hat, hat der Kapitän sicherzustellen, dass alle Besatzungsmitglieder, die während dieser Zeit über die nach Absatz 1 Nummer 1 Buchstabe b zulässige Höchstarbeitszeit hinaus Arbeitsstunden geleistet haben, unverzüglich eine zusätzliche Ruhezeit in Höhe der Anzahl der zusätzlich geleisteten Arbeitsstunden erhalten. [4] Der Ausgleich kann auch in Verbindung mit Urlaub gewährt werden.

§ 49 Abweichende Arbeitszeitregelungen durch Tarifvertrag

(1) In einem Tarifvertrag oder auf Grund eines Tarifvertrages in einer Betriebsvereinbarung oder Bordvereinbarung kann vereinbart werden,

1. die Befugnis des Kapitäns, abweichend von § 47 Absatz 4 auch in anderen Fällen eine Verlängerung der in den §§ 43 und 44 bestimmten täglichen Arbeitszeit bis zu zwei Stunden anordnen und dabei von den Regelungen über die Lage der Arbeitszeit und die Beschäftigungsbeschränkungen abweichen zu können,
2. abweichend von § 45 Absatz 3 Satz 1 die Mindestruhezeit nach § 48 Absatz 1 Nummer 2 Buchstabe a in drei Abschnitte aufzuteilen, von denen einer eine Mindestdauer von sechs Stunden und die beiden übrigen eine Mindestdauer von jeweils einer Stunde haben müssen; diese Ausnahmeregelung kann für höchstens zwei 24-Stunden-Zeiträume in jedem Zeitraum von sieben Tagen in Anspruch genommen werden,
3. abweichende Regelungen von den §§ 43 und 44 zur See- und Hafenarbeitszeit sowie abweichende Regelungen von § 48 Absatz 1 zur Höchstarbeitszeit und zur Mindestruhezeit unter der Voraussetzung, dass die Ruhezeit nicht weniger als 70 Stunden in jedem Zeitraum von sieben Tagen beträgt; Abweichungen von der Mindestruhezeit dürfen höchstens für zwei aufeinanderfolgende Wochen zugelassen werden; zwischen zwei an Bord verbrachten Zeiträumen, für die die Ausnahmeregelung gilt, muss eine Zeitspanne liegen, die mindestens doppelt so lang ist, wie der unter die Ausnahmeregelung fallende Zeitraum, es sei denn, dass dem Zeitraum, für den die Ausnahmeregelung gilt, eine Freistellung von mindestens gleicher Dauer folgt,
4. für Besatzungsmitglieder von Fischereifahrzeugen abweichende Regelungen von § 42 Absatz 5 sowie über Nummer 2 und 3 hinaus auch abweichende Regelungen von § 45 Absatz 3 und von § 48 Absatz 1 Nummer 2 hinsichtlich der Arbeitszeit während des Fangs und seiner Verarbeitung an Bord,
5. für Besatzungsmitglieder von Fischereifahrzeugen sowie von Fahrgastschiffen und Fährschiffen auch abweichende Regelungen von § 51 hinsichtlich der Vergütung und von § 52 hinsichtlich des Ausgleichs für Sonntags- und Feiertagsarbeit.

(2) Im Geltungsbereich eines Tarifvertrages, der eine Regelung nach Absatz 1 Nummer 1 bis 5 enthält, kann diese tarifvertragliche Regelung im Betrieb eines nicht tarifgebundenen Reeders durch Betriebsvereinbarung oder Bordvereinbarung oder, wenn eine Arbeitnehmervertretung nicht besteht, durch schriftliche Vereinbarung zwischen dem Reeder und den Besatzungsmitgliedern übernommen werden, wenn die Anwendung des gesamten Tarifvertrages vereinbart ist.

(3) Für Besatzungsmitglieder von Fischereifahrzeugen sowie von Fahrgastschiffen und Fährschiffen, für die Tarifverträge üblicherweise nicht geschlossen werden, können Ausnahmen mit den

in Absatz 1 Nummer 2 bis 5 vorgesehenen Regelungen allgemein oder im Einzelfall durch die Berufsgenossenschaft bewilligt werden.

(4) [1]Die Abweichungen nach Absatz 1 Nummer 2 bis 4 sowie den Absätzen 2 und 3 müssen in Übereinstimmung mit den allgemeinen Grundsätzen für die Sicherheit und den Gesundheitsschutz der Besatzungsmitglieder stehen und aus technischen oder arbeitsorganisatorischen Gründen erforderlich sein. [2]Sie haben so weit wie möglich den gesetzlichen Bestimmungen zu folgen, können aber häufigeren oder längeren Urlaubszeiten oder der Gewährung von Ausgleichsurlaub für die Besatzungsmitglieder Rechnung tragen.

(5) Absatz 1 ist nicht anzuwenden für Tarifverträge, die nach § 21 Absatz 4 Satz 2 des Flaggenrechtsgesetzes abgeschlossen werden.

§ 50 Übersicht über die Arbeitsorganisation, Arbeitszeitnachweise

(1) [1]Auf jedem Schiff ist eine Übersicht über die Arbeitsorganisation an Bord zu führen, die Folgendes enthalten muss:

1. den See- und Hafendienstplan für alle an Bord beschäftigten Besatzungsmitglieder,
2. die Höchstarbeitszeiten und die Mindestruhezeiten nach § 48 sowie davon vereinbarte Abweichungen nach § 49.

[2]Der Kapitän hat dafür zu sorgen, dass die Übersicht über die Arbeitsorganisation an einem leicht zugänglichen Ort an Bord ausgehängt wird.

(2) Auf jedem Schiff sind Arbeitszeitnachweise zu führen, aus denen gesondert für jedes Besatzungsmitglied die täglichen Arbeitszeiten und Ruhezeiten zu ersehen sind.

(3) [1]Zum Führen der Übersicht über die Arbeitsorganisation und der Arbeitszeitnachweise ist der Kapitän verpflichtet. [2]Er kann damit einen Schiffsoffizier oder einen anderen Vorgesetzten beauftragen.

(4) Die Besatzungsmitglieder sind verpflichtet, dem Kapitän oder seinem Beauftragten die notwendigen Angaben für die Übersicht über die Arbeitsorganisation sowie für die Arbeitszeitnachweise zu geben.

§ 51 Vergütung für Mehr- und Nachtarbeit sowie Sonntags- und Feiertagsarbeit

(1) [1]Werden Besatzungsmitglieder über die in den §§ 43, 44 und 53 Absatz 2 bestimmten Grenzen der täglichen Arbeitszeit hinaus mit Mehrarbeit beschäftigt, so ist ihnen, abgesehen von den Fällen des § 47 Absatz 1 und 2, für jede Stunde eine Vergütung in Höhe von mindestens einem Zweihundertstel der Grundheuer sowie ein angemessener Zuschlag zu zahlen. [2]Ist die Höhe des Zuschlages nicht durch Tarifvertrag festgelegt, so beträgt er für die ersten 60 Mehrarbeitsstunden des Monats sowie für Mehrarbeit bei Wachdienst im Hafen je ein Viertel, für die folgenden 30 je die Hälfte eines Zweihundertstels der Grundheuer und für jede weitere Mehrarbeitsstunde ein Zweihundertstel der Grundheuer. [3]Abweichend von Satz 1 gilt in den Fällen des § 46 die dort bestimmte Grenze der täglichen Arbeitszeit.

(2) Soweit es sich bei Mehrarbeit, die in den Fällen des § 47 Absatz 1 Satz 1 geleistet wird, um gewerbsmäßige Bergung handelt, ist diese angemessen zu vergüten.

(3) [1]Den Besatzungsmitgliedern ist, abgesehen vom Wachdienst,

1. bei Sonntags- und Feiertagsarbeit, auf See mit Ausnahme der Arbeiten nach § 43 Absatz 3 Satz 5,
2. bei Arbeiten, die an Werktagen im Falle des § 43 Absatz 1 Satz 4 zwischen 18 und 6 Uhr oder im Hafen außerhalb der in § 44 Absatz 1 Satz 3 und Absatz 3 Satz 1 bestimmten Zeiträume geleistet werden,

für jede Arbeitsstunde ein Zuschlag von mindestens einem Viertel eines Zweihundertstels der Grundheuer zu zahlen. [2]Sind Arbeiten zugleich solche nach den Nummern 1 und 2, so ist der Zuschlag nur einmal zu zahlen. [3]Sind diese Arbeiten zugleich Mehrarbeit im Sinne des Absatzes 1, so gelten für die Vergütung die im Tarifvertrag oder in Absatz 1 Satz 2 bestimmten Sätze mit der Maßgabe, dass sich der Mindestzuschlag bei Arbeiten nach Nummer 1 jeweils um ein Viertel eines Zweihundertstels der Grundheuer erhöht.

§ 52 Sonntags- und Feiertagsausgleich

(1) [1]Jedem Besatzungsmitglied ist für jeden Sonntag und für jeden Feiertag, an dem es gearbeitet hat oder an dem sich das Schiff weniger als zwölf Stunden im Hafen befunden hat, ein Ausgleich durch einen arbeitsfreien Werktag zu geben. [2]Einem Besatzungsmitglied des Servicepersonals sind im Monat mindestens zwei freie Tage zu gewähren.

(2) [1]Der Ausgleich ist so bald wie möglich zu gewähren. [2]Ist das innerhalb derselben Woche nicht möglich, so soll der freie Tag in einer der folgenden Wochen gegeben werden. [3]Bis zum Urlaubsantritt nicht gewährte arbeitsfreie Tage sind mit dem Urlaub zu verbinden oder, wenn einer Verlängerung des Urlaubs zwingende betriebliche Gründe entgegenstehen, abzugelten.

(3) [1]Freie Tage sind in einem Hafen zu gewähren, in dem Landgang zulässig und möglich ist. [2]Auf Verlangen des Besatzungsmitglieds können freie Tage auch auf See gewährt werden.

(4) Auf arbeitsfreie Tage finden die Vorschriften des § 58 Absatz 1 Satz 1 und des § 61 Absatz 1 und 2 entsprechende Anwendung.

§ 53 Arbeitszeitregelungen für jugendliche Besatzungsmitglieder

(1) [1]Für jugendliche Besatzungsmitglieder sind die §§ 42, 48, 50 und 51 sowie die folgenden Absätze anzuwenden. [2]Die §§ 43 und 44 sind mit der Maßgabe der Absätze 2 bis 4 anzuwenden.

(2) [1]Im Hafen dürfen jugendliche Besatzungsmitglieder an höchstens fünf Tagen in der Woche bis zu acht Stunden täglich und bis zu 40 Stunden wöchentlich arbeiten. [2]Die freien Tage sollen möglichst der Samstag und der Sonntag sein.

(3) Auf See dürfen jugendliche Besatzungsmitglieder an höchstens sechs Tagen in der Woche bis zu acht Stunden täglich und bis zu 48 Stunden wöchentlich arbeiten.

(4) [1]Im Wachdienst auf See dürfen jugendliche Besatzungsmitglieder an jedem Tag bis zu acht Stunden täglich und in der Woche ab 5 Uhr beschäftigt werden. [2]Dies gilt jedoch nur, wenn jugendliche Besatzungsmitglieder während der Wache neben dem Wachdienst nur mit gelegentlichen Instandsetzungsarbeiten sowie mit Arbeiten beschäftigt werden, die zur Sicherung des Schiffes und dessen Fahrt, zur Sicherung der Ladung oder zum Bootsdienst unbedingt erforderlich sind. [3]Der Arbeitsbeginn kann auf 4 Uhr gelegt werden, wenn andernfalls die wirksame Ausbildung jugendlicher Besatzungsmitglieder nach festgelegten Programmen und Zeitplänen beeinträchtigt würde.

(5) [1]Den jugendlichen Besatzungsmitgliedern müssen im Voraus feststehende Ruhepausen von angemessener Dauer gewährt werden. [2]Als Ruhepause gilt nur eine Arbeitsunterbrechung von mindestens 15 Minuten. [3]Die Ruhepausen müssen insgesamt mindestens betragen:

1. 30 Minuten bei einer Arbeitszeit von mehr als viereinhalb bis zu sechs Stunden,
2. 60 Minuten bei einer Arbeitszeit von mehr als sechs Stunden.

[4]Die Ruhepausen müssen in angemessener zeitlicher Lage gewährt werden. [5]Länger als viereinhalb Stunden hintereinander dürfen jugendliche Besatzungsmitglieder nicht ohne Ruhepause arbeiten. [6]Für die Einnahme aller Mahlzeiten ist genügend Zeit einzuräumen.

(6) [1]In der Zeit zwischen 20 und 6 Uhr ist die Arbeit von jugendlichen Besatzungsmitgliedern vorbehaltlich der Regelung in Absatz 4 verboten. [2]Außerdem dürfen jugendliche Besatzungsmitglieder auf Fahrgastschiffen bei Aufführungen zur Unterhaltung der Fahrgäste bis 23 Uhr gestaltend mitwirken, wenn im Anschluss daran eine ununterbrochene Ruhezeit von mindestens neun Stunden gewährleistet ist. [3]Die Berufsgenossenschaft kann Ausnahmen von dem Verbot des Satzes 1 zulassen, wenn

1. die wirksame Ausbildung der betreffenden jugendlichen Besatzungsmitglieder nach festgelegten Programmen und Zeitplänen beeinträchtigt würde oder

2. die Besonderheit der Aufgabe oder eines anerkannten Ausbildungsprogramms es erforderlich macht, dass die von der Ausnahme erfassten jugendlichen Besatzungsmitglieder Aufgaben in der Nacht verrichten und nach Beratung mit Verbänden der Reeder und der Seeleute feststeht, dass die Arbeit sich nicht nachteilig auf die Gesundheit oder das Wohlbefinden der jugendlichen Besatzungsmitglieder auswirkt.

(7) [1] Mehrarbeit ist für jugendliche Besatzungsmitglieder nur in den Fällen des § 47 Absatz 1 und 2 zulässig, jedoch nur, soweit für die jeweilige Arbeit kein erwachsenes Besatzungsmitglied herangezogen werden kann. [2] Die Regelungen des Absatzes 5 zu Ruhepausen und des Absatzes 6 zur Nachtruhe sind in diesem Fall nicht anzuwenden. [3] Solche Ausnahmesituationen sind unter Angabe der Gründe schriftlich aufzuzeichnen und vom Kapitän zu unterzeichnen. [4] Die Mehrarbeit ist durch entsprechende Verkürzung der Arbeitszeit innerhalb der folgenden drei Wochen auszugleichen. [5] Kann der Arbeitszeitausgleich wegen Beendigung des Vertragsverhältnisses nicht mehr gewährt werden, ist die Mehrarbeit zu vergüten, wobei der Zuschlag für jugendliche Besatzungsmitglieder abweichend von § 51 Absatz 1 für jede Mehrarbeitsstunde mindestens ein Viertel eines Zweihundertstels der Grundheuer beträgt.

(8) [1] Arbeiten jugendliche Besatzungsmitglieder an mehr als fünf Tagen, so ist ihnen für die Arbeit am sechsten und siebten Tag in der Woche je ein anderer freier Tag zu gewähren. [2] Die Regelungen des § 52 zum Sonntags- und Feiertagsausgleich sind anzuwenden. [3] Sofern ein freier Tag nach Satz 1 als Ausgleich für eine Beschäftigung an einem Werktag zu gewähren ist, ist § 52 Absatz 2 bis 4 entsprechend anzuwenden. [4] Die finanzielle Abgeltung freier Tage ist nicht zulässig.

§ 54 Abweichende Arbeitszeitregelungen für jugendliche Besatzungsmitglieder durch Tarifvertrag

(1) [1] In einem Tarifvertrag oder auf Grund eines Tarifvertrages in einer Betriebsvereinbarung oder Bordvereinbarung kann für jugendliche Besatzungsmitglieder vereinbart werden,

1. abweichend von § 53 Absatz 2 die Arbeitszeit bis zu neun Stunden täglich, 44 Stunden wöchentlich und bis zu fünfeinhalb Tagen in der Woche anders zu verteilen, jedoch nur unter Einhaltung einer durchschnittlichen Wochenarbeitszeit von 40 Stunden in einem Ausgleichszeitraum von zwei Monaten;
2. abweichend von § 53 Absatz 4 Satz 1 jugendliche Besatzungsmitglieder auch im Wachdienst im Hafen zu beschäftigen; § 53 Absatz 8 ist anzuwenden;
3. abweichend von § 53 Absatz 5 Satz 3 Nummer 2 die Gesamtdauer der Ruhepausen auf bis zu 45 Minuten zu kürzen;
4. abweichend von § 53 Absatz 6 jugendliche Besatzungsmitglieder einmal in der Woche in der Zeit von 20 bis 24 Uhr zu beschäftigen, wenn im Anschluss daran eine ununterbrochene Ruhezeit von mindestens neun Stunden gewährleistet ist; die Ruhezeit kann auf acht Stunden verkürzt werden, wenn andernfalls die wirksame Ausbildung jugendlicher Besatzungsmitglieder nach festgelegten Programmen und Zeitplänen beeinträchtigt würde;
5. auf Fahrgastschiffen, Fährschiffen, Bergungsfahrzeugen und See- und Bergungsschleppern abweichende Regelungen von § 53 Absatz 2 bis 8 hinsichtlich der Arbeitszeit sowie für jugendliche Besatzungsmitglieder von Fahrgastschiffen und Fährschiffen abweichende Regelungen auch hinsichtlich der Vergütung und des Ausgleichs für Sonntags- und Feiertagsarbeit sowie sonstige Mehrarbeit; dies ist auch für jugendliche Besatzungsmitglieder von Fischereifahrzeugen sinngemäß anzuwenden; hinsichtlich der Arbeitszeit jedoch nur während des Fangs und seiner Verarbeitung an Bord.

[2] Im Falle des Satzes 1 Nummer 5 sind zusätzlich nachstehende Anforderungen einzuhalten. [3] Bei einer Abweichung von § 53 Absatz 6 muss mindestens ein Zeitraum von neun Stunden, der die Zeit zwischen 0 und 5 Uhr einschließt, arbeitsfrei sein. [4] Abweichungen müssen in Übereinstimmung mit den allgemeinen Grundsätzen für die Sicherheit und den Gesundheitsschutz der jugendli-

chen Besatzungsmitglieder stehen und aus objektiven, technischen oder arbeitsorganisatorischen Gründen erforderlich sein. [5]Sie haben so weit wie möglich den gesetzlichen Bestimmungen zu folgen, können aber häufigeren oder längeren Urlaubszeiten oder der Gewährung von Ausgleichsurlaub für die Besatzungsmitglieder Rechnung tragen.

(2) Im Geltungsbereich eines Tarifvertrages, der eine Regelung nach Absatz 1 Nummer 1 bis 5 enthält, kann diese tarifvertragliche Regelung im Betrieb eines nicht tarifgebundenen Reeders durch Betriebs- oder Bordvereinbarung oder, wenn eine Arbeitnehmervertretung nicht besteht, durch schriftliche Vereinbarung zwischen dem Reeder und den Besatzungsmitgliedern übernommen werden, wenn die Anwendung des gesamten Tarifvertrages vereinbart ist.

(3) Für Besatzungsmitglieder von Fahrgastschiffen, Fährschiffen oder von Fischereifahrzeugen, für die Tarifverträge üblicherweise nicht geschlossen werden, können Ausnahmen mit einer in Absatz 1 Nummer 5 vorgesehenen Regelung allgemein oder im Einzelfall durch die Berufsgenossenschaft bewilligt werden.

(4) Absatz 1 ist nicht für Tarifverträge anzuwenden, die nach § 21 Absatz 4 Satz 2 des Flaggenrechtsgesetzes abgeschlossen werden.

§ 55 Rechtsverordnungen

[1]Das Bundesministerium für Arbeit und Soziales wird ermächtigt, im Einvernehmen mit dem Bundesministerium für Verkehr, Bau und Stadtentwicklung durch Rechtsverordnung ohne Zustimmung des Bundesrates

1. die näheren Anforderungen zum Führen der Übersicht über die Arbeitsorganisation und die Arbeitszeitnachweise nach § 50 Absatz 1 und 2 zu bestimmen,
2. weitergehende Vorschriften zu der Übersicht über die Arbeitsorganisation und den Arbeitszeitnachweisen nach § 50 zu erlassen,
3. abweichend von den §§ 43, 44, 45 und 48 Regelungen zur Arbeitszeit sowie zu den Ruhepausen und zur Ruhezeit für Besatzungsmitglieder auf Schiffen, von denen aus besondere Tätigkeiten zur Errichtung, zur Änderung oder zum Betrieb von Bauwerken, künstlichen Inseln oder sonstigen Anlagen auf See durchgeführt werden (Offshore-Tätigkeiten), zuzulassen und die zum Schutz der Besatzungsmitglieder notwendigen Bedingungen zu bestimmen.

[2]Rechtsverordnungen nach Satz 1 bedürfen des Einvernehmens des Bundesministeriums für Ernährung, Landwirtschaft und Verbraucherschutz, soweit die Seefischerei betroffen ist.

Unterabschnitt 5
Urlaub

§ 56 Urlaubsanspruch

(1) [1]Ein Besatzungsmitglied hat für jedes Beschäftigungsjahr Anspruch auf bezahlten Erholungsurlaub. [2]Der Anspruch auf Erholungsurlaub darf nur unter den Voraussetzungen des § 64 Absatz 3 abgegolten werden.

(2) Soweit nachfolgend nichts anderes bestimmt ist, ist das Bundesurlaubsgesetz anzuwenden.

§ 57 Urlaubsdauer

(1) Der Urlaub der Besatzungsmitglieder beträgt für jedes Beschäftigungsjahr mindestens 30 Kalendertage.

(2) Der Urlaub jugendlicher Besatzungsmitglieder beträgt für jedes Beschäftigungsjahr mindestens

1. 34 Kalendertage, wenn sie zu Beginn des Beschäftigungsjahres noch nicht 17 Jahre alt sind,
2. 32 Kalendertage, wenn sie zu Beginn des Beschäftigungsjahres noch nicht 18 Jahre alt sind.

(3) Nicht auf den Urlaub anzurechnen sind
1. gesetzliche Feiertage, die am Ort des Heimathafens gelten,
2. Zeiten einer Arbeitsunfähigkeit infolge Krankheit oder Unfall sowie Arbeitsausfälle infolge Mutterschaft,
3. Landgang nach § 35 und
4. Ausgleichsfreizeiten nach § 52.

§ 58 Festlegung des Urlaubs

(1) [1] Bei der zeitlichen Festlegung des Urlaubs sind die Urlaubswünsche des Besatzungsmitglieds zu berücksichtigen, es sei denn, dass ihrer Berücksichtigung dringende betriebliche Belange oder Urlaubswünsche anderer vom Reeder beschäftigter Besatzungsmitglieder, die unter sozialen Gesichtspunkten den Vorrang verdienen, entgegenstehen. [2] Der Urlaub ist möglichst nach sechsmonatigem ununterbrochenem Dienst an Bord, spätestens bis zum Schluss des Beschäftigungsjahres zu gewähren. [3] Ist nicht der Reeder, sondern eine andere Person Arbeitgeber oder Ausbilder des Besatzungsmitglieds und kommt die andere Person ihrer vertraglichen Verpflichtung nach Satz 2 nicht nach, ist der Reeder verpflichtet, im Namen und mit Wirkung für die andere Person den Urlaub zu gewähren.

(2) Jugendlichen Besatzungsmitgliedern haben Reeder und Kapitän den Urlaub spätestens nach sechsmonatigem ununterbrochenem Dienst an Bord zu gewähren.

(3) Der Urlaub ist zusammenhängend zu gewähren, es sei denn, dass dringende betriebliche oder in der Person des Besatzungsmitglieds liegende Gründe eine Teilung des Urlaubs erforderlich machen.

(4) [1] Der Urlaub beginnt frühestens mit dem Tag, der dem Tag der Ankunft des Besatzungsmitglieds am Urlaubsort nachfolgt. [2] Ist der Ort der Wiederaufnahme des Dienstes an Bord oder ein anderer vom Reeder zur Wiederaufnahme des Dienstes bestimmter Ort nicht der Urlaubsort, hat das Besatzungsmitglied an dem Tag, der auf das Ende des Urlaubs folgt, die Reise zu diesem Ort anzutreten.

§ 59 Urlaubsort

Urlaubsort ist nach Wahl des Besatzungsmitglieds
1. der Wohnort des Besatzungsmitglieds,
2. der Ort, an dem der Heuervertrag abgeschlossen worden ist,
3. der durch Tarifvertrag festgelegte Ort oder
4. jeder andere im Heuervertrag vereinbarte Ort.

§ 60 Reisekosten

[1] Der Reeder trägt die Reisekosten zum Urlaubsort und vom Urlaubsort zum Ort der Wiederaufnahme des Dienstes an Bord oder zu einem anderen vom Reeder bestimmten Ort. [2] Hinsichtlich des Umfangs der Reisekosten gilt § 31 entsprechend.

§ 61 Urlaubsentgelt

(1) [1] Als Urlaubsentgelt ist dem Besatzungsmitglied die Heuer im Sinne des § 37 fortzuzahlen. [2] Für Sachbezüge ist ein angemessener Abgeltungsbetrag zu gewähren.

(2) [1] Für jeden Urlaubstag sowie für jeden in den Urlaub fallenden Feiertag im Sinne des § 57 Absatz 3 Nummer 1 ist ein Dreißigstel der Heuer zu zahlen. [2] Heuerteile, deren Höhe sich nach dem Ausmaß der Arbeit, dem Erfolg oder ähnlichen nicht gleichbleibenden Bemessungsgrundlagen richtet, sind bei der Berechnung des Urlaubsentgelts angemessen zu berücksichtigen.

§ 62 Erkrankung während des Urlaubs

(1) [1]Wird ein Besatzungsmitglied während des Urlaubs arbeitsunfähig krank, so werden diese Krankheitstage auf den Urlaub nicht angerechnet, soweit die Erkrankung durch ärztliches Zeugnis nachgewiesen wird. [2]Ist anzunehmen, dass die Erkrankung über den Ablauf des Urlaubs hinaus fortdauern wird, so ist das Besatzungsmitglied verpflichtet, dies dem Reeder unverzüglich mitzuteilen.

(2) [1]Das Besatzungsmitglied hat seine Arbeitsleistung nach Ablauf des ihm bewilligten Urlaubs oder, soweit die Erkrankung länger dauert, nach Wiederherstellung der Arbeitsfähigkeit dem Reeder zur Verfügung zu stellen. [2]Der Reeder bestimmt den Zeitpunkt, von dem ab der restliche Urlaub gewährt wird; dabei sind die Wünsche des Besatzungsmitglieds zu berücksichtigen.

§ 63 Urlaub bei Beendigung des Heuerverhältnisses

(1) Endet das Heuerverhältnis des Besatzungsmitglieds vor Ablauf des Beschäftigungsjahres, so hat das Besatzungsmitglied für jeden angefangenen Beschäftigungsmonat Anspruch auf ein Zwölftel des Jahresurlaubs.

(2) Hat das Besatzungsmitglied bei Beendigung des Heuerverhältnisses mehr als den ihm zustehenden Urlaub erhalten, so kann das dafür gezahlte Urlaubsentgelt nicht zurückgefordert werden.

§ 64 Verlängerung des Heuerverhältnisses, Urlaubsabgeltung

(1) [1]Hat das Besatzungsmitglied bei Beendigung des Heuerverhältnisses noch nicht den ihm zustehenden Urlaub erhalten, verlängert sich das Heuerverhältnis um die Dauer des nicht gewährten Urlaubs, es sei denn, dass

1. eine Verlängerung des Heuerverhältnisses infolge des Eingehens eines neuen Rechtsverhältnisses nicht möglich ist oder
2. das Besatzungsmitglied aus von seinem Willen unabhängigen Gründen nicht in der Lage ist, den Urlaub während des Zeitraums der Verlängerung zu nehmen.

[2]Der Urlaub ist im Zeitraum der Verlängerung des Heuerverhältnisses zu gewähren.

(2) Besteht nach Beendigung des Heuerverhältnisses ein Arbeitsverhältnis zum Reeder, hat der Reeder den dem Besatzungsmitglied noch aus dem Heuerverhältnis zustehenden Urlaub in diesem Arbeitsverhältnis zu gewähren.

(3) [1]Der Reeder hat den Urlaub abzugelten, soweit dieser wegen Beendigung des Heuerverhältnisses nicht gewährt werden kann. [2]Satz 1 gilt nicht, soweit die Voraussetzungen des Absatzes 1 oder 2 vorliegen.

Unterabschnitt 6
Kündigung und Beendigung des Heuerverhältnisses

§ 65 Kündigungsrecht

(1) Das Heuerverhältnis kann durch den Reeder und durch das Besatzungsmitglied gekündigt werden.

(2) [1]Die Beendigung des Heuerverhältnisses durch Kündigung bedarf zu ihrer Wirksamkeit der Schriftform. [2]Die elektronische Form ist ausgeschlossen.

(3) Die ordentliche Kündigung gegenüber einem Kapitän oder einem Schiffsoffizier kann nur vom Reeder ausgesprochen werden.

(4) Für die Kündigung des Heuerverhältnisses gelten die allgemeinen Vorschriften über die Kündigung von Arbeitsverhältnissen, soweit in diesem Unterabschnitt nichts anderes bestimmt ist.

§ 66 Kündigungsfristen

(1) [1]Das Heuerverhältnis kann während der ersten drei Monate mit einer Frist von einer Woche gekündigt werden. [2]Dauert die erste Reise länger als drei Monate, so kann die Kündigung während der ersten sechs Monate noch in den auf die Beendigung der Reise folgenden drei Tagen mit Wochenfrist ausgesprochen werden. [3]Nach Ablauf der in den Sätzen 1 und 2 bezeichneten Zeiten beträgt die Kündigungsfrist vier Wochen zum 15. Tag oder zum Ende eines Kalendermonats. [4]Die Kündigungsfrist erhöht sich auf zwei Monate zum Ende eines Kalendermonats, wenn das Heuerverhältnis in dem Betrieb oder Unternehmen zwei Jahre bestanden hat. [5]Die Sätze 1 und 2 gelten nicht für den Kapitän; für ihn gelten von Beginn des Heuerverhältnisses an die Fristen nach Satz 3.

(2) [1]Abweichend von Absatz 1 kann das Heuerverhältnis des Besatzungsmitglieds auf einem Fischereifahrzeug mit einer Bruttoraumzahl von bis zu 1 300 mit einer Frist von 48 Stunden gekündigt werden. [2]Dies gilt nicht für den Kapitän.

(3) Für eine Kündigung durch den Reeder beträgt die Kündigungsfrist, wenn das Heuerverhältnis in dem Betrieb oder Unternehmen

1. acht Jahre bestanden hat, drei Monate zum Ende eines Kalendermonats,
2. zehn Jahre bestanden hat, vier Monate zum Ende eines Kalendermonats,
3. zwölf Jahre bestanden hat, fünf Monate zum Ende eines Kalendermonats,
4. 15 Jahre bestanden hat, sechs Monate zum Ende eines Kalendermonats,
5. 20 Jahre bestanden hat, sieben Monate zum Ende eines Kalendermonats.

(4) § 622 Absatz 3 bis 6 des Bürgerlichen Gesetzbuchs ist entsprechend anzuwenden.

(5) Soweit nichts anderes vereinbart wird, setzt sich das Heuerverhältnis über den Ablauf der Kündigungsfrist bis zur Ankunft des Schiffes in einem Hafen fort, in dem die Heimschaffung des Besatzungsmitglieds und seine Ablösung durch eine Ersatzperson sicher und mit allgemein zugänglichen Verkehrsmitteln möglich ist.

§ 67 Außerordentliche Kündigung durch den Reeder

(1) [1]Der Reeder kann das Heuerverhältnis aus wichtigem Grund ohne Einhaltung einer Kündigungsfrist nach § 626 des Bürgerlichen Gesetzbuchs kündigen. [2]Ein wichtiger Grund liegt insbesondere vor, wenn das Besatzungsmitglied

1. für den übernommenen Dienst aus Gründen, die schon vor der Begründung des Heuerverhältnisses bestanden, ungeeignet ist, es sei denn, dass dem Reeder diese Gründe zu diesem Zeitpunkt bekannt waren oder den Umständen nach bekannt sein mussten,
2. eine ansteckende Krankheit verschweigt, durch die es andere gefährdet, oder nicht angibt, dass es Dauerausscheider von Erregern des Typhus oder des Paratyphus ist,
3. seine Pflichten aus dem Heuerverhältnis beharrlich oder in besonders grober Weise verletzt,
4. eine Straftat begeht, die sein weiteres Verbleiben an Bord unzumutbar macht,
5. durch eine von ihm begangene Straftat arbeitsunfähig wird.

(2) Der Kapitän ist verpflichtet, die außerordentliche Kündigung und deren Grund unverzüglich in das Seetagebuch einzutragen und dem Besatzungsmitglied eine von ihm unterzeichnete Abschrift der Eintragung auszuhändigen.

(3) Wird die außerordentliche Kündigung auf See ausgesprochen oder bleibt das Besatzungsmitglied nach einer außerordentlichen Kündigung an Bord, so hat es den Verpflegungssatz zu entrichten, der dem Abgeltungsbetrag für nicht gewährte Verpflegung während des Urlaubs (§ 61 Absatz 1 Satz 2) entspricht.

§ 68 Außerordentliche Kündigung durch das Besatzungsmitglied

(1) [1]Das Besatzungsmitglied kann das Heuerverhältnis aus wichtigem Grund ohne Einhaltung einer Kündigungsfrist nach § 626 des Bürgerlichen Gesetzbuchs kündigen. [2]Ein wichtiger Grund liegt insbesondere vor, wenn

1. sich der Reeder oder der Kapitän ihm gegenüber einer schweren Pflichtverletzung schuldig macht,
2. der Kapitän es in erheblicher Weise in der Ehre verletzt, es misshandelt oder seine Misshandlung durch andere Personen duldet,
3. das Schiff die Flagge wechselt,
4. der Vorschrift des § 58 Absatz 1 Satz 2 und 3 zuwider Urlaub nicht gewährt wird,
5. das Schiff einen verseuchten Hafen anlaufen soll oder einen Hafen bei Ausbruch einer Seuche nicht unverzüglich verlässt und sich daraus schwere gesundheitliche Gefahren für das Besatzungsmitglied ergeben können,
6. das Schiff ein Gebiet befahren soll, in dem es besonderen Gefahren durch bewaffnete Auseinandersetzungen ausgesetzt ist, oder wenn das Schiff ein solches Gebiet nicht unverzüglich verlässt,
7. das Schiff nicht seetüchtig ist,
8. die Aufenthaltsräume für die Besatzung gesundheitsschädlich sind,
9. die für die Schiffsbesatzung mitgenommenen Verpflegungsvorräte oder das Trinkwasser ungenügend oder verdorben sind oder
10. das Schiff unzureichend besetzt ist.

[3]Im Falle des Satzes 2 Nummer 7 bis 10 ist das Besatzungsmitglied zur außerordentlichen Kündigung jedoch nur berechtigt, wenn der Verstoß in angemessener Frist auf Beschwerde hin nicht beseitigt wird. [4]Das Kündigungsrecht nach Satz 2 Nummer 5 oder 6 entfällt, wenn dem Besatzungsmitglied die Gründe, die zur Kündigung berechtigen, vor Antritt der Reise bekannt waren oder den Umständen nach bekannt sein mussten.

(2) [1]In den Fällen des Absatzes 1 hat das Besatzungsmitglied ab dem Zeitpunkt der Kündigung Anspruch auf Zahlung der Heuer für einen Monat. [2]Schadensersatzansprüche auf Grund anderer Vorschriften bleiben unberührt.

§ 69 Außerordentliche Kündigung durch das Besatzungsmitglied wegen dringender Familienangelegenheit

[1]Das Besatzungsmitglied kann das Heuerverhältnis ohne Einhaltung einer Frist kündigen, wenn dies wegen einer dringenden Familienangelegenheit oder wegen eines anderen dringenden persönlichen Grundes erforderlich ist. [2]Dringende Familienangelegenheiten sind insbesondere
1. Niederkunft der Ehefrau oder der Lebenspartnerin,
2. Tod der Ehefrau oder des Ehemanns, eines Kindes, eines Elternteiles oder des Lebenspartners,
3. schwere Erkrankung der Ehefrau oder des Ehemanns, eines Kindes, eines Elternteiles oder des Lebenspartners.

§ 70 Entschädigung bei Arbeitslosigkeit wegen Schiffsverlustes oder Schiffbruchs

[1]Kündigt der Reeder das Heuerverhältnis wegen Schiffsverlustes oder Schiffbruchs, hat das Besatzungsmitglied über das Ende des Heuerverhältnisses hinaus, längstens bis zum Ablauf von zwei Monaten nach dem Zugang der Kündigung, Anspruch auf Zahlung der Heuer für jeden Tag der Arbeitslosigkeit. [2]Auf den Heueranspruch muss sich das Besatzungsmitglied anrechnen lassen, was es
1. an Leistungen der Arbeitslosenversicherung zu beanspruchen hat oder
2. durch anderweitige Arbeit verdient oder zu verdienen böswillig unterlassen hat.

§ 71 Beendigung des Heuerverhältnisses bei vermutetem Verlust von Schiff und Besatzung

(1) Ist der Verbleib eines Schiffes und seiner Besatzung nicht feststellbar und ist den Umständen nach anzunehmen, dass das Schiff verlorengegangen ist, so gilt das Heuerverhältnis des Besatzungsmitglieds als beendet, wenn seit der letzten amtlich festgestellten Nachricht über das Schiff ein Monat verstrichen ist.

(2) Wird später der Aufenthalt überlebender Besatzungsmitglieder festgestellt, so sind auf diese Besatzungsmitglieder die §§ 73, 75 und 76 über Heimschaffung und Fortzahlung der Heuer anzuwenden.

§ 72 Zurücklassung

(1) [1]Unbeschadet der Vorschrift des § 101 darf das Besatzungsmitglied ohne Einwilligung der Berufsgenossenschaft nicht an einem Ort im Ausland zurückgelassen werden. [2]Eine Zurücklassung liegt vor, wenn das Besatzungsmitglied auf Veranlassung des Kapitäns das Schiff verlassen muss.

(2) Ist im Falle der Zurücklassung eine Hilfsbedürftigkeit des Besatzungsmitglieds zu befürchten, so kann die Berufsgenossenschaft ihre Einwilligung von der Leistung eines Betrages abhängig machen, der den Unterhalt des Besatzungsmitglieds in den auf die Zurücklassung folgenden drei Monaten gewährleistet.

(3) Die Zurücklassung eines jugendlichen Besatzungsmitglieds bedarf auch der Einwilligung seines gesetzlichen Vertreters.

Unterabschnitt 7
Heimschaffung

§ 73 Anspruch auf Heimschaffung

Das Besatzungsmitglied hat Anspruch auf Heimschaffung an den nach § 75 maßgebenden Bestimmungsort

1. im Falle von Krankheit oder Verletzung nach Maßgabe des § 105,
2. wenn das Heuerverhältnis endet; im Falle einer ordentlichen Kündigung nach Ablauf der sich aus § 66 ergebenden Kündigungsfrist,
3. wenn der Reeder seine gesetzlichen oder arbeitsvertraglichen Verpflichtungen wegen Insolvenz, Veräußerung des Schiffes, Änderung der Eintragung im Schiffsregister oder aus einem ähnlichen Grund nicht mehr erfüllt,
4. wenn ein Schiff ein Gebiet befahren soll, in dem besondere Gefahren durch bewaffnete Auseinandersetzungen drohen und in das sich das Besatzungsmitglied nicht begeben will, oder wenn das Schiff ein solches Gebiet nicht unverzüglich verlässt.

§ 74 Heimschaffung eines jugendlichen Besatzungsmitglieds

Hat ein jugendliches Besatzungsmitglied während seiner ersten Auslandsreise auf einem Schiff mindestens vier Monate lang Dienst getan und stellt sich während dieser Zeit heraus, dass es für das Leben auf See ungeeignet ist, so hat es einen Anspruch auf Heimschaffung von einem Hafen, in dem die Heimschaffung sicher und mit allgemein zugänglichen Verkehrsmitteln möglich ist.

§ 75 Bestimmungsort der Heimschaffung

Bestimmungsort der Heimschaffung nach Wahl des Besatzungsmitglieds ist

1. der Wohnort des Besatzungsmitglieds,
2. der Ort, an dem der Heuervertrag abgeschlossen worden ist,
3. der durch Tarifvertrag festgelegte Ort oder
4. jeder andere im Heuervertrag vereinbarte Ort.

§ 76 Durchführung und Kosten der Heimschaffung

(1) [1]Der Reeder hat die Vorkehrungen für die Durchführung der Heimschaffung zu treffen. [2]Er stellt sicher, dass das Besatzungsmitglied den Pass und sonstige für die Heimschaffung erforderliche Ausweispapiere erhält. [3]Die Beförderung des Besatzungsmitglieds erfolgt grundsätzlich auf dem

Luftweg. [4] Für die Zeit vom Verlassen des Schiffes bis zum Eintreffen am Bestimmungsort hat das Besatzungsmitglied Anspruch auf Fortzahlung der Heuer.

(2) [1] Der Anspruch auf Heimschaffung umfasst

1. die Beförderung an den Bestimmungsort,
2. die Unterkunft und Verpflegung,
3. die Beförderung von bis zu 30 Kilogramm persönlichem Gepäck an den Bestimmungsort der Heimschaffung und
4. ärztliche Behandlung, soweit das Besatzungsmitglied dieser bedarf, um zum Bestimmungsort reisen zu können.

[2] Der Reeder trägt die notwendigen Kosten der Heimschaffung. [3] Die Aufrechnung der Kosten der Heimschaffung mit der Heuer oder anderen Ansprüchen des Besatzungsmitglieds ist unwirksam. [4] Eine Vorauszahlung zur Deckung der Kosten der Heimschaffung darf der Reeder nicht verlangen; eine entsprechende Vereinbarung ist unwirksam.

(3) Die Wartezeit bis zur Heimschaffung und die Dauer der Heimschaffung dürfen nicht auf den Urlaub angerechnet werden.

(4) [1] Ein Besatzungsmitglied ist heimgeschafft, wenn es am Bestimmungsort eingetroffen ist. [2] Der Anspruch auf Heimschaffung erlischt, wenn er nicht innerhalb von drei Monaten, gerechnet ab dem Tag, an dem das Besatzungsmitglied den Anspruch erstmals geltend machen konnte, geltend gemacht worden ist.

(5) [1] Ist das Heuerverhältnis durch eine Kündigung nach § 67 beendet worden, kann der Reeder vom Besatzungsmitglied die Erstattung der Kosten der Heimschaffung verlangen. [2] Absatz 1 Satz 4 und Absatz 2 Satz 3 gelten nicht.

(6) Ist der Reeder außerstande, die Vorkehrungen für die Heimschaffung zu treffen, hat das Besatzungsmitglied Anspruch auf Zahlung des für seine Heimschaffung erforderlichen Geldbetrages.

(7) Das Recht des Reeders, sich die Kosten für die Heimschaffung auf Grund vertraglicher Vereinbarungen mit Dritten erstatten zu lassen, bleibt unberührt.

(8) Der Reeder ist verpflichtet, zum Schutz der an Bord des Schiffes beschäftigten Besatzungsmitglieder für Fälle der Heimschaffung eine Zahlungsübernahmeerklärung nachzuweisen, die durch eine Bürgschaft oder Garantie durch eine Vereinigung von Reedern oder eine sonstige finanzielle Sicherheit abgedeckt ist.

§ 77 Behördliche Durchführungsmaßnahmen bei der Heimschaffung

[1] Erfüllt der Reeder seine Verpflichtung nach § 76 nicht, hat die Berufsgenossenschaft die Heimschaffung zu veranlassen und die Kosten zu verauslagen. [2] Sie sind vom Reeder zu erstatten.

§ 78 Verfügbarkeit von Rechtsvorschriften über Heimschaffung

Der Reeder hat sicherzustellen, dass dem Besatzungsmitglied an Bord eine Kopie der anwendbaren Rechtsvorschriften über die Heimschaffung in einer für das Besatzungsmitglied geeigneten Sprache zur Verfügung steht.

Unterabschnitt 8
Verfahren bei Tod von Besatzungsmitgliedern

§ 79 Tod des Besatzungsmitglieds

(1) [1] Der Kapitän hat für die Bestattung zu sorgen, wenn ein Besatzungsmitglied an Bord oder während der Schiffsreise im Ausland verstorben ist. [2] Wenn der Leichnam nicht bis zu einem Hafen in dem Staat, in dem der Bestimmungsort nach § 75 liegt, mitgenommen werden kann, das Schiff aber zumutbarerweise innerhalb von 24 Stunden nach dem Todesfall einen Hafen erreichen kann, und

gegen die Mitnahme des Leichnams keine gesundheitlichen Bedenken bestehen, so ist die Bestattung an Land vorzunehmen. [3] Ist eine Bestattung auf See erforderlich, so ist sie in einer würdigen Form vorzunehmen.

(2) Der Reeder trägt die Kosten der Bestattung, wenn ein Besatzungsmitglied im Zusammenhang mit seiner Tätigkeit oder deren Folgen verstorben ist.

§ 80 Sorge für Sachen und Heuerguthaben eines verstorbenen oder vermissten Besatzungsmitglieds

(1) [1] Der Kapitän hat die Sachen eines verstorbenen oder vermissten Besatzungsmitglieds dem Vertreter des Reeders vor Ort zu übergeben. [2] Der Reeder hat sicherzustellen, dass die Sachen unverzüglich an die Erben des verstorbenen oder die Angehörigen des vermissten Besatzungsmitglieds übermittelt werden.

(2) Der Reeder hat das Heuerguthaben eines verstorbenen oder für tot erklärten Besatzungsmitglieds an dessen Erben zu überweisen, bei einem vermissten Besatzungsmitglied an dessen Angehörige.

Abschnitt 4
Berufsausbildung an Bord

§ 81 Vertrag über die Berufsausbildung für einen Beruf an Bord

[1] Der Reeder darf die Berufsausbildung eines Besatzungsmitglieds für einen Beruf an Bord nur durchführen, wenn es einen Berufsausbildungsvertrag hat, dessen Form und Inhalt die Anforderungen des § 82 erfüllt. [2] Durch den Berufsausbildungsvertrag wird ein Berufsausbildungsverhältnis begründet. [3] Die Vorschriften des § 10 Absatz 2 bis 5 des Berufsbildungsgesetzes über Abschluss und Wirksamkeit des Berufsausbildungsvertrages und die Verbundausbildung sind entsprechend anzuwenden.

§ 82 Form und Inhalt des Vertrages über die Berufsausbildung an Bord

(1) [1] Der Vertrag über die Berufsausbildung für einen Beruf an Bord bedarf der Schriftform; die elektronische Form ist ausgeschlossen. [2] Der Reeder hat den Auszubildenden und dessen gesetzlichen Vertreter rechtzeitig vor dem beabsichtigten Vertragsschluss einen Vertragsentwurf, einschließlich der nach Absatz 3 Satz 1 Nummer 12 anzugebenden Tarifverträge, Betriebsvereinbarungen oder Bordvereinbarungen, auszuhändigen. [3] Der Vertrag über die Berufsausbildung ist vor Beginn der Berufsausbildung abzuschließen und von dem Reeder, den Auszubildenden und deren gesetzlichen Vertretern zu unterzeichnen. [4] Alle Unterzeichnenden müssen unverzüglich eine Ausfertigung des Vertrages über die Berufsausbildung an Bord erhalten.

(2) [1] Beginnt eine Berufsausbildung nach dem Berufsbildungsgesetz zunächst an Land und soll der praktische Teil an Bord durchgeführt werden, ist der Vertrag nach Absatz 1 spätestens vor Beginn der praktischen Ausbildung an Bord abzuschließen. [2] § 11 des Berufsbildungsgesetzes bleibt unberührt.

(3) [1] In den Vertrag über die Berufsausbildung an Bord sind mindestens aufzunehmen:

1. der Name und die Anschrift des Reeders; im Falle eines anderen Ausbildenden dessen vollständiger Name und Anschrift sowie Name und Anschrift des Reeders,
2. der Vorname und Familienname, das Geburtsdatum, der Geburtsort und die Anschrift des Auszubildenden,
3. der Zeitpunkt des Beginns der Berufsausbildung,
4. die Art, sachliche und zeitliche Gliederung sowie das Ziel der Berufsausbildung, insbesondere die Berufstätigkeit, für die ausgebildet werden soll,

5. die Dauer der Berufsausbildung,
6. die Ausbildungsmaßnahmen außerhalb der Ausbildungsstätte,
7. die Dauer der täglichen regelmäßigen Ausbildungszeit und der Ruhezeiten,
8. die Dauer der Probezeit,
9. die Fälligkeit und Höhe der Vergütung,
10. die Dauer des jährlichen Erholungsurlaubs,
11. die Voraussetzungen, unter denen der Berufsausbildungsvertrag gekündigt werden kann,
12. die Angabe der Tarifverträge, Betriebsvereinbarungen oder Bordvereinbarungen, die auf das Berufsausbildungsverhältnis an Bord anzuwenden sind,
13. die Leistungen der medizinischen Betreuung und der sozialen Sicherheit, die der Reeder als Ausbildender oder der andere Ausbildende dem Auszubildenden zu gewähren hat,
14. der Heimschaffungsanspruch des Auszubildenden,
15. der Ort und das Datum, an dem der Vertrag über die Berufsausbildung an Bord abgeschlossen worden ist.

[2] Den Auszubildenden ist der Ort des Dienstantritts an Bord rechtzeitig schriftlich mitzuteilen.

(4) Für Besatzungsmitglieder von Fischereifahrzeugen sind
1. zusätzlich zu Absatz 3 der Name und das Fischereikennzeichen des Fischereifahrzeuges oder die Namen und die Fischereikennzeichen der Fischereifahrzeuge, auf dem oder denen das Besatzungsmitglied Dienst leisten soll,
2. zusätzlich zu Absatz 3 die Reise oder Reisen, die unternommen werden sollen, falls sie im Zeitpunkt des Vertragsschlusses angegeben werden können,
3. abweichend von Absatz 3 Satz 1 Nummer 9 die Höhe des Anteils und dessen Berechnungsart, wenn eine Beteiligung am Fangerlös gewährt wird,

in den Berufsausbildungsvertrag aufzunehmen.

(5) [1] Wird die Ausbildung voraussichtlich länger als einen Monat an Bord eines Schiffes unter ausländischer Flagge durchgeführt, sind in den Vertrag zusätzlich aufzunehmen:
1. die Dauer der Ausbildung an Bord des Schiffes unter ausländischer Flagge,
2. die Währung, in der die Vergütung ausgezahlt wird,
3. die zusätzlichen Leistungen, die mit der Ausbildung auf einem Schiff unter ausländischer Flagge verbunden sind,
4. die Bedingungen für die Rückkehr des Auszubildenden.

[2] Die Vorschriften über die Eignung und die Zulassung eines Schiffes unter ausländischer Flagge als Ausbildungsstätte bleiben unberührt.

(6) [1] Die Angaben nach Absatz 3 Satz 1 Nummer 7, 9 bis 11, 13 und 14 und Absatz 4 können ersetzt werden durch die Angabe der Tarifverträge, Betriebsvereinbarungen oder Bordvereinbarungen sowie ähnlicher Regelungen, die für das Berufsausbildungsverhältnis an Bord gelten. [2] Ist in diesen Fällen die jeweilige gesetzliche Regelung maßgebend, so kann hierauf verwiesen werden.

(7) [1] Bei der Änderung wesentlicher Vertragsbedingungen gelten die Absätze 1 bis 5 entsprechend. [2] Satz 1 gilt nicht bei einer Änderung der gesetzlichen Vorschriften, der Tarifverträge, Betriebsvereinbarungen oder Bordvereinbarungen, die für das Berufsausbildungsverhältnis gelten.

(8) Die Vorschriften der §§ 12 bis 16 des Berufsbildungsgesetzes über nichtige Vereinbarungen, die Pflichten der Auszubildenden und der Ausbildenden während der Berufsausbildung, die Freistellung für die Teilnahme am Berufsschulunterricht und das Zeugnis sind entsprechend anwendbar.

§ 83 Vertrag über die Berufsausbildung auf Fahrzeugen der kleinen Hochseefischerei oder der Küstenfischerei

[1] Erfolgt die Berufsausbildung auf einem Fahrzeug der kleinen Hochseefischerei oder Küstenfischerei, gelten anstelle der §§ 10 und 11 des Berufsbildungsgesetzes die §§ 81 und 82; die übrigen Vor-

schriften dieses Abschnittes sind nicht anzuwenden. [2]Auf den Berufsausbildungsvertrag sind die Vorschriften der anderen Abschnitte dieses Gesetzes anzuwenden, soweit sich aus dem Wesen und Zweck des Vertrages und aus dem Berufsbildungsgesetz nichts anderes ergibt.

§ 84 Vergütungsanspruch
Reeder haben Auszubildenden eine angemessene Vergütung zu zahlen, die so zu bemessen ist, dass sie mit fortschreitender Berufsausbildung, mindestens jährlich bezogen auf das Ausbildungsjahr, ansteigt.

§ 85 Bemessung und Fälligkeit der Vergütung
(1) [1]Die Vergütung bemisst sich nach Kalendermonaten. [2]Bei Berechnung der Vergütung für einzelne Tage wird der Kalendermonat zu 30 Tagen gerechnet.

(2) [1]Die Vergütung ist mit Ablauf eines jeden Kalendermonats oder bei Beendigung des Berufsausbildungsverhältnisses fällig. [2]Die Vorschrift des § 19 des Berufsbildungsgesetzes über die Fortzahlung der Vergütung ist entsprechend anzuwenden.

§ 86 Probezeit
[1]Das Berufsausbildungsverhältnis beginnt mit der Probezeit. [2]Sie muss mindestens einen Monat und darf höchstens fünf Monate betragen. [3]Mit den in § 3 Absatz 2 Satz 3 genannten Personen kann abweichend von Satz 2 eine kürzere Probezeit vereinbart werden.

§ 87 Beendigung
(1) [1]Das Berufsausbildungsverhältnis endet mit dem Ablauf der Ausbildungszeit. [2]Bestehen Auszubildende vor Ablauf der Ausbildungszeit die Abschlussprüfung, so endet das Berufsausbildungsverhältnis mit Bekanntgabe des Ergebnisses durch den Prüfungsausschuss.

(2) Bestehen Auszubildende die Abschlussprüfung nicht, so verlängert sich das Berufsausbildungsverhältnis auf ihr Verlangen bis zu der durch den Prüfungsausschuss festgelegten Wiederholungsprüfung, längstens um ein Jahr.

§ 88 Kündigung
(1) [1]Während der Probezeit kann das Berufsausbildungsverhältnis mit einer Kündigungsfrist von einer Woche gekündigt werden. [2]Wird die Kündigung während der Fahrt des Schiffes ausgesprochen, setzt sich das Berufsausbildungsverhältnis nach Ablauf der Kündigungsfrist als Heuerverhältnis im Sinne des § 28 bis zur Ankunft des Schiffes in einem Hafen fort, in dem eine Heimschaffung des Auszubildenden mit allgemein zugänglichen Verkehrsmitteln möglich ist. [3]Ist der Auszubildende mit der Fortsetzung als Heuerverhältnis nicht einverstanden, so hat er während der Bordanwesenheit den sich aus § 67 Absatz 3 ergebenden Verpflegungssatz zu entrichten.

(2) [1]Nach der Probezeit kann das Berufsausbildungsverhältnis nur gekündigt werden
1. aus einem wichtigen Grund im Sinne des § 67 Absatz 1 oder des § 68 Absatz 1 ohne Einhaltung einer Kündigungsfrist,
2. von Auszubildenden mit einer Kündigungsfrist von vier Wochen, wenn sie die Berufsausbildung aufgeben oder sich für eine andere Berufstätigkeit ausbilden lassen wollen.

[2]Im Falle der Kündigung aus wichtigem Grund im Sinne des Satzes 1 Nummer 1 sind bei einer Kündigung des Reeders § 67 Absatz 3, bei einer Kündigung des Auszubildenden § 68 Absatz 2 entsprechend anzuwenden. [3]Im Falle einer Kündigung durch den Auszubildenden nach Satz 1 Nummer 2 setzt sich das Berufsausbildungsverhältnis über den Ablauf der Kündigungsfrist bis zur Ankunft des Schiffes in einem Hafen fort, in dem eine Heimschaffung des Auszubildenden mit allgemein zugänglichen Verkehrsmitteln gewährleistet ist.

(3) Die Kündigung muss schriftlich und in den Fällen des Absatzes 2 unter Angabe der Kündigungsgründe erfolgen.

(4) Eine Kündigung aus wichtigem Grund ist unwirksam, wenn die ihr zugrunde liegenden Tatsachen dem zur Kündigung Berechtigten länger als zwei Wochen bekannt sind.

§ 89 Schadensersatz bei vorzeitiger Beendigung

(1) [1]Wird das Berufsausbildungsverhältnis nach der Probezeit vorzeitig gelöst, so können Reeder oder Auszubildende Ersatz des Schadens verlangen, wenn die andere Person den Grund für die Auflösung zu vertreten hat. [2]Dies gilt nicht im Falle des § 88 Absatz 2 Nummer 2.

(2) Der Anspruch erlischt, wenn er nicht innerhalb von drei Monaten, gerechnet ab dem Tag, an dem das Besatzungsmitglied den Anspruch erstmals geltend machen konnte, nach Beendigung des Berufsausbildungsverhältnisses geltend gemacht wird.

(3) Auf die in § 3 Absatz 2 Satz 3 genannten Personen sind die Absätze 1 und 2 nicht anzuwenden.

§ 90 Berufsausbildung auf Schiffen des Bundes und der Länder

Die §§ 81 bis 89 sowie die auf Grund des § 92 erlassenen Rechtsverordnungen sind entsprechend anzuwenden, wenn die Berufsausbildung auf Schiffen durchgeführt wird, die eine Landesdienst- oder die Bundesdienstflagge führen und in der Seefahrt eingesetzt sind.

§ 91 Zuständige Stelle

Für die Berufsbildung in Berufen nach § 92 ist die Berufsbildungsstelle Seeschifffahrt e. V., Bremen, die zuständige Stelle.

§ 92 Rechtsverordnungen

Das Bundesministerium für Verkehr, Bau und Stadtentwicklung wird ermächtigt, durch Rechtsverordnung im Einvernehmen mit dem Bundesministerium für Bildung und Forschung ohne Zustimmung des Bundesrates nach Anhörung der für Berufsbildungsfragen zuständigen obersten Landesbehörden der Küstenländer Ausbildungsberufe in der Seeschifffahrt staatlich anzuerkennen und Bestimmungen zu erlassen über

1. die Bezeichnung des anzuerkennenden Ausbildungsberufes,
2. die Zusammensetzung und die Aufgaben der zuständigen Stelle,
3. die Ausbildungsdauer, die nicht weniger als zwei Jahre betragen soll,
4. die beruflichen Fertigkeiten, Kenntnisse und Fähigkeiten, die mindestens Gegenstand der Berufsausbildung sind (Ausbildungsberufsbild),
5. eine Anleitung zur sachlichen und zeitlichen Gliederung der Vermittlung der beruflichen Fertigkeiten, Kenntnisse und Fähigkeiten (Ausbildungsrahmenplan),
6. die Anrechnung beruflicher Vorbildung auf die Ausbildungszeit,
7. die Eignung der Ausbildenden, der Ausbildungsstätte, die persönliche und fachliche Eignung der Ausbilderinnen oder Ausbilder,
8. das Prüfungswesen, insbesondere im Hinblick auf den Prüfungsausschuss, Prüfungsgegenstand und die Prüfungsordnung.

Abschnitt 5
Unterkünfte und Freizeiteinrichtungen, Verpflegung einschließlich Bedienung

Unterabschnitt 1
Unterkünfte und Freizeiteinrichtungen

§ 93 Anspruch auf Unterkunft
(1) [1]Jedes Besatzungsmitglied hat für die Dauer des Heuerverhältnisses Anspruch auf sichere, gesunde und menschenwürdige Unterkunft und Einrichtungen einschließlich sicherer Aufbewahrung seiner Kleidungsstücke und seiner anderen Gebrauchsgegenstände auf dem Schiff, soweit Fahrtdauer und Einsatzbedingungen des Schiffes dies erfordern. [2]Dabei sind die sozialen, kulturellen und religiösen Bedürfnisse der Besatzungsmitglieder angemessen zu berücksichtigen.

(2) Jedes Besatzungsmitglied ist verpflichtet, die ihm zur Verfügung gestellten Räume und Einrichtungsgegenstände pfleglich zu behandeln.

(3) [1]Der Kapitän oder ein von ihm damit beauftragter Schiffsoffizier hat die Unterkunftsräume und Freizeiteinrichtungen mindestens einmal monatlich zu besichtigen, damit sichergestellt ist, dass diese Räume und Einrichtungen sauber, angemessen wohnlich sind und sich in einem guten Allgemeinzustand befinden. [2]Bei Räumen, die als Wohnung genutzt werden, darf die Besichtigung nur mit Zustimmung des jeweils betroffenen Besatzungsmitglieds erfolgen. [3]Die Ergebnisse jeder Besichtigung sind im Seetagebuch einzutragen und für Kontrollen bereitzuhalten.

(4) Kann dem Besatzungsmitglied aus besonderen, von ihm nicht zu vertretenden Gründen eine Unterkunft auf dem Schiff nicht gewährt werden, so hat es Anspruch auf eine anderweitige angemessene Unterkunft oder Zahlung des dafür erforderlichen Geldbetrages.

§ 94 Zugang zu Kommunikationseinrichtungen
[1]Der Kapitän hat den Besatzungsmitgliedern auf ihr Verlangen angemessenen und preisgünstigen Zugang zu Schiff-Land-Fernsprechverbindungen, E-Mail-Diensten und Internet-Diensten zu gewähren, soweit solche Einrichtungen an Bord vorhanden sind. [2]Der Reeder hat sicherzustellen, dass
1. die an ein Besatzungsmitglied gerichtete Post unverzüglich zugestellt wird und
2. das Besatzungsmitglied kein Nachporto zu zahlen hat, wenn seine Post aus Gründen, die sich seinem Einfluss entziehen, umadressiert werden muss.

§ 95 Besuche, mitreisende Partner
[1]Sofern betriebliche Belange sowie innerstaatliche oder internationale Rechtsvorschriften zur Gefahrenabwehr nicht entgegenstehen, hat der Kapitän den Besatzungsmitgliedern auf ihr Verlangen zu erlauben,
1. bei Hafenaufenthalten unverzüglich Besuch von ihren Partnern, Verwandten und Freunden an Bord zu empfangen,
2. sich gelegentlich von ihren Partnern auf Fahrten begleiten zu lassen.

[2]Mitreisende Partner sind verpflichtet, sich ausreichend gegen Unfall und Krankheit zu versichern. [3]Der Reeder hat die Besatzungsmitglieder beim Abschluss einer solchen Versicherung zu unterstützen.

§ 96 Rechtsverordnungen
Das Bundesministerium für Arbeit und Soziales wird ermächtigt, im Einvernehmen mit dem Bundesministerium für Verkehr, Bau und Stadtentwicklung durch Rechtsverordnung ohne Zustimmung des Bundesrates
1. die näheren Anforderungen an die Wohn- und Aufenthaltsräume, sanitären Anlagen, Wascheinrichtungen und Küchenräume sowie Freizeiteinrichtungen an Bord der Schiffe, einschließ-

lich der zugehörigen Einrichtungen und Versorgungsanlagen, und deren Einsatzbereitschaft zu bestimmen,
2. die näheren Anforderungen an die medizinischen Räumlichkeiten an Bord der Schiffe und deren Einsatzbereitschaft zu bestimmen.

Rechtsverordnungen nach Satz 1 bedürfen des Einvernehmens
1. des Bundesministeriums für Ernährung, Landwirtschaft und Verbraucherschutz, soweit die Seefischerei betroffen ist,
2. des Bundesministeriums für Gesundheit im Falle des Satzes 1 Nummer 1.

Unterabschnitt 2
Verpflegung einschließlich Bedienung

§ 97 Anspruch auf Verpflegung, Unterweisung

(1) [1]Das Besatzungsmitglied hat für die Dauer des Heuerverhältnisses Anspruch auf kostenfreie, angemessene und ausreichende Speisen und Getränke (Verpflegung) sowie Trinkwasser. [2]Angemessen ist die Verpflegung, wenn sie hinsichtlich Nährwert, Güte und Abwechslung eine geeignete und ausgewogene Ernährung gewährleistet. [3]Hierbei sind die Anzahl der Besatzungsmitglieder an Bord, ihre kulturellen Eigenheiten und religiösen Gebräuche sowie die Dauer und Art der Reise angemessen zu berücksichtigen.

(2) [1]Der Reeder hat dafür Sorge zu tragen, dass
1. das Trinkwasser, die Wasserversorgungsanlage und ihr Betrieb den geltenden trinkwasserrechtlichen Vorschriften,
2. die Verpflegung den geltenden lebensmittelrechtlichen Vorschriften

entsprechen. [2]Er hat sicherzustellen, dass das Küchen- und Bedienungspersonal entsprechend unterwiesen wird. [3]Insbesondere hat er dafür zu sorgen, dass das Personal, das mit den in § 42 Absatz 1 des Infektionsschutzgesetzes bezeichneten Tätigkeiten mit Lebensmitteln beschäftigt werden soll, bei Dienstantritt an Bord und im Weiteren alle zwei Jahre im Sinne des § 43 Absatz 4 des Infektionsschutzgesetzes über Tätigkeitsverbote und Mitteilungspflichten belehrt wird. [4]Die Belehrungen sind im Seetagebuch zu dokumentieren. [5]Bei Tätigkeiten auf wechselnden Schiffen ist eine Abschrift oder Kopie zum Seetagebuch des jeweiligen Schiffes zu nehmen. [6]§ 43 Absatz 1 des Infektionsschutzgesetzes ist nicht anzuwenden.

§ 98 Überprüfungen

Der Kapitän oder eine von ihm bestimmte Person hat dafür zu sorgen, dass Überprüfungen
1. der Verpflegungs- und Trinkwasservorräte,
2. aller Räume und Ausrüstungsgegenstände, die der Lagerung von Verpflegung und Trinkwasser dienen, und
3. der Küchen und der anderen Ausrüstungen für die Zubereitung und das Servieren von Speisen

mindestens monatlich durchgeführt und unverzüglich unter Angabe des Tages und des Ergebnisses der Überprüfung im Seetagebuch eingetragen werden.

Abschnitt 6
Sicherheit und Gesundheitsschutz bei der Arbeit, medizinische und soziale Betreuung

Unterabschnitt 1
Anspruch auf medizinische Betreuung an Bord und an Land

§ 99 Anspruch auf medizinische Betreuung

(1) [1]Das Besatzungsmitglied hat für die Dauer des Heuerverhältnisses im Falle einer Erkrankung oder Verletzung auf Kosten des Reeders Anspruch auf unverzügliche und angemessene medizinische Betreuung, wie sie im Allgemeinen den Arbeitnehmern an Land zur Verfügung steht, bis es wieder gesund ist oder bis die Krankheit oder Erwerbsunfähigkeit als dauernd eingestuft ist, soweit die §§ 100, 102 und 103 nichts anderes bestimmen. [2]Sofern das Schiff in einem inländischen Hafen liegt, hat das Besatzungsmitglied entsprechend Satz 1 Anspruch auf vorbeugende Maßnahmen, die zur Verhütung und Früherkennung von Krankheiten und deren Verschlechterung notwendig sind und die Programme zur Gesundheitsförderung und Gesundheitserziehung umfassen.

(2) [1]Dem erkrankten oder verletzten Besatzungsmitglied steht ein Besatzungsmitglied gleich, das infolge einer nicht rechtswidrigen Sterilisation oder eines nicht rechtswidrigen Abbruchs der Schwangerschaft an seiner Dienstleistung verhindert ist. [2]Dasselbe gilt für einen Abbruch der Schwangerschaft, wenn die Schwangerschaft innerhalb von zwölf Wochen nach der Empfängnis durch einen Arzt abgebrochen wird, die schwangere Frau den Abbruch verlangt und dem Arzt durch eine Bescheinigung nachgewiesen hat, dass sie sich mindestens drei Tage vor dem Eingriff von einer anerkannten Beratungsstelle hat beraten lassen.

(3) [1]Der Anspruch auf medizinische Betreuung nach Absatz 1 Satz 1 umfasst alle erforderlichen Maßnahmen zum Schutz der Gesundheit und der Heilbehandlung, einschließlich einer notwendigen Zahnbehandlung, sowie die Verpflegung und Unterkunft des kranken oder verletzten Besatzungsmitglieds. [2]Zur medizinischen Betreuung gehören auch die Versorgung mit den notwendigen Arznei- und Heilmitteln, der Zugang zu medizinischen Geräten und Einrichtungen für Diagnose und Behandlung und zu medizinischen Informationen und Fachauskünften.

(4) Das Besatzungsmitglied hat das Recht, in den Anlaufhäfen umgehend einen qualifizierten Arzt oder Zahnarzt aufzusuchen.

(5) Der Anspruch nach Absatz 1 besteht nicht, wenn

1. das Heuerverhältnis im Ausland begründet worden ist und das Besatzungsmitglied die Reise wegen einer bei Beginn des Heuerverhältnisses bereits vorhandenen Erkrankung oder Verletzung nicht antritt,
2. das Besatzungsmitglied eine Krankheit oder ein Gebrechen bei Abschluss des Heuervertrages vorsätzlich verschwiegen hat oder
3. das Besatzungsmitglied sich die Krankheit oder Verletzung durch eine von ihm vorsätzlich begangene Straftat zugezogen hat.

§ 100 Besonderheiten bei der medizinischen Betreuung im Inland

(1) Liegt das Schiff in einem inländischen Hafen, so hat ein in der gesetzlichen Krankenversicherung oder der privaten substitutiven Krankenversicherung versichertes Besatzungsmitglied, solange es an Bord bleibt, die Wahl zwischen der medizinischen Betreuung auf Kosten des Reeders oder der Krankenversicherung.

(2) Der Reeder kann das in der gesetzlichen Krankenversicherung oder der privaten substitutiven Krankenversicherung versicherte Besatzungsmitglied an die Krankenversicherung verweisen, wenn

1. eine Schiffsärztin oder ein Schiffsarzt oder ein vom Reeder beauftragter Arzt nicht zur Verfügung steht,

2. die Krankheit oder das Verhalten des Besatzungsmitglieds das Verbleiben an Bord nicht gestattet oder unzumutbar macht oder
3. der Erfolg der Behandlung gefährdet ist.

§ 101 Besonderheiten bei der medizinischen Betreuung im Ausland

(1) Hat ein Besatzungsmitglied das Schiff im Ausland wegen Krankheit oder Verletzung verlassen müssen, so kann das Besatzungsmitglied vom Reeder Heilbehandlung und Verpflegung in einem zumutbaren Krankenhaus verlangen.

(2) In den Fällen des Absatzes 1 hat der Reeder dem Besatzungsmitglied zur Befriedigung notwendiger persönlicher Bedürfnisse ein angemessenes Tagegeld zu zahlen, sofern nicht die Heuer nach § 104 fortzuzahlen ist.

§ 102 Ruhen des Anspruchs auf medizinische Betreuung auf Kosten des Reeders

Weigert sich ein Besatzungsmitglied ohne berechtigten Grund, die angebotene Heilbehandlung oder Krankenhausbehandlung anzunehmen, so ruht der Anspruch auf medizinische Betreuung auf Kosten des Reeders für die Dauer der unberechtigten Weigerung.

§ 103 Ende der medizinischen Betreuung auf Kosten des Reeders

(1) [1]Die medizinische Betreuung auf Kosten des Reeders endet, sobald ein Besatzungsmitglied, das in der gesetzlichen Krankenversicherung oder der privaten substitutiven Krankenversicherung versichert ist, an einem inländischen Ort das Schiff verlässt. [2]Die medizinische Betreuung ist jedoch, wenn mit der Unterbrechung Gefahr verbunden ist, fortzusetzen, bis die zuständige Krankenversicherung oder die zuständige Unfallversicherung mit Leistungen beginnt.

(2) [1]Ist ein Besatzungsmitglied im Ausland zurückgelassen worden, so endet die medizinische Betreuung auf Kosten des Reeders, wenn das Besatzungsmitglied, das in der gesetzlichen Krankenversicherung oder der privaten substitutiven Krankenversicherung versichert ist, nach Deutschland heimgeschafft oder zurückgekehrt ist. [2]Die medizinische Betreuung auf Kosten des Reeders endet für jedes Besatzungsmitglied spätestens mit dem Ablauf der 26. Woche, nachdem es das Schiff verlassen hat. [3]Bei Verletzung infolge eines Arbeitsunfalls endet die medizinische Betreuung, sobald die zuständige Unfallversicherung mit ihren Leistungen beginnt.

Unterabschnitt 2
Heuerfortzahlung und sonstige Ansprüche im Krankheitsfall

§ 104 Fortzahlung der Heuer im Krankheitsfall

(1) [1]Ein infolge Krankheit oder Verletzung arbeitsunfähiges Besatzungsmitglied hat Anspruch auf Fortzahlung der Heuer vom Beginn der Arbeitsunfähigkeit mindestens bis zu dem Tage, an dem es das Schiff verlässt. [2]Im Übrigen gelten die Vorschriften des Entgeltfortzahlungsgesetzes. [3]Solange das Besatzungsmitglied sich an Bord eines Schiffes auf See oder im Ausland aufhält, ist jedoch § 5 des Entgeltfortzahlungsgesetzes nur insoweit anzuwenden, als das Besatzungsmitglied zur Mitteilung seiner Arbeitsunfähigkeit und deren voraussichtlicher Dauer verpflichtet ist.

(2) [1]Der Reeder hat einem arbeitsunfähig erkrankten oder verletzten Besatzungsmitglied, das keinen Anspruch auf Fortzahlung der Heuer nach Absatz 1 mehr hat, bis zur Dauer von 16 Wochen seit Beginn der Arbeitsunfähigkeit oder der Behandlung in einem Krankenhaus einen Betrag in Höhe des Krankengeldes zu zahlen, das dem Besatzungsmitglied nach dem Fünften Buch Sozialgesetzbuch zustehen würde, wenn es in der gesetzlichen Krankenversicherung versichert und im Inland erkrankt wäre. [2]Der Anspruch nach Satz 1 besteht nicht für ein Besatzungsmitglied, das das Schiff verlassen hat und im Inland einen Anspruch auf Krankengeld gegen die gesetzliche Krankenversicherung hat.

§ 105 Heimschaffung im Krankheitsfall

(1) [1]Ein Besatzungsmitglied, das wegen Krankheit oder Verletzung im Ausland zurückgelassen ist, kann mit seiner Einwilligung und der des behandelnden Arztes nach Maßgabe des § 73 heimgeschafft werden. [2]Ist das Besatzungsmitglied außerstande, die Einwilligung zu erteilen, oder verweigert es die Einwilligung ohne ausreichenden Grund, so kann sie durch die Berufsgenossenschaft nach Anhörung eines Arztes, der nicht dem seeärztlichen Dienst der Berufsgenossenschaft angehört, ersetzt werden.

(2) [1]Ein Besatzungsmitglied, das nach Abschluss der Kranken- oder Heilbehandlung im Ausland nicht an Bord des Schiffes zurückkehren kann, hat Anspruch auf Heimschaffung nach Maßgabe der §§ 73 und 76. [2]Soweit dem Besatzungsmitglied nicht ein Heueranspruch auf Grund anderer Vorschriften zusteht, hat es während der Dauer der Heimschaffung Anspruch auf ein angemessenes Tagegeld zur Befriedigung notwendiger persönlicher Bedürfnisse.

§ 106 Sorge für Sachen und Heuerguthaben eines erkrankten oder verletzten Besatzungsmitglieds

(1) [1]Muss ein Besatzungsmitglied wegen Krankheit oder Verletzung an Land zurückgelassen werden, so hat der Kapitän, soweit das Besatzungsmitglied nichts anderes bestimmt hat, unverzüglich dessen Sachen und dessen Heuerguthaben dem Vertreter des Reeders vor Ort zur Aufbewahrung zu übergeben. [2]Das Besatzungsmitglied muss der Übergabe an den Vertreter des Reeders zustimmen, wenn es dazu in der Lage ist. [3]Das Besatzungsmitglied ist in jedem Fall über die Übergabe zu informieren.

(2) [1]Der Kapitän hat unverzüglich dafür zu sorgen, dass eine Aufstellung über die Sachen und das Heuerguthaben des Besatzungsmitglieds in zwei Ausfertigungen erstellt und dabei die Aufbewahrungsstelle angegeben wird. [2]Diese Aufstellung ist vom Kapitän und einem anderen Besatzungsmitglied zu unterzeichnen. [3]Je eine Ausfertigung der Aufstellung erhalten die Aufbewahrungsstelle und das zurückgelassene Besatzungsmitglied.

Unterabschnitt 3
Gewährleistung der medizinischen Betreuung durch den Reeder

§ 107 Medizinische Räumlichkeiten und medizinische Ausstattung

(1) [1]Der Reeder hat dafür zu sorgen, dass das Schiff mit den für eine ausreichende medizinische Betreuung der Personen an Bord erforderlichen Räumlichkeiten (medizinische Räumlichkeiten) versehen ist. [2]Zu den medizinischen Räumlichkeiten gehören

1. die Kranken-, Behandlungs- und Operationsräume,
2. die Einrichtung dieser Räume, insbesondere der Apothekenschrank, sanitäre Einrichtungen und Kommunikationseinrichtungen sowie Beleuchtung und Belüftung.

[3]Der Reeder hat dafür zu sorgen, dass die medizinischen Räumlichkeiten in ständig einsatzbereitem Zustand gehalten werden.

(2) [1]Der Reeder hat dafür zu sorgen, dass nach Maßgabe der Sätze 2 und 3 das Schiff sowie die zum Schiff gehörenden Überlebensfahrzeuge und Bereitschaftsboote mit einer angemessenen medizinischen Ausstattung versehen sind, die die Anforderungen des jeweiligen Schiffstyps, des Einsatzzweckes und des Fahrtgebietes sowie die Art, die Dauer, das Ziel der Reisen und die Anzahl der Personen an Bord berücksichtigt. [2]Zu der medizinischen Ausstattung gehören insbesondere

1. die in der Schiffsapotheke, in Arzneikisten oder in Sanitätskästen aufbewahrten Arzneimittel, Medizinprodukte, Hilfsmittel und sonstige medizinische Ausrüstung,
2. die notwendigen Unterlagen für die täglichen oder anlassbezogenen Aufzeichnungen über die Behandlungen und die Verwendung der Schiffsapotheke und der sonstigen medizinischen Ausrüstung, insbesondere Tagebücher und ärztliche Berichtsformulare, und
3. die benötigten medizinischen Anleitungen.

[3]Die medizinische Ausstattung muss hinsichtlich ihres Inhaltes, ihrer Aufbewahrung, ihrer Kennzeichnung und ihrer Anwendung, einschließlich der Aufzeichnungsmöglichkeiten, geeignet sein, den Schutz der Gesundheit der Personen an Bord und deren unverzügliche angemessene medizinische Behandlung und Versorgung an Bord zu gewährleisten. [4]Entspricht die medizinische Ausstattung dem im Verkehrsblatt oder im Bundesanzeiger jeweils zuletzt bekannt gemachten Stand der medizinischen Anforderungen in der Seeschifffahrt (Stand der medizinischen Erkenntnisse), genügt die medizinische Ausstattung den Anforderungen des Satzes 3.

§ 108 Ausschuss für medizinische Ausstattung in der Seeschifffahrt

(1) [1]Das Bundesministerium für Verkehr, Bau und Stadtentwicklung errichtet einen Ausschuss für medizinische Ausstattung in der Seeschifffahrt (Ausschuss). [2]Dem Ausschuss obliegt es,

1. Entwicklungen im Bereich der medizinischen Ausstattung fortlaufend zu verfolgen,
2. den Stand der medizinischen Erkenntnisse zu ermitteln und festzustellen,
3. Empfehlungen zur Einrichtung der medizinischen Räumlichkeiten zu geben.

[3]Bei der Feststellung des Standes der medizinischen Erkenntnisse sind insbesondere der jeweilige Schiffstyp, die Anzahl der Personen an Bord, der Einsatzzweck, das Fahrtgebiet, die Art, die Dauer und das Ziel der Reisen sowie einschlägige national und international empfohlene ärztliche Normen zu berücksichtigen.

(2) [1]Das Bundesministerium für Verkehr, Bau und Stadtentwicklung hat den vom Ausschuss festgestellten Stand der medizinischen Erkenntnisse im Verkehrsblatt oder im Bundesanzeiger bekannt zu geben. [2]Die Berufsgenossenschaft kann eine Bekanntmachung nach Satz 1 nachrichtlich auf ihrer Internetseite veröffentlichen.

(3) [1]Der Ausschuss besteht aus einer Vertreterin oder einem Vertreter

1. des seeärztlichen Dienstes der Berufsgenossenschaft,
2. des funk- oder satellitenfunkärztlichen Dienstes mit fachärztlicher Beratung,
3. der für die Gesundheitsangelegenheiten zuständigen Behörde der Freien und Hansestadt Hamburg, wobei die Person in der Schifffahrtsmedizin erfahren sein muss,
4. des auf Grund des Abkommens der Länder über die Zusammenarbeit auf dem Gebiet der Schifffahrtsmedizin eingerichteten Arbeitskreises der Küstenländer für Schiffshygiene, wobei die Person in der Schifffahrtsmedizin erfahren sein muss,
5. des Bundesinstituts für Arzneimittel und Medizinprodukte,
6. der Arzneimittelkommission der Deutschen Apotheker,
7. der Arzneimittelkommission der deutschen Ärzteschaft,
8. des Bundesamtes für Seeschifffahrt und Hydrographie,
9. der Reeder und
10. der Seeleute.

[2]Ferner gehören dem Ausschuss mit beratender Stimme an:

1. eine weitere Vertreterin oder ein weiterer Vertreter der Berufsgenossenschaft mit Befähigung zum Richteramt,
2. zwei von der Bundesapothekerkammer benannte, in der Schiffsausrüstung erfahrene Apothekerinnen oder Apotheker,
3. eine Vertreterin oder ein Vertreter der Deutschen Gesellschaft für Maritime Medizin, die oder der nicht zugleich den in Satz 1 genannten Einrichtungen angehört.

[3]Den Vorsitz führt eine Vertreterin oder ein Vertreter des Bundesministeriums für Verkehr, Bau und Stadtentwicklung, die oder der kein Stimmrecht hat. [4]Die in Satz 1 Nummer 1 bis 7 bezeichneten Personen müssen hinsichtlich der medizinischen Behandlung und Versorgung von Personen an Bord oder hinsichtlich der Zulassung und Registrierung von Arzneimitteln, Betäubungsmitteln und Medizinprodukten fachkundig sein; die in Satz 1 Nummer 8 bis 10 bezeichneten Personen müssen Inhaber eines Befähigungszeugnisses für den nautischen Dienst auf Kauffahrteischiffen sein oder

über gleichwertige Seefahrterfahrung einschließlich praktischer Kenntnisse in der medizinischen Betreuung an Bord verfügen.

(4) [1]Der Ausschuss ist bei der Wahrnehmung seiner Aufgaben unabhängig. [2]Der Ausschuss tagt nicht öffentlich. [3]Über die Beratungen ist, mit Ausnahme der gefassten Beschlüsse, gegenüber Dritten Stillschweigen zu wahren. [4]Der Ausschuss ist beschlussfähig, wenn mehr als die Hälfte der stimmberechtigten Mitglieder anwesend sind; er fasst seine Beschlüsse mit der Mehrheit von zwei Dritteln der anwesenden stimmberechtigten Mitglieder. [5]Außerhalb von Sitzungen können Beschlüsse im schriftlichen Verfahren gefasst werden, wenn kein stimmberechtigtes Mitglied widerspricht; in diesem Falle bedarf ein Beschluss der Mehrheit von zwei Dritteln aller stimmberechtigten Mitglieder.

(5) [1]Das Bundesministerium für Verkehr, Bau und Stadtentwicklung beruft die Mitglieder des Ausschusses auf Vorschlag der entsendungsberechtigten Behörden und sonstigen Einrichtungen für die Dauer von drei Jahren. [2]Für jedes Mitglied ist ein Vertreter zu berufen. [3]Wiederberufung ist zulässig. [4]Das Bundesministerium für Verkehr, Bau und Stadtentwicklung kann einen Vorschlag nur zurückweisen, wenn die vorgeschlagene Person die notwendige Fachkunde nicht besitzt. [5]Das Bundesministerium für Verkehr, Bau und Stadtentwicklung hat ferner, soweit im Einzelfall ein besonderer fachlicher Bedarf besteht, je eine Vertreterin oder einen Vertreter

1. des Bernhard-Nocht-Instituts für Tropenmedizin im Hinblick auf tropenmedizinische Belange,
2. des Paul-Ehrlich-Instituts im Hinblick auf Belange des Impfschutzes und der Anwendung von Sera und Impfstoffen,
3. des Robert Koch-Instituts im Hinblick auf die Bekämpfung und Verhütung von Infektionskrankheiten oder
4. der Bundesanstalt für Landwirtschaft und Ernährung im Hinblick auf besondere Belange der Seefischerei

zu beratenden Mitgliedern des Ausschusses auf Vorschlag der genannten Einrichtungen zu berufen; die Sätze 2 und 3 gelten entsprechend. [6]Darüber hinaus kann das Bundesministerium für Verkehr, Bau und Stadtentwicklung bei sonstigem Bedarf weitere Personen benennen, die beratend an Sitzungen des Ausschusses teilnehmen können.

(6) Die Geschäftsführung des Ausschusses obliegt der Berufsgenossenschaft; sie nimmt an den Sitzungen teil.

§ 109 Durchführung der medizinischen Betreuung und Kontrollen an Bord

(1) [1]Für die Durchführung der medizinischen Behandlung und Versorgung an Bord und die Führung, Verwaltung und vertrauliche Behandlung der Aufzeichnungen, insbesondere der ärztlichen Berichtsformulare, ist

1. der Schiffsarzt oder die Schiffsärztin oder
2. auf einem Schiff ohne Schiffsarzt oder Schiffsärztin der Kapitän

zuständig. [2]Der Kapitän kann im Falle des Satzes 1 Nummer 2 einen Schiffsoffizier mit der Wahrnehmung der Aufgaben nach Satz 1 beauftragen. [3]Der Kapitän und für den Fall des Satzes 2 zusätzlich auch der Schiffsoffizier müssen über eine Ausbildung verfügen, die eine angemessene medizinische Behandlung und Versorgung an Bord gewährleistet. [4]Die in Satz 3 genannten Personen müssen sich alle fünf Jahre in diesem Bereich durch die Teilnahme an einem zugelassenen medizinischen Wiederholungslehrgang fortbilden. [5]Die Anbieter medizinischer Wiederholungslehrgänge haben sicherzustellen, dass den Teilnehmern die für die angemessene medizinische Behandlung und Versorgung an Bord aktuellen Kenntnisse und Fähigkeiten vermittelt werden. [6]Ein medizinischer Wiederholungslehrgang wird von der Berufsgenossenschaft zugelassen, wenn gewährleistet ist, dass die Anforderungen des Satzes 5 in Verbindung mit einer Rechtsverordnung nach § 113 Absatz 1 Nummer 4 erfüllt werden.

(2) [1]Der Reeder hat dafür zu sorgen, dass die in Absatz 1 Satz 1 angeführten Aufgaben von den dort genannten Personen wahrgenommen werden. [2]Der Reeder hat ferner dafür zu sorgen, dass sein Schiff

1. bei Indienststellung,
2. bei einem Flaggenwechsel oder
3. im Rahmen der Flaggenstaatkontrolle nach Maßgabe des § 129 Absatz 2

hinsichtlich der medizinischen Räumlichkeiten und der medizinischen Ausstattung durch die Berufsgenossenschaft überprüft wird. [3]Die Berufsgenossenschaft kann sich der Mitwirkung von anerkannten Organisationen bedienen.

(3) [1]Der Reeder hat zusätzlich zu der Überprüfung durch die Berufsgenossenschaft durch betriebseigene Kontrollen mindestens alle zwölf Monate sicherzustellen, dass die medizinischen Räumlichkeiten und die medizinische Ausstattung stets in einem ordnungsgemäßen Zustand sind. [2]Bei der Kontrolle und der notwendigen Ergänzung der medizinischen Ausstattung mit Arzneimitteln und Medizinprodukten hat sich der Reeder der Mitwirkung einer öffentlichen Apotheke zu bedienen. [3]Die in Absatz 1 Satz 1 und 2 genannten Personen haben über die Durchführung der betriebseigenen Kontrollen und die Mitwirkung der Apotheke stets aktuelle Nachweise zu führen und mindestens fünf Jahre ab dem Tag der Ausstellung an Bord aufzubewahren.

(4) [1]Die nach Absatz 1 Satz 1 oder 2 zuständige Person hat die medizinische Betreuung eines erkrankten oder verletzten Besatzungsmitglieds in den ärztlichen Berichtsformularen unverzüglich schriftlich aufzuzeichnen und an Bord aufzubewahren, bis sie an eine zuständige Stelle abzugeben ist. [2]Die Berichtsformulare und die darin enthaltenen Angaben sind vertraulich zu behandeln und dürfen nur genutzt werden, um die Behandlung des Besatzungsmitglieds zu erleichtern. [3]Das Bundesministerium für Verkehr, Bau und Stadtentwicklung gibt die Muster der ärztlichen Berichtsformulare im Verkehrsblatt oder im Bundesanzeiger bekannt.

§ 110 Überwachung

Über die Befugnisse des § 143 hinaus können die Berufsgenossenschaft und bei ihr beschäftigte Personen insbesondere anordnen, dass

1. die medizinischen Räumlichkeiten so ausgestattet und unterhalten werden, dass sie den Anforderungen des § 107 Absatz 1 Satz 1 genügen,
2. die medizinische Ausstattung, die nicht dem Stand der medizinischen Erkenntnisse im Sinne des § 107 Absatz 2 Satz 4 entspricht, so geändert oder ergänzt wird, dass sie den Anforderungen des § 107 Absatz 2 Satz 3 oder einer Anordnung nach § 111 Absatz 2 genügt.

§ 111 Ausnahmen

(1) Die Berufsgenossenschaft kann auf Antrag im Einzelfall Ausnahmen von den Anforderungen nach diesem Unterabschnitt und den auf Grund der Vorschriften dieses Unterabschnitts erlassenen Rechtsverordnungen bewilligen, soweit dies mit dem Stand der medizinischen Erkenntnisse vereinbar ist und die medizinische Behandlung und Versorgung der Personen an Bord nicht gefährdet wird.

(2) [1]Die Berufsgenossenschaft kann mit Zustimmung des Bundesministeriums für Verkehr, Bau und Stadtentwicklung gegenüber den Reedern anordnen, dass abweichend von dem im Verkehrsblatt oder im Bundesanzeiger veröffentlichten Stand der medizinischen Erkenntnisse die medizinische Ausstattung bestimmten Anforderungen zu genügen hat, soweit dies erforderlich ist, um neueren Erkenntnissen, die im Stand der medizinischen Erkenntnisse noch nicht berücksichtigt sind, Rechnung zu tragen. [2]Eine Anordnung nach Satz 1 gilt bis zur Veröffentlichung eines neueren Standes der medizinischen Erkenntnisse, längstens für zwei Jahre. [3]Die Anordnung ist im Verkehrsblatt oder im Bundesanzeiger bekannt zu geben; sie kann zusätzlich auf der Internetseite der Berufsgenossenschaft veröffentlicht werden.

§ 112 Funk- und satellitenfunkärztliche Betreuung
Der vom Bund nach § 1 Nummer 7a des Seeaufgabengesetzes eingerichtete funk- oder satellitenfunkärztliche Dienst mit fachärztlicher Beratung steht allen Schiffen auf See, ungeachtet ihrer Flagge, kostenfrei und jederzeit für funk- oder satellitenfunkärztliche Beratung, einschließlich fachärztlicher Beratung, zur Verfügung.

§ 113 Rechtsverordnungen
(1) [1] Das Bundesministerium für Verkehr, Bau und Stadtentwicklung wird ermächtigt, zur Sicherstellung einer ausreichenden medizinischen Behandlung und Versorgung an Bord eines Schiffes durch Rechtsverordnung ohne Zustimmung des Bundesrates
1. die Geschäftsordnung für den Ausschuss für medizinische Ausstattung in der Seeschifffahrt zu regeln; dabei kann die Bildung von vorbereitenden Unterausschüssen, deren Aufgaben und deren Zusammensetzung bestimmt werden,
2. nähere Vorschriften über die Besetzung von Schiffen mit Schiffsärzten zu erlassen,
3. die näheren Anforderungen an die Ausbildung und Fortbildung der Personen im Sinne des § 109 Absatz 1 Satz 1 Nummer 2 und Satz 2, einschließlich von Prüfungen und Ausstellung von Bescheinigungen und Zeugnissen, zu bestimmen,
4. die näheren Anforderungen an die Zulassung und Qualitätssicherung medizinischer Wiederholungskurse zu bestimmen,
5. nähere Vorschriften zur Überwachung der Vorschriften dieses Unterabschnitts und der auf Grund der Vorschriften dieses Unterabschnitts erlassenen Rechtsverordnungen, insbesondere über Meldepflichten, Aufzeichnungspflichten, Pflichten zur Aufbewahrung von geschäftlichen Unterlagen, Pflichten zu Auskünften, zur Duldung von Besichtigungen der Geschäftsräume und Betriebsstätten und Unterstützungspflichten, zu erlassen,
6. das Nähere über Art, Umfang und Häufigkeit der betriebseigenen Kontrollen nach § 109 Absatz 3 sowie die erforderlichen Nachweise, Aufzeichnungen und Aufbewahrungsfristen zu regeln.

[2] In Rechtsverordnungen nach Satz 1 Nummer 3, 4 und 6 kann das Verwaltungsverfahren näher geregelt werden. [3] Rechtsverordnungen nach Satz 1 bedürfen des Einvernehmens
1. des Bundesministeriums für Ernährung, Landwirtschaft und Verbraucherschutz, soweit die Seefischerei betroffen ist,
2. des Bundesministeriums für Gesundheit, soweit infektiologische oder hygienische Regelungsinhalte betroffen sind.

(2) Das Bundesministerium für Arbeit und Soziales wird ermächtigt, zur Sicherstellung einer ausreichenden medizinischen Behandlung und Versorgung an Bord eines Schiffes durch Rechtsverordnung ohne Zustimmung des Bundesrates nähere Vorschriften zu den medizinischen Räumlichkeiten zu erlassen.

Unterabschnitt 4
Sicherheit und Gesundheitsschutz bei der Arbeit

§ 114 Allgemeiner Schutz gegen Betriebsgefahren
(1) [1] Der Reeder ist verpflichtet, den gesamten Schiffsbetrieb und alle Arbeitsmittel, Geräte und Anlagen an Bord so einzurichten und zu unterhalten sowie die Beschäftigung und den Ablauf der Arbeit so zu regeln, dass die Besatzungsmitglieder gegen See- und Feuergefahren, arbeitsbedingte Gesundheitsgefahren sowie gegen sonstige Gefahren für Leben, Gesundheit und Sittlichkeit soweit geschützt sind, wie die Art des Schiffsbetriebs es gestattet. [2] Insbesondere hat der Reeder sicherzustellen, dass dem Kapitän die erforderlichen Mittel zur Verfügung gestellt werden, um eine ausreichende Besatzungsstärke des Schiffes und die Einhaltung der gesetzlichen Arbeitsschutz- und Ar-

beitszeitbestimmungen zu gewährleisten. [3]Die Pflichten zur Unterhaltung und zum sicheren Betrieb des Schiffes und der Arbeitsbereiche, Anlagen und Geräte an Bord sowie zur Regelung der Beschäftigung und des Ablaufs der Arbeit treffen auch den Kapitän.

(2) Die Besatzungsmitglieder haben die Arbeitsschutzmaßnahmen zu befolgen.

§ 115 Schiffssicherheitsausschuss

(1) [1]Der Reeder hat auf Schiffen mit fünf oder mehr Besatzungsmitgliedern einen Schiffssicherheitsausschuss zu bilden. [2]Dieser Ausschuss setzt sich zusammen aus:

1. dem Kapitän,
2. einem von der Bordvertretung bestimmten Mitglied der Bordvertretung und
3. dem Sicherheitsbeauftragten nach § 116.

[3]Soweit eine Bordvertretung nicht besteht, ist das Mitglied nach Satz 2 Nummer 2 vom Kapitän nach Anhörung der Besatzung zu benennen.

(2) [1]Der Schiffssicherheitsausschuss hat die Aufgabe, Anliegen des Arbeitsschutzes und der Unfallverhütung zu beraten. [2]Der Schiffssicherheitsausschuss tritt mindestens einmal vierteljährlich zusammen.

§ 116 Sicherheitsbeauftragter

(1) [1]Der Reeder hat auf Schiffen mit fünf oder mehr Besatzungsmitgliedern einen Sicherheitsbeauftragten zu bestellen. [2]Die Bestellung und Abberufung erfolgt mit Zustimmung der Bordvertretung, soweit eine solche besteht.

(2) Der Sicherheitsbeauftragte hat den Reeder bei der Durchführung der Maßnahmen zur Verhütung von Arbeitsunfällen und Berufskrankheiten zu unterstützen, insbesondere sich von dem Vorhandensein und der ordnungsgemäßen Benutzung der vorgeschriebenen Schutzeinrichtungen und persönlichen Schutzausrüstungen zu überzeugen sowie auf Unfall- und Gesundheitsgefahren für die Besatzungsmitglieder aufmerksam zu machen.

(3) Der Sicherheitsbeauftragte darf wegen der Erfüllung der ihm übertragenen Aufgaben nicht benachteiligt werden.

§ 117 Besonderer Schutz von jugendlichen Besatzungsmitgliedern

(1) Die Beschäftigung oder Arbeit von jugendlichen Besatzungsmitgliedern mit Arbeiten, die ihre Gesundheit oder Sicherheit gefährden können, ist verboten.

(2) [1]Jugendliche Besatzungsmitglieder dürfen nicht beschäftigt werden oder Arbeiten übertragen erhalten,

1. die ihre physische oder psychische Leistungsfähigkeit übersteigen,
2. bei denen sie sittlichen Gefahren ausgesetzt sind,
3. die mit Unfallgefahren verbunden sind, von denen anzunehmen ist, dass jugendliche Besatzungsmitglieder sie wegen mangelnden Sicherheitsbewusstseins oder mangelnder Erfahrung nicht erkennen oder nicht abwenden können,
4. bei denen ihre Gesundheit durch außergewöhnliche Hitze oder Kälte oder starke Nässe gefährdet wird,
5. bei denen sie schädlichen Einwirkungen von Lärm, Erschütterungen oder Strahlen ausgesetzt sind,
6. bei denen sie schädlichen Einwirkungen von Gefahrstoffen im Sinne der Gefahrstoffverordnung ausgesetzt sind,
7. bei denen sie schädlichen Einwirkungen von biologischen Arbeitsstoffen im Sinne der Biostoffverordnung ausgesetzt sind,
8. im Maschinendienst, wenn sie die Abschlussprüfung in einem für den Maschinendienst anerkannten Ausbildungsberuf noch nicht bestanden haben.

[2]Satz 1 Nummer 3 bis 8 gilt nicht für jugendliche Besatzungsmitglieder, soweit
1. dies zur Erreichung ihres Ausbildungszieles erforderlich ist,
2. ihr Schutz durch die Aufsicht einer fachkundigen Person gewährleistet ist,
3. der Luftgrenzwert bei gefährlichen Stoffen nach Nummer 6 unterschritten wird.

[3]Satz 2 ist nicht anzuwenden auf gezielte Tätigkeiten mit biologischen Arbeitsstoffen der Risikogruppen 3 und 4 im Sinne der Biostoffverordnung sowie für die Beschäftigung von mindestens 15-jährigen Besatzungsmitgliedern auf Fischereifahrzeugen nach § 10 Absatz 3.

(3) [1]Der Kapitän hat die erforderlichen Vorkehrungen und Anordnungen zum Schutze der jugendlichen Besatzungsmitglieder gegen Gefahren für Leben und Gesundheit sowie zur Vermeidung einer Beeinträchtigung der körperlichen oder seelisch-geistigen Entwicklung zu treffen. [2]Hierbei sind das mangelnde Sicherheitsbewusstsein, die mangelnde Erfahrung und der Entwicklungsstand der jugendlichen Besatzungsmitglieder zu berücksichtigen und die allgemein anerkannten sicherheitstechnischen und arbeitsmedizinischen Regeln sowie die sonstigen gesicherten arbeitswissenschaftlichen Erkenntnisse zu beachten. [3]Der Kapitän hat insbesondere bei folgenden Tätigkeiten zu prüfen, ob eine Arbeit jugendlicher Besatzungsmitglieder nach den Absätzen 1 und 2 ausgeschlossen ist:
1. Heben, Bewegen oder Tragen schwerer Lasten oder Gegenstände,
2. Betreten von Kesseln, Tanks und Kofferdämmen,
3. Bedienen von Hebezeugen und anderen kraftgetriebenen Geräten und Werkzeugen oder die Tätigkeit als Signalgeber zur Verständigung mit den Personen, die derartige Geräte bedienen,
4. Handhabung von Festmachertrossen, Schlepptrossen oder Ankergeschirr,
5. Arbeiten in der Takelage,
6. Arbeiten in der Höhe oder auf Deck bei schwerem Wetter,
7. Wachdienst während der Nacht,
8. Wartung elektrischer Anlagen und Geräte,
9. Reinigung von Küchenmaschinen,
10. Bedienen von Schiffsbooten oder die Übernahme der Verantwortung für diese.

(4) [1]Vor Beginn der Arbeit jugendlicher Besatzungsmitglieder und bei wesentlicher Änderung der Arbeitsbedingungen hat der Kapitän die mit der Arbeit verbundenen Gefährdungen jugendlicher Besatzungsmitglieder zu beurteilen. [2]Im Übrigen gelten die Vorschriften des Arbeitsschutzgesetzes.

(5) [1]Der Kapitän hat die jugendlichen Besatzungsmitglieder vor Beginn der Arbeit und bei wesentlicher Änderung der Arbeitsbedingungen über die Unfall- und Gesundheitsgefahren, denen sie bei der Arbeit ausgesetzt sind, sowie über die Einrichtungen und Maßnahmen zur Abwendung dieser Gefahren zu unterweisen. [2]Er hat die jugendlichen Besatzungsmitglieder vor der erstmaligen Arbeitsaufnahme an Maschinen und gefährlichen Arbeitsstellen oder mit Arbeiten, bei denen sie mit gesundheitsgefährdenden Stoffen in Berührung kommen, über die besonderen Gefahren dieser Arbeiten sowie über das bei ihrer Verrichtung erforderliche Verhalten zu unterweisen. [3]Die Unterweisungen sind in angemessenen Zeitabständen, mindestens aber halbjährlich zu wiederholen.

(6) Der Reeder beteiligt die Betriebsärztinnen und Betriebsärzte sowie die Fachkräfte für Arbeitssicherheit an der Planung, Durchführung und Überwachung der für die Sicherheit und den Gesundheitsschutz bei der Arbeit jugendlicher Besatzungsmitglieder geltenden Vorschriften.

(7) [1]Für Besatzungsmitglieder, die nicht beim Reeder beschäftigt sind, haben deren Arbeitgeber oder Ausbildende und der Kapitän gemeinsam für die Einhaltung der Vorschriften nach den Absätzen 1 bis 5 zu sorgen. [2]Für diese Besatzungsmitglieder kann anstelle des Kapitäns der Arbeitgeber, der Ausbildende oder die diese an Bord vertretende Person mit Zustimmung des Kapitäns Anordnungen zum Arbeitsschutz treffen.

(8) [1]Die Berufsgenossenschaft kann im Einzelfall feststellen, ob eine Arbeit unter die Arbeitsverbote oder Arbeitsbeschränkungen nach den Absätzen 1 und 2 oder einer nach § 118 erlassenen

Rechtsverordnung fällt. [2]Sie kann in Einzelfällen die Arbeit jugendlicher Besatzungsmitglieder mit bestimmten Tätigkeiten über die Arbeitsverbote oder Arbeitsbeschränkungen des Absatzes 1 und einer Rechtsverordnung nach § 118 hinaus verbieten oder beschränken, wenn diese Arbeiten mit Gefahren für Leben, Gesundheit oder für die körperliche oder seelisch-geistige Entwicklung der jugendlichen Besatzungsmitglieder verbunden sind.

§ 118 Rechtsverordnungen
[1]Das Bundesministerium für Arbeit und Soziales wird ermächtigt, im Einvernehmen mit dem Bundesministerium für Verkehr, Bau und Stadtentwicklung durch Rechtsverordnung ohne Zustimmung des Bundesrates die Arbeitsverbote und Arbeitsbeschränkungen des § 117 Absatz 1 bis 3 für Jugendliche bei Arbeiten, die mit besonderen Gefahren für Leben, Gesundheit oder für die körperliche oder seelisch-geistige Entwicklung verbunden sind, zu bestimmen. [2]Rechtsverordnungen nach Satz 1 bedürfen des Einvernehmens des Bundesministeriums für Ernährung, Landwirtschaft und Verbraucherschutz, soweit die Seefischerei betroffen ist.

Unterabschnitt 5
Zugang zu Sozialeinrichtungen an Land

§ 119 Sozialeinrichtungen für Seeleute an Land
(1) Sozialeinrichtungen für Seeleute in den Häfen haben sicherzustellen, dass sie für alle Seeleute ungeachtet der Flagge des Schiffes diskriminierungsfrei und leicht zugänglich sind.

(2) Zu den Sozialeinrichtungen gehören
1. Versammlungs- und Freizeiträume,
2. Sporteinrichtungen und andere Einrichtungen im Freien, auch für Wettbewerbe,
3. Bildungseinrichtungen und
4. Einrichtungen für die Religionsausübung und für persönlichen Rat.

(3) [1]Die Sozialeinrichtungen sollen Sozialbeiräte einrichten. [2]Den Sozialbeiräten sollen Vertreter der Verbände der Reeder und der Seeleute, der zuständigen Stellen und von freiwilligen Organisationen und Organen der sozialen Betreuung angehören. [3]Soweit angebracht, sollen Konsuln der Seeschifffahrtsstaaten und die örtlichen Vertreter ausländischer Sozialorganisationen eingeladen werden, mit den in den Häfen tätigen Sozialbeiräten zusammenarbeiten.

(4) Sozialeinrichtungen in inländischen Häfen werden im Rahmen der zur Verfügung stehenden Haushaltsmittel vom Bund gefördert.

Abschnitt 7
Ordnung an Bord und Beschwerderecht

Unterabschnitt 1
Einhaltung der Ordnung an Bord

§ 120 Verhalten an Bord
Die Schiffsbesatzung hat vertrauensvoll und unter gegenseitiger Achtung und Rücksichtnahme zusammenzuarbeiten, um den Schiffsbetrieb zu sichern und die öffentliche Sicherheit und Ordnung an Bord und im Zusammenhang mit dem Betrieb des Schiffes zu gewährleisten.

§ 121 Verantwortung des Kapitäns für die Erhaltung von Sicherheit und Ordnung

(1) [1]Der Kapitän ist der Vorgesetzte aller Besatzungsmitglieder. [2]Ihm steht die oberste Anordnungsbefugnis gegenüber den Besatzungsmitgliedern und den sonstigen an Bord befindlichen Personen zu.

(2) [1]Der Kapitän hat für die Erhaltung der öffentlichen Sicherheit und Ordnung an Bord und im Zusammenhang mit dem Betrieb des Schiffes zu sorgen und ist im Rahmen der nachfolgenden Vorschriften und der anderen Rechtsvorschriften berechtigt, die dazu notwendigen Maßnahmen zu treffen. [2]Er darf vom Reeder nicht daran gehindert werden, alle Entscheidungen zu treffen, die nach dem fachlichen Ermessen des Kapitäns für die Sicherheit des Schiffes und seine sichere Fahrt, seinen sicheren Betrieb oder die Sicherheit der Besatzungsmitglieder und der sonstigen an Bord befindlichen Personen erforderlich sind.

(3) [1]Droht Menschen oder dem Schiff eine unmittelbare Gefahr, so kann der Kapitän die zur Abwendung der Gefahr gegebenen Anordnungen notfalls mit den erforderlichen Zwangsmitteln durchsetzen; die vorübergehende Festnahme ist zulässig. [2]Die Grundrechte des Artikels 2 Absatz 2 Satz 1 und 2 und des Artikels 13 Absatz 1 und 2 des Grundgesetzes werden insoweit eingeschränkt. [3]Kommt die Anwendung mehrerer Mittel in Frage, so ist das Mittel zu wählen, das den Betroffenen am wenigsten beeinträchtigt.

(4) [1]Die Anwendung körperlicher Gewalt oder die vorübergehende Festnahme ist nur zulässig, wenn andere Mittel von vornherein unzulänglich erscheinen oder sich als unzulänglich erwiesen haben. [2]Sie dürfen nur insoweit und so lange angewendet werden, als die Erfüllung der Aufgaben des Kapitäns im Rahmen der Absätze 2 und 3 dies erfordert.

(5) [1]Der Kapitän kann die Ausübung der sich aus den Absätzen 1 bis 4 ergebenden Befugnisse auf den Ersten Offizier des Decksdienstes und den Leiter der Maschinenanlage innerhalb ihrer Dienstzweige übertragen, wenn er nicht in der Lage ist, sie selbst auszuüben. [2]Jede Ausübung der Befugnisse ist spätestens innerhalb von 24 Stunden dem Kapitän mitzuteilen. [3]Die Übertragung ist den Besatzungsmitgliedern in geeigneter Weise bekannt zu geben.

(6) Der Kapitän hat Maßnahmen nach den Absätzen 3 und 4 und die Übertragung der Befugnisse nach Absatz 5 unter Darstellung des Sachverhalts unverzüglich in das Seetagebuch einzutragen.

§ 122 Anordnungsbefugnis der Schiffsoffiziere und der anderen Vorgesetzten

(1) Die Schiffsoffiziere und die anderen Vorgesetzten haben die Anordnungsbefugnis zur Erhaltung der öffentlichen Sicherheit und Ordnung an Bord und im Zusammenhang mit dem Betrieb des Schiffes in ihrem Verantwortungsbereich.

(2) Die Schiffsoffiziere sind die Vorgesetzten der in ihrem Dienstzweig tätigen Besatzungsmitglieder, soweit diese nicht Leiter von Dienstzweigen sind, sowie der innerhalb ihres Dienstzweiges tätigen Personen nach § 3 Absatz 3. Leiter von Dienstzweigen sind Vorgesetzte aller in ihrem Dienstzweig tätigen Besatzungsmitglieder und Personen nach § 3 Absatz 3.

(3) [1]Der Kapitän kann innerhalb der einzelnen Dienstzweige auch andere Besatzungsmitglieder als Vorgesetzte bestimmen. [2]Die Bestimmung ist durch Aushang bekannt zu machen.

(4) Der wachhabende Schiffsoffizier des Maschinendienstes und die anderen Besatzungsmitglieder, die Leiter von Dienstzweigen sind, haben die Anordnungen des wachhabenden nautischen Schiffsoffiziers, die im Rahmen des Wachdienstes ergehen, in ihrem Dienstbereich durchzuführen.

§ 123 Pflichten der Vorgesetzten

(1) [1]Der Kapitän und die anderen Vorgesetzten haben die ihnen unterstellten Personen gerecht und verständnisvoll zu behandeln und Verstößen gegen die Gesetze und die guten Sitten entgegenzutreten. [2]Der Kapitän und die Vorgesetzten dürfen Besatzungsmitglieder nicht körperlich bestrafen, entwürdigend behandeln, nötigen oder misshandeln und haben sie vor körperlicher Bestrafung, entwürdigender Behandlung, Nötigung, Misshandlung und sittlicher Gefährdung durch andere Besatzungsmitglieder zu schützen. [3]Sie haben darauf zu achten, dass jugendliche Besatzungsmit-

glieder auch während der Freizeit vor gesundheitlichen und sittlichen Gefahren nach Möglichkeit geschützt sind.

(2) Der Kapitän hat dafür zu sorgen, dass die berufliche Fortbildung der Jugendlichen im Rahmen des Schiffsbetriebs gefördert wird.

§ 124 Pflichten der Besatzungsmitglieder und der sonstigen an Bord befindlichen Personen

(1) [1]Jedes Besatzungsmitglied ist verpflichtet, vollziehbare Anordnungen der Vorgesetzten unverzüglich zu befolgen. [2]Insbesondere ist das Besatzungsmitglied verpflichtet, eine vollziehbare Anordnung eines zuständigen Vorgesetzten unverzüglich zu befolgen, die dazu dient, eine drohende Gefahr für Menschen, für das Schiff oder dessen Ladung abzuwehren, schwere Störungen des Schiffsbetriebs zu verhindern oder Vorschriften über die Schiffssicherheit zu erfüllen. [3]In den Fällen des § 121 Absatz 2 und 3, auch in Verbindung mit Absatz 5, sind die Besatzungsmitglieder zur Beistandsleistung verpflichtet.

(2) Das Besatzungsmitglied ist nicht verpflichtet, eine Anordnung auszuführen, die die Menschenwürde verletzt oder wenn durch das Ausführen der Anordnung eine Straftat oder eine Ordnungswidrigkeit begangen würde.

(3) [1]Die sonstigen an Bord befindlichen Personen haben die vollziehbaren Anordnungen zu befolgen, die ihnen vom Kapitän oder in seiner Vertretung oder seinem Auftrag von einem Mitglied der Besatzung im Interesse der Erhaltung der öffentlichen Sicherheit und Ordnung an Bord und im Zusammenhang mit dem Betrieb des Schiffes erteilt werden. [2]Absatz 2 gilt entsprechend.

§ 125 Anbordbringen von Personen und Gegenständen

(1) Die Besatzungsmitglieder dürfen Personen, die nicht zur Schiffsbesatzung gehören, nicht ohne Erlaubnis des Kapitäns an Bord bringen.

(2) [1]Die Besatzungsmitglieder sind berechtigt, persönliche Bedarfsgegenstände und Verbrauchsgüter in angemessenem Umfang an Bord zu bringen, sofern dadurch nicht gesetzliche Vorschriften verletzt, die Ordnung an Bord beeinträchtigt oder Menschen, Schiff oder Ladung gefährdet werden. [2]Die Mitnahme von anderen Gegenständen, insbesondere von Waffen und Munition, ist nur mit Einwilligung des Kapitäns zulässig.

(3) [1]Werden Gegenstände entgegen den Vorschriften des Absatzes 2 an Bord gebracht, so kann der Kapitän sie in Verwahrung nehmen oder in anderer Weise sicherstellen. [2]Gefährdet ihr Verbleib die Gesundheit der an Bord befindlichen Personen, das Schiff oder die Ladung oder könnte er das Eingreifen einer Behörde veranlassen, so kann der Kapitän die Beseitigung der Gegenstände verlangen. [3]Kommt das Besatzungsmitglied dem Verlangen nicht nach, so kann der Kapitän die Vernichtung der Gegenstände veranlassen. [4]In diesem Falle sind die Tatsache und der Grund der Vernichtung in das Seetagebuch einzutragen.

§ 126 Besatzungsmitgliedern gleichgestellte Personen

Kanalsteurer auf dem Nord-Ostsee-Kanal und Sicherheitskräfte privater nach der Gewerbeordnung zugelassener Bewachungsunternehmen stehen hinsichtlich dieses Unterabschnitts den Besatzungsmitgliedern gleich.

Unterabschnitt 2
Beschwerderecht, Beschwerdeverfahren

§ 127 Beschwerderecht

(1) Das Besatzungsmitglied hat das Recht, sich über einen Verstoß gegen dieses Gesetz und die auf Grund dieses Gesetzes erlassenen Rechtsverordnungen oder über eine Benachteiligung oder un-

gerechte Behandlung bei den in § 128 Absatz 1, 2 und 4 genannten Stellen zu beschweren (Beschwerde).

(2) Der Reeder oder in seinem Auftrag der Kapitän bestimmt mindestens eine Person an Bord des Schiffes, die dem Besatzungsmitglied auf vertraulicher Grundlage unparteiischen Rat zu einer Beschwerde erteilen und bei der Wahrnehmung des Beschwerderechts behilflich sein kann.

(3) [1]Das Besatzungsmitglied kann sich während des Beschwerdeverfahrens von einer Person seines Vertrauens an Bord des Schiffes begleiten und vertreten lassen. [2]Die Befugnis, sich durch einen Rechtsanwalt vertreten zu lassen, bleibt unberührt.

(4) Wegen der Erhebung einer Beschwerde dürfen dem Besatzungsmitglied und den Vertrauenspersonen nach den Absätzen 2 und 3 keine Nachteile entstehen.

(5) Beschwerderechte sowie Entschädigungs- und Schadensersatzansprüche nach anderen gesetzlichen Vorschriften bleiben unberührt.

(6) [1]Der Reeder hat das Besatzungsmitglied zusätzlich zur Aushändigung des Heuervertrages schriftlich über die an Bord gültigen Beschwerderegelungen zu unterrichten. [2]Die Unterrichtung hat auch den Namen der Vertrauensperson nach Absatz 2 und die Anschriften und Rufnummern des Reeders, der Berufsgenossenschaft und der im Wohnsitzstaat für Beschwerden zuständigen Stelle zu enthalten. [3]Der Reeder hat die Unterlagen über die Beschwerderegelungen stets auf dem aktuellen Stand zu halten. [4]Er kann die Verpflichtung nach Satz 3 erfüllen, indem er das Besatzungsmitglied auf einen allgemein zugänglichen Aushang an Bord verweist.

§ 128 Beschwerdeverfahren

(1) Das Besatzungsmitglied soll seine Beschwerde zunächst an den unmittelbaren Vorgesetzten an Bord richten.

(2) [1]Beschwert sich das Besatzungsmitglied bei dem unmittelbaren Vorgesetzten an Bord und hilft dieser der Beschwerde innerhalb einer angemessenen Frist, die im Regelfall zwei Wochen nicht überschreiten soll, nicht ab, hat er die Beschwerde auf Verlangen des Beschwerdeführers dem Kapitän vorzulegen. [2]Der Kapitän hat über die Beschwerde zu entscheiden. [3]Handelt es sich um eine Beschwerde über das Verhalten von Besatzungsmitgliedern, hat der Kapitän zunächst einen gütlichen Ausgleich zu versuchen. [4]Hilft der Kapitän der Beschwerde nicht ab, hat er diese auf Verlangen des Beschwerdeführers an den Reeder weiterzuleiten.

(3) [1]Der Kapitän hat die Beschwerde und seine Entscheidung unter Darstellung des Sachverhalts in das Seetagebuch einzutragen. [2]Dem Beschwerdeführer soll eine Abschrift der Eintragung ausgehändigt werden.

(4) Gleichwohl hat das Besatzungsmitglied das Recht, sich jederzeit unmittelbar

1. bei dem Kapitän,
2. bei dem Reeder,
3. bei der Berufsgenossenschaft,
4. bei den deutschen Auslandsvertretungen,
5. bei anderen geeigneten externen Stellen

zu beschweren.

(5) Die in Absatz 4 Nummer 3 bis 5 genannten Stellen sowie die von ihr beauftragten Personen haben die Quelle einer Beschwerde nach § 127 Absatz 1 vertraulich zu behandeln.

(6) [1]Erhält eine deutsche Auslandsvertretung eine Beschwerde, hat sie diese unverzüglich an die Berufsgenossenschaft weiterzuleiten. [2]Die Berufsgenossenschaft hat sicherzustellen, dass der Reeder und der Kapitän unverzüglich über den Gegenstand der Beschwerde unterrichtet werden.

(7) Die Berufsgenossenschaft hat sicherzustellen, dass Beschwerden von Besatzungsmitgliedern jederzeit entgegengenommen und untersucht werden sowie nach Möglichkeit abgeholfen wird.

(8) [1]Die Berufsgenossenschaft kann sich bei der Untersuchung und Abhilfe von Beschwerden der Mitwirkung anerkannter Organisationen und anderer sachverständiger Personen bedienen. [2]Die Kosten der Überprüfung hat der Reeder zu tragen.

Abschnitt 8
Zeugnisse und Verantwortlichkeit des Flaggenstaates

Unterabschnitt 1
Überprüfung der Arbeits- und Lebensbedingungen auf Schiffen und an Land

§ 129 Umfang der Flaggenstaatkontrolle

(1) [1]Die Berufsgenossenschaft ist im Rahmen dieses Gesetzes für die Überprüfung der Einhaltung der Arbeits- und Lebensbedingungen an Bord von Schiffen nach den Rechtsvorschriften zuständig, die zum Schutz vor Gefahren für die Sicherheit und die Gesundheit oder zum sonstigen Schutz der Besatzungsmitglieder erlassen worden sind. [2]Insbesondere umfasst die Überprüfung die Einhaltung der Vorschriften zu folgenden Anforderungen:

1. Mindestalter,
2. Seediensttauglichkeit,
3. Besatzungsstärke, Besatzungsliste, Befähigungen,
4. Arbeitsvermittlung,
5. Beschäftigungsbedingungen einschließlich Arbeits- und Ruhezeiten,
6. Unterkünfte und Freizeiteinrichtungen,
7. Verpflegung einschließlich Bedienung,
8. Sicherheit und Gesundheitsschutz bei der Arbeit, medizinische und soziale Betreuung,
9. Ordnung an Bord und Beschwerdeverfahren.

[3]Die Zuständigkeit der Berufsgenossenschaft erstreckt sich auch auf Sachverhalte an Land, soweit diese einen unmittelbaren Bezug zu den Arbeits- und Lebensbedingungen an Bord aufweisen.

(2) Die Berufsgenossenschaft überprüft

1. zeugnispflichtige Schiffe nach § 130 regelmäßig alle fünf Jahre mit einer Zwischenüberprüfung zwischen dem zweiten und dritten Jahr der Laufzeit des Zeugnisses,
2. nichtzeugnispflichtige Schiffe nach § 134 regelmäßig alle drei Jahre,
3. Fischereifahrzeuge im Sinne des § 133 Absatz 1 Satz 1 regelmäßig alle vier Jahre mit einer Zwischenüberprüfung nach zwei Jahren und
4. Fischereifahrzeuge, die nicht unter Nummer 3 fallen, anlassbezogen, insbesondere bei Eingang von Beschwerden.

(3) Die Berufsgenossenschaft erteilt nach Maßgabe der nachstehenden Vorschriften das Seearbeitszeugnis, die Seearbeits-Konformitätserklärung und das Fischereiarbeitszeugnis.

Unterabschnitt 2
Seearbeitszeugnis und Seearbeits-Konformitätserklärung

§ 130 Pflicht zum Mitführen eines Seearbeitszeugnisses, Erteilungsvoraussetzungen

(1) [1]Der Reeder darf ein Schiff mit einer Bruttoraumzahl von 500 oder größer, das

1. für internationale Fahrten verwendet wird oder
2. Fahrten von einem Hafen oder zwischen Häfen in einem anderen Staat durchführt,

und das kein Fischereifahrzeug ist, nur in Dienst stellen oder in Fahrt halten, wenn er für das Schiff ein gültiges Seearbeitszeugnis hat und sicherstellt, dass das Schiff jederzeit den Anforderungen des Zeugnisses entspricht. [2]Ohne ein Seearbeitszeugnis darf der Kapitän mit dem Schiff aus einem Hafen nicht auslaufen oder dieses in Fahrt halten. [3]Das Seearbeitszeugnis ist an Bord mitzuführen.

(2) [1]Das Seearbeitszeugnis wird von der Berufsgenossenschaft erteilt, wenn sie durch eine Überprüfung des Schiffes festgestellt hat, dass

1. die Arbeits- und Lebensbedingungen der Besatzungsmitglieder auf dem Schiff den Anforderungen der Rechtsvorschriften entsprechen, die zum Schutz vor Gefahren für die Sicherheit und die Gesundheit oder zum sonstigen Schutz der Besatzungsmitglieder erlassen worden sind, und
2. die zur Aufrechterhaltung der Anforderungen der Nummer 1 ergriffenen Maßnahmen ausreichend sind.

[2]Abweichend von Satz 1 kann die Berufsgenossenschaft auf Antrag des Reeders ein Seearbeitszeugnis auch dann erteilen, wenn ihr durch ein vom Reeder in Auftrag gegebenes Gutachten (Überprüfungsbericht) einer anerkannten Organisation nachgewiesen ist, dass die Anforderungen des Satzes 1 erfüllt sind. [3]Unbeschadet des Satzes 2 kann sich die Berufsgenossenschaft jederzeit vorbehalten, das Seearbeitszeugnis erst nach einer durch sie selbst durchgeführten Überprüfung im Sinne des Satzes 1 zu erteilen.

(3) Der Reeder darf eine anerkannte Organisation nur mit der Überprüfung und der Erstellung des Überprüfungsberichtes beauftragen, wenn er mit der anerkannten Organisation eine schriftliche Vereinbarung geschlossen hat, in der mindestens die Befugnis der anerkannten Organisation geregelt ist, dass das Abstellen eines Verstoßes verlangt und die Berufsgenossenschaft über einen festgestellten Verstoß unterrichtet werden darf.

(4) [1]Soweit der Reeder eine anerkannte Organisation mit der Überprüfung und der Erstellung des Überprüfungsberichtes beauftragt, hat er dies der Berufsgenossenschaft anzuzeigen. [2]Die anerkannte Organisation hat die Berufsgenossenschaft über einen festgestellten Verstoß zu unterrichten.

(5) [1]Das Seearbeitszeugnis gilt vorbehaltlich des Absatzes 6 für fünf Jahre. [2]Ein erneutes Erteilen des Seearbeitszeugnisses ist nur unter den Voraussetzungen des Absatzes 2 Satz 1 möglich.

(6) [1]Ein Seearbeitszeugnis verliert seine Gültigkeit

1. wenn vorgeschriebene Zwischenüberprüfungen nicht fristgerecht durchgeführt oder bescheinigt worden sind,
2. bei Flaggenwechsel,
3. wenn die Verantwortung des Reeders für den Betrieb des Schiffes endet,
4. im Falle wesentlicher baulicher Veränderungen der Unterkünfte und Freizeiteinrichtungen,
5. im Falle seiner Rücknahme oder seines Widerrufes.

[2]In den Fällen des Satzes 1 hat der Reeder das Seearbeitszeugnis unaufgefordert der Berufsgenossenschaft zum Zweck des Einziehens auszuhändigen.

(7) Der Reeder hat dafür zu sorgen, dass das Seearbeitszeugnis jeweils in Kopie an einer den Besatzungsmitgliedern zugänglichen Stelle an Bord ausgehängt ist.

(8) Das Seearbeitszeugnis wird auf Antrag des Reeders auch für solche Schiffe ausgestellt, die nicht unter Absatz 1 Satz 1 fallen und keine Fischereifahrzeuge sind.

(9) Soweit ein berechtigtes Interesse vorliegt, erteilt die Berufsgenossenschaft auf Antrag Auskunft über ausgestellte oder erneuerte Seearbeitszeugnisse.

§ 131 Vorläufiges Seearbeitszeugnis, Kurzzeitzeugnis, amtlich anerkanntes Seearbeitszeugnis

(1) Die Berufsgenossenschaft kann auf Antrag des Reeders einmalig ein Seearbeitszeugnis vorläufig erteilen (vorläufiges Seearbeitszeugnis), wenn

1. ein Neubau in Dienst gestellt wird,
2. ein Schiff die Flagge wechselt oder

3. der Reeder die Verantwortung für den Betrieb eines für ihn neuen Schiffes übernimmt.

(2) Die Berufsgenossenschaft kann auf Antrag des Reeders ein Seearbeitszeugnis als Kurzzeitzeugnis erteilen, soweit

1. eine Überprüfung des Schiffes nach § 130 Absatz 2 durchgeführt worden ist und
2. ein Seearbeitszeugnis unmittelbar vor dem Ablauf seiner Gültigkeit nicht mehr rechtzeitig nach § 130 Absatz 5 Satz 2 erneut erteilt und an Bord des Schiffes übermittelt werden kann.

(3) [1]Die Berufsgenossenschaft kann einem Reeder genehmigen, dass eine nach Maßgabe des § 130 Absatz 3 beauftragte anerkannte Organisation ein amtlich anerkanntes Seearbeitszeugnis ausstellt. [2]Das amtlich anerkannte Seearbeitszeugnis wird als

1. amtlich anerkanntes vorläufiges Seearbeitszeugnis oder
2. amtlich anerkanntes Kurzzeitzeugnis

ausgestellt und tritt jeweils an die Stelle eines vorläufigen Seearbeitszeugnisses oder eines Kurzzeitzeugnisses. [3]Die anerkannte Organisation darf ein amtlich anerkanntes Seearbeitszeugnis nur ausstellen, wenn sie die Voraussetzungen für das Erteilen eines vorläufigen Seearbeitszeugnisses oder Kurzzeitzeugnisses als erfüllt ansieht. [4]Die anerkannte Organisation hat die Berufsgenossenschaft unverzüglich über das Ausstellen eines amtlich anerkannten Seearbeitszeugnisses nach Satz 1 zu unterrichten und ihr eine Kopie zu übermitteln.

(4) Das vorläufige Seearbeitszeugnis, das Kurzzeitzeugnis und das amtlich anerkannte Seearbeitszeugnis nach Absatz 3 gelten vorbehaltlich des Absatzes 5 längstens für sechs Monate.

(5) Für den Verlust der Gültigkeit und die Einziehung eines amtlich anerkannten Seearbeitszeugnisses nach Absatz 3 gilt § 130 Absatz 6 entsprechend.

§ 132 Seearbeits-Konformitätserklärung

(1) Der Reeder hat dafür zu sorgen, dass an Bord seines Schiffes im Sinne des § 130 Absatz 1 eine Seearbeits-Konformitätserklärung mitgeführt wird und der Reeder sicherstellt, dass das Schiff jederzeit den Anforderungen der Erklärung entspricht.

(2) [1]Teil I der Seearbeits-Konformitätserklärung führt die innerstaatlichen Rechtsvorschriften auf, die zum Schutz vor Gefahren für die Sicherheit und die Gesundheit oder zum sonstigen Schutz der Besatzungsmitglieder erlassen worden sind. [2]In Teil II der Seearbeits-Konformitätserklärung hat der Reeder die Maßnahmen aufzuführen, die er getroffen hat, um die Erfüllung der in Teil I der Seearbeits-Konformitätserklärung beschriebenen Anforderungen auf dem Schiff sicherzustellen und um fortlaufende Verbesserungen zu ermöglichen.

(3) Die Berufsgenossenschaft erteilt dem Reeder die Seearbeits-Konformitätserklärung, wenn

1. der Reeder ihr den Teil II der Seearbeits-Konformitätserklärung übermittelt hat und
2. die Berufsgenossenschaft überprüft hat, dass die vom Reeder in Teil II der Seearbeits-Konformitätserklärung aufgeführten Maßnahmen im Sinne des Absatzes 2 Satz 2 geeignet sind, die Anforderungen nach Absatz 2 Satz 1 zu erfüllen und
3. eine Überprüfung an Bord des Schiffes nach § 130 Absatz 2 ergeben hat, dass die Anforderungen eingehalten werden.

(4) [1]Eine Seearbeits-Konformitätserklärung verliert ihre Gültigkeit

1. in den Fällen, in denen ein Seearbeitszeugnis nach § 130 Absatz 6 Satz 1 Nummer 2 bis 5 seine Gültigkeit verliert,
2. wenn sich die vom Reeder in Teil II der Seearbeits-Konformitätserklärung aufgeführten Maßnahmen derart geändert haben, dass die Maßnahmen nicht mehr geeignet sind, die Anforderungen nach Absatz 2 Satz 1 zu erfüllen oder
3. wenn die tatsächlichen Verhältnisse an Bord nicht mehr den vom Reeder in Teil II der Seearbeits-Konformitätserklärung aufgeführten Maßnahmen entsprechen.

[2]§ 130 Absatz 6 Satz 2 gilt entsprechend.

(5) § 130 Absatz 7 und 8 gilt entsprechend.

Unterabschnitt 3
Fischereiarbeitszeugnis

§ 133 Pflicht zum Mitführen eines Fischereiarbeitszeugnisses, Erteilungsvoraussetzungen

(1) [1]Der Reeder darf ein Fischereifahrzeug, das länger als drei Tage auf See bleibt und
1. dessen Länge 24 Meter oder mehr beträgt oder
2. das regelmäßig in mehr als 200 Seemeilen Entfernung von der Küstenlinie oder jenseits des äußeren Randes des Festlandsockels eingesetzt wird, wenn diese Entfernung von der Küstenlinie größer ist,

nur in Dienst stellen oder in Fahrt halten, wenn er für das Fahrzeug ein gültiges Fischereiarbeitszeugnis hat. [2]§ 130 Absatz 1 Satz 2 und 3, Absatz 2 Satz 1 Nummer 1, Absatz 5 und 7 gilt entsprechend. [3]Die Berufsgenossenschaft erteilt das Fischereiarbeitszeugnis für eine Dauer von bis zu vier Jahren. [4]Ein erneutes Erteilen des Fischereiarbeitszeugnisses ist nur unter den Voraussetzungen des § 130 Absatz 2 Satz 1 Nummer 1 möglich.

(2) Ein Fischereiarbeitszeugnis verliert bei entsprechender Anwendung der Voraussetzungen des § 130 Absatz 6 Satz 1 seine Gültigkeit; § 130 Absatz 6 Satz 2 gilt entsprechend.

Unterabschnitt 4
Nicht zeugnispflichtige Schiffe

§ 134 Nicht zeugnispflichtige Schiffe

[1]Der Reeder darf ein Schiff, das nicht unter § 130 Absatz 1 Satz 1 fällt und kein Fischereifahrzeug ist, nur in Dienst stellen oder in Fahrt halten, wenn er dieses in Abständen von drei Jahren in Hinblick auf die in § 130 Absatz 2 Satz 1 bezeichneten Anforderungen durch die Berufsgenossenschaft überprüfen lässt. [2]Über die Überprüfung wird ein Überprüfungsbericht ausgestellt. [3]Der Reeder hat sicherzustellen, dass dieser an Bord mitgeführt wird.

Unterabschnitt 5
Anerkannte Organisationen

§ 135 Ermächtigung anerkannter Organisationen

(1) Die Berufsgenossenschaft kann nach der Verordnung (EG) Nr. 391/2009 des Europäischen Parlaments und des Rates vom 23. April 2009 über gemeinsame Vorschriften und Normen für Schiffsüberprüfungs- und -besichtigungsorganisationen (ABl. L 131 vom 28.5.2009, S. 11, L 74 vom 22.3.2010, S. 1) in der jeweils geltenden Fassung anerkannte Organisationen zum Zweck der Mitwirkung an Überprüfungen und Besichtigungen von Schiffen im Zusammenhang mit den in diesem Gesetz vorgesehenen Zeugnissen ermächtigen (anerkannte Organisationen).

(2) [1]Die Ermächtigung erfolgt durch eine schriftliche Vereinbarung zwischen der Berufsgenossenschaft und der anerkannten Organisation, in der die von der Organisation wahrzunehmenden Aufgaben und Funktionen im Einzelnen aufgeführt sind. [2]Die Vereinbarung muss enthalten:
1. die Bestimmungen des Anhangs 2 der Richtlinien für die Beauftragung anerkannter Organisationen, die für die Verwaltung handeln, vom 4. November 1993 (VkBl. 2008 S. 508), die nach Maßgabe der Bekanntmachung des Bundesministeriums für Verkehr, Bau und Stadtentwicklung vom 20. Mai 2009 (VkBl. 2009 S. 354) geändert worden sind,
2. Bestimmungen über die finanzielle Haftung der anerkannten Organisation,

3. ergänzende Bestimmungen zu den Befugnissen der Berufsgenossenschaft nach diesem Gesetz über die regelmäßige Kontrolle der von den anerkannten Organisationen für die Verwaltung wahrgenommenen Aufgaben,
4. Bestimmungen für die Übermittlung wesentlicher Angaben über die von einer anerkannten Organisation klassifizierte Flotte sowie über Klassenwechsel, Aussetzung oder Entzug der Klasse, nur soweit personenbezogene Daten nicht betroffen sind.

(3) [1]Die anerkannte Organisation muss im Gebiet der Bundesrepublik Deutschland eine örtliche Niederlassung unterhalten. [2]Eine anerkannte Organisation, die ihren Sitz nicht in einem Mitgliedstaat der Europäischen Union hat, darf nur ermächtigt werden, wenn der Sitzstaat anerkannte Organisationen, die ihren Sitz in einem Mitgliedstaat der Europäischen Union haben, auf der Grundlage der Gegenseitigkeit behandelt. [3]Eine Vereinbarung über die Ermächtigung darf zudem nur geschlossen werden, wenn die anerkannte Organisation nachweist, dass sie folgende Voraussetzungen erfüllt:
1. eine ausreichende Anzahl von qualifizierten Inspektoren beschäftigt,
2. Sachverstand und Kenntnisse der Anforderungen und einzelnen Aspekte des Seearbeitsübereinkommens und der entsprechenden Vorschriften besitzt,
3. ein System für die Aus-, Fort- und Weiterbildung des Personals unterhält,
4. über die Größe, Struktur, Erfahrung und Fähigkeit verfügt, um die Aufgaben nach Absatz 1 effektiv wahrzunehmen.

(4) [1]Die Berufsgenossenschaft hat eine Vereinbarung nach Absatz 2 zu kündigen, wenn die Europäische Kommission nach Artikel 7 der Verordnung (EG) Nr. 391/2009 einer anerkannten Organisation die Anerkennung entzogen hat. [2]Die Kündigung wird wirksam an dem Tag, an dem die Entziehung durch die Europäische Kommission wirksam wird. [3]Die Möglichkeit der Kündigung nach den allgemeinen Vorschriften bleibt unberührt.

(5) Die Berufsgenossenschaft gibt die anerkannten Organisationen, die sie nach Absatz 1 ermächtigt hat oder deren Ermächtigung durch Kündigung der Vereinbarung beendet ist, im Bundesanzeiger und nachrichtlich auf ihrer Internetseite bekannt.

Unterabschnitt 6
Rechtsverordnungen

§ 136 Rechtsverordnungen

(1) Das Bundesministerium für Verkehr, Bau und Stadtentwicklung wird ermächtigt, im Einvernehmen mit dem Bundesministerium für Arbeit und Soziales durch Rechtsverordnung ohne Zustimmung des Bundesrates Bestimmungen über
1. die nähere Ausgestaltung der Überprüfungen und Überwachung nach diesem Abschnitt, die Voraussetzungen, den Gegenstand und die Durchführung der Überprüfungen sowie die Anforderungen an die mit der Vornahme der Überprüfungen betrauten Personen, auch soweit Personen anerkannter Organisationen betroffen sind,
2. die näheren Einzelheiten über die Ausstellung und deren Voraussetzungen, die Gültigkeit und Gültigkeitsdauer, die Form und die Aufhebung und Entziehung des Seearbeitszeugnisses, des vorläufigen Seearbeitszeugnisses, des Kurzzeitzeugnisses, der Seearbeits-Konformitätserklärung und der von der anerkannten Organisation auszustellenden Überprüfungsberichte und amtlich anerkannten Seearbeitszeugnisse und des Fischereiarbeitszeugnisses sowie deren Überprüfung,
3. Rechte und Pflichten der anerkannten Organisationen einschließlich der näheren Einzelheiten der Vereinbarung mit dem Reeder,
4. Aufzeichnungen und Unterlagen, auch soweit sie an Bord mitzuführen oder auszuhändigen sind,

5. Voraussetzungen, unter denen ein Seearbeitszeugnis oder eine Seearbeits-Konformitätserklärung oder ein Fischereiarbeitszeugnis ganz oder teilweise nicht erforderlich ist,
sowie das jeweilige Verfahren zu erlassen.

(2) Das Bundesministerium für Verkehr, Bau und Stadtentwicklung wird ferner ermächtigt, durch Rechtsverordnung ohne Zustimmung des Bundesrates Bestimmungen über

1. die näheren Einzelheiten der Voraussetzungen für die Ermächtigung einer anerkannten Organisation nach § 135,
2. Rechte und Pflichten der anerkannten Organisationen einschließlich der näheren Einzelheiten der Vereinbarung sowie die Anforderungen an die mit der Vornahme von Überprüfungen betrauten Personen,
3. die nähere Ausgestaltung der Überwachung und Überprüfungen, die Voraussetzungen, den Gegenstand und die Durchführung der Überprüfungen,
4. Aufzeichnungen und Unterlagen, auch soweit sie an Bord mitzuführen sind, und die Aufbewahrung von Aufzeichnungen

sowie das jeweilige Verfahren zu erlassen.

Abschnitt 9
Anforderungen an Schiffe unter ausländischer Flagge und Verantwortlichkeit des Hafenstaates

Unterabschnitt 1
Anforderungen an Schiffe unter ausländischer Flagge

§ 137 Anforderungen an Reeder eines Schiffes unter ausländischer Flagge

(1) Reeder und Kapitän eines Schiffes unter ausländischer Flagge haben jeweils sicherzustellen, dass die Arbeits- und Lebensbedingungen der Besatzungsmitglieder an Bord den Anforderungen der Artikel und der Regeln in Verbindung mit Teil A des Codes des Seearbeitsübereinkommens genügen.

(2) Kann für ein Schiff unter ausländischer Flagge ein gültiges Seearbeitszeugnis vorgelegt werden, gelten die in Absatz 1 bezeichneten Anforderungen als erfüllt, soweit im Einzelfall kein Grund zu der Annahme besteht, dass das Schiff den Anforderungen nicht genügt.

Unterabschnitt 2
Hafenstaatkontrolle

§ 138 Überprüfung von Schiffen unter ausländischer Flagge

(1) Die Überprüfung der Einhaltung der in § 137 Absatz 1 bezeichneten Anforderungen auf Schiffen unter ausländischer Flagge (Hafenstaatkontrolle im Sinne der Richtlinie 2009/16/EG des Europäischen Parlaments und des Rates vom 23. April 2009 über die Hafenstaatkontrolle (Neufassung) (ABl. L 131 vom 28.5.2009, S. 57)) ist Aufgabe der Berufsgenossenschaft.

(2) Die Häufigkeit und die Auswahl eines zu überprüfenden Schiffes richten sich nach dessen Risikoprofil, das nach den Artikeln 10 bis 14 in Verbindung mit den Anhängen I und II der Richtlinie 2009/16/EG zu ermitteln ist.

(3) [1] Die Berufsgenossenschaft und die bei ihr beschäftigten Personen überprüfen die Einhaltung der in § 137 Absatz 1 bezeichneten Anforderungen zunächst durch Prüfung des vom Kapitän vorzulegenden Seearbeitszeugnisses und der Seearbeits-Konformitätserklärung. [2] Stellt die Berufsgenossenschaft oder die von ihr beauftragte Person fest, dass

1. ein Schiff unter ausländischer Flagge kein Seearbeitszeugnis und keine Seearbeits-Konformitätserklärung hat oder eine oder beide Urkunden ungültig oder gefälscht sind,
2. es Grund für die Annahme gibt, dass die Arbeits- und Lebensbedingungen auf dem Schiff nicht den Anforderungen des § 137 Absatz 1 genügen,
3. es Grund für die Annahme gibt, dass das Schiff die Flagge gewechselt hat, um die Einhaltung der Anforderungen des § 137 Absatz 1 zu umgehen, oder
4. eine Beschwerde nach § 139 vorliegt, wonach spezifische Arbeits- und Lebensbedingungen auf dem Schiff den Anforderungen des Seearbeitsübereinkommens nicht genügen,

kann sie eine über die Prüfung des Seearbeitszeugnisses hinausgehende gründlichere Überprüfung durchführen, um Aufschluss über die Arbeits- und Lebensbedingungen an Bord des Schiffes zu erhalten. [3] Eine solche Überprüfung ist insbesondere dann durchzuführen, wenn die begründete Annahme oder Behauptung mangelhafter Arbeits- und Lebensbedingungen eine Gefahr für die Sicherheit des Schiffes oder der Besatzung oder für die Gesundheit oder den Schutz der Besatzungsmitglieder darstellen könnte oder wenn Grund zu der Annahme besteht, dass der Verstoß eine schwerwiegende Verletzung der in § 137 Absatz 1 bezeichneten Anforderungen darstellt.

(4) [1] Stellt die Berufsgenossenschaft bei einer Überprüfung einen Verstoß hinsichtlich des Einhaltens der in § 137 Absatz 1 bezeichneten Anforderungen fest, hat sie hierüber unverzüglich den Kapitän zu unterrichten. [2] Sie kann die Beseitigung des Verstoßes verlangen und dafür eine angemessene Frist setzen.

(5) [1] Hält die Berufsgenossenschaft einen Verstoß für schwerwiegend oder beruht dieser auf einer Beschwerde, hat sie über Absatz 4 hinaus die Verbände der Reeder und der Seeleute des Hafenstaates zu unterrichten. [2] Sie kann einen Vertreter des Flaggenstaates benachrichtigen und die zuständigen Stellen des nächsten Anlaufhafens entsprechend unterrichten.

(6) Soweit eine Anordnung nach § 143 Absatz 3 ergeht, hat die Berufsgenossenschaft einen Vertreter des Flaggenstaates und die für den Hafen zuständigen Verbände der Reeder und der Seeleute unverzüglich zu unterrichten.

(7) Für die Durchführung der Überprüfung gilt im Übrigen § 143.

Unterabschnitt 3
Besatzungsmitglieder auf Schiffen unter ausländischer Flagge

§ 139 Beschwerden auf Schiffen unter ausländischer Flagge

(1) Das Besatzungsmitglied auf einem Schiff unter ausländischer Flagge, das einen inländischen Hafen anläuft oder den Nord-Ostsee-Kanal befährt, hat das Recht, sich über einen Verstoß gegen das Seearbeitsübereinkommen bei der Berufsgenossenschaft zu beschweren.

(2) [1] Die Beschwerde ist vertraulich zu behandeln. [2] Kapitän, Reeder und jeder in der Beschwerde benannten Person ist unverzüglich Gelegenheit zu geben, binnen einer angemessenen Frist Stellung zu nehmen.

(3) Besteht an Bord des Schiffes unter ausländischer Flagge ein Beschwerdeverfahren, soll die Berufsgenossenschaft den Beschwerdeführer vorrangig auf dieses verweisen, soweit Beschwerdegegenstand oder berechtigte Belange des Beschwerdeführers, insbesondere die Furcht vor Vergeltungsmaßnahmen, dem nicht entgegenstehen.

(4) Die Berufsgenossenschaft kann bei Beschwerden nach Absatz 1, insbesondere wenn diese alle Besatzungsmitglieder auf dem Schiff betreffen, eine Überprüfung im Sinne des § 138 Absatz 3 Satz 2 durchführen.

(5) [1] Führen die Maßnahmen nach den Absätzen 3 und 4 nicht zu einer Beilegung der Beschwerde, benachrichtigt die Berufsgenossenschaft umgehend den Flaggenstaat und fordert diesen auf, unverzüglich einen Plan mit Abhilfemaßnahmen vorzulegen. [2] Sie kann von einer weiteren

Behandlung der Beschwerde absehen, wenn der Flaggenstaat über ein Beschwerdeverfahren verfügt, das den Anforderungen der Regel 5.1.5 des Seearbeitsübereinkommens genügt, einen geeigneten Aktionsplan vorlegt und die Behandlung der Beschwerde übernimmt.

(6) [1]Führen die Maßnahmen nach Absatz 5 nicht zu einer Beilegung der Beschwerde, unterrichtet die Berufsgenossenschaft die für den Hafen zuständigen Verbände der Reeder und der Seeleute und übermittelt dem Generaldirektor des Internationalen Arbeitsamtes eine Kopie ihres Berichts. [2]Eine vom Flaggenstaat innerhalb der vorgeschriebenen Frist abgegebene Antwort ist dem Bericht beizufügen.

§ 140 Heimschaffung von Besatzungsmitgliedern auf Schiffen unter ausländischer Flagge

[1]Verzögert sich die Heimschaffung eines Besatzungsmitglieds auf einem Schiff unter ausländischer Flagge, das im Inland zurückgelassen worden ist, unterrichtet die Berufsgenossenschaft unverzüglich den konsularischen Vertreter des Flaggenstaates und des Staatsangehörigkeitsstaates oder des Aufenthaltsstaates des Besatzungsmitglieds. [2]Sorgt die Berufsgenossenschaft für die Heimschaffung, hat sie die verauslagten Kosten beim Flaggenstaat einzufordern. [3]Statt den Anspruch nach Satz 2 geltend zu machen, kann sie nach Maßgabe des Internationalen Übereinkommens vom 10. Mai 1952 zur Vereinheitlichung von Regeln über den Arrest in Seeschiffe (BGBl. 1972 II S. 655) Schiffe des Reeders festhalten, bis die verauslagten Kosten durch den Reeder erstattet worden sind.

§ 141 Medizinische Betreuung von Besatzungsmitgliedern auf Schiffen unter ausländischer Flagge

Bedarf ein erkranktes oder verletztes Besatzungsmitglied auf einem Schiff unter ausländischer Flagge, das einen inländischen Hafen anläuft oder den Nord-Ostsee-Kanal befährt, der unverzüglichen medizinischen Betreuung, hat die Berufsgenossenschaft, unbeschadet ausländerrechtlicher Vorschriften, für einen ungehinderten Zugang des Besatzungsmitglieds zu den medizinischen Einrichtungen an Land zu sorgen.

Abschnitt 10
Durchsetzung der Arbeits- und Lebensbedingungen

§ 142 Zuständigkeiten

(1) Neben den Zuständigkeiten nach den §§ 129 und 138 obliegt der Berufsgenossenschaft die Überwachung der Sozialeinrichtungen.

(2) Die Zuständigkeiten anderer Stellen hinsichtlich der Berufsausbildung an Bord sowie der Ausstellung von Befähigungszeugnissen und -nachweisen bleiben unberührt.

§ 143 Eingriffsbefugnisse der Berufsgenossenschaft

(1) [1]Zum Zweck der Überwachung der Einhaltung der Arbeits- und Lebensbedingungen im Rahmen der Flaggenstaatkontrolle und der Hafenstaatkontrolle sind die Berufsgenossenschaft und die bei ihr beschäftigten Personen befugt,

1. Schiffe im Sinne des § 1 Absatz 1 Satz 1 und Schiffe unter ausländischer Flagge,
2. Sachverhalte an Land, soweit diese einen unmittelbaren Bezug zu den Arbeits- und Lebensbedingungen an Bord aufweisen, und
3. anerkannte Organisationen

zu überprüfen und die erforderlichen Anordnungen und Maßnahmen gegenüber den nach diesem Gesetz verpflichteten Personen, insbesondere gegenüber Reedern, Besatzungsmitgliedern, Seeleuten, Vermittlern, zugelassenen Ärzten und anerkannten Organisationen, zu treffen, die zur Feststellung eines hinreichenden Verdachts eines Verstoßes oder zur Beseitigung eines festgestellten Verstoßes oder zur Verhütung eines künftigen Verstoßes, insbesondere in den Fällen des § 129

Absatz 1 oder des § 137 Absatz 1, erforderlich sind. [2]Zu diesen Zwecken können die Berufsgenossenschaft und die bei ihr beschäftigten Personen insbesondere

1. unangekündigt während der üblichen Geschäfts- und Betriebszeiten an Bord eines Schiffes oder eines Schiffes unter ausländischer Flagge gehen sowie Geschäfts-, Dienst- und Behandlungsräume von Reedern, Vermittlern, zugelassenen Ärzten und anerkannten Organisationen betreten,
2. zur Verhütung dringender Gefahren für die öffentliche Sicherheit und Ordnung
   a) die Räumlichkeiten an Bord eines Schiffes oder eines Schiffes unter ausländischer Flagge auch außerhalb der dort genannten Zeiten,
   b) Wohnräume an Bord eines Schiffes oder eines Schiffes unter ausländischer Flagge

   betreten; das Grundrecht der Unverletzlichkeit der Wohnung (Artikel 13 des Grundgesetzes) wird insoweit eingeschränkt,
3. jederzeit die Hafenanlagen mit Ausnahme der dort gelegenen Räumlichkeiten betreten,
4. alle ihnen notwendig erscheinenden Prüfungen vornehmen und Feststellungen in Zusammenarbeit mit dem Reeder oder dessen Beauftragten an Bord sowie mit Vermittlern, zugelassenen Ärzten und anerkannten Organisationen treffen,
5. Einsicht in alle Bücher, insbesondere Seetagebücher, Register, Zeugnisse, Arbeitszeitnachweise, Befähigungszeugnisse, und sonstigen Unterlagen, ausgenommen Krankenunterlagen, nehmen,
6. alle Auskünfte verlangen, die zur Erfüllung der Zwecke nach Satz 1 erforderlich sind.

[3]Die nach diesem Gesetz verpflichteten Personen, insbesondere Reeder, Besatzungsmitglieder, Seeleute, Vermittler, zugelassene Ärzte und anerkannte Organisationen, sind verpflichtet, den mit der Überwachung betrauten Personen die Maßnahmen nach Satz 2 zu ermöglichen und die Maßnahmen zu dulden, die bei der Kontrolle benötigten Arbeitskräfte und Hilfsmittel bereitzustellen sowie auf Verlangen die erforderlichen Auskünfte zu erteilen, Unterlagen vorzulegen oder Auszüge aus elektronischen Dateien auszudrucken und vorzulegen.

(2) Wer nach Absatz 1 Satz 2 Nummer 6 in Verbindung mit Absatz 1 Satz 3 zur Auskunft verpflichtet ist, kann die Auskunft auf solche Fragen verweigern, deren Beantwortung ihn selbst oder einen der in § 383 Absatz 1 Nummer 1 bis 3 der Zivilprozessordnung bezeichneten Angehörigen der Gefahr strafgerichtlicher Verfolgung oder eines Verfahrens nach dem Gesetz über Ordnungswidrigkeiten aussetzen würde.

(3) Wird bei einer Überprüfung festgestellt, dass ein Schiff nach § 1 Absatz 1 Satz 1 oder ein Schiff unter ausländischer Flagge nicht den Anforderungen des § 129 Absatz 1 oder des § 137 Absatz 1 entspricht und

1. die Arbeits- und Lebensbedingungen an Bord eine Gefahr für die Sicherheit, die Gesundheit oder den Schutz der Besatzungsmitglieder darstellen oder
2. die Nichterfüllung eine schwere oder wiederholte Verletzung der Anforderungen nach § 129 Absatz 1 oder § 137 Absatz 1 darstellt,

kann die Berufsgenossenschaft das Auslaufen oder die Weiterfahrt des betroffenen Schiffes untersagen, bis die erforderlichen Maßnahmen getroffen oder der Verstoß beseitigt worden ist.

(4) [1]Die Berufsgenossenschaft hat eine Bescheinigung eines Vermittlers nach § 26 Absatz 1 Satz 1 oder ein Seearbeitszeugnis nach § 130 Absatz 1 oder § 131 Absatz 1 und 2

1. zurückzunehmen, wenn bekannt wird, dass die Bescheinigung oder das Zeugnis hätte versagt werden müssen,
2. zu widerrufen, wenn die Voraussetzungen für die Erteilung nachträglich entfallen sind;

im Übrigen bleiben die Vorschriften über Rücknahme und Widerruf von Verwaltungsakten unberührt. [2]Die Berufsgenossenschaft kann in entsprechender Anwendung des Satzes 1 ein amtlich anerkanntes Seearbeitszeugnis nach § 131 Absatz 3 und eine bereits ausgestellte Seearbeits-Konformitätserklärung für ungültig erklären.

(5) [1]Die Berufsgenossenschaft hat eine nach Absatz 4 aufgehobene oder für ungültig erklärte Urkunde einzuziehen. [2]Der Reeder oder der Vermittler hat der Berufsgenossenschaft eine eingezogene Urkunde der Berufsgenossenschaft auszuhändigen. [3]Mit Eintritt der Unanfechtbarkeit der Entscheidung über die Aufhebung oder die Ungültigkeit ist die Urkunde zu vernichten.

(6) Widerspruch und Anfechtungsklage gegen Anordnungen der Berufsgenossenschaft nach den Absätzen 1, 3 bis 5 haben keine aufschiebende Wirkung.

(7) [1]Erhält die Berufsgenossenschaft bei der Wahrnehmung ihrer Aufgaben nach diesem Gesetz Kenntnis von Tatsachen, die Grund zu der Annahme geben, dass Tatbestände anderer gesetzlicher Regelungen erfüllt sind, die in die Zuständigkeit einer anderen Behörde fallen, so unterrichtet die Berufsgenossenschaft nach Maßgabe des Satzes 2 unverzüglich die für Ermittlungen nach den anderen gesetzlichen Vorschriften zuständige Behörde. [2]Anzugeben sind die Tatsachen sowie Name, Anschrift und Telekommunikationsverbindung des Betroffenen, soweit die Angaben der Berufsgenossenschaft vorliegen und nach ihrer Einschätzung für die Ermittlungen der anderen Behörde erforderlich sind.

§ 144 Fachaufsicht über die Berufsgenossenschaft

(1) Bei der Durchführung der Aufgaben nach den Abschnitten 1, 2 Unterabschnitt 1 und 4, den Abschnitten 3, 5 Unterabschnitt 1, Abschnitt 6 Unterabschnitt 1, 2, 4 und 5 und den Abschnitten 7, 11 und 12 unterliegt die Berufsgenossenschaft der Fachaufsicht des Bundesministeriums für Arbeit und Soziales.

(2) Bei der Durchführung der Aufgaben nach Abschnitt 2 Unterabschnitt 2 und 3, den Abschnitten 4, 5 Unterabschnitt 2, Abschnitt 6 Unterabschnitt 3 und den Abschnitten 8, 9 und 10 unterliegt die Berufsgenossenschaft der Fachaufsicht des Bundesministeriums für Verkehr, Bau und Stadtentwicklung.

Abschnitt 11
Straf- und Bußgeldvorschriften

§ 145 Bußgeldvorschriften

(1) Ordnungswidrig handelt, wer vorsätzlich oder fahrlässig

1. entgegen § 10 Absatz 1 eine dort genannte Person beschäftigt oder arbeiten lässt,
2. entgegen § 12 Absatz 1 Satz 2 ein Besatzungsmitglied ohne gültiges Seediensttauglichkeitszeugnis beschäftigt,
3. entgegen § 22 Absatz 3 Satz 1 oder § 33 Absatz 5 Satz 1 eine Besatzungsliste, ein Seetagebuch oder eine Kopie der Dienstbescheinigung nicht oder nicht mindestens fünf Jahre aufbewahrt,
4. ohne Bescheinigung nach § 26 Absatz 3 eine Person vermittelt,
5. entgegen § 34 Satz 2 dem Besatzungsmitglied eine Erlaubnis nicht erteilt,
6. entgegen § 48 Absatz 1, auch in Verbindung mit einer Rechtsverordnung nach § 55 Satz 1 Nummer 3 nicht dafür sorgt, dass die dort genannten Arbeitszeiten und Ruhezeiten eingehalten werden,
7. entgegen § 50 Absatz 1 Satz 1 oder Absatz 2, jeweils auch in Verbindung mit einer Rechtsverordnung nach § 55 Satz 1 Nummer 1, die dort genannte Übersicht oder einen Arbeitszeitnachweis nicht, nicht richtig oder nicht vollständig führt,
8. entgegen § 58 Absatz 2 einem jugendlichen Besatzungsmitglied Urlaub nicht gewährt,
9. entgegen § 72 Absatz 1 Satz 1 ein Besatzungsmitglied im Ausland zurücklässt,
10. entgegen § 94 Satz 1 dem Besatzungsmitglied den Zugang zu einer dort genannten Kommunikationseinrichtung nicht gewährt,
11. entgegen § 95 Satz 1 Nummer 1 einen Bordbesuch nicht erlaubt,

12. entgegen § 106 Absatz 1 Satz 1 eine dort genannte Sache oder ein Heuerguthaben nicht oder nicht rechtzeitig übergibt,
13. entgegen § 106 Absatz 2 Satz 1 nicht dafür sorgt, dass eine dort genannte Aufstellung erstellt wird,
14. entgegen § 109 Absatz 3 Satz 3 einen dort genannten Nachweis nicht, nicht richtig oder nicht vollständig führt oder nicht oder nicht mindestens fünf Jahre aufbewahrt,
15. entgegen § 117 Absatz 5 eine dort genannte Unterweisung nicht oder nicht rechtzeitig vornimmt oder nicht oder nicht rechtzeitig wiederholt,
16. einer vollziehbaren Anordnung nach
    a) § 117 Absatz 8 Satz 2 oder § 143 Absatz 1 Satz 1 in Verbindung mit § 117 Absatz 2 Satz 1 oder
    b) § 124 Absatz 1 Satz 2

    zuwiderhandelt,
17. entgegen § 121 Absatz 6 eine dort genannte Eintragung in das Seetagebuch nicht, nicht richtig, nicht vollständig oder nicht rechtzeitig vornimmt oder
18. einer Rechtsverordnung nach § 20 Absatz 1 Satz 1 Nummer 1, 2, 4, 5 oder Nummer 6, § 55 Satz 1 Nummer 2, § 96 Satz 1 oder § 113 Absatz 1 Satz 1 Nummer 2, 3, 4, 5 oder Nummer 6 oder Absatz 2 oder einer vollziehbaren Anordnung auf Grund einer solchen Rechtsverordnung zuwiderhandelt, soweit die Rechtsverordnung für einen bestimmten Tatbestand auf diese Bußgeldvorschrift verweist.

(2) Die Bestimmungen des Absatzes 1 Nummer 1 bis 3, 6, 8, 15, 16 Buchstabe a und Nummer 18 gelten auch für einen anderen Arbeitgeber, die Vorschriften des Absatzes 1 Nummer 5 bis 15, 16 Buchstabe a und Nummer 18 auch für den Stellvertreter des Kapitäns im Sinne des § 5 Absatz 3.

(3) Die Ordnungswidrigkeit kann in den Fällen des Absatzes 1 Nummer 1, 2, 6, 9 und 16 mit einer Geldbuße bis zu fünfzigtausend, in den Fällen des Absatzes 1 Nummer 4, 7, 8, 12, 15 und 17 mit einer Geldbuße bis zu zehntausend und in den übrigen Fällen mit einer Geldbuße bis zu fünftausend Euro geahndet werden.

(4) Verwaltungsbehörde im Sinne des § 36 Absatz 1 Nummer 1 des Gesetzes über Ordnungswidrigkeiten ist die Berufsgenossenschaft.

§ 146 Strafvorschriften

(1) Mit Freiheitsstrafe bis zu fünf Jahren oder mit Geldstrafe wird bestraft, wer eine in § 145 Absatz 1 Nummer 16 Buchstabe b bezeichnete vorsätzliche Handlung

1. gemeinschaftlich mit anderen Besatzungsmitgliedern begeht oder
2. begeht und dadurch Leben oder Gesundheit eines anderen oder fremde Sachen von bedeutendem Wert gefährdet.

(2) Mit Freiheitsstrafe bis zu drei Jahren oder mit Geldstrafe wird bestraft, wer in den Fällen des Absatzes 1 Nummer 2 die Gefahr fahrlässig verursacht.

(3) Mit Freiheitsstrafe bis zu einem Jahr oder mit Geldstrafe wird bestraft, wer

1. eine in § 145 Absatz 1 Nummer 1, 2, 6, 9 oder Nummer 16, jeweils auch in Verbindung mit § 145 Absatz 2, bezeichnete vorsätzliche Handlung beharrlich wiederholt,
2. eine in § 145 Absatz 1 Nummer 1, 2, 6, 9 oder Nummer 16 Buchstabe a, jeweils auch in Verbindung mit § 145 Absatz 2, bezeichnete vorsätzliche Handlung begeht und dadurch die betroffene Person in ihrer Gesundheit oder Arbeitskraft gefährdet oder
3. eine in § 145 Absatz 1 Nummer 16 Buchstabe b bezeichnete vorsätzliche Handlung begeht und dadurch die betroffene Person in ihrer Arbeitskraft gefährdet.

§ 147 Rechtsmittel

(1) [1] Die Frist für den Einspruch gegen den Bußgeldbescheid gilt als gewahrt, wenn das betroffene Besatzungsmitglied den Einspruch innerhalb der Frist bei dem Kapitän schriftlich oder zur Nieder-

schrift einlegt. [2]Der Kapitän hat den Zeitpunkt der Einlegung unverzüglich in das Seetagebuch einzutragen und dem betroffenen Besatzungsmitglied darüber eine Bescheinigung auszustellen. [3]Legt der Kapitän selbst den Einspruch ein, so obliegen seinem Stellvertreter (§ 5 Absatz 3) die Aufgaben nach den Sätzen 1 und 2. Die Niederschrift oder der schriftliche Einspruch ist unverzüglich der Behörde, die den Bußgeldbescheid erlassen hat, zu übersenden.

(2) Für die Einlegung der Rechtsbeschwerde gilt Absatz 1 entsprechend.

Abschnitt 12
Schlussvorschriften

Unterabschnitt 1
Anwendung auf Selbständige

§ 148 Selbständige

(1) [1]Für Selbständige gilt in Abschnitt 3 über die Beschäftigungsbedingungen § 28 Absatz 1 Satz 1 mit der Maßgabe, dass anstelle des Heuervertrages der Vertrag mit dem Reeder tritt. [2]§ 28 Absatz 1 Satz 2 bis 5, Absatz 2 Nummer 1 bis 5, 7, 9, 10, 12 und 13, Absatz 3 Nummer 1 und 2 sowie § 29 Absatz 1 Satz 3 und 4 gelten mit der gleichen Maßgabe entsprechend.

(2) [1]Für Selbständige sind

1. in Abschnitt 3 über die Beschäftigungsbedingungen
   a) in Unterabschnitt 1 die Vorschriften des § 28 Absatz 2 Nummer 6, 8, 11, Absatz 3 Nummer 3, Absatz 4, 5 und 6 Satz 2, des § 29 Absatz 2 und 3 sowie die §§ 31 bis 33 über den Heuervertrag, die Anreisekosten, die Dienstleistungspflicht und die Dienstbescheinigung,
   b) die Vorschriften des Unterabschnitts 3 über die Heuer,
   c) in Unterabschnitt 4 die Vorschriften des § 42 Absatz 1, 2, 4 und 5, der §§ 43, 44 und 45 Absatz 1 und 2, der §§ 46, 47 Absatz 3 Satz 3, Absatz 4, des § 48 Absatz 1 Nummer 1 und Absatz 2, der §§ 49, 51, 52, 54 über die Arbeitszeiten und Ruhezeiten sowie die Vergütungsregelungen in § 53 Absatz 1 und 7 in Verbindung mit § 52,
   d) die Vorschriften des Unterabschnitts 5 über den Urlaub, es sei denn, die Personen sind wegen ihrer wirtschaftlichen Unselbständigkeit als arbeitnehmerähnliche Personen anzusehen,
   e) die Vorschriften des Unterabschnitts 6 über die Kündigung des Heuerverhältnisses,
   f) in Unterabschnitt 7 die Vorschrift des § 76 Absatz 1 Satz 4 und Absatz 5 über die Fortzahlung der Heuer bei Heimschaffung und die Erstattung der Kosten der Heimschaffung,
2. in Abschnitt 6 über die medizinische und soziale Betreuung die Vorschriften der §§ 104 und 105 Absatz 2 Satz 2 über die Fortzahlung der Heuer oder eines angemessenen Tagegeldes im Krankheitsfall sowie des § 117 Absatz 4 Satz 2 zur Anwendung des Arbeitsschutzgesetzes

nicht anzuwenden. [2]Soweit nach den §§ 49 und 54 abweichende Regelungen über die Arbeitszeiten und Ruhezeiten tarifvertraglich vereinbart sind, können diese auf Selbständige sinngemäß angewendet werden.

(3) Soweit für Selbständige geltende Ansprüche nach diesem Gesetz auf die Dauer (§ 93 Absatz 1 Satz 1, § 97 Absatz 1 Satz 1, § 99 Absatz 1 Satz 1) oder das Ende (§ 73 Nummer 2) des Heuerverhältnisses abstellen, sind die Vorschriften mit der Maßgabe anzuwenden, dass an deren Stelle die Dauer des mit dem Reeder bestehenden Vertragsverhältnisses oder dessen Ende tritt.

(4) Der Reeder hat das Recht, sich die Kosten für die Heimschaffung, die Unterkunft und die Verpflegung für die Dauer des Aufenthaltes an Bord, die er ausgelegt hat, auf Grund einer vertraglichen Vereinbarung mit dem Selbständigen erstatten zu lassen.

Unterabschnitt 2
Gebühren, Zurverfügungstellen und Verkünden von Rechtsvorschriften

§ 149 Gebühren

(1) Für Amtshandlungen, einschließlich Abnahmen, Prüfungen, Überprüfungen, Untersuchungen, Begutachtungen und Auditierungen (Amtshandlungen) nach diesem Gesetz oder nach Rechtsverordnungen auf Grund dieses Gesetzes erhebt die Berufsgenossenschaft Gebühren und Auslagen.

(2) [1] Das Bundesministerium für Verkehr, Bau und Stadtentwicklung wird ermächtigt, im Einvernehmen mit dem Bundesministerium für Arbeit und Soziales durch Rechtsverordnung ohne Zustimmung des Bundesrates die Gebühren für die einzelnen Amtshandlungen im Sinne des Absatzes 1 zu bestimmen und dabei feste Sätze oder Rahmensätze vorzusehen. [2] Die Gebührensätze sind so zu bemessen, dass der mit den Amtshandlungen verbundene Personal- und Sachaufwand gedeckt wird; bei begünstigenden Amtshandlungen kann daneben die Bedeutung, der wirtschaftliche Wert oder der sonstige Nutzen für den Gebührenschuldner angemessen berücksichtigt werden. [3] In Rechtsverordnungen nach Satz 1 können Gebühren nach festen Sätzen im Sinne des § 4 des Verwaltungskostengesetzes auch als nach feststehenden Stundensätzen vorgesehene Gebühren (Zeitgebühren) festgelegt werden.

(3) Für Amtshandlungen im Sinne des Absatzes 1 gegenüber der Deutschen Gesellschaft zur Rettung Schiffbrüchiger werden Gebühren und Auslagen nicht erhoben.

§ 150 Zurverfügungstellen von Gesetzen und Rechtsverordnungen

[1] Die nach den Vorschriften der §§ 20, 55, 92, 96, 113 und 136 dieses Gesetzes erlassenen Rechtsverordnungen und das Gesetz über Ordnungswidrigkeiten muss der Reeder an Bord den Besatzungsmitgliedern zur Verfügung stellen. [2] Das Zurverfügungstellen erfolgt durch Aushang oder Auslegung an geeigneter Stelle oder durch Einstellung in ein elektronisches Informationssystem, das für die Besatzungsmitglieder zugänglich ist.

§ 151 Verkündung von Rechtsverordnungen

Rechtsverordnungen nach diesem Gesetz können abweichend von § 2 Absatz 1 des Verkündungs- und Bekanntmachungsgesetzes im Bundesanzeiger verkündet werden.

Unterabschnitt 3
Übergangsregelungen

§ 152 Übergangsregelung für Schiffe mit Vermessung in Bruttoregistertonnen

Für Schiffe, die vor dem 18. Juli 1994 nach dem Übereinkommen vom 10. Juni 1947 über ein einheitliches System der Schiffsvermessung (BGBl. 1957 II S. 1469, 1471; 1958 II S. 67) vermessen wurden, gilt der im Internationalen Schiffsmessbrief (1969) in der Spalte „Bemerkungen" eingetragene Bruttoraumgehalt in Bruttoregistertonnen als Bruttoraumzahl.

§ 153 Übergangsregelung für zugelassene Ärzte

[1] Ärztinnen oder Ärzte, die am 1. August 2013 von der Berufsgenossenschaft mit der Durchführung der Untersuchung der Seediensttauglichkeit betraut sind, gelten vorläufig als nach § 16 Absatz 1 zugelassen. [2] Die vorläufige Zulassung erlischt,

1. wenn nicht bis zum 1. Oktober 2013 die Erteilung der Zulassung beantragt wird oder
2. im Falle rechtzeitiger Antragstellung mit Eintritt der Unanfechtbarkeit der Entscheidung über den Antrag.

[3] In der Rechtsverordnung nach § 20 Absatz 1 Satz 1 Nummer 4 können für Ärztinnen oder Ärzte im Sinne des Satzes 1 Erleichterungen hinsichtlich des Nachweises der Voraussetzungen für die Zulassung vorgesehen werden.

§ 154 Anwendung der Vorschriften über die Hafenstaatkontrolle

(1) § 1 Absatz 3, die §§ 137 bis 141 und § 143, soweit er sich auf die §§ 137 bis 138 bezieht, sind erst ab dem Tag anzuwenden, an dem das Seearbeitsübereinkommen für die Bundesrepublik Deutschland in Kraft tritt.

(2) Das Bundesministerium für Arbeit und Soziales gibt den in Absatz 1 bezeichneten Tag im Bundesgesetzblatt bekannt.

B. Verordnungen

1. Verordnung über maritime medizinische Anforderungen auf Kauffahrteischiffen*
(Maritime-Medizin-Verordnung – MariMedV)

Inhaltsübersicht

---

* Diese Verordnung dient der Umsetzung der Richtlinie 92/29/EWG des Rates vom 31. März 1992 über Mindestvorschriften für die Sicherheit und den Gesundheitsschutz zum Zweck einer besseren medizinischen Versorgung auf Schiffen (ABl. L 113 vom 30.4.1992, S. 19) und der Richtlinie 2009/13/EG des Rates vom 16. Februar 2009 zur Durchführung der Vereinbarung zwischen dem Verband der Reeder in der Europäischen Gemeinschaft (ECSA) und der Europäischen Transportarbeiter-Föderation (ETF) über das Seearbeitsübereinkommen 2006 und zur Änderung der Richtlinie 1999/63/EG (ABl. L 124 vom 20.5.2009, S. 30).

Abschnitt 1
Allgemeine Vorschriften

§ 1 Anwendungsbereich

[1]Diese Verordnung regelt

1. die Feststellung der Seediensttauglichkeit von Personen,
2. die Zulassung von Ärzten zur Durchführung von Seediensttauglichkeitsuntersuchungen sowie die Qualitätssicherung dieser Untersuchungen,
3. die medizinische Betreuung an Bord,
4. die Zulassung von medizinischen Wiederholungslehrgängen und
5. die Registrierung von Schiffsärzten.

[2]Der Anwendungsbereich der Verordnung erstreckt sich auch auf Sachverhalte an Land, soweit diese einen unmittelbaren Bezug zu den in Satz 1 Nummer 1 bis 5 aufgeführten Bereichen aufweisen.

§ 2 Begriffsbestimmungen

Im Sinne dieser Verordnung sind

1. das Seearbeitsübereinkommen: das Seearbeitsübereinkommen 2006 der Internationalen Arbeitsorganisation vom 23. Februar 2006 (BGBl. 2013 II S. 763, 765) in der jeweils geltenden Fassung,
2. das STCW-Übereinkommen: das Internationale Übereinkommen vom 7. Juli 1978 über Normen für die Ausbildung, die Erteilung von Befähigungszeugnissen und den Wachdienst von Seeleuten (BGBl. 1982 II S. 297, 298) in der jeweils geltenden Fassung,
3. die Berufsgenossenschaft: die Berufsgenossenschaft für Transport und Verkehrswirtschaft,

4. der seeärztliche Dienst: eine mit Ärzten ausgestattete Arbeitseinheit der Berufsgenossenschaft, die schifffahrtsmedizinische Aufgaben wahrnimmt.

Abschnitt 2
Seediensttauglichkeit

Unterabschnitt 1
Anforderungen an Personen an Bord

§ 3 Anforderungen an die Seediensttauglichkeit
Die nach § 11, auch in Verbindung mit § 3 Absatz 4 Satz 2 bis 4, des Seearbeitsgesetzes erforderliche Seediensttauglichkeit liegt vor, wenn die zu untersuchende Person die für den Dienstzweig, in dem sie tätig werden will, in der Anlage 1 vorgesehenen gesundheitlichen Anforderungen erfüllt.

§ 4 Durchführung der Seediensttauglichkeitsuntersuchung
(1) [1]Der zugelassene Arzt hat die Seediensttauglichkeitsuntersuchung in seinen Untersuchungsräumen und für jede untersuchte Person einzeln nach den Anforderungen der Anlage 2 durchzuführen. [2]Die zu untersuchende Person ist über ihren Gesundheitszustand und über frühere Krankheiten zu befragen.

(2) [1]Der zugelassene Arzt oder der Arzt des seeärztlichen Dienstes kann zu einer Untersuchung einen anderen Arzt hinzuziehen oder eine Ergänzungsuntersuchung veranlassen, sofern dies für die Beurteilung der Seediensttauglichkeit erforderlich ist. [2]Die abschließende Beurteilung obliegt dem zugelassenen Arzt oder dem Arzt des seeärztlichen Dienstes.

§ 5 Seediensttauglichkeitszeugnis
(1) [1]Stellt der zugelassene Arzt oder der Arzt des seeärztlichen Dienstes die Seediensttauglichkeit fest, hat er
1. den Vordruck des Seediensttauglichkeitszeugnisses vollständig auszufüllen und zu unterschreiben,
2. den Vordruck mit einem Stempel nach dem Muster der Anlage 3 zu versehen und
3. das Seediensttauglichkeitszeugnis der untersuchten Person auszuhändigen oder zu übermitteln.

[2]Die untersuchte Person hat das Seediensttauglichkeitszeugnis zu unterschreiben.

(2) [1]Das Seediensttauglichkeitszeugnis ist von seinem Inhaber nach Maßgabe der Sätze 2 und 3 im Original an Bord mitzuführen. [2]Der Inhaber des Seediensttauglichkeitszeugnisses hat dieses dem Kapitän bei Dienstantritt an Bord zur Verwahrung auszuhändigen. [3]Der Kapitän hat das Seediensttauglichkeitszeugnis während der Dauer der Tätigkeit des Inhabers des Seediensttauglichkeitszeugnisses auf dem Schiff zu verwahren und diesem bei Beendigung dessen Tätigkeit wieder auszuhändigen.

§ 6 Einschränkungen der Seediensttauglichkeit
[1]Der zugelassene Arzt oder der Arzt des seeärztlichen Dienstes hat Einschränkungen der Seediensttauglichkeit, insbesondere hinsichtlich bestimmter Tätigkeiten oder bestimmter Fahrtgebiete oder der Dauer der Tätigkeit an Bord, in das Seediensttauglichkeitszeugnis einzutragen, soweit dies aufgrund des Ergebnisses der Untersuchung erforderlich ist. [2]Ferner können bei Vorliegen der Voraussetzungen des Satzes 1 Auflagen für die Tätigkeit an Bord in dem Seediensttauglichkeitszeugnis vermerkt werden, insbesondere hinsichtlich

1. des Ausübens von Tätigkeiten in Anwesenheit eines oder mehrerer anderer Besatzungsmitglieder oder
2. des Tragens oder Verwendens von Brillen, Kontaktlinsen, Hörgeräten oder anderen Hilfsmitteln und des Mitführens von Ersatzgeräten für die Hilfsmittel.

§ 7 Ablehnung der Seediensttauglichkeit

Ist die untersuchte Person seedienstuntauglich, stellt der zugelassene Arzt eine Bescheinigung über das Nichterteilen des Seediensttauglichkeitszeugnisses aus und händigt die Bescheinigung der untersuchten Person aus oder übermittelt ihr diese.

§ 8 Widerspruchsausschuss

(1) [1] Für den nach § 15 Absatz 2 des Seearbeitsgesetzes zu bildenden Widerspruchsausschuss sollen die Verbände der Reeder und der Seeleute bei der Berufsgenossenschaft Vorschlagslisten mit Namen fachkundiger Personen für die Berufung als Beisitzer aus den in Absatz 2 Satz 1 aufgeführten Berufsgruppen einreichen. [2] Die Berufsgenossenschaft wählt nach Maßgabe des Absatzes 2 Satz 1 geeignete Personen aus den Listen aus und beruft die ausgewählten Personen zu Mitgliedern des Widerspruchsausschusses für die Dauer von vier Jahren. [3] Jeder Beisitzer muss zum Zeitpunkt des Vorschlages das 25. Lebensjahr vollendet haben und mindestens insgesamt drei Jahre in einem Dienstzweig seiner Berufsgruppe tätig sein oder gewesen sein.

(2) [1] Zu Beginn der Amtszeit des Ausschusses stellt die Berufsgenossenschaft für jede der nachstehend aufgeführten Berufsgruppen eine Liste auf:

1. Kapitäne und Schiffsoffiziere des Decksdienstes,
2. Schiffsleute des Decksdienstes,
3. Schiffsoffiziere des technischen Dienstes,
4. Schiffsleute des technischen Dienstes,
5. Personal der weiteren Dienstzweige.

[2] Der Vorsitzende zieht den Beisitzer aus der Berufsgruppe des Widerspruchsführers nach der Reihenfolge der Liste hinzu.

(3) [1] Der Vorsitzende leitet das Verfahren des Widerspruchsausschusses. [2] Er bestimmt den Termin zu einer mündlichen Verhandlung.

(4) Der ärztliche Beisitzer darf die Untersuchung, auf deren Ergebnis die angefochtene Entscheidung beruht, nicht selbst vorgenommen haben.

(5) Die Beisitzer aus der Berufsgruppe des Widerspruchsführers werden in entsprechender Anwendung des Justizvergütungs- und -entschädigungsgesetzes entschädigt.

(6) Die Mitglieder des Widerspruchsausschusses sind zur Verschwiegenheit über die in Ausübung des Amtes zur Kenntnis gelangten persönlichen Verhältnisse des Widerspruchsführers verpflichtet.

§ 9 Zulassung von Ärzten

(1) Die notwendigen fachlichen Kenntnisse für die Zulassung nach § 16 des Seearbeitsgesetzes liegen vor, wenn der Arzt

1. die Anerkennung als Arzt für Allgemeinmedizin, Anästhesiologie, Arbeitsmedizin, Chirurgie oder Innere Medizin besitzt,
2. in der Lage ist, das Farbsehvermögen einer zu untersuchenden Person zu beurteilen,
3. eine mindestens vierwöchige praktische Erfahrung auf einem Seeschiff und umfassende Kenntnisse der gesundheitlichen Anforderungen im Schiffsdienst nachweist,
4. eine stationäre oder ambulante Tätigkeit über mindestens vier Jahre mit Schwerpunkt der Erkennung und Behandlung von Erkrankungen, die einen Bezug zur Tätigkeit an Bord haben, nachweist,

5. an einem Seminar des seeärztlichen Dienstes zur Einführung in die Grundlagen der Seediensttauglichkeitsuntersuchung teilgenommen hat und
6. sicherstellt, dass er für den Zweck der Seediensttauglichkeitsuntersuchungen auf das Seediensttauglichkeitsverzeichnis zurückgreifen kann.

(2) Die persönliche Eignung fehlt insbesondere, wenn der Arzt nicht über die für die Durchführung der Untersuchung erforderliche Ausstattung verfügt.

(3) Die erforderliche Zuverlässigkeit fehlt insbesondere, wenn der Arzt gröblich oder wiederholt gegen die Vorschriften über die Feststellung der Seediensttauglichkeit oder gegen berufsständische Regelungen verstoßen hat.

(4) Die Berufsgenossenschaft stellt jedem zugelassenen Arzt einen Zulassungsstempel nach dem Muster der Anlage 3 zur Verfügung.

(5) Die Berufsgenossenschaft veröffentlicht eine Liste der von ihr zugelassenen Ärzte mit den in § 16 Absatz 1 Satz 4 des Seearbeitsgesetzes genannten Daten für jeden Arzt auf ihrer Internetseite.

§ 10 Verlängerung der Zulassung

(1) [1]Die Zulassung wird auf Antrag jeweils um drei Jahre verlängert, wenn die Voraussetzungen des § 9 Absatz 1 Nummer 1, 2, 6 und Absatz 2 weiter vorliegen und der zugelassene Arzt nachweist, dass er seit der Zulassung oder der letzten Verlängerung der Zulassung

1. mindestens an einem Fortbildungsseminar des seeärztlichen Dienstes teilgenommen hat und
2. regelmäßig Seediensttauglichkeitsuntersuchungen durchgeführt hat.

[2]Regelmäßige Seediensttauglichkeitsuntersuchungen im Sinne des Satzes 1 Nummer 2 liegen in der Regel vor, wenn der zugelassene Arzt im Zulassungszeitraum von drei Jahren 300 Seediensttauglichkeitsuntersuchungen durchgeführt hat.

(2) Wurde ein Arzt nach § 16 Absatz 2 Satz 1 des Seearbeitsgesetzes erstmalig zugelassen und beantragt er eine Verlängerung der Zulassung, gilt Absatz 1 mit der Maßgabe, dass 100 Seediensttauglichkeitsuntersuchungen innerhalb eines Jahres seit der Zulassung durchzuführen waren.

§ 11 Dokumentationspflichten

(1) [1]Der zugelassene Arzt oder der Arzt des seeärztlichen Dienstes hat die für die Feststellung der Seediensttauglichkeit maßgeblichen Ergebnisse der Seediensttauglichkeitsuntersuchung aufzuzeichnen und die in § 19 Absatz 6 Satz 2 und 3 des Seearbeitsgesetzes vorgesehenen Daten unverzüglich in das Seediensttauglichkeitsverzeichnis zu übermitteln. [2]Die Vorschrift des § 630f des Bürgerlichen Gesetzbuchs bleibt unberührt.

(2) Auf Verlangen der untersuchten Person hat der zugelassene Arzt ihr nach Maßgabe des § 630g des Bürgerlichen Gesetzbuchs unverzüglich Einsicht in die sie betreffenden Untersuchungsunterlagen zu gewähren und Abschriften der Unterlagen gegen Erstattung der Kosten herauszugeben.

(3) [1]Ärztliche Aufzeichnungen über Seediensttauglichkeitsuntersuchungen sind für die Dauer von zehn Jahren nach Abschluss der Untersuchungen aufzubewahren, soweit nicht nach anderen Vorschriften längere Aufbewahrungsfristen für Teile der Aufzeichnungen bestehen. [2]Nach Beendigung der Zulassung hat der Arzt seine ärztlichen Aufzeichnungen und Untersuchungsbefunde aufzubewahren oder dafür Sorge zu tragen, dass sie in gehörige Obhut gegeben werden, sowie sicherzustellen, dass der seeärztliche Dienst zum Zwecke des § 13 Absatz 1 des Seearbeitsgesetzes Einsicht in die Unterlagen nehmen kann; Satz 1 gilt entsprechend.

§ 12 Zugang zum Seediensttauglichkeitsverzeichnis

(1) Zur Übermittlung von Daten aus dem Seediensttauglichkeitsverzeichnis dürfen durch Abruf im automatisierten Verfahren die nach § 19 Absatz 3 des Seearbeitsgesetzes gespeicherten Daten bereitgehalten werden.

(2) Der Abruf darf nur unter Verwendung der Angaben zur Person oder der Nummer des Seediensttauglichkeitszeugnisses erfolgen.

(3) [1] Die übermittelnde Stelle darf den Abruf im automatisierten Verfahren aus dem Seediensttauglichkeitsverzeichnis nach § 19 des Seearbeitsgesetzes nur zulassen, wenn dessen Durchführung unter Verwendung

1. einer Kennung des zum Abruf berechtigten Nutzers und
2. eines Passwortes

erfolgt. [2] Nutzer im Sinne des Satzes 1 Nummer 1 kann eine natürliche Person oder eine juristische Person sein. [3] Ist der Nutzer im Sinne des Satzes 1 Nummer 1 keine natürliche Person, so hat er sicherzustellen, dass zu jedem Abruf die jeweils abrufende natürliche Person festgestellt werden kann. [4] Der Nutzer oder die abrufende Person haben vor dem ersten Abruf ein eigenes Passwort zu wählen und dieses jeweils spätestens nach einem von der übermittelnden Stelle vorgegebenen Zeitraum zu ändern.

(4) [1] Die übermittelnde Stelle hat durch ein selbsttätiges Verfahren zu gewährleisten, dass keine Abrufe erfolgen können, sobald die Kennung nach Absatz 3 Satz 1 Nummer 1 oder das Passwort mehr als dreimal hintereinander unrichtig übermittelt wurde. [2] Die abrufende Stelle hat Maßnahmen zum Schutz gegen unberechtigte Nutzungen des Abrufsystems zu treffen.

Unterabschnitt 2
Anforderungen an besondere Personengruppen

§ 13 Anforderungen an die Seediensttauglichkeit von Kanalsteurern

(1) Die nach § 11 in Verbindung mit § 3 Absatz 4 Satz 3 des Seearbeitsgesetzes für einen Kanalsteurer auf dem Nord-Ostsee-Kanal erforderliche Seediensttauglichkeit liegt vor, wenn er

1. die in der Anlage 1 vorgesehenen gesundheitlichen Anforderungen für den Dienstzweig Decksdienst und
2. die Anforderungen an die Sehschärfe nach Maßgabe des Absatzes 2

erfüllt.

(2) [1] Im Hinblick auf den Ausschluss einer Nachtblindheit muss die mesopische Sehschärfe mindestens die Kontrasteinstellung 1:2, für den Fall der Blendung die Kontrasteinstellung 1:2,7 erfüllen. [2] Das Einhalten dieser Anforderung ist dem die Seediensttauglichkeitsuntersuchung vornehmenden Arzt durch die Vorlage einer Bescheinigung eines Augenarztes nachzuweisen.

(3) Abweichend von § 6 und der Anlage 1 Nummer 6.2 darf bei einem Kanalsteurer die Seediensttauglichkeit nur hinsichtlich der Dauer und des Fahrtgebietes eingeschränkt sein.

Abschnitt 3
Medizinische Betreuung

Unterabschnitt 1
Durchführung der medizinischen Betreuung

§ 14 Betriebseigene Kontrollen

(1) [1] Der Reeder hat dafür zu sorgen, dass im Rahmen der betriebseigenen Kontrolle der medizinischen Ausstattung nach § 109 Absatz 3 Satz 2 des Seearbeitsgesetzes die mitwirkende öffentliche Apotheke die notwendige Ergänzung und Einsortierung der medizinischen Ausstattung mit Arzneimitteln, Medizinprodukten und Hilfsmitteln an Bord des Schiffes vornimmt. [2] Dies gilt nicht, wenn das Schiff in einem ausländischen Hafen liegt oder wenn kein Apothekenschrank vorgeschrieben ist.

(2) Soweit Arzneimittel im Ausland beschafft werden, hat dies unter Mitwirkung der in § 109 Absatz 3 Satz 2 des Seearbeitsgesetzes genannten Apotheke zu erfolgen.

Unterabschnitt 2
Medizinische Wiederholungslehrgänge

§ 15 Verpflichtung zur Teilnahme an medizinischen Wiederholungslehrgängen

(1) Kapitäne und nach § 109 Absatz 1 Satz 2 des Seearbeitsgesetzes beauftragte Schiffsoffiziere, die an Bord von

1. Schiffen in der weltweiten Fahrt,
2. Schiffen in dem in § 46 Absatz 1 des Seearbeitsgesetzes bezeichneten Fahrtgebiet (Europäische Fahrt),
3. Fischereifahrzeugen in der Großen Hochseefischerei und in der Kleinen Hochseefischerei

tätig sind, müssen sich alle fünf Jahre durch die Teilnahme an einem von der Berufsgenossenschaft zugelassenen medizinischen Wiederholungslehrgang (Lehrgang) mit einer Dauer von 40 Unterrichtsstunden (großer Lehrgang) fortbilden.

(2) Kapitäne und nach § 109 Absatz 1 Satz 2 des Seearbeitsgesetzes beauftragte Schiffsoffiziere, die an Bord von Schiffen tätig sind, die nicht die Anforderungen des Absatzes 1 erfüllen, müssen sich alle fünf Jahre durch die Teilnahme an einem Lehrgang mit einer Dauer von 16 Unterrichtsstunden (kleiner Lehrgang) fortbilden.

§ 16 Zulassung von Lehrgängen

(1) Ein Lehrgang wird von der Berufsgenossenschaft auf Antrag zugelassen, wenn

1. er die für ihn in Anlage 4 vorgesehenen Inhalte umfasst,
2. der Anbieter des Lehrgangs (Anbieter) über ausreichend fachlich qualifizierte Personen für die praktische und theoretische Durchführung des Lehrgangs verfügt,
3. der Anbieter unabhängig und zuverlässig ist und dadurch die Gewähr für eine ordnungsgemäße Erfüllung seiner Aufgaben bietet und
4. der Anbieter über geeignete Schulungsräume und eine medizinische Ausstattung zur Durchführung des Lehrgangs nach Anlage 5 verfügt.

(2) Der Anbieter hat für die Zulassung Approbationsurkunden und Nachweise über die Ausbildung als Gesundheits- und Krankenpflegerinnen und Gesundheits- und Krankenpfleger oder als Rettungsassistentinnen und Rettungsassistenten oder als Notfallsanitäterinnen und Notfallsanitäter der Personen, welche den Lehrgang durchführen, vorzulegen.

(3) [1] Die Zulassung eines Lehrgangs ist auf fünf Jahre befristet. [2] Die Zulassung kann, auch nachträglich, mit Nebenbestimmungen verbunden werden.

(4) Die Zulassung eines Lehrgangs wird auf Antrag um jeweils fünf Jahre verlängert, wenn die Voraussetzungen des Absatzes 1 weiter vorliegen.

(5) [1] Die Zulassung ist zurückzunehmen, wenn der Anbieter die Zulassung

1. durch arglistige Täuschung, Drohung oder Bestechung oder
2. vorsätzlich oder grob fahrlässig durch Angaben, die in wesentlicher Beziehung unrichtig oder unvollständig waren,

erwirkt hat. [2] Die Zulassung ist zu widerrufen, wenn der Anbieter nicht mehr über die notwendigen fachlichen Kenntnisse, die erforderliche Unabhängigkeit oder Zuverlässigkeit verfügt. [3] Im Übrigen bleiben die §§ 48 und 49 des Verwaltungsverfahrensgesetzes unberührt.

§ 17 Überwachung der Anbieter

(1) [1]Anbieter unterliegen der Überwachung der Berufsgenossenschaft. [2]Zu diesem Zweck sind die Mitarbeiter der Berufsgenossenschaft insbesondere befugt, bei Anbietern

1. die Geschäftsräume und die Schulungsräume während der üblichen Dienststunden des Anbieters zu betreten und deren Ausstattung, insbesondere die medizinische Ausstattung, zu prüfen,
2. die Qualifikation der Lehrkräfte anhand entsprechender Nachweise zu prüfen,
3. die Unterrichtsmaterialien und die Lehrgangspläne einzusehen und zu prüfen,
4. Auskunft über die durchgeführten Lehrgänge zu verlangen,
5. bei Lehrgängen gegenwärtig zu sein.

(2) Der Anbieter hat die Maßnahmen nach Absatz 1 zu dulden.

(3) [1]Jeder Lehrgang ist am Ende von den Teilnehmern in schriftlicher Form anonym auf die Durchführung des Lehrgangs und die Qualität der Wissensvermittlung hin zu beurteilen. [2]Der Anbieter hat dafür zu sorgen, dass die ausgefüllten Beurteilungsbögen nach Anforderung durch die Berufsgenossenschaft spätestens vier Wochen nach Ende des Lehrgangs an diese übermittelt werden.

(4) Zum Zweck der Überprüfung der Vermittlung der geforderten Lerninhalte durch den Anbieter ist die Berufsgenossenschaft berechtigt, stichprobenartig die Lehrgangsteilnehmer am Ende eines Lehrgangs anhand anonymisierter Fragebögen zu befragen.

§ 18 Inhalt und Durchführung der Lehrgänge

(1) [1]Der theoretische Teil des Lehrgangs ist durch eine Ärztin oder einen Arzt durchzuführen. [2]Der praktische Teil kann abweichend von Satz 1 entsprechend der Anlage 4 auch von Gesundheits- und Krankenpflegerinnen und Gesundheits- und Krankenpflegern, von Rettungsassistentinnen und Rettungsassistenten oder von Notfallsanitäterinnen und Notfallsanitätern übernommen werden. [3]Der praktische Teil des Lehrgangs umfasst praktische Übungen in Gruppen, Demonstrationen von medizinischen Ausrüstungsgegenständen und Fallbeispiele.

(2) Die Vermittlung der Lehrgangsinhalte erfolgt auf der Grundlage des jeweiligen Standes der medizinischen Erkenntnisse im Sinne des § 107 Absatz 2 Satz 4 des Seearbeitsgesetzes.

(3) Die Lehrgänge können in englischer Sprache durchgeführt werden.

(4) An einem Lehrgang dürfen höchstens 18 Personen teilnehmen.

(5) Nach Abschluss des Lehrgangs händigt der Anbieter jedem Teilnehmer eine Teilnahmebescheinigung aus.

Unterabschnitt 3
Schiffsärzte

§ 19 Registrierung von Schiffsärzten

(1) Der Reeder hat dafür zu sorgen, dass auf seinem Schiff nur solche Besatzungsmitglieder als Schiffsärzte eingesetzt werden, die hierfür von der Berufsgenossenschaft registriert worden sind.

(2) Als Schiffsarzt wird auf Antrag registriert, wer der Berufsgenossenschaft folgende Nachweise erbringt:

1. die Vorlage der Approbationsurkunde,
2. einen Nachweis der Anerkennung als Arzt für Allgemeinmedizin, Anästhesiologie, Chirurgie oder Innere Medizin,
3. einen Nachweis der Zusatzbezeichnung „Notfallmedizin" oder Fachkundenachweis „Rettungsmedizin",
4. einen Nachweis über mindestens vierwöchige praktische Erfahrungen auf einem Seeschiff und über umfassende Kenntnisse der gesundheitlichen Anforderungen im Schiffsdienst,

5. einen Nachweis, dass er auf einem Kauffahrteischiff unter deutscher Flagge als Schiffsarzt tätig werden wird oder tätig ist, insbesondere einen Heuervertrag nach § 28 des Seearbeitsgesetzes.

(3) Die Berufsgenossenschaft erteilt eine Bescheinigung über die Registrierung als Schiffsarzt.

(4) [1] Die Registrierung ist zurückzunehmen, wenn der Arzt die Registrierung

1. durch arglistige Täuschung, Drohung oder Bestechung oder
2. vorsätzlich oder grob fahrlässig durch Angaben, die in wesentlicher Beziehung unrichtig oder unvollständig waren,

erwirkt hat. [2] Die Registrierung ist zu widerrufen, wenn die Voraussetzungen nach Absatz 2 nicht mehr vorliegen.

Abschnitt 4
Übergangs- und Schlussvorschriften

§ 20 Muster

Für die nach dieser Verordnung vorgesehenen Zeugnisse, Bescheinigungen oder Vordrucke macht die Berufsgenossenschaft die Muster im Verkehrsblatt oder im Bundesanzeiger bekannt.

§ 21 Übergangsregelung für vorläufig zugelassene Ärzte

Ein Arzt, der nach § 153 Satz 1 des Seearbeitsgesetzes vorläufig zugelassen ist, bedarf abweichend von § 9 Absatz 1 Satz 1 Nummer 1 für die Zulassung nicht der Anerkennung als Facharzt, wenn der Arzt seit dem 1. Januar 2010 mindestens 300 Seediensttauglichkeitsuntersuchungen durchgeführt und während seiner Tätigkeit an mindestens einem Fortbildungsseminar des seeärztlichen Dienstes teilgenommen hat.

§ 22 Übergangsregelung für Lehrgänge

[1] Lehrgänge, die am 21. August 2014 nach bisherigen Rechtsvorschriften anerkannt waren, gelten vorläufig als nach § 16 Absatz 1 zugelassen. [2] Die vorläufige Zulassung erlischt,

1. wenn nicht bis zum 1. August 2015 die Zulassung beantragt wird, oder
2. im Falle rechtzeitiger Antragstellung mit Eintritt der Unanfechtbarkeit der Entscheidung über den Antrag.

2. Verordnung über die Befähigungen der Seeleute in der Seeschifffahrt (Seeleute-Befähigungsverordnung – See-BV)

Eingangsformel

Das Bundesministerium für Verkehr und digitale Infrastruktur verordnet, jeweils in Verbindung mit § 1 Absatz 2 des Zuständigkeitsänderungsgesetzes vom 16. August 2002 (BGBl. I S. 3165) und dem Organisationserlass vom 17. Dezember 2013 (BGBl. I S. 4310),

- auf Grund des § 9 Absatz 1 Satz 1 Nummer 3a, 3c, 3d in Verbindung mit Absatz 2 Satz 3 des Seeaufgabengesetzes in der Fassung der Bekanntmachung vom 26. Juli 2002 (BGBl. I S. 2876), § 9 Absatz 1 und 2 geändert durch Artikel 2 Absatz 1 Nummer 6 des Gesetzes vom 20. April 2013 (BGBl. I S. 868), im Einvernehmen mit dem Bundesministerium für Arbeit und Soziales und dem Bundesministerium für Ernährung und Landwirtschaft und
- auf Grund des § 12 Absatz 2 des Seeaufgabengesetzes in der Fassung der Bekanntmachung vom 26. Juli 2002 (BGBl. I S. 2876), der durch Artikel 2 Absatz 163 des Gesetzes vom 7. August 2013

(BGBl. I S. 3154) geändert worden ist, in Verbindung mit § 23 Absatz 2 des Bundesgebührengesetzes vom 7. August 2013 (BGBl. I S. 3154) im Einvernehmen mit dem Bundesministerium der Finanzen:

Inhaltsübersicht

Abschnitt 2
Elektrotechnischer Schiffsdienst

Teil 4
Befähigungen im Gesamtschiffsbetrieb

Teil 5
Befähigungen im Schiffssicherheitsdienst und in der Gefahrenabwehr

Teil 6
Zusätzliche Befähigungen für den Schiffsdienst auf besonderen Schiffstypen

Abschnitt 1
Befähigungen für den Schiffsdienst auf Tankschiffen

Abschnitt 2
Befähigungen für den Schiffsdienst auf Fahrgastschiffen

Teil 7
Gültigkeitsverlängerung von Bescheinigungen

Teil 8
Entzug, Ruhen und Sicherstellung von Befähigungszeugnissen

Teil 1
Allgemeine Bestimmungen

Abschnitt 1
Anwendungsbereich, Begriffsbestimmungen, Zuständigkeiten

§ 1 Anwendungsbereich

Diese Verordnung regelt

1. die Befähigungen und die weiteren Voraussetzungen für die Erteilung und den Entzug von Befähigungszeugnissen, Befähigungsnachweisen sowie sonstigen Bescheinigungen für Kapitäne, Schiffsoffiziere und sonstige Seeleute für den Dienst auf Kauffahrteischiffen (Schiffsdienst),
2. die Zulassung von Lehrgängen und
3. das Verfahren zur Anerkennung von Berufseingangsprüfungen,

soweit dies nicht auf Grund anderer Vorschriften besonders geregelt ist.

§ 2 Begriffsbestimmungen

(1) „STCW-Übereinkommen“ bedeutet das Internationale Übereinkommen vom 7. Juli 1978 über Normen für die Ausbildung, die Erteilung von Befähigungszeugnissen und den Wachdienst von Seeleuten (BGBl. 1982 II S. 297, 298) in der jeweils geltenden Fassung.

(2) „STCW-Code“ bedeutet die mit Entschließung 2 zur Schlussakte der Konferenz der Mitgliedstaaten der Internationalen Seeschifffahrts-Organisation am 7. Juli 1995 angenommenen Änderungen der Anlage zum STCW-Übereinkommen (BGBl. 1997 II S. 1118) in der jeweils geltenden Fassung.

(3) [1] Im Sinne dieser Verordnung bedeutet der Ausdruck
1. „Bundesamt" das Bundesamt für Seeschifffahrt und Hydrographie,
2. „Berufsgenossenschaft" die Berufsgenossenschaft für Transport und Verkehrswirtschaft,
3. „Befähigungszeugnis" die von einer zuständigen Behörde einer Vertragspartei des STCW-Übereinkommens und im Falle des nautischen Schiffsdienstes auf Fischereifahrzeugen und des technischen Schiffsdienstes auf Schiffen mit weniger als 750 Kilowatt Antriebsleistung von einer sonstigen zuständigen Stelle erteilte amtliche Bescheinigung für Kapitäne, Schiffsoffiziere und GMDSS-Funker, in der die vom Inhaber der Bescheinigung wahrnehmbaren Befugnisse, Funktionen und Verantwortungsebenen einschließlich Einschränkungen eingetragen sind, und den Inhaber dazu berechtigt, in der in der Bescheinigung bezeichneten Dienststellung Schiffsdienst zu verrichten und die Funktionen auszuüben, die der darin bezeichneten Verantwortungsebene entsprechen,
4. „Befähigungsnachweis" das von einer zuständigen Stelle einer Vertragspartei des STCW-Übereinkommens erteilte Fachkundezeugnis für Seeleute, in dem die vom Inhaber des Fachkundezeugnisses wahrnehmbaren Befugnisse, Funktionen, Verantwortungsebenen einschließlich Einschränkungen eingetragen sind,
5. „Qualifikationsnachweis" der schriftliche Nachweis nach § 51, der weder ein Befähigungszeugnis noch einen Befähigungsnachweis darstellt, der jedoch dazu verwendet wird, nachzuweisen, dass die für den jeweiligen Qualifikationsnachweis maßgeblichen Vorschriften des STCW-Übereinkommens erfüllt werden,
6. „Anerkennungsvermerk" ein vom Bundesamt erteilter Vermerk, der dazu dient, ein im Ausland erworbenes Befähigungszeugnis zum Kapitän, Schiffsoffizier oder GMDSS-Funker oder einen Befähigungsnachweis für den Schiffsdienst auf Tankschiffen für den Dienst auf Schiffen, die die Bundesflagge führen, anzuerkennen,
7. „Gleichwertigkeitsbescheinigung" eine vom Bundesamt erteilte Bescheinigung, die dazu verwendet wird, eine im Ausland erworbene Bescheinigung über eine nicht dem STCW-Übereinkommen unterliegende Befähigung für den Dienst auf Schiffen, die die Bundesflagge führen, anzuerkennen,
8. „Bescheinigungen" Befähigungszeugnisse, Befähigungsnachweise, Qualifikationsnachweise und sonstige Bescheinigungen, insbesondere Anerkennungsvermerke, Gleichwertigkeitsbescheinigungen und Ausnahmegenehmigungen, die nach Maßgabe dieser Verordnung erteilt werden,
9. „Führungsebene" die Verantwortungsebene, zu der typischerweise gehört, dass Besatzungsmitglieder als Kapitän, Erster Offizier, Leiter der Maschinenanlage oder Zweiter technischer Offizier Schiffsdienst verrichten und sicherstellen, dass alle Funktionen innerhalb des zugewiesenen Verantwortungsbereichs sachgerecht wahrgenommen werden,
10. „Betriebsebene" die Verantwortungsebene, zu der typischerweise gehört, dass Besatzungsmitglieder als Nautischer oder Technischer Wachoffizier, Elektrotechnischer Schiffsoffizier, Technischer Offizier im Bereitschaftsdienst in einem zeitweise unbesetzten Maschinenraum, GMDSS-Funker oder Schiffsarzt Schiffsdienst verrichten und in Übereinstimmung mit sachgerechten Verfahren und nach Maßgabe einer Person aus der Führungsebene für den betreffenden Verantwortungsbereich unmittelbaren Einfluss auf die Wahrnehmung aller Funktionen innerhalb des zugewiesenen Verantwortungsbereichs ausüben,
11. „Unterstützungsebene" die Verantwortungsebene, zu der typischerweise gehört, dass Besatzungsmitglieder nach Weisung des Kapitäns oder eines Schiffsoffiziers zugewiesene Aufgaben, Pflichten und Verantwortung wahrnehmen,
12. „Ausbildungsberichtsheft" ein vom Bundesamt herausgegebener oder zugelassener Tätigkeitsnachweis zur Bescheinigung einer praktischen Ausbildung und Seefahrtzeit,
13. „Monat" einen Kalendermonat oder, soweit es sich um mehrere Zeiträume von jeweils weniger als einem Kalendermonat handelt, ein zusammengesetzter Zeitraum von 30 Tagen,

14. „nationale Fahrt" die Fahrt von deutschen Häfen nach deutschen Häfen und deutschen Inseln,
15. „internationale Fahrt" die Fahrt, während der Häfen außerhalb der Bundesrepublik Deutschland angelaufen werden,
16. „küstennahe Fahrt" die internationale Fahrt, während der Häfen im europäischen Teil des Königreichs der Niederlande, im Königreich Dänemark mit Ausnahme der Färöer und Grönlands sowie Häfen der Republik Polen angelaufen werden,
17. „Fischereifahrzeug" ein Kauffahrteischiff, das für den Fang von Fischen oder anderen Lebewesen des Meeres verwendet wird,
18. „Küstenfischerei" die Fischerei, die betrieben wird auf Fangreisen von Küstenplätzen der Bundesrepublik Deutschland oder der benachbarten Küstenländer in einem Abstand von nicht mehr als 30 Seemeilen von der deutschen Küste,
19. „Kleine Hochseefischerei" die Fischerei, die in der Ostsee, in der Nordsee und in dem Gebiet betrieben wird, das begrenzt wird im Norden durch den Breitenparallel 63° Nord von der norwegischen Küste bis zum Meridian 10° West, von dort nach Süden bis 60 Seemeilen nördlich der irischen Küste, weiter in einem Abstand von 60 Seemeilen an der irischen Westküste entlang bis 50° 30' Nord und 10° West und von dort in gerader Linie zum Leuchtturm von Creach (Ushant) auf der Insel Ouessant,
20. „Große Hochseefischerei" die Fischerei, die außerhalb der Grenzen der Kleinen Hochseefischerei betrieben wird,
21. „Kleinfahrzeug" ein als Aufsichts- oder Kontrollfahrzeug, Lotsenversetzboot oder Börteboot eingesetztes Kauffahrteischiff von weniger als 24 Meter Länge und
22. „Länge" 96 vom Hundert der Gesamtlänge in einer Wasserlinie in Höhe von 85 vom Hundert der geringsten Seitenhöhe über Oberkante Kiel, von der Kiellinie gemessen, oder, wenn der folgende Wert größer ist, die Länge von der Vorkante des Vorstevens bis zur Drehachse des Ruderschafts in dieser Wasserlinie.

[2] Im Falle des Satzes 1 Nummer 22 verläuft bei Fahrzeugen, die mit Kielfall entworfen sind, die Wasserlinie, in der diese Länge gemessen wird, parallel zur Konstruktionswasserlinie.

(4) Für die Zwecke dieser Verordnung werden zur Bezeichnung der Befähigungszeugnisse und Befähigungsnachweise im nautischen Schiffsdienst, Seefunkdienst, technischen und elektrotechnischen Schiffsdienst, Schiffssicherheitsdienst und in der Gefahrenabwehr die in Anlage 1 genannten Abkürzungen verwendet.

§ 3 Zuständigkeiten

(1) Das Bundesamt ist im Rahmen dieser Verordnung zuständig
1. für die Erteilung, die Ersatzausstellung, den Umtausch, den Entzug, die Sicherstellung und die Erklärung des Ruhens der Bescheinigungen,
2. für die Verlängerung der Gültigkeitsdauer der Befähigungszeugnisse und Befähigungsnachweise durch die Anerkennung des Fortbestandes der Befähigung,
3. für die Zulassung von Lehrgängen und Tätigkeiten sowie die Durchführung von Prüfungen,
4. für die Herausgabe von Ausbildungsberichtsheften, soweit dies nach dieser Verordnung erforderlich ist,
5. vorbehaltlich des Absatzes 5 Satz 1 Nummer 1 für die Feststellung, ob Ausbildungen in der Metallbearbeitung und Elektrotechnik den Anforderungen genügen, und
6. für die Erteilung des Nachweises über eine berufliche Tätigkeit in der Seeschifffahrt.

(2) Abweichend von Absatz 1 Nummer 1 ist für die Erteilung von Befähigungszeugnissen zum Nautischen Wachoffizier oder Technischen Wachoffizier für einen Bewerber oder eine Bewerberin (Bewerber) mit einem Abschlusszeugnis der nach dem Recht des Landes Mecklenburg-Vorpommern eingerichteten Ausbildungsstätten, die vom Land auf Grund der Verwaltungsvereinbarung zwi-

schen der Bundesrepublik Deutschland und dem Land Mecklenburg-Vorpommern vom 5. August 2005 (BAnz. S. 12 875) benannte Verwaltungsbehörde zuständig.

(3) Abweichend von Absatz 1 Nummer 1 bedarf es im Falle der Qualifikationsnachweise für den Dienst auf Fahrgastschiffen und der Qualifikationsnachweise für die Aufrechterhaltung der Befähigungen nach den §§ 44 bis 46 keiner Bescheinigung des Bundesamtes, wenn Bescheinigungen nach Maßgabe des § 51 Absatz 5 oder des § 54 Absatz 2 ausgestellt werden.

(4) [1]Abweichend von Absatz 1 Nummer 3 ist für die Zulassung der Lehrgänge in der Sicherheitsgrundausbildung, zum Führen von Überlebensfahrzeugen und Bereitschaftsbooten sowie schnellen Bereitschaftsbooten und zur Leitung von Brandbekämpfungsmaßnahmen die Berufsgenossenschaft zuständig. [2]Satz 1 gilt auch für Lehrgänge zur Aufrechterhaltung der beruflichen Befähigung nach § 54 Absatz 1.

(5) [1]Die Berufsbildungsstelle Seeschifffahrt e. V. ist im Rahmen dieser Verordnung zuständig für die Feststellung, ob Ausbildungsberufe der Metall- oder Elektrotechnik den Anforderungen genügen, und überwacht die Durchführung der praktischen Ausbildung und Seefahrtzeit der Offiziersassistenten. [2]Sie untersteht hierbei der Fachaufsicht des Bundesministeriums für Verkehr und digitale Infrastruktur.

§ 4 Muster für Bescheinigungen

Die Muster der nach dieser Verordnung vorgeschriebenen Befähigungszeugnisse, Befähigungsnachweise, Anerkennungsvermerke und des Nachweises über eine berufliche Tätigkeit in der Seeschifffahrt werden vom Bundesministerium für Verkehr und digitale Infrastruktur im Verkehrsblatt bekannt gemacht.

Abschnitt 2
Erwerb und Erteilung von Bescheinigungen

§ 5 Allgemeine Voraussetzungen für den Erwerb von Bescheinigungen

(1) [1]Wer ein Befähigungszeugnis, einen Befähigungsnachweis oder einen Qualifikationsnachweis erwerben will, hat

1. seine Identität und das nach § 6 vorgeschriebene Mindestalter,
2. seine persönliche Eignung nach § 7,
3. seine fachliche Eignung
   a) im Rahmen der landesrechtlichen Ausbildungsgänge durch eine Berufseingangsprüfung oder
   b) im Rahmen von zugelassenen Lehrgängen zum Erwerb von Befähigungen im deutschen Seeschifffahrtsrecht nach Anlage 2, im Schiffssicherheitsdienst und in der Gefahrenabwehr, für den Schiffsdienst auf besonderen Schiffstypen und sonstigen beruflichen Fortbildungen,
4. die jeweils nach dieser Verordnung vorgeschriebene praktische Ausbildung und Seefahrtzeit und
5. den Abschluss der Sicherheitsgrundausbildung und einen entsprechenden gültigen Befähigungsnachweis

nachzuweisen. [2]Satz 1 Nummer 5 gilt nicht für Bewerber um ein Befähigungszeugnis für GMDSS-Funker oder einen Befähigungsnachweis für die Gefahrenabwehr auf dem Schiff.

(2) Wer ein Befähigungszeugnis für den nautischen Schiffsdienst erwerben will, muss zusätzlich zu den Anforderungen des Absatzes 1

1. im Falle der nationalen Fahrt, der küstennahen Fahrt oder der Küstenfischerei ein Beschränkt Gültiges Betriebszeugnis ROC für GMDSS-Funker und

2. im Übrigen ein Allgemeines Betriebszeugnis GOC für GMDSS-Funker
nachweisen.

(3) Absatz 1 Satz 1 Nummer 1 und 2 ist auf die Erteilung von Anerkennungsvermerken und Gleichwertigkeitsbescheinigungen entsprechend anzuwenden.

§ 6 Mindestalter

(1) [1]Unbeschadet der Vorschriften des Seearbeitsgesetzes beträgt das Mindestalter von Bewerbern um ein Befähigungszeugnis oder einen Befähigungsnachweis 18 Jahre. [2]Bewerber um ein Befähigungszeugnis zum Kapitän müssen mindestens 20 Jahre alt sein.

(2) Abweichend von Absatz 1 müssen Bewerber mindestens 16 Jahre alt sein für den Befähigungsnachweis für

1. die Wachbefähigung Brücke,
2. die Wachbefähigung Maschine,
3. die Befähigung hinsichtlich der grundlegenden Anforderungen an die Sicherheit an Bord,
4. die Befähigung in der Gefahrenabwehr auf dem Schiff,
5. die Befähigung zum Schiffsdienst auf einem Öltankschiff, einem Chemikalientankschiff oder einem Flüssiggastankschiff.

(3) [1]In den Fällen des Absatzes 2 können die Befähigungen auch schon vor dem 16. Geburtstag erworben und erforderliche Prüfungen auch vor diesem Zeitpunkt abgelegt werden. [2]Befähigungsnachweise dürfen jedoch erst zu dem in Absatz 2 genannten Zeitpunkt erteilt werden.

§ 7 Persönliche Eignung

(1) Die persönliche Eignung für den Erwerb oder die Gültigkeitsverlängerung eines Befähigungszeugnisses oder Befähigungsnachweises besitzt, wer

1. die Seediensttauglichkeit für die zu verrichtende Tätigkeit auf See und für den jeweiligen Dienstzweig durch ein Zeugnis nach § 12 des Seearbeitsgesetzes nachweist und
2. auf Grund seines Verhaltens im Verkehr nicht unzuverlässig ist.

(2) Unzuverlässig ist, wer erheblich oder wiederholt gegen verkehrsstrafrechtliche Vorschriften im Zusammenhang mit dem Betrieb eines Schiffes verstoßen hat und deswegen rechtskräftig verurteilt worden ist.

(3) Unzuverlässig ist in der Regel, wer als Inhaber eines Befähigungszeugnisses gegen die in der Seeschifffahrt geltenden Vorschriften im Hinblick auf den Alkoholgenuss verstoßen oder unter Einwirkung berauschender Mittel Wachdienst versehen hat.

(4) Als unzuverlässig kann insbesondere angesehen werden,

1. wer erheblich gegen verkehrsstrafrechtliche Vorschriften außerhalb des Seeschiffsverkehrs verstoßen hat und deswegen rechtskräftig verurteilt worden ist,
2. wer wiederholt mit Geldbuße geahndete Zuwiderhandlungen gegen Schifffahrtspolizeivorschriften begangen hat,
3. wem ein Befähigungszeugnis oder ein Anerkennungsvermerk für die Seeschifffahrt von der zuständigen Behörde bestandskräftig entzogen worden ist oder
4. gegen wen wiederholt ein Fahrverbot für die Seeschifffahrt ausgesprochen worden ist.

(5) Soweit der hinreichende Verdacht besteht, dass einem Bewerber die erforderliche Zuverlässigkeit fehlt, kann das Bundesamt von einem Bewerber verlangen, dass er

1. ein Führungszeugnis nach § 30 des Bundeszentralregistergesetzes zur Vorlage beim Bundesamt zu beantragen hat oder
2. ein
   a) verkehrspsychologisches Gutachten oder
   b) medizinisch-psychologisches Gutachten

   vorzulegen hat.

§ 8 Befristungen

(1) Befristet erteilt und in der Gültigkeitsdauer verlängert werden

1. ein Befähigungszeugnis für den nautischen Schiffsdienst auf nicht der Fischerei dienenden Kauffahrteischiffen und den Seefunkdienst sowie für den technischen Bereich mit Ausnahme des Befähigungszeugnisses zum Schiffsmaschinisten,
2. ein Befähigungsnachweis für den Schiffsdienst auf Tankschiffen,
3. ein Qualifikationsnachweis für den Schiffsdienst auf Fahrgastschiffen und
4. ein Vermerk über die Anerkennung eines ausländischen Befähigungszeugnisses.

(2) Die Befristung soll längstens fünf Jahre betragen.

(3) [1] Die Befristung beginnt

1. mit dem erfolgreichen Abschluss der Ausbildung oder
2. dem Abschluss eines Lehrgangs, der Voraussetzung für die begehrte Bescheinigung ist, oder
3. im Falle der Erteilung oder Gültigkeitsverlängerung von Befähigungszeugnissen für den nautischen Schiffsdienst nach § 29 Absatz 1 und 2 zu den in Nummer 1 oder 2 genannten Zeitpunkten oder mit dem Beginn der Erlaubnisbefristung für die Ausübung des Seefunkdienstes.

[2] Es ist auf das zeitlich zuerst erfolgte Ereignis abzustellen. [3] Liegt das Ereignis nicht länger als sechs Monate zurück, ist für den Fristbeginn das Datum der Ausstellung der jeweiligen Bescheinigung maßgeblich.

§ 9 Einschränkungen

Das Bundesamt erteilt ein Befähigungszeugnis und verlängert dieses in seiner Gültigkeitsdauer mit den sich aus § 13 Absatz 1 des Seearbeitsgesetzes, dieser Verordnung und den sich aus den Regeln der Anlage zum STCW-Übereinkommen ergebenden Einschränkungen, soweit zutreffend, hinsichtlich der Schiffsgröße, der Antriebsleistung, des Fahrtgebietes oder der technischen Ausrüstung.

Abschnitt 3
Berufseingangsprüfungen und Zulassungen

Unterabschnitt 1
Berufseingangsprüfungen für Kapitäne und Schiffsoffiziere

§ 10 Berufseingangsprüfungen

(1) [1] Bewerber um ein Befähigungszeugnis

1. zum Offizier für den Decksbereich,
2. zum Offizier für den technischen Bereich oder
3. zum Kapitän, soweit durch diese Verordnung vorgesehen,

müssen ihre fachliche Eignung durch eine Berufseingangsprüfung nachweisen. [2] Die Berufseingangsprüfung muss für die Feststellung geeignet sein, ob die Bewerber über die für die jeweils vorgeschriebenen Befähigungen erforderlichen Kenntnisse, das Verständnis und die Fachkunde verfügen und in der Lage sind, diese an Bord von Kauffahrteischiffen sicher anzuwenden.

(2) Zu den Berufseingangsprüfungen ist zugelassen, wer

1. den Abschluss der jeweils vorgeschriebenen praktischen Ausbildung und Seefahrtzeit,
2. die Ausbildung an einer nach Landesrecht eingerichteten Ausbildungsstätte
   a) entsprechend der nach dieser Verordnung sowie nach Landesrecht jeweils vorgesehenen Ausbildungsinhalten,
   b) in der jeweils nach dieser Verordnung sowie nach Landesrecht vorgesehenen Dauer und

3. das Bestehen von Prüfungen
   a) in allen im STCW-Übereinkommen und den Anlagen zum STCW-Übereinkommen erfassten Ausbildungsbereichen,
   b) im deutschen Seeschifffahrtsrecht nach Anlage 2 Nummer 5

nachweist.

(3) [1]Prüfungen an den nach Landesrecht eingerichteten Ausbildungsstätten, die einen seefahrtbezogenen Studiengang oder eine seefahrtbezogene schulische Ausbildung abschließen (Abschlussprüfungen), sind die Berufseingangsprüfungen nach Absatz 1. [2]Voraussetzungen dafür sind die Einhaltung der Qualitätsnormen im Sinne des § 11, das wirksame Vorhandensein des Qualitätssicherungssystems einschließlich einer unabhängigen externen Beurteilung und das Erfüllen der weiteren Anforderungen nach dieser Verordnung.

§ 11 Qualitätsnormen

(1) Die jeweiligen Anforderungen zur Gewährleistung des Schutzes des menschlichen Lebens auf See und der Meeresumwelt hinsichtlich der Ausbildung und Befähigung nach dem STCW-Übereinkommen gelten für die dem STCW-Übereinkommen entsprechende Erteilung von Befähigungszeugnissen im Sinne des § 2 Absatz 2 des Seeaufgabengesetzes als erfüllt, wenn keine Beanstandungen durch das Bundesamt entgegenstehen und die Einhaltung der folgenden Vorschriften der Anlage zu dem STCW-Übereinkommen gewährleistet ist:

1. hinsichtlich der zugrunde liegenden Ausbildungsprogramme die Einhaltung der Regel I/6,
2. hinsichtlich der Verwendung von Simulatoren die Einhaltung der Regel I/12,
3. hinsichtlich der schul- und hochschulrechtlichen oder beruflichen praktischen Schulung, Ausbildung und Befähigung an Bord die Einhaltung der Anforderungen der entsprechenden Kapitel in Verbindung mit Regel I/6,
4. hinsichtlich der Befähigung, Beaufsichtigung und Überwachung der Ausbilder und der Verantwortlichen für die Ausbildung und Befähigungsbewertung die Einhaltung der Regel I/6,
5. hinsichtlich der Überprüfung der fachlichen Kenntnisse und Fähigkeiten der Bewerber sowie hinsichtlich der Befähigungsbewertung die Einhaltung der Regel I/6,
6. hinsichtlich der ständigen Überwachung aller Tätigkeiten über ein Qualitätssicherungssystem die Einhaltung der Regeln I/6 und I/8 Absatz 1,
7. hinsichtlich der fremdunterstützten Selbstkontrolle der Ausbildungseinrichtung durch regelmäßige Beurteilung der nach den Nummern 1 bis 6 durchgeführten Maßnahmen und Aktionen seitens einer befähigten unabhängigen Stelle die Einhaltung der Regel I/8 Absatz 2.

(2) Die jeweiligen Anforderungen zur Gewährleistung des Schutzes des menschlichen Lebens auf See und der Meeresumwelt hinsichtlich der Ausbildung und Befähigung für den nautischen Schiffsdienst auf Fischereifahrzeugen gelten für die Erteilung von Befähigungszeugnissen im Sinne des § 2 Absatz 2 des Seeaufgabengesetzes als erfüllt, wenn keine konkret begründeten Beanstandungen entgegenstehen und die Einhaltung der entsprechenden Vorschriften dieser Verordnung und die sinngemäße Anwendung des Absatzes 1 gewährleistet sind.

§ 12 Qualitätssicherungssystem und externe Beurteilung

(1) [1]Die Anforderungen des § 11 Absatz 1 Nummer 6 und 7 sind erfüllt, wenn die nach Landesrecht eingerichteten seefahrtbezogenen Ausbildungsstätten im Benehmen mit dem Bundesamt

1. Qualitätssicherungssysteme dauerhaft eingerichtet haben,
2. eine regelmäßige Beurteilung durch ausgewählte befähigte Personen erfolgt, die mit den jeweiligen Tätigkeiten selbst nicht befasst sind, und
3. für die regelmäßige Berichtspflicht nach Regel I/8 Absatz 3 der Anlage zum STCW-Übereinkommen die erforderlichen Angaben, Unterlagen und Informationen zur Verfügung gestellt werden.

[2]Das Bundesamt leitet die Angaben, Unterlagen und Informationen nach Satz 1 Nummer 3 an das Bundesministerium für Verkehr und digitale Infrastruktur weiter.

(2) Maßgeblich für die Eignung als befähigte Person nach Absatz 1 Satz 1 Nummer 2 sind Kenntnisse über die internationale Seeschifffahrt und die Qualitätsanforderungen aus Übereinkommen und Codes der Internationalen Seeschifffahrts-Organisation, insbesondere des STCW-Übereinkommens und dessen Umsetzung in innerstaatliches Recht.

(3) [1]Dem Bundesamt wird von den nach Landesrecht eingerichteten seefahrtbezogenen Ausbildungsstätten Gelegenheit gegeben, an den Abschlussprüfungen als Beobachter teilzunehmen. [2]Vertreter des Bundesamtes sollen nicht dem Prüfungsausschuss angehören, jedoch das Recht eingeräumt bekommen, Prüfungsfragen anzuregen und in schriftliche Prüfungsarbeiten Einsicht zu nehmen. [3]Anregungen des Bundesamtes sind im Rahmen der Umsetzung von Absatz 1 und 2 zu berücksichtigen.

§ 13 Weitere Anforderungen an Berufseingangsprüfungen

[1]Die Anforderungen des § 11 Absatz 1 Nummer 1 und 2 und Absatz 2 sind erfüllt, wenn dem Bundesministerium für Verkehr und digitale Infrastruktur und dem Bundesamt im Hinblick auf den Erlass von Studien- und Prüfungsordnungen sowie Lehrplänen Gelegenheit zur Stellungnahme gewährt wird. [2]Das Bundesamt ist befugt, Anmerkungen im Interesse einer vollständigen Umsetzung der jeweiligen Anforderungen des STCW-Übereinkommens abzugeben.

§ 14 Aussetzen der Anerkennung als Berufseingangsprüfungen

(1) Liegen dem Bundesamt begründete Beanstandungen vor oder wird die Bundesrepublik Deutschland davon unterrichtet, dass ein anderer Staat oder die Internationale Seeschifffahrts-Organisation die Anforderungen des § 10 nicht für erfüllt halten, so kann die Anerkennung einer Abschlussprüfung als Berufseingangsprüfung so lange ausgesetzt werden, bis die Beanstandungen im Einvernehmen mit den zuständigen Behörden des Landes ausgeräumt und beseitigt sind.

(2) Betreffen die Beanstandungen nach Absatz 1 einen Einzelfall, so kann von dem Bewerber vor der Erteilung des beantragten Befähigungszeugnisses die Beseitigung der Mängel nach Maßgabe dieser Verordnung verlangt werden, soweit die Beanstandung von ihm oder ihr zu vertreten ist.

Unterabschnitt 2
Zulassung von Lehrgängen

§ 15 Anforderungen an Lehrgänge

[1]Lehrgänge im Sinne des § 5 Absatz 1 Satz 1 Nummer 3 Buchstabe b bedürfen der Zulassung durch das Bundesamt, Lehrgänge nach § 3 Absatz 4 der Zulassung durch die Berufsgenossenschaft. [2]Die Lehrgänge einschließlich vorgeschriebener Prüfungen müssen geeignet sein, für die jeweilige Befähigung die Kenntnisse, das Verständnis und die Fachkunde zu vermitteln und deren Erwerb nachzuweisen.

§ 16 Zulassung von Lehrgängen

(1) [1]Die Zulassung eines Lehrgangs ist schriftlich bei der jeweils zuständigen Behörde zu beantragen. [2]Der Antrag muss folgende Angaben enthalten:
1. eine Lehrgangsbezeichnung,
2. einen Ausbildungsrahmen mit mindestens folgenden Inhalten:
   a) zeitlicher Umfang der Ausbildung,
   b) Eingangsvoraussetzungen für die Teilnehmer hinsichtlich Vorbildung, Ausbildungsstand, persönliche Eignung und deren Kontrolle,

c) Muster einer Teilnahmebescheinigung,
d) kleinste und größte zulässige Teilnehmerzahl und
e) Beschreibung der Unterrichtsräume und deren Ausstattung einschließlich der Einrichtungen für praktische Übungen,
3. die zu verwendenden Lehr- und Lernmittel,
4. einen Ausbildungsplan mit mindestens folgenden Inhalten:
a) Inhaltsübersicht mit Angabe des Zeitrahmens für die einzelnen Themenbereiche, differenziert nach theoretischem Unterricht und praktischer Übung (Stundenplan),
b) ausführlicher Lehrplan mit eingehender Darstellung der zu erlangenden Befähigungen,
c) Darstellung der anzuwendenden Unterrichtsmethodik und Unterrichtstechnik und
d) Darstellung des Verfahrens zur Bewertung der Befähigungen der Teilnehmer einschließlich des Verfahrens der Zulassung zur Prüfung und der Möglichkeiten und Modalitäten einer Nachprüfung,
5. eine Liste der Ausbilder und Prüfer mit Darstellung ihrer Ausbildung, Qualifikation, Fortbildung, Lehrbefähigung und einschlägigen Lehrtätigkeit und
6. die Darstellung des Verfahrens zur Einhaltung der Qualitätsnormen nach § 11 Absatz 1 Nummer 1 bis 5.

(2) [1] Sofern die eingereichten Unterlagen vollständig und geeignet sind, eine den Anforderungen entsprechende Ausbildung zu belegen, kann für die Dauer von höchstens sechs Monaten eine vorläufige Zulassung erteilt werden. [2] Innerhalb der Laufzeit der vorläufigen Zulassung überprüft die jeweils zuständige Behörde den Lehrgang bei der Ausbildungseinrichtung. [3] Entspricht er den Anforderungen, wird die Zulassung für die Dauer von höchstens drei Jahren erteilt. [4] Sie kann, auch nachträglich, mit Nebenbestimmungen versehen werden.

(3) Änderungen zulassungsrelevanter Sachverhalte sind der jeweils zuständigen Behörde unverzüglich anzuzeigen.

(4) Die Zulassung kann verlängert werden, wenn dies mindestens sechs Monate vor Ablauf der Gültigkeitsdauer beantragt wurde und die Voraussetzungen für die Zulassung weiterhin vorliegen.

(5) [1] Die Zulassung ist zurückzunehmen, wenn der Anbieter die Zulassung
1. durch arglistige Täuschung, Drohung oder Bestechung oder
2. vorsätzlich oder grob fahrlässig durch Angaben, die in wesentlicher Beziehung unrichtig oder unvollständig waren,

erwirkt hat. [2] Die Zulassung ist zu widerrufen, wenn der Anbieter nicht mehr über die notwendigen fachlichen Kenntnisse, die erforderliche Unabhängigkeit oder Zuverlässigkeit verfügt. [3] Im Übrigen bleiben die §§ 48 und 49 des Verwaltungsverfahrensgesetzes unberührt.

§ 17 Teilnehmerverzeichnis

Der Anbieter hat ein Verzeichnis der Teilnehmer zu führen, die einen Lehrgang innerhalb der letzten fünf Jahre erfolgreich abgeschlossen haben.

Unterabschnitt 3
Seefahrtzeiten und Tätigkeiten

§ 18 Seefahrtzeiten und Schiffe

[1] Seefahrtzeiten müssen geeignet sein, die für die jeweilige Befähigung erforderlichen Kenntnisse, das Verständnis und die Fachkunde zu erwerben und fortlaufend anzuwenden. [2] Sie sind auf Schiffen, die in den Anwendungsbereich des STCW-Übereinkommens nach dessen Artikel III fallen, oder auf Fischereifahrzeugen abzuleisten.

§ 19 Zugelassene Tätigkeiten
[1]Tätigkeiten, die als geeignet für den Fortbestand der Befähigung im Sinne des § 53 zugelassen werden sollen, müssen Kenntnisse, Verständnis und Fachkunde erfordern, die dem jeweiligen Befähigungszeugnis zugrunde liegen. [2]Das Bundesamt veröffentlicht eine Liste der zugelassenen Tätigkeiten.

Abschnitt 4
Ausländische Zeugnisse und Nachweise

§ 20 Befähigungszeugnisse anderer Mitgliedstaaten der Europäischen Union oder anderer Vertragsstaaten des Abkommens über den Europäischen Wirtschaftsraum
(1) Ein Befähigungszeugnis im Sinne des Artikels 5 der Richtlinie 2008/106/EG des Europäischen Parlaments und des Rates vom 19. November 2008 über Mindestanforderungen für die Ausbildung von Seeleuten (Neufassung) (ABl. L 323 vom 3.12.2008, S. 33) in der jeweils geltenden Fassung eines anderen Mitgliedstaates der Europäischen Union oder eines Vertragsstaates des Abkommens über den Europäischen Wirtschaftsraum wird auf Antrag vom Bundesamt anerkannt.

(2) [1]Die Anerkennung erfolgt durch das Erteilen eines Vermerkes entsprechend den Anforderungen des Abschnittes A-I/2 Absatz 3 des STCW-Codes. [2]Die Anerkennung beschränkt sich auf die im zur Anerkennung vorgelegten Befähigungszeugnis ausgewiesenen Funktionen, Dienststellungen und Verantwortungsebenen. [3]Einschränkungen, die im vorgelegten Befähigungszeugnis enthalten sind, sind nach Maßgabe des STCW-Übereinkommens beizubehalten.

(3) [1]Handelt es sich um ein Befähigungszeugnis mit Funktionen auf der Führungsebene, muss der Bewerber um den Vermerk angemessene Kenntnisse des deutschen Seeschifffahrtsrechts durch erfolgreiche Teilnahme an einem zugelassenen Lehrgang nachweisen. [2]Liegt der geforderte Kenntnisnachweis bei Antragstellung noch nicht vor, kann ein auf längstens drei Monate befristeter Anerkennungsvermerk erteilt werden, jedoch nicht für den Dienst als Kapitän.

(4) [1]Der Vermerk ist entsprechend § 8 zu befristen. [2]Die Gültigkeitsdauer darf jedoch die Dauer der Gültigkeit des zur Anerkennung vorgelegten Befähigungszeugnisses nicht überschreiten.

(5) [1]Das Bundesamt kann andere als die in Absatz 1 bezeichneten Befähigungszeugnisse und berufliche Bescheinigungen für den Schiffsdienst eines anderen Mitgliedstaates der Europäischen Union oder Vertragsstaates des Abkommens über den Europäischen Wirtschaftsraum auf Antrag anerkennen oder Gleichwertigkeitsbescheinigungen ausstellen, wenn nachgewiesen wird, dass der Inhaber des Befähigungszeugnisses über gleichwertige Kenntnisse verfügt, wie sie von dem Inhaber einer vergleichbaren deutschen seemännischen Qualifikation verlangt werden. [2]Ein Anpassungslehrgang oder angemessene berufliche Erfahrungen können im Einzelfall verlangt werden. [3]Dies gilt insbesondere für die in Anhang II der Richtlinie 2005/36/EG des Europäischen Parlaments und des Rates vom 7. September 2005 über die Anerkennung von Berufsqualifikationen (ABl. L 255 vom 30.9.2005, S. 22) in der jeweils geltenden Fassung aufgeführten Berufe und Qualifikationen für die Schifffahrt, sofern deren Inhaber einen Anspruch auf Anerkennung haben.

§ 21 Befähigungszeugnisse aus Drittstaaten
[1]Ein Befähigungszeugnis aus anderen als den in § 20 bezeichneten Staaten kann auf Antrag anerkannt werden, soweit dies mit dem jeweiligen Drittstaat im Sinne der Regel I/10 Absatz 1.2 der Anlage zum STCW-Übereinkommen vereinbart ist. [2]§ 20 Absatz 2 bis 5 ist entsprechend anzuwenden.

§ 22 Ausländische Befähigungsnachweise, Qualifikationsnachweise
[1]Ein Befähigungsnachweis oder ein Qualifikationsnachweis einer Vertragspartei des STCW-Übereinkommens gilt als der entsprechende Befähigungsnachweis und Qualifikationsnachweis nach dieser

Verordnung, ohne dass es eines Verfahrens nach § 20 oder § 21 bedarf. [2]Satz 1 gilt nicht für Befähigungsnachweise zum Kapitän oder Schiffsoffizier auf Tankschiffen nach den Abschnitten A-V/1-1 und A-V/1-2 des STCW-Codes.

Abschnitt 5
Sonstige allgemeine Bestimmungen

§ 23 Täuschungen und sonstige rechtswidrige Praktiken im Zusammenhang mit Bescheinigungen

[1]Das Bundesamt wird im Rahmen der Führung des Seeleute-Befähigungs-Verzeichnisses nach § 9f des Seeaufgabengesetzes als zuständige Stelle im Sinne des Artikels 8 der Richtlinie 2008/106/EG tätig. [2]Ihm obliegen die für die Aufdeckung und Bekämpfung von Täuschungen oder sonstigen rechtswidrigen Praktiken im Zusammenhang mit der Erteilung und Gültigkeitsverlängerung von Bescheinigungen erforderlichen Maßnahmen. [3]Dies umfasst auch den Informationsaustausch mit den zuständigen ausländischen Stellen im Sinne des Artikels 8 Absatz 2 der Richtlinie 2008/106/EG unter Beachtung der Vorschriften des § 9f Absatz 4 und 5 des Seeaufgabengesetzes.

§ 24 Genehmigungen bei Abweichungen vom Ausbildungsgang und dem Erwerb von Bescheinigungen

[1]Das Bundesamt kann Abweichungen von den Vorschriften im Hinblick auf den Erwerb von Befähigungszeugnissen und Befähigungsnachweisen auf Antrag genehmigen, wenn durch andere Ausbildungen und Tätigkeiten, insbesondere in der Wasser- und Schifffahrtsverwaltung des Bundes, des Fischereischutzes und der Seefischereiaufsicht des Bundes, der Bundeswehr, der Bundespolizei und bei den Wasserschutzpolizeien der Länder, Befähigungen erworben worden sind, die den Bestimmungen dieser Verordnung entsprechen. [2]Diese Regelung ist in Fällen des § 43 Absatz 2 Nummer 1 nicht anzuwenden.

§ 25 Ausnahmegenehmigungen

[1]Das Bundesamt kann, wenn Personen, Sachwerte und die Umwelt nicht gefährdet werden, auf Antrag eine Ausnahme nach Maßgabe des Artikels VIII des STCW-Übereinkommens oder des Artikels 16 der Richtlinie 2008/106/EG genehmigen, die es einem bestimmten Schiffsoffizier gestattet, auf einem bestimmten Kauffahrteischiff, das die Bundesflagge führt, während einer bestimmten Zeit, längstens für sechs Monate, Aufgaben wahrzunehmen, für die kein entsprechendes Befähigungszeugnis vorhanden ist. [2]Für die Aufgaben des Kapitäns oder des Leiters der Maschinenanlage darf keine Ausnahme genehmigt werden, ausgenommen in Fällen höherer Gewalt, und auch dann nur für möglichst kurze Zeit.

§ 26 Mitführungspflicht

Inhaber von Bescheinigungen sind verpflichtet, diese in Urschrift an Bord mitzuführen, soweit die Bescheinigungen für die zugewiesenen Aufgaben maßgeblich sind.

§ 27 Ersatzausstellungen

(1) Wer den Verlust oder die Unbrauchbarkeit einer ihm nach dieser Verordnung erteilten Bescheinigung oder eine Namensänderung glaubhaft macht, erhält auf Antrag eine inhaltsgleiche Bescheinigung.

(2) [1]Von Absatz 1 sind die Befähigungsnachweise für den Schiffssicherheitsdienst sowie Bescheinigungen, die eine entsprechende Befähigung enthalten, ausgenommen. [2]Die Vorschriften über die Gültigkeitsverlängerung von Befähigungsnachweisen sind entsprechend anzuwenden.

(3) Das Bundesamt kann auf Antrag eine Bestätigung über verlorene oder unbrauchbare Bescheinigungen aushändigen.

Teil 2
Befähigungen für den Decksbereich

Abschnitt 1
Nautischer Schiffsdienst ausgenommen Fischereifahrzeuge

§ 28 Anforderungen an Seefahrtzeiten

(1) Seefahrtzeiten sind für den Erwerb der Befähigungszeugnisse nach § 29 Absatz 1 auf Kauffahrteischiffen mit einer Bruttoraumzahl von 500 oder mehr oder auf Kauffahrteischiffen in der internationalen Fahrt abzuleisten.

(2) Seefahrtzeiten dürfen nicht auf Fischereifahrzeugen abgeleistet werden.

(3) Die Absätze 1 und 2 gelten für den Nachweis des Fortbestandes der beruflichen Befähigung nach § 53 entsprechend.

§ 29 Befähigungszeugnisse und Befähigungsnachweise

(1) [1] Für den nautischen Schiffsdienst werden auf Antrag Befähigungszeugnisse erteilt über die Befähigung zum

1. Nautischen Wachoffizier NWO,
2. Ersten Offizier NEO und
3. Kapitän NK.

[2] Das Befähigungszeugnis zum Nautischen Wachoffizier schließt die Befähigung zum Ersten Offizier auf Kauffahrteischiffen mit einer Bruttoraumzahl von weniger als 3000 ein.

(2) Für den nautischen Schiffsdienst mit einer Bruttoraumzahl von weniger als 500 in der küstennahen Fahrt im Sinne der Regel II/3 der Anlage zum STCW-Übereinkommen werden auf Antrag Befähigungszeugnisse erteilt über die Befähigung zum

1. Nautischen Wachoffizier in der küstennahen Fahrt NWO 500 und
2. Kapitän in der küstennahen Fahrt NK 500.

(3) [1] Für den nautischen Schiffsdienst auf Kleinfahrzeugen in der nationalen Fahrt wird auf Antrag das Befähigungszeugnis zum Schiffsführer NSF erteilt. [2] Befähigungszeugnisse für den nautischen Schiffsdienst nach den Absätzen 1 und 2 schließen die Befugnis zum Schiffsführer NSF ein.

(4) Für den nautischen Schiffsdienst auf der Unterstützungsebene werden auf Antrag Befähigungsnachweise erteilt für die

1. Wachbefähigung Brücke NWB, die berechtigt, der Brückenwache anzugehören,
2. Befähigung zum Vollmatrosen im Decksbereich NVM nach Maßgabe des § 64 Absatz 5 Nummer 2.

§ 30 Voraussetzungen für den Erwerb der Befähigungszeugnisse

(1) [1] Für den Erwerb des Zeugnisses über die Befähigung zum Nautischen Wachoffizier NWO hat der Bewerber

1. den
   a) Besitz des Zeugnisses über die Abschlussprüfung im Ausbildungsberuf Schiffsmechaniker oder
   b) Abschluss einer zugelassenen praktischen Ausbildung und Seefahrtzeit als nautischer Offiziersassistent nach Maßgabe der Richtlinien für die Ausbildung von Offiziersassistenten

in der Seeschifffahrt vom 8. Januar 2009 (VkBl. 2009 S. 48) von mindestens zwölf Monaten,
2. den Abschluss einer mindestens zweijährigen Ausbildung nach den Anforderungen der Abschnitte A-II/1, A-II/2, A-IV/2 und A-VI/4 des STCW-Codes an einer nach Landesrecht eingerichteten Ausbildungsstätte,
3. den Abschluss zugelassener Lehrgänge nach den Anforderungen der Abschnitte A-VI/2 Absatz 1 bis 4 und A-VI/3 Absatz 1 bis 4 des STCW-Codes, sofern diese Ausbildung nicht bereits Bestandteil der landesrechtlichen Ausbildung ist,

nachzuweisen. [2]Im Falle des Satzes 1 Nummer 1 Buchstabe b kann die Ausbildung und Seefahrtzeit auch als schulrechtliches Praktikum oder in Form von Praxissemestern während der Ausbildung an einer nach Landesrecht eingerichteten Ausbildungsstätte abgeleistet werden. [3]Der Bewerber hat im Falle des Satzes 2 ein Ausbildungsberichtsheft zu führen, in dem der Kapitän oder ein befähigter Schiffsoffizier bestätigt, dass während der vorgeschriebenen Seefahrtzeit mindestens sechs Monate lang unter der Aufsicht des Kapitäns oder eines befähigten Schiffsoffiziers Wachdienst auf der Brücke geleistet und mit der Ausbildung an Bord die entsprechenden Anforderungen des Abschnittes A-II/1 des STCW-Codes erfüllt wurden.

(2) Für den Erwerb des Zeugnisses über die Befähigung zum Ersten Offizier NEO hat der Bewerber eine Seefahrtzeit von mindestens zwölf Monaten als Nautischer Wachoffizier NWO nachzuweisen.

(3) Für den Erwerb des Zeugnisses über die Befähigung zum Kapitän NK hat der Bewerber zusätzlich zu der Seefahrtzeit nach Absatz 2 eine weitere Seefahrtzeit von mindestens zwölf Monaten als Erster Offizier NEO oder von 24 Monaten als Nautischer Wachoffizier NWO nachzuweisen.

(4) [1]Für den Erwerb des Zeugnisses über die Befähigung zum Nautischen Wachoffizier NWO 500 hat der Bewerber

1. den
   a) Besitz des Zeugnisses über die Abschlussprüfung im Ausbildungsberuf Schiffsmechaniker,
   b) Abschluss einer zugelassenen praktischen Ausbildung und Seefahrtzeit als nautischer Offiziersassistent in der Seeschifffahrt von mindestens zwölf Monaten,
   c) Besitz des Zeugnisses über die Abschlussprüfung im Ausbildungsberuf zum Fischwirt mit Schwerpunkt kleine Hochsee- und Küstenfischerei und eine anschließende Seefahrtzeit von zwölf Monaten im Decksdienst oder
   d) eine Seefahrtzeit von mindestens 36 Monaten im Decksdienst,
2. den Abschluss einer Ausbildung nach den Anforderungen der Abschnitte A-II/3, A-IV/2 und A-VI/4 Absatz 1 bis 3 des STCW-Codes von in der Regel einem Schulhalbjahr an einer nach Landesrecht eingerichteten Ausbildungsstätte,
3. den Abschluss zugelassener Lehrgänge nach den Anforderungen der Abschnitte A-VI/2 Absatz 1 bis 4 und A-VI/3 Absatz 1 bis 4 des STCW-Codes, sofern diese Ausbildung nicht bereits Bestandteil der landesrechtlichen Ausbildung ist,

nachzuweisen. [2]Der Bewerber hat in den Fällen des Satzes 1 Nummer 1 Buchstabe b ein Ausbildungsberichtsheft zu führen, in dem der Kapitän oder ein befähigter Schiffsoffizier bestätigt, dass mit der Ausbildung an Bord die entsprechenden Anforderungen des Abschnittes A-II/3 des STCW-Codes erfüllt wurden.

(5) Für den Erwerb des Zeugnisses über die Befähigung zum Kapitän NK 500 hat der Bewerber eine Seefahrtzeit von mindestens zwölf Monaten als Nautischer Wachoffizier NWO 500 nachzuweisen.

(6) [1]Ein Befähigungszeugnis zum Nautischen Wachoffizier NWO 500 oder zum Kapitän NK 500 ist mit folgenden Einschränkungen nach § 9 zu erteilen:

1. es gilt ausschließlich für die nationale Fahrt, sofern der Bewerber kein Zeugnis über Kenntnisse der englischen Sprache, die mindestens den grundlegenden Kenntnissen entsprechend der

Stufe A 2 des vom Europarat mit der Empfehlung (2008) 7 des Ministerrats vom 2. Juli 2008 und von der Europäischen Gemeinschaft mit der Entschließung des Rates vom 14. Februar 2002 zur Förderung der Sprachenvielfalt und des Erwerbs von Sprachkenntnissen im Rahmen der Umsetzung der Ziele des Europäischen Jahres der Sprachen 2001 (ABl. C 50 vom 23.2.2002, S. 1) zur Anwendung empfohlenen Gemeinsamen europäischen Referenzrahmens für Sprachen entsprechen, nachweist,

2. es gilt nicht für den Dienst auf Kauffahrteischiffen mit Anlagen zu automatischen Radarbildauswerteverfahren (ARPA-Anlagen), sofern der Bewerber keinen Nachweis über einen zugelassenen Lehrgang an ARPA-Anlagen erbringt, und
3. es gilt nicht für den Dienst auf Kauffahrteischiffen mit elektronischen Seekartendarstellungs- und Informationssystemen (ECDIS-Anlagen), sofern der Bewerber nicht die Voraussetzung nach Nummer 2 erfüllt und einen Nachweis über einen zugelassenen Lehrgang an ECDIS-Anlagen erbringt.

[2]Satz 1 gilt auch für die Gültigkeitsverlängerung nach § 53.

(7) Für den Erwerb des Befähigungszeugnisses zum Schiffsführer NSF hat der Bewerber eine Seefahrtzeit im Decksdienst von mindestens zwölf Monaten und eine Ausbildung an einer nach Landesrecht eingerichteten oder anerkannten Ausbildungsstätte nach Anlage 3 nachzuweisen.

§ 31 Voraussetzungen für den Erwerb der Befähigungsnachweise

[1]Für den Erwerb des Befähigungsnachweises Wachbefähigung Brücke NWB hat der Bewerber nachzuweisen

1. den Abschluss
   a) einer Seefahrtzeit von mindestens sechs Monaten oder
   b) eines zugelassenen Lehrgangs entweder an Bord eines Schiffes oder an Land einschließlich einer Seefahrtzeit von mindestens zwei Monaten

   und
2. die Befähigung nach Abschnitt A-II/4 des STCW-Codes.

[2]Die Seefahrtzeit und Ausbildung nach Satz 1 Nummer 1 muss sich auf die Aufgaben im Brückenwachdienst beziehen und unter der unmittelbaren Aufsicht des Kapitäns oder eines Nautischen Wachoffiziers ausgeführt werden. [3]In Fällen von Satz 1 Nummer 1 Buchstabe a erfolgt der Nachweis der Befähigung nach Satz 1 Nummer 2 in der Regel durch eine rechnerunterstützte Prüfung auf Antrag durch das Bundesamt nach Anlage 4.

Abschnitt 2
Nautischer Schiffsdienst auf Fischereifahrzeugen

§ 32 Anforderungen an Seefahrtzeiten

[1]Seefahrtzeiten im Sinne dieses Abschnittes müssen auf Fischereifahrzeugen von mindestens zwölf Metern Länge abgeleistet werden. [2]Satz 1 gilt nicht für den Erwerb des Befähigungszeugnisses zum Kapitän BKü.

§ 33 Befähigungszeugnisse

(1) Für den nautischen Schiffsdienst auf Fischereifahrzeugen von 24 oder mehr Metern Länge werden auf Antrag erteilt

1. über die Befähigung zum Kapitän das Befähigungszeugnis
   a) Kapitän BG mit den Befugnissen zum Kapitän und zum Ersten Offizier in der Großen Hochseefischerei und
   b) Kapitän BK mit den Befugnissen zum Kapitän in der Kleinen Hochseefischerei,

2. über die Befähigung zum Schiffsoffizier das Befähigungszeugnis
   a) Nautischer Wachoffizier BGW mit der Befugnis zum Wachoffizier in der Großen Hochseefischerei und
   b) Nautischer Wachoffizier BKW mit der Befugnis zum Wachoffizier in der Kleinen Hochseefischerei.

(2) [1] Für den nautischen Schiffsdienst auf Fischereifahrzeugen von weniger als 24 Metern Länge in der Küstenfischerei wird auf Antrag das Befähigungszeugnis erteilt über die Befähigung zum Kapitän BKü. [2] Vor dem 1. Juni 2014 erworbene Befähigungszeugnisse zum Kapitän BKü behalten ihre Geltung hinsichtlich des Führens von Fischereifahrzeugen bis zu einem Raumgehalt von 75 BRT/BRZ 150 unabhängig von der Länge des Fahrzeuges.

(3) [1] Die Befugnisse eines Befähigungszeugnisses zum Kapitän höherer Ordnung schließen die Befugnisse eines Befähigungszeugnisses niedrigerer Ordnung ein. [2] Das Befähigungszeugnis Nautischer Wachoffizier BGW schließt die Befugnisse des Befähigungszeugnisses Nautischer Wachoffizier BKW ein. [3] Ergänzend zu Satz 1 schließt das Befähigungszeugnis Nautischer Wachoffizier BKW die Befugnisse des Befähigungszeugnisses zum Kapitän BKü ein, wenn die Voraussetzungen des § 6 erfüllt sind. [4] Befähigungszeugnisse für den nautischen Schiffsdienst auf Fischereifahrzeugen schließen die Befugnis zum Schiffsführer NSF ein.

(4) Ein Inhaber des Befähigungszeugnisses zum Kapitän BKü, der seine Abschlussprüfung an den nach Landesrecht eingerichteten Ausbildungsstätten bestanden hat und dessen Zeugnis über die Abschlussprüfung mindestens ausreichende Leistungen in der Schiffsbetriebstechnik aufweist, erhält auf Antrag folgenden Zusatz auf dem Befähigungszeugnis BKü: „Berechtigt auch zum Leiten von automatisierten Maschinenanlagen mit einer Leistung bis einschließlich 300 Kilowatt auf Fischereifahrzeugen in der Küstenfischerei und auf Kleinfahrzeugen".

(5) Inhaber von Befähigungszeugnissen nach Absatz 1 und 2, die einen Nachweis über den Abschluss eines zugelassenen Lehrgangs über eine Ausbildung an ARPA- oder ECDIS-Anlagen erbringen, erhalten auf Antrag einen entsprechenden Vermerk über die Befähigungen im Befähigungszeugnis.

§ 34 Voraussetzungen für den Erwerb der Befähigungszeugnisse

(1) [1] Für den Erwerb des Zeugnisses über die Befähigung zum Nautischen Wachoffizier BGW hat der Bewerber nachzuweisen

1. eine Seefahrtzeit im Decksdienst von mindestens 24 Monaten auf Fahrzeugen der Hochseefischerei oder
2. den Besitz des Zeugnisses über die Abschlussprüfung im Ausbildungsberuf Schiffsmechaniker, Matrose oder Fischwirt mit Schwerpunkt kleine Hochsee- und Küstenfischerei sowie eine anschließende Seefahrtzeit von zwölf Monaten im Decksdienst auf Fahrzeugen der Seefischerei.

[2] Ferner hat der Bewerber den Abschluss einer mindestens zweijährigen Ausbildung nach den Anforderungen der Anlage 5 an einer nach Landesrecht eingerichteten Ausbildungsstätte nachzuweisen.

(2) Für den Erwerb des Zeugnisses über die Befähigung zum Nautischen Wachoffizier BKW und zum Kapitän BKü hat der Bewerber den Besitz des Zeugnisses über die Abschlussprüfung im Ausbildungsberuf Schiffsmechaniker, Matrose oder Fischwirt mit Schwerpunkt kleine Hochsee-und Küstenfischerei sowie eine anschließende Seefahrtzeit von zwölf Monaten im Decksdienst auf Fahrzeugen der Seefischerei sowie im Falle

1. des Erwerbs des Befähigungszeugnisses zum Nautischen Wachoffizier BKW den erfolgreichen Abschluss einer Ausbildung mit einer Dauer von mindestens zwei Halbjahren und
2. des Erwerbs des Befähigungszeugnisses zum Kapitän BKü den erfolgreichen Abschluss einer Ausbildung mit einer Dauer von mindestens einem halben Halbjahr

nach den Anforderungen der Anlage 5 an einer nach Landesrecht eingerichteten Ausbildungsstätte nachzuweisen.

(3) Für den Erwerb des Zeugnisses über die Befähigung zum Kapitän BG hat der Bewerber eine Seefahrtzeit von 24 Monaten als Nautischer Wachoffizier in der Großen Hochseefischerei nachzuweisen.

(4) Für den Erwerb des Zeugnisses über die Befähigung zum Kapitän BK hat der Bewerber eine Seefahrtzeit von 24 Monaten als Nautischer Wachoffizier in der Kleinen Hochseefischerei nachzuweisen.

Abschnitt 3
Seefunkdienst

§ 35 Befähigungszeugnisse
Für die Ausübung des Seefunkdienstes bei Seefunkstellen auf Kauffahrteischiffen, die am Weltweiten Seenot- und Sicherheitsfunksystem (GMDSS) teilnehmen, werden nach Maßgabe des Abschnittes A-IV/2 des STCW-Codes auf Antrag als Befähigungszeugnisse über die Befähigung zum GMDSS-Funker erteilt

1. das Allgemeine Betriebszeugnis GOC für die uneingeschränkte Ausübung des Seefunkdienstes bei Sprech-Seefunkstellen, Schiffs-Erdfunkstellen sowie allen Funkeinrichtungen des GMDSS und
2. das Beschränkt Gültige Betriebszeugnis ROC für die Ausübung des Seefunkdienstes bei Sprech-Seefunkstellen für UKW und Funkeinrichtungen des GMDSS für UKW.

§ 36 Voraussetzungen für den Erwerb der Befähigungszeugnisse

[1]Für den Erwerb des Befähigungszeugnisses zum GMDSS-Funker hat der Bewerber den Abschluss nautischer Ausbildungsgänge nach Maßgabe der §§ 30 und 34 an nach Landesrecht eingerichteten Ausbildungsstätten nachzuweisen. [2]Die Anforderungen nach Satz 1 können gleichfalls durch die erfolgreiche Teilnahme an einem zugelassenen Lehrgang nach den Anforderungen des Abschnittes A-IV/2 des STCW-Codes nachgewiesen werden.

Teil 3
Befähigungen für den technischen Bereich

§ 37 Anforderungen an Seefahrtzeiten
(1) Seefahrtzeiten im Sinne dieses Teils sind auf Kauffahrteischiffen mit einer Antriebsleistung von 750 Kilowatt oder mehr abzuleisten.

(2) Absatz 1 gilt nicht für Bewerber für das Befähigungszeugnis nach § 38 Absatz 2.

(3) Absatz 1 gilt für den Nachweis des Fortbestandes der beruflichen Befähigung nach § 53 entsprechend.

Abschnitt 1
Technischer Schiffsdienst

§ 38 Befähigungszeugnisse und Befähigungsnachweise
(1) [1]Für den technischen Schiffsdienst in einem besetzten Maschinenraum oder im Bereitschaftsdienst in zeitweise unbesetzten Maschinenräumen für Antriebsanlagen jeder Leistung werden auf Antrag Befähigungszeugnisse erteilt über die Befähigung zum

1. Technischen Wachoffizier TWO,
2. Zweiten technischen Schiffsoffizier TZO und
3. Leiter der Maschinenanlage TLM.

[2]Das Befähigungszeugnis zum Zweiten technischen Schiffsoffizier schließt die Befähigung zum Leiter der Maschinenanlage für Antriebsanlagen von weniger als 3 000 Kilowatt Leistung ein; ausgenommen sind Befähigungszeugnisse, die unter der Voraussetzung des § 53 Absatz 2 ausgestellt werden.

(2) Für den technischen Schiffsdienst für Antriebsanlagen von weniger als 750 Kilowatt Leistung wird auf Antrag das Befähigungszeugnis über die Befähigung zum Schiffsmaschinisten TSM erteilt.

(3) Für den technischen Schiffsdienst in einem besetzten Maschinenraum oder im Bereitschaftsdienst in zeitweise unbesetzten Maschinenräumen mit einer Antriebsanlage von 750 Kilowatt Leistung oder mehr auf der Unterstützungsebene werden auf Antrag Befähigungsnachweise erteilt für die

1. Wachbefähigung Maschine TWB mit der Berechtigung, der Maschinenwache in besetzten Maschinenräumen anzugehören oder zum Bereitschaftsdienst in zeitweise unbesetzten Maschinenräumen eingeteilt zu werden, und
2. Befähigung zum Vollmatrosen im Maschinenbereich TVM nach Maßgabe des § 64 Absatz 5.

§ 39 Voraussetzungen für den Erwerb der Befähigungszeugnisse

(1) [1]Für den Erwerb des Zeugnisses über die Befähigung zum Technischen Wachoffizier TWO hat der Bewerber

1. den
   a) Besitz des Zeugnisses über die Abschlussprüfung im Ausbildungsberuf Schiffsmechaniker,
   b) Besitz des Zeugnisses über die Abschlussprüfung in einem Ausbildungsberuf der Metall- oder Elektrotechnik, der eine Ausbildung in der Metallbearbeitung nach Anlage 6 von mindestens drei Monaten sowie eine Vertiefung dieser Fachkunde durch die praktische Anwendung der Ausbildungsinhalte während der Dauer der Berufsausbildung beinhaltet, und eine Seefahrtzeit im Maschinendienst von mindestens zwölf Monaten oder
   c) Abschluss einer zugelassenen praktischen Ausbildung und Seefahrtzeit als technischer Offiziersassistent nach Maßgabe der Richtlinien für die Ausbildung von Offiziersassistenten in der Seeschifffahrt von mindestens 18 Monaten

und

2. den Abschluss einer mindestens zweijährigen Ausbildung nach den Anforderungen der Abschnitte A-III/1 und A-III/2, einschließlich des Abschnittes A-VI/4 Absatz 1 bis 3 des STCW-Codes an einer nach Landesrecht eingerichteten Ausbildungsstätte,
3. den Abschluss von zugelassenen Lehrgängen nach den Anforderungen der Abschnitte A-VI/2 Absatz 1 bis 4 und A-VI/3 Absatz 1 bis 4 des STCW-Codes, sofern diese Ausbildung nicht bereits Bestandteil der landesrechtlichen Ausbildung ist,

nachzuweisen. [2]Im Falle des Satzes 1 Nummer 1 Buchstabe c kann Ausbildung und Seefahrtzeit auch als schulrechtliches Praktikum oder in Form von Praxissemestern während der Ausbildung an einer nach Landesrecht eingerichteten Ausbildungsstätte abgeleistet werden. [3]Der Bewerber hat im Falle des Satzes 2 ein Ausbildungsberichtsheft zu führen, in dem der Leiter der Maschinenanlage oder ein befähigter Schiffsoffizier bestätigt, dass während der vorgeschriebenen Seefahrtzeit mindestens sechs Monate lang unter der Aufsicht des Leiters der Maschinenanlage oder eines befähigten Schiffsoffiziers Maschinenwachdienst geleistet und mit der Ausbildung an Bord die entsprechenden Anforderungen des Abschnittes A-III/1 des STCW-Codes erfüllt wurden.

(2) Für den Erwerb des Zeugnisses über die Befähigung zum Zweiten technischen Schiffsoffizier TZO hat der Bewerber eine Seefahrtzeit von mindestens zwölf Monaten als Technischer Wachoffizier TWO nachzuweisen.

(3) Für den Erwerb des Zeugnisses über die Befähigung zum Leiter der Maschinenanlage TLM hat der Bewerber zusätzlich zu der Seefahrtzeit nach Absatz 2 eine weitere Seefahrtzeit von mindestens zwölf Monaten als Zweiter technischer Schiffsoffizier oder von 24 Monaten als Technischer Wachoffizier nachzuweisen.

(4) Für den Erwerb des Zeugnisses über die Befähigung zum Schiffsmaschinisten TSM hat der Bewerber nachzuweisen

1. den
   a) Besitz des Zeugnisses über die Abschlussprüfung im Ausbildungsberuf Schiffsmechaniker oder
   b) Besitz des Zeugnisses über die Abschlussprüfung in einem Ausbildungsberuf der Metall- oder Elektrotechnik, der eine Ausbildung in der Metallbearbeitung nach Anlage 6 von mindestens drei Monaten sowie eine Vertiefung dieser Fachkunde durch die praktische Anwendung der Ausbildungsinhalte während der Dauer der Berufsausbildung beinhaltet, und eine Seefahrtzeit im Maschinendienst von mindestens sechs Monaten oder
   c) Besitz eines nautischen Befähigungszeugnisses nach Teil 2 sowie eine Ausbildung in der Metallbearbeitung nach Anlage 6

   und
2. den Abschluss einer Ausbildung nach den Anforderungen der Anlage 7 von in der Regel einem halben Schulhalbjahr an einer nach Landesrecht eingerichteten Ausbildungsstätte,
3. den Abschluss von zugelassenen Lehrgängen nach den Anforderungen der Abschnitte A-VI/2 Absatz 1 bis 4 und A-VI/3 Absatz 1 bis 4 des STCW-Codes.

§ 40 Voraussetzungen für den Erwerb der Befähigungsnachweise

[1]Für den Erwerb des Nachweises über die Wachbefähigung Maschine hat der Bewerber nachzuweisen

1. den
   a) Besitz des Zeugnisses über die Abschlussprüfung zum Schiffsmechaniker oder in einem Ausbildungsberuf der Metall- oder Elektrotechnik, der eine Ausbildung in der Metallbearbeitung nach Anlage 6 von mindestens drei Monaten sowie eine Vertiefung der Fachkunde durch die praktische Anwendung der Ausbildungsinhalte während der Dauer der Berufsausbildung beinhaltet, oder eine Ausbildung in der Metallbearbeitung nach Anlage 6 und eine Seefahrtzeit von mindestens sechs Monaten oder
   b) Abschluss eines zugelassenen Lehrgangs entweder an Bord eines Schiffes oder an Land einschließlich einer Seefahrtzeit von mindestens zwei Monaten und
2. die Befähigung nach Abschnitt A-III/4 des STCW-Codes.

[2]Die Seefahrtzeit und Ausbildung nach Satz 1 müssen sich auf die Aufgaben im Maschinenwachdienst beziehen und unter der unmittelbaren Aufsicht eines anderen nach diesem Abschnitt befähigten Besatzungsmitgliedes, ausgenommen einem Schiffsmaschinisten, ausgeführt werden. [3]In Fällen von Satz 1 Nummer 1 Buchstabe a erfolgt der Nachweis der Befähigung nach Satz 1 Nummer 2 in der Regel durch eine rechnerunterstützte Prüfung auf Antrag durch das Bundesamt entsprechend Anlage 4.

Abschnitt 2
Elektrotechnischer Schiffsdienst

§ 41 Befähigungszeugnis und Befähigungsnachweis
Für den elektrotechnischen Schiffsdienst mit Antriebsanlagen von 750 oder mehr Kilowatt Leistung werden auf Antrag das Befähigungszeugnis über die Befähigung zum Elektrotechnischen Schiffsoffizier ETO und der Befähigungsnachweis über die Befähigung zum Schiffselektriker ESE erteilt.

§ 42 Voraussetzungen für den Erwerb des Befähigungszeugnisses und Befähigungsnachweises
(1) [1] Für den Erwerb des Zeugnisses über die Befähigung zum Elektrotechnischen Schiffsoffizier ETO hat der Bewerber
1. den Besitz des Zeugnisses über die Abschlussprüfung in einem Ausbildungsberuf der Elektrotechnik und eine Seefahrtzeit von mindestens sechs Monaten,
2. den Abschluss einer mindestens zweijährigen Ausbildung nach den Anforderungen des Abschnittes A-III/6, einschließlich des Abschnittes A-VI/4 Absatz 1 bis 3 des STCW-Codes an einer nach Landesrecht eingerichteten Ausbildungsstätte und
3. den Abschluss von zugelassenen Lehrgängen nach den Anforderungen der Abschnitte A-VI/2 Absatz 1 bis 4 und A-VI/3 Absatz 1 bis 4 des STCW-Codes, sofern diese Ausbildung nicht bereits Bestandteil der landesrechtlichen Ausbildung ist,

nachzuweisen. [2] Ferner hat der Bewerber ein Ausbildungsberichtsheft, in dem der Leiter der Maschinenanlage oder ein befähigter Schiffsoffizier bestätigt, dass mit der Ausbildung an Bord die entsprechenden Anforderungen des Abschnittes A-III/6 des STCW-Codes erfüllt wurden, vorzulegen. [3] Inhaber eines Befähigungszeugnisses nach § 38 Absatz 1 erfüllen die Anforderungen nach Satz 1, wenn sie den Abschluss einer Ausbildung nach Abschnitt A-III/6 des STCW-Codes an einer nach Landesrecht eingerichteten Ausbildungsstätte nachweisen.

(2) Für den Erwerb des Nachweises über die Befähigung zum Schiffselektriker ESE hat der Bewerber nachzuweisen
1. den Besitz des Zeugnisses über die Abschlussprüfung in einem Ausbildungsberuf der Elektrotechnik und
2. eine Seefahrtzeit im elektrotechnischen Schiffsdienst von mindestens sechs Monaten.

Teil 4
Befähigungen im Gesamtschiffsbetrieb

§ 43 Befähigungsnachweis im Gesamtschiffsbetrieb
(1) Für den Schiffsdienst auf der Unterstützungsebene im Gesamtschiffsbetrieb wird nach Maßgabe des Abschnittes A-VII/2 in Verbindung mit Abschnitt A-II/5 und Abschnitt A-III/5 des STCW-Codes auf Antrag der Befähigungsnachweis über die Befähigung zum Schiffsmechaniker GSM nach der See-Berufsausbildungsverordnung erteilt.

(2) Für den Erwerb des Nachweises über die Befähigung zum Schiffsmechaniker GSM hat der Bewerber nachzuweisen
1. den Besitz des Zeugnisses über die Abschlussprüfung im Ausbildungsberuf Schiffsmechaniker und
2. den Abschluss eines zugelassenen Lehrgangs nach den Anforderungen des Abschnittes A-VI/2 Absatz 1 bis 4 des STCW-Codes in Verbindung mit § 54 Absatz 1 und 2.

(3) Auszubildende zum Schiffsmechaniker können auf Antrag erhalten

1. nach erfolgreichem Abschluss der überbetrieblichen Ausbildung in der Brandabwehr und Rettung sowie Gefahrenabwehr die Befähigungsnachweise Sicherheitsgrundausbildung und Grundausbildung in der Gefahrenabwehr und
2. nach bestandener Abschlussprüfung Teil 1 die Befähigungsnachweise Wachbefähigung Brücke, Wachbefähigung Maschine und zum Führen von Überlebensfahrzeugen und Bereitschaftsbooten.

Teil 5
Befähigungen im Schiffssicherheitsdienst und in der Gefahrenabwehr

§ 44 Befähigungsnachweis hinsichtlich der grundlegenden Anforderungen an die Sicherheit an Bord (Sicherheitsgrundausbildung)

(1) [1] Für Seeleute wird auf Antrag der Befähigungsnachweis Sicherheitsgrundausbildung SGA erteilt. [2] Unbeschadet der Verpflichtung des Kapitäns nach § 23 des Seearbeitsgesetzes zur Sicherheitsunterweisung für alle Personen an Bord, die keine Fahrgäste sind, muss ein Besatzungsmitglied, dem Aufgaben im Hinblick auf die Gewährleistung der Schiffssicherheit und der Verhinderung von Umweltverschmutzung an Bord zugewiesen werden sollen, Inhaber des Befähigungsnachweises über den Abschluss der Sicherheitsgrundausbildung sein.

(2) [1] Für den Erwerb des Befähigungsnachweises über den Abschluss der Sicherheitsgrundausbildung muss der Bewerber den Abschluss eines zugelassenen Lehrgangs nachweisen in

1. persönlichen Überlebenstechniken nach den Anforderungen der Tabelle A-VI/1-1 des STCW-Codes,
2. Brandverhütung und Brandbekämpfung nach den Anforderungen der Tabelle A-VI/1-2 des STCW-Codes,
3. Grundlagen der Ersten Hilfe nach den Anforderungen der Tabelle A-VI/1-3 des STCW-Codes und
4. persönlicher Sicherheit und sozialer Verantwortung nach den Anforderungen der Tabelle A-VI/1-4 des STCW-Codes.

[2] Bescheinigungen über die erfolgreiche Teilnahme an einer Ausbildung in Erster Hilfe im Umfang von acht Doppelstunden, die nicht älter als fünf Jahre sind, erfüllen die Anforderungen der Tabelle A-VI/1-3 des STCW-Codes. [3] Der Nachweis über die Teilnahme an einer Ausbildung in Erster Hilfe wird durch die Bescheinigung einer für solche Unterweisungen oder Ausbildungen anerkannten Stelle oder eines Trägers der öffentlichen Verwaltung geführt.

(3) Für den Dienst auf Fischereifahrzeugen kann auf Antrag für Inhaber eines Befähigungszeugnisses nach § 33 ein Befähigungsnachweis nach Absatz 1 ohne Bezugnahme auf die Regel VI/1 der Anlage zum STCW-Übereinkommen erteilt werden.

§ 45 Befähigungsnachweise zum Führen von Überlebensfahrzeugen und Bereitschaftsbooten sowie schnellen Bereitschaftsbooten

(1) Für den Schiffsdienst auf Überlebensfahrzeugen und Bereitschaftsbooten wird auf Antrag der Befähigungsnachweis über die Befähigung zum Führen von Überlebensfahrzeugen und Bereitschaftsbooten SÜB erteilt.

(2) [1] Für den Erwerb des Nachweises nach Absatz 1 hat der Bewerber nachzuweisen

1. eine Seefahrtzeit von mindestens sechs Monaten und
2. den Abschluss eines zugelassenen Lehrgangs nach den Anforderungen des Abschnittes A-VI/2 Absatz 1 bis 4 des STCW-Codes.

[2] Die Ausbildung nach Satz 1 Nummer 2 muss auch die Fachkunde im sicheren Umgang mit Freifallrettungsbooten vermitteln.

(3) Für den Schiffsdienst auf Überlebensfahrzeugen und schnellen Bereitschaftsbooten wird auf Antrag der Befähigungsnachweis über die Befähigung zum Führen von Überlebensfahrzeugen und schnellen Bereitschaftsbooten erteilt.

(4) Für den Erwerb des Nachweises nach Absatz 3 hat der Bewerber nachzuweisen
1. den Besitz des Nachweises nach Absatz 1 in Verbindung mit § 54 Absatz 1 und 2 und
2. die Teilnahme an einem zugelassenen Lehrgang nach den Anforderungen des Abschnittes A-VI/2 Absatz 7 bis 10 des STCW-Codes.

§ 46 Befähigungsnachweis zur Leitung von Brandbekämpfungsmaßnahmen

(1) Auf Antrag wird der Befähigungsnachweis zur Leitung von Brandbekämpfungsmaßnahmen SLB erteilt.

(2) Für den Erwerb des Nachweises nach Absatz 1 hat der Bewerber den Abschluss eines zugelassenen Lehrgangs nach den Anforderungen des Abschnittes A-VI/3 Absatz 1 bis 4 des STCW-Codes unter besonderer Berücksichtigung von Organisation, Planung und Taktik bei der Durchführung von Brandbekämpfungsmaßnahmen nachzuweisen.

§ 47 Befähigungsnachweis von Beauftragten für die Gefahrenabwehr auf dem Schiff (Gefahrenabwehrbeauftragter)

[1] Für den Dienst als Beauftragter für die Gefahrenabwehr auf dem Schiff wird auf Antrag der Befähigungsnachweis Gefahrenabwehrbeauftragter SSO erteilt. [2] Für den Erwerb des Befähigungsnachweises über die Befähigung von Beauftragten für die Gefahrenabwehr auf dem Schiff hat der Bewerber nachzuweisen
1. die Erfüllung der Voraussetzungen für den Erwerb des Befähigungsnachweises Grundausbildung in der Gefahrenabwehr,
2. eine Seefahrtzeit von mindestens zwölf Monaten und
3. den Abschluss eines zugelassenen Lehrgangs nach den Anforderungen des Abschnittes A-VI/5 des STCW-Codes.

§ 48 Befähigungsnachweise für Besatzungsmitglieder in der Gefahrenabwehr auf dem Schiff (Grundausbildung in der Gefahrenabwehr)

(1) [1] Für Seeleute wird auf Antrag der Befähigungsnachweis Grundausbildung in der Gefahrenabwehr SRT erteilt. [2] Unbeschadet der Verpflichtung des Kapitäns nach § 23 des Seearbeitsgesetzes zur Sicherheitsunterweisung müssen alle Personen an Bord, die keine Fahrgäste sind, eine Einführungsunterweisung nach Abschnitt A-VI/6 Absatz 1 des STCW-Codes durch den Beauftragten für die Gefahrenabwehr auf dem Schiff oder ein anderes qualifiziertes Besatzungsmitglied erhalten, damit sie befähigt sind,
1. Gefahren für die Sicherheit, einschließlich Bedrohungen durch Piraten oder andere bewaffnete Überfälle, zu erkennen und zu melden,
2. die zu befolgenden Verfahren in einer Bedrohungslage zu kennen und
3. Aufgaben nach dem Gefahrenabwehrplan wahrzunehmen.

(2) Für den Erwerb des Befähigungsnachweises über den Abschluss der Grundausbildung in der Gefahrenabwehr SRT muss der Bewerber den Abschluss eines zugelassenen Lehrgangs nachweisen
1. nach den Anforderungen der Tabelle A-VI/6-1 des STCW-Codes (Befähigung für Besatzungsmitglieder ohne zugewiesene Aufgaben in der Gefahrenabwehr auf dem Schiff) und
2. nach den Anforderungen der Tabelle A-VI/6-2 des STCW-Codes (Befähigung für Besatzungsmitglieder mit zugewiesenen Aufgaben in der Gefahrenabwehr auf dem Schiff).

Teil 6
Zusätzliche Befähigungen für den Schiffsdienst auf besonderen Schiffstypen

Abschnitt 1
Befähigungen für den Schiffsdienst auf Tankschiffen

§ 49 Befähigungsnachweise für den Schiffsdienst auf Öltankschiffen und Chemikalientankschiffen

(1) Für Schiffsoffiziere und andere Besatzungsmitglieder mit Aufgaben und Verantwortung in Bezug auf die Ladung und die Lade- und Löscheinrichtungen auf Öltankschiffen und Chemikalientankschiffen wird auf Antrag der Befähigungsnachweis über die Befähigung zum Schiffsdienst auf Öltankschiffen und Chemikalientankschiffen erteilt.

(2) Für den Erwerb eines Nachweises nach Absatz 1 hat der Bewerber nachzuweisen

1. eine Seefahrtzeit von mindestens drei Monaten auf Öltankschiffen oder Chemikalientankschiffen und ausreichende Kenntnisse nach den Anforderungen des Abschnittes A-V/1-1 Absatz 1 des STCW-Codes oder
2. den Abschluss eines zugelassenen Lehrgangs nach den Anforderungen des Abschnittes A-V/1-1 Absatz 1 des STCW-Codes.

(3) Für den Kapitän, den Leiter der Maschinenanlage, den Ersten Offizier, den Zweiten technischen Schiffsoffizier und jedes weitere Besatzungsmitglied mit unmittelbarer Verantwortung für das Laden und Löschen, die Ladungsbehandlung, die Reinigung von Ladetanks oder alle weiteren Aufgaben in Bezug auf die Ladung auf Öltankschiffen wird auf Antrag der Befähigungsnachweis über die Befähigung zum Laden und Löschen auf Öltankschiffen erteilt.

(4) Für den Erwerb des Nachweises nach Absatz 3 hat der Bewerber nachzuweisen

1. zusätzlich zu den Voraussetzungen nach Absatz 2
   a) eine Seefahrtzeit von mindestens drei Monaten auf Öltankschiffen oder
   b) den Abschluss einer zugelassenen Ausbildung von mindestens einem Monat an Bord von Öltankschiffen als überzähliges Besatzungsmitglied, in der mindestens drei Lade- und drei Löschvorgänge durchgeführt worden und die Ausbildung in einem zugelassenen Ausbildungsberichtsheft nach Maßgabe der Anleitung in Abschnitt B-V/1 des STCW-Codes dokumentiert sind, und
2. den Abschluss eines zugelassenen Lehrgangs nach den Anforderungen des Abschnittes A-V/1-1 Absatz 2 des STCW-Codes.

(5) Für den Kapitän, den Leiter der Maschinenanlage, den Ersten Offizier, den Zweiten technischen Schiffsoffizier und jedes weitere Besatzungsmitglied mit unmittelbarer Verantwortung für das Laden und Löschen, die Ladungsbehandlung, das Reinigen von Ladetanks oder alle weiteren Aufgaben in Bezug auf die Ladung auf Chemikalientankschiffen wird auf Antrag der Befähigungsnachweis über die Befähigung zum Laden und Löschen auf Chemikalientankschiffen erteilt.

(6) Für den Erwerb des Nachweises nach Absatz 5 hat der Bewerber nachzuweisen

1. zusätzlich zu den Anforderungen nach Absatz 2
   a) eine Seefahrtzeit von mindestens drei Monaten auf Chemikalientankschiffen oder
   b) den Abschluss einer zugelassenen Ausbildung von mindestens einem Monat an Bord von Chemikalientankschiffen als überzähliges Besatzungsmitglied, in der mindestens drei Lade- und drei Löschvorgänge durchgeführt worden und die Ausbildung in einem zugelassenen Ausbildungsberichtsheft nach Maßgabe der Anleitung in Abschnitt B-V/1 des STCW-Codes dokumentiert sind,

   und
2. den Abschluss eines zugelassenen Lehrgangs nach den Anforderungen des Abschnittes A-V/1-1 Absatz 3 des STCW-Codes.

§ 50 Befähigungsnachweise für den Schiffsdienst auf Flüssiggastankschiffen

(1) Für Schiffsoffiziere und andere Besatzungsmitglieder mit Aufgaben und Verantwortlichkeiten in Bezug auf die Ladung und die Lade- und Löscheinrichtungen auf Flüssiggastankschiffen wird auf Antrag der Befähigungsnachweis über die Befähigung zum allgemeinen Schiffsdienst auf Flüssiggastankschiffen erteilt.

(2) Für den Erwerb eines Nachweises nach Absatz 1 hat der Bewerber nachzuweisen

1. eine Seefahrtzeit von mindestens drei Monaten auf Flüssiggastankschiffen und ausreichende Kenntnisse nach den Anforderungen des Abschnittes A-V/1-2 Absatz 1 des STCW-Codes oder
2. den Abschluss eines zugelassenen Lehrgangs nach den Anforderungen des Abschnittes A-V/1–2 Absatz 1 des STCW-Codes.

(3) Für den Kapitän, den Leiter der Maschinenanlage, den Ersten Offizier, den Zweiten technischen Schiffsoffizier und jedes weitere Besatzungsmitglied mit unmittelbarer Verantwortung für das Laden und Löschen, die Ladungsbehandlung, das Reinigen von Ladetanks oder allen weiteren Aufgaben in Bezug auf die Ladung auf Flüssiggastankschiffen wird auf Antrag der Befähigungsnachweis über die Befähigung zum Laden und Löschen auf Flüssiggastankschiffen erteilt.

(4) Für den Erwerb des Nachweises nach Absatz 3 hat der Bewerber nachzuweisen

1. zusätzlich zu den Anforderungen nach Absatz 2
   a) eine Seefahrtzeit von mindestens drei Monaten auf Flüssiggastankschiffen oder
   b) eine zugelassene Ausbildung von mindestens einem Monat an Bord von Flüssiggastankschiffen als überzähliges Besatzungsmitglied, in der mindestens drei Lade- und drei Löschvorgänge durchgeführt worden und die Ausbildung in einem zugelassenen Ausbildungsberichtsheft nach Maßgabe der Anleitung in Abschnitt B-V/1 des STCW-Codes dokumentiert sind,

und

2. den Abschluss eines zugelassenen Lehrgangs nach den Anforderungen des Abschnittes A-V/1–2 Absatz 2 des STCW-Codes.

Abschnitt 2
Befähigungen für den Schiffsdienst auf Fahrgastschiffen

§ 51 Qualifikationsnachweise für den Schiffsdienst auf Fahrgastschiffen

(1) Für den Kapitän, die Schiffsoffiziere und jedes weitere Besatzungsmitglied eines Fahrgastschiffes, die nach Maßgabe der Eintragung in der Sicherheitsrolle dazu eingeteilt sind, Fahrgästen in Notfällen Hilfe zu leisten, wird der Qualifikationsnachweis über die Befähigung über die Führung von Menschenmengen nach den Anforderungen des Abschnittes A-V/2 Absatz 1 des STCW-Codes erteilt.

(2) Für jedes Besatzungsmitglied eines Fahrgastschiffes, das Fahrgästen in Fahrgasträumen unmittelbare Dienste leistet, wird der Qualifikationsnachweis über die Befähigung über eine zusätzliche Fahrgastsicherheitsausbildung nach den Anforderungen von Abschnitt A-V/2 Absatz 2 des STCW-Codes erteilt.

(3) Für den Kapitän, den Leiter der Maschinenanlage, den Ersten Offizier, den Zweiten technischen Schiffsoffizier und jedes weitere Besatzungsmitglied eines Fahrgastschiffes, die nach Maßgabe der Eintragung in der Sicherheitsrolle für die Sicherheit der Fahrgäste eingeteilt sind, wird der Qualifikationsnachweis über die Befähigung zur Krisenbewältigung und Kenntnisse des Verhaltens von Personen in Notsituationen nach den Anforderungen von Abschnitt A-V/2 Absatz 3 des STCW-Codes erteilt.

(4) Für den Kapitän, den Leiter der Maschinenanlage, den Ersten Offizier, den Zweiten technischen Schiffsoffizier und jedes weitere Besatzungsmitglied eines Fahrgastschiffes mit unmittelbarer

Verantwortung für das Ein- und Ausschiffen der Fahrgäste, das Laden, Löschen und Sichern der Ladung oder das Schließen der Ladepforten an Bord von Ro-Ro-Fahrgastschiffen wird der Qualifikationsnachweis über die Befähigung zur Gewährleistung der Fahrgastsicherheit, der Ladungssicherheit und der Dichtigkeit des Schiffskörpers nach den Anforderungen von Abschnitt A-V/2 Absatz 4 des STCW-Codes erteilt.

(5) [1]Die Befähigungen nach den Absätzen 1 bis 4 können durch einen zugelassenen Lehrgang erworben werden. [2]Die Befähigungen sind durch den Anbieter mit dem jeweils zutreffenden Qualifikationsnachweis zu bestätigen.

Teil 7
Gültigkeitsverlängerung von Bescheinigungen

§ 52 Allgemeine Voraussetzungen für die Gültigkeitsverlängerung von Bescheinigungen

(1) [1]Die Gültigkeitsdauer einer befristeten Bescheinigung kann auf Antrag verlängert werden. [2]Zur Verlängerung der Gültigkeitsdauer wird eine neue Bescheinigung ausgestellt. [3]Die Verlängerung der Gültigkeitsdauer von Bescheinigungen setzt voraus, dass der Bewerber seine Identität und seine persönliche Eignung nach § 7 nachweist.

(2) Dieser Teil gilt nicht für

1. Befähigungszeugnisse für Schiffsführer auf Kleinfahrzeugen, den nautischen Schiffsdienst auf Fischereifahrzeugen und zum Schiffsmaschinisten,
2. Befähigungsnachweise für den nautischen, technischen und elektrotechnischen Schiffsdienst und im Gesamtschiffsbetrieb sowie für die Gefahrenabwehr auf dem Schiff.

§ 53 Gültigkeitsverlängerung von Befähigungszeugnissen

(1) [1]Ein Kapitän oder ein Schiffsoffizier muss zur Verlängerung der Gültigkeitsdauer seines Befähigungszeugnisses den Fortbestand der Befähigung nachweisen durch

1. eine Seefahrtzeit, in welcher Funktionen wahrgenommen wurden, die dem in der Gültigkeitsdauer zu verlängerndem Zeugnis entsprechen und zwar von mindestens
   a) insgesamt zwölf Monaten im Verlauf der vorangegangenen fünf Jahre oder
   b) insgesamt drei Monaten im Verlauf der dem Verlängerungsantrag unmittelbar vorangegangenen sechs Monate oder
   c) insgesamt ein und einem halben Monat im Verlauf der vorangegangenen fünf Jahre, in Verbindung mit der Ausübung von zugelassenen Tätigkeiten von mindestens zwölf Monaten im Verlauf der vorangegangenen fünf Jahre oder
2. eine Seefahrtzeit von mindestens drei Monaten
   a) entweder als ausschließlich zu Ausbildungszwecken mitfahrendes Besatzungsmitglied, welches Funktionen wahrgenommen hat, die dem in der Gültigkeitsdauer zu verlängernden Zeugnis entsprechen, oder
   b) unmittelbar vor Eintritt in die Dienststellung entsprechend dem in der Gültigkeitsdauer zu verlängernden Befähigungszeugnis als Schiffsoffizier in einer niedrigeren Dienststellung, als es die höchste Befugnis des zur Gültigkeitsverlängerung vorliegenden Befähigungszeugnisses zulässt.

[2]Ein Kapitän oder ein Schiffsoffizier, der den Fortbestand seiner Befähigung nicht nach Satz 1 nachweisen kann, muss zur Verlängerung der Gültigkeitsdauer seines Befähigungszeugnisses die Teilnahme an zugelassenen Lehrgängen nach Abschnitt A-I/11 Nummer 1.1.4 des STCW-Codes nachweisen. [3]Ein GMDSS-Funker muss zur Verlängerung der Gültigkeitsdauer seines Befähigungszeugnisses den Fortbestand der Befähigung nachweisen durch

1. eine Seefahrtzeit im Sinne des Satzes 1 oder

2. die erfolgreiche Teilnahme an einer Prüfung für den Seefunkdienst nach Anlage 4, die auf Antrag vom Bundesamt durchgeführt wird.

(2) Um das Ableisten der Seefahrtzeiten nach Absatz 1 Satz 1 Nummer 2 zu ermöglichen, kann das Bundesamt auf Antrag besondere Bescheinigungen oder ein Befähigungszeugnis in der entsprechend niedrigeren Dienststellung unter Berücksichtigung der sonstigen Voraussetzungen ausstellen.

(3) Soweit Befähigungszeugnisse Befugnisse von Befähigungsnachweisen einschließen, die einer Verlängerung der Gültigkeitsdauer nach § 54 bedürfen, ist deren Verlängerung der Gültigkeitsdauer Voraussetzung für eine Verlängerung nach Absatz 1.

(4) [1] Auf die Verlängerung der Gültigkeitsdauer von Befähigungszeugnissen für den nautischen Schiffsdienst ist § 5 Absatz 2 entsprechend anzuwenden. [2] Abweichend von Satz 1 reicht für die Verlängerung der Gültigkeitsdauer von Befähigungszeugnissen für den nautischen Schiffsdienst in der nationalen Fahrt der Besitz eines UKW-Betriebszeugnisses für Funker nach Anlage 3 der Schiffssicherheitsverordnung aus, um die Voraussetzungen des § 5 Absatz 2 Nummer 1 zu erfüllen.

(5) [1] Inhaber eines Befähigungszeugnisses nach § 29 Absatz 1 müssen entsprechend der Regel I/11 Absatz 4 der Anlage zum STCW-Übereinkommen eine ausreichende Befähigung für die Bedienung von ECDIS-Anlagen durch den Abschluss eines zugelassenen Lehrgangs nachweisen, wenn das Befähigungszeugnis zum Nautischen Wachoffizier erstmals vor dem 1. Januar 2006 erteilt worden ist. [2] Hierzu gehört insbesondere die Ausbildung an einem ECDIS-Simulator, der die Standards nach Abschnitt A-I/12 des STCW-Codes erfüllt. [3] Wird die Befähigung nicht nachgewiesen, so ist das Befähigungszeugnis mit Wirkung vom 1. Januar 2017 mit einer Einschränkung nach § 9 in Verbindung mit § 30 Absatz 6 Satz 1 Nummer 3 zu erteilen.

§ 54 Gültigkeitsverlängerung von Befähigungsnachweisen

(1) [1] Inhaber eines Befähigungsnachweises für den Schiffssicherheitsdienst mit Ausnahme der Befähigungsnachweise in der Gefahrenabwehr müssen zur Aufrechterhaltung der jeweiligen Befähigung in zeitlichen Abständen von nicht mehr als fünf Jahren die fortdauernde Erfüllung der Anforderungen der entsprechenden Abschnitte des STCW-Codes durch den Abschluss eines oder mehrerer zugelassenen Lehrgänge und entsprechende Qualifikationsnachweise belegen. [2] Die Berufsgenossenschaft kann bei der Zulassung Fortbildungsmaßnahmen an Bord und einschlägige Berufserfahrung in dem in den Abschnitten A-VI/1, A-VI/2 und A-VI/3 des STCW-Codes angegebenen Umfang berücksichtigen.

(2) [1] Der Nachweis nach Absatz 1 ist durch Vorlage eines Qualifikationsnachweises zu erbringen, der die Teilnahme an einem oder mehreren zugelassenen Lehrgängen bestätigt. [2] Die nach Absatz 1 erforderliche Aufrechterhaltung der Befähigung kann durch die Teilnahme an zugelassenen Lehrgängen erworben werden. [3] Die Lehrgangsanbieter stellen sicher, dass die Voraussetzungen des STCW-Übereinkommens eingehalten werden. [4] Die Befähigungen werden durch den Lehrgangsanbieter mit einem oder mehreren Qualifikationsnachweisen bestätigt.

(3) Inhaber von Befähigungsnachweisen für den Dienst auf Tankschiffen müssen, wenn der Erwerb des Befähigungsnachweises mehr als fünf Jahre zurückliegt, zur Verlängerung der Gültigkeitsdauer des Befähigungsnachweises einen zugelassenen Lehrgang oder eine Seefahrtzeit von mindestens drei Monaten innerhalb der letzten fünf Jahre nachweisen, in denen Befugnisse entsprechend des Befähigungsnachweises ausgeübt wurden.

§ 55 Erneuerung von Qualifikationsnachweisen

Nach Ablauf der Gültigkeit eines Qualifikationsnachweises für den Dienst auf Fahrgastschiffen können die jeweils erforderlichen Befähigungen durch einen zugelassenen Lehrgang nach § 51 erneuert werden.

Teil 8
Entzug, Ruhen und Sicherstellung von Befähigungszeugnissen

§ 56 Entzug von Befähigungszeugnissen

(1) Ein Befähigungszeugnis ist zu entziehen, wenn der Inhaber unzuverlässig im Sinne des § 7 Absatz 2 ist.

(2) Ein Befähigungszeugnis kann entzogen werden, wenn sich der Inhaber nach dessen Erteilung als unzuverlässig im Sinne des § 7 Absatz 3 oder 4 erwiesen hat.

(3) Ein Befähigungszeugnis kann auch entzogen werden, wenn der Inhaber seedienstuntauglich ist.

(4) Das Bundesamt kann in den Fällen der Absätze 1, 2 und 3 Fristen und Bedingungen für die Erteilung eines neuen Befähigungszeugnisses niedrigerer, gleicher oder höherer Ordnung festlegen.

(5) Die Schifffahrtspolizeibehörden haben dem Bundesamt unverzüglich alle Tatsachen mitzuteilen, die für die Prüfung der Voraussetzungen für eine Entziehung erforderlich sind.

(6) [1]Die dem Befähigungszeugnis zugrunde liegende Erlaubnis erlischt mit der Entziehung. [2]Das Befähigungszeugnis ist nach der Entziehung unverzüglich dem Bundesamt zu übergeben. [3]Satz 2 gilt auch dann, wenn die Entziehung des Befähigungszeugnisses angefochten und der sofortige Vollzug der Entziehung angeordnet worden ist.

(7) [1]Bei einem ausländischen Befähigungszeugnis hat die Entziehung die Wirkung einer Aberkennung des Rechts, von dem Befähigungszeugnis im Inland Gebrauch zu machen. [2]Absatz 6 Satz 2 gilt entsprechend mit der Maßgabe, dass eine Vorlage beim Bundesamt erfolgt, damit die Anordnung nach Satz 1 im Seeleute-Befähigungs-Verzeichnis für die Dauer der Anordnung gespeichert werden kann.

(8) Die Entziehung oder die Feststellung der fehlenden Fahrberechtigung ist dem Inhaber und der zuständigen Stelle, die das ausländische Befähigungszeugnis erteilt hat, schriftlich mitzuteilen.

(9) Die Absätze 1 bis 8 gelten entsprechend für den Entzug von Vermerken über die Anerkennung ausländischer Befähigungszeugnisse.

§ 57 Ruhen von Befähigungszeugnissen

(1) [1]Das Bundesamt kann für eine bestimmte Zeit das Ruhen eines Befähigungszeugnisses anordnen, wenn bei dem Inhaber die Voraussetzungen für eine Entziehung noch nicht vorliegen, aber Zweifel an seiner Zuverlässigkeit bestehen. [2]Werden diese Zweifel vor Ablauf der angeordneten Zeit ausgeräumt, ist die Anordnung aufzuheben. [3]Solange und soweit das Ruhen des Befähigungszeugnisses angeordnet ist, darf der Inhaber von der dem Befähigungszeugnis zugrunde liegenden Erlaubnis keinen Gebrauch machen.

(2) Zweifel an der Zuverlässigkeit bestehen in der Regel, wenn der Inhaber eines Befähigungszeugnisses im Schiffsverkehr unter dem Einfluss der Wirkung alkoholischer Getränke oder anderer berauschender Mittel nicht in der Lage war oder ist, das Schiff sicher zu führen oder als Mitglied der Schiffsbesatzung eine andere Tätigkeit des Brücken-, Decks- oder Maschinendienstes auszuüben.

(3) Von dem Ruhen des Befähigungszeugnisses können in besonders begründeten Einzelfällen bestimmte Arten von Schiffen oder bestimmte Seeschifffahrtsstraßen ausgenommen werden.

(4) [1]Der Inhaber eines Befähigungszeugnisses im Sinne dieser Verordnung hat das Befähigungszeugnis spätestens mit der Vollziehbarkeit der Anordnung dem Bundesamt zur amtlichen Verwahrung zu übergeben. [2]Inhaber eines anderen Befähigungszeugnisses haben dieses spätestens mit der Vollziehbarkeit der Anordnung dem Bundesamt zu übergeben, damit die Anordnung des Ruhens des Befähigungszeugnisses darin vermerkt werden kann. [3]Nach Ablauf der angeordneten Frist oder im Falle der vorzeitigen Aufhebung der Anordnung ist dies im Befähigungszeugnis kenntlich zu machen und das Befähigungszeugnis dem Inhaber oder einer durch eine schriftliche Vollmacht ausgewiesene Person zurückzugeben.

(5) Soweit ein Vermerk über die Anerkennung eines ausländischen Befähigungszeugnisses erteilt worden ist, ist Absatz 4 Satz 1 entsprechend anwendbar.

§ 58 Vollzug

[1] Das Bundesamt kann auf Antrag des Zeugnisinhabers einen späteren Beginn des Entzugs oder des Ruhens anordnen. [2] Der spätere Zeitpunkt darf nicht mehr als vier Wochen von dem ursprünglich angeordneten Zeitpunkt abweichen.

§ 59 Vorläufige Sicherstellung von Befähigungszeugnissen

(1) Sind dringende Gründe für die Annahme vorhanden, dass ein Befähigungszeugnis entzogen oder sein Ruhen angeordnet wird, so kann die vorläufige Sicherstellung des Befähigungszeugnisses angeordnet werden.

(2) Ein vorläufig sichergestelltes Befähigungszeugnis ist unverzüglich dem Bundesamt unter Angabe der Gründe zu übergeben.

(3) [1] Das Bundesamt hat unverzüglich, nachdem es von der Anordnung der Sicherstellung Kenntnis erhalten hat, über das Ruhen des Befähigungszeugnisses oder seinen Entzug zu entscheiden. [2] Die vorläufige Sicherstellung ist aufzuheben und das Befähigungszeugnis dem Inhaber oder einer bevollmächtigten Person zurückzugeben, wenn der Grund für die Anordnung weggefallen ist oder wenn das Bundesamt das Befähigungszeugnis nicht entzieht oder nicht dessen Ruhen anordnet.

(4) Soweit ein Vermerk über die Anerkennung eines ausländischen Befähigungszeugnisses erteilt worden ist, sind die Absätze 1 bis 3 entsprechend anzuwenden.

§ 60 Vollzugshilfe

Das Bundesamt bedient sich der Hilfe der Landespolizei, einschließlich der Wasserschutzpolizei, sowie der Bundespolizei und der Zollverwaltung nach Maßgabe der Vereinbarungen zwischen dem Bund und den Ländern über die Ausübung der schifffahrtspolizeilichen Vollzugsaufgaben, der zwischen dem Bund und den Küstenländern geschlossenen Zusatzvereinbarung zur Vereinbarung über die Ausübung der schifffahrtspolizeilichen Vollzugsaufgaben und der Seeschifffahrtsaufgaben-Übertragungsverordnung vom 23. Juni 1982 (BGBl. I S. 733).

§ 61 Verhältnis zu anderen Rechtsvorschriften

Zuständigkeiten und Befugnisse nach Maßgabe des Seesicherheits-Untersuchungs-Gesetzes, des Seefischereigesetzes und anderen Rechtsvorschriften zur Entziehung von Berechtigungen, Beschränkung von Berechtigungen oder Sicherstellung und Beschlagnahme der entsprechenden Urkunden bleiben durch die §§ 56 bis 59 unberührt.

Teil 9
Nachweis einer beruflichen Tätigkeit in der Seeschifffahrt

§ 62 Nachweis einer beruflichen Tätigkeit in der Seeschifffahrt (Seeleute-Ausweis)

(1) [1] Seeleute können auf Antrag nach Maßgabe der Absätze 2 und 3 einen Nachweis einer beruflichen Tätigkeit in der Seeschifffahrt mit der Bezeichnung „Seeleute-Ausweis" erhalten. [2] Dieser Nachweis gilt nur in Verbindung mit einem gültigen Reisepass oder Personalausweis und ist weder Passersatz noch amtlicher Identitätsnachweis. [3] Der Nachweis darf zusätzlich die Bezeichnung „seafarer´s card" enthalten.

(2) Den Nachweis nach Absatz 1 können erhalten

1. der Inhaber einer gültigen Bescheinigung nach dieser Verordnung,
2. jedes sonstige Besatzungsmitglied auf einem Kauffahrteischiff, das die Bundesflagge führt.

(3) [1]Der Nachweis nach Absatz 1 ist zehn Jahre gültig und enthält ein Passbild sowie folgende Angaben:
1. Name und Vornamen,
2. Geburtsdatum und Geburtsort,
3. Staatsangehörigkeit,
4. Kartennummer,
5. Ausstellungsdatum und Gültigkeitsdauer und
6. ausstellende Behörde.

[2]Die Begriffe des Satzes 1 können zusätzlich in englischer Übersetzung verwendet werden.

Teil 10
Datenschutz

§ 63 Umgang mit personenbezogenen Daten

(1) [1]Die nach dieser Verordnung zuständigen Verwaltungsbehörden sind im Rahmen ihrer jeweiligen Zuständigkeit befugt, zum Zweck der Prüfung der Voraussetzungen für den Erwerb von Bescheinigungen oder der Verlängerung deren Gültigkeit erforderlichen personenbezogenen Daten zu erheben, zu speichern und zu nutzen. [2]Sie sind nach dem Abschluss der Prüfung nach Satz 1 jeweils unverzüglich zu löschen, soweit sie nicht in dem Seeleute-Befähigungs-Verzeichnis nach § 9f des Seeaufgabengesetzes gespeichert werden oder nach anderen Rechtsvorschriften längere Aufbewahrungsfristen bestehen.

(2) [1]Das Bundesamt trägt die Information über den Entzug eines Befähigungszeugnisses und über die Anordnung des Ruhens einer Befähigung einschließlich der Fristen und Bedingungen nach den §§ 56 und 57 unverzüglich in das Seeleute-Befähigungs-Verzeichnis ein. [2]Die Daten nach Satz 1 sind jeweils unverzüglich nach der Beendigung einer der in Satz 1 genannten Maßnahmen zu löschen.

(3) Absatz 1 gilt auch für die Anbieter von zugelassenen Lehrgängen mit der Maßgabe, dass die personenbezogenen Daten jedes Lehrgangsteilnehmers im Teilnehmerverzeichnis nach § 18 jeweils fünf Jahre nach dessen erfolgreichem Abschluss des Lehrgangs unverzüglich, bei elektronischer Speicherung automatisiert, zu löschen sind, soweit nicht in anderen Rechtsvorschriften längere Aufbewahrungsfristen bestehen.

Teil 11
Schlussbestimmungen

§ 64 Übergangsbestimmungen

(1) Ausbildungsabschnitte und Seefahrtzeiten, die vor dem 1. Juni 2014 für den Erwerb von Befähigungszeugnissen und Befähigungsnachweisen nach den bisher geltenden Vorschriften begonnen wurden, sind bis zum 31. Dezember 2016 als Nachweis zur Erfüllung der jeweiligen Anforderungen nach dieser Verordnung anzusehen.

(2) [1]Die Gültigkeitsdauer von Befähigungszeugnissen und Befähigungsnachweisen ist bis zum 31. Dezember 2016 zu befristen, wenn der Bewerber die Anforderungen dieser Verordnung nicht erfüllt, jedoch nach den bisher geltenden Vorschriften Anspruch auf eine Verlängerung der Gültigkeitsdauer der jeweiligen Bescheinigung hatte. [2]Die Frist nach Satz 1 verlängert sich bis zum Ablauf des 31. Mai 2019 in Fällen der Befähigungszeugnisse nach § 3 Absatz 2 der Schiffsoffizier-Ausbildungsverordnung.

(3) Berufe der Metall- oder Elektroindustrie, die vor dem 1. Juni 2014 zugelassen waren, erfüllen die Anforderungen an die Ausbildung in der Metallbearbeitung nach Anlage 6.

(4) Soweit durch diese Rechtsverordnung die Gültigkeitsdauer von Befähigungszeugnissen und Befähigungsnachweisen zeitlich befristet ist, gilt diese Befristung mit dem Inkrafttreten dieser Verordnung gleichfalls für entsprechende Zeugnisse und Nachweise, die nach den bisher geltenden Vorschriften erteilt worden sind.

(5) Seeleute, die innerhalb der letzten fünf Jahre vor dem 1. Juni 2014 eine Seefahrtzeit von mindestens zwölf Monaten in entsprechender Dienststellung nachweisen, können auf Antrag

1. ein Befähigungszeugnis zum Elektrotechnischen Schiffsoffizier ETO erhalten, sofern die Voraussetzungen nach § 42 Absatz 1 Satz 1 Nummer 2 und 3 einschließlich des Nachweises über den Abschluss eines zugelassenen Lehrgangs in Betrieb und Unterhaltung von elektrisch betriebenen Anlagen mit einer Spannung von mehr als 1000 Volt erfüllt sind,
2. einen Befähigungsnachweis zum Vollmatrosen im Decksbereich NVM erhalten, sofern die Voraussetzungen nach § 29 Absatz 4 Nummer 1 und § 45 Absatz 1 in Verbindung mit § 54 Absatz 1 und 2 erfüllt sind und
3. einen Befähigungsnachweis zum Vollmatrosen im Maschinenbereich TVM erhalten, sofern die Voraussetzungen nach § 38 Absatz 3 Nummer 1 erfüllt sind.

(6) Seefahrtbücher, die nach den bisher geltenden Vorschriften der Seemannsamtsverordnung erteilt worden sind, gelten bis zum Ablauf des 31. Mai 2019 als Nachweis im Sinne des § 62.

(7) Vor dem Inkrafttreten dieser Verordnung zugelassene Lehrgänge bleiben für eine Dauer von längstens drei Jahren seit der Zulassung zugelassen.

(8) Befähigungszeugnisse für den nautischen oder technischen Schiffsdienst als Offizier oder Kapitän, die vor dem 1. Juni 2014 ohne Erlaubnisbefristung erteilt worden sind, können auf Antrag nach Maßgabe des § 24 Satz 1 in Befähigungszeugnisse nach dieser Verordnung umgetauscht werden.

§ 65 Änderung der Gebührenverordnung für Amtshandlungen des Bundesamtes für Seeschifffahrt und Hydrographie

§ 66 Inkrafttreten, Außerkrafttreten

(1) Diese Verordnung tritt am 1. Juni 2014 in Kraft.

(2) Gleichzeitig treten außer Kraft

1. die Schiffsoffizier-Ausbildungsverordnung in der Fassung der Bekanntmachung vom 15. Januar 1992 (BGBl. I S. 22, 227), die zuletzt durch Artikel 29 Nummer 5 des Gesetzes vom 25. Juli 2013 (BGBl. I S. 2749) geändert worden ist,
2. die Seemannsamtsverordnung vom 21. Oktober 1981 (BGBl. I S. 1146), die zuletzt durch Artikel 4 der Verordnung vom 27. Oktober 2006 (BGBl. I S. 2403) geändert worden ist.

3. Schiffsbesetzungsverordnung (SchBesV)

Stand: Geändert durch § 30 V v. 10.9.2013 I 3565

Eingangsformel

Das Bundesministerium für Verkehr, Bau und Stadtentwicklung verordnet auf Grund

– des § 9 Absatz 1 Satz 1 Nummer 3 in Verbindung mit Satz 2 und mit Absatz 2 Satz 3 des Seeaufgabengesetzes in der Fassung der Bekanntmachung vom 26. Juli 2002 (BGBl. I S. 2876), von denen § 9 Absatz 1 Satz 1 Nummer 3 zuletzt durch Artikel 2 Absatz 1 Nummer 6 des Gesetzes vom 20. April 2013 (BGBl. I S. 868) neu gefasst und § 9 Absatz 2 Satz 3 durch Artikel 2 Absatz 1 Nummer 6 des Gesetzes vom 20. April 2013 (BGBl. I S. 868) eingefügt worden ist, im Einver-

nehmen mit dem Bundesministerium für Arbeit und Soziales und dem Bundesministerium für Ernährung, Landwirtschaft und Verbraucherschutz und
- des § 113 Absatz 1 Satz 1 Nummer 2 in Verbindung mit Satz 2 Nummer 1 des Seearbeitsgesetzes vom 23. April 2013 (BGBl. I S. 868) im Einvernehmen mit dem Bundesministerium für Ernährung, Landwirtschaft und Verbraucherschutz:

§ 1 Anwendungsbereich und Begriffsbestimmungen

(1) Diese Verordnung gilt für die Besetzung der Kauffahrteischiffe, die die Bundesflagge führen (Schiffe).

(2) [1] Es bedeutet
1. der Ausdruck „Seearbeitsübereinkommen" das Seearbeitsübereinkommen, 2006, der Internationalen Arbeitsorganisation vom 23. Februar 2006 (BGBl. 2013 II S. 763, 765) in der jeweils geltenden Fassung,
2. der Ausdruck „Berufsgenossenschaft" die Berufsgenossenschaft für Transport und Verkehrswirtschaft,
3. der Ausdruck „Unionsbürger" einen Staatsangehörigen eines Mitgliedstaates der Europäischen Union.

[2] Soweit nach dieser Verordnung einem Unionsbürger Rechte oder Pflichten zustehen oder zugewiesen sind oder Vorschriften auf das Erfordernis der Unionsbürgerschaft abstellen, steht ein Staatsangehöriger eines Vertragsstaates des Abkommens über den Europäischen Wirtschaftsraum, der nicht Mitgliedstaat der Europäischen Union ist, einem Unionsbürger gleich.

§ 2 Verpflichtungen des Reeders

(1) [1] Der Reeder hat das Schiff nach Anzahl, Befähigung und Eignung der Besatzungsmitglieder so zu besetzen, dass
1. die Schiffssicherheit,
2. der sichere Wachdienst,
3. die Einhaltung der Vorschriften des Arbeitsschutzes einschließlich des Arbeitszeitschutzes, des Gesundheitsschutzes, der medizinischen Betreuung an Bord und des maritimen Umweltschutzes,
4. die Erhaltung der öffentlichen Ordnung und Sicherheit an Bord und
5. die sprachliche Verständigung der Besatzungsmitglieder untereinander

gewährleistet sind.

[2] Bei der Besetzung des Schiffes sind ferner die betrieblichen Voraussetzungen, insbesondere der Schiffstyp, der Automationsstand, die Ausrüstung, der Einsatzzweck, die Hafenfolge, das Fahrtgebiet und die Art der zu befördernden Ladung zu berücksichtigen.

(2) Der Reeder hat unbeschadet seiner Verpflichtung nach Absatz 1 und der Verpflichtungen des Kapitäns nach § 3 dafür zu sorgen, dass
1. das Schiff entsprechend dem auf Grund des § 8 Absatz 1 ausgestellten Schiffsbesatzungszeugnis besetzt ist,
2. die Anordnungen der Berufsgenossenschaft nach § 9 Absatz 2 Satz 1 befolgt werden und
3. das Schiffsbesatzungszeugnis an Bord mitgeführt wird.

§ 3 Verpflichtungen des Kapitäns

Der Kapitän hat im Rahmen seiner Befugnisse an Bord des Schiffes dafür zu sorgen, dass
1. das von ihm geführte Schiff entsprechend dem auf Grund des § 8 Absatz 1 ausgestellten Schiffsbesatzungszeugnis besetzt ist,
2. die Anordnungen der Berufsgenossenschaft nach § 9 Absatz 2 Satz 1 befolgt werden,
3. das Schiffsbesatzungszeugnis

a) an Bord mitgeführt,
b) der Berufsgenossenschaft, der Bundespolizei, der Zollverwaltung und den Wasserschutzpolizeien der Länder auf Verlangen vorgelegt wird und
4. ein Abdruck des Schiffsbesatzungszeugnisses an geeigneter Stelle an Bord ausgehängt wird.

§ 4 Kapitän
(1) Unabhängig von der Bruttoraumzahl des Schiffes muss der Kapitän Unionsbürger sein.

(2) [1]Vor der Aufnahme des Schiffsdienstes muss der Kapitän, soweit er nicht Inhaber eines gültigen deutschen Befähigungszeugnisses ist, die erforderlichen Kenntnisse
1. der für ihn als Schiffsführer einschlägigen deutschen Seerechtsvorschriften durch die Teilnahme an einem vom Bundesamt für Seeschifffahrt und Hydrographie zugelassenen Lehrgang und
2. der deutschen Sprache

nachweisen. [2]Die Sprachkenntnisse können auch durch die Teilnahme an dem Lehrgang nach Satz 1 nachgewiesen werden.

§ 5 Schiffsoffiziere, Schiffsmechaniker, wachbefähigte Besatzungsmitglieder
(1) [1]Auf Schiffen mit einer Bruttoraumzahl von über 500 muss von den Offizieren des nautischen oder technischen Schiffsdienstes mindestens einer Unionsbürger sein. [2]Auf Schiffen mit einer Bruttoraumzahl von über 8 000 muss ein weiterer Schiffsoffizier nach Satz 1 Unionsbürger sein.

(2) [1]Auf Schiffen mit einer Bruttoraumzahl von über 1.600 und einer Antriebsleistung ab 750 Kilowatt muss ein Schiffsmechaniker nach der See-Berufsausbildungsverordnung in dieser Funktion tätig sein. [2]Schiffsmechanikern nach Satz 1 gleichgestellt sind Auszubildende nach der See-Berufsausbildungsverordnung im zweiten und dritten Ausbildungsjahr.[1]

(3) [1]Auf Schiffen mit einer Bruttoraumzahl von über 1.600 muss von den wachbefähigten Besatzungsmitgliedern mindestens einer Unionsbürger sein. [2]Auf Schiffen mit einer Bruttoraumzahl von bis zu 3 000 kann der nach Absatz 2 vorgeschriebene Schiffsmechaniker durch ein weiteres wachbefähigtes Besatzungsmitglied nach Satz 1 ersetzt werden.

§ 6 Schiffsarzt, Gesundheits- und Krankenpflegepersonal
(1) [1]Auf Schiffen mit einer Fahrtdauer von mehr als drei Tagen und mit 100 oder mehr Personen an Bord muss ein den seearbeitsrechtlichen Anforderungen entsprechender Schiffsarzt vorhanden sein, der für die ärztliche Betreuung an Bord zuständig ist. [2]Satz 1 gilt nicht, soweit das Schiff ausschließlich über eine Zulassung für die nationale Fahrt verfügt. [3]Im Falle einer Probefahrt gilt Satz 1 unabhängig von der Fahrtdauer.

(2) Auf Schiffen mit mehr als 800 Personen an Bord gilt Absatz 1 mit der Maßgabe, dass ein zweiter Schiffsarzt vorhanden sein muss.

(3) [1]Auf Schiffen mit Schiffsarzt muss ein Gesundheits- und Krankenpfleger an Bord vorhanden sein. [2]Auf Schiffen mit mehr als 500 Personen müssen zwei, mit mehr als 800 Personen drei und mit mehr als 1 200 Personen vier Gesundheits- und Krankenpfleger an Bord vorhanden sein. [3]Bei Probefahrten können sie durch die entsprechende Anzahl von Rettungssanitätern oder Rettungshelfern ersetzt werden.

---

1 **IdF** d. § 30 V v. 10.9.2013 I 3565 mWv 15.9.2013.

§ 7 Schiffskoch

(1) [1]Auf jedem Schiff muss ein Schiffskoch vorhanden und für die Zubereitung von Speisen ausgebildet und qualifiziert sein. [2]Für diese Tätigkeit können Besatzungsmitglieder eingesetzt werden, die

1. im Besitz des Zeugnisses über die Abschlussprüfung im Ausbildungsberuf Koch oder eines anderen einschlägigen Ausbildungsberufes nach innerstaatlichem Recht sind oder
2. eine Bescheinigung einer Industrie- und Handelskammer über die Teilnahme an einer Gaststättenunterrichtung nach gaststättenrechtlichen Vorschriften nachweisen oder
3. einen Nachweis über die Befähigung zum Schiffskoch einer Vertragspartei des Seearbeitsübereinkommens oder
4. einen gleichwertigen Nachweis eines anderen als in Nummer 3 genannten Staates besitzen.

[3]Besatzungsmitglieder unter 18 Jahren dürfen nicht als Schiffskoch eingesetzt werden.

(2) Auf Schiffen mit weniger als zehn vorgeschriebenen Besatzungsmitgliedern kann der Reeder auf den Einsatz eines Schiffskochs nach Absatz 1 verzichten, wenn das für die Zubereitung von Speisen verantwortliche Besatzungsmitglied eine Ausbildung oder Unterweisung in den Bereichen Nahrungsmittel- und persönliche Hygiene sowie Handhabung und Lagerung von Verpflegung an Bord erhalten hat.

§ 8 Schiffsbesatzungszeugnis

(1) [1]Die Berufsgenossenschaft erteilt auf Antrag des Reeders ein Schiffsbesatzungszeugnis nach dem vom Bundesministerium für Verkehr, Bau und Stadtentwicklung im Verkehrsblatt veröffentlichten Muster, wenn die Voraussetzungen des § 2 Absatz 1 und 2 und der §§ 4 bis 7 vorliegen. [2]Das Schiffsbesatzungszeugnis kann, auch nachträglich, mit Nebenbestimmungen versehen werden. [3]Schiffe mit einer Länge von acht Metern oder weniger benötigen kein Schiffsbesatzungszeugnis.

(2) [1]Das Schiffsbesatzungszeugnis ist vom Tag der Ausstellung an fünf Jahre gültig. [2]Die Berufsgenossenschaft kann eine kürzere Gültigkeitsdauer festsetzen, wenn bei der Antragstellung nach Absatz 1 absehbar ist, dass auf Grund der Beschäftigung des Schiffes Absatz 3 anwendbar wird, sowie in Fällen des § 10 Absatz 3.

(3) [1]Der Reeder ist verpflichtet, Änderungen der für die Erteilung des Schiffsbesatzungszeugnisses maßgeblichen Voraussetzungen der Berufsgenossenschaft unverzüglich anzuzeigen und ein den geänderten Voraussetzungen entsprechendes Schiffsbesatzungszeugnis zu beantragen. [2]Erteilt die Berufsgenossenschaft in diesem Fall ein neues Schiffsbesatzungszeugnis, so zieht sie das bisherige Schiffsbesatzungszeugnis ein.

§ 9 Überwachung

(1) [1]Die Berufsgenossenschaft überwacht die Einhaltung der Vorschriften dieser Verordnung und führt die dazu erforderlichen Überprüfungen durch. [2]Hierbei kann sie sich der Vollzugshilfe der Wasserschutzpolizeien der Länder nach Maßgabe der Vereinbarungen zwischen dem Bund und den Ländern über die Ausübung der schifffahrtspolizeilichen Vollzugsaufgaben sowie der Bundespolizei und der Zollverwaltung bedienen.

(2) [1]Fehlt es an einem gültigen Schiffsbesatzungszeugnis oder ist ein Schiff nicht entsprechend dem Schiffsbesatzungszeugnis besetzt, hat die Berufsgenossenschaft das Auslaufen oder die Weiterfahrt zu verbieten oder nur unter Bedingungen oder Auflagen zu gestatten, durch welche die Sicherheit des Schiffes und der an Bord befindlichen Personen gewährleistet wird. [2]Von einem Auslauf- oder Weiterfahrtverbot, das in Häfen ausgesprochen wird, unterrichtet die Berufsgenossenschaft unverzüglich die zuständige Hafenbehörde.

§ 10 Ausnahmen

(1) Die Berufsgenossenschaft kann abweichend von den Vorschriften des § 5 Absatz 1 bis 3 ein Schiffsbesatzungszeugnis erteilen, soweit die vorgeschriebenen Offiziere des nautischen oder technischen Schiffsdienstes, die Unionsbürger sein müssen, auf dem inländischen seemännischen Arbeitsmarkt nachweislich nicht verfügbar sind.

(2) Soweit auf Schiffen mit einer Bruttoraumzahl von über 3000 der vorgeschriebene Schiffsmechaniker auf dem inländischen seemännischen Arbeitsmarkt nachweislich nicht verfügbar ist, kann dieser durch ein anderes wachbefähigtes Besatzungsmitglied, das Unionsbürger sein muss, ersetzt werden.

(3) [1]Die Berufsgenossenschaft kann auf Antrag des Reeders für ein bestimmtes Schiff weitere Schiffsbesatzungszeugnisse erteilen, wenn die betrieblichen Voraussetzungen dies rechtfertigen oder erfordern. [2]Im Falle des Satzes 1 gilt § 8 Absatz 3 Satz 2 nicht.

(4) [1]In Notfällen kann die Berufsgenossenschaft eine Ausnahmegenehmigung erteilen, nach der abweichend von § 2 Absatz 2 Nummer 1 und § 3 Nummer 1 ein Schiff während eines bestimmten Reiseabschnittes mit einer anderen als der im Schiffsbesatzungszeugnis festgelegten Besatzung auslaufen oder weiterfahren darf. [2]Satz 1 gilt insbesondere, wenn ein Besatzungsmitglied durch schwere Krankheit oder andere, nicht vom Reeder oder Kapitän zu vertretende Umstände, an der Ausübung zugewiesener Aufgaben an Bord gehindert ist.

(5) [1]In Notfällen kann die Berufsgenossenschaft eine Ausnahmegenehmigung erteilen, nach der abweichend von § 7 Absatz 1 ein anderes Besatzungsmitglied während einer bestimmten begrenzten Zeit bis zum nächsten leicht erreichbaren Anlaufhafen oder längstens in einem Zeitraum von bis zu einem Monat die Aufgaben des Schiffskochs wahrnehmen darf. [2]In diesen Fällen muss das Besatzungsmitglied in den Bereichen Lebensmittelhygiene und persönlicher Hygiene sowie Handhabung und Lagerung von Verpflegung an Bord in dem Umfang ausgebildet oder unterwiesen werden, der für die Wahrnehmung der Aufgaben erforderlich ist.

(6) [1]Anträge zur Anwendung der Absätze 1 und 2 können bis zum Ablauf des 31. Dezember 2014 gestellt werden. [2]In diesen Fällen wird das Schiffsbesatzungszeugnis mit einer Gültigkeitsdauer von längstens zwei Jahren erteilt. [3]Die Erteilung soll mit der Auflage verbunden werden, durch geeignete Maßnahmen in Bezug auf Ausbildung und Beschäftigung junger Seeleute daran mitzuwirken, den inländischen seemännischen Arbeitsmarkt zukünftig bedarfsgerechter zu gestalten.

§ 11 Ordnungswidrigkeiten

Ordnungswidrig im Sinne des § 15 Absatz 1 Nummer 2 des Seeaufgabengesetzes handelt, wer vorsätzlich oder fahrlässig

1. entgegen § 2 Absatz 2 Nummer 1 oder § 3 Nummer 1 nicht dafür sorgt, dass das Schiff besetzt ist,
2. entgegen § 2 Absatz 2 Nummer 3 oder § 3 Nummer 3 Buchstabe a nicht dafür sorgt, dass das Schiffsbesatzungszeugnis an Bord mitgeführt wird,
3. entgegen § 3 Nummer 3 Buchstabe b nicht dafür sorgt, dass das Schiffsbesatzungszeugnis einer dort genannten Stelle vorgelegt wird,
4. entgegen § 3 Nummer 4 nicht dafür sorgt, dass ein Abdruck des Schiffsbesatzungszeugnisses ausgehängt wird, oder
5. einer vollziehbaren Anordnung oder einer vollziehbaren Auflage nach § 9 Absatz 2 Satz 1 zuwiderhandelt.

§ 12 Übergangsvorschrift

Die Wirksamkeit eines vor Inkrafttreten dieser Verordnung erteilten Schiffsbesatzungszeugnisses wird durch das Inkrafttreten dieser Verordnung nicht berührt.

§ 13 Inkrafttreten, Außerkrafttreten
(1) Diese Verordnung tritt am 1. August 2013 in Kraft.

(2) Gleichzeitig tritt die Schiffsbesetzungsverordnung vom 26. August 1998 (BGBl. I S. 2577), die zuletzt durch Artikel 524 der Verordnung vom 31. Oktober 2006 (BGBl. I S. 2407) geändert worden ist, außer Kraft.

4. Verordnung betreffend die Übersicht über die Arbeitsorganisation und die Arbeitszeitnachweise in der Seeschifffahrt (See-Arbeitszeitnachweisverordnung – SeeArbZNV)

Eingangsformel
Auf Grund des § 55 Satz 1 Nummer 1 und 2 in Verbindung mit Satz 2 des Seearbeitsgesetzes vom 20. April 2013 (BGBl. I S. 868) verordnet das Bundesministerium für Arbeit und Soziales im Einvernehmen mit dem Bundesministerium für Verkehr, Bau und Stadtentwicklung und dem Bundesministerium für Ernährung, Landwirtschaft und Verbraucherschutz:

§ 1 Anwendungsbereich
Die Übersicht über die Arbeitsorganisation an Bord und die Arbeitszeitnachweise der Besatzungsmitglieder auf Kauffahrteischiffen, die die Bundesflagge führen, sind nach Maßgabe dieser Verordnung zu führen.

§ 2 Übersicht über die Arbeitsorganisation
(1) [1] Die Übersicht über die Arbeitsorganisation an Bord nach § 50 Absatz 1 Satz 1 des Seearbeitsgesetzes ist nach dem Muster der Anlage 1 zu führen. [2] Die Übersicht ist vom Kapitän zu unterschreiben, bevor sie nach § 50 Absatz 1 Satz 2 des Seearbeitsgesetzes an dem leicht zugänglichen Ort ausgehängt wird.

(2) [1] Die Übersicht muss enthalten:
1. den See- und Hafendienstplan für jedes an Bord beschäftigte Besatzungsmitglied,
2. a) die Höchstarbeitszeiten und die Mindestruhezeiten nach § 48 Absatz 1 des Seearbeitsgesetzes,
   b) die auf Grund des Seearbeitsgesetzes zulässigen von § 48 Absatz 1 abweichenden Höchstarbeitszeiten und Mindestruhezeiten,
3. die Aufgaben im Wachdienst und jede zu erwartende zusätzliche Arbeit und
4. für jedes Besatzungsmitglied die Gesamtstundenzahl der geplanten Arbeitszeit.

[2] Beruht im Falle des Satzes 1 Nummer 2 Buchstabe b die Abweichung auf einer Verordnung oder einer Vereinbarung, ist in der Übersicht über die Arbeitsorganisation die maßgebliche Regelung der Verordnung oder die maßgebliche Vereinbarung zu bezeichnen.

(3) Auf Fischereifahrzeugen ist die Übersicht derart zu führen, dass der Kapitän die Wachdienste der Besatzungsmitglieder auf See und im Hafen insoweit einzutragen hat, als diese nach einem wiederkehrenden regelmäßigen Rhythmus eingeteilt sind.

§ 3 Arbeitszeitnachweise
(1) [1] Die Arbeitszeitnachweise nach § 50 Absatz 2 des Seearbeitsgesetzes sind nach dem Muster der Anlage 2 jeweils für einen Monat zu führen. [2] Die Arbeitszeitnachweise können in elektronischer Form geführt werden, wenn dabei die Anforderungen nach Satz 1 und nach Absatz 2 bis 4 eingehalten werden.

(2) [1]Aus dem Arbeitszeitnachweis müssen die Arbeitszeiten und die Ruhezeiten und gewährte Ruhepausen nach § 45 Absatz 2 des Seearbeitsgesetzes eindeutig erkennbar sein. [2]Abweichungen von den normalerweise geltenden Arbeits- und Ruhezeiten, insbesondere Verlängerungen der Arbeitszeit nach § 47, § 48 Absatz 2 und § 49 des Seearbeitsgesetzes, sind im Arbeitszeitnachweis in der Spalte Bemerkungen zu begründen. [3]Die Ruhepausen sind in der Spalte Bemerkungen anzugeben.

(3) [1]Der Arbeitszeitnachweis ist vom Kapitän oder einem von ihm beauftragten Schiffsoffizier oder anderen Vorgesetzten und vom Besatzungsmitglied nach Ablauf des Kalendermonats zu unterzeichnen, um zu bestätigen, dass die täglichen Aufzeichnungen die Arbeits- und Ruhezeiten zutreffend wiedergeben. [2]Werden die Arbeitszeitnachweise in elektronischer Form geführt, haben die in Satz 1 genannten Personen dem Arbeitszeitnachweis den jeweiligen Namen hinzuzufügen und das elektronische Dokument mit einer qualifizierten elektronischen Signatur nach dem Signaturgesetz zu versehen.

(4) Dem Besatzungsmitglied ist eine Kopie seines nach Absatz 3 unterzeichneten Arbeitszeitnachweises unverzüglich auszuhändigen oder elektronisch zu übermitteln.

§ 4 Sprachenvorschrift

Die Übersicht über die Arbeitsorganisation nach § 2 sowie die Arbeitszeitnachweise nach § 3 sind in deutscher und englischer Sprache und in den weiteren Arbeitssprachen des Schiffes zu führen.

§ 5 Aufbewahrung

(1) [1]Solange das Schiff die Bundesflagge führt, hat der Reeder sicherzustellen, dass

1. im Falle einer Änderung der Übersicht über die Arbeitsorganisation die bisherige Fassung ab dem Zeitpunkt der Änderung und
2. die Arbeitszeitnachweise für die Besatzungsmitglieder ab dem Zeitpunkt der Unterzeichnung nach § 3 Absatz 3

mindestens drei Jahre an Bord des Schiffes aufbewahrt werden. [2]Wird das Schiff vor Ablauf einer Aufbewahrungsfrist außer Dienst gestellt oder wechselt es vorher die Flagge, sind die Übersichten über die Arbeitsorganisation und die Arbeitszeitnachweise bei der Reederei für die verbliebene Verwahrungszeit aufzubewahren. [3]Die Aufbewahrung in digitalisierter oder elektronischer Form ist möglich.

(2) Bei Schiffen in der nationalen Fahrt können die Übersichten über die Arbeitsorganisation und die Arbeitszeitnachweise abweichend von Absatz 1 Satz 1 am Sitz der Reederei so aufbewahrt werden, dass die Berufsgenossenschaft für Transport und Verkehrswirtschaft während der üblichen Geschäftszeiten Einsicht nehmen kann.

§ 6 Ordnungswidrigkeiten

Ordnungswidrig im Sinne des § 145 Absatz 1 Nummer 18 des Seearbeitsgesetzes handelt, wer vorsätzlich oder fahrlässig entgegen § 5 Absatz 1 Satz 1 nicht sicherstellt, dass die Übersichten über die Arbeitsorganisation und die Arbeitszeitnachweise mindestens drei Jahre aufbewahrt werden.

§ 7 Inkrafttreten, Außerkrafttreten

[1]Diese Verordnung tritt am 1. August 2013 in Kraft. [2]Gleichzeitig tritt die See-Arbeitszeitnachweisverordnung vom 5. Juli 2002 (BGBl. I S. 2571) außer Kraft.

5. Verordnung über die Arbeitszeit bei Offshore-Tätigkeiten (Offshore-Arbeitszeitverordnung – Offshore-ArbZV)

Eingangsformel

Auf Grund des § 15 Absatz 2a des Arbeitszeitgesetzes, der durch Artikel 3 Absatz 6 Nummer 2 des Gesetzes vom 20. April 2013 (BGBl. I S. 868) eingefügt worden ist, verordnet die Bundesregierung und auf Grund des § 55 Satz 1 Nummer 3 des Seearbeitsgesetzes vom 20. April 2013 (BGBl. I S. 868) verordnet das Bundesministerium für Arbeit und Soziales im Einvernehmen mit dem Bundesministerium für Verkehr, Bau und Stadtentwicklung:

Abschnitt 1
Allgemeine Vorschriften

§ 1 Geltungsbereich

Diese Verordnung gilt im Küstenmeer sowie in der ausschließlichen Wirtschaftszone der Bundesrepublik Deutschland sowie auf Schiffen, von denen aus Offshore-Tätigkeiten im Sinne des § 15 Absatz 2a des Arbeitszeitgesetzes oder des § 55 Satz 1 Nummer 3 des Seearbeitsgesetzes durchgeführt werden für

1. Arbeitnehmerinnen und Arbeitnehmer, die Offshore-Tätigkeiten im Sinne des § 15 Absatz 2a des Arbeitszeitgesetzes durchführen,
2. Besatzungsmitglieder im Sinne des § 3 Absatz 1 des Seearbeitsgesetzes.

Abschnitt 2
Vorschriften für Arbeitnehmerinnen und Arbeitnehmer, die Offshore-Tätigkeiten durchführen

§ 2 Anwendung des Arbeitszeitgesetzes

Für die Beschäftigung von Arbeitnehmerinnen und Arbeitnehmern im Sinne von § 1 Nummer 1 ist das Arbeitszeitgesetz anzuwenden, soweit im Folgenden nichts anderes geregelt ist.

§ 3 Arbeitszeit

(1) Die tägliche Arbeitszeit darf abweichend von den §§ 3, 6 Absatz 2 und § 11 Absatz 2 des Arbeitszeitgesetzes auf bis zu zwölf Stunden verlängert werden.

(2) Unterfallen die an einem Tag geleisteten Tätigkeiten nicht ausschließlich dem Geltungsbereich dieser Verordnung, darf die Gesamtarbeitszeit die nach Absatz 1 zulässige Höchstarbeitszeit nicht überschreiten.

§ 4 Ruhepausen

Unbeschadet des § 4 Satz 1 des Arbeitszeitgesetzes muss die Ruhepause bei einer Arbeitszeit von mehr als zehn Stunden mindestens 60 Minuten betragen.

§ 5 Sonntags- und Feiertagsbeschäftigung

Abweichend von § 9 des Arbeitszeitgesetzes dürfen Arbeitnehmerinnen und Arbeitnehmer an Sonntagen und Feiertagen beschäftigt werden.

§ 6 Zeitraum der Offshore-Tätigkeit

(1) Arbeitgeber haben dafür zu sorgen, dass Arbeitnehmerinnen und Arbeitnehmer nicht mehr als 21 unmittelbar aufeinander folgende Tage auf See verbringen. Dabei dürfen Arbeitnehmerinnen und Arbeitnehmer an nicht mehr als an sieben Tagen, davon jeweils höchstens zwei unmittelbar aufeinander folgende Tage, mit einer verlängerten täglichen Arbeitszeit nach § 3 Absatz 1 über zehn Stunden hinaus mit Offshore-Tätigkeiten beschäftigt werden. Arbeitgeber haben sicherzustellen, dass die tägliche Arbeitszeit im Zeitraum nach Satz 1 im Durchschnitt zehn Stunden nicht überschreitet.

(2) Wird die tägliche Arbeitszeit nach § 3 Absatz 1 über zehn Stunden hinaus an mehr als sieben Tagen verlängert, dürfen Arbeitnehmerinnen und Arbeitnehmer beginnend mit dem ersten Tag der Offshore-Tätigkeit höchstens 14 unmittelbar aufeinander folgende Tage mit Offshore-Tätigkeiten beschäftigt werden.

§ 7 Ausgleich von Mehrarbeit und für Sonntags- und Feiertagsbeschäftigung

(1) Jede Arbeitszeitverlängerung bei Offshore-Tätigkeiten über acht Stunden täglich hinaus (Mehrarbeit) ist durch freie Tage auszugleichen. Für jeweils volle acht Stunden Mehrarbeit ist ein freier Tag zu gewähren.

(2) Wird die Arbeitszeit nach § 3 Absatz 1 an mehr als zwei Tagen über zehn Stunden hinaus verlängert, ist den Arbeitnehmerinnen und Arbeitnehmern unmittelbar im Anschluss an die Zeiträume nach § 6 eine ununterbrochene Freistellungsphase zu gewähren. In der Freistellungsphase sind die Ersatzruhetage für Sonntagsbeschäftigung in den Zeiträumen nach § 6 zu gewähren sowie mindestens die über zehn Stunden täglich hinausgehende Mehrarbeit als freie Tage auszugleichen.

(3) Der Beginn der Freistellungsphase nach Absatz 2 darf um bis zu zwei Tage verschoben werden, wenn an Land erforderliche Nacharbeiten erledigt werden müssen, die in unmittelbarem Zusammenhang mit der Offshore-Tätigkeit stehen.

(4) Im Übrigen ist der Ersatzruhetag für die Beschäftigung an einem Sonntag abweichend von § 11 Absatz 3 des Arbeitszeitgesetzes innerhalb von drei Wochen nach dem Beschäftigungstag zu gewähren.

(5) Freie Tage zum Ausgleich von Mehrarbeit oder Ersatzruhetage für die Beschäftigung an Sonntagen und Feiertagen sind an Land zu gewähren.

(6) Insgesamt darf die Arbeitszeit abweichend von §§ 3, 6 Absatz 2 und § 11 Absatz 2 des Arbeitszeitgesetzes wöchentlich 48 Stunden im Durchschnitt von zwölf Kalendermonaten nicht überschreiten.

§ 8 Arbeitszeitnachweise

Der Arbeitgeber ist abweichend von § 16 Absatz 2 Satz 1 des Arbeitszeitgesetzes verpflichtet, die gesamte Arbeitszeit sowie den Ausgleich der Mehrarbeit über acht Stunden und die Ersatzruhetage für Sonntags- und Feiertagsbeschäftigung täglich aufzuzeichnen.

§ 9 Transportzeiten

(1) Werden Arbeitnehmerinnen oder Arbeitnehmer von Land zu ihrem Einsatzort transportiert, beginnt die Transportzeit an dem vom Arbeitgeber festgelegten Sammelpunkt zum festgelegten Sammelzeitpunkt. Beim Rücktransport endet die Transportzeit mit der Rückkehr zum Sammelpunkt. Diese Transportzeiten sind wie Arbeitszeiten bei § 6 zu berücksichtigen sowie durch Freizeit auszugleichen und aufzuzeichnen. § 6 Absatz 1 Satz 2 und 3 und Absatz 2 sowie §§ 7 und 8 sind entsprechend anzuwenden.

(2) Arbeitgeber haben sicherzustellen, dass an einem Tag mit Transportzeit die Arbeitszeit und die Transportzeit zusammen 14 Stunden nicht überschreiten. Dieser Zeitraum darf nur überschritten werden, wenn sich die planmäßige Transportzeit bei der Rückfahrt zum Land auf Grund außergewöhnlicher, nicht vom Arbeitgeber zu vertretender Umstände verlängert. An Tagen nach Satz 1 darf

die tägliche Ruhezeit abweichend von § 5 Absatz 1 des Arbeitszeitgesetzes um die Dauer der Transportzeit, aber höchstens um zwei Stunden verkürzt werden. Fallen an einzelnen Tagen nur Transportzeiten an, so können die Zeiträume nach § 6 um diese Tage verlängert werden.

(3) Die Absätze 1 und 2 sind nicht anzuwenden, wenn die ununterbrochene Transportzeit mindestens sechs Stunden beträgt und den Arbeitnehmerinnen oder Arbeitnehmern während der an Bord eines Schiffes verbrachten Transportzeit geeignete Schlafplätze in einer Schlafkabine zur Verfügung stehen.

§ 10 Weitere Arbeitsschutzmaßnahmen

(1) Arbeitnehmerinnen und Arbeitnehmer, die an mindestens 48 Tagen im Kalenderjahr mit Offshore-Tätigkeiten beschäftigt werden, sind berechtigt, sich vor Beginn der Beschäftigung und danach in regelmäßigen Zeitabständen von nicht weniger als drei Jahren arbeitsmedizinisch untersuchen zu lassen. Nach Vollendung des 50. Lebensjahres steht ihnen dieses Recht in Zeitabständen von einem Jahr zu. Die Kosten der Untersuchungen hat der Arbeitgeber zu tragen, sofern er die Untersuchungen nicht kostenlos durch eine Betriebsärztin oder einen Betriebsarzt oder einen überbetrieblichen betriebsärztlichen Dienst anbietet.

(2) Der Arbeitgeber hat eine Arbeitnehmerin oder einen Arbeitnehmer auf Verlangen auf einen geeigneten Arbeitsplatz an Land umzusetzen, wenn nach arbeitsmedizinischer Feststellung die weitere Beschäftigung mit Offshore-Tätigkeiten die Gesundheit der Arbeitnehmerin oder des Arbeitnehmers gefährdet, sofern dem nicht dringende betriebliche Erfordernisse entgegenstehen. Stehen der Umsetzung nach Auffassung des Arbeitgebers dringende betriebliche Erfordernisse entgegen, so ist der Betriebsrat zu hören. Der Betriebsrat kann dem Arbeitgeber Vorschläge für eine Umsetzung unterbreiten.

(3) Diese Verordnung lässt sonstige Arbeitsschutzvorschriften unberührt. Bei der Gefährdungsbeurteilung nach § 5 des Arbeitsschutzgesetzes hat der Arbeitgeber insbesondere die Belastungen durch eine Arbeitszeitverlängerung unter Einbeziehung der erschwerten Arbeitsbedingungen bei Offshore-Tätigkeiten zu berücksichtigen.

Abschnitt 3
Vorschriften für Besatzungsmitglieder von Schiffen, von denen aus Offshore-Tätigkeiten durchgeführt werden

§ 11 Anwendung des Seearbeitsgesetzes

Für die Beschäftigung von Besatzungsmitgliedern im Sinne des § 1 Nummer 2 sind die Arbeitszeitvorschriften des Seearbeitsgesetzes anzuwenden, soweit im Folgenden nichts anderes geregelt ist.

§ 12 Arbeitszeit

(1) Die Arbeitszeit darf abweichend von den §§ 43 und 48 Absatz 1 Nummer 1 des Seearbeitsgesetzes auf bis zu zwölf Stunden täglich und bis zu 84 Stunden wöchentlich verlängert werden. Dabei kann auch von den Vorschriften zur Lage der Arbeitszeit, zum Wachsystem und zur Sonntags- und Feiertagsbeschäftigung abgewichen werden. Die Sätze 1 und 2 gelten nicht für die Fahrt zum oder vom Einsatzort, sofern die Fahrt mehr als 48 Stunden beträgt.

(2) § 48 Absatz 1 Nummer 2 des Seearbeitsgesetzes ist einzuhalten.

§ 13 Ruhepausen

Unbeschadet des § 45 Absatz 2 Satz 2 des Seearbeitsgesetzes muss die Ruhepause bei einer Arbeitszeit von mehr als zehn Stunden mindestens 60 Minuten betragen.

§ 14 Ausgleich von Mehrarbeit und für Sonntags- und Feiertagsbeschäftigung

(1) Soweit Mehrarbeit nicht auf Grund des § 47 des Seearbeitsgesetzes erfolgt, ist die nach § 12 Absatz 1 über die zulässigen Arbeitszeiten nach § 43 des Seearbeitsgesetzes hinaus geleistete Mehrarbeit auszugleichen. Für jeweils volle acht Stunden Mehrarbeit ist ein freier Tag zu gewähren. Freie Tage zum Ausgleich von Mehrarbeit sind innerhalb von zwölf Kalendermonaten zu gewähren. Die Ausgleichstage sind an Land oder in einem Hafen, in dem Landgang zulässig und möglich ist, zu gewähren.

(2) Für den Sonntags- und Feiertagsausgleich ist § 52 des Seearbeitsgesetzes anzuwenden.

§ 15 Weitere Arbeitsschutzmaßnahmen

Diese Verordnung lässt sonstige Arbeitsschutzvorschriften unberührt. Bei der Gefährdungsbeurteilung nach § 114 des Seearbeitsgesetzes in Verbindung mit § 5 des Arbeitsschutzgesetzes hat der Reeder insbesondere die Belastungen durch eine Arbeitszeitverlängerung unter Einbeziehung der erschwerten Arbeitsbedingungen bei Offshore-Tätigkeiten zu berücksichtigen.

Abschnitt 4
Schlussvorschriften

§ 16 Bewilligung durch die Aufsichtsbehörde

Die Aufsichtsbehörde kann auf Antrag im Einzelfall weitergehende Ausnahmen zulassen, soweit sie auf Grund besonderer Umstände erforderlich werden, und die zur Sicherheit und zum Schutz der Gesundheit der Beschäftigten erforderlichen Maßnahmen bestimmen.

§ 17 Evaluierung

Diese Verordnung wird nach Ablauf von drei Jahren evaluiert, um zu prüfen, ob die Ausgleichsmaßnahmen für die vorgenommenen Ausnahmeregelungen nach Art und Umfang angemessen sind und ob das Niveau des allgemeinen Arbeits- und Gesundheitsschutzes, den das Arbeitszeitgesetz garantieren soll, auch tatsächlich eingehalten wird.

§ 18 Ordnungswidrigkeiten

Ordnungswidrig im Sinne des § 22 Absatz 1 Nummer 4 des Arbeitszeitgesetzes handelt, wer als Arbeitgeber vorsätzlich oder fahrlässig

1. entgegen § 6 Absatz 1 Satz 1 nicht dafür sorgt, dass eine Arbeitnehmerin oder ein Arbeitnehmer nicht mehr als 21 unmittelbar aufeinander folgende Tage auf See verbringt,
2. entgegen § 6 Absatz 1 Satz 2 oder Absatz 2, jeweils auch in Verbindung mit § 9 Absatz 1 Satz 4, eine Arbeitnehmerin oder einen Arbeitnehmer beschäftigt,
3. entgegen § 6 Absatz 1 Satz 3, auch in Verbindung mit § 9 Absatz 1 Satz 4, nicht sicherstellt, dass die tägliche Arbeitszeit zehn Stunden nicht überschreitet,
4. entgegen § 7 Absatz 1 Satz 2, Absatz 2, 4 oder Absatz 5, jeweils auch in Verbindung mit § 9 Absatz 1 Satz 4, einer Arbeitnehmerin oder einem Arbeitnehmer den vorgeschriebenen Ausgleich nicht, nicht richtig, nicht vollständig oder nicht rechtzeitig gewährt,
5. entgegen § 8, auch in Verbindung mit § 9 Absatz 1 Satz 4, eine Aufzeichnung nicht, nicht richtig oder nicht rechtszeitig erstellt oder
6. entgegen § 9 Absatz 2 Satz 1 nicht sicherstellt, dass der dort genannte Zeitraum nicht überschritten wird.

§ 19 Hinweis auf Straf- und Bußgeldvorschriften des Seearbeitsgesetzes
Zuwiderhandlungen gegen § 48 Absatz 1 des Seearbeitsgesetzes in Verbindung mit § 14 Absatz 1 Satz 2, 3 oder Satz 4 dieser Verordnung werden nach § 145 Absatz 1 Nummer 6 oder § 146 Absatz 2 Nummer 1 oder Nummer 2 des Seearbeitsgesetzes geahndet.

§ 20 Inkrafttreten
Diese Verordnung tritt am 1. August 2013 in Kraft.

Schlussformel
Der Bundesrat hat zugestimmt.

6. Verordnung über die Überprüfung der Einhaltung der Arbeits- und Lebensbedingungen auf Schiffen[1] (Seearbeitsüberprüfungs-Verordnung – SeeArbÜV)

Eingangsformel
Das Bundesministerium für Verkehr, Bau und Stadtentwicklung verordnet auf Grund
- des § 136 Absatz 1 des Seearbeitsgesetzes vom 20. April 2013 (BGBl. I S. 868) im Einvernehmen mit dem Bundesministerium für Arbeit und Soziales und
- des § 136 Absatz 2 des Seearbeitsgesetzes vom 20. April 2013 (BGBl. I S. 868):

§ 1 Zielsetzung und Anwendungsbereich
Diese Verordnung regelt
1. die Überprüfung der Einhaltung der Arbeits- und Lebensbedingungen an Bord von Schiffen nach den Rechtsvorschriften, die zum Schutz vor Gefahren für die Sicherheit und die Gesundheit oder zum sonstigen Schutz der Besatzungsmitglieder erlassen worden sind (Flaggenstaatkontrolle),
2. das nähere Verfahren für die Ausstellung, Gültigkeit und Form des Seearbeitszeugnisses, des vorläufigen Seearbeitszeugnisses, der Seearbeits-Konformitätserklärung, des Fischereiarbeitszeugnisses sowie der Überprüfungsberichte,
3. die Überwachung der anerkannten Organisationen bei ihrer Überprüfungstätigkeit nach dem Seearbeitsgesetz und den auf Grund dieses Gesetzes erlassenen Rechtsverordnungen.

§ 2 Personal
Die Berufsgenossenschaft für Transport und Verkehrswirtschaft (Berufsgenossenschaft) und die anerkannten Organisationen haben für die Wahrnehmung ihrer Aufgaben und Tätigkeiten eine ausreichende Zahl von Inspektoren vorzuhalten und sicherzustellen, dass diese über die erforderliche Ausbildung, Befähigung und Ausstattung verfügen.

---

1 Die Verordnung dient der Umsetzung der Richtlinie 2009/13/EG des Rates vom 16. Februar 2009 zur Durchführung der Vereinbarung zwischen dem Verband der Reeder in der Europäischen Gemeinschaft (ECSA) und der Europäischen Transportarbeiter-Föderation (ETF) über das Seearbeitsübereinkommen 2006 und zur Änderung der Richtlinie 1999/63/EG (ABl. L 124 vom 20.5.2009, S. 30).

§ 3 Verantwortlichkeit des Reeders

(1) Ist der Eigentümer eines Schiffes der Reeder (§ 4 Absatz 1 Nummer 1 des Seearbeitsgesetzes), hat er der Berufsgenossenschaft einen Auszug aus dem Seeschiffsregister vorzulegen.

(2) [1]Ist nicht der Eigentümer eines Schiffes der Reeder, sondern nimmt eine andere natürliche oder juristische Person die Verantwortung für den Schiffsbetrieb wahr (§ 4 Absatz 1 Nummer 2 des Seearbeitsgesetzes), so hat diese dies unter Angabe ihres Namens und ihrer Anschrift der Berufsgenossenschaft schriftlich zu erklären. [2]Die Erklärung kann auch elektronisch abgegeben werden.

(3) Hat die Berufsgenossenschaft berechtigte Zweifel daran, dass der Eigentümer die Verantwortung nach § 4 Absatz 1 Nummer 2 des Seearbeitsgesetzes einer natürlichen oder juristischen Person vollständig übertragen hat, kann sie vom Eigentümer des Schiffes die zur Klärung erforderlichen Auskünfte sowie die Vorlage des in § 4 Absatz 1 Nummer 2 des Seearbeitsgesetzes bezeichneten Vertrages verlangen.

§ 4 Überwachung der anerkannten Organisationen

(1) Die Durchführung der von den anerkannten Organisationen wahrgenommenen Tätigkeiten ist regelmäßig, mindestens jedoch alle zwei Jahre, von der Berufsgenossenschaft im Hinblick darauf zu überprüfen, dass die anerkannten Organisationen ihre Tätigkeiten ordnungsgemäß erfüllen.

(2) Die Berufsgenossenschaft ist über § 143 des Seearbeitsgesetzes hinaus insbesondere befugt:

1. die Tätigkeit der anerkannten Organisation in deren Geschäftsräumen zu überprüfen,
2. anlassunabhängig und anlassbezogen Überprüfungen von Schiffen durchzuführen, um die Aufgabenwahrnehmung durch die anerkannte Organisation zu überprüfen,
3. Überprüfungen von Schiffen durch eine anerkannte Organisation zu begleiten,
4. Audits der anerkannten Organisation durch die Europäische Schiffssicherheitsagentur zu begleiten,
5. Überprüfungsberichte der anerkannten Organisationen hinsichtlich der ordnungsgemäßen Durchführung der Überprüfungen von Schiffen, der dabei festgestellten Verstöße sowie deren Abstellung zu überprüfen (Plausibilitätsüberprüfung),
6. alle zur Verfügung stehenden Informationsquellen auszuwerten, insbesondere Datenbanken über Festhaltungen von Schiffen im Rahmen der Hafenstaatkontrolle und Berichte von Mitgliedstaaten der Europäischen Union über die Tätigkeit von anerkannten Organisationen, soweit dies nach den jeweils für die Informationsquellen geltenden Rechtsvorschriften zulässig ist.

§ 5 Zwischen- und Erneuerungsüberprüfungen

(1) [1]Wird das Seearbeitszeugnis für fünf Jahre ausgestellt, hat der Reeder dafür zu sorgen, dass zwischen dem zweiten und dritten Jahrestag der Ausstellung des Seearbeitszeugnisses nach Maßgabe des § 130 Absatz 2 des Seearbeitsgesetzes an Bord überprüft wird, ob die Erteilungsvoraussetzungen des Seearbeitszeugnisses weiterhin vorliegen (Zwischenüberprüfung). [2]Jahrestag bedeutet Tag und Monat jedes Jahres, die dem Tag des Gültigkeitsablaufs des Seearbeitszeugnisses entsprechen. [3]Der Reeder hat der Berufsgenossenschaft die Fälligkeit einer Überprüfung spätestens drei Wochen vor der Fälligkeit anzuzeigen. [4]Die Zwischenüberprüfung wird im Seearbeitszeugnis vermerkt.

(2) [1]Ein Seearbeitszeugnis wird von der Berufsgenossenschaft nur dann neu erteilt, wenn zuvor eine Überprüfung des Schiffes nach Maßgabe des § 130 Absatz 2 des Seearbeitsgesetzes durch die Berufsgenossenschaft durchgeführt worden ist (Erneuerungsüberprüfung). [2]Die Frist für die fünfjährige Gültigkeitsdauer des Seearbeitszeugnisses beginnt in diesem Fall

1. am Tag des Ablaufs der Gültigkeit des zuvor bestehenden Seearbeitszeugnisses, wenn die Erneuerungsüberprüfung innerhalb eines Zeitraumes von drei Monaten vor dem Ablauf der Gültigkeit durchgeführt worden ist,

2. am Tag des Abschlusses der Erneuerungsüberprüfung, wenn die Überprüfung mehr als drei Monate vor dem Ablauf der Gültigkeit des Seearbeitszeugnisses abgeschlossen worden ist.

(3) Für die Fristen der Erneuerungsüberprüfung für ein Fischereiarbeitszeugnis gilt Absatz 2 entsprechend.

§ 6 Überprüfungen für die Erteilung des vorläufigen Seearbeitszeugnisses

(1) Das vorläufige Seearbeitszeugnis nach § 131 Absatz 1 des Seearbeitsgesetzes wird von der Berufsgenossenschaft erteilt, wenn

1. der Reeder nachvollziehbar dargelegt hat, dass er über angemessene Verfahren verfügt, um die Anforderungen an die Arbeits- und Lebensbedingungen an Bord von Schiffen nach den Rechtsvorschriften, die zum Schutz vor Gefahren für die Sicherheit und die Gesundheit oder zum sonstigen Schutz der Besatzungsmitglieder erlassen worden sind, einzuhalten,
2. der Kapitän des Schiffes nachvollziehbar dargelegt hat, dass er sich mit den Anforderungen an die Arbeits- und Lebensbedingungen nach Nummer 1 vertraut gemacht hat und die Verpflichtungen, die sich daraus ergeben, kennt,
3. der Reeder der Berufsgenossenschaft die für die Erteilung einer Seearbeits-Konformitätserklärung notwendigen Informationen zur Verfügung gestellt hat,
4. das Vorliegen der Voraussetzungen der Nummern 1 bis 3 und das Schiff hinsichtlich des Erfüllens der Anforderungen des § 129 Absatz 1 des Seearbeitsgesetzes durch die Berufsgenossenschaft überprüft worden ist.

(2) Absatz 1 gilt für die Ausstellung eines amtlich anerkannten vorläufigen Seearbeitszeugnisses nach § 131 Absatz 3 des Seearbeitsgesetzes durch eine anerkannte Organisation entsprechend.

(3) Für die Gültigkeitsdauer des vorläufigen Seearbeitszeugnisses wird keine Seearbeits-Konformitätserklärung ausgestellt.

(4) Der Reeder hat dafür zu sorgen, dass rechtzeitig vor Ablauf der Gültigkeit des vorläufigen Seearbeitszeugnisses eine Überprüfung des Schiffes für die anschließende Erteilung eines Seearbeitszeugnisses durchgeführt wird.

§ 7 Aufzeichnung der Überprüfungen, Aufbewahrungspflichten

(1) Die in § 2 bezeichneten Inspektoren haben die Ergebnisse aller Überprüfungen an Bord eines Schiffes in einem Überprüfungsbericht aufzuzeichnen und dem Kapitän unverzüglich zwei Ausfertigungen zu übergeben.

(2) [1] Wird bei einer Überprüfung ein Verstoß festgestellt, ist dieser im Überprüfungsbericht unter Angabe folgender Punkte aufzuzeichnen:

1. vom Reeder vorgeschlagene Maßnahmen zur Abstellung des Verstoßes,
2. Zeitpunkt, bis zu dem der Verstoß abgestellt werden soll,
3. Zeitpunkt, an dem der Verstoß nachweislich abgestellt worden ist.

[2] Der um diese Angaben ergänzte Überprüfungsbericht ist der Seearbeits-Konformitätserklärung beizufügen. [3] Die zweite Ausfertigung ist an einer deutlich sichtbaren, den Besatzungsmitgliedern zugänglichen Stelle an Bord auszuhängen.

(3) Soweit eine anerkannte Organisation tätig ist, ist diese verpflichtet, den Überprüfungsbericht unverzüglich, spätestens jedoch innerhalb einer Woche nach Abschluss der Überprüfung des Schiffes, an die Berufsgenossenschaft zu übermitteln.

(4) Die anerkannten Organisationen sind verpflichtet, ihre Überprüfungsberichte mindestens fünf Jahre ab dem Tag der Ausstellung aufzubewahren.

(5) [1] Die Berufsgenossenschaft erstellt und veröffentlicht jährlich einen Bericht über ihre Überprüfungstätigkeit. [2] In dem Bericht dürfen keine personenbezogenen Daten enthalten sein.

§ 8 Muster

(1) Die Berufsgenossenschaft veröffentlicht die Muster des Seearbeitszeugnisses, des vorläufigen Seearbeitszeugnisses, des Fischereiarbeitszeugnisses, der Seearbeits-Konformitätserklärung, der von ihr verwendeten Überprüfungsberichte und der Erklärung nach § 3 im Verkehrsblatt oder im Bundesanzeiger.

(2) Eine anerkannte Organisation darf eigene, von Absatz 1 abweichende Vordrucke für ihre Überprüfungsberichte verwenden, soweit folgende Mindestinhalte enthalten sind:

1. Name der anerkannten Organisation und des Inspektors,
2. Name und IMO-Nummer des Schiffes,
3. Abschlussdatum und Ort der Überprüfung des Schiffes,
4. Umfang und Ergebnis der Überprüfung des Schiffes,
5. festgestellte Verstöße und Angabe, ob die Verstöße vor dem Auslaufen des Schiffes abgestellt worden sind,
6. bei Feststellung von Verstößen Fristen und ein Maßnahmenplan zur Abstellung der Verstöße,
7. die Angabe, ob die Anforderungen des § 131 Absatz 1 Satz 1 des Seearbeitsgesetzes auf dem Schiff bei einer erstmaligen Überprüfung, Zwischenüberprüfung oder einer Erneuerungsüberprüfung erfüllt sind.

§ 9 Inkrafttreten

Diese Verordnung tritt am 1. August 2013 in Kraft.

Anhang III
Glossar

An- und Abmusterung
Feststellung des Beginns und des Ende des Dienstes an Bord eines Seeschiffes durch die Seemannsämter. Das Musterungsverfahren ist mit dem Inkrafttreten des Seearbeitsgesetzes zum 1. August 2013 weggefallen.

Arbeitszeitnachweis
Auf jedem Handelsschiff unter deutscher Flagge sind von den Besatzungsmitgliedern Arbeitszeitnachweise zu führen. Die Anlage der See-Arbeitszeitnachweisverordnung enthält das Muster eines Arbeitszeitnachweises.

Arbeitsvermittlung für Seeleute
Für die öffentliche Arbeitsvermittlung von Seeleuten ist in Deutschland die Zentrale Heuerstelle Hamburg zuständig. Private Arbeitsvermittler für Seeleute mit Sitz in Deutschland benötigen eine Bescheinigung der BG Verkehr, § 26 Seearbeitsgesetz.

Ausbildungsförderung
Die Ausbildung von seemännischem Nachwuchs wird in Deutschland zum einem durch den Bund im Rahmen der Ausbildungsplatzförderung (APK) und zum anderem durch die Stiftung „Schifffahrtsstandort Deutschland" gefördert.

Ausflaggung
Unter bestimmten Voraussetzungen dürfen auch deutsche Schiffseigentümer ein Schiff unter einer anderen als der deutschen Flagge betreiben. Das Schiff bleibt zwar weiterhin in einem deutschen Seeschiffsregister (Erstregister) eingetragen, führt aber eine ausländische statt der deutschen Flagge. An Bord gelten die Rechtsvorschriften des jeweiligen ausländischen Flaggenstaates. Die Rechtsgrundlage für die befristete Ausflaggung ist § 7 Flaggenrechtsgesetz.

Außerordentliche Kündigung
Juristische Bezeichnung für: Fristlose Kündigung. Ein Arbeitgeber oder ein Arbeitnehmer können ihr Arbeitsverhältnis ohne Einhaltung einer Kündigungsfrist kündigen, wenn ein wichtiger Grund vorliegt. Die Rechtsgrundlage für die außerordentliche Kündigung ist § 626 Bürgerliches Gesetzbuch sowie im Seearbeitsrecht die §§ 67–69 Seearbeitsgesetz.

Bareboat-Charter
Bei der Bareboat-Charter vermietet ein Schiffseigentümer sein Schiff einem Mieter (Charterer) ohne Besatzung.

Befähigungszeugnis
Staatliche Bescheinigung nach dem STCW-Übereinkommen für den Nautischen oder den Technischen Schiffsoffizier über die Befähigung, Schiffe bestimmter Größe oder Maschinenleistung in einem bestimmten Fahrtgebiet als Wachoffizier, Leiter der Maschinenanlage, Erster Offizier oder Kapitän führen darf. Umgangssprachlich: Patent.

Berufsbildungsstelle Seeschifffahrt (BBS)
Die BBS mit Sitz in Bremen ist unter anderem für die Information und Beratung über die Ausbildung in der Seeschifffahrt, die Überwachung der Ausbildung zum Schiffsmechaniker sowie der Anerkennung von Ausbildungsschiffen zuständig.

Besatzungsliste
In der Besatzungsliste (englisch: Crew list) müssen alle Besatzungsmitglieder an Bord eines Handelsschiffes eingetragen werden. Die Besatzungsliste wird regelmäßig vor allem im Rahmen der Hafenstaatkontrolle überprüft. Im deutschen Recht ist die Besatzungsliste in § 22 Seearbeitsgesetz geregelt.

Besatzungsmitglied
Besatzungsmitglieder sind alle Personen, die an Bord eines Handelsschiffes tätig sind. § 3 Absatz 3 Seearbeitsgesetz listet Personengruppen auf, die nur vorübergehend oder nicht im eigentlichen Schiffsbetrieb tätig sind und daher keine Besatzungsmitglieder sind. Das Seearbeitsübereinkommen verwendet den Begriff „Seeleute", der dieselbe Bedeutung wie „Besatzungsmitglieder" hat.

BG Verkehr
Abkürzung für: Berufsgenossenschaft für Transport und Verkehrswirtschaft. Die BG Verkehr ist der Träger der gesetzlichen Unfallversicherung für die Verkehrsunternehmen in Deutschland, unter anderem für die Seeschifffahrtsunternehmen. Eine Sonderstellung nimmt die Dienststelle Schiffssicherheit der BG Verkehr wahr, die ausschließlich staatlichen Aufgaben der Schiffssicherheit, des Schutzes der Meeresumwelt und des Seearbeitsrechts wahrnimmt.

Bruttoraumzahl (BRZ)
Die Bruttoraumzahl (BRZ), englisch: gross tonnage (GT), bezeichnet das Maß für die Gesamtgröße eines Schiffes und hat die früher verwendete Bruttoregistertonne (BRT) abgelöst. Die BRZ ergibt sich aus dem gesamten umbauten Raum, multipliziert je nach Schiffstyp mit einem zwischen 0,22 und 0,32 liegenden Faktor. Bei der BRZ handelt sich es um keine Gewichtsangabe; sie steht in keiner direkten Beziehung zur Tragfähigkeit eines Schiffes. Das Pendant zur BRZ ist die Nettoraumzahl (NRZ). BRZ und NRZ sind dimensionslose Vergleichszahlen.

Bundesamt für Seeschifffahrt und Hydrographie (BSH)
Das BSH mit Sitz in Hamburg ist als maritime Bundesbehörde unter anderem für den Umweltschutz im Seeverkehr, die Gefahrenabwehr, die Seevermessung, nautische Informationssysteme, Befähigungsdokumente für Seeleute, das Flaggenrecht und für die Genehmigungsverfahren für Offshore-Windparks zuständig.

Crewing-Agentur
Bezeichnung für privaten Arbeitsvermittler für Seeleute. Weltweit haben die meisten Crewing-Agenturen ihren Sitz auf den Philippinen. Crewing-Agenturen benötigen nach dem Seearbeitsübereinkommen eine staatliche Zulassung, in Deutschland eine Bescheinigung der BG Verkehr.

Dienstbescheinigung
Nachweis über die Seefahrtzeiten von Besatzungsmitgliedern auf Seeschiffen. § 33 Seearbeitsgesetz schreibt die Mindestinhalte einer Dienstbescheinigung vor, nicht jedoch die Form. Im Buchhandel sind gebundene Seearbeitsbücher erhältlich, in dem die Seefahrzeiten - wie früher in das Seefahrtbuch - eingetragen werden können. Die Dienstbescheinigung können mit Einwilligung der jeweiligen Besatzungsmitglieder auch elektronisch ausgestellt werden.

DOC
Abkürzung für: Document of Compliance = Zeugnis über die Erfüllung der einschlägigen Vorschriften. Mit diesem Zeugnis wird einem Schifffahrtsunternehmen bescheinigt, dass das landseitige Sicherheitsmanagement den Vorschriften des ISM-Code entspricht. In Deutschland stellt die BG Verkehr für die deutsche Flagge das DOC aus. Das Pendant zum DOC ist das SMC, das sich jeweils nur auf ein einzelnes Schiff bezieht.

Drittstaatenausländer
Umgangssprachlicher Begriff im deutschen Sozialversicherungsrecht für Seeleute, die weder aus EU-/EWR-Mitgliedsstaaten noch aus Staaten stammen, mit denen die Bundesrepublik Deutschland ein Sozialversicherungsabkommen abgeschlossen hat.

Durchschnittsheuern
Die Beiträge für die gesetzliche Sozialversicherung der Seeleute werden grundsätzlich nicht nach dem tatsächlichen Arbeitsentgelt, sondern nach den sogenannten Durchschnittsheuern berechnet. Damit werden schwankende Heuern bei Seeleuten ausgeglichen und Ungerechtigkeiten im Leistungsfall (zB Arbeitsunfall) ausgeglichen. Die Durchschnittsheuern orientieren sich am HTV See und werden regelmäßig von Ausschüssen der BG Verkehr beschlossen und vom Bundesversicherungsamt genehmigt. Die Durchschnittsheuern sind in der Beitragsübersicht der BG Verkehr abgedruckt.

Erstregister
Umgangssprachliche Bezeichnung für die originären Schiffsregister der verschiedenen Flaggenstaaten. In Deutschland werden die Seeschiffsregister der Amtsgerichte als „Erstregister" bezeichnet, um sie vom Zweitregister (ISR) abzugrenzen.

EU/EWR
EU = Europäische Union, EWR = Europäischer Wirtschaftsraum. Der EWR setzt sich aus den derzeit 27 EU-Mitgliedsstaaten sowie Island, Liechtenstein und Norwegen zusammen.

Flaggenstaat
Mit dem Flaggenstaat wird der Staat bezeichnet, der die Verantwortung für die Seeschiffe unter seiner Flagge trägt. Das Flaggenstaatsprinzip ist in Artikel 94 Absatz 1 des Seerechtsübereinkommens sowie in der Regel 5.1 des Seearbeitsübereinkommens festgelegt.

GIS
Abkürzung für: German International Shipping Register = Internationales Seeschiffsregister (ISR).

GIS Fleet Agreement
Flotten-Mustertarifvertrag, der zwischen der Gewerkschaft ITF und dem Verband Deutscher Reeder für Seeschiffe im deutschen Internationalen Seeschiffsregister (ISR) ausgehandelt wurde. Ergänzt wird das GIS Fleet Agreement (ISR-Flottenvertrag) durch das „Special Agreement to the GIS Fleet Agreement" (ISR-Sondervertrag). Die Nettoheuern nach diesen Flotten-Musterverträgen ergibt sich aus der „GIS Fleet Agreement wage scale".

Hafenstaatkontrolle
Bei der Hafenstaatkontrolle überprüfen staatliche Besichtiger in ihren Häfen die Einhaltung internationaler Vorschriften zur Schiffssicherheit, zum Meeresumweltschutz und zu den Arbeitsbedingungen von Seeleuten auf Schiffen unter ausländischer Flagge. Im englischen wird die Hafenstaatkontrolle als Port State Control (PSC) bezeichnet. Bei schweren Verstößen gegen die Vorschriften können die Besichtiger Schiffe mit einem Auslaufverbot belegen.

Heimschaffung
Der Reeder eines Handelsschiffes ist verpflichtet, seine Besatzungsmitglieder bei Erkrankung oder Verletzung oder nach Beendigung des Heuerverhältnisses von Bord ihres Seeschiffes an einen festgelegten Ort (in der Regel der Wohnort des Besatzungsmitgliedes) zu befördern. Der Reeder hat die Kosten der Heimschaffung zu tragen. Ein anderer Begriff für Heimschaffung ist: Repatriierung.

Die Rechtsgrundlage für die Heimschaffung sind die §§ 73–78 Seearbeitsgesetz.

Heuern
Im Seearbeitsrecht verwendeter Begriff für: Arbeitslohn/Gehalt für Seeleute.

Heuervertrag
Begriff des Seearbeitsrechts für: Arbeitsvertrag mit Besatzungsmitgliedern.

HTV See
Abkürzung für: Heuertarifvertrag für die deutsche Seeschifffahrt. Zwischen der Gewerkschaft ver.di und dem Verband Deutscher Reeder (VDR) regelmäßig neu verhandelter Tarifvertrag über die Heuern von Seeleuten.

IMO
Abkürzung für: International Maritime Organization = Internationale Seeschifffahrts-Organisation. Die IMO ist eine Sonderorganisation der Vereinten Nationen (UN) mit Sitz in London. Sie verabschiedete die großen internationalen Schifffahrtsübereinkommen wie SOLAS, MARPOL und STCW.

Internationales Seeschifffahrtsregister (ISR)
Umgangssprachlich als „Zweitregister" bezeichnetes deutsches Schiffsregister für Seeschiffe im internationalen Seeverkehr, das beim Bundesamt für Seeschifffahrt und Hydrographie (BSH) geführt werden. Das ISR wird zusätzlich zu den Seeschiffsregistern der Amtsgerichte geführt. Die Eintragung in das ISR ist freiwillig. Durch eine Eintragung in das ISR kann der Arbeitgeber ausländischer Seeleute an Bord von deutschflaggigen Schiffen nach deren Heimatheuern bezahlen. Im englischsprachigen Raum wird das ISR als German International Shipping Register (GIS) bezeichnet.

ILO
Abkürzung für: International Labour Organization = Internationale Arbeitsorganisation. Die ILO ist eine Sonderorganisation der Vereinten Nationen (UN) mit Sitz in Genf, die internationale Übereinkommen auch zum Arbeitsschutz an Bord von Seeschiffen erarbeitet hat. Grundlegend für die Seeschifffahrt ist das Seearbeitsübereinkommen (Maritime Labour Convention, kurz: MLC).

ISM-Code
Abkürzung für: International Safety Management Code. Der ISM-Code ist Teil des SOLAS-Übereinkommens und legt für jeden Schiffsbetreiber Maßnahmen zur Organisation eines sicheren Schiffsbetriebes fest. Jedes Unternehmen hat im Rahmen eines „Safety Management system" die Durchführung und Beachtung von Sicherheitsmaßnahmen im Landbetrieb (Reederei) sowie an Bord sicherzustellen. Eine dazu

ernannte und ausgebildete „designated person ashore“ (DPA) ist in jeder Reederei verantwortlich für die Einhaltung der entwickelten Prozeduren und Maßnahmen.

ISPS-Code
Abkürzung für: International Ship and Port Facility Security Code. Der ISPS-Code wurde international nach den Terroranschlägen des 11. September 2001 in New York drastisch verschärft und soll im Wege der Gefahrenabwehr („Maritime security“) Terroranschläge auf oder durch Seeschiffe verhindern. Gleichzeitig wurde der Zugang zu Hafenanlagen verschärft. [in „Final version“ das Bild bitte anders setzen, so dass der zusammengehörende Text zu diesem Punkt nicht auseinandergerissen wird]Ein Beauftragter für Gefahrenabwehr muss in jedem Reederunternehmen (Company Security Officer – CSO) und auf jedem Schiff (Ship Security Officer – SSO) benannt werden.

ISR
Abkürzung für: Internationales Seeschifffahrtsregister (siehe dort).

ITF
Abkürzung für: International Transport Worker’s Federation = Internationale Transportarbeiter-Föderation. Die ITF ist die internationale Gewerkschaft unter anderem der Seeleute. Die ITF ist in Deutschland unter anderem durch ein Büro in Bremen vertreten.

Jugendliche Besatzungsmitglieder
Jugendliche Besatzungsmitglieder sind alle Besatzungsmitglieder, die noch keine 18 Jahre alt sind, § 7 Seearbeitsgesetz. An Bord dürfen nur Besatzungsmitglieder ab dem 16. Lebensjahr (in der Fischerei: ab dem 15. Lebensjahr) tätig sein, § 10 Seearbeitsgesetz.

Kauffahrteischiff
Juristischer Begriff für: Handelsschiff. Der Begriff Kauffahrteischiff ist in keinem Gesetz definiert. Nach der Rechtsprechung sind Kauffahrteischiffe Seeschiffe, die zum Erwerb durch Seefahrt bestimmt sind oder dem Erwerb durch Seefahrt dienen.

Landgang
Liegt ein Schiff im Hafen oder auf Reede, hat jedes Besatzungsmitglied in seiner dienstfreien Zeit einen Anspruch darauf, an Land gehen zu dürfen. Der Kapitän darf den Landgang allerdings untersagen, wenn es die Sicherheit des Schiffes oder der Besatzungsmitglieder oder die Abfahrtszeit nicht zulässt. Im deutschen Recht ist der Landgang in § 35 Seearbeitsgesetz geregelt. In deutschen Häfen stellt die Wasserschutzpolizei sogenannte Landgangsausweise aus, damit auch solche ausländische Seeleute an Land gehen können, die ansonsten für ihre Einreise und den Aufenthalt in Deutschland ein Visum benötigen würden.

Lohnsteuereinbehalt
Nach § 41a Absatz 4 Einkommenssteuergesetz braucht der Arbeitgeber von Seeleuten auf Schiffen unter deutscher Flagge in der internationalen Fahrt nur 60% der entstandenen Lohnsteuer an das Finanzamt abführen und darf 40% der eigentlich abzuführenden Lohnsteuer für sich behalten. Dies gilt unabhängig von der Nationalität der Seeleute oder ihrer beschränkten/unbeschränkten Steuerpflicht.

MLC
Abkürzung für: Maritime Labour Convention. Siehe: Seearbeitsübereinkommen.

Musterung
Früheres Verfahren zur amtlichen Bestätigung des Dienstbeginns und Dienstendes an Bord von Seeschiffen durch die Seemannsämter. Das Musterungsverfahren ist mit dem Inkrafttreten des Seearbeitsgesetzes zum 1. August 2013 weggefallen.

MTV See
Abkürzung für: Manteltarifvertrag für die deutsche Seeschifffahrt. Zwischen der Gewerkschaft ver.di und dem Verband Deutscher Reeder (VDR) geschlossener Tarifvertrag über alle wesentlichen arbeitsrechtlichen Bedingungen von Seeleuten an Bord von Seeschiffen unter deutscher Flagge.

Nettoraumzahl (NRZ)
Die Nettoraumzahl (NRZ), englisch: net tonnage (NT), bezeichnet das Maß für die Gesamtgröße eines Schiffes und hat die früher verwendete Nettoregistertonne (NRT) abgelöst. Die NRZ ergibt sich aus der Summe der Rauminhalte der Laderäume bzw. für Fahrgäste nutzbare Räume eines Schiffs, multipliziert mit einem von der Schiffsgröße abhängigen Faktor. Bei der NRZ handelt sich es um keine Gewichtsangabe; sie steht in keiner direkten Beziehung zur Tragfähigkeit eines Schiffes. Das Pendant zur NRZ ist die Bruttoraumzahl (BRZ).

Offiziersassistent
12- bzw. 18-monatige fachpraktische Ausbildung und Seefahrtzeit als Nautischer Offiziersassistent (NOA) oder Technischer Offiziersassistent (TOA) mit dem Ziel, Kapitän oder Leiter der Maschinenanlage zu werden.

Ordentliche Kündigung
Juristischer Begriff für: fristgemäße Kündigung. Im Gegensatz zur außerordentlichen Kündigung muss der Arbeitgeber oder der Arbeitnehmer bei einer ordentlichen Kündigung die gesetzlich vorgeschriebene Kündigungsfrist einhalten. Die Rechtsgrundlage für die ordentliche Kündigung im Seearbeitsrecht sind die §§ 65, 66 Seearbeitsgesetz.

Reeder
Im Seearbeitsrecht ist der Reeder entweder der Eigentümer des Schiffes oder der Schiffsbetreiber, dem der Eigentümer die Verantwortung für den Schiffsbetrieb übertragen hat. Der Schiffsbetreiber nach dem Seearbeitsrecht ist im Regelfall identisch mit dem Schiffsbetreiber nach dem ISM-Code. Der Reeder ist auch dann für die Einhaltung der Arbeits- und Lebensbedingungen seiner Seeleute verantwortlich, wenn jemand anderes der Arbeitgeber der Seeleute ist.

Schiffsbetriebstechnischer Assistent (SBTA)
Spezieller zweijähriger Ausbildungsgang an der Seefahrtschule Cuxhaven, der die Laufbahn zum Nautischen Offizier und später zum Kapitän eröffnet.

Schiffskoch
Auf Handelsschiffen unter deutscher Flagge muss ab 10 vorgeschriebenen Besatzungsmitgliedern im Schiffsbesatzungszeugnis ein Schiffskoch mitfahren. In Deutschland gibt es keine gesetzlich geregelte Schiffskoch-Ausbildung. Für die Tätigkeit als Schiffskoch ist eine abgeschlossene Berufsausbildung als Koch, Bäcker, Konditor, Metzger oder eine gaststättenrechtliche Unterweisung ausreichend.

Schiffsmechaniker
Fachkraft an Bord eines Seeschiffes an Deck und im Maschinenraum. Die Ausbildungsinhalte für die dreijährige Ausbildung ergeben sich aus der Schiffsmechaniker-Ausbildungsverordnung.

Schwarze Listen
Umgangssprachlicher Begriff für inoffizielle Listen, die von Crewing-Agenturen geführt werden und auf denen Seeleute eingetragen werden, die schlechte Arbeitsbedingungen an Bord anprangern und daher als aufmüpfig gelten. Wer als Seemann auf einer schwarzen Liste steht, findet keine Anstellung mehr in der Seeschifffahrt. Nach dem Seearbeitsübereinkommen und dem Seearbeitsgesetz (§ 25 Absatz 1) sind schwarze Listen verboten. Von diesen schwarzen Listen ist die „Black list" zu unterscheiden, die im Rahmen der Hafenstaatkontrolle geführt wird und in der Flaggenstaaten aufgeführt sind, deren Schiffe überdurchschnittlich viele Mängel bei Kontrollen aufweisen.

Seearbeitsübereinkommen
Internationale Konvention der ILO über Mindeststandards für die Arbeits- und Lebensbedingungen von Seeleuten auf Seeschiffen. Auf Englisch: Maritime Labour Convention (MLC). Das Seearbeitsübereinkommen wurde 2006 in Genf angenommen und ist 2013 in Kraft getreten.

Seearbeitszeugnis
Schiffsbezogenes Zeugnis, mit dem der Flaggenstaat die Einhaltung der Arbeits- und Lebensbedingungen von Seeleuten an Bord des betreffenden Schiffes bestätigt. Alle Schiffe in der internationalen Fahrt mit einer Größe von mehr als 500 BRZ benötigen ein Seearbeitszeugnis. Das Seearbeitszeugnis kann nach deutschem Recht in verschiedenen Formen ausgestellt werden: als vorläufiges Seearbeitszeugnis, als Kurzzeitzeugnis und als amtlich anerkanntes Seearbeitszeugnis.

Seediensttauglichkeit
Seeleute dürfen nur an Bord von Seeschiffen tätig werden, wenn sie zuvor ärztlich untersucht und für seediensttauglich erklärt wurden. Die Voraussetzungen für die Seediensttauglichkeit für Handelsschiffe unter deutscher Flagge sind im Seearbeitsgesetz und in der Maritimen-Medizin-Verordnung aufgeführt.

Seefahrtbuch
Das Seefahrtuch diente früher als Nachweis über die An- und Abmusterungen eines Seemanns und für die geleisteten Seefahrzeiten. Inzwischen veraltet; das Musterungsverfahren ist mit dem Inkrafttreten des Seearbeitsgesetzes zum 1. August 2013 entfallen. Bestehende Seefahrtbücher, die vor dem 1. August 2013 ausgestellt wurden, können bis 2019 als Nachweis für Seefahrtzeiten weiterbenutzt werden. Inzwischen werden die Seefahrtzeiten durch Dienstbescheinigungen nachgewiesen.

Seemannsämter
Die Seemannsämter waren früher für die Ausstellung von Seefahrtbüchern und Musterrollen sowie für die An- und Abmusterung von Seeleuten an Bord von deutschflaggigen Seeschiffen zuständig. Inzwischen sind die Seemannsämter - bis auf Mecklenburg-Vorpommern - infolge des Wegfalls des Musterungsverfahrens zum 1. August 2013 aufgelöst worden.

Seeschiffsregister
Schiffsregister über Seeschiffe, die in Deutschland von den Amtsgerichten geführt werden. Der Eigner eines deutschflaggigen Seeschiffes mit einer Rumpflänge über 15 Meter ist verpflichtet, sein Schiff in das Seeschiffsregister einzutragen. Die Zuständigkeit richtet sich nach dem Heimathafen des Seeschiffes. Der Eigner des Seeschiffes erhält das Schiffszertifikat als Bestätigung über die Eintragung in das Seeschiffsregister.

Sicherheitsgrundausbildung
Nach dem STCW-Übereinkommen vorgeschriebene Sicherheitsgrundausbildung („Sicherheitsausbildung und Unterweisung für Seeleute"), die jeder Seemann vor seinem Einsatz an Bord absolviert haben muss. Auf Englisch: Basic Safety Training.

Für die Zulassung der Lehrgänge ist die BG Verkehr zuständig, für die entsprechenden Befähigungsnachweise das BSH.

SMC

Abkürzung für: Safety Management Certificate = Zeugnis über die Organisation von Sicherheitsmaßnahmen. Mit diesem Zeugnis wird für ein Schiff bescheinigt, dass das Sicherheitsmanagement an Bord den Vorschriften des ISM-Code entspricht. In Deutschland stellt die See-Berufsgenossenschaft für deutschflaggige Schiffe das SMC aus. Das Pendant zum SMC ist das DOC, das sich auf das landseitige Management einer Reederei bezieht.

SOLAS-Übereinkommen

Abkürzung für: International Convention on Safety of Life at Sea = Internationales Übereinkommen zum Schutz des menschlichen Lebens auf See. Grundlegendes internationales Übereinkommen der IMO zur Schiffssicherheit.

STCW-Übereinkommen

Das STCW-Übereinkommen ist eine internationale Konvention der Vereinten Nationen (UN), die weltweit vergleichbare und verbindliche Standards in der Ausbildung von Seeleuten sicherstellen soll. Die Abkürzung STCW steht für: „Standards of Training, Certification and Watchkeeping". Der deutsche Titel lautet: Internationales Übereinkommen für die Ausbildung, die Erteilung von Befähigungszeugnissen und den Wachdienst von Seeleuten.

Stiftung „Schifffahrtsstandort Deutschland"

Privatrechtliche und gemeinnützige Stiftung mit Sitz in Hamburg, die finanziell die nautische und technische Ausbildung, Qualifizierung und Fortbildung von Besatzungsmitgliedern, die auf in deutschen Seeschiffsregistern eingetragenen Schiffen beschäftigt sind, unterstützt. Die Stiftung ist durch den Verband Deutscher Reeder e.V. gegründet worden; die Gewerkschaft ver.di und der Verband Deutscher Kapitäne und Schiffsoffiziere e.V. sind Zustifter.

Tarifvertragsparteien

In Deutschland sind der Verband Deutscher Reeder (VDR) und die Gewerkschaft ver.di die maßgeblichen Tarifvertragsparteien in der Seeschifffahrt. Die Tarifvertragsparteien haben den MTV-See und den HTV-See verabschiedet.

Tonnagesteuer

Für den deutschen Reeder günstige optionale Besteuerungsart für Schifffahrtsgesellschaften, die Seeschiffe im internationalen Seeverkehr betreiben. Die Höhe der Tonnagesteuer richtet sich nicht nach dem tatsächlichen Gewinn oder Verlust einer Schifffahrtsgesellschaft, sondern pauschalisiert nach der Größe des Seeschiffes und der Anzahl der Betriebstage. Die Tonnagesteuer ist nicht an das Führen der deutschen Flagge gebunden. Rechtsgrundlage für die Tonnagesteuer in Deutschland ist § 5a Einkommenssteuergesetz. Viele andere EU-Mitgliedsstaaten haben ähnliche Tonnagesteuersysteme wie in Deutschland.

www.deutsche-flagge.de
Internetseite der deutschen Flaggenstaatverwaltung mit allen Informationen über den Nebau und Betrieb von Handelsschiffen unter deutscher Flagge.

Zentrale Heuerstelle Hamburg
Die Zentrale Heuerstelle Hamburg ist Teil der Bundesagentur für Arbeit und für die öffentliche Vermittlung von Fach- und Führungskräften der Seeschifffahrt zuständig. Darüber hinaus informiert und berät die Zentrale Heuerstelle Hamburg über Aus- und Weiterbildung in der Seeschifffahrt.

Ziehschein
Das Besatzungsmitglied kann vom Reeder die Überweisung seiner Heuer oder eines Teils an einen von ihm bestimmten Empfänger verlangen. Im seemännischen Sprachgebrauch werden solche Zahlungsanweisungen Ziehscheine genannt.

Zweitregister
Umgangssprachliche Bezeichnung für das ISR (siehe dort).

Anhang IV
Internet-Links Seearbeitsrecht

Link	Anbieter	Beschreibung
I. Überblick über das Seearbeitsrecht		
www.ilo.org	Internationale Arbeitsorganisation	Infos u.a. zum Seearbeitsübereinkommen
III. Das Heuerverhältnis		
www.deutsche-flagge.de	Deutsche Flaggenstaatverwaltung	Alle Infos über die Seeschifffahrt unter deutscher Flagge
www.deutsche-flagge.de/de/medizin/seediensttauglichkeit/zugelassene-aerzte	BG Verkehr	Seediensttauglichkeitsuntersuchungen: Zugelassene Ärzte für deutsche Untersuchungen
www.arbeitsagentur.de/web/content/DE/dienststellen/rdn/hamburg/Agentur/Unternehmen/ZentraleHeuerstelle/index.htm	Zentrale Heuerstelle Hamburg	Verfügbarkeit von deutschen und EU-Seeleuten auf dem deutschen seemännischen Arbeitsmarkt
www.ecb.europa.eu/stats/exchange/eurofxref/html/index.en.html	Europäische Zentralbank	Amtliche Wechselkurse
www.umweltbundesamt.de/themen/wasser/trinkwasser/rechtliche-grundlagen-empfehlungen-regelwerk/zugelassene-aufbereitungsstoffe	Umweltbundesamt	Trinkwasser an Bord: Liste der zugelassenen Aufbereitungsstoffe und Desinfektionsverfahren
www.deutsche-flagge.de/de/medizin/ausstattung-rauemlichkeiten/medizinische-ausstattung	BG Verkehr	Vorgeschriebene medizinische Ausrüstung für Handelsschiffe unter deutscher Flagge
www.bg-verkehr.de/service/downloads/fuer-seefahrtsunternehmen/beitraege	BG Verkehr	Unfallversicherungsbeiträge und Beköstigungssatz für die Seeschifffahrt
www.kbs.de/DE/20_firmenkunden/08_Infos_fuer_Unternehmen_d_Seefahrt/084_rundschreiben_und_merkblaetter/rundschreiben.html?nn=107208	Knappschaft-Bahn-See	Infoschreiben zur seemännischen Sozialversicherung

Link	Anbieter	Beschreibung
www.kbs.de/DE/14_seemannskasse/seemannsnode.html	Knappschaft-Bahn-See	Infos über die Seemannskasse
IV. Das Ausbildungsverhältnis		
www.german-maritime-universities.de/en/home	Ausbildungsstätten	Kontaktdaten der deutschen seefahrtbezogenen Ausbildungsstätten
www.berufsbildung-see.de	Berufsbildungsstelle Seeschifffahrt	Infos zur Ausbildung zum Schiffsmechaniker und anderer Ausbildungen in der Seeschifffahrt
V. Notfälle an Bord		
wwww.tmas-germany.de	Funkärztlicher Beratungsdienst Cuxhaven	Notfallbogen bei Erkrankungen/Verletzungen an Bord
www.bg-verkehr.de/versicherung/arbeits-und-wegeunfall/unfallanzeige	BG Verkehr	Unfallanzeige bei Unfällen in der Seeschifffahrt
VI. Zeugnisse und Kontrollen		
www.deutsche-flagge.de/de/flagge/flaggenstaat/klassen	Deutsche Flaggenstaatverwaltung	Liste der in Deutschland anerkannten Klassifikationsgesellschaften
IX. Finanzen: Zuschüsse und Gebühren		
www.deutsche-flagge.de/de/finanzen/foerderung	Deutsche Flaggenstaatverwaltung	Lohnnebenkostenförderung/ Ausbildungsplatzförderung
www.stiftung-schifffahrtsstandort.de	Stiftung Schifffahrtsstandort Deutschland	Förderung der Aus- und Fortbildung von Seeleuten
XI. Wortlaut der Gesetze und Verordnungen		
www.gesetze-im-internet.de	Bundesministerium der Justiz und Verbraucherschutz	Deutsche Gesetzes- und Verordnungstexte

Sachregister

Printed and bound by CPI Group (UK) Ltd, Croydon, CR0 4YY
05/10/2026
14975896-0003